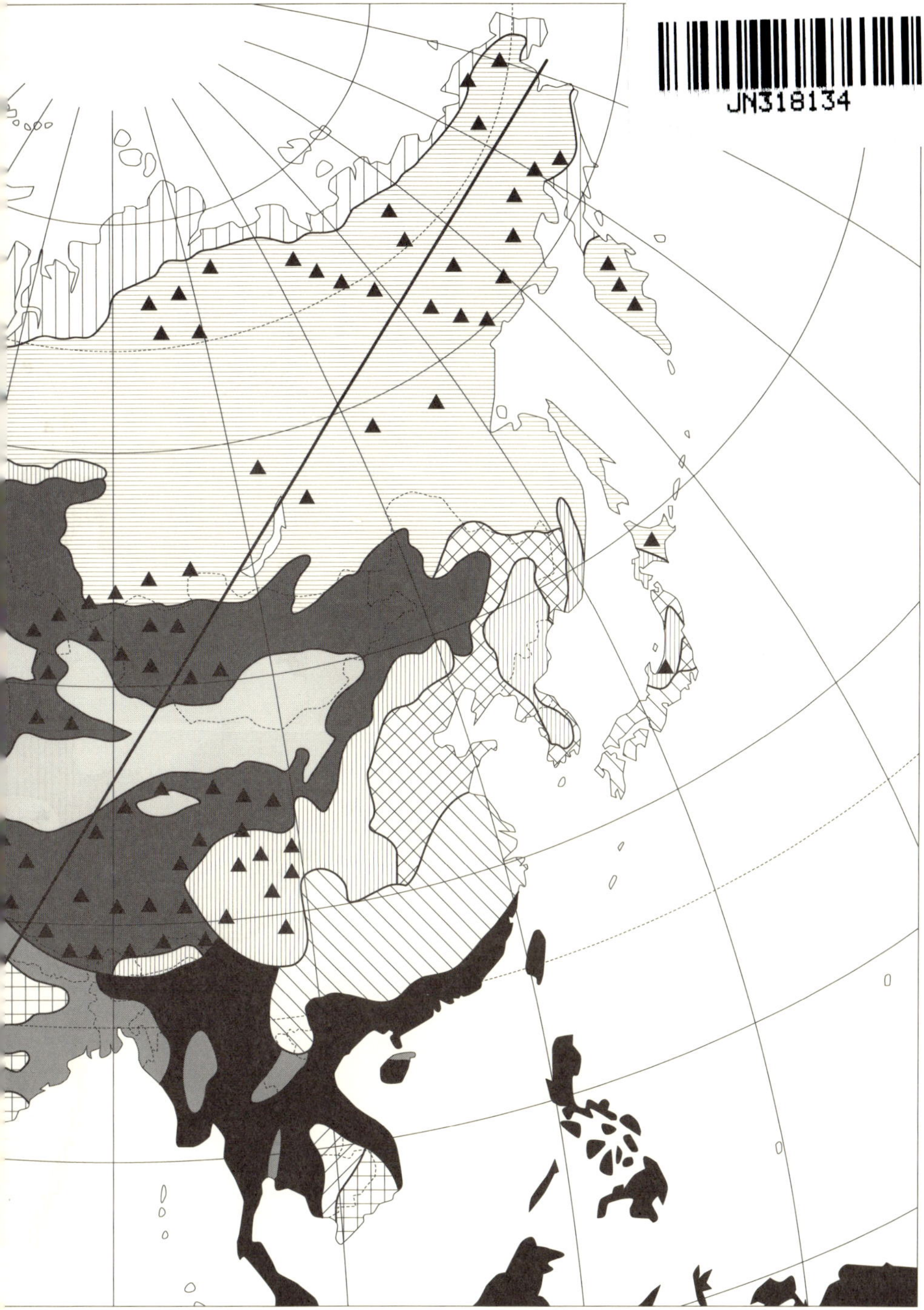

東北アジア諸民族の
文化動態

煎本 孝［編著］

北海道大学図書刊行会

カバー表：内モンゴルのモンゴル人女性／煎本孝撮影
カバー裏：中国青海省ラマ教寺院の少年僧／煎本孝撮影
カバー袖：内モンゴルの祭りにおける相撲／煎本孝撮影
　　　扉：中国新疆ウイグル自治区の遊牧モンゴル人／煎本孝撮影
❖
装　幀：須田照生

目　次

序　章　東北アジアの自然，文化，言語(煎本　孝)　1

第1章　ソビエト民族学によるシベリア・極東研究概観
　　　　　　　　　　　　　　　　　　　　　(佐々木史郎)　9

　1．はじめに　9
　2．ソビエト民族学の桎梏　13
　3．ソビエト民族学によるシベリア・極東研究の推移　15
　4．ソビエト民族学のシベリア研究に対する評価　26
　5．おわりに―ソビエト民族学の植民地主義的性格とその克服について
　　　　　　　　　　　　　　　　　　　　　　　　　　　　32
　　　文　献　35

第2章　ウデヘの精神文化断章―自伝テキストから(津曲敏郎)　39

　1．はじめに　39
　2．シャマンの役割　43
　3．狩猟と祈祷　47
　4．夢　51
　5．自然現象　52
　6．おわりに　53
　　　文　献　54

　　　　資料I　ウデヘ語原文　55
　　　　資料II　ロシア語原文　60

第3章　ターズの言語と文化(風間伸次郎・V. V. ポドマスキン)　67

　　1．ターズとその言語　67
　　　　ターズとは／ターズ調査行／ターズの現状と文化／ターズの言語
　　2．ターズの文化　117
　　　　文　献　130

第4章　エヴェンキ人の名前からみた文化の変遷(D. O. 朝克)　131

　　1．はじめに　131
　　2．エヴェンキ人の民族語の名前からみた民族文化性　133
　　3．満洲語の名前からみた満洲人の影響　135
　　4．チベット語の名前からみた仏教の影響　136
　　5．モンゴル語の名前からみたモンゴルの影響　137
　　6．ロシア語の名前からみたギリシャ正教の影響　138
　　7．漢語の名前からみた漢人の影響　140
　　8．日本語の名前からみた日本の影響　142
　　9．現在の名前からみた文化の意味　143
　10．おわりに　144
　　　　文　献　145

第5章　満洲族のシャマニズム文化の変遷について(汪　立珍)　147

　　1．はじめに　147
　　2．満洲族のシャマニズムの変遷の歴史概況　148
　　3．祭祀，イデオロギーおよびシャマンの服装の変遷について　154

満洲族のシャマニズムの祭祀儀礼の変化／信仰イデオロギーの変遷について／満洲族のシャマンの服飾の変遷
4．おわりに　160
　文　献　161

第6章　満洲国時代における観光資源，展示対象としてのオロチョン（佐々木 亨）　163

1．はじめに　163
　研究の背景／本章の目的と位置づけ
2．オロチョンに関する民族学的調査研究について　166
　調査研究史／満洲におけるオロチョンの位置づけ
3．観光資源としてのオロチョン　177
　満洲観光について／観光雑誌・パンフレットなどにみるオロチョン／『観光東亜』，5(8)の記事内容について
4．満洲国国立中央博物館の展示・出版物にみるオロチョン　195
　「シベリア展覧会」／大経路展示場／民俗博物館／出版物／その他
5．考　察　204
　商品化されていたオロチョン／過大に表象されていたオロチョン／今後の研究において
　文　献　209

第7章　観光活動による少数民族の文化の保存と伝承—北海道白老の例（ロレーナ・ステンダルディ）　215

1．ポロトコタン—沿革と活動　216
　成り立ち／白老民芸会館／アイヌ民族博物館
2．ポロトコタンと観光　225
　観光システムとその傾向／ポロトコタンに関する宣伝／観光客の見

学コース
3. アイヌ文化保存・伝承活動の事例　232
アイヌ語講座とアイヌ文化教室／物質文化の保存と伝承／儀礼
4. 分　析　242
ポロトコタンの発展／ポロトコタンの活動のもつ意味／観光システムの必要性
5. おわりに　248
文　献　250

第8章　語りにみるコリャーク語の変容―ロシア語の影響という側面から(呉人　恵)　253

1. はじめに　253
2. コリャーク語におけるロシア語の影響　256
語彙／文法
3. 語りにみられるロシア語の干渉　261
「英雄クイケニャークの物語」(Ekvinina Nina Inylivna)／「私の自叙伝」(Kergelqut Nikolaj Andreevič)／「ベニテング茸の話」(Čajbugi Vladimir lvanovič)
4. おわりに　270
付録テキスト　271
「英雄クイケニャークの物語」(Ekvinina Nina Inylivna)／「私の自叙伝」(Kergelqut Nikolaj Andreevič)／「ベニテング茸の話」(Čajbugi Vladimir lvanovič)
文　献　281

第9章　シベリア北東部におけるチュクチの文化変容―チャウンスキー地区の事例から（池谷和信）　283

1. はじめに　283
2. 帝政ロシア時代のチュクチ　285
3. ソビエト社会主義時代のチュクチ―チャウンスキー地区の事例　291
4. ポスト・ソビエト時代のチュクチ　297
   村の概観／トナカイキャンプでの生活／農場経営からみたトナカイ牧畜／放牧テリトリーの変化とチュクチの主体的対応
5. チュクチの文化変容　314
   文　献　316

第10章　サハにおける文化復興とシャマニズム・儀礼の復興（山田孝子）　319

1. はじめに　319
2. サハ共和国の成立と文化復興の過程　320
3. 現代における伝統的治療・シャマニズムの復興　323
4. サハのウセフ（夏至祭り）　334
5. 夏至祭りの復興―1996年に実施されたウセフの事例から　338
   学術機関主催の夏至祭り(1996.6.15)／アムギンスキー地区中心地アムガでの夏至祭り(1996.6.20-21)／ヤクーツク市における共和国全体の夏至祭り(1996.6.29-30)
6. 考察―シャマニズム・儀礼復興の意義　351
   文　献　355

第11章　モンゴル・シャマニズムの文化人類学的分析―内モンゴル，ホルチン・ボのシャマニズムにおける歴史意識と宇宙論的秩序（煎本　孝）　357

1. はじめに　357
2. シャマニズムの道具の象徴性　359
   スカート／銅鏡／太鼓／冠／オンゴット
3. シャマニズムの演出　369
   ボルハンへの祈り／テンゲルへの祈り／ジヤチへの祈り／ネーネ・ボグトへの祈り／ボーモルへの祈り／オンゴットへの祈り／ドルブン・デブテルへの祈り／ボの源への祈り／師匠への祈り／崇拝する霊を体のなかに入れるための祈り／病気を治す祈り／崇拝する霊を送る祈り
4. シャマニズムの歴史意識　413
   モンゴル・シャマニズムとチベット仏教／アンダイとシャマニズムの復活／シャマニズムの継承
5. シャマニズムの演出における宇宙論的秩序　428
   ボルハンとテンゲン／シャマニズムにおける垂直的宇宙論／シャマニズムの宇宙論と初原的同一性
6. おわりに　437
   文　献　438

第12章　内モンゴルにおけるチャハル人の生計活動の変化
　　　　　　　　　　　　　　　　　　　　　　（阿拉騰）　441

1. はじめに　441
2. チャハル人　442
3. 活動空間の変化　445
   官営牧場の移転／個別的遊牧民の移転

4．遊牧の変化と人口の新たな移動　449
　　アダリガ・ホト／アライオス・ホト／タバンオド・ホト
5．比較・分析　457
6．おわりに　462
　　文　献　464

第13章　中国・ショ人(畲族)の生業戦略にみる伝統と現代―浙江省麗水市老竹畲族自治鎮黄桂行政村を中心に(菅　豊)　465

1．問題の所在　465
2．黄桂行政村ショ人の経済状況とその構造　466
3．伝承的家禽飼育の戦略と存在意義　473
4．伝承的家畜飼育の戦略と存在意義　487
5．新しい家禽・家畜飼育の戦略と存在意義　493
6．おわりに―「意味ある停滞」か「意味なき進歩」か　501
　　文　献　503

第14章　北東アジア沿岸地域の諸民族における社会構造の比較研究試論(岸上伸啓)　505

1．はじめに　505
2．「北太平洋沿岸文化圏」について　506
　　「北太平洋沿岸文化圏」の地域と特徴／「北太平洋沿岸文化圏」に分布する共通要素
3．研究方法と概念の定義　509
　　社会構造の比較／比較対象の民族と植民地化の影響／民族誌的データと民族誌的現在
4．北方諸民族の社会構造の比較　515
　　北海道アイヌ／サハリンアイヌ／ニヴフ／ウイルタ／イテリメン／

コリヤーク／チュクチ／シベリアエスキモー(ユッピック)
　5．比較検討　　538
　　　　家族組織／結婚にともなう居住様式／親族集団／長の継承方法／相続／階層化
　6．おわりに　　541
　　　　文　献　　541

終　章　東北アジア諸民族の文化動態(煎本　孝)　　545

　　索　引　　551

序章　東北アジアの自然，文化，言語

煎本　孝

　日本，ロシア，中国，モンゴルを含む東北アジアには，北の北極海沿岸から永久凍土帯(ツンドラ)とその南に広がる北方森林帯(タイガ)をへて，内陸・中央アジアの草原，砂漠，そして，チベット高原の山岳地帯へと続く広大で多様な環境が展開する。さらに，ベーリング海から北太平洋，日本海，東シナ海へとのびる地域は海岸地帯とそこから内陸へとさかのぼる大河川という環境を形成している。

　このように，東北アジアとは生態的にも，地理的にもけっして閉鎖的な地域ではない。それは，民族学(文化人類学)的には北アジア，中央アジア，東アジアを含む地域である。しかし，同時にそれは南アジアや西アジア，ヨーロッパを含むユーラシア世界，さらには北アメリカや太平洋世界との関係のなかで位置づけられるべきものである。東北アジアとは，限定された地域を示す地理的概念というよりは，むしろアジア東北部から西南部──東シベリアからモンゴル，チベット，中央アジア──にかけて斜めにひかれた機軸を中心に，その両側に広がる世界として定義することができるのである(表見返し参照)。

　この東北アジア機軸はいわば幾何学における補助線であり，古今，東西，南北の人類の文化と言語の動態を比較し，全体を理解するためのひとつの視点なのである。ここで重要なことは，日本が東北アジアに含まれているということである。開放系である東北アジアのなかに日本を位置づけることによ

り，東北アジアという概念は人類の相互理解と人，物，情報の国際交流を通した，将来に向けられた視点となるのである。

　この多様な環境に生活する人々は，さまざまな文化と言語とをもつ。アジア東北端のチュコト半島からカムチャツカ半島北部の東シベリアには，海獣狩猟と川を溯上するサケ科魚類の漁労，トナカイ遊牧を行なうチュクチとコリヤークが居住する。アジア・エスキモーは海獣狩猟を生活の主な手段とし，また，カムチャツカ半島南部のイテリメンは漁労を生計としている。また，北極海に注ぐコリマ川流域には野生トナカイの狩猟，漁労を行なうユカギールがいる。シベリア中央部の森林帯にはトナカイを飼い，狩猟を行なうエヴェンキ（ツングース）が生活し，その東北部にはエヴェン（ラムート）が住んでいる。西シベリアのオビ川，エニセイ川流域にはツンドラ地帯でトナカイ遊牧を行なうネネツ（ユラク・サモエード）とその南には漁労を行なうハンティ（オスチャーク）が住む。

　また，中央シベリア南部からモンゴル高原にはウマ，ヒツジ，ヤギ，ウシの遊牧を行なうブリヤートとモンゴルが住み，これより北方のレナ川流域にはウマ，ウシを飼育するサハ（ヤクート）がいる。モンゴル高原の南のゴビ砂漠にかけては，ウマ，ヒツジ，ヤギ，ウシに加えてラクダを飼い遊牧生活を送るモンゴルがいる。山地においてモンゴルはヤクを飼い，これは新疆，あるいは青海へと続く。新疆においてはウイグルが農耕と牧畜を行ない，チベットにおいては，牧畜と小麦，大麦の耕作が行なわれる。そして，黄河，長江流域においては稲作を含む農耕が行なわれ，それは日本列島へと分布を広げている。

　日本列島北部には狩猟採集，漁労を生計の中心とし，またアワやヒエの栽培を行なっていたアイヌが居住する。樺太にはトナカイを飼育し，狩猟，漁労を行なうウイルタ（オロッコ）が居住する。樺太北部から沿海州アムール川口域には漁労，狩猟を行なうニヴフ（ギリヤーク）が住み，アムール川下流域にはウルチャ（オルチャ），オロチ，ウデヘ，ナーナイ（ゴルディ）が住む。そして，興安嶺北部にはトナカイ，ウマを飼育し，狩猟を行なうオロチョン，エヴェンキ，農耕を行なう満洲が居住し，さらに農耕とウシの牧畜を行なう

ダグル(ダフール)がいる。

　東北アジア諸民族の生計活動の比重は北から南へ，狩猟，牧畜，農耕へと大きくなっており，また海岸と河川流域では漁労が主要なものとなっている。しかし，コリヤークにみられる狩猟・漁労とトナカイ遊牧，エヴェンキにみられるトナカイ飼育と狩猟，アイヌやアムール川流域諸民族にみられる狩猟，漁労，採集，植物栽培，さらにはブタなどの家畜飼育というように，それぞれの生態的条件と定住性などの生活様式に応じて，その生計活動は複合的なものとなっている。また，チベットや中国南部においても農耕と牧畜とが複合している。とくに，日本列島から沿海州，大興安嶺にかけての中緯度地域においては，北方の狩猟，漁労と南方の農耕，牧畜とが複合しているのである。

　言語的にはチュルク諸語，モンゴル諸語，ツングース諸語からなるアルタイ大語族が北アジアから中央アジアに広く分布し，その南にはシナ・チベット大語族，あるいはチベット・ビルマ諸語が分布する。また，ウラル大語族はシベリア北部のエニセイ川，オビ川下流域にサモエード語系，フィン・ウゴル語系がみられる。ロシアにはインド・ヨーロッパ大語族のスラブが進出している。また，大語族との系統関係が確定していない言語集団として，北太平洋沿岸には，エスキモー・アリュート語族，チュコト・カムチャツカ諸語が分布し，さらに，ニヴフ，ユカギール，ケット(エニセイ・オスチャーク)という相互に系統関係の不明な，古シベリア(古アジア)語族がみられるのである。また，日本語やアイヌ語もほかの言語との系統関係が確定しているものではない。

　さらに，それぞれの諸語や諸族には，より下位の言語集団が含まれる(裏見返し参照)。すなわち，アルタイ大語族のチュルク諸語には北アジアのタタール，トゥヴァ，サハ，ハカスなど，中央アジアのウイグル，カザフ，キルギス，ウズベク，ウリヤンハイなどがある。また，モンゴル諸語にはチャハル，ホルチン，オルドス，エチナなどの内モンゴル方言，トルグートなどのオイラート方言，バルグ，ブリヤートなどのバルグ・ブリヤート方言がある。さらに，ツングース諸語には，北アジアのエヴェンキ，エヴェン，ナー

ナイ，ウルチャ，ウイルタ，ウデヘ，オロチ，中国東北部の満洲，ホジェ，エヴェンキ，オロチョン，ハムニガン，中国新疆・ウイグル自治区のシボがみられる。なお，ダグルもアルタイ大語族に含まれている。

シナ・チベット大語族には中国語系の北部，中部，南部に含まれる多くの方言がある。また，チベット・ビルマ諸語にもチベット高原からヒマラヤ地域をはじめ，中国南部，ビルマに至る多くの下位集団がみられる。そして，ウラル大語族のサモエード語系には，ネネツ，エネツ（エニセイ・サモエード），ガナサン（タウギ・サモエード），セリクープ（オスチャーク・サモエード）があり，フィン・ウゴル語系にはハンティ，マンシ（ボグール）などがある。エスキモー・アリュート語族にはシベリア・ユピック，アリュートが含まれ，またチュコト・カムチャツカ諸語にはチュクチ，コリヤーク，イテリメン（カムチャダール）が含まれる。

これら下位の言語集団はロシアにおいては民族として認められているものにほぼ相当する。もっとも，中国における少数民族は，満洲，エヴェンキ，オロチョンなどこの下位集団に相当するものもあるが，モンゴル，チベットなどの民族は方言としての言語的下位集団を含むより大きな集団を単位としている。

全体としてみれば，中央アジアの草原や北アジアの森林帯のように比較的均質で広大な地域において，アルタイ大語族が牧畜によりその居住域を広げ，また中国南部の山岳地帯からチベット高原には牧畜と農耕によりチベット・ビルマ諸語が広がっている。これとは対照的に漁労を主な生計活動とし，定住性の高い生活がみられる北太平洋沿岸部においては，孤立性の強いさまざまな言語小集団が分布しているのである。

もっとも，この言語的孤立にもかかわらず，彼らの間に文化的共通性がみられることも事実である。さらに，サケ漁の儀礼やワタリガラスの神話はアジア側のみならず，北アメリカの北西海岸インディアンとも共通するものである。また，日本列島における神話や文化のなかに南方のオーストロネシア諸語のものに起源すると考えられる要素が認められることも事実である。東北アジア沿岸部は，一方ではアリューシャン列島やベーリング海をへて北ア

メリカに続き，他方では，南西諸島や南シナ海をへて南太平洋に続く環太平洋文化の一環としてみることも可能なのである。

　このことは東北アジア内陸部においても同様である。シベリアのツンドラや森林帯に居住する諸民族にみられる熊儀礼，あるいはシャマニズ的世界観は，北ヨーロッパはもとより，北アメリカ諸民族にも共通するものである。また，モンゴルの遊牧を中心とした文化は，中央アジアから西アジアへと続くのみならず，チベットにおける牧畜文化とも多くの共通性をもつ。言語の違いをこえて，文化はより生態的条件に対応しているのである。

　さらに，そこではさまざまな王朝や国家が形成され，政治制度や大宗教が広められることになった。インド起源の仏教はインド的世界観を内包しながら，新たな神々を取り込み，チベット仏教となり，中国仏教となり，モンゴル仏教となり，日本仏教となって，定着したのである。そこには，シャマニズムとの対立と融合がみられる。また，7世紀にアラブで始まったイスラムは西アジア，中央アジア，そして中国へと伝わり，回族を形成した。日本では固有の神観念に基づく神道が仏教と並立しながら続いている。

　東北アジア諸民族の文化と言語は，有史以前から繰り返されてきた人々の移動にともなう融合と隔離の過程で形成され，またその後，政治的，経済的な制約のもとにさまざまに変化してきた。さらに現在では，ペレストロイカ（改革）や開放政策などにより，新たな文化復興運動の動きも起きている。現在の東北アジアは急激な環境的，政治的，経済的変化にみまわれ，諸民族の文化は大きく変化しようとしている。この変化は個々の民族や国家の問題にとどまらず，今や国際的な課題として認識されるに至っているのである。冷戦後の二極対立構造の崩壊により，東北アジアの人々は今や国境をこえて，相互に交流と理解の場に臨むことになるであろう。このため，日本と歴史的，地理的に深い関係にあり，また今後もあり続けるであろう東北アジアの人々の文化動態の解明は重要な課題となるのである。

　本書では，第一に現在の東北アジアにおける文化と言語の状況を最新のフィールド調査に基づいて提示することを目的としている。そして，第二にこれらを比較検討し，諸民族の動態を言語と文化の両面から明らかにしよう

とするものである。本書は序章と終章を含む16編の論文から構成される。第1章は「ソビエト民族学によるシベリア・極東研究概観」と題され，中国，ロシア・ソ連，日本でつくられたシベリア，極東地域の民族誌に基づき，現在の民族の文化を多角的にとらえるための視点と方法論が検討される。第2章「ウデヘの精神文化断章——自伝テキストから」では，現在その話し手もほとんどいないロシア沿海州のツングース系少数民族ウデヘの老人がみずからウデヘ語・ロシア語対訳で記録した自伝をもとに，1930年代のサケ漁の様子や，隣接諸民族との関係などを含む生活が記述される。第3章「ターズの言語と文化」では，同じくロシア沿海州南部にわずか200名ほど残っている少数民族ターズの言語および文化，帰属性（アイデンティティ）の現在について報告される。第4章「エヴェンキ人の名前からみた文化の変遷」では，エヴェンキの人名における満洲，チベット，モンゴル，ロシア，そして中国の文化と言語からの影響を歴史的に分析する。第5章「満洲族のシャマニズム文化の変遷について」では満洲族の先祖時代の粛慎，靺鞨のシャマニズムから金代の女真，清朝から現代に至る満洲族のシャマニズムの歴史とその変遷を考察する。第6章「満洲国時代における観光資源，展示対象としてのオロチョン」では，満洲国時代に発行された旅行雑誌，グラビア誌，旅行年鑑，観光案内書などから，満洲国北部の大興安嶺・小興安嶺地域に住む少数民族であるオロチョンおよびその文化と観光との関係が明らかにされ，さらに博物館・博覧会におけるオロチョン文化の提示のされ方が考察される。第7章「観光活動による少数民族の文化の保存と伝承——北海道白老の例」では白老町ポロトコタンにおける観光活動と文化の保存・普及活動との関係を，観光地のなかで実際に観光業に携わり生活を行なっているアイヌの人々がどのように現実をとらえているのかを記述しながら，明らかにする。

　第8章「語りにみるコリヤーク語の変容——ロシア語の影響という側面から」では，ロシア，カムチャツカ半島北部のコリヤーク（コリャーク）の3世代が語るそれぞれのコリヤーク語とそのなかで用いられるロシア語の語彙を分析することにより，コリヤーク語の変容が考察される。第9章「シベリア北東部におけるチュクチの文化変容—チャウンスキー地区の事例から」では，

チャウンスキー地区の事例に基づき，17世紀から現在までのチュクチの文化変容を，帝政ロシア期，ソビエト期，ポスト・ソビエト期の3つの時代に分けて明らかにする。第10章「サハにおける文化復興とシャマニズム・儀礼の復興」では，サハ共和国成立以降，推進されてきたサハの文化復興運動を，とくにシャマニズム・儀礼の復興という点から取り上げ，その実態を明らかにし，現代におけるそれらの意義について考察する。

　第11章「モンゴル・シャマニズムの文化人類学的分析──内モンゴル，ホルチン・ボのシャマニズムにおける歴史意識と宇宙論的秩序」では，中国内モンゴルにおけるシャマニズムの継続と再生産の動態をシャマニズムの演出における宇宙論と歴史意識の点から明らかにする。第12章「内モンゴルにおけるチャハル人の生計活動の変化」では，内モンゴル牧畜民の遊牧から定住，移転という生活の変化とその生態的，社会的要因について明らかにする。第13章「中国・ショ人(畬族)の生業戦略にみる伝統と現代──浙江省麗水市老竹畬族自治鎮黄桂行政村を中心に」においては中国浙江省麗水市老竹における畬族自治鎮黄桂行政村を中心に，少数民族ショ人の経済活動を通して，大変革期にある人々が生きるための生計戦略について考察する。第14章「北東アジア沿岸地域の諸民族における社会構造の比較研究試論」では東北アジアのなかの北太平洋沿岸を中心とする諸民族の社会構造を比較し，その類似性と相違点について考察する。

　最後に，東北アジアの文化と言語の動態について多角的に比較検討し，東北アジアの現在について考察する。

第1章 ソビエト民族学によるシベリア・極東研究概観

佐々木史郎

1. はじめに

　シベリア，ロシア極東地域の人類学的，民族学的研究において，制度上1991年まで続いた「ソビエト民族学：Sovetskaya etnografiya」の果たした役割は，肯定的な面についても否定的な面についても，非常に大きかったといわざるを得ない。とりわけ，シベリア各地で社会主義政権の権力が確立された1920年代以降は，非社会主義圏の国々に属する人類学者や民族学者がこの地域への立ち入りを制限され，彼らにとって事実上フィールドワークが不可能になったことから，それ以降フィールドのデータを収集できるのはソ連の研究者だけとなっていた*。その状況が打破されるのは1992年のソ連崩壊後である。したがって，ソビエト民族学にはシベリア・極東に関する膨大な人類学的，民族学的データが蓄積されており，その理論的研究も多数に

---

*ソ連時代でも西側の人類学者や民族学者がシベリアでフィールドワークを行なった例はある。たとえば，C. Humphreyのブリヤートの調査，鴨川和子のトゥヴァ調査などである（Humphrey, 1983; 鴨川, 1990）。また，1985年のペレストロイカ時代には徐々にシベリア調査の制限が緩められ，マスメディア関係者とともにシベリア奥地に調査に出かけるケースもしばしばみられるようになった。1989年には日本で初めて文部省の科学研究費による民族調査がアムール川流域で行なわれている（黒田・津曲・佐々木, 1991）。

のぼる。この地域の研究を志すものには，そのデータは貴重な研究資料であり，理論的研究でも避けては通れない先行研究である。

しかし，非社会主義諸国の人類学者，民族学者が真剣にその評価をしてきたとはいいがたい*。たしかに1960年代から70年代にかけて，西側の人類学者とソビエト民族学者との共著による社会人類学や経済人類学関係の論文集が発刊され（たとえば，Gellner, 1980），そのなかで西側の人類学者がソビエト民族学の評価を行なっている部分がみられる。また，1980年代から90年代初頭にかけて，C. Humphreyや Y. Slezkineがソビエト民族学の動向やその歴史に関する論文を書いている（Humphrey, 1984; Slezkine, 1991）。しかし，いずれも「ソビエト民族学」の全体像に対する評価であって，シベリアや極東の個々の民族や地域に関する研究に対しては十分な批判，評価がなされているとはいいがたい。ソビエト民族学によるシベリア・極東研究は，一次資料を駆使した民族誌としてデータは使われても，その研究内容そのものが先行研究として，長所短所を指摘しながら批判されることはほとんどなかった。その主たる原因は，フィールドワークができないシベリア・極東を研究対象とする西側の人類学者が少なかったことにもあるが，それよりもソビエト民族学が教条的なマルクス主義イデオロギーに縛られているという西側人類学者たちの先入観にあったというべきだろう。イデオロギーに縛られている以上，ソビエト民族学とは自由な議論ができず，したがって，その研究成果は批判の対象にすらならなかったのである。

ソビエト民族学が教条的なマルクス主義イデオロギーに縛られていたのは事実である。しかし，その民族誌の記述方法は，基本的には非社会主義国の人類学，民族学とかなりの部分で共通しており，重要な問題点も共有していた。たとえば，1998年に『民族学研究』63巻1号で「シベリア研究の課題と現在」という特集が組まれたとき，その編集部は前言においてつぎのよう

---

*ソ連と西欧，北米の人類学者が共同研究（シンポジウムなど）を行ない，互いに評価しあったことはある。たとえばE. Gellnerが編集した『ソビエトと西側の人類学：*Soviet and Western Anthropology*』などはそのよい例である（Gellner ed., 1980）。

に述べている。

> ところで20世紀最大の実験とされるソ連社会主義の社会政策と支配とが，はたしてこれらの批判（文化記述の問題に関する人類学に対する批判―引用者注）の外に立ちうるものであったか。またこれが，その種の反省の外に立ちうるものであったか。けっしてそうではなく，社会主義社会の達成を究極の目標とする社会発展段階というテーゼと民族の独自性という視点は，互いに緊張をはらみつつ，ソ連体制のなかでの政策決定者たちの関心事であったし，研究者の記述の枠組みをも，それなりに方向付けていたといっても過言ではないだろう。〈民族〉学批判，〈文化記述〉再考というテーマは，そういう点で，西欧にとっての周縁世界での出来事としてだけにとどまらず，社会主義世界の周縁，シベリア北方諸民族の世界での出来事としても論じられねばならないはずである（民族学研究編集部，1998：1）。

すなわち，ソビエト民族学による文化記述も，西側の人類学によるものと同様の「批判」，「再考」の対象とすべきだとの認識を示したのである。

しかし，このような認識は少なくとも1980年代までは非社会主義諸国の人類学者たちに共有されていたとはいいがたい。実際，その時代までの人類学批判，文化記述批判などで，シベリア，ロシア極東をはじめとする旧ソ連の諸民族に関する研究が対象とされたことはほとんどなかった。そして，非社会主義国の人類学者や民族学者がソビエト民族学の理論や方法論を門前ばらいするように相手にしてこなかったことが，シベリア・極東研究の理論的な面における世界的な停滞を招いたといっても過言ではない。非社会主義諸国の人類学者，民族学者たちは，ソビエト民族学者たちの事例報告からイデオロギー色を抜いて，データのみを使い，自分たちが武装している理論でもって分析しなおすという体裁をとりつつも，結局はソビエト民族学がつくりだしてきた言説を，自分たちの言葉にいいなおしただけであった。それを1990年代後半の視点からみれば，やはりシベリア・極東の「先住民」たち

に関する「植民地主義的」な言説を非社会主義国の人々にわかりやすいように再生産していたにすぎなかったのである。じつはソビエト民族学も構造機能主義や構造主義をはじめとする非社会主義諸国の人類学理論も，その「先住民」，「少数民族」などに関する言説に「客観主義」のベールに包まれた「植民地主義的」な言説が内包されていたことについては共通していたのである。

　本章ではシベリアとロシア極東の人類学，民族学的研究をほかの地域（とりわけ理論的，方法論的な研究の先進地域である南北アメリカ，アフリカ，南アジア，東南アジアなど）の研究水準に高めるべく，ソビエト民族学による研究の短所長所を正面から議論することを目的としている。先述のように，シベリアとロシア極東地域を人類学的，民族学的に研究しようとすれば，ソビエト民族学による蓄積は避けて通れない先行研究である。それはデスクワークのレベルのみならず，フィールドワークにおいてもつねにつきまとう。というのは，今や研究対象とされる人々自身がソビエト民族学によってつくりだされた自分たちの文化に関する言説を身につけてしまい，こちらの質問に対してその言説を利用して説明するからである。したがって，シベリアやロシア極東地域でフィールドワークに従事する場合には，それをしっかり理解しておかないと，1990年代前半までの研究と同じく，ソビエト民族学の言説を言葉をかえて再生産するだけに終わることになる。そして，それがまた研究対象とされる人々の意識，言説に影響を及ぼす。その循環を打破しなければ，この地域の人類学的，民族学的研究をほかの地域のレベルにひきあげることはできない。

　本章の限られた紙面ではソビエト民族学の理論，方法論のすべてを批判し，評価することはできないため，とくに植民地主義的な言説に連なりやすい，研究対象とされた人々の歴史に対する研究方法に焦点をしぼって批判，評価をしていくことにしたい。

2. ソビエト民族学の桎梏

　ソ連邦時代，ロシアでは西側諸国で文化人類学（cultural anthropology），社会人類学（social anthropology），あるいは民族学（ethnology）とよばれた学問分野は，「エトノグラーフィヤ：etnografiya」とよばれていた。これは直訳すると「民族誌学」となるはずだが，日本では一般的にこの言葉に「民族学」という訳語をあてている。その特徴は時代による推移がみられたが，基本的には 1930 年代にマール学派によって歴史学の補助学問として位置づけられたことが尾を引き続けた。

　帝政ロシア時代には民族学は「エトノローギヤ：etnologiya」とよばれ，博物学や地理学のなかの一分野として扱われていた。ロシアにおける博物学の伝統は 18 世紀初期にピョートル一世（大帝）が宝物館（いわゆるクンストカーメラ：Kunstkamera）を創設し，そこに世界各地の珍品，生物標本，そして解剖学用の人体標本などを保管，展示したことに始まる。生物学的な標本は動物学博物館などの専門の博物館に移管されていったが，現在でいえば「民族標本資料」にあたる世界各地，各民族の珍品や生活用具と，人体の骨格標本や臓器，奇形体の標本などはこのクンストカーメラに残され，1879 年に「人類学民族学博物館」の発足につながった。ロシアでは人類学と民族学は密接な関係にありながら，「人類学」（「アントロポローギヤ：antropologya」）はあくまでも人の形質を扱う学問であり（形質人類学，自然人類学に相当する），文化を扱うのは「民族学」だったのである。

　しかし，その民族学も自立した分野とはみなされず，帝政時代には地理学の一分野とされていた。その証拠に民族調査の多くが「帝室地理学協会：Imperatorskoe russkoe geograficheskoe obshshestvo」の依頼で実施され，データはサンクト・ペテルブルクにあったその本部に集積され，協会の出版物のなかに多くの民族学的な論文が収録された。その傾向はソ連時代にも受け継がれ，多くの民族学関係の論文が帝室地理学協会の後身である「全ソ地理学協会：Vsesovetskoe geograficheskoe obshshestvo」の雑誌類に投稿さ

れている。また，ソビエト民族学の開祖の一人であった L. Ya. Shternberg がレニングラード大学に民族学の講座を開設したときも地理学講座のなかに設置されている。

　しかし 1930 年代に入り，20 年代のソビエトルネッサンスの時代が終焉するとともに，民族学もその存立基盤を脅かされる。それがマール学派による攻撃であった。その間の事情については Y. Slezkine と升本哲の解説があるので詳細は省くが(Slezkine, 1991; 升本，1993)，マール学派に「考古学と民族学は歴史的なデータと集めるための具体的な方法論にすぎず，それに反するいかなるクレームも反マルクス主義的である」(Slezkine, 1991: 481)と批判され，独自のネーミングまでを否定されて強制的に「エトノグラーフィヤ」と命名された民族学はつぎの 8 テーマを扱う歴史学の一分野とされたのである。

(1)民族生成の過程と民族集団の分布
(2)各民族の物質的生産
(3)家族の起源
(4)階級の起源
(5)宗教，芸術，その他の上部構造の起源とさまざまな形態
(6)資本主義的な環境における原始共産主義的，封建的社会の崩壊形態
(7)前資本主義社会から社会主義社会への資本主義を経由しない転換方法について
(8)形式的には民族的であるが内実は社会主義的である文化の構築

　Shternberg によってレニングラード大学と人類学民族学博物館を中心に形成され，E. A. Kreinovich, G. M. Vasilevich, G. N. Prokof'ev など後のソビエト民族学を代表する民族学者を育て上げた「レニングラード学派」とよばれるグループは，このマール学派の批判を受けてソ連の民族学が再編を余儀なくされたときに壊滅したといわれている。そして，民族学的な研究活動の中心はモスクワの民族学研究所に移り，レニングラードの人類学民族学博物館はその「レニングラード支部」と位置づけられていく。

　考古学や民族学を独立した学問と認めないという意見はその後退けられ，

マール学派も没落するが，これらの分野の主要テーマは結局この 8 つのなかに押し込められ，分析のための方法論も限定されていく。そして，歴史学との関係を象徴するように，モスクワでは民族学研究所と考古学研究所が歴史学研究所と同じ建物（ドミトリ・ウリヤノフ通りにあった）のなかに同居するのである。

モスクワでは中央アジア研究の専門家であった S. P. Tolstov が所長となり，マール学派の攻撃によって混乱した民族学の再編がはかられ，新たに「ソビエト民族学」（「ソビエツカヤ・エトノグラーフィヤ：sovetskaya etnografiya」）として再生する。しかし，この時点ではまだ「エトノローギヤ：etnologiya」という名称は復活していない。

3. ソビエト民族学によるシベリア・極東研究の推移

ソビエト民族学のシベリア研究を 4 期に分類する意見もあるが（たとえば升本，1993：379 など），大きな画期は 1930 年代と 60 年代にあったと考えられる。1930 年代とはスターリンが権力を完全に掌握し，科学技術の分野にまで「偉大なる指導者にして教師」という立場から介入してきた時代であり，その潮流のなかでマール学派が台頭してきた時代でもある。1960 年代はフルシチョフによる緊張緩和の時代で，スターリン時代の理論面での統制が緩み，民族学でもエトノス論などの理論的な研究もさかんになり始めた。

それ以前にソビエト民族学によるシベリア研究の基礎を築いたのは，V. G. Bogoraz (W. Bogorass)，Shternberg，V. I. Iokhel'son (W. Johelson) の 3 人である。彼らに共通しているのは，いずれも帝政末期の急進的な革命運動に参加して逮捕され，シベリアに流刑にされたことが民族学研究への出発点であったことで，彼らはいずれも刑期終了後からロシア帝室地理学協会の委託を受けて調査に従事してフィールドワーカーとしてのキャリアを積んだ。しかし，その後の研究者としての人生は三者三様であった。Shternberg は，レニングラードの人類学民族学博物館とレニングラード大学を拠点にしてロシアからソ連にかわる時代に民族学の普及，教育と理論化に取り組み，「レ

ニングラード学派」とよばれる一群の後継者を生み出した。Bogoraz は F. Boaz が主催した「ジェサップ北太平洋調査：Jesup north pacific expedition」に参加した後，Shternberg と協力してシベリアの民族学的研究の教育と普及に尽力し，さらには研究対象とされたシベリア先住民たちの生活向上や文字表記の創設などにも取り組んだ。とくに彼が力を注いだのは「北方委員会」を中心とした「北方少数民族」の生活改善と，レニングラード教育大学(通称ゲルツェン大学)に設置された北方少数民族言語研究室を中心とした少数民族言語の書記化と言語教育に携わる教員の育成であった。しかし，それに対して Bogoraz とともにジェサップ北太平洋調査に参加した Iokhel'son は，将来のソビエト政権による学問への統制を予感してか，アメリカへの出張を契機に事実上亡命してしまい，ニューヨークで一生を終わっている(この３人の生涯については加藤，1987 にくわしい)。

　その他，極東でも V. K. Arsen'ev，I. A. Lopatin などがこの３人と同じ時代に極東の少数民族の間で調査を行ない，その後のロシア，ソ連極東地域の民族学的研究の基礎を築いた。とくに Arsen'ev はハバロフスクとウラジオストークの郷土博物館の館長を務め，両博物館の収蔵品や展示品の充実をはかるとともに，地理学者として沿海地方の山林，河川の詳細な測量にも従事し，極東地域の民族の分類とその分布についてのくわしい研究を残している。また，同じ時代極東ではポーランド人の B. O. Piłsudski がサハリンとアムール川流域の，V. L. Seroshevski がヤクーチヤの調査を行なっている。

　彼らは W. Schmidt，W. Rivers，Boaz などと同世代で，伝播主義やヴィーン学派の創立者たちと同じ時代に活動したが，人類学理論としてはとくに独自のもの，新しいものを主張したわけではない。理論的には進化主義と伝播主義の影響が強い。それよりもむしろ，帝政時代のロシア民族学の延長線上で調査を進め，長期のフィールドワークによる参与観察と現地言語の習得による非常に細かいデータの収集に，彼らの研究の人類学全体における意義がある。理論的貢献としては人類学全体のパラダイムに影響を与えるようなものはないが，シベリア，極東といった地域に限定した場合の民族分類方法の理論的基礎(言語系統を重視した民族分類方法)を築いたという点をあ

げることはできる。とくに Shternberg らが，民族調査に際してできるかぎり長期に現地に滞在することと，まず現地の言語を習得してから本格的な調査に入ることを主張していた点は画期的であった。彼をはじめ Bogoraz, Iokhel'son など当時のナロードニキあがりのロシア民族学者たちが行なった長期調査は政治犯としての流刑から出発しており，彼らは大学で人類学の理論や方法論を学んでいたわけではない。いわば調査の後に民族学者となったわけである。しかし，10 年という長期間現地に滞在し，現地言語をまっ先に修得してから民族調査に入るという理想的な方法をすでに実践していた。一般に近代人類学では B. Malinowski と A. R. Radcliffe-Brown によって人類学者自身による長期のフィールドワークに基づく研究が確立されたとされるが，ロシアではすでに 19 世紀の末期から Malinowski らが主張していたような調査方法が実践されていたのである。

　前節で述べたように，1932 年の「全ロシア考古学民族学会議」において定められたソビエト民族学は成立当初から枷をはめられた。その結果，すでに帝政時代から続けられてきた民族識別の理論的な研究（シベリアについては L. Schrenck，S. Patkanov らによって始められ，S. M. Shirokogorov (Shirokogoroff) の「エトノス理論」によって最高潮に達する）はほとんど不可能になり，さらには現状を分析するような研究方針もとれなくなった。Slezkine にいわせると，「民族学は『原始共産制の形成』に関する理論的研究と，階級の発生，前階級社会内部の内部矛盾の問題，それに続く進化過程における前階級社会の残滓の役割をめぐる議論に終始することになる」(Slezkine, 1991: 481)。

　しかし，レニングラード学派はひとつの研究者集団としては消滅したが，その精神は Shternberg や Bogoraz の薫陶を受けた民族学者たちの間に確実に根づいていた。この時代にはシベリアのフィールドに赴く民族学者，あるいはその卵が非常に多く，ソ連のシベリア研究はこの時代の地道なフィールドワークによって，膨大な民族誌資料が蓄積される。この時代にフィールドを始めた研究者で，後にソ連民族学界に大きな影響力をもった研究者としてはつぎのような人々がいる。

モスクワ
- B. O. Dolgikh：ネネツ，エネツ，ガナサンなどのサモエード系の住民の調査とロシア帝国進出直前のシベリアにおける民族氏族構成の研究
- M. G. Levin：シベリア先住民の自然人類学的研究と生態系と経済体制による先住民分類，N. N. Cheboksarov とともに「経済文化類型」と「歴史民族学的領域」というシベリア諸民族の分類理論を提唱
- S. A. Tokarev：ヤクートの社会組織と宗教に関する調査研究からシャマニズム，原始宗教の研究へと発展
- S. V. Ivanov：シベリア先住諸民族の装飾文様をはじめとする造形芸術の研究

レニングラード
- A. A. Popov：ガナサンの調査
- G. M. Vasilevich：エヴェンキの言語学，民族学調査と文語の創設
- A. F. Anisimov：エヴェンキの宗教と社会組織の調査研究
- E. A. Kreinovich：ニヴフとユカギールに関する言語学，民族学調査
- I. S. Vdovin：チュクチ，コリヤークに関する民族学調査
- V. N. Chernecov：オビ・ウゴル（ハンティ，マンシ）の宗教，世界観の研究
- G. N. Prokof'ev：オビ・ウゴル（ハンティ，マンシ）の調査
- E. D. Prokof'eva：オビ・ウゴル（ハンティ，マンシ）の調査
- A. N. Lipskii：アムール川流域の民族調査
- N. A. Lipskaya：アムール川流域（とくにナーナイ）の民族調査
- A. M. Zolotarev：ウリチ，ニヴフの社会組織と宗教儀礼の研究
- N. K. Karger：ウリチ，ゴリン川流域に住むナーナイ（サマギール）の社会組織の研究
- I. I. Koz'minskij：ナーナイの宗教儀礼の研究

シベリア
- A. P. Okladnikov：シベリア，極東の考古学者，ただし民族学者にも大きな影響力をもつ

ここにあげた人々と同世代の人々のなかには第二次世界大戦(ロシア語では「大祖国戦争」)に従軍して戦死したり，ドイツ軍に包囲された町のなかで病死した民族学者も少なくなく*，戦争によってシベリア研究も大きな打撃を受ける。しかし，戦火をくぐりながらもシベリアでの調査は戦後すぐに復興する。

彼らの精力的な調査は現在シベリア諸民族のハンドブックとしてもっとも親しまれている『シベリアの諸民族：*Narody Sibiri*』(1956)として結実する(1964年に英訳版が *Peoples of Siberia* と題してシカゴ大学から出版されている)。M. G. Levin と L. Potapov がモスクワとレニングラードの民族学者を総動員して編集しており，個々の民族の民族誌的データを得られるだけでなく，シベリア全体の歴史が先史時代からソ連時代まで概観できる。これはまた民族学研究所所長の Tolstov が研究所の総力をあげて編纂した『世界の諸民族：*Narody Mira*』というハンドブックシリーズの一冊である。このシリーズの編集方針として興味深いのは，従来人類学が扱ってこなかった西ヨーロッパの諸民族まで他地域のいわゆる「未開民族」，「原始民族」と同等に「民族」として扱われ，このシリーズに収められている点である。このシリーズは当時の冷戦が厳しさを増してきた時代に編纂されたものであり，政治色の濃い出版物であることは事実である。ソビエト民族学の民族の定義，あるいは研究対象の設定の仕方，分析の方法論にマルクス主義イデオロギーだけでなく，当時の政治状況が関係する。しかし，表面的には時代を先取りしたような面もみられた。

戦後シベリアでのフィールドワークが再開されると，再び若い世代が育ってきた。ただし，モスクワの Tolstov が民族学研究所の所長となって民族学者の集団を率いることとなったことから，モスクワの力が強まり，シベリア研究も戦後はモスクワからの研究者が増える。上記世代の弟子の世代であり，戦争直後から1980年代にかけてフィールドに出た民族学者にはつぎの

---

*とくにレニングラードに多い。ネネツの研究家 G. D. Verbov やナーナイの専門家の N. A. Lipskaya などが犠牲となった。

ような人々がいる。

モスクワ
- I. S. Gurvich：北部ヤクーチヤとカムチャツカ半島のヤクート，エヴェン，ドルガン，コリヤークなどでの民族調査，シベリア研究の大御所的存在
- V. A. Tugolukov：エヴェンキ，エヴェン，ユカギールの調査研究
- Yu. V. Simchenko：ガナサン，ドルガンの調査研究と野生トナカイ狩猟の研究
- M. Ya. Zhornitskaya：ヤクート，ユカギールの調査研究
- V. I. Vasil'ev：ネネツ，エネツの調査研究
- Z. P. Sokolova：オビ・ウゴル（ハンティ，マンシ）の調査研究
- A. V. Smolyak：ウリチ，ナーナイの調査とアムール川下流域諸民族の民族形成過程の研究
- S. I. Vainshtein：トゥヴァの調査研究とトナカイ飼育の成立過程の研究
- S. A. Arutyunov：チュコト半島でのエスキモーの遺跡の発掘

レニングラード
- V. V. Antropova：カムチャツカのコリヤークの調査研究
- L. B. Khomich：ネネツ，エネツの調査研究
- G. N. Gracheva：ガナサン，ドルガンの調査研究
- E. A. Alekseenko：エニセイ川のケットの調査研究
- Ch. M. Taksami：ニヴフ，コリヤークの調査研究と環オホーツク文化の比較研究
- V. P. D'yakonova：トゥヴァの調査研究
- R. G. Lyapnova：アレウトの調査研究

ノヴォシビルスク
- A. I. Mazin：エヴェンキの狩猟民，トナカイ飼育民の調査研究
- A. M. Sagalaev：オビ・ウゴル，セリクープ，森林ネネツ，シベリア・タタールの宗教の調査研究

極東
　V. G. Lar'kin：ウデヘ，オロチ，イテリメン，コリヤークに関する調査研究
　Yu. A. Sem：ナーナイの物質文化と社会構造に関する研究
　U. G. Popova：マガダン州のエヴェンの調査研究
　N. B. Kile：ナーナイ語とナーナイの世界観に関する研究
　G. A. Otaina：ニヴフ語とニヴフのフォークロアの研究
　E. A. Gaer：ナーナイの宗教，世界観に関する研究
　V. A. Turaev：北東アジアの先住民族の民族問題に関する研究
　A. F. Startsev：ウデヘの物質文化と生業の調査研究
　V. V. Podmaskin：ウデヘの世界観と宗教の研究
　彼らの調査は1950年代後半から80年代にかけて続々と出版された各民族ごとの民族誌の単行本として結実する。これらの民族誌はすべて体裁が同じであり，2部構成である。すなわち，第一部が革命以前の状況を民族誌的現在として普遍化させたいわゆる民族誌であり，第二部がソビエト政権の民族政策の成果を誇示するために，革命後の状況を第一部と対比させながら肯定的に描いた現状報告である。今日的な視点でみれば，このような民族誌の欠陥は明らかである。しかし，いずれも長期の綿密なフィールドによるデータを用いており，個々の民族誌的な情報にはみるべきものがある。また，先行研究のレビューも徹底して行なっているなど，論文の基本的な体裁もしっかりしている。そのため，各民族に関するハンドブックとしては非常に役立つものでもある。ただし，そのほとんどが翻訳されていないために，『シベリアの諸民族』ほどには使われていない
　そのような民族誌の例をあげると，つぎのようなものがある。
　V. G. Lar'kin
　　1958年　『ウデヘ：19世紀中期から今日までの歴史的・民族学的概説』ウラジオストーク
　I. S. Vdovin
　　1965年　『チュクチの民族史概説』レニングラード

V. G. Lar'kin
   1964年 『オロチ：19世紀中期から今日までの歴史的・民族学的概説』モスクワ

A. V. Smolyak
   1966年 『ウリチ：過去と現在の生業，文化，慣習』モスクワ

L. B. Khomich
   1966年 『ネネツ：歴史的・民族学的概説』レニングラード

E. A. Alekseenko
   1967年 『ケット：歴史的・民族学的概説』レニングラード

Ch. M. Taksami
   1967年 『ニヴヒ：現代の生業，文化，慣習』レニングラード

G. M. Vasilevich
   1969年 『エヴェンキ：18世紀から20世紀初頭までの歴史的・民族学的概説』レニングラード

V. V. Antropova
   1971年 『コリヤークの文化と慣習』レニングラード

I. S. Vdovin
   1973年 『コリヤークの民族史概説』レニングラード

Yu. A. Sem
   1973年 『ナーナイ：物質文化(19世紀後半から20世紀中期)：民族学的概説』ウラジオストーク

A. P. Okladnikov 編
   1975年 『ユカギール：歴史的・民族学的概説』ノヴォシビルスク

U. G. Popova
   1981年 『マガダン州のエヴェン：オホーツク海沿岸エヴェンの歴史，生業，文化の概説』モスクワ

1960年代のデタントによってソ連の学術研究の傾向にも変化はみられたが，民族学にもそれはあらわれ，スターリン時代以後しばらく影をひそめていた民族学の理論的な研究，すなわちエトノス論や人類社会形成論が復活し，

Yu. Bromlei, Yu. I. Semenov, V. P. Kabo などの研究が登場する。ただし，Bromleiがモスクワの民族学研究所の所長となったように，彼らはソビエト民族学のイデオロギーをリードする立場に立ったため，その理論に反対する者たち(たとえばL. Gumilevなど)を抑圧することもしばしばあった。そして，シベリア研究などフィールドワークに基づく研究に携わるものは，事実上彼らの理論のために基礎資料を提供する者(つまりは彼らの手足)とならざるを得なくなった。

　そのような状況のなかで1970年代から90年代初頭までシベリア研究をリードしたのがモスクワの研究所のシベリア部門長だったI. S. Gurvichだった。彼自身ヤクーチヤ北部，カムチャツカ半島，チュコト半島で長期のフィールドワークを行ない，ヤクート，ドルガン，エヴェン，ユカギール，コリヤーク，チュクチのトナカイ飼育民や狩猟民たちの社会組織や宗教儀礼に関する膨大な報告書と研究書を残している。しかし，彼の業績の神髄は彼個人のものだけでなく，彼が主催したさまざまなシンポジウム，研究集会，さらには彼が編集責任者となって編集されたシベリア関係の数多くの出版物や出版企画にある。彼はモスクワだけでなく，レニングラードのシベリア研究者も動員できる唯一のリーダーだった。

　しかし，理論家たちの手足となりながらも，シベリア民族学者たちは独自の業績も数多く残した。そのなかでとくにまとまった形になったのは，「民族起源論：etnogenez」，「民族過程論：etnicheskie protsessy」，あるいは「民族史：etnicheskaya istoriya」に関する論考であった。これは後にソ連の民族政策を補完するだけのものとの批判も受けたが，シベリア研究にそれなりの貢献をしている。そのような業績としてはつぎのようなものをあげることができる。

B. O. Dolgikh
　1970年『ネネツとエネツの民族史概説』モスクワ
A. V. Smolyak
　1975年『アムール川下流域とサハリンの諸民族の民族過程』モスクワ
Ch. M. Taksami

1975 年『ニヴフの民族学と歴史学の諸問題』レニングラード
　L. B. Khomich
　　　1976 年『ネネツの民族起源と民族史の諸問題』レニングラード
　V. I. Vasil'ev
　　　1979 年『北サモエード系諸民族の形成過程の諸問題』モスクワ
以上はいずれも個人業績だが，このほか論文集としてつぎのようなものがある。
　I. S. Gurvich 編
　　　1975 年『北方諸民族の民族起源と民族史』モスクワ
　I. S. Gurvich 編
　　　1980 年『北方諸民族の民族起源』モスクワ
　Ch. M. Taksami 編
　　　1984 年『北方諸民族の民族文化的接触』レニングラード
　I. S. Gurvich 編
　　　1985 年『シベリアと北方の諸民族の民族文化過程』モスクワ
　1970年代を中心にしてつぎつぎに出版されたこのようなある「民族」(カギ括弧をつけたのはソ連が政策的に規定した民族をさしているため)の起源，あるいはその生成過程を明らかにするという研究の理論的な基礎は，Bromlei が主張したエトノス論にある。「エトノス：etnos」とは非社会主義国家の人類学でいうところの「エスニシティ」に近い概念で，「民族」の「本質」のようなものである。ただし，エスニシティと異なるのは，エトノスは人間個人に本源的にそなわる資質であるということと(つまり人間は生まれながらに「民族」という集団を形成しなくてはいられない性質をもっている)，生物のような生成消滅過程を繰り返すと考えられている点である。その生成消滅過程を研究するのが，「民族起源論」，「民族過程論」なのである。
　「民族起源論」とは文字どおり研究対象とする「民族」が生まれてくる過程である。その「民族」の祖先の原住地を，彼らの口頭伝承や歴史文書，さらには考古学まで援用して探りあて，その時代の文化や社会をやはり口頭伝承論，歴史学，考古学，言語学など隣接分野の協力を得ながら復元するので

ある。それに対して,「民族過程論」の場合には,そのような起源の探索とともに,その後の変化を追う。ただし,「民族過程」という概念にはふたつの観点からの把握の仕方があるという。ひとつは広いとらえ方で,人々が「民族」の帰属をかえていく過程を把握するものであり(「民族」そのものの生成消滅過程),もうひとつは狭いとらえ方で,エトノスの個々の構成要素の変化(言い換えれば文化変化や社会変化)を把握するものであるという(Bromlei, 1973: 153)。ともに学際的な研究であり,広い視野,広い学問的な関心がなければできない方法ではある。また「民族」とその「文化」を「変化するもの」,あるいは「過程」としてとらえている点も今日的な視点からみれば肯定的に評価できる。硬直しているとみられていたソビエト民族学にもみるべきものはあるのである。

　しかし,基本的に政策追随型の研究であるだけでなく,本質主義的であり,歴史主義的な方法である。というのは,まず政策的に決定された現在の「民族」というものの存在を前提としており,その「民族」の設定の正当性を証明するために「本質」を過去にさかのぼって探し求めようとするからである。しかも,その歴史主義は現在の視点でみれば植民地主義的でもある。というのは,研究対象とされたシベリア,極東の諸「民族」は「狩猟漁労民」か「遊牧民」(トナカイ飼育民を含む)と規定されていて,彼らを特徴づける文化属性としては狩猟・漁労や遊牧・牧畜に関するものしか取り上げられないからである。たとえばオビ・ウゴルとよばれたハンティやマンシにはシビル・ハーン国に支配されていたころ(16世紀まで)にはその貴族に列せられていた者が少なからずおり,階層性をもった社会に暮らしていたにもかかわらず,そのような事実は社会変化の分析の際には取り上げられない。同じことは極東のツングース系住民やニヴフの「民族過程」の研究にもいえる。

　狩猟文化や漁労文化,あるいは遊牧文化とはソビエト民族学においても「原始文化」あるいは「未開文化」の代名詞のようなものだった。したがって,そのような「文化」しか取り扱わないソビエト民族学のシベリア,極東研究はやはり「未開文化研究」だったのであり,それはまた1980年代から批判されるようになったオリエンタリズムや植民地主義人類学の仲間だった

ともいえるのである。

4. ソビエト民族学のシベリア研究に対する評価

　ソ連崩壊後ソビエト民族学に対する評価は厳しい。Bromlei 亡き後モスクワの民族学研究所の所長になった V. A. Tishkov 自身が述べるように (Tishkov, 1992)，最大の問題点は，ソビエト民族学がその研究対象（民族形成論や民族起源論，空論に近くなっていたエトノス論など）からして現状を分析するような学問ではなく，完全な政策追随型の学問であったといわれても致し方のない状態に陥っていた点である。ペレストロイカ直前には C. Levi-Strauss の『構造人類学』が翻訳されたり (1983)，アメリカ流の親族構造論を導入してみたり，イギリス，フランスの経済人類学者と交流したりなど，必ずしもその体質は硬直化していたわけではない。しかし，ソ連の外では，ナショナリズム，エスニシズムによる社会運動の高揚やオリエンタリズム批判，ポスト・モダニズム批判などの思想的潮流が，1970 年代までの人類学の枠組みを根底からくつがえそうとしており，ソ連の民族学者が接近しようとした西欧人類学の方法論はすでに時代遅れとなっていた。ソ連の民族学者たちは閉鎖された国家のなかで 19 世紀的な（あるいは近代的な）進歩史観のぬるま湯のなかに安住していたともいえるかもしれない。

　しかし，そのような安穏とした状況はナゴルノ・カラバフでの武力衝突によって破られてしまった*。このときモスクワの民族学研究所は何の提言もできなかった。民族的な対立，紛争などありえないとする政策と政府のプロパガンダに従って，いつの時代の事象ともわからぬ「過去」の民族誌を掘り起こし，過去の民族生成過程だけを扱っていた民族学者には，現実に今起こっている事象を分析し，それに対応するための適切な助言を政府に与える

---

*アゼルバイジャン共和国のなかにあるアルメニア人の自治州だったナゴルノ・カラバフの問題は 1987 年のアルメニア共和国への帰属替え要求署名運動に端を発してアルメニアとアゼルバイジャンとの間の武力紛争に発展した。1994 年にロシアの仲介で停戦合意がなされ，いちおう沈静化している（北川，1995：816）。

ことは不可能だった。ソ連の民族学者はこのとき初めて，みずからの無力さを痛切に感じざるを得なかったはずである。しかも，民族問題，民族紛争は時代とともに増大し，現実の民族の状況から目をそらせていては，研究すらおぼつかない状況となった。

　ソ連が崩壊した現在，ロシア科学アカデミー民族学研究所では現在進行している民族にかかわるできごとも研究対象として，その分析と評価を試みている。そのために従来の定期刊行物（『ソビエト民族学：*Sovetskaya etnografiya*』の後継雑誌である『民族学評論：*Etnografichekoe obozrenie*』）とともに，『応用緊急民族学研究：*Issledovaniya po prikladnoi i neotlozhnoi etnologii*』と称するシリーズを刊行している。そのなかにはたとえば，極東沿海地方のビキン川流域にいるウデヘたちの狩猟場における森林伐採計画中止運動に関するものも含まれている（Shnirelman, 1993）。そこで調査者のV. A. Shnirelmanは，ウデヘの狩猟業の現状分析から入り，1992年に表面化した韓国の現代グループと沿海地方政府との協力によるビキン川上流域での森林伐採計画に対して，ビキン川のウデヘたちが繰り広げた反対運動の過程と，裁判での論点を明らかにしている。

　さらにもうひとつソビエト民族学の大きな欠陥を指摘すれば，そのシベリア研究に使用される資料があまりにも偏っていたことである。それは極東研究に如実にあらわれている。ソ連の民族学者の目にはアムール川流域が中国に支配されていた18，19世紀がまったく映っていないのである。彼らの民族過程論や民族史の研究におけるこの時代に対する沈黙は，資料の少なさではなく，彼らの語学能力の低さと彼らをとりまくゆがんだ政治状況をあらわしているにすぎない。語学能力の低さとは彼らがロシア語以外の文献，資料をほとんど読めないことをさす。とくに極東研究では英語，ドイツ語，フランス語などのほか，中国語，満洲語，モンゴル語，日本語，朝鮮語などの資料を利用しなければならないはずだが，それらの言語を読めるシベリア・極東関係の民族学者は現在のロシアにはほとんどいない。また，ゆがんだ政治状況とは，現状を正当化するためにこの地域の歴史を徹底して掘り起こせないロシア国家（ソ連も含む）の膿の傷（19世紀中期にアムール川流域を武力と

欺瞞によって中国から奪取したというまぎれもない事実)を意味する。

　より具体的にいえば，アムール川流域，沿海地方，サハリン(樺太または庫頁島)はロシア極東のなかでもとくに中国や日本と関係が深い地域であり，じつはこれらの国を含む東アジア世界の一部であった。19世紀中期(ロシアの再侵入以前)まで，ここの住民の経済生活は中国や日本との朝貢関係や交易関係に大きく依存し，社会も中国(とくに最後の王朝清朝)や日本(江戸幕府や松前藩)の統治組織の末端部分に連なっていた。そして，物質文化や精神文化は中華文明圏の一員ともいえるほど中国の影響が強いとともに，洗練，高度化されていた。しかし，帝政ロシア，ソ連の民族学が描くこの地域の先住民たち(大量のロシア系移民の流入で，もとからいた住民は先住民化してしまった)の文化は，狩猟文化や漁労文化ばかりであり，しかもその後進性，未開性が強調されるばかりであった。たとえばその衣文化を語るときには魚皮衣，獣皮衣ばかりが強調され，龍文をあしらった絹の衣装についてはほとんどふれられなかった。精神文化についても，シャマンの活動やセウェンとよばれる素朴な姿の木偶であらわされる精霊が「原始宗教」の一部として語られるのみで，中国の道教の影響と満洲の天神の影響を受けたミオ信仰やエンドゥリ信仰は「中国，満洲からの影響」といわれるだけで正面から分析されることはなかった。

　それは，ひとつには前節でもふれたようにソビエト民族学は基本的には本質主義的でかつ植民地主義的な性質をもっていたからであり，もうひとつには極東における微妙な国際関係が影響していたからである。本質主義，植民地主義は「原始的」で「未開な」ものを求めるために，洗練され高度化されたものは「外来文化」として分析対象とはしないのである。そして，1950年代後半から90年代初頭に至る冷戦，中ソ対立の時代のなかで，アムール川流域，沿海地方，サハリン，クリル諸島(千島列島)の歴史研究は政治的に強い拘束を受けざるを得なかった。日本や中国が領有していた18，19世紀の研究はタブー化され，19世紀後半以降の近現代史は帝政ロシアやソ連がそこを領有することの歴史的正当性を主張することに終始した。そして，日本や中国がかつて領有していた痕跡はできるかぎりかき消されるか隠された。

実際，地名では数多くの中国語，日本語のみならず，先住民の言葉であったアイヌ語，ニヴフ語，ツングース諸語の名称が，ロシア風の地名に変更されている。先住民の文化に残る中国や日本起源の要素も同じように語ることができないものだったのである。

　このように，ソ連時代末期には現実の事態に対処できず，しかも一部では先住民の歴史あるいは伝統文化について偏った情報を故意に流していたとはいえ，ソビエト民族学のシベリア・極東研究への貢献も過小評価してはならない。

　まず，19世紀後半から20世紀末期まで継続的に同一地域，同一集団を調査し続けているという地域は，シベリア，ロシア極東以外ではまれである。しかも，ほかの地域ではそのようなことを行なっていても，調査方法や民族誌の構成，記述の視点が変化しているため，各民族誌の同じ項目を直接比較することができない。それに対してソビエト民族学では，BogorazやShternbergの時代に確立された民族調査方法や民族誌の記述方法が，時代，世代を通じて一貫して採用されており，同じ基準でもって各時代ごとの文化を比較することができるため，変容，変化の軌跡を確実に追うことができる。これはほかの地域ではなしえないことである。つまり，ほかの地域では調査者によって視点や視野が異なるために，ある事象や文化要素が記述されていない場合，それが文化変容のために消滅しているのか，それとも記述されなかっただけなのかがわからない。しかし，シベリアでは他地域よりは調査者の視点の相違が小さいため，後の民族誌に記述されていなければ，本当に消滅していた可能性が高い。

　このようなことは，ある集団の文化を通時的に総括しようとするときに都合がよく，また文化変化の理論の構築におおいに役立つ。ソビエト民族学とそれ以前の帝政ロシアの民族学による民族誌データの蓄積，さらにはシベリア征服時の記録とをあわせれば，シベリアに関しては先住民の歴史を16世紀から描くことができる。しかもその歴史は，蓋然性だけでしか描けない古いタイプの歴史民族学が提起した「文化圏」や「文化史」とは異なり，時代ごとの確実なデータに基づく歴史事実の時系列への配列という形で提示する

ことができ，それをもとに歴史的事象を因果律でもって再整理することすら可能となる。じつはシベリアとロシア極東はすでに現地調査のみに依拠するような人類学の研究対象ではなく，歴史学との融合をもっとも必要とするフィールドなのである。

ただし，各時代の民族誌を用いてシベリア・極東の人々の歴史を描こうとするとき，注意しなければならないのは，民族誌を客観的な事実を記した資料として扱うのではなく，歴史資料（つまりは史料）として扱わねばならないということである。史料ならばその記述内容の真偽を，同じ時代の同じできごとを記しながら異なる立場から書かれた別の史料と照らし合わせながら検証するという作業が必要になる。ときには「偽書」といわれるような，みずからの歴史観を正当化するためにまったくのフィクションをまぜた歴史資料をわざわざ創作する人もいたからである。その史料の内容から歴史事実を論文に記す際しては，その成立した時代背景や著者，編者の意図するところを考慮して補正を加え，研究者の意図する歴史を描いていく。民族誌を史料として利用するときもまったく同じ作業が必要になるわけである。

たとえばソビエト民族学の手法で書かれた民族誌をソ連時代の先住民の状況をあらわす史料として利用するときには，まずほかの史料でその記述内容の真偽を確認して，史料としての信頼性を確保しなければならない。ソ連時代にはシベリア，ロシア極東に関してはソ連東欧以外の研究者が調査に入っていることがまれなため，なかなか信頼できる傍証史料をみつけることは難しいが，同じソビエト民族学でも複数の民族誌にあたるということは最低必要である。現在はアルヒーフ類の閲覧もかなりできるようになっているため，民族誌に書かれている事実をアルヒーフで確認するということも可能である。史料として信頼性が確認できればその民族誌の著者，編者の学問的背景，そしてソ連という時代の政治経済情勢を加味して，民族誌記述の内容に補正を加えながら，データとしてみずからの歴史の論文に加えることができる。そのように使えば，マルクス主義イデオロギーで固められているといわれ，実際は本質主義的で植民地主義的な記述に満ちているソビエト民族学の民族誌といえども，十分史料として使えるのである。

さらに，ソビエト民族学の柱のひとつであった「民族過程論」もじつは，人類学と歴史学の融合をはかるうえで，重要な方法論を提供してくれる。これはソ連が設定した民族区分を正当化するための方便であり，その成果をみずからの研究で使うには十分が注意が必要だが，じつはそこで行なわれていた研究過程のなかには，先住民の歴史を構築する際に役に立つ点がみられる。

たとえば，A. V. Smolyak はアムールの諸民族に関してその生成過程を分析した業績を残したが[『アムール川下流域とサハリンの諸民族の民族過程』(1975)]，そこで彼女は各民族の居住地の変化，氏族単位の移住史(ただし伝承に基づく)，そして氏族間，民族間の婚姻とアイデンティティの推移を明らかにしている。民族生成過程研究では，往々にして時代的に大きく離れた考古学的データと民族誌的データを，途中の時代を無視して結びつけたりすることが多いのに対して，彼女の業績のすぐれた点は，年代のはっきりした史料と時代が明確なインフォーマントの記憶とを頼りに，住民構成の変遷やアイデンティティの推移を考察している点である。難はアムール，サハリンという地域を扱うときに，中国，日本側の史料をほとんど考慮に入れていない点にあり，そのために，個々の民族の成立について，彼女が調査で得られた感触に忠実でないところ(つまりソ連が決めたところの民族枠に自分の意見をあわせようという傾向)が散見される。たとえば，彼女の主著のひとつである『アムール川下流域とサハリンの諸民族の民族過程』において，彼女はウリチと接していたナーナイたちが上流のナイヒン方面のナーナイ語よりウリチ語との方がコミュニケーションをとりやすいという事実を指摘しておきながら，それを言語学者たちの今後の研究にゆだねたいという形で言葉を濁している*。これはウリチ語とナーナイ語の境界がきわめてあいまいであったことを意味している。ウリチ語は 1930 年代にはナーナイ語の一方

---

*Smolyak はつぎのように記している。

　我々の調査資料では，ウリチの言語とゴリン川河口よりも下流のアムール川沿岸のナーナイの言語とは，他の言語であると認識されていながら，上流方面のナーナイ語の方言よりも近いに関係にある。例えば，1958 年の調査では，カルギ村とシマシ村の老人たちが，わしらはウリチのいうことは何不自由なく理解できるが，ナーナイ地区のナーナイたちの言葉は聞くのに大変骨が折れると語っていた。このような問題は言語学者の調査をさらに必要としている(Smolyak, 1975: 37)

言とすらみられていた時代もあったが(Petrova, 1936)，後に独立した言語とされた。その間の事情は言語学者たちの議論を十分吟味しなくてはならないが，そこに政治的な要因が皆無だったとはいえないだろう。

しかし，そのような難点はあるにせよ彼女の研究は歴史学的な方法をも取り入れようとする人類学者にとってはよい参考例となるのではないかと思われる。

5. おわりに―ソビエト民族学の植民地主義的性格とその克服について

以上，ソビエト民族学によるシベリア，ロシア極東地域の人類学的，民族学的研究を概観してきたが，ここでソビエト民族学の最大の問題点をあげると，それはその民族誌記述がやはりオリエンタリズムであり，本質主義的，植民地主義的であったということになるだろう。つまり，非社会主義諸国（旧自由主義陣営の諸国）で1980年代になされていた人類学批判とまったく同じ批判がソビエト民族学に対してもあてはまるということである。従来いわれてきたマルクス主義イデオロギーに拘束されていたとか，そのために政策追随型の研究しか許されていなかったという批判は，じつは表面的な批判にすぎなかったともいえるだろう。ソビエト民族学がペレストロイカ時代(1985-1991年)に噴出したソ連各地での民族問題，民族紛争に対処できなかったのは，イデオロギーに縛られていたというよりは，それがもつ本質主義的，植民地主義的な性格のために現実に進行していた民族間，あるいは民族内の社会的矛盾に関心がはらわれなかったのである。

なぜ，ソビエト民族学が本質主義的で植民地主義的なのか。それは第3節でも指摘しておいたが，その研究対象と記述対象に「未開性」，「原始性」を体現するものばかりを求めてきたからである。第3節ではオビ・ウゴルを例にしたが，第4節でもしばしばふれた極東のアムール，沿海地方，サハリンの状況はもっと端的にそれを示している。

上述のように，この地域は中国と日本というふたつの東アジア国家に挟まれており，その政治経済情勢に非常に敏感だった。とくに政治的に安定した

18世紀中期から19世紀中期の100年間には，住民のなかに商業的センスの高い者がいて，中国と日本の間の嗜好と需要の相違をみぬき，仲介交易を行なって多大な商業的利潤を得ていた。たとえばサンタン人といわれたアムール川下流のツングース系の住民やスメレンクルとよばれたアムール河口からサハリン北部にいたニヴフ語系の言語を話す人々のなかには，中国の絹織物を日本に売り，日本が輸出するクロテン，カワウソなどの毛皮を中国側に売ることで，10倍以上の儲けを得る人々がいたのである。経済的な豊かさは物質文化，精神文化の高度化をもたらし，ここに洗練されたアムールの独特の文化が花開いた(佐々木，1996；1998)。それを簡潔だが的確に記したのが間宮林蔵であった。

彼は1808年に樺太を1809年には樺太西海岸北部からアムール川の最下流域を踏査し，『北夷分界余話』，『東韃地方紀行』という2本の報告書を口述したが，そこに描かれているサンタン，スメレンクル，樺太アイヌ，コルデッケなどの姿からは後の「未開民族」，「原始民族」は想像できない。貧富の差により，きわめて劣悪な生活条件のなかに暮らす者がいたことも事実だが，他方で絹の衣装を着用して接客し，中国や日本から購入した日用品を常用して，物乞いもせず堂々たる振る舞いを示す村の有力者も登場する。その様子はおしなべて村人全員が貧困にあえぎ，「未開」状態にあるように記されている近現代の民族誌とはまったく異なるのである*。

また，アムールの植民地建設の先兵として調査に来たはずのSchrenckの民族誌からも，貧しい狩猟漁労民の姿は浮かんでこない。彼が調査を行なったのは1854年から56年にかけての足掛け3年であったが，当時はまだアムール全域が清朝の領土であり，まだまだ間宮林蔵が目撃したような社会が

---

*間宮林蔵の2著作参照(間宮，1988a；1988b)。同様のことはアメリカの人類学者B. Grantも気づいたようで，彼はその主著 *In the soviet House of Culture* のなかでつぎのように述べている。

しかし，彼のスメレンクルの商売，勤勉さ，愛想のよさについての事実しての描写は，簡潔ながらも，因習的な自然文化連続体に囚われない樺太先住民像を提供してくれる。そしてそれはまた，ソビエト到来時に樺太ニヴヒ社会に原因が帰せられた後進性と孤立性の政策に対して疑問を投げかけるための素地を与えてくれる(Grant, 1995: 50)。

続いていたのである。Schrenck は今でいう植民地主義的な民族誌を描いてもよかった。しかし，彼はアムールの人々の文化から「未開」な部分だけを抽出するということはしていない。

　しかし，19 世紀末期に流刑囚としてサハリンに送られ，ニヴフ（ギリヤーク）の社会を調査した Shternberg の記述は，間宮林蔵らの記録とまったく異なり，その貧しさ，原始性，未開性が強調されてくる。Piłsudski, Lopatin など彼に続く調査者も同様である。そしてその傾向はソビエト民族学出身の民族学者に受け継がれる。

　彼らの時代には間宮林蔵や Schrenck が調査したころのような中国や日本との朝貢や交易を通じた関係は衰退し，先住民たちの社会や文化に繁栄をもたらしてきた商業活動が続けられなくなっていたことは事実である。しかし，彼らは現地でかつての繁栄の痕跡を目撃していたはずであり，事実その一部を標本資料として持ち帰っている。サンクト・ペテルブルクのロシア科学アカデミー人類学民族学博物館（通称クンストカーメラ）には Shternberg や A. N. Lipskii が持ち帰った日本製の漆器や中国製の陶磁器，さらには清朝が発行した村長の任命書（ピオ），村人が崇拝した中国の神々を描いた聖画像（ミオ）などが保管されている。しかし，ソビエト民族学者たちは誰一人としてそのような資料に関心を向けなかった。彼らが向けたのは「未開経済」を支える狩猟用具や漁労用具であり，「原始宗教」としてのシャマニズムであった。つまり，ソビエト民族学はアムール，サハリンの先住民たちに「未開性」を求め，その部分だけを民族誌に描き，「異文化」として，さらにはソ連という国家の民族的文化的多様性の例として，国の内外に紹介したのである。その根底にあるのは E. W. Said のいう「オリエンタリズム」と同類の思考である。ナロードニキの運動から社会問題に目覚め，流刑先の先住民たちの貧困を帝政ロシア社会の矛盾ととらえることから民族学を始めた，ソビエト民族学の開祖たちも，その意味では 19 世紀末期から 20 世紀初頭にかけての世界を席巻していた植民地主義の呪縛から抜け出せなかったといえるだろう。そして，彼らが基礎を築いたソビエト民族学も「反植民地主義」，「反帝国主義」を掲げながら，気づかないままその呪縛を最後まで引きずってい

たのである。
　では，ソ連が崩壊し，ロシアの民族学者たちがソビエト民族学のさまざまな呪縛から抜け出すチャンスを得た今日，彼らが非社会主義諸国の人類学と同じ植民地主義と批判されるような研究方法から逃れるにはどのようにすればよいのだろうか。
　それにはまず研究対象としている人々の現実と過去を直視することが必要である。とくに過去をしっかり直視すれば，近現代の民族誌の偏った記述（植民地主義的な記述）に気がつかずにはいられない。そのためにはフィールドに頻繁に出かけることも大切だが，もっと大切なのは参考にする資料，とくに過去のことを記した歴史資料の多様性を高めることである。具体的にはロシア語で記された資料だけでなく，ほかの言語で，ほかの立場から書かれた資料や研究書にも目を通す必要がある。ロシア極東地域の研究には最低ロシア語，中国語（漢文），満洲語，日本語で書かれた資料と研究書を読まなければ，その先住民たちの過去を直視できない。その過去と現在を知り，その間の変遷をたどることによって，現在の状況をより深く理解できるようになる。そのとき初めて研究対象となってもらった人々に読んでもらうことができる民族誌が書けるのではないだろうか。

文　献

Bromlei, Yu.(Бромлей, Ю.) 1973. Этнос и этнография. Москва, Издательство 《Наука》.
Gellner, E. 1975. The Soviet and Savage. *Current Anthropology*, 16(4): 595-616.
Gellner, E. (ed.) 1980. Soviet and Western Anthropology. New York, Cambridge University Press.
Grant, B. 1995. In the Soviet House of Culture: A Century of Perestroikas. Princeton, Princeton University Press.
Humphrey, C. 1983. The Karl Marx Collective: Economy, Society, and Religion in a Siberian Collective Farm. Cambridge, Cambridge University Press.
Humphrey, C. 1984. Some Recent Developments in Ethnography in the USSR. *Man*, 19(2): 310-320.
鴨川和子．1990．『トゥワー民族』東京，晩声社．
加藤九祚．1987．「ロシア民族学のあけぼの——革命運動から民族学への道」，『ピウスツキ資料と北方諸民族文化の研究』（加藤九祚・小谷凱宣編）（国立民族学博物館研究報

告別冊5号), 21-43, 大阪, 国立民族学博物館.
北川誠一. 1995.「ナゴルノ・カラバフ問題」,『民族問題事典』(梅棹忠夫・松原正毅・NIRA編), 816, 東京, 平凡社.
黒田信一郎・津曲敏郎・佐々木史郎. 1991.「北東アジア・ツングース系諸族の言語文化の実地研究」,『学術月報』, 44(4):14-19.
Levi-Strauss, C.(Леви-Строс, К.) 1983. Структурная антропология.(перевод: В. В. Иванов). Москва, Издательство 《Наука》.
間宮林蔵. 1988a.「北夷分界余話」,『東韃地方紀行』(洞富雄・谷澤尚一編注), 2-113, 東京, 平凡社.
間宮林蔵. 1988b.「東韃地方紀行」,『東韃地方紀行』(洞富雄・谷澤尚一編注), 115-165, 東京, 平凡社.
升本哲. 1993.「[解説1]レニングラード民族学派——クレイノヴィチを育んだ学問的土壌」,『サハリン・アムール民族誌：ニヴヒ族の生活と世界観』(Е・А・クレイノヴィチ著, 升本哲訳), 378-395, 東京, 法政大学出版局.
民族学研究編集部. 1998.「《特集》シベリア研究の課題と現在」,『民族学研究』, 63(1):1-2.
Petrova, I. I. (Петрова, И. И.) 1936. Ульчский диалект нанийского языка. Москва и Ленинград, Издательство Академии Наук СССР.
佐々木史郎. 1996.『北方から来た交易民——絹と毛皮とサンタン人』東京, 日本放送出版協会.
佐々木史郎. 1998.「18, 19世紀におけるアムール川下流域住民の交易活動」,『国立民族学博物館研究報告』, 22(4):683-763.
Shnirelman, V. A. (Шнирельман, В. А.) 1993. Бикинские удэгейцы: политика и экология (Исследования по прикладной и неотложной этнологии, No. 43).
Slezkine, Y. 1991. The Fall of Soviet Ethnography 1928-38. *Current Anthropology*, 32(4):476-484.
Smolyak, A. V. (Смоляк, А. В.) 1975. Этникие процессы у народов Нижнего Амура и Сахалина. Москва, Издательство 《Наука》.
Tishkov, V. A. (Тишков, В. А.) 1992. Советская этнография: преодоление кризиса. *Этнографическое обозрение*, 1992(1): 5-20

本文中で紹介したロシア語文献の書誌事項

Alekseenko, E. A. (Алексеенко, Е. А.) 1967. Кеты: историко-этнографические очерки. Ленинград, Издательство 《Наука》, Ленинградское отделение.
Antrova, V. V. (Антропова, В. В.) 1971. Культуры и быт коряков. Ленинград, Издательство 《Наука》, Ленинградское отделение.
Dolgikh, B. O. (Долгих, Б. О.) 1970. Очерки этнической истории ненцев и энцев. Москва, Издательство 《Наука》.
Gurvich, I. S. (ed.) (Гурвич, И. С. ред.) 1975. Этногенез и этническая история народов Севера. Москва, Издательство 《Наука》.
Gurvich, I. S. (ed.) (Гурвич, И. С. ред.) 1980. Этногенез народов Севера. Москва, Издательство 《Наука》.
Gurvich, I. S. (ed.) (Гурвич, И. С. ред.) 1985. Этнокультурные процессы у народов Сибири и Севера. Москва, Издательство 《Наука》.

Khomich, L. B.（Хомич, Л. В.）1966. Ненцы: историко-этнографические очерки. Москва, Издательство 《Наука》.

Khomich, L. B.（Хомич, Л. В.）1976. Проблемы этнногенеза и этнической истории ненцев. Ленинград, Издательство 《Наука》, Ленинградское отделение.

Lar'kin, V. G.（Ларькин, В. Г.）1958. Удэгейцы: историко-этнографический очерк с середины XIX века до наших дней. Владивосток, Дальневосточный филиал Сибирского отделения Академии Наук СССР.

Lar'kin, V. G.（Ларькин, В. Г.）1964. Орочи: историко-этнографический очерк с середины XIX века до наших дней. Москва, Издательство 《Наука》.

Okladnikov, A. P. (ed.)（Окладников, А. П. ред.）1975. Юкагиры: историко-этнографический очерк. Новосибирск, Издательство 《Наука》, Сибирское отделение.

Popova, U. G.（Попова, У. Г.）1981. Эвены магаданской области: очерки истории, хозяйства и культуры эвенов Охотского побережья. Москва, Издательство 《Наука》.

Sem, Yu. A.（Сем, Ю. А.）1973. Нанайцы: материальная культура (вторая половина XIX- середина XX в.): этнографические очерки. Владивосток, Дальневосточный филиал Сибирского отделения Академии Наук СССР.

Smolyak, A. V.（Смоляк, А. В.）1966. Ульчи: хозяйство, культура и быт в прошлом и настоящем. Москва, Издательство 《Наука》.

Smolyak, A. V.（Смоляк, А. В.）1975. Этнические процессы у народов Нижнего Амура и Сахалина. Москва, Издательство 《Наука》.

Taksami, Ch. M.（Таксами, Ч. М.）1967. Нивхи: современное хозяйство, культуры и быт. Ленинград, Издательство 《Наука》, Ленинградское отделение.

Taksami, Ch. M.（Таксами, Ч. М.）1975. Основные проблемы этнографии и истории нивхов. Ленинград, Издательство 《Наука》, Ленинградское отделение.

Taksami, Ch. M. (ed.)（Таксами, Ч. М. ред.）1984. Этнокультурные контакты народов Сибири. Ленинград, Издательство 《Наука》, Ленинградское отделение.

Vasilevich, G. M.（Василевич, Г. М.）1969. Эвенки: историко-этнографические очерки XVIII-начало XIX в. Ленинград, Издательство 《Наука》, Ленинградское отделение.

Vasil'ev, V. I.（Васильев, В. И.）1979. Проблемы формирования северо-самодийских народностей. Москва, Издательство 《Наука》.

Vdovin, I. S.（Вдовин, И. С.）1965. Очерки истории и этнографии чукчей. Москва, Издательство 《Наука》.

Vdovin, I. S.（Вдовин, И. С.）1973. Очерки этничекой истории коряков. Ленинград, Издательство 《Наука》, Ленинградское отделение.

第2章 ウデヘの精神文化断章
自伝テキストから

津曲敏郎

1. はじめに

　ウデヘ(Udehe)はツングース系少数民族で，1989年現在人口1902人，うち24％(460人弱)がウデヘ語を母語とするとされている(Girfanova, 1994，以下の村別人口も)。ロシア極東のハバロフスク州ホル川流域のグヴァシュギ(160人)，アニュイ川流域アルセーニエヴォ(50人)，沿海州サマルガ川流域アグズ(144人)，そしてビキン川流域のクラスヌィ・ヤール(400人)などの村に比較的集中して居住している(図2.1参照)。私は1996年以来，数次にわたりクラスヌィ・ヤール村を訪れて，アレクサンドル・アレクサンドロヴィチ・カンチュガ(Aleksandr Aleksandrovich Kanchuga)氏(1934年生まれ，男性)からウデヘ語の調査を継続している。この年代でウデヘ語を自由にあやつれるのはもはや例外的といわなければならないが，これは氏が永年の学校教師としての経歴(校長も務めた)のなかで，子どもたちに自作の教材でウデヘ語教育を試みるなど，人一倍民族語への関心が高かったことが大きいようである。

　ウデヘ語は1930年代，ホル方言をもとに文字化の試みがなされたが定着せず，今日では正式に文字であらわされることはない。したがって氏がロシ

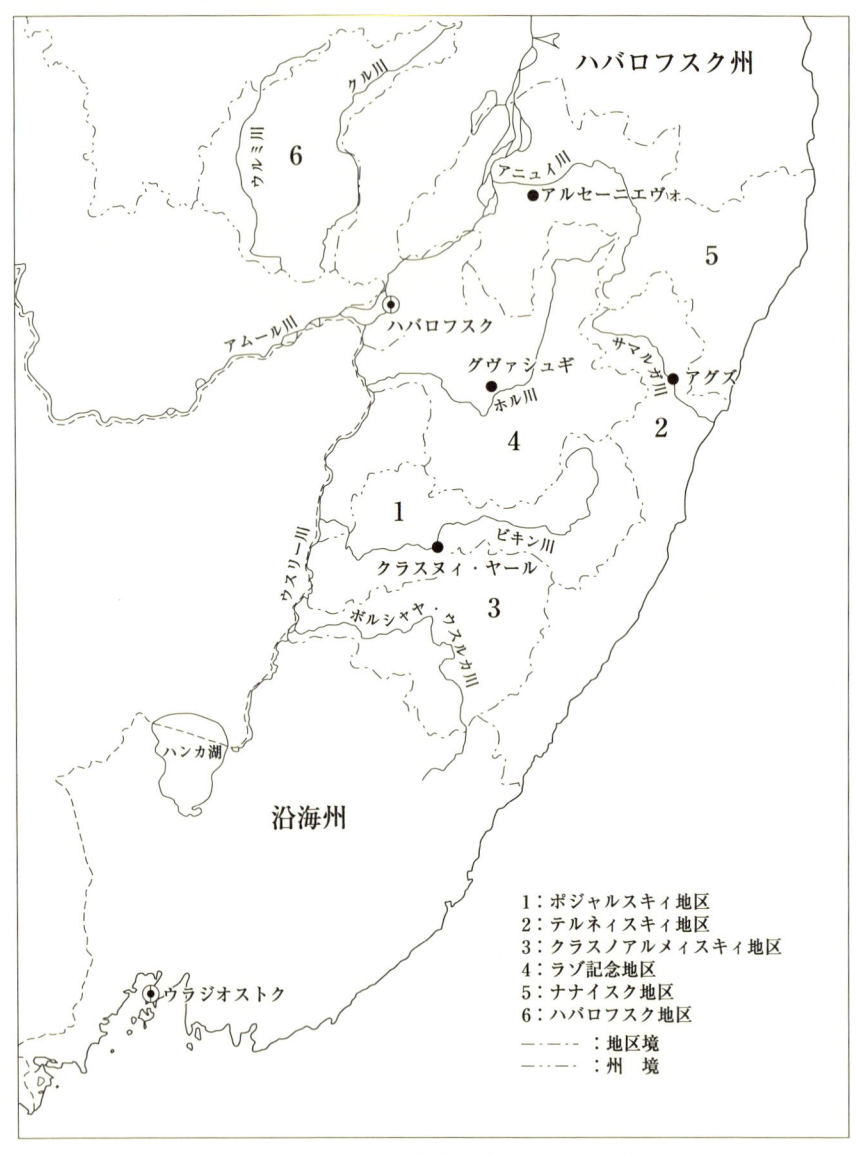

図 2.1 ウデヘ族主要居住地(森本, 1998：3 に加筆)

ア字を使ってウデヘ語を自由に書きあらわすことができるのは得がたい能力といわねばならない。私の求めに応じて少年時代の思い出をウデヘ語とロシア語の対訳形式でつづってくれたのが，ここにその一部を紹介する自伝テキストである。最初の調査時に書かれ始めたが，その後おりにふれて書きためたものを送ってもらったり，訪問の際にまとめて提供されたりして，つごう31章にまで達したところで，ひとまず少年時代篇の終了という大作となった。氏の構想では3部構成の第1部をなすとのことである。第1，2章分のみ市販のノートの片面を使っているが，第3章以後は綴じ目からほどいて縦長に使い(20.3 cm×32.7 cm)，縦に2分して左にウデヘ語，右にロシア語をボールペンで記している(図2.2参照)。おおむね10ページ程度で章を改めていて，31章分で全329ページになる。両言語はおおむね同時並行的に書かれたようであるが，基本的にはウデヘ語が先行しているとみられ，それはロシア語の短く簡潔な文体にもあらわれている。

　ウデヘ語について，語彙・文法をそなえたまとまった記述としては，長い間，Shnejder(1936)が利用しうる唯一のものであるという状況が続いてきた。ようやく近年に至って，Kormushin(1998)が語彙・文法に加えてテキストをも収めた形で公刊されるとともに，フォークロア・テキストの集成としてSimonov(1998)も出た。いっぽう外国人にも調査が可能になったことを受けて，風間(1998)では3篇のテキストが日本語逐語訳を添えて紹介されている。それらのテキストと比べた際の本資料の特徴としては，何といっても話者みずからが書き記したものであること，そして内容的にも，民話・伝説を主とするこれまでのテキストとは違って，著者の実体験の記録であることである。そこから言語資料としてのみならず，20世紀前半のウデヘの伝統的生活の証言としての貴重な価値をもつといえよう。氏の卓越した記憶力と表現力を得て，その記述は具体的で臨場感あふれるものとなっている。むろん多少の文学的脚色は避けがたいにしても，全体として著者の子ども時代の暮らしぶりを忠実に伝えるものであることは疑いない。

　この時代のウデヘの見聞を含むものとしては，『デルスウ・ウザーラ』(アルセーニエフ，1965；1995)をはじめとするアルセーニエフ(V. K. Ar-

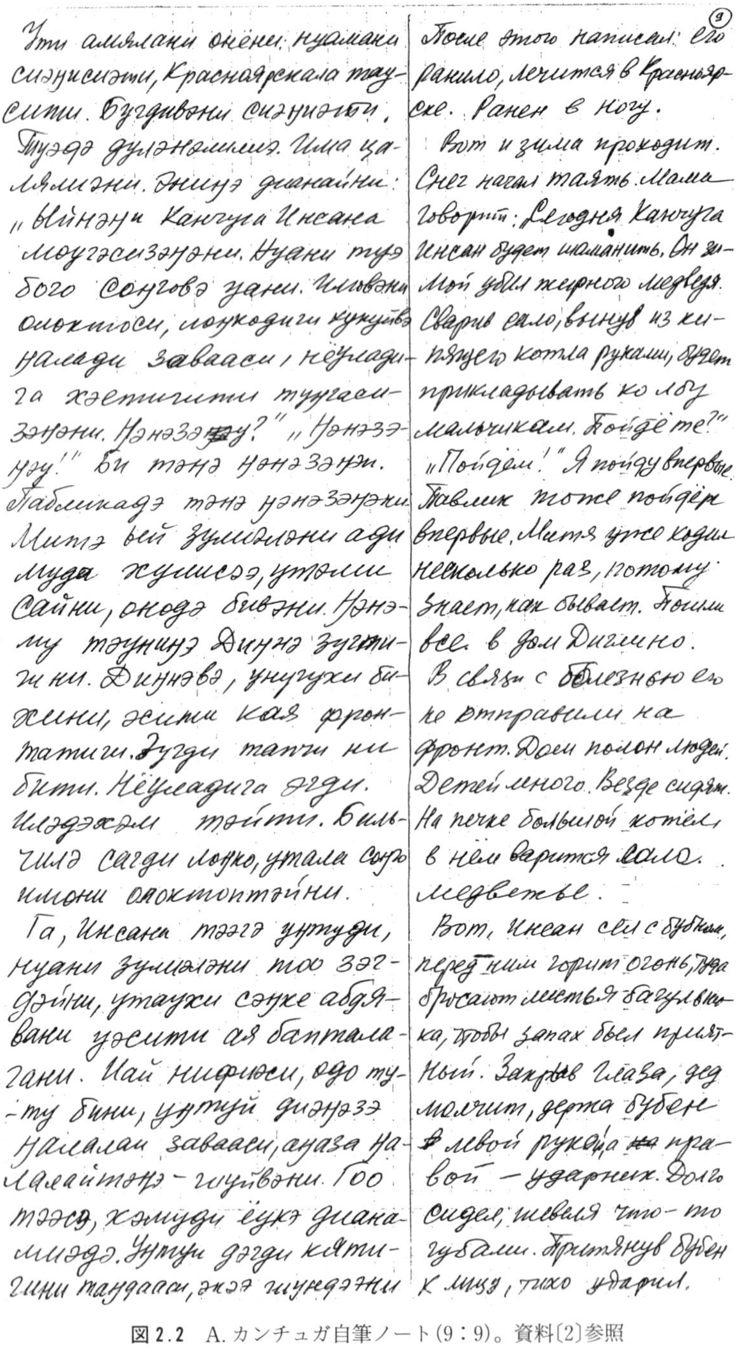

図 2.2　A. カンチュガ自筆ノート (9：9)。資料〔2〕参照

seniev)の沿海州探検記がよく知られている。上記のSimonov(1998)には，アルセーニエフ採集の民話も(ロシア語のみの形ではあるが)多数収められている。またウデヘ自身の手になる自伝的小説で本資料とも似た性格をもつものとしてKimonko(1964)がある。これは本来ウデヘ語からロシア語へ翻訳されたものだが，ウデヘ語そのものの形では公刊されていない。ちなみに本章の自伝テキストには著者の父が1927年アニュイ川流域を調査中のアルセーニエフにあって，ロシア名をもらった話(したがって著者の父称アレクサンドロヴィチはアルセーニエフの名づけに由来することになる)や，同様に父が上記のキモンコにもあい，小説中の記述をめぐってその真意を確かめる話なども，父から聞いた話として出てくる。

　こうした点も含めて，ウデヘ語資料としてのみならず，ウデヘの歴史・文化に関するきわめて興味深い内容となっているが，本資料全体の発表は別の機会にゆずり(和訳のみ，カンチュガ／津曲訳2001として刊行した)，本章ではそこにみられる精神文化にかかわる記述のいくつかを紹介することとしたい。以下でテキストの記述を引用する際には，原資料のロシア語を基本にして一部ウデヘ語を参照した拙訳により，引用の末尾に原文の章とページ，および上記訳書の該当ページを示す。また本章末尾に「資料Ⅰ」として引用個所のウデヘ語原文を(原則的に原表記のまま)，「資料Ⅱ」としてロシア語原文をそれぞれ掲載しておく。なお本章の内容の一部については，Tsumagari(2001)でも紹介した。

2. シャーマンの役割

　まず本資料には，著者の子ども時代である1930年代から40年代にかけて，シャーマンが人々の暮らしのなかに深く根づいていたことをうかがわせる記述がある。

　　〔1〕そのころは偉いシャーマンもたくさんいた。カンチュガ姓だけでも3，4人はいた：インサン，タイトゥン，サングイなど。そのほか，シグ

ジェ・イスラ，スアンカ・イスラ，チュンジェ，ロウヤトゥ，うちのお祖母さん，それにボンボロおばさんもシャマンだ。あっちで「ドン」，こっちで「ドン」と，どこでも太鼓の音が聞こえた。病気が治るようにシャマンに祈ってもらったのだ。私とミーチャ[兄]はみに行きたくて，よく母にせがんだが，行かせてくれなかった。
　「だめ，子どもは。遊びじゃないんだから」
　おかげで本物の儀式には立ち会えなかった。母はときどき1人で出かけていた。(12：3-4，73)

　ほかの箇所の記述によると，著者が子ども時代を過ごしたシャイン村にはすでに診療所があって准医師が近代的医療を行なっていたが，依然としてシャマンの出番も多かったことをここから知ることができる。子どもの好奇心に対しては一線を画していたことがうかがえるが，いっぽうで子どものための儀式も行なわれた。そのときの様子が子どもの目を通してくわしく語られている。

　〔2〕こうして冬が過ぎ，雪もとけ始めたころ，母がいった。
　「今日，カンチュガ・インサンがシャマンの儀式をやるよ。冬にふとったクマをしとめたんだけど，その脂身を煮たやつを鍋から素手で取り出して，子どもの額に押し当てるんだ。行くかい？」
　「行く！」
　私とパブリク[弟]は初めてだったが，ミーチャは何度か行ったことがあるので様子がわかっていた。皆でジグリノの家に行った。ジグリノは病気のために戦争には行ってない。家のなかはもう人でいっぱいだった。子どももたくさんいて，そこかしこに座っている。かまどの上では大きな鍋にクマの脂身が煮えていた。ふとみるとインサンが太鼓をもって座っている。彼の前には火が燃えていて，そこへイソツツジの葉が投げ入れられ，いい匂いを放っている。インサンは目を閉じ，左手に太鼓，右手にばちをもって黙っている。長いことそうしていたかと思うと，唇

を動かして何かつぶやき，太鼓を顔の方に引き寄せて静かに打ち始めた。太鼓の音が徐々に大きくなる。もっと大きく，もっと大きく……。何か語り始めたが，何をいってるかまったくわからない。長いこと語り，その後急に立ち上がって，激しく腰を振った。腰につけた金具がジャラジャラ音を立てた。跳びはねて，神憑りのようになった。やがてだんだんと静かになり，太鼓をおくと，鍋に近づき，素手で脂身をつかんで，子どもたちの額に押し当てた。彼らは顔をそむけることもなく，笑っているのだった。私は恐くなって，ベッドの下に隠れた。母にみつかって，襟首をつかまれ引き戻されるや，額に何か氷のようなものがふれた。あっという間にシャマンの爺さんは別の子の方へ向かった。パブリクがこの様子をみて笑った。

「恥ずかしいなあ，何を恐がってるんだ。氷みたいに冷たいだけじゃないか」

「だって熱いと思ったから，隠れようとしたんだ」

今でも不思議に思う。なぜ氷のように冷たかったんだろう。煮立った鍋から取り出したばかりなのに。いまだに私には謎だ。儀式が終わると，脂身を切り分けて皆にふるまってくれた。ミーチャとパブリクは存分に食べたが，私は少し食べただけで胸が悪くなってやめた。とてもふとったクマで，脂身の厚さはたぶん指4本分の幅以上あった。この後2度ほど，このような場に立ち会ったが，とてもおもしろかった。（9：9-11, 55-56）

おそらく獲物の恵みに感謝するとともに，子どもたちにその強さを分け与える意味がこめられていたのだろう。謎めいた儀式を通して，子どもたちにはシャマンの神格性を身をもって実感する場となったに違いない。

不猟の原因を悪霊にとりつかれたことに求め，その厄払いをシャマンに依頼することもあった。戦争から帰って以来，思うような獲物に恵まれない父に，信心深い母が厄払いを勧める。合理的な考えを重んじる父も結局はそれに従っている。

〔3〕「どうしてもつかまらないんだ。近づこうとするといつのまにか逃げてしまう。とんだ貧乏神にとりつかれたもんさ」
　「戦争で人の血を流したから，悪い神がついたんだよ。シャマンにおはらいしてもらったら」
　「何をいってるんだ。何で悪いものがつくんだ。誰が好きこのんで人の血を流すもんか。敵と戦うためじゃないか」
　「だったらウデヘはみんなとりつかれてるよ。だからシャマンにおはらいしてもらおうよ」
　「そんなにしたきゃ，好きにするがいいさ」
　母はインサンに頼んだ。夜，2人でインサンのところへ行って，おはらいをしてもらった。(15：1-2, 96)

　シャマンには超人的なふるまいが期待され，シャマン自身もそれに応えようとしたことは，たとえばつぎのようなエピソードからも知られる。著者が寄宿学校に入るためにビキン川を舟でくだっているときのことである。

〔4〕パクラおじさんは休まずに一生懸命漕ぎ，私たちにも漕がせた。オロンを過ぎると，みたことのない湾や水域に入り，枝だまりも目についた。とある小山のそばを通り過ぎた。水際から頂上に向かって断崖がそそり立っている。
　「おじさん，この山は何？」
　「バハラザ山だ。この山の話を聞きたいか？」
　「話して」
　「昔，3人の偉いシャマンが，誰が最初にこの断崖のてっぺんによじのぼれるか競争した。俺は3人とも知ってる。2人はまだ戦争前に死んでしまったし，1人はこの夏死んだ。お前も知ってるだろう，リャンクの父親のカンチュガ・タイトゥンだ。てっぺんまでのぼったのはタイトゥンだけだった。あとの2人を綱でひっぱりあげてやったというわけさ。シャインの者は皆知ってることだ」

「それならぼくも聞いたことがある。スアンカ・ドゥーリャが話してくれた。でも彼の話では，タイトゥンだけがのぼれなくて，あとの２人がてっぺんまでのぼったっていってたよ」

「ははは，そんな話になってたか。おいヤトゥ，お前は聞いてるか？お前の親父さんは自分の目でみたんだろう？」

「うちの父とイスラ・シグデ，それにあと３人が，対岸の岸からみてて判定役をしたんだって。タイトゥンと同時にククチェンコ・クンドゥサとスアンカ・チンサものぼったそうよ。父はうそはつかないわ」

私は思った。なぜタイトゥンだったんだろう？ 私はインサン・カンチュガの名前を聞かされていたけど。そこで聞いてみた。

「おじさん，どうしてタイトゥンの名前が出てくるの？ インサンだったって聞いてるけど」

「インサンはタイトゥンの後で挑戦したんだ。でもこのときは誰もみていない。自分たちだけでいいふらしてるんだ。この話にはほかにもいろいろあってな，今度冬休みで帰ったら，自分で聞いてみるといい，あの爺さんまだ生きてるから。もっともそれまで生きてればの話だがな，ははは！」(26：2-3，181-183)

シャマンたちが競って自己の優越を示そうとし，人々がそれをさまざまに喧伝した様子がうかがえる。

3. 狩猟と祈祷

いうまでもなく狩猟の成否は知識・経験・技術のみならず，運に左右されるところが大きい。猟師たちはシャマンを頼るばかりでなく，みずから猟の安全と成功を神に祈り，それが聞き入れられれば感謝をささげた。そのような祈祷の場所として，上流のタイガをめざす猟師が必ず航行する「森の入り口」にあたる水域の岩壁に祠が設けられていた。ビキン川中流域の河岸にある「シウンタイ・ミャオ(廟)」もそのひとつとして知られており，「ラオバ

ツゥ」という森の神をまつっていたが，今日では猟師の間に祈願の習慣は残っていないという(森本，1998：13-14)。このシウンタイ・ミャオのことは本資料中でも言及されており，当時の状況を知ることができる。上の「シウンタイ」「ラオバツゥ」というよび方もウデヘ語原文資料中にСивантай，Лоубату とみえる(資料Ⅰ〔5〕〔7〕参照)。一足先に猟場へ行った父一行を追って上流へ向かう場面。

〔5〕アンバ水域を抜けると湾曲部に切り立った岩壁がみえた。2人[兄ミーチャと同行の若者]が話している。
「ほらここだ，あそこの石の上に祠がある。あれにお祈りする人もいるんだ」
「ぼくたちもお祈りするの？」と私は尋ねる。
「いいや，お祈りの仕方も言葉も知らない。たぶん父さんたちがお祈りしてくれたから，もういいんだ」
湾曲部を左に曲がったところでテントがみえた。
「ここがシワンタイだ。ほら父さんたちが張ったテントだ」(17：7-8，116)

もはや若い世代には縁遠い存在となりかけているばかりでなく，著者の父自身，つねに祈祷をささげていたわけではないようである。著者と兄の会話。

〔6〕「あんな祠にお祈りする人なんているのかな？」
「もちろんいるさ。大人たちは猟がうまくいくように祈るんだ。父さんにもお祈りするようにいってみよう」
「お祈りになんか行かないよ，何も信じてないから」
「でもいうだけいってみよう」(18：9-10，126)

そんな父も森に入って何日も不猟(ここでは袋角をとるためのオスジカ猟)が続くと神頼みを決意し，子どもたちにお供え用の魚をとっておくよう命じ

る。

〔7〕「コクチマスは刺してきたか？」
「3匹獲ってきたよ。洗って水につけておいた」
「おお，いいぞ！　ちょっと神様[Лоубату]にうまくいくよう頼んでみようと思う。ウオッカも少しあるんだ。母さんがこんなときのためにもたしてくれたんだ。飯を食ったら，ボートで行ってくる。お前たちは休んでろ，1人で行くから」
父は食べ物と，コクチマスの刺身，ウオッカ，それにカップをボートに積んで，岩壁の祠へ向かった。[中略，父が帰ってきていう]
「お祈りをすませて，支流をのぼってきたんだ。この支流に夕べ，でかいオスジカが出た。また夜になったら偵察に行ってみる。夕べはまた取り逃がしたんだ。いつ感づかれたかわからん。こっちが風下だったから気づかれるはずはないんだが。お祈りしてきたよ，ウオッカに食べ物に，刺身もそなえてな。カップは水に落としちゃった。あそこはすごく深いんだ，神様がとったんだろう。今晩，このオスジカを何とかものにできるか，やってみよう」(19：4-7, 131-132)

祈祷の効果はてきめんで，父はその晩ねらいどおりのオスジカをしとめ，みごとな角の頭をもって，翌朝子どもたちの待つテントへ意気揚揚とひきあげてくる。子どもたちを連れて肉の回収に向かうときと帰途につくとき，2度祠のそばを通る。

〔8〕私たちはナイフと斧，金だらいを舟に積んで，下流に向けて出発した。父は1人でボートをあやつる。祠のそばを通るとき，父はいった。
「神様，どうもありがとう。またよろしく。後でお返しをおそなえします」
[中略，肉を回収し，帰途について]
そういえば，神様にお返ししたことを書き忘れるところだった。途中，

祠のところで舟を停めて，肉と心臓，肺，脂肪，胃，肝臓から少しずつ切り取って，おじぎしながらそなえたのだった。(20：3-5, 137-139)

猟場の野営地で祈祷を行なうこともあった。やはり父，兄と猟に出て不猟続きにみまわれたときのこと。

〔9〕朝食後，私たちは魚の処理，父は草で人形をつくった。［中略］ 私たちが昼食の支度にかかっている間，父は今度はヤナギの木で神棚みたいなものをつくった。それがすんだらみんなで早速お祈りを始めた。即席の神棚の前にひざまづいて，じっと身動きもしない。父が何かつぶやきながら，火を燃やし，お辞儀を始めると，ミーチャも深々と頭を下げる。私も1度お辞儀をして，またひざまづいた姿勢のまま身じろぎもせずにいる。それから父がやおらナイフで子ガモの首を切り裂くと，あっけなく絶命する。もう1度お辞儀して，食べ物と子ガモの血を火にささげる。こうしてお祈りがすむと，テントに戻って，ただちに子ガモの羽をむしった。
「内臓を抜き取って，まる茹でするんだ。茹であがったら油で炒める，できあがったら昼飯にしよう」
「ウオッカが少しあったよね，父さん。1杯おそなえするのを忘れたから，食べるときにつごうか？」とミーチャが尋ねる。
「ああ，食べるときにカモの肉といっしょに，神様についでおそなえしよう」(22：8-9, 155-156)

ちなみにこの子ガモは，生贄用に前日子どもたちがとらえておいたものである。この祈祷の後，父のみならず，子どもたちまで首尾よく獲物をしとめる結果となる。本来こうした祈祷は「必要」に迫られてやるのではなく，狩猟に出発する前，および猟場に着いて猟にかかる前と，つねにあらかじめ念入りに行なわれるべきものだったようで（スタルツェフ，1998：210-211)，すでにその習慣が簡略化されつつあったことがわかる。

こうしたことから，祈祷に対する受け止め方には個人差と時代的変化があるにしても，依然として一般にかなりの効果が信じられていたと考えてよかろう。同じことは護符にもあてはまる。

〔10〕そういえばもっと後のことだが，母が父のために銀の人形のお守りをつくったことがあった。父は信用していなかったので，このお守りを胸につけることはなかった。それでもこの後いつも獲物に恵まれ，森から手ぶらで帰ることはなかった。(18：6, 123)

4．夢

祈りがのぞましい未来をもたらすものなら，夢は知りがたい現実を伝えてくれるものであった。父が戦争に行っている間，しばしば夢が家族の絆をとりもつ。著者の幼い妹が水の事故で不慮の死をとげたときのこと。

〔11〕埋葬には大人だけが行き，子どもは行かせてもらえなかった。しばらくして父から手紙が来た。こう尋ねていた。
　「だれが死んだんだ？　アンドレイ［著者のこと］が溺れた夢をみた。本当にあいつが溺れ死んだのか？」
　ポーリャが溺れ死んだことを知らせると，その後長いこと父からの音信はとだえた。(10：8, 62)

逆に，便りのない父の無事を母は夢で確信する。

〔12〕このあと父からの手紙はとだえた。私たちは心配した——ひょっとしたら弾か破片にあたって死んだんじゃないだろうか，もう4回もけがをしているのだから。母はいった。
　「父さんは死んじゃいないさ。きっと病気なんだ。生きてる夢をみたんだよ」(12：6, 74)

このほか，著者が皮なめし仕事を手伝いながら母から聞いた民話では，英雄が夢のなかで，生き別れの両親と弟のことを，3羽のカササギから姿をかえた娘たちの会話で知る(14：7, 91)。また狩猟先のテントで父が語った昔話でも，貧しい若者が夢で白髪の老人からチョウセンニンジンのありかを告げられる(23：2, 159)。これらは物語の話ではあるが，夢と現実が通いあったように，物語世界と現実世界の間にもさほどの断絶は意識されなかったのだろう。

5. 自然現象

　説明しがたい，あるいはあらがいがたい自然現象に対して人々はどう考え，対処したか。著者が日食に遭遇したときの話は，その一端をかいまみせている。

>　〔13〕あるとき，昼休みで学校から戻って，家で昼食をとっていたら，外で人々が何か叫んだり，なぜかブリキ缶や鉄を打ち鳴らしたり，銃を空に向けて撃ったりし始めた。どうしたんだろう？　気がつくと，どういうわけか暗くなってきた。外へ出て，何事か叫びながら右往左往している大人たちに尋ねた。
>　「いったいどうしたの？」
>　「太陽を空のイヌが食おうとしてるんで，追い払ってるんだ。みろ，太陽が欠けて，半分になっちまった」
>　「大丈夫なの？」
>　「ああ，何とか助かったようだ。欠けるのがとまった。イヌのやつが追い出されて逃げたんだ」
>　あとでこれが日食とよばれる現象であることを知った。(16：8-9, 109)

　このように太陽や月が怪物に飲み込まれることによって日食や月食が起こ

るので，地上でやかましい音を立てて吐き出させたり，追い出したりしなければならない，という信仰は世界各地に流布している（吉田，1965：361）。その怪物がイヌであることもめずらしくなく，たとえばニヴフのいい伝えでも，太陽に住んでいる赤い雌イヌが太陽を食べることで「太陽が死ぬ」ので，鉄を打ち鳴らして「パグル，パグル（赤犬のこと）」と叫ぶことでイヌが食べるのをやめ，元通りになると信じられていた（クレイノヴィチ，1993：26）。

　日食のような異常時に限らず，人々は日常の暮しのなかでしばしば自然へのよびかけを行ない，自然もそれに応えてくれるはずだ，というアニミズム的信念があった。たとえば野営地で突如滝のような豪雨に襲われたときのこと。

〔14〕食べ物をよそって食べようとしたとたん，どこからともなく突然雨雲があらわれ，滝のような雨が襲って，あっというまにずぶぬれになった。あわててテントの向きをかえたが，雨も向きをかえるので，またもとに戻す。すると反対側からまるでバケツをひっくり返したようにたたきつけられて，右往左往した。茶碗は水浸しだ。突然父が上流に向かってロシア語で悪態をつき始めた。ありとあらゆる悪態をついた。すると雨がピタッとやんだ。太陽が明るく輝き始め，雨雲はちりぢりに消え去った。いったいあれは何だったのか，私は今でもわからない。（22：10，157）

6.　おわりに

　はじめにも述べたように，本資料は本来言語資料として意図したものであり，その言語学的分析が私にとってもちろん重要な課題である。しかしそのことがきっかけとなって著者である A. カンチュガ氏の母語と伝統文化への熱意がよびさまされ，単なる言語資料をこえたこのような貴重かつ興味深い資料が得られたことは望外の喜びである。過去の記録としての資料的価値もさることながら，少数民族のなかからこうしたすぐれた人材が，いわゆるイ

ンフォーマントとしての役割をこえて，みずから主体的に語り記録することの現代的意義もまた大きいと考える。そこには著者の記憶のなかに封印されていた少年時代の思い出——上でみた以外にも，たとえば漁労・狩猟・採集などの生業活動の様子や家族と村の人々の暮らし，学校と遊び，あるいは戦争をはじめとする「近代」とのかかわりなどが，感受性豊かな子どもの目を通していきいきと語られている。本章では資料中にみられる精神文化の断片を紹介したにすぎないが，ここから本資料のユニークな価値と極東少数民族の生き方・考え方の一端を読みとることができるならば幸いである。

文　献

アルセーニエフ，V．K．1965．『デルスウ・ウザーラ：沿海州探検行』（長谷川四郎訳）．東京，平凡社(東洋文庫)．

アルセーニエフ，V．K．1995．『デルスー・ウザーラ』（上・下）（長谷川四郎訳）．東京，河出書房新社(河出文庫)．

Girfanova, A. X. 1994. Udegejskij jazyk. In: Krasnaja kniga jazykov narodov rossii. V. P. Neroznak (ed.), pp. 57-58, Moskva, Academia.

カンチュガ，A．A．2001．『ビキン川のほとりで：沿海州ウデヘ人の少年時代』（津曲敏郎訳）．札幌，北海道大学図書刊行会．

風間伸次郎．1998．「ウデヘ語とその語りにみる狩猟・自然観」，『ロシア狩猟文化誌』（佐藤宏之編），318-285，東京，慶友社．

Kimonko, D. 1964. Tam, gde bezhit sukpaj (povest' perevod s udegejskogo Ju. Shestanovoj). Moskva, Sovetskij Pisatel'.

Kormushin, I. V. 1998. Udyxejskij jazyk. Moskva, Nauka.

クレイノヴィチ，E．A．1993．『サハリン・アムール民族誌：ニヴフ族の生活と世界観』（枡本哲訳）．東京，法政大学出版局．

森本和男．1998．「クラースヌィ・ヤールとビキン川流域の調査」，『ロシア狩猟文化誌』（佐藤宏之編），1-41，東京，慶友社．

Shnejder, E. R. 1936. Kratkij udejsko-russkij slovar'. Moskva / Leningrad, Gosudarstvennoe uchebno-pedagogicheskoe izdatel'stvo.

Simonov, M. D. (ed.) 1998. Fol'klor udegejtsev: *nimanku, telungu, exe*. Novosibirsk, Nauka sibirskoe predprijatie RAN.

スタルツェフ，A．F．（森本和男訳）．1998．「ウデヘの狩猟活動と狩猟習俗」，『ロシア狩猟文化誌』（佐藤宏之編），209-254，東京，慶友社．

Tsumagari, T. 2001. Preliminary remarks on an Udehe autobiographical text: with a sample of shamanistic episodes. In: Languages of the North Pacific Rim vol. 6. Osahito Miyaoka and Fubito Endo (eds.), 1-7, Suita, Faculty of Informatics, Osaka Gakuin University.

吉田敦彦．1985．「日食：神話」，『平凡社大百科事典』，360-361，東京，平凡社．

資料 I　ウデヘ語原文

〔1〕Утэлиэӈини хайси эгди сагди самадига бисити．Канчугадигамэй илаас-диэс: Инсана, Тайтуӈэ, Саӈгуй; Сигде Исула, Суаӈка Исула, Чунде, Лоуяту, бу найнау, Бомболо дааниӈэ．Гяӈа нэӈини сэвэсити．Илэдэхэм яйдэ уӈту: тала «дэӈ», оло «дэӈ»．Ни унугувэни сэвэсити, утэбэдэ таусити．Бу Митэ зуӈэ омочи гэлэу бисэ мунава эниӈэ тиндалани, исэнэлэгэу．Эниӈэ эсини тинда:

―Сондо! Нёуладигаду сондо! Утала ыйти гуси．

Сондо бихини, эсиму хули сэвэситигити．Эниӈэ эмнэ-эмнэ хули бисэ эмусэ．(12: 3-4)

〔2〕Туэдэ дулэнэлилиэ．Има цалялиэни．Эниӈэ дианайни:

―Ыйнэӈи Канчуга Инсана моугэсизэӈэни．Нуани туэ бого соӈговэ уани． Имовэни олоктооси, лоӈкодиги хукуйвэ ӈалади завааси, нёуладига хэетигити туӈгасизэӈэни．ӈэнэзэӈу?

―ӈэнэзэӈэу!

Би тэнэ ӈэнэзэӈэи．Пабликадэ тэнэ ӈэнэзэӈэни．Митэ ый зулиэлэни ади муда хулисээ, утэми сайни, онодэ бивэни．ӈэнэму тэуниӈэ Диӈнэ зугтигини． Диӈнэвэ, унугухи бихини, эсити кая фронтатиги．Зугди тапчи ни бити． Нёуладига эгди．Илэдэхэм тэйти．Бильчилэ сагди лоӈко, утала соӈго имони олоктоптэйни．Га, Инсана тээгэ уӈтуди, нуани зулиэлэни тоо зэгдэйни, утаухи сэӈке абдявани уэсити ая бапталагани．Иай нифиэси, одо ту-ту бини, уӈтуй диэӈэзэ ӈалалаи завааси, аӈаза ӈалалайтэнэ―гиуйвэни．Гоо тээсэ, хэмуди ёукэ дианамиэдэ．Уӈтуи дэгди кятигини таӈдааси, экээ гиундээни．Уӈту угзандаани． Ута ниа гиундээни．Амятали ниадэ．Ёукэ дианалигэ．Би эсимидэ бапта утава． Гоо ёукэ дианагээ．Ути амялани экти илигигээ．Илимэ, сята даамайди угилиэни． Яӈпа умудэсэ иайдалиэни．Утэми хэтигэсими моугэсилиэни．Ути амялани экэсэнди вадилиэни. Уӈтуй нэдээси, лоӈкотиги тукямани, утадиги имовэ ӈалади агбуймиэ, батадигэ хэетигити зогзолиэни, нуати инейти, ыйтидэ алукпунэ. Минду сэуни эсэ, утэми каӈа хэгитигини дигэнээми. Эниӈэ, утава мэдэмиэ, би гэдигэлэи завамиэ, таӈдагиэни амайхи; ути экиндини би хэелэи гилий зугэбэдэ ёукэ туӈгала. Одо хоӈтогуту батадигатиги тукямани. Паблика, минтиги исэсимиэ, инейни:

—Хагзафиэ, изи ӈэлэй? Зугэбэдэ гилий.

—Би муйсиэми, катади хукуй бизэ, утэми дигэнэкцээми.

Утава ыйдэхи муйсими: Ими гилий бисини зугэбэдэ? Нуани ути лэмэвэ лоӈко хуини донигини агбугиэни. Ыйдэхи нагбу бини минду. Ути моугэсиэни амялани, олоктосо имовэ эгдимэ зиэси, буэти мунду лэмэсилэгэу. Митэ Пабликадэ куту ая дигасиэти, би няӈга дигандаами, эмый эдэлихини, вадиэми. Куту бого соӈго бисини, имони диниӈэ хулэмиэ бисини бизэ, сайнадэ. Ути амялани ня зу муда хулиэми, куту сэбзэӈкэ бисэ. (9: 9-11)

[3] —Онодэ бивэни ыйми саа. Буивэ качими чилайми. Аликэ тяливэтидэ, ыйми мэдээ. Ёу амбани доони миндулэ?

—Си уалеи, ни сакявани эгди эевэнэи, ути амбани доогиэни. Утава сэвэсигизэфи.

—Ёу дианакцайни? Оно доогини? Би ялу ни сакявани эевэӈкимину? Ути багёузи уалиэми.

—Утэми минти уделэфи тэу доогини. Сэвэсизэфи.

—Оно чалами, оно нихэе.

Эниӈэ Инсанава кэлэни. Сикиэ хулисээти нуатигини. Сэвэсиэти. (15: 1-2)

[4] Сусу омочи сята сэудэйни, мундудэ буэни сэувэ. Олоӈовэ дулэнээми амялани, би исэми элусим хоӈто тёӈовэ, унактавэ, моӈовэ. Ёукэ уэ хэгилини энээму, ути уэ хоотигини гула бисини, улидиги заваӈдайни.

—Ёу уэни ый, сусу?

—Ый Бахалаза уэни. Сакцайну омо тэлуӈувэ?

第 2 章　ウデへの精神文化断章　57

―Тэлуӈусие.

―Эмнэгдэлиэ ила сагди самагату гыйнигэсилиэти, ни нёхо инэзэ уйлэ ути гулали туктими. Би утигигутувэ тэумэни сайми. Зубэ самадигэ уали зулиэлэни будээти. Омотэнэ ый зуани будээни. Си саи нуамани, ути Канчуга Тайтуӈэ, Ляӈку амини. Кицолони Тайтуӈэсэнэ инээни, хоӈтогуту агдасаати. Хукуди таӈдагиэни нуамати. Утэбэдэ бисини. Утава тэуниӈэ Сяиӈэлэ сайти.

―Утава би догдигэи Суаӈка Дулэ тэлуӈусиэвэни. Нуани дианаани бисэ, Тайтуӈэсэнэ агдасиэни, зуӈэ кицолони инээти.

―Хахай! Оно цэмнэгиэти утава, си, Яту, догдийну? Си абугэи мэнэ йади исэни эсэ биэ?

―Би абугэи, Исула Сигде, ня ила ни бисити багяза битала, загбалиӈкуэти. Тайтуӈэди гиэ туктилиэти Кукчиӈкэ Кундусэ, Суаӈка Чиӈсэ. Би амий эзэӈэни цэмнэвэнэ.

Би муйсими: Ими Тайтуӈэ бини? Би догдигэй хоӈто гэгбивэ―Инсаӈа Канчуга. Утэми хаунтасиэми:

―Сусу, си ими Тайтуӈ вэ гэгбисиэй, Инсаӈа гунэду бисэ?

―Инсана гыйнигэсиэни Тайтуӈэ амялани. Утава нидэ эсини исэ. Нуати мэнээ тэлуӈусиэти ниду. Утавада онодэхэм тэлуӈусити. Туэ каникулэду эмэгиэси, хаунтасиэ мэнэдэ, ути мафаса инихи бини. Ути экиндини элисини будэ. Ха-ха-ха! (26: 2-3)

〔5〕Амба унактавани дулэнэси, тёӈо цаалани гулава исээми. Нуати дианийти минду:

―Ый оло, таати хадала, мява бини, утауду ни чалами, ни хэӈкини, кэсинэми гэлэйти.

―Минти хэӈкизэӈэфи?―хаунтасими би.

―Эзэӈэфи. Бу ыйму саа, онодэ хэӈкивэйти, ёӈдэ дианайвэти. Саӈтадига хэӈкидугээ. Утадиги, диэӈээ тёӈобиги хуугимиэ, исээму эгбэнэвэ.

―Ый Сивантай. Тээти эгбэнэ, минти саӈтафи гигдээти. (17: 7-8)

[6] —Эгдэӈке, ниидэ хэӈкинину ути мяваду?

—Хэӈкий яза. Саӈтадигэ хэӈкити, кэсивэ гэлэйми. Абугаду дианазаӈафи хэӈкилэгэни.

—Эзэӈэни хэӈкинэ нуани, ыйни цэзэ ёудэ.

—Дианазафи илэкпэсими. (18: 9-10)

[7] —Зоуӈэвэ акинэсэу?

—Гадиэму илама. Тэгэсиэси, улааму улилэ.

—Оо, куту ая! Би Лоубатула кэси гэлэнэзэӈэи, миндулэ няӈга аи биэ, эниуй буэни таулалагаи. Дигасиэси, ӈэнэзэӈэи угдади. Су дэунцэу. Би эмусэ.

Абуга зэувэ, зоуӈа талавани, аивэ, цаваливэ угдала тэуэси, энээни ути мяватиги. ......

—Ситэдигэй, би, хэӈкиэси, ёгосоли сологиэми, утала ый догбони сагди иэ оугиэни. Догбо тисинэзэӈэй. Ый догбонитэнэ би ня тяливэӈкими иэвэ. Али мэдэйни минава, ыйми саа, уӈэми эзэӈэни уӈэ, эди би ээтиги эдинээни. Хэӈкиэми би: аивэ, зэувэ, талава буэми. Цаваливэ улитиги тугбуэми, утала куту суӈта. Лоубату заваани. Илэкпэсизэми ый догбони ути иэвэ сунзулэгэми. (19: 4-7)

[8] Кусигэвэ, суэсэвэ, чифэвэ ааналэ тэуэси, энээму. Абуга угдади энээни. Мява кялини энэмиэ, абуга диаӈкини:

—Асаса, Лоубату, утэбэдэ кэсивэ омочи буе, тамагизэӈэу ыйнэӈи. ...... Би оӈмооми онёзоӈэй, онодэ Лоубатуду тамагиэму. Мявала агдааси, улэвэ, мявава, эутэвэ, имовэ, маӈкувэ, хаивэ хуандааси, дигаваӈкиму, хэӈкимиэдэ. (20: 3-5)

[9] Дигасиэси, тэгэсиэму сугзява, абугатэнэ пудэӈкувэ воктоди уони. ...... Бу салясилэгэфи олоктоу агдандини, абуга сактайла мявава уондоони хэӈкилэгэфи. Ути амялани иӈгулэ хэӈкинээму. Хэӈэфулээси, илиэму мява зулиэлэни. Абуга, ёукэ дианамиэ, тоовэ иландаани, хэӈкилиэни, Митэдэ хэӈкилиэни, битэнэ эмнэтээ

хэӈкиндээси эку хэӈэфулэсээми.　Хэӈкиэми амялани, абуга кусигэди гая мёолэни ёукэ хуктэндээни, утэми ути иӈгулэ будээни.　Ня хэӈкиндээси, зэувэ, гая сакявани тоолэ нэдээму.　Ути амялани, эгбэнэтиги ӈениэси, гайти офодиэму гаява.

　　—Эмдэвэни куктэндээси, кофело ӈолоктогиэу гая ситэвэни, аадайсини, имоди какчигиэу улэвэни, утатэнэ салясизэӈэфи.

　　—Синдулэ аи биндэси бисэ, абу.　Оӈмоофи куӈгэдэузэӈэвэ.　Дигами куӈгэдэзэӈэфи?—Митэ хаунтасини.

　　—Аа, дигасимиэ, гая улэдини гиэ бузэӈэфи Лоубатуду.（22: 8-9）

〔10〕Сэвэсиэти амялани, эниӈэ мэӈмумэ сэвэхивэ уовоӈкини абугэду.　Абуга алидэ эсини цэзэ утава.　Утэми эсини тиисэ тиӈэлэи.　Утэмду ути амялани омочи уалиэни буйвэ, кэӈкуди эмнэдэ эсэ эмэги буазэгэдигини.（18: 6）

〔11〕Бугэнэми саӈтадигэмэй ӈэнээти.　Нёуладигэвэ нивэдэ эсити тинда.　Бимиэ, абуга онёни эмээни.　Хаунтасини: «Ни будээни? Би тоосиэми Андале тямаламани.　Цэзэну нуани тямалани?» Онёгиэму Поля тямаламани.　Ути амялани гоо анчи бисэ абуга онёни.（10: 8）

〔12〕Ути амялани омо онёвэдэ эсэу баа.　Бу муйсиэму: сайна, малиди сэлэ пайдинидэ уугэ бу амиу.　Ути зулиэлэни ди муда сиэ баани.　Эниӈэ дианайни:

　　—Эсини уу су амиу, нуани унини бизэ.　Би тоосиэми, нуани инихи бини.（12: 6）

〔13〕Эмнэгдэлиэ би, сколади сагди дэумпий удэдуни эмэгиэси, зугдилэ дигасиэми.　Ёукэ хэтисисилидугэ нидигэ, утэмду сэлэлэ, яӈтяла дуктэлиэти, уйхи мёусасилиэти.　Ёу бини? Имика, мэдэйми, поупулигэ.　Байхи нюэси, хаунтасими саӈтадигэлэ (нуати таухи-оухи тукявасити, ёукэ хэтисимидэ):

　　—Ёу бини?

　　—Суувэ буа инайни дигайни, утава игбэгиму.　Исэи, су цалягини, дулугафа

талаптани.
　—Уйсигизэӈэуну?
　—Аа. Уйсиэму. Су вадиэни цаляйми. Инайвэ игбээму. Сусагиэни.
Би утава амяла сагиэми. Луса гэгбисини 'затмение солнца'. (16: 8-9)

〔14〕Зэувэ мохотиги куӈгэдээси, зээ дигаму бисэу, утэмди идигикэ токё эмэгээ, тигдэ пир, мунава гайти нюктувэнэгээ, бу пяӈцазава хугиэму эди зулиэтиги, тигдэдэ хугигэ бу этигиу, бу ня хугиэму элэтиги, утаузэтигидэ мунтиги, мэлэхиди суатигэсибэдэ, тигдэлигэ хайси, ня хугигиэму сэбиэ бисинтиги, хай тигдэ утаузэтиги хугиэни. Бу мохоу тапчи тигдэ улинимэйди залугэ. Утатэнэ, абуга, уйхи исэсими, нямалиэни лусамади. Онодэхэм нямаани. Тигдэ эктигдэ вадигээ, токётэнэ баа-ба элэтиги диэлигидугэ. Ёу бисини ути, би ыйдэхи ыйми эгзэги. (22: 10)

資料II　ロシア語原文

〔1〕Тогда ещё было много больших шаманов. Только у Канчугов их было трое-четверо: Инсан, Тайтун, Сангуй; Сигде Исула, Суанка Исула, Чунде, Лоуяту, наша бабушка, тётя Бомболо. Везде слышен збук бубна: там «дэн», тут «дэн». Шаманят, чтобы излечить болезни людей. Мы с Митей всё время просили маму отпустить нас, чтобы посмотреть. Мама не пускала:
　—Грех! Детям грех! Там не играют.
　Из-за того, что был грех, мы не ходили на этот обряд. Мама иногда ходила одна. (12: 3-4)

〔2〕Вот и зима проходит. Снег начал таять. Мама говорит:
　—Сегодня канчуга инсан будет шаманить. Он зимой убил жирного медведя. Сварив сало, вынув из кипящего котла руками, будет прикладывать ко лбу мальчикам. Пойдёте?

—Пойдём!

Я пойду впервые. Павлик тоже пойдёт впервые. Митя уже ходил несколько раз, потому знает, как бывает. Пошли все в дом Диглино. В связи с болезнью его не отправили на фронт. Дом полон людей. Детей много. Везде сидят. На печке большой котёл. В нём варится сало медвежье. Вот, Инсан сел с бубном, перед ним горит огонь, туда бросают листья багульника, чтобы запах был приятный. Закрыв глаза, дед молчит, держа бубен левой рукой, а правой—ударник. Долго сидел, шевеля что-то губами. Притянув бубен к лицу, тихо ударил. Бубен зазвенел. Потом ещё. Следом ещё. Что-то заговорил. Я совсем не разобрал, что. Долго что-то говорил. После этого резко встал. Стоя, сильно потряс поясницей. Погремушки на поясе загремели. Так, подпрыгивая, стал шаманить. Потом медленно прекратил. Положив бубен, подбежал к котлу, схватил оттуда руками сало, стал прикладывать ко лбам мальчиков, они смеются, не отворачиваются. Мне стало страшно, потому спрятался под кровать. Мама, заметив это, за шиворот вытащила назад; в это время к моему лбу прикоснулось что-то ледяное. Дед побежал уже к другим мальчикам. Павлик, глядя на меня, смеялся:

—Стыдно, чего боишься? Как лёд холодный.

—Я думал, что сильно горячее, потому хотел спрятаться.

Об этом я до сих пор думаю: «Почему холодное было, как лёд? Он же вынимал из кипящего котла». До сих пор для меня загадка. После всего этого нас угощали салом, нарезав на куски. Митя с Павликом ели с удовольствием, я же, немного поев, не стал больше, потому что подташнивало. Очень жирный был медведь, сало толщиной пальца четыре с лишним, наверное. После я ещё сходил раза два, было очень интересно. (9: 9-11)

〔3〕—Не пойму никак. Не могу подкрасться к зверю. Когда убегает, не замечаю. Что за дьявольщина во мне поселилась?

—Ты воевал, кровь людей пролил, вот эта дьявольщина и осела. Нужно пошаманить.

—Что ты говолишь? Как осела? Я что нарочно проливал кровь людей? Я с врагами воевал.

—Потому у нас, удэгейцев, всё оседает. Пошаманим.

—Что хочешь, то и делай.

Мама попросила Инсана. Вечером они ходили к нему. Пошаманили. (15: 1-2)

[4] Дядя всё время сильно грёб, нам дал вёсла тоже. Когда проехали Олон, я увидел совсем другие кривуны и плёсы, а также завалы. Проплывали под какой-то сопкой, на её вершину поднималась скала, начиная с самой воды.

—Что за сопка, дядя?

—Это сопка Бахалаза. Хочешь узнать легенду?

—Расскажи.

—Однажды три больших шамана соревновались, кто вперёд взберётся к вершине по этой скале. Я их всех знаю. Два шамана умерли ещё до войны. Один этим летом умер. Ты знаешь его, это Канчуга Тайтун, отец Лянкуя. До вершины добрался только Тайтун, другие остановились. Верёвкой вытащил наверх. Так было. Об этом все в Сяине знают.

—Об этом я слышал, когда Суанка Дуля расскаазывал. Он же говорил, что только Тайтун не дошёл, двое других добрались до верха.

—Хахай! Как переврали, ты, Яту, слышишь? Твой отец своими глазами же видел?

—Мой отец, Исула Сигдэ, ещё три человека на противоположной косе были, судили. Вместе с Тайтуном поднимались Кукченко Кундуса, Суанка Чингса. Мой отец не даст соврать.

Я думаю: Почему был Тайтун? Я слышал другое имя—Инсан Канчуга. Поэтому спросил:

—Дядя, ты почему назвал Тайтуна, ведь говорили Инсан?

第 2 章　ウデへの精神文化断章　63

—Инсан соревновался после Тайтуна. Это никто не видел. Они сами рассказали людям. Об этом тоже по-разному рассказывают. Зимой на каникулах приедешь, сам спроси, этот старик ещё живой, если к тому времени не помрёт. Ха-ха-ха! (26: 2-3)

〔5〕Когда проехали Амбинский плёс, за кривуном я увидел скалу. Они говорят:
—Вот здесь, воон на том камне молельный домик, ему, кто желает, тот молится.
—Мы будем молиться?—спрашиваю я.
—Нет. Мы не знаем, как молиться, что говорить. Взрослые уже помолились, может. Оттуда повернув на левый кривун, увидели палатку:
—Это Сивантай. Воон палатка, наши отцы натянули. (17: 7-8)

〔6〕—Интересно, молится кто-нибудь этому богу?
—Конечно, молится. Взрослые молятся, прося удачи. Скажем отцу, чтобы помолился.
—Не пойдёт молиться он, ничему не верит.
—Попробуем сказать. (18: 9-10)

〔7〕—Ленков ездили колоть?
—Привезли трёх. Вычистили и отпустили в воду.
—Оо, очень хорошо! Я у бога буду просить удачи, у меня есть немного водки, мама ваша дала для дела. Покушаю, поеду на оморочке. Вы отдыхайте, я сам.
Отец пищу, талу из ленков, водку, кружку погрузив в оморочку, уехал к богомолу. ......
—Дети, я помолившись, поднялся по протоке, там в эту ночь большой пантач пасся. Ночью поеду караулить. А в эту ночь я снова вспугнул рогача. Когда он меня учуял, не знаю, учуять не мог, ветер дул на меня. Помолился я: водкой,

едой, талой угостил. Кружку уронил в воду, там очень глубоко. Бог взял. Попробую сегодня ночью обидеть этого пантача. (19: 4-7)

[8] Ножи, топор, таз погрузив в бат, поехали вниз. Отец на оморочке спускается. Проезжая мимо богомола, отец говорит:

—Спасибо, бог, так всегда посылай удачи, отплатим сегодня. ......
Я забыл написать, как богу отплатили. Остановившись у богомола, от мяса, сердца, лёгких, сала, желудка, печени отрезав по кусочку накормили, кланяясь. (20: 3-5)

[9] Покушав, вычистили рыбу, отец сделал из травы чучело. ......
Пока мы варили обед, отец в тальниках сделал подобие молельни. Потом мы сразу пошли молиться. Став на колени, мы замерли перед молельней. Отец, говоря что-то, разжег огонь, начал кланяться, Митя тоже бил поклоны, я же поклонился раз и стоял неподвижно на коленях. Затем отец что-то вспорол ножом на шее утки, она сдохла сразу. Ещё раз поклонившись, пищу, кровь утки опустили в огонь. После этого, придя к палатке, быстро ощипали утку.

—Живот выпотрошите, сварите целиком утенка, сварится, поджарьте на масле, только после этого будем обедать.

—У тебя же есть немного водки, папа. Забыли налить. Когда будем кушать нальём?—спрашивает Митя.

—Аа, будем есть, вместе с мясом утки нальём богу. (22: 8-9)

[10] После того, как пошаманили, мама заставила отца сделать серебряного человечка. Отец не верил в это. Потому не носил его на груди. Тем не менее после этого всегда добывал зверя, пустым не приходил из тайги. (18: 6)

[11] Хоронить ходили только взрослые. Детей никого не пустили. Погодя, отец прислал письмо. Спрашивает: «Кто умер? Я видел сон, что Андрей утонул.

Вправду именно он утонул?» Написали, что утонула Поля. После этого долго не было писем от отца. (10: 8)

〔12〕 После этого мы уже не получали ни одного письма. Мы думали: наверное, пуля или осколок убил нашего отца. Ведь раньше он уже был четырежды ранен. Мама говорит:
—Не погиб ваш отец, он болеет, наверное. Я сон видела, он живой. (12: 6)

〔13〕 Однажды я, придя на большой перемене, дома завтракал. Что-то начали кричать люди, затем стучать по жестянке, железу, стрелять в воздух. Что такое? Почему-то, заметил, стало темнеть. Выйдя на улицу, спросил у взрослых (они бегали туда-сюда, что-то крича):
—Что такое?
—Солнце небесная собака съедает, выгоняем его. Смотри, солнце тает, половина кончилась.
—Спасёте?
—Аа. Спасли. Солнце перестало таять. Выгнали собаку. Убежала.
Я потом узнал это явление. По-русски называется затмение солнца. (16: 8-9)

〔14〕 Налив пищи в чашки, мы только собрались есть, как, откуда ни возьмись, туча нагрянула, дождь рекой, нас мигом намочило, мы повернули палатку в другую сторону, и дождь следом, мы опять повернули, и оттуда на нас, словно из ведра, опять хлынул дождь, опять повернули как была, дождь и туда повернул. В наших чашках полно дождевой воды. Вот тогда, отец, глядя вверх, начал материться по-русски. По всякому матерился. Дождь также внезапно прекратился. Солнце весело засияло, а тучи разлетались в разные стороны. Что это было, я до сих пор не пойму. (22: 10)

第3章 ターズの言語と文化*

風間伸次郎・V. V. ポドマスキン

1. ターズとその言語

1.1 ターズとは

　ターズとはロシア沿海州の小村に住むわずか200人ほどの少数民族であり，ロシアでもその報告はわずかしかなく，日本ではその存在すらまったく知られていない。彼らは漢語の一方言を話すが，漢字はひとつも読めない。ターズ語の話者は全員がロシア語とのバイリンガルで，若者はもはやロシア語しか話せない。しかしみずからを漢民族とは考えず，少数民族「ターズ」としてのアイデンティティを保っている。実際文化の面ではさまざまな北方少数民族の要素もみいだされる。このようにきわめてユニークな存在である「ターズ」はどのようにして生まれたのか。私は現地調査によってターズの実際の言語と文化にふれることができた。したがって本章はターズについての日本で初めての報告ということになるだろう。

　まずターズの概況を知るために，近年ロシアで出版された *Red book of the Languages of Russia*(Neroznak et al., 1994)の「ターズ語(tazov

---

*第1節「ターズとその言語」を風間が，第2節「ターズの文化」をポドマスキンが執筆した。

jazyk, Belikov i Perekhvar'skaja)」にこの民族の簡潔な紹介があるので，まず拙訳によりこれを以下に示す。なお私は調査に向かった1995年当時には，まだこの記述を目にしていなかった。

ターズ語―漢語北方方言の下位方言のひとつ

現在ターズという民族名称は，沿海州オリギンスキー地区ミハイロフカ村に住む小さな民族に対して主として用いられている。そのもっとも際立った特徴は，南沿海州の原住の民であるにもかかわらず，漢語の北部の方言を話し，その精神文化と物質文化に関して漢民族と類似していることである。ロシア共和国極東地区(DVF)歴史研究所のデータによれば，1979年にターズは191人住んでおり，そのうち174人がオリギンスキー地区に，うち115人がミハイロフカ村に住んでいる。

ターズという民族名称は隣接する地区に住む漢民族たちがウスリー州の先住民であるウデヘおよびナーナイをよんだ用語「韃子」に由来する。ロシア人はその漢民族の名称を複数形のтазыとして再解釈し，そこから単数形のтазおよび女性形のтазовкаが形成された(パスポート，村ソビエトの戸籍，その他の書類にもそのように記載される)。

1858-1860年におけるウスリー州のロシアへの編入以降，ロシア人はここで先住民たちと衝突した。すなわちその先住民とは，すでにゴリド(ナーナイ)として知られていた先住民とおそらくかつてはほとんど知られていなかったウデヘであり，これを当地の漢民族に従ってターズという民族名称でよぶようになったものだが，この名称はそもそもウスリー地区に住むすべての先住民をさすものであった。それはふつうウデヘを意味していたが，オロチと区別されておらず，必ずしも漢語を話す者たちに限られていなかった(O. Vasil'ev, L. Shrenk参照。またウデヘに関する最初のくわしい民族誌であるS. Brailovskの "*Tazy ili Udihe*" ではウデヘとターズは類義語として用いられている)。

V. K. Arsen'evの業績によってのみ，一方ではウデヘとオロチ，他方ではウデヘとターズの筋の通った分割が行なわれた。V. K. Arsen'evは

ターズを「漢民族化した」ウデヘ，すなわち中国式家屋に定住し，農業に従事し，その本来の母語をほとんど失ったウデヘとして特徴づけた。とはいっても彼はこの民族が漢民族と混合したとみるのが正しいとはしていない。むしろこれを独立した民族として分離することが妥当であるとしている。このようにターズという民族名は，先住民起源だが言語が漢民族化した集団をよぶものとして例外的に確立された。

沿海州にロシア人が到来した時期には，すでにウスリー沿いおよび南沿海州の先住民たちは2言語使用の状況にあった。すなわち本来の母語であるウデヘ語もしくはナーナイ語のほかに皆漢語を実地にあやつることができた。この地域のロシアへの編入以後も，漢民族による現地の住民への言語的・文化的影響は少しも衰えなかった。1910年における沿海州地域の，季節労働者を除く漢民族男性の定住者の人口は，6万1400人で，他方当時のナーナイ人の人口はせいぜい1万人強であり，ウデヘは3000人強であった（1897年のデータによれば，全部ではないかもしれないが，ナーナイは5439人，ウデヘとオロチは2407人登録されている）。この際に多くの漢人たちが先住民の集落の間に住むようになったが，中国政府が漢民族の女性に対しロシアへの渡航を禁じたために，彼らはナーナイやウデヘの女性を妻にめとった。このような状況下での漢民族の言語的および文化的影響はかなりのものであった。ナーナイとウデヘは農耕の習慣と一部ブタの飼育の習慣を受け入れ，恒久的な家屋（「房子」）を建て始め，漢民族から衣服，調理方法，宗教的信仰を取り入れた。ビキン川のウデヘの親族体系は混合的な性格をもっている。すなわち親族の父系と母系の対立については漢民族的なやり方が用いられる。ウデヘ語とナーナイ語の日常的な語彙への漢語の影響はきわめて重大なものである。ビキンにおける年配のウデヘとナーナイのうち，かなりの者が，またイマンのウデヘは今でも程度の差はあれ漢語をあやつることができる。

南沿海州における漢民族の影響はあまりに強力であったので，この地域の住人はその文化ばかりでなく言語も受け入れた。その際に彼らは自

分たちの民族的特殊性の意識を保ち続け，みずからを漢民族とはみなさなかった。ウスリー上流のナーナイと南沿海州のウデヘは漢民族風の衣服をまとい，「房子」を建て畑を耕し，外見上は漢民族とほとんど違いがなかった。しかしいくつかの生活習慣の特徴は今でも彼らがウスリー州の先住民であることを示している。漢民族においては女性は大部分の時間を家で過ごし，実地には農業に従事しないし，森に入ることももちろんない。一方ターズの女性たちは男性たちと並んで畑で働くのみならず，ウデヘの女性たちと同様に，獲物をとってくるために森に入り，家族に成人した男性が欠けている場合には狩猟さえ行なった。これ以外にも，漢人たちの食卓からは生の生き物の料理が排除されていたにもかかわらず，ターズはナーナイやウデヘと同様に，生の肉や魚を食べていた。最後に，ミハイロフカ村のいく人かの老人(パスポートにはゴリドと書かれている)は，彼らの両親たちが，子どもたちにはすでにわからないような，漢語でもない母語で彼らの間では話をしていたことを覚えている。

　1930年代の中ごろ，ソ連からの大量の外国人国外追放が始まったが，1936年から，極東でも中国および朝鮮国籍の住人が追放されるようになった。漢民族とともに漢語を話すターズも追放され始めた。しかしターズは独自の民族であると主張するV. K. Arsen'evの説明のおかげで，一部のターズは追放を免れることとなった。しかしそれに至るまでも彼らはいやいやながら彼らの言葉が漢語であることを認めながら，彼らは「自分たちの言葉」を話しているのだと確信することをより好んだ。この恐怖は1970年代初めの中ソ国境紛争の後でかなりの程度に強まった。実際この時代に生まれた混血児たちは皆ターズと記録しなかったが，後になって中国との関係が正常化し，パスポートを受け取る際には彼らの多くがターズと書かれることを好んだのである。

　漢語に移行したウスリー上流のナーナイたちは革命前までのロシアでの民族名「ゴリド」を自称として保持した(女性形はゴリジャーチュカ)。ウスリー上流域で，バラバラの「房子」に住んでいたゴリドたちは，集

住化の際にサンダゴウ村(現在の Bulyga-Fadeeva)に移住させられた。

　主にオリギンスキー地区，カワレーロフスキー地区，テテュヒンスキー地区に住むターズの大部分(約250人)は，朝鮮人の強制退去によって空になったオリギンスキー地区のミハイロフカ村に集住化させられ，コルホーズに統合された。1948-1949年，まだ集められていなかったラゾフスキー地区のターズがそこにさらに合併された。1951-1952年にはそこへウスリー上流のゴリド(約50人)が集住化させられてきた。実際ゴリドはターズと対立せず，彼らとともにひとつの民族を形成した。現在彼らはパスポートの記載という点でのみターズと異なっている。

　その後かなりの数のターズとゴリドがミハイロフカ村を捨てて出ていき，ここにはロシア人と，ほかの民族のさまざまなグループがやってきた。現在ターズ(115人)とゴリド(25人)はここの住民の60%を占めている(1990年のデータによる)。

　現在ミハイロフカは良好な経済状態のもとに繁栄しており，畑に囲まれた木の家がよく建てられていて，住人たちは乳牛やブタを飼い，ニワトリやアヒルもいる。ターズたちはまわりのロシアの村の住人のような衣服をまとっているが，いく人かの老人は「葬式用の」伝統的衣装を保っている。女性の衣服で，ズボンおよび黒の綿入れのキルティング上衣をみることができる(写真3.1参照；筆者註)。いくつかの家の中庭には，紙に書かれたものなどによる，描き出された中国の神がある祭壇がある。ターズは北方の漢人にとって伝統的なさまざまな料理をつくる。すなわち饅頭(蒸してつくられる生パン)，ボーズ(蒸してつくる肉餡入りピロシキ)，リャンツァイ(細く千切りにしたジャガイモ(写真3.2参照；筆者註)と肉からつくった料理)，ペリメニである。

　A. M. Reshetov の情報によれば，ターズの言葉は漢語の北部方言に関係があるという。それは北部中国の諸方言に似ているが，この地域の言語の影響によって説明される多くの独自の特徴をもち，同時にじつに30年代中ごろに始まる長い隔絶のためにかなり孤立したものとして存在し，そう転化してきた。

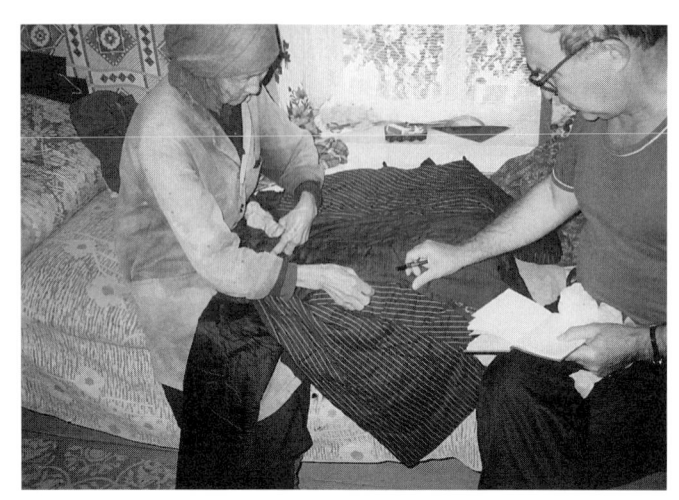

写真 3.1 生前にすでに用意している死に装束(その内側)

写真 3.2 生のジャガイモの千切り。このまま味噌をつけて食べる。

現在ターズはロシア式の名前と父称をもっており，父もしくは祖父の中国式の名前全体が名字にあたるものになっている場合がいくつもある。それゆえたとえば従兄弟どうしが Ulajsi と Ubolin（女性形は Ubolina）という名字をもっているが，これらの名字は彼らの父の中国式の名前全体である。すなわち U Laj-si および U Bo-lin であり，そこでは U が本来の名字である。

ターズは勤労的な民族であり，彼らは優秀な農業労働者であるばかりでなく，子どもたちに教育を受けさせることにも熱心である。ターズの間には1人のロシア軍陸軍大佐がいる。ロシアのほかの少数民族におけると同様に，若い世代はいつもその母語をよくあやつるとは限らない。ターズにおいてもこの過程はとくに混血の過程において進行しているが，にもかかわらずここでの言語の保持の割合はウデヘにおけるそれよりも高い。召集兵となれば，十分な程度で中国語を使いこなして無線傍受班の仕事をする能力があると，十分にいうことができる。

ターズの物質文化および精神文化についての広範な情報は，Ju. A. Sem によって準備された未発表の論文に含まれている。A. M. Reshetov によって集められたターズの言語と宗教，精神文化についての豊富な資料が彼の個人的なフィールドノート（アルヒーフ）にみいだされる。

≪その他の参考文献≫

V. K. Arsen'ev の論集における「ターズとウデヘ」：極東統計局統計報告書，ハバロフスク，1926，No. 1。V. K. Arsen'ev「森の民　ウデヘ」著作集5巻，ウラジオストック，1948。S. Brailovskij「ターズとウデヘ：民族学的研究の体験 生きている昔」，『北極6』，1901。Ju. A. Sem「ソビエト政権後のナーナイの人口分布の変化について」極東支部 Tr. V. L. Komarova ロシア化学アカデミー—SO．，歴史シリーズ，2巻，ウラジオストック，1961。

1.2 ターズ調査行

そもそもターズの現地調査をすることになったのはつぎのようないきさつからであった。私はツングース諸語を専門とする言語研究者で，これまでナーナイ語やウデヘ語などのツングース諸語の現地調査をしてきた。あるとき『言語学大辞典』第2巻(亀井・河野・千野，1989：1058-1083)の「ツングース語」の項(池上二良執筆)の地図をみていると沿海州の南端にウデヘ語の話者の存在を示す印があり，しかも？マークがついている(図3.1参照)。そのころおりよく来日したウラジオストックの民族学者であるポドマスキン氏に話を聞くと，そこにはウデヘと漢族の混合したともいうべき民族「ターズ」が住んでおり，その言語は謎でまだ誰も調べていない，という。日本や朝鮮とももっとも近いこのあたりに，いまだ研究されていない謎の言語があるということは私にとって大きな驚きであり，これは是が非でも調査しなければならないと考えた。早速ポドマスキン氏にガイドをお願いし，調査に入る手はずを整えた。1995年の夏のことであった。その夏，私はやはりツングース諸語のひとつであるオロチ語の調査を終え，いったんウラジオストックへ戻り，8月13日の早朝ウラジオストックをたってめざすターズの村ミハイロフカに向かった。その道のりはまったく苦難の道のりというべきものであった。以下に述べる行程については図3.2も参照されたい。

朝5時ポドマスキン氏の家を出て，まずトロリーバスに乗り，6時すぎにはウラジオストック港の鉄道駅に着いた。6時半，ロシア語でエレクトリーチュカとよばれる電車に乗り，11時にパルチザンスク(旧名スチャン)に着く。駅前にいたバスに飛び乗り10分ほど行くとアウトバクザール(バスターミナル)がある。ここから11時40分，ラゾー行きのバスに乗り2時40分ラゾーに着く。ラゾーへの道はかなり高い山ごえで，遠くまで広々とみわたせる高みまでバスはのぼっていく。バスはきわめてオンボロであるので，上り坂ではほとんど20-30 km/hしか出ない。ラゾーからすぐに3時発のバスに乗って1時間半行くと，ソコリチに着く。ここからはバレンチン行きのバスに乗るがこれを途中下車しなければならない。ここから先，公の交通はなくなる。そこはラゾー地区とオリガ地区の境にあたるため，交通の便がきわめ

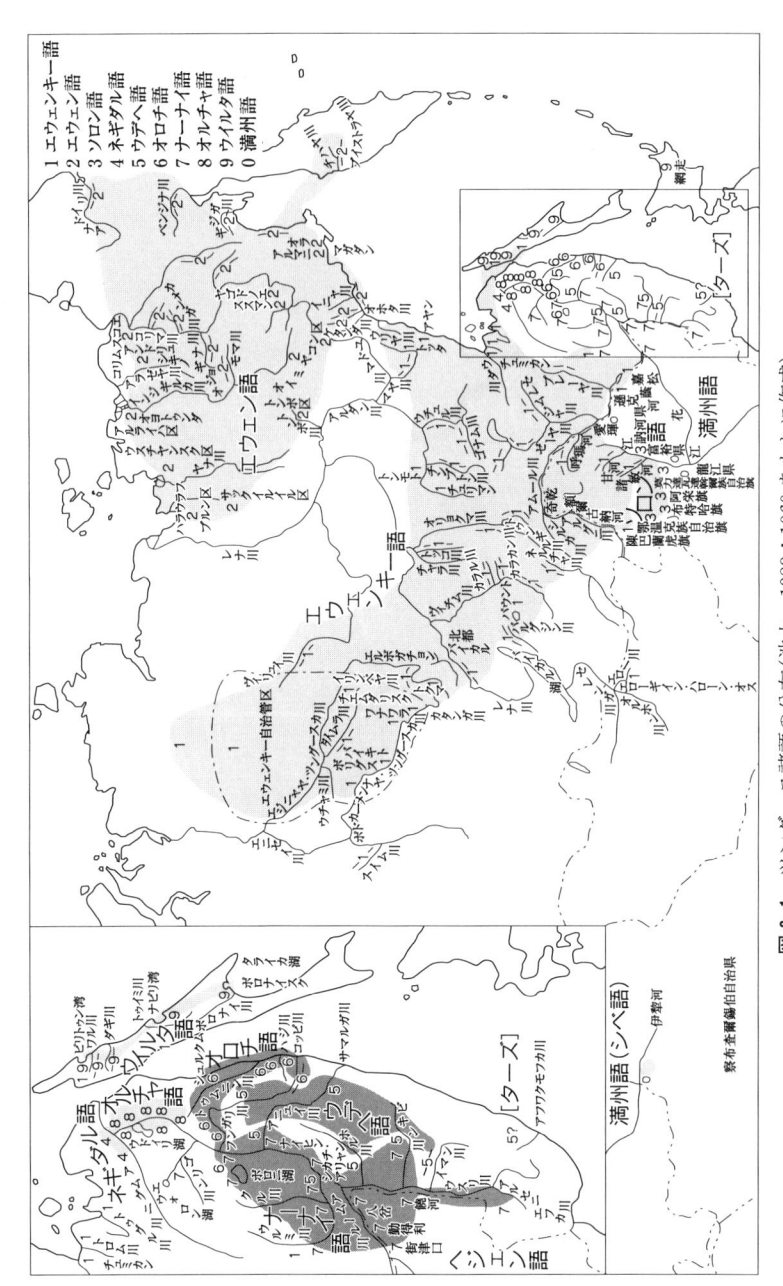

図 3.1 ツングース諸語の分布 (池上, 1989：1060 をもとに作成)

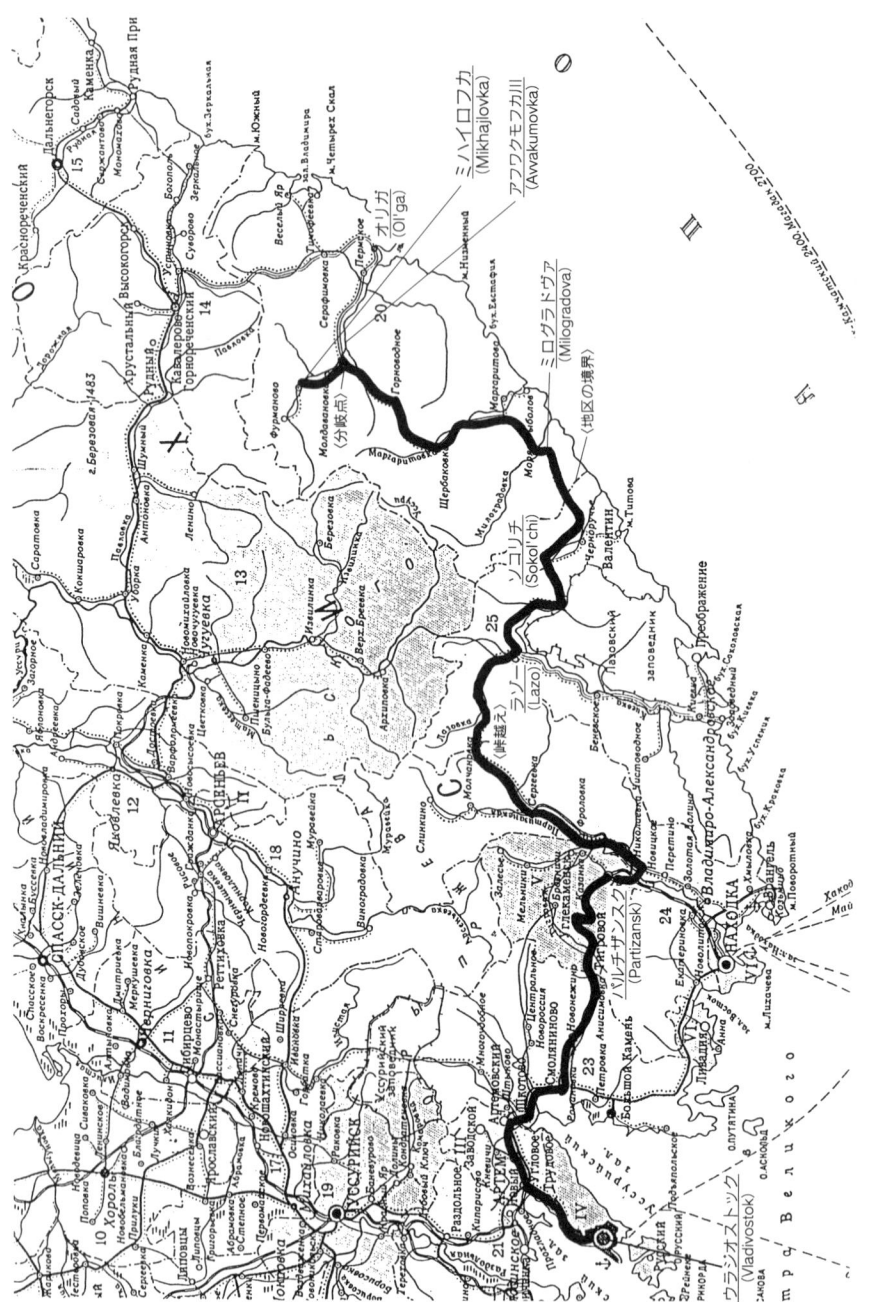

図 3.2 行程図

て悪いのだ。たまたま通りかかった車をヒッチハイクし，つぎのダニーロボという村まで進んだ。しかしここでいよいよ車は通らなくなり，2時間待つこととなった。道には放牧されたウシたちが歩いているばかりでいっこうに車が通る気配はない。夏の日も暮れかかったころ，やっと1台の家族連れの車をハイクすることができ，つぎの村ミログラドヴァに着いたときにはまっ暗で，しかも強い雨が降り始めていた。ポドマスキン氏はそこで躊躇せず村の一番入り口にあった家の戸をたたいた。その家は老人の一人暮らしで，我々はそこに泊めてもらえることになった。電気はなく，ロウソクの灯りのもと，老人は身の上を語った。妻とは死別したが，息子はより大きい村で働いているという。テーブルかけは長年掃除していないらしく，老人が裏返すとパンの粉などがザラザラと落ち，裏とは色がかわっていた。ソファーに寝かしてもらえることになり，寝ていると夜中に戸をドンドンたたく者がある。いったん音がやんだが，今度はそいつは私のソファーのすぐ横にある窓ガラスを棒のようなものでたたき始めた。割られるのではないかと，生きた心地がしなかった。家の者が起きてやっと戸を開けると，入ってきたのは年齢不詳の女性（50代ぐらいか）であった。彼女はすでに酔っ払っていて何かわめいていたが，持参したウォッカをコップになみなみと注ぐと，その3/4ほどをいっきに飲み干して話し始めた。夜半にトラがあらわれ，彼女のところのウシを襲って，骨と皮，そして内蔵ばかりを残してすべてたいらげてしまったのだという。時計をみると午前4時であった。彼女は延々トラについて語り，私は少し寝た。5時半に起き，6時20分のオリガ行きのバスを待った。大雨であるうえに，まだまっ暗である。バスは定刻どおりに闇のなかを出発したが，しだいに景色が青く浮かびあがってきた。これまでの道もひどかったが，この先の悪路ははなはだしく，激しく揺られた。前の席の女性は窓ガラスにゴンゴンと頭をぶつけていたが，それでもなお眠っていた。慣れているのであろう。ひたすら深い森のなかの道が続き集落はほとんどない。途中バスは何度となく川のなかを通り，人も渡るのが恐ろしいような穴だらけの丸太橋を渡ったりした。10時10分前，バスはオリガとミハイロフカに行く道の分岐点に出て，ここでバスを降りた。ここから先は再び交通機関がない。

写真 3.3　ミハイロフカ村の景色

森のなか，屋根だけのバス停で待つこと2時間，雨のなかやっと通りかかった車は村にパンを運ぶトラックであった。そこからは30分ほどでやっと念願のミハイロフカ村にたどり着いた（写真3.3参照）。

図3.2をみていただければわかるが，村はアフワクーモフカ川の上流にあり，そこから先は原始の山があるばかりのほとんどどんづまりのような村である。村は3本ほどの通りからなる細長い村で，そのまんなかにあるセル・サヴィエト（村役場）に我々はまず通された。村役場の裏にある電波中継機械室（屋根の上に大きなパラボラアンテナがついている）に泊まることになった。夜だけ電気が使え，水は近くの井戸から，食事は近くの家の方につくっていただくことになった。こうして村での調査が始まったのである。

調査中のエピソードと復路についても簡単にふれておく。私はそばアレルギーであるが，ほかにアレルギーはなく，日本にいるときは花粉症になることはない。しかしこの村では何らかの植物のために花粉症になった。夜や雨の日はよいのだが，晴れの日の昼間には際限なく鼻水が出て，当初はこの遠隔の地で風邪になったかとおおいに心配した。

村はこのときキュウリの収穫時期であったらしく，食事は料理法こそ異なるものの，朝昼晩毎食キュウリであった。

週に1度だけ火曜日にはオリガからパルチザンまで直通のバスがある，という情報が入り，帰りはこれで帰ることになった。しかし最後にヒッチハイクした例の分岐点までは，村の車をチャーターしていく以外にない。1台の車と話をつけ，当日6時半に起きて我々は待ったが，誰も来ない。バスの来る20分前になってやっと男はあらわれ，「どうして電話しないのか」という。ポドマスキン氏は「どうやって電話しろというのだ，おまえの家の電話も，どこに家があるかも知らないのだ」と答えている。「ううむ寝すごしちまったんだ，どうする，行くか，ひょっとしてバスが遅れるかもしれん」とのことで，車を飛ばして行くことになった。分岐点に着くと男は「みろ！　砂煙があがっている，バスは今行ったばかりなんだ」と叫んだ。飛ばして行くとたしかにバスがあらわれた。5分ほど追いかけただろうか，エンジントラブルでバスは停車し，我々は無事乗りこむことができた。悪路は相かわらずで，

バスは川を渡り，山をこえつつも，8 時間後にパルチザンスクに着いた。電車は2時間ほどなく，そこからもまだ道のりは遠かったが，その日の夜中にはウラジオストックに戻ることができた。

1.3 ターズの現状と文化
1.3.1 人口について得た情報
　ミハイロフカ村の村役場によれば，1992年のミハイロフカ地区全体(Mikhajlovka, Furmanovo, Moldavanovka, Gornovodnoe の各村からなり，ミハイロフカの役場の管轄下にある)の人口は 469 人。そのうち北方少数民族は 126 人(その他はロシア人)で，その内訳は，ターズ 104 人，ゴリド 16 人，ナーナイ 4 人，ウデヘ 1 人，トゥヴァ 1 人であったという。

　同じく94年のミハイロフカ地区の人口は 435 人，うち北方少数民族は140 人，ターズ 115 人，ゴリド 20 人，ナーナイ 3 人，ウデヘ 1 人，トゥヴァ 1 人。

　同じく95年のミハイロフカ地区の人口は 437 人，うち北方少数民族は123 人，ターズ 102 人，ゴリド 16 人，ナーナイ 3 人，ウデヘ 1 人，トゥヴァ 1 人。なお Gornovodnoe 村にいるターズは1家族だけであるという。

　ウラジオストックの沿海州に関する役所の統計によれば，ターズの総人口は 1992 年 202 人，1994 年 205 人，1995 年 204 人であり，Lazovskij rajon, Chugujuskij rajon, Ol'ginskij rajon, Ternejskij rajon, Kavalerskij rajon に分布するが，後ろふたつの地区にいるターズはそれぞれ1家族だけであるという。

1.3.2 インフォーマントに関する情報
　以下が私の会うことのできたターズ語およびゴリド語の話者の一覧である。生年が 1910 年から 1942 年にわたっていることからわかるように，1995 年の調査当時の話者の年齢は 85 歳から 53 歳であった。この世代でもターズ語の単語が思い出せない場合が多々あった。やはりここでもソビエト革命後に教育を受けた人々における少数民族語保持の状況はきわめて悪いとみなすこ

第3章　ターズの言語と文化　　81

写真 3.4　Ulasi, Kiril Ivanovich

写真 3.5　Ulasi, Ekaterina Semjonovna

写真 3.6　Utaiskichudzu, Valentina

写真 3.7　Zakharenko, Nina Mikhajlovna。ゴリド

とができる。なお，全員がロシア語とのバイリンガルであった。
 ・Ulasi, Kiril Ivanovich, 1926年，Nikolajvka村(アフワクーモフカ川の下流にある)生まれ(写真3.4)。
 ・Ulasi, Ekaterina Semjonovna, 1926年生まれ(写真3.5)。上記kiril氏の妻である。
 ・Utaiskichudzu, Valentina, 1910年，Bargarita村生まれ(写真3.6)。1958年にミハイロフカに来た。
 ・Pustovit, Ljubov' Mikhajlovna, ゴリド。1939年，チュグルスキー地区のサンダゴウ(現Bulyga-Fadeeva)村生まれ。1951年ミハイロフカへ。
 ・Zakharenko, Nina Mikhajlovna, ゴリド。旧姓Lüchansin(父の名)。サンダゴウ生まれ(写真3.7)。
 ・Ulaisi, Nadezhda Andreevna, 1934年，ゴリド。チュグルスキー地区生まれ。1951年にミハイロフカへ。
 ・Utaisin, Vasilij Ivanovich, 1938年，Staryj Petropavrovka村生まれ。1953年にミハイロフカに来た。
 ・Fujansun, Nina Vasil'evna, 生年など確認できず。
 ・Sy, Vladimir Vasil'evich, 1929年，カワレーラバ村生まれ。
 ・Baganova, Nadezhda Vasil'evna, 1942年，ミハイロフカ生まれ。

1.3.3 ターズの名字について得た情報

以下は村役場の台帳であるS. Mikhajlovka, pokhozjajstvennaja kniga No. 1 na 1949 1950 1951 gg. osnovnyx proizvodotvennykh pokazatelej khozjajstov kolkhoznikovによる。以下における2桁の数字xxは，19xx年生まれであることを示す。左欄が名字である(キリル文字からの転写による)。

Kyn Tsyn	00
Lan	13
Fu Jan Sun	24, 48, 50
Lan	14, 32, 33, 37, 39, 43, 49
Fu Jan Sun	51

Tin'-Ju	05, 29, 48
Sibo	07
Tiju	17
Sev So	21
Fujansun	30, 48
Kyn Tsyn	28, 38
Sim'-Ju	20
Sev So	50
Ljubitsin	1886
Ljuzmin	1897
Ulajsi	1885, 04, 32, 39, 41
Syr	1897, 00, 29, 31
Wan chu ni	17
Fujansun	1885, 05, 23, 32, 33, 34, 36, 37, 40, 41, 43, 46
Ka-in	24
Fujansun	21, 44, 48
Funzaj	17, 23, 30, 34, 39
Kosony	29, 48
In	09, 24, 29, 32, 40, 42, 48
Tsun dicho	05, 30, 34, 41, 47
Tsun	20, 48, 51
Syr	27
Khajsun	04
Chivailun	17, 31
Tsundicho	14, 19, 36, 50
Chajun	1891, 1899, 28, 32, 34, 40
Jukhaj	1889
Khajsun	12
Tiju	06, 40, 51
Tidamo	13, 35
Janshubin	1876

1.3.4　ターズの民話

　Valentina Utaiskichudzu 氏よりターズ語でターズの民話をひとつ録音することができた。しかしこの聞き取りおよび表記は非常に難しく，ターズ語で書き取ることは断念した。Kiril Ivanovich Ulasi 氏の協力により明らかにすることのできたこの民話のあらすじは，以下のようなものであった。

　甘くておいしいので，自分の本当の子どもにはメロンとスイカを食べさせ

て育てた。みなし子を拾ってきて育てていたのへは，辛くてまずいタマネギばかりを食べさせた。結局自分の子はやせてだめな子になってしまったが，実の子ではない方は丈夫なよい子に育った。

1.3.5 断片的な民族学的情報

以下は私自身の得た断片的な民族学的情報である。

(1)出産について(V. Utaiskichudzu 氏による)

出産のとき，妊婦は声をあげてはいけない。後産は地面に埋める。新生児の名前は 1 カ月後につける。

(2)漢語(中国語)について(N. V. Baganova 氏による)

3 年前(1992 年)に中国人が朝鮮人参を買いにきた。彼らのいうことはほとんど理解できたが，地名や社会制度の名称など，わからない語もたくさんあった。

(3)葬礼について(V. I. Utaisin 氏による)

死者や棺桶には陽があたらないようにした。昔は 2 m も掘らずに，死者は地面に浅く埋めた。紙を切って穴をあけ，棒に掛けた(？)。死者の衣装としては，白い帯と白い鉢巻があった。死者の家族や子どもも白い帯をするが，両親とも亡くなった場合には帯の両端の長さをそろえる。片親がまだ存命である場合には，長さをそろえない。7 日ごとに七回忌を行ない，その最初と四十九日には村人皆をよぶ。そこではブタを殺して食べる。1, 2, 3 年目と，100 日目に回忌を行なう。

(4)年中行事について(V. I. Utaisin 氏による)

新年は新月の日に祝い，夜 12 時に餃子を煮始める。地面にまいて神にささげ，それから自分たちが食べる。十二支があることは知っているが，全部は知らない。漢字は村の者は誰も読めない。ロシア文字は読める。

七夕伝説を知っている。祖母から聞いた。妻と 2 人の娘が銀河の向こうにいて，向こう岸にかんざしを投げたという伝説である。

ヨーロッパノイバラ(？ ロシア語で shipovnik)の実が赤くなるとサクラ

写真 3.8 かつての朝鮮人参栽培場跡地

マスが川を遡上してくる。

(5)朝鮮人参について(V. I. Utaisin 氏による)

昨今ではみつけしだいすぐに朝鮮人参を掘ってしまうが，昔の老人たちは6枚から最高10枚ぐらいは葉がつかないうちには掘らなかった。棒を横の地面に差しておけば誰もそれをとったりはしなかった。朝鮮人参のそばには必ずセイヨウスギがあるが，朝鮮人参のある方の側の樹皮を四角くはいでおいた(写真3.8参照)。

1.4　ターズの言語
1.4.1　基礎語彙

以下の基礎語彙は，アジア・アフリカ言語文化研究所(1966，1967)におけるA項目(200語)とB項目(300語)の合計500語を，ロシア語を媒介言語として調査したものである。表の左欄の番号はこの調査表の番号であり，一部とばした単語もある。また質問によっては解答が得られなかったものもある。右欄には同調査表にあった現代中国語の語形をあげた。

中欄が調査したターズの単語であり，とくに印のないものは Ulasi, Kiril Ivanovich 氏による。時間などの都合から，名詞に限ってではあったが，「ゴリド」の言語およびその「ターズ」語との違いを調べるために，ゴリドを自称する Ulaisi, Nadezhda Andreevna 氏からも基礎語彙を調査した。氏より得た語には(nau)と略号を付した。(＝nau)とあるものは上記2人のインフォーマントが，同じ語を答えた場合である。

ターズ語の語形はテープによる録音から書き起こしたものである。なお本章に発表したターズ語はすべて録音資料があり，私のもとに保存してある。ターズ語には文字がないので，本来なら発音記号により表記すべきであったかもしれないが，この言語が事実上漢語の一方言であることから，比較の便宜も考え現代中国語の拼音を用いて表記することにした。対応する漢字が調べられたものはこれも示した。

後述するが，北京官話と違い，反り舌音はほとんど反り舌化していない。していてもわずかであるが，これを「*」で表記した。＋のマークは顕著な鼻

音化を示す。o，u，もしくはaが(o)，(u)，(a)のように( )でくくってある場合は，やはりわずかにその音が聞かれることを示す。Gは有声軟口蓋摩擦音[ɣ]，Eはあいまい母音[ə]を示す。ふたつ以上の異なった音声，もしくは形式が聞かれた場合は「/」の前後に示した。(r)は弱い儿化を示す。声調は数字で示した。数字のないのは軽声である。

聞き取りおよび漢字の推定に際しては，山東省出身の留学生蕭龍氏の協力を得た。なおターズたち自身は，漢字をいっさい知らないことに留意されたい。

1	あたま(頭)	nou3dei4(＝nau)	nao3dai4 脑袋
2	かみのけ(髪の毛)	tou2pa tou2fe＋(nau)	tou2fa 头发
3	ひたい(額)	yang2guagei4zi 阳瓜盖子 (nau)では違うというが，覚えていないという	nao3menz2 脑门子
4	まゆ(眉)	yan3mei4 眼眉(＝nau)	mei2 眉
5	め(目)	yan3jing(r)4(＝nau)	yan3jing 眼睛
6	なみだ(涙)	yan3lei4(＝nau)	yan3lei4 眼泪
7	みみ(耳)	er2d(o)u4/er2dou r(i)2dou4(nau)	er3duo 耳朵
8	はな(鼻)	bi2zi	biz2 鼻子
9	くち(口)	zui3(＝nau)	zui3 嘴
10	くちびる(唇)	zui3pir2 皮(nau)	zui3chun2 嘴唇
11	した(舌)	s*e2tou(＝nau)	she2tou 舌头
12	つば(唾)	tu(o)4mie 吐沫 tu4m(i)e＋(nau)	tuo4mo 唾沫
13	は(歯)	ya2(＝nau)	ya2 牙
14	あご(顎)	yan4kou3 zui3ba4zi(nau) 嘴巴子	xia4ba 下巴
16	ひげ(髭)	出なかった	hu2xu1 胡须
17	かお(顔)	lian3(＝nau)	lian3 脸
18	くび(首)	be2zi(＝nau)	boz2 脖子
20	かた(肩)	bang3zi jiang1bang3zi(nau)	jian1bangr3 肩膀儿
21	せなか(背中)	s*eng4 身(体) ji1in1gan3zi 膀子	ji3liang, bei4 脊梁，背
22	こし(腰)	kua＋4kua＋胯	yao1 腰

23	しり(尻)	pi4hu+(＝nau) 屁股	pi4gu 屁股
24	むね(胸)	xing1pu2zi 心脯子 xing2pu3zi(nau)	xiong1pu 胸脯
25	ちぶさ(乳房)	nai3pang2zi 奶盘子	ru3fang2 乳房
26	はら(腹)	du4zi(＝nau)	duz4 肚子
27	へそ(臍)	du4qi2zi	du4qi2 肚脐
29	ひじ(肘)	sou2guai3zi 手拐子(＝nau)	ge1beizhour3 胳臂肘儿
30	て(手)	s*ou+3	shou3 手
32	つめ(爪)	z*i3tou2gai4 指头盖 zi1zigai4(nau)山東では幼児語、女性語で使われるのではないかという、萧龙氏による	zhi3jia 指甲
33	あし(足)	tuei3(＝nau) jiou3(nau)	tui3, jiao3 腿，脚
34	ひざ(膝)	tueir3gai4 腿儿盖 buoz1gai4 bo2ligai3(nau)	xi3gai4 膝盖
35	かんぞう(肝臓)	gan1hu 肝胪 gan1fu(nau)	gan1 肝
36	しんぞう(心臓)	xin1(＝nau)	xin1zang4 心脏
37	はらわた(腸)	c*ang2zi(＝nau)	chang2 肠
38	ひふ(皮膚)	pi2, yu4pi(3) 鱼皮	pi2fu1 皮肤
39	あせ(汗)	han4(＝nau)	han4 汗
40	あか(垢)	ni2	ni2gou4 泥垢
41	うみ(膿)	neng2	nong2 脓
43	あぶら(脂)	pang4 胖	zhi1fang2 脂肪
44	ち(血)	xie3	xue4 血
45	ほね(骨)	gu2t(o)u gu2tou(4)(nau)	gu2tou 骨头
46	にく(肉)	y(o)u4	rou4 肉
47	からだ(体)	s*en3zi 身子	shen1ti3 身体
48	びょうき(病気)	y(o)u3bing4 有病	bing4 病
50	くすり(薬)	y(o)u4(＝nau)	yao4 药
51	こめ(コメ)	jing1mi3 精米	mi3, da4mi3 米，大米
54	あぶら(油)	y(o)u+3 you2(nau)	you2 油
55	さけ(酒)	jiu+3(＝nau)	jiu3 酒
56	タバコ	yan1 yan4(nau)	yan1 咽
57	あじ(味)	xiang1 香	wei4dao4 味道
58	におい(匂い)	y(o)u3weir4 有味儿	xiang1weir4 香味儿

第3章　ターズの言語と文化　89

59	たべもの(食べ物)	fan4	shi2wu4, liang2shi 食物, 粮食
60	にく(肉)	y(o)u4	rou4 肉
61	たまご(卵)	ji1dan4(＝nau)	danr4 蛋儿
62	にわとり(鶏)	ji1	ji1 鸡
63	とり(鳥)	qier3 雀儿	niaor3 鸟儿
64	つばさ(翼)	bang3 ji1bang3(nau)	chi4bang3 翅膀
65	うもう(羽毛)	出なかった	yu3mao2 羽毛
66	す(巣)	q*iao2wor4 ji1wor4 ji1wor2/3(nau)	wo1 窝
67	くちばし(嘴)	出なかった	niao3zui2 鸟嘴
68	つの(角)	niu2jia3(＝nau) yang2jia3(nau) lu4jia3(nau)	jiao3 角
69	うし(牛)	ni(o)u2	niu2 牛
70	ナイフ	dou1zi　xiao2dou3zi(nau)	xiao3dao1 小刀
71	かたな(刀)	dou1 (＝nau) jian4dou3(zi)はさみ(nau) buo4dao3 斧(nau) 擘刀	dao1zi 刀子
73	ぼう(棒)	gun4zi	gan1zi, gun4 竿子, 棍子
74	ゆみ(弓)	出なかった	gong1 弓
76	やり(槍)	出なかった	qiang1 枪
77	いと(糸)	xian4	xian4 线
78	はり(針)	z*in1 (＝nau)	zhen1 针
79	きもの(着物)	yi1ha＋衣服/衣行, yi1sEn	yi1fu 衣服
80	かみ(紙)	z*i3	zhi3 纸
81	もの(物)	dong1xi	dong1xi 东西
82	へび(蛇)	c*ang2cung 长虫 c*ang2cong(nau 曰く, ターズの語であるという) liu4zi(nau 曰く, ゴリドの語であるという, 山東方言では溜子)	she2 蛇
83	むし(虫)	c*ong2zi(＝nau)	chongz2 虫子
84	はえ(蝿)	出なかった, ロシア語でいうという	cang1ying 苍蝇
85	か(蚊)	出なかった, ロシア語でいうという	wenz2 蚊子

86	のみ(蚤)	tiao4z(a)o tiao4zi	tiao4zao 跳蚤
87	しらみ(虱)	s*i1zi	shi1 虱子
88	あり(蟻)	ma2yi+(＝nau)	ma3yi3 蚂蚁
89	さかな(魚)	yu4	yu2 鱼
90	かい(貝)	出なかった	bai4 贝
91	どうぶつ(動物)	出なかった	dong4wu4 动物
92	りょう(猟)	da3wei2 打围(＝nau)	shou4lie4 狩猎
93	あみ(網)	wang3(＝nau)	wang3 网
94	いぬ(犬)	gou+3(＝nau)	gou3 狗
95	つな(綱)	s*eng2zi 縄子(＝nau)	suoz3 索子
97	ひつじ(羊)	yang2	yang2 羊
98	うま(馬)	ma2(＝nau)	ma3 马
99	ぶた(豚)	z*u1(＝nau)	zhu1 猪
100	しっぽ(尾)	yi3ba(＝nau)	wei3ba 尾巴
102	けがわ(毛皮)	pi2(＝nau)	mao2pi2 毛皮
103	ふくろ(袋)	ma2dei4 麻袋(＝nau)	kuo3dai4 口袋
104	なべ(鍋)	meng2guan4 闷罐 guo3(＝nau)	guo1 锅
105	かま(釜)	da4guo3(＝nau)	guo1 锅
108	やね(屋根)	fang2gair4(＝nau)	wu1ding3 屋顶
109	かべ(壁)	qiang2(＝nau)	qiang2 墙
110	まど(窓)	c*uang1hu+4(＝nau)	chuang1 窗
111	とびら(扉)	men2	men2 门
112	いえ(家)	fang2zi(nau 曰く,漢語であるという) jia1(nau 曰く,ゴリドの語であるという)	jia1, fangz2 家, 房子
113	くるま(車)	c*i4c*e2 汽车(＝nau)	che1 车
114	ふね(船)	c*uan2(＝nau)	chuan2 船
115	いど(井戸)	s*ui2jing3(＝nau)	jing3 井
116	しごと(仕事)	gan4huor2 干活	gong1zuo4 工作
117	かね(金)	qian2 yi4bei3, er4bei3 百, san1bei3, si4bei3qian3	jin1qian2 金钱
118	き(木)	s*u4	shu4mu4 树木
120	えだ(枝)	s*u4yar1zi 树丫儿子	shu4zhi1 树枝
121	くさ(草)	cou3(＝nau)	cao3 草
123	ね(根)	s*u4genr1zi s*u4gen1zi(nau) genr1zi(＝nau)	genr1
125	はな(花)	huar1 huar3(nau)	huar1 花儿
126	み(実)	出なかった	guo3shi2 果实

128	じゅひ(樹皮)	s*u4pi2	shu4pi2 树皮
129	た(田)	yuan2zi(＝nau)	shui3tian2, tian2di4　水田, 田地
131	もり(森)	s*u4	sen1lin2 森林
132	みち(道)	dou4(＝nau)	ma3lu4, dao4lu4 马路, 道路
133	あな(穴)	yar3 眼儿(＝nau)	ku1long 窟窿
134	はし(橋)	qiou2(＝nau)	qiao2 桥
135	かわ(川)	he2(＝nau) xiao2he1(nau) da4he1(nau)	he2, jiang1 河, 江
136	やま(山)	s*an3 san4(nau)	shan1 山
137	の(野)	di4	tian2di4 田地
140	みずうみ(湖)	sui3keng1zi 水坑子 sui3kao+ng4zi(nau)	hu2 湖
141	うみ(海)	hai2(＝nau)	hai3 海
142	しま(島)	出なかった	dao3, hai3dao3 岛
143	みず(水)	s*ui3	shui3 水
144	こおり(氷)	bing1(＝nau)	bing1 冰
145	いし(石)	s*i2tou(＝nau)	shi2tou 石头
147	すな(砂)	s*a2zi s*a4zi(nau)	sha1zi 沙子
148	ほこり(埃)	ni4 泥	hui1chen2 灰尘
149	けむり(煙)	mou4yan1 冒煙(＝nau) yanr1(nau)	yan1 烟
150	はい(灰)	xiao3hui1 小灰(＝nau)	hui1 灰
151	ひ(火)	huo3 huo(r)2(＝nau)	huo3 火
152	かぜ(風)	heng4 feng4(nau)	feng1 风
153	くも(雲)	tian1s*ang, yun4cai 天上, 云彩 yun2cai(nau)	yun2cai 云彩
154	きり(霧)	huang4wu4 黄雾 wu4(nau)	wu4 雾
155	あめ(雨)	xia4yu3	yu3 雨
156	ゆき(雪)	xue3	xue3 雪
157	そら(空)	tian1	tian1(kong1) 天(空)
158	にじ(虹)	c*u3gang4 出扛 gang4(nau)	jiang4, hong2 虹
159	たいよう(太陽)	yu4tou 日头 yi4tou(nau)	tai4yang 太阳
160	つき(月)	yue4liang(＝nau)	yue4liang 月亮

161	かげ(影)	出なかった	yingz3 影子
162	ほし(星)	xing1xing xi+ng1xi+ng(nau) san2xi+ngr(4)(nau) 閃星 キラキラしている星，空にあるもの皆 sang1he2(nau) 桑/閃(?空の意)河 銀河のことだという	xing1xing 星星
163	ひ(日)	yi4tian1	ri4, tian1 日，天
165	しゅう(週)	yi1ge li3bei4 礼拝	xing1qi1 星期
167	とし(年)	yi4nian2	nian2 年
168	あさ(朝)	zao3xiang4 zao3qian4(nau) 早晨	zao3shang4 早上
169	ひるま(昼間)	bai2tian1 bai2tian(4)(nau)	bai2tian1 白天
170	ゆうがた(夕方)	xia4wanr3 下晩(＝nau)	bang4wan3 傍晩
171	よる(夜)	xia4wanr3	wan3shang4, ye4li 晩上, 夜里
172	きのう(昨日)	zuo(r)2ge 昨个(＝nau)	zuo2tian1 昨天
173	あす(明日)	mi(e)+(r)4ge 明个 mier1ge(nau)	ming2tian1 明天
174	きょう(今日)	jie(r)1ge j(i)er1ge(nau)	jin1tian1 今天
175	いま(今)	ji(e)+4ri 今日	xian4zai4 現在
177	なんじ(何時)	ji2dian3z*ong	ji3dian3zhong 几点钟
179	いち(一)	yi2ge	yi1, yi1ge 一
180	に(二)	liang2ge	er4, liang3ge 二
181	さん(三)	san1ge	san1, san1ge 三
182	し(四)	si4ge	si4, si4ge 四
183	ご(五)	wu2ge	wu3, wu3ge 五
184	ろく(六)	liu4ge	liu4, liu4ge 六
185	しち(七)	qi(r)2ge	qi1, qi1ge 七
186	はち(八)	ba2ge	ba1, ba1ge 八
187	きゅう(九)	jiu(r)2ge	jiu3, jiu3ge 九
188	じゅう(十)	s*i2ge	shi2, shi2ge 十
190	ひゃく(百)	yi4bai3 yi1bei3(nau)	yi4bai3 一百
191	いくら	ji3ge, ji3geyir3 几个(人) ji3ge niu2 牛, ji3ge yang2	duo1shao 多少

第3章　ターズの言語と文化　　93

		羊	
193	はんぶん(半分)	yi2banr4, yi2bei＋(nau) ba(n)1/4la3 半拉(nau)	yi2banr4 一半儿
194	ぜんぶ(全部)	yi4dui 一堆(たくさん, 一山)	quan2bu4, quan2dou1 全部, 全都
195	いくらか	ji2tian1 几天	yi4xie1, yi4diar3, ji3ge 一些, 一点儿, 几个
197	とし(年)	ji3sui4	sui4shu4 岁数
199	おっと(夫)	zang3gui4(di＋) 掌柜的	zhang4fu 丈夫
200	つま(妻)	(wo2di)lao2puo	qiz1 妻子
201	けっこん(結婚)	出なかった	jie2hun1 结婚
202	ちち(父)	die3 die1die(nau)	fu4qin 父亲
203	はは(母)	ma3/1	mu3qin 母亲
204	そふ(祖父)	lao3tour1 lao3tour(4)(nau)	zu3fu2 祖父
205	そぼ(祖母)	lao3pe1	zu3mu3 祖母
206	むすこ(息子)	xiao3zi	erz2 儿子
207	むすめ(娘)	ya1t(o)u(3) Y頭, (nau 曰く, ターズの言葉) xiao3ya1t(o)u gu1niang(nau 曰く, ゴリドの言葉)	nü3er2 女儿
208	こども(子供)	xiao3hair4 xiao3hei2(nau)	haiz2 孩子
209	こ(動物の子)	xiao2ma3zair3　小馬仔儿 xiao2zair3(nau) gou2zair3 狗 niu2zair3 牛(＝nau) mao2zair 猫(＝nau)	zair3 仔儿
210	まご(孫)	sun1zi(＝nau)	sunz1 孙子
211	あに(兄)	da4ge1(＝nau)	ge1ge 哥哥
212	あね(姉)	da4jie2(＝nau)	jie3jie 姐姐
213	おとうと(弟)	er4xio(u)ng1di, xiung1di(nau)	di4di 弟弟
214	いもうと(妹)	er4jie2, mei4zi(nau)	mei4mei 妹妹
218	ともだち(友達)	peng2yu	peng2you 朋友
219	けんか(喧嘩)	ma3za＋4 骂仗	chao3jia4 吵架
220	ちから(力)	(y(o)u3)jingr4　劲(＝nau)	li4liang 力量
221	おし(啞)	ya3ba	ya3ba 哑巴

222	つんぼ(聾)	long2zi	longz2 聾子
223	めくら(盲)	xia1zi	xiaz1 瞎子
224	おとこ(男)	lao3ye2men(r)(=nau)	nan2ren 男人
225	おんな(女)	lao3puo(4) oは弱い(=nau) lao3puo2/3は 老婆 の 意(nau)	nü3ren2 女人
226	ひと(人)	yin4 yir4(nau)	ren2 人
227	わたし(私)	wo3	wo3 我
228	あなた	ni3	ni3 你
229	かれ(彼)	ta1	ta1 他
237	だれ(誰)	ta1s*i sei2	shui2 谁
243	ことば(言葉)	hua4	yu3yan2, hua4 语言, 话
244	こころ(心)	出なかった	xin1 心
245	かみ(神)	出なかった	shen2 身
246	まつり(祭)	guo4j*ie2 過节	jie2ri4, miao4hui4 节日, 庙会
247	むら(村)	teng2zi 屯子	cun1 村
248	まち(町)	出なかった	zhen4, jie1shang 镇, 街上
249	これ	z*eir4wanr2yir(4) 这儿玩艺 z*eige qin2meyu2	zhe4(ge) 这个 zhei4geshen2me yu2 这个什么鱼
250	それ	nei4ge	na4(ge), ta1 那个, 他
251	あれ	nei4ge	na4(ge) 那个
266	ひだり(左)	z*uo4sou(=nau) 左手 zuo4miar 左面儿	zuo3 左
267	みぎ(右)	y(o)u4sou(nau) 右手 y(o)u4 miar 右面儿	you4 右
268	まえ(前)	wang1(4)qian2 qian2zou3(nau)	qian2bian2 前边
269	うしろ(後)	wang4h(o)u4 hou4(nau)	hou4bian1 后边
270	うち(内)	zai2litou4 在里头 li2bianr(nau) li2tour(1)(nau)	li3bian1 里边
271	そと(外)	s*ang2wai4bian 上外边 wai4bianr(nau) wai4tou(nau)	wai4bian1 外边
272	あいだ(間)	dan1yao4	jian1 间
273	うえ(上)	wang3shang4 往上 sang4(nau)	shang4 上
274	した(下)	wang3xia+4 xia4(nau)	xia4 下

275	みる(見る)	wang3qian2kan4, wang3h(o)u4kan4	kan4 看
276	みせる(見)	gei2ni kan4kan	gei3kan4 给看
277	きく(聞)	ting1zou 听着	ting1 听
278	かぐ(嗅)	wen2wen	wen2 闻
279	いきをする(呼吸)	c*uang3qir4 喘气	hu1xi1 呼吸
280	いう(言)	(ta1) s*uo3	shuo1 说
281	よぶ(呼)	jiao4ni3	jiao4 叫
282	さけぶ(叫)	jiao4	han3 喊
283	うたう(歌)	(ta1) c*ang4	chang4 唱
284	おどる(踊)	tiaou4di4bar3 跳地板儿	tiao4wu3 跳舞
290	かむ(嚙)	you2ni3 咬你	yao3 咬
291	わらう(笑)	(ta1) xio4	xiao4 笑
292	なく(泣)	(ta1)kuu+1	ku1 哭
293	よろこぶ(喜)	le4he 乐喝	huan1xi 欢喜
294	こわがる(怖)	hai3pa4	hai4pa4 害怕
295	かなしむ(悲)	出なかった	shang1xin1 伤心
296	おこる(怒)	(ta1)y(o)u3qi4 有气	sheng1qi4 生气
297	おどろく(驚)	出なかった	chi1jing1 吃惊
298	うつ(打)	(ta1)da3	da3 打
301	なおす(治)	z*a2h(o)u bing4 扎无病(?)	zhi4(bing4) 治病
302	なおす(直)	bu3yi1han4	xiu1li4 修理
303	なげる(投)	leng1le 扔了	shuai1, reng1 摔, 扔
306	くだく(砕)	da2liang3ba(n)r4 打两瓣儿	nong4sui4, po4sui4 弄碎, 破碎
307	こわれる(壊)	huei4le	huai4 坏
308	おす(押)	tuei4le	tui1 推
309	ひっぱる(引張)	zui4le	la1 拉
310	もつ(持)	(ta1) tei2qi 抬起	na2 拿
311	つかむ(掴)	z*ua1lei(4)	zhua1 抓
312	さわる(触)	peng4ni(3) 碰(你)	chu4, jie1chu4 触, 接触
313	こする(擦)	c*eng4 蹭	ca1 擦
314	かく(掻)	nou2ni 挠(你)	sao1, nao2 搔, 挠
315	ふくれる(膨)	z*eng3le 涨了	zhang3 张
316	あるく(歩)	(ta1) wang3 qia+2 z(o)u3	zou3 走
317	ふむ(踏)	cai2ni 踩(你)	ta4 踏
318	はねる(跳)	beng4 蹦	tiao4 跳
319	はしる(走)	(ta1) pao+3	pao3 跑
320	ける(蹴)	ti1ni	ti1 踢
321	たつ(立)	(ta1)z*an3z*e	zhan4 站
322	すわる(座)	z*uo4z*e	zuo4 坐

323	はう(這)	pa+2	pa2 爬
324	ねる(寝)	(ta1)tang3z*e	shui4jiao4, tang3 睡觉, 躺
325	ねむる(眠)	(ta1)sui3ji(o)u4	shui4jiao4 睡觉
326	さめる(覚)	sui4gour+4le 够 「十分に寝た」の意	xing3 醒
327	おきる(起)	qie3lei(4) 起来	qi3(lai2) 起来
328	たべる(食)	ci1h(u)an4	chi1 吃
329	のむ(飲)	(ta1)he1sui3	he1 喝
330	よう(酔)	he1z*ui4le	he1zui4 喝醉
331	うえる(飢)	ai/ei3Ger4 挨饿	e4 饿
333	このむ(好)	xiang2ni 想(你)	xi3huan 喜欢
334	きらう(嫌)	bu4 xiang2 ni	yan4wu4 厌恶
335	くさる(腐)	luang4le 烂了	fu3bai4 腐败
336	わる(割)	pi3 劈	nong4sui4, pi1kai1 弄碎, 劈开
337	とぶ(飛)	(ta1)h(u)ei1	fei1 飞
338	およぐ(泳)	hu4 浮	you2yong3 游泳
340	しずむ(沈)	yang3s(o)e 淹死	chen2 沉
341	さく(裂)	wai3kai4 掰开	si1 撕
342	さける(裂)	wai3kai4	lie4kai 裂开
345	やく(焼)	(ta1)jian3 煎	kao3, shao1 烤, 烧
346	にる(煮)	z*u4huan4 煮饭	zhu3 煮
347	おう(追)	nian3 撵	zhui1, gan3 追, 赶
348	にげる(逃)	出なかった	pao3 跑
349	ころす(殺)	(ta1) da2 s*i ni3 打死	sha1si3 杀死
350	むすぶ(結)	j*i4ha+ 结上	ji4, jie2 结
351	ほどく(解)	gai3kai 解开	jie3kai1 解开
352	はなす(放)	huang4kai	fang4 放
353	ぬう(縫)	hong2ha+ 缝上	feng2 缝
354	あらう(洗)	xi3	xi3 洗
356	きる(着)	(ta)c*uan1 yi1h(o)En	chuan1 穿
357	ぬぐ(脱)	tuo3xialei(4) 脱下来	tuo1 脱
358	かく(書)	xie3ha+(4) 写上	xie3 写
359	よむ(読)	nian4s*u1	kan4, du2 看, 读
360	おしえる(教)	(dui4ni)xio2 对你学(教わる)	jiao1 教
361	きる(切)	qie3cai4 切菜	ge1, qie1 割, 切
362	つくる(作)	(ta1)huo4(mian4) 和面	zuo4 作
363	あける(開)	kai1men2	kai1, da3kai1 开, 打开
364	しめる(閉)	guan1men 1声は低く少し下がる	guan1 关
365	すむ(住)	z*u4z*e	zhu4 住
366	はたらく(働)	gan4huor2	zhu4huo2, lao2dong4 做活,

			劳动
367	つかれる(疲)	lEi4dihEn 累得很 l ははじき音で, l ともr ともつかない音, lei の e はあいまい母音的	lei4 累
368	やすむ(休)	xie2z*e	xiu1xi 休息
369	かう(買)	mei3	mai3 买
370	うる(売)	mei4	mai4 卖
371	える(得)	z*ao2de dong1xi 着得东西(?)	de2dao4, huo4de2 得到, 获得
372	ぬすむ(盗)	tou1	tou1 偷
377	ふる(振)	bai3hua4 摆豁(?)	yao2, hui1 摇, 挥
378	とる(取)	na2guolai 拿过来	cai3, qu3 采, 取
379	ほる(掘)	kou1 抠	wa1 挖
380	ながれる(流)	lwou4le 漏了	liu2 流
381	のぼる(昇)	wang2ji3qing2 往起挺	shang4 上
382	おりる(降)	huang4xia4	xia4 下
384	おちる(落)	d(a)ou3xiar4 倒下	luo4xia 落下
385	もえる(燃)	z*ou3le	shao1 烧
386	ふく(吹)	gua2heng1	chui1, gua1 吹, 刮
387	あめがふる(雨降)	xia4yu3	xia4yu3 下雨
388	ぬれる(濡)	s*i3le 湿了	lin2 淋
389	かわく(乾)	gan1le	gan1 干
390	かくす(隠)	cang2qileile	yan1gai4, (ba3〜)cang2qi3lai2 掩盖, 藏起来
391	さがす(探)	z*ao3ni	zhao3 找
392	みつける(発見)	z*ao3z*ou4 找着	zhao3, zhao3zhao2 找到
393	かぞえる(数)	nian4s*u4, z*a2s*u4	shu3 数
394	うむ(産)	yang2xiao3hai2	sheng1, chan3 生产
395	うまれる(生)	y(o)u2 xiao3hair4 有小孩儿	sheng1 生
396	そだつ(育)	z*ang3qilai 长起来	zhang3da4 长大
397	しぬ(死)	s*i3le	si3le 死了
399	あそぶ(遊)	wa(n)r2	wanr2 玩儿
400	たすける(助)	bang1z*e	bang1zhu 帮助
401	まつ(待)	deng3z*eni	deng3 等
402	あう(会)	peng4zel(e) 碰着了	jian4mian4 见面
403	たたかう(戦)	da3z*ang4 打战	da3zhang4 打战
404	かつ(勝)	ying2le	da3sheng4, ying2 打胜, 赢
405	まける(負)	s*u1le	bai4, shu1 败输
406	かんがえる(考)	xiang3, xin1se 心事	xiang3 想
407	わすれる(忘)	wang4le	wang4, wang4ji4 忘, 忘记

408	おく(置)	ge2nahar4 搁那哈儿	fang4, ge1 放, 搁
410	でる(出)	(ta1)xiang3z*e zou3a 想着走	chu1 出
411	はいる(入)	(ta1)xiang3lai2le	jin4 进
414	あつめる(集)	s*ou2si 收拾	ji2, zhao1ji2, shou1ji2 集, 召集, 收集
415	まぜる(混)	huo1le 和(かきまぜる)了	hun4he2, chan1he2 混合, 搀合
417	あう(合)	xiao3da4 小大	he2shi 合适
418	あたえる(与)	gei2 ni3	gei3 给
420	おもう(思)	xing2s*e 心事	xiang3 想
421	しる(知)	z*i1dou4	zhi1dao 知道
423	できる(出来)	(ta3)huei4	neng2, ke3neng2, hui4 能, 可能, 会
424	ある(存在)	z*ei4 y(o)u3 yu3(nau)	zai4 在
426	ない(無)	wo3mei4y(o)u3	mei2you 没有
427	おおきい(大)	da4	da4 大
428	ちいさい(小)	xiao(u)3	xiao3 小
429	たかい(高)	gou1	gao1 高
430	ひくい(低)	ei3	di1, ai3 低, 矮
431	ふとった(太)	c*u1di 粗地	pang4 胖
432	やせた(痩)	xi4di 细地	shou4 瘦
433	あつい(厚)	hou4di	hou4 厚
434	うすい(薄)	bao2di	bao2 薄
435	おもい(重)	ceng2 沉	zhong4 重
436	かるい(軽)	qing1kui4 轻快	qing1, qing1kuai4 轻, 轻快
437	つよい(強)	y(o)u3jing4 有劲	qiang2 强
438	よわい(弱)	mei2you3jing4	ruo4 弱
439	いたい(痛)	y(o)u3bing4	tong4, teng2 痛, 疼
440	かたい(堅)	ying4	ying4, jian1 硬, 坚
441	やわらかい(柔)	yan3hu+(4) 软和	ruan3, rou2ruan3 软, 柔软
442	あまい(甘)	tian2	tian2 甜
443	しおからい(塩辛)	xian2	xian2 咸
444	からい(辛)	lwa4	la4 辣
446	はやい(速)	kui4	kuai4 快
447	おそい(遅)	men4	man4 慢
448	まるい(丸)	yuan2yuan	yuan2 圆
449	するどい(鋭)	kuei4	rui4, kuai4 锐, 快
450	にぶい(鈍)	duen4	dun4 钝
451	なめらか(滑)	ping2hua+ 平	guang1hua2 光滑
452	まっすぐ(真直)	z*eng4de 正	zhi2 直
453	きれい(綺麗)	gan1jing(4)	hao3kan4, piao4liang 好看,

454	きたない(汚)	漂亮 mei2tei 莓体(「くさっている」の意から。ただし当て字, 完全な口語で字はない)	zang1 脏
455	ながい(長)	c*a＋ng3	chang2 长
456	みじかい(短)	dua＋n3	duan3 短
457	とおい(遠)	ting2yuan3 挺远 tai4yuan3 太远	yuan3 远
458	ちかい(近)	jin4bian 近边	jin4 近
459	ひろい(広)	kuang3	kuang1 宽
460	せまい(狭)	z*ei3	zhai3 窄
461	あつい(暑・熱)	yie4 yie4yie	re4 热
462	さむい(寒)	leng3	leng3 冷
463	あたたかい(暖)	ye4hu 热和	nuan3huo 暖和
464	つめたい(冷)	liang2s*ui	lemg3 冷
465	わかい(若)	nian1qing	nian2qing1 年轻
466	としをとった(老)	laou2le	nian2lao3 年老
467	あたらしい(新)	xin1(fang2zi)	xin1 新
468	ふるい(古)	laou3(fang2zi)	lao3, jiu4 老, 旧
469	つねに(常)	出なかった	chang2, chang2chang2 常
470	いっぱい(満)	man3le	man3 满
471	おおい(多)	y(o)u3jis*i4 有几十, z*en1duo1 真多	duo1 多
472	すくない(少)	z*i＋4s*ao3	shao3 少
474	あかるい(明)	liang4dang 亮堂	ming2liang4 明亮
475	くらい(暗)	hei1le	hei1an4 黑暗
476	ひかり(光)	liang4z*e 亮着	guang1 光
477	しろい(白)	bai2di	bai3 白
478	くろい(黒)	hei1di	hei1 黑
479	あかい(赤)	hong2di	hong2 红
480	あおい(青)	lan2di	qing1, lan2 青, 蓝
481	みどり(緑)	hua1qi＋3 发青	lü4 绿
482	きいろ(黄色)	huang2di	huang2 黄
483	いろ(色)	(hong2)cai3	yan2se, se4cai3 颜色, 色彩
484	うつくしい(美)	hao3kan4	hao3kan4, mei3 好看, 美
485	いい(良)	hao3di	hao3 好
486	わるい(悪)	huei4di	huai4 坏
488	おなじ(同)	yi2yangr4di	yi2yang4, tong2yang4, xiang1tong2 一样, 同样, 相同
489	ちがった(違)	bu4yi2yangr4di	bu4tong2 不同

490	ふたたび(再)	y(o)u4 laile 又	zai4 再
492	はい	dui4	shi4, shi4de 是，是的
493	いいえ	bu2dui4	bu4 不
494	こんにちは	ni2hao3	ni3hao3 你好
495	さようなら・ありがとう	xie4xie	zai4jian4 再見

1.4.2 民俗語彙

基礎語彙をみたかぎりでは，多少独自の語はあるにせよ漢語の方言の範囲内である。ナーナイ語やウデヘ語の残存は観察できなかった。このためもっとこの地域の生活との関係が密接であると考えられる魚名や動物名，植物名などの民族語彙を集めた。

ここでは調査表を用いず，インフォーマントの思いつくままにターズ語で魚や動物の名をあげてもらった。その際にロシア語でのよび名も同時に記録した。しかしここでもはっきりツングース系の語とみなせるものはみいだせなかった。なお右欄は漢語の語形である。

Kiril Ivanovich Ulasi 氏より得た語

サクラマス	qi3mu4yu2	
サケ	da2mo4ha4yu2 (大马哈鱼)	
コクチマス，満州マス	shi4li3yu3	
ピストリューシュカ (pestrushka，まだら模様の小さい魚，和名不詳)	hua1ban3yu2 花瓣鱼	
山ニジマス (gornyj farel')	ga1dayu2	
ナシ	li4guor1 梨果儿	li2zi
小さいリンゴ	tang2li3zisu4	
エゾノウスミズザクラ	qiu4li3zisu4 秋梨子树	
千	yi4qian1	yi4qian1
一万	s*i2qian4, yi2wan(r)4 最初彼はこの語がわからなかったという	
中国語	z*ong1guo2hua4	
ターズ語	da2zihua4	
ロシア語	mao2zihua4	
日本語	yi4ben3hua4	

朝鮮語	gao1lihua ウデヘ語やナーナイ語をさす言葉は出なかった	chao2xian1，高麗gao1li4
モンゴル語	meng2guhua4	meng2gu3

Ljubov' Mixajlovna Pustavit' 氏より得た語

キャベツ	da4bei2cai4, da4tou2bei2cai	
トウモロコシ	bou1mi3	
ジャガイモ	tu3dour4	
マメ	huang2dour4 黄豆儿	
インゲン豆	bei2dour4 白豆儿	
エンドウ豆	qingr1dour4 青豆儿	
キュウリ	huang2guar 黄瓜儿	
唐辛子	hua1jiour 花椒儿，la4jiour 辣椒儿	
ピーマン	tian2jiour 甜椒儿	
ニンニク	yi2gecai4	
ネギ	c*ong3	cong1 葱
ハツカダイコン/ラディッシュ	sui2luo1ba	
イノンド/ウイキョウ	huei2xiang 茴香	
パセリ	xiang1cai 香菜	
セロリ？(sel'derej)	qing3cai 青菜	
シシウド	lao2san1qing 老三青	
ナシ	li3	
ブドウ	pu2tou	
オランダイチゴ	gao1lian1guo2 高梁(?)果	
メンドリ	mu2/3ji 母鶏	

Nina Vasil'evna Fujansun 氏より得た語

娘	yajige4	
ノミ	ge2tong3	
ナイフ	ga4wai/ga4wei(朝鮮語だという)	
アメマス，ヒッパリマス	lou1guo1deyu3	
朝鮮人参	bang4tuei(3)	
かくれんぼ	c*ang1maor3 蔵猫	
祭り用の草	hao4zi 債(?)徨	

| メハジキもしくは益母草（ヤクモソウ，ロシア語で pustyrnik） | | |

Vasilij Ivanovich Utaisin 氏より得た語

サケ	da4m(a)ha4	
サクラマス	ji1muyu2	
クロテン	tiao1pi3 貂皮	diao
生魚，生肉	seng1yu2, seng1yu4	
ブドウ	pu2tou	
エゾノウスミズザクラ	c*ou1li3zi 秋梨子(?)	
オーク	zuo2mu4, zuo2su4 柞木	
白樺	hua4su4 樺树	
ラムソン	han3cong4	
松ぼっくり	song1zei2	
クルミの実	(song1zai2)ya+ng3	
カシワの実・ドングリ	xiang4zi 橡子	
キノコ	muo2ge	mo2gu
木の切り株に生える長柄のキノコ	zei+1muo2	zhen1mo2 针
ニレ，エルムに生えるキノコ	fao+1muo2	
オークの木に生えるキノコ	muo2ei3	
物語	jiang3	

Vladimir Vasil'evich Sy 氏より得た語

サクラマス	qi2muyu3	
サケ	dam1pa1yu2	
コクチマス，満洲マス	xi(e)1niyu2	
カラフトマス	lou1guo1ziyu2	
山ニジマス	san1ga1deyu2	
海ニジマス	hai2ga1deyu2	
アメマス	fa1ligao3zi	
ピストゥリューシュカ	xiao3hua1biar3	
海草	hai3cai4	
タコ	ba1desou3 八的手	
イトウ	ze1leyu2	
ハゼ，カジカ	da4tou2yu(r)2	
ニシン	xiao2qingr4yur2 小青鱼儿	

サメ	huang2yu2 黄鱼	
シカ	lu4	
ジャコウジカ	san1lü2zi ロバ	
ノロジカ	pao2zi	
トラ	lao2ma4zi	
クマ	hei1xia1zi	
ヒグマ	ma2tuo2zi/ma3tuo2zi	
ツキノワグマ	gou2tuo2zi	
イノシシ	ye2zu3	
山岳羊	san1ya＋ng2	
イタチ	hwua＋ng2xin4zi 黄心子(?)	
リス	fei1gour3	
ネズミ	hao4zi	
ヘビ	liu1zi	
クサリヘビ(ロシアの代表的毒蛇)	tu1qiu2 土球	
キツネ	hu2li	
ウサギ	tu4zi	
カワウソ	sui2ta＋(4)	
サル	hou＋1zi	
ゾウ	xia＋ng4	
水鳥	sui2ya4zi	
カリ	e2/4	
ツル	cang1be2zi 长脖子	
ワシ	yi＋ng4	
カラス	lao3wa2zi	
カササギ	song1ya3	
エゾライチョウ	s*u4jiar(3)	
キジ	ye2ji3	
フクロウ	mao4tour2 猫头	
ヒマラヤユキノシタ	ba1da＋4	(写真3.10参照)
朝鮮人参	bang4zui(3)	
モミ	bai2pi2cou4	
カラマツ	fang2huar1soung4 黄花松	
セイヨウスギ	guor2song4 果松	
白樺	bai2pi2hua4 白皮桦	
樺	hua4su4	
赤樺(?)	hong2pi2hua4	
ポプラ	yang2su4	
サンザシ	san1zar4hong2 山查红	
小リンゴ	tang2li3zi 糖梨子	

写真 3.9　シベリアカバアナタケ。煎じてお茶にして飲む。

写真 3.10　ヒマラヤユキノシタ。ニコライフカの対岸の崖の上にのみ生えるという。

ヨーロッパノイバラ	ceng4guo2zi 盛(?)果子	
ヨーロッパノイバラの実	hong4guo(3)	
ブドウ	pu2tou	
ブドウ酒	pu2tou2jiu(r)3	
樹液，松脂	song1su4y(o)u2zi	
樹皮	su4pi2	
樹皮製の仮小屋	su4pi2fa＋ng2zi	
アシ	wei2lu2zi	
カエデ	sai3su4	
ヤナギ	liu2mao＋2zi	
エゾマツ	c*ou4songr1 臭松	
キハダ	huang1buo2le	
朝鮮五味子	wu2bai4zigai4ziguo3 五百子盖子果	
銃	qiang3	
旋条銃	wu3xia2ziqiang(3)	
散弾銃	sa4qiang(3) 砂枪	
カービン銃	xiao2zir2qiang(3) 小子枪	

1.4.3 基礎例文

つぎに文法を調査するべく，簡単な文をロシア語で訊き，ターズ語に訳してもらったものを録音した。翻訳とはいっても前後の脈絡のない文を訳すのはインフォーマントにとって容易なことではない。そのためロシア語での説明を加えているうちに，当初の意図とはかなり違う文が得られたものも多くある。したがって冒頭の日本語およびロシア語の文はターズ語の文を引き出すのに用いたキーセンテンスとでもいうべきものである。漢字は分析後にあてたもので，ターズ語はあくまでも無文字言語であり，彼らは漢字を一字も解さないことに注意されたい。

インフォーマントは Ekaterina Semjonovna Ulasi 氏である。同席していた夫の Kiril Ivanovich Ulasi 氏より答えていただいた文もあり，これには(K)の標示を付した。

1. ほら，(これが)私たちの家です。

   (R)Вот наш дом.

wo1di fang3zi. 我的房子

2. よい天気だった。

(R)Была хорошая погода.

jier4ge hao+2tian. (K) 今儿个好天

3. よい天気だろう。

(R)Будет хорошая погода.

mier+2ge ye3 hao2tian. (K) 明儿个也好天

4. 暖かくなってきた。

(R)Теплеет.

jier1ge mao3hu+(4). 今儿个暖和

5. 仕事はもう終わったかい？　いや，今始まったばかりだ。

(R)Работа уже кончилось?――Нет, только что началось.

ni2 gan4huo gan4wan2le. (K) 你干活干完了

jie(r)1 gan4wan2 huor2le.　gang1c*ai3 gan4huor2le. (K) 你干完活儿了 刚才干活儿了

6. 彼はよい学生だった。

Он был хорошим студентом.

wo2 d(e)i hao2hao jiao3ha+. wo2 d(e)i jiao3 ta1. (K) 我得好好教呵 我得教他

「私はよく教えなきゃ，私は彼に教えなきゃ」

7. それは何色ですか。

(R)Какого это цвета?

na1 ya+r4zi cai.　哪样儿子彩

8. 食事の用意はできている。

(R)Обедать готова.

zou4fan4le.　作饭了

9. そのコップは水でいっぱいだ。

(R)Стакан полон воды.

stakan man2sui3. gao2duo1sao1sui3.　stakan满水　搞多少水（どのくら

い水をとったか)

ターズ語には「コップ」はなく，ロシア語をそのまま使うという。

10. その服は僕には大きすぎる。

(R)Рубашка (Это костюм) велика для меня.

jie4qia+4 yi1han ni3 c*uan1de da4. (K) 这件衣服你穿的大

11. 彼の身長はどのくらいありますか。

(R)Каков он ростом.

wo3 c*uan1de s*i4s*ier4 hao4.　我穿的四十二号

12. 我々は5人だ。

(R)Нас пятеро (товарищей).

an1me+1/3 wu3ge/wu3wei4. (K) 俺门五个／五位

13. 家はたった2軒しかない。

(R)Домов всего два.

liang2jia4yin3.　两家人/liang2jia4 yin3jia(4).　两家人家

14. ここは暖かい。

(R)Здесь тепло.

jia4 ha+ nao+3hu+4.　家很暖和

15. 今はもう遅い。

(R)Теперь уже поздно.

jier1ge wan3le.　今儿个晚了

16. 俺はついているぞ。

(R)Мне везёт.

wo2 z*ao2 qian4le, wo2 jiu4hao3.　我找钱了，我就好
「金をみつけた/得た，ついてる」

wo2 jian3zao1le, wo2 jiu4hao. (K) 我捡找了，我就好「金を拾った，ついてる」

17. 僕は眠れなかった。

(R)Мне не спалось.

wo2 jier4ge mei2sui4jiao.　我今儿个没睡觉

18. 手の具合はいかがですか。

　　(R) Как у вас рукой?

　　ni2 s*ou3 jier4ge z*en3me yang4./wo2 s*ou3 jier4ge hao3./wo2di s*ou3 jier4ge hao3.(K)

　　你手今儿个怎么样　我手今儿个好　我的手今儿个好

　　wo3 jier4ge sou2 hao3.　我今儿个手好

19. 僕は今，金に困っている。

　　(R) У меня туго с деньгами.

　　wo3 jier4ge qian2 bu2degou4 s*i3hua＋.(K) 我今儿个钱不得够使唤

　　「今日は金を使うには足りない」

20. あなた１人でそこへ行くのは危ない。

　　(R) Тебе опасно идти туда одному.

　　wo2 hai3pa4, wo2 bu1qu4.　我害怕，我不去

21. あなたとお別れするのが残念です。

　　(R) Мне жаль расставаться с вами.

　　wo2 bu1gen1ni3 qu4.　我不跟你去

22. 困ったことになった。

　　(R) Случились беда.

　　ai2ya, j*ong(＋m)3di (l)wani3.　哎呀，窘得 了／哇 你

　　「あら，あなたは(ずいぶん)困っているね」

23. 彼は声がよい。

　　(R) У него хороший голос.

　　ta1 c*ang4 hao3.　他唱好

24. 彼女は性格がよい。

　　(R) У неё добры характер.

　　ni3 xin1 hao3buhao3.　你心好不好

　　「あなたの心はよいか？」

25. 彼は足が早い。

　　(R) Он быстро бегает (Он хороший бегун).

wo3 fei1pao3.　我飞跑
26. 僕はその帽子が気に入った。
　　（R）Мне понравилась эта шапка.
　　wo3 kan4z*ong1 mao4zile.　我看中帽子了
27. この生地は洗いがきく。
　　（R）Эта материя хорошо стирается（Эта материя хорошо переносит стирку）.
　　jier4ge bu4 hao2 xi3.　这儿个布好洗
28. 少年が駆け出した。
　　（R）Мальчик побежал.
　　xiao3ha(i)r1 pao2le.　小孩儿跑了
29. 彼女は話し始めた。
　　（R）Она заговорила.
　　ta1 s*uo1 huar4le.（K）他说话儿了
30. さあ食べ始めよう。
　　（R）Я буду есть.
　　wo2 jie4ge c*i1huan4.　我这个吃饭
31. もう僕はその本を読んでしまった。
　　（R）Я уже прочитал книгу.
　　wo2 jie4ge nian4guor1le s*u3le.（K）我这个念过儿了书了
32. 私はよく彼女とあいます。
　　（R）Я часто встречаюсь с ней.
　　wo3 z*eng1zai4 peng1z*e ta.　我正在／经常碰着他
33. 彼はもう少しで倒れるところだった。
　　（R）Он чуть（было）не упал.
　　c*a4 bu＋ yi4dia(n)r3, mei4 dou3le.　差不一点儿，没倒了
34. 私は行こうとしたのだが行かなかった。
　　（R）Я хотел было пойти, но не пошёл.
　　wo2 xiang3qu4 wo3 mei＋1qu4.　我想去我没去
35. 日がだんだん長くなってきた。

(R) Дни становятся длиннее.

tian1z*i c*ang2le. (K) 天日长了

36. 彼らはその家を建てるのに3年かかった。

(R) Они строили дом три года.

ta1men gei4fang2zi gei4 san4nian2 le. (K) 他们盖房子盖三年了

37. あなたがここへ来てからどれくらいになりますか。

(R) Сколько лет прошло с тех пор, как вы сюда приехали?

wo3 lai2de jier4 han san1nian2le. (K) 我来的这儿会三年了

38. ボートが動かなくなった。

(R) Лодка потеряла способность двигаться.

c*uan1 diur1le jingr4le. (K) 船丢了劲了

39. 彼は泳げるようになった。

(R) Он научился плавать.

ta1 jiao2hui4le hu4s*ui3. (K) 他教会了浮水

40. 火事になった。

(R) Вспыхнул（начался）пожар.

jie1li qi2le huo2le. (K) 街里起了火了

41. 彼らは彼を黙らせた。

(R) Они заставили его замолчать.

ta1men jia4han bu2yang4 ta z*au+3hua. (K) 他们这儿会不让他说话

42. 私たちは友人たちに自分のうちに来てもらった。

(R) Мы попросили/уговорили своих друзей прийти к нам.

wo3 jie4 ta guo4lai s*uo+3. (K) 我叫他过来说

「私は彼をよんできて話す」

43. 彼にバケツをもってきてもらおう・もってこさせよう。

(R) Пусть он принесёт мне ведро.

wo3 jie4 talai gei2wo3 ling1 na4ge vedro. (K) 我叫他来给我拎那个 vedro

44. 私は頭を刈ってもらった。

(R) Я постригся/Меня постригли.

wo2 jiao3 tou1l^we.　我铰头了

45. 私は君に本を買ってあげよう。

　　(R)Я тебе куплю книгу.

　　wo2 gei2ni2 mei3s*u4＋3le.　我给你买书了

46. 彼はもう来ているのかもしれない。

　　(R)Может быть, он уже пришёл.

　　wo2 deng3ta1, bulei2.　我等他，不来

　　「私は彼を待ったが来なかった」

　　/ni2 zong3 mei1lai2, ni.　你总没来，你

　　「あなたはいつも来ないねえ」

47. もう遅すぎるんじゃないかしら。

　　(R)Боюь, уже слишком поздно.

　　ni2 zen3me zong2dei3 xia4bair2 pau2wan3. bu4hui2lai.　你怎么总得下班儿好晚，不回来

　　「あなたはどうしていつも仕事が遅くまでかかって、なかなか帰ってこないのか」

48. 君はそれをできるだろうか。

　　(R)Сможешь ты это сделать?

　　ni3 bu2fuei4 z*ou4fan4. fuei4.　你不会作饭？　会

49. それはどこでも買える。

　　(R)Это можно купить где угодно.

　　sang4 nar2 qu4 mei3 di4, ni3 neng2bu neng mei3z*e(4), neng2 mei3 z*e(4).

　　上哪儿去买地，你能不能买着？　能买着

　　「どこに行って土地を買うの？　買えるの？　買えるよ」

50. 入ってもいいですか？

　　(R)Можно к вам (войти)?

　　lei2ba, c*uang4meir2ba.

　　来吧，串门儿吧

「来て，遊びに来てよ」
51. ここでタバコを吸ってもかまわない。
　　(R)Здесь можно курить.
　　xiung2 c*ou4yan1ba.　行抽烟吧
52. ここでタバコを吸ってはいけない。
　　(R)Здесь курить нельзя.
　　dei3 jiar1 bu4xiung2 c*ou1yan(4).　呆家不行抽烟
　　「家ではタバコを吸ってはいけない」
53. 私はもうそろそろ行かなくちゃ。
　　(R)Мне надо уже уходить.
　　wo2 zou3wa.　我走哇
54. 急がなければならない。
　　(R)Нужно торопиться.
　　wo3 kuai4 zou3wa.　我快走哇
55. 彼は父よりもむしろ母に似ている。
　　(R)Он скорее похож на мать, чем на отца.
　　ta1 xiang4 tama3.(K)　他象他妈
　　「彼はお母さんにとてもよく似ている」
56. これが一番いいナイフだ。
　　(R)Это самый хороший нож.
　　jie4ge hao2dao+3zi.　这个好刀子
　　「これはいいナイフだ」
　　ci1ba hao3ci1ba, dou1 hao3ci4.　吃吧好吃吧，都好吃
　　「あまりおいしくないけれども
　　(口にあまりあわないかもしれないけれども)、全部おいしい(いいものです)よ」
57. この部屋は大きくて暖かい。
　　(R)Эта комната большая и тёплая.
　　zei4ge da4fang2zi, nao3hu+4.　这个大房子，暖和

58. そこには老人と子どもしかいなかった。

(R) Там были только дети да старики.

eiya, neige4 lao3tour4, nei4xiege xiao3ha(i)r1. 哎呀，那个老头儿，那些个小孩儿

59. 彼は転んだが，けがしなかった。

(R) Он упал, но не ушибся.

xiao3har1 suEi3le, ta1 bu2si4 suEi3 huai4le, 小孩儿摔了，他不是摔坏了 lao3tour, han4z*ele, mei2 suEi3 huai4 le. 老头儿喊着了，没摔坏了

60. 椅子は5個あるが，そのかわり机はない。

(R) Стульев пять, зато столов нет.

wu2ge bang3deng4, mei2 you3 z*uo1zi. (K) 五个板橙，没有桌子

61. 彼は行ったが，私は残った。

(R) Он поехал, а я остался.

ta1 zou3wa/le, wo3 s*eng4zi4ger3le/wo3 z*an3z*ule. 他走哇／了，我剩自个儿了／我站住了

62. 私たちは手袋も靴も買った。

(R) Мы достали и рукавицы, и обувь.

wo2 mei3 xue2zi, (/tai4) da4 le. 我买靴子，（太）大了

「私は靴を買った，大きいヤツを」

63. 前へも後へもいけない。

(R) Ни назад, ни вперёд.

wo2 xiang3 s*ang4 nair4s*angr3 qu4, wo3 qu4 le, qu4 bu s*a, ye1 hai3 pa4.

我想上那儿啥儿去，我去了，去不啥，也害怕

「向こうへ行きたい，行きました，けれども恐かった」

wo3 wang3 hou4 qu4 le, wang3 hui2.(K)

64. 私が行ってみてきましょう。

(R) Я пойду посмотрю.

ni3 qu4 ba, kan4 kan qu4. 你去吧，看看去

「あなた行ってみてきなさい」

65. 切符がなくても僕は行きますよ。

(R)Если даже и не будет билетов, я пойду.

wo3 qu4, mei3 piaor4./wo3 xiang3 qu4 mei3 piaor4, mei4 you3 piaor4 le.

我去，买票儿／我想去买票儿，没有票儿了

「私は切符を買いに行った/私は切符を買いたかったが，切符はなかった」

/wo3 mei2 mei3zao, mei2 y(o)u piaor4le.　我没买着，没有票儿了

「私は買えなかった，切符はなかったから」

66. あなたがどこへやられようとも，私はいつもあなたについて行きます。

(R)Куда вас ни пошлют, я буду с вами.

ni3 s*ang4 nar3 qu4, wo2 ye3 yi2yan4 gen1 ni3 yi2kuar4 zou3.

你上哪儿去，我也一样跟你一块儿走

67. 家に帰ってみると，もうみんな寝ていた。

(R)Когда я пришёл домой, все уже спали.

na ni3 qu4 s*ang nar3 qu4, wo2 dei3 jia1 sui4 jiao bu dou?

哪你去上哪儿去，我呆家睡觉不都?

「あなたはどこに行くの，私はいつも寝るしかないよ」

ta1men dou zou3 le, wo3 huei2lei dou1 sui4 jiao4.　他们都走了，我回来都睡觉

「彼らは皆帰った，私も帰って寝る」

68. 雨が降っている間，私たちは家にいた。

(R)Пока шёл дождь, мы были дома.

xia4 yu2 le, wo2 dei3 jia1.　下雨了，我呆家

「雨が降って，私は家にいた」

69. 仕事を終えて彼は帰った。

(R)Закончив работу, он пошёл домой.

ta1 qu4 tian3 di4 qu le, wo2 jia1 qu4 le.　他去田地去了，我家去了

「彼は畑に行って，私は家に戻った」

70. お邪魔なら行きます。

(R) Если я мешаю, то уйду.

　　ni2 dei3jiar4 lei2, gan+4 han2ma. ni3 dang4 wo3 gan4 huo2.

　　你呆这儿来，干什么，你挡我干活

　　「あなたはここに来て何をしようというの，私の仕事を邪魔するな」

71. ちょっと何かあると，彼はすぐ怒る。

　　(R) Чуть что, он сердится.

　　ni2 zen3me seng3 qi4 nye.　你怎么生气呢

　　「あなたはなぜ怒るの」

72. 急げよ，さもないと暗くなるぜ。

　　(R) Поспешим, а то темно будет.

　　wo2 zou3 wa, kuai4 hei1 tianr+1 le./hei1 tianr+1 le, wo3 kua(i)4 hao2 zou3 la.

　　我走哇，快黑天儿了　黑天儿了，我快好走了

　　「私は帰るよ，もう暗くなるよ/暗くなった，私はもう帰るよ」

73. 行きたくても行きたくなくても，行かなくてはならない。

　　(R) Хочешь――не хочешь, а идти надо.

　　wo2 xiang2 zou3 bu4 zou3, dei2 zou3 wa.　我想走不走，得走哇

1.4.4 言語的特徴

　ターズの言語は崩れた中国語であるとする説があるが，これはあたっていない。ターズの言語は，おそらくは入植者の出身地の多くを占めていたであろう山東方言の性格を強く示しているようだ。以下にその特徴をみてゆこう。

　まず子音では官話の反り舌音が弱く，舌があまり反っていない。とくにrの発音はyのように聞こえ，官話と大きく異なる（たとえば基礎語彙中の46，163，226，441，461など）。Kiril Ivanovich Ulasi氏の発音ではとくにfが唇および歯で調音されず，多くの場合hになっている（たとえば基礎語彙中の35，79，152，337）。官話のfはさらにpであらわれたものもあった（たとえば同じく2）。かつてのG音（?）を保存している語もあった（たとえば331）。

母音 ai は ei のように発音され，ou は u のように発音される。鼻音化が強く，ng や n の前，r の前では母音はしばしば完全な鼻母音である。官話で n や ng を語末にもたない語でも完全な鼻母音を示す語が多数ある。o の母音はあいまい母音 e に近い音で実現するものがある(たとえば 18)。

声調に関して，まず 1 声は官話よりもずっと低い。2 声と 3 声の違いは一部不明瞭である。2 声はいったん下がり，しかる後にゆっくりあがってくるような音調で，官話のような急激な上昇をともなわない。語末の形声はしばしば 3 声や 4 声のように下がって発音される。

語彙では虹(158)，太陽(159)，俺(基礎例文 12)，dei 3 fan 4 (基礎語彙 328) などの語彙が山東方言にきわめて特徴的な語彙であるという。先述したような発音の特徴から，人(226)，肉(46)，朝(168)などの単語はきわめて山東地方的な特徴を示す。

文法に関しては，アルタイ的な語順の文も得られたが(たとえば基礎例文中の 20, 72)，これが基層言語からの影響であるのかはよくわからない。

サクラマスはオロチ語 isima からの借用がもとになったものかもしれない。ポドマスキン氏のいう酒 araki はツングース諸語でみられる形をしている。民俗語彙にあげた N. V. Fujansun 氏による yajiga「娘」もウデヘ語 ajiga である可能性がある。

この語について氏は，大叔父(祖父の弟)が自分をよぶときにさかんに使っていたという。またこの大叔父は彼女には理解できない別の言語を話していたという。この言語がウデヘ語であった可能性も考えられる。

基礎語彙・基礎例文にみてきたように，やはり結論としてターズの言語は十分に体系的な漢語の一方言である。けっして不完全な漢語もしくはウデヘ語と漢語の混合言語というべきものではない。ただ語順などに関して漢語の性格を大きく逸脱したものがあるかもしれない。細部に関しては北方漢語の専門家による再検討が必要であろう。またむしろこの分野の研究者にとってきわめて貴重な資料を提供する言語である可能性がある。民俗的な語彙に関してもウデヘ語やナーナイ語からの借用であるとはっきり断定できるものはなく，漢語の語構成要素を用いて表現していることがわかる。

2. ターズの文化＊

　ターズ(ta-czy, tadzy, daczy, tazung, tozung)とは南沿海州に住むあまり大きくない民族集団の名称である。民族名称が実際にさしていた内容はさまざまで，またかわりやすい。満州族と漢民族は沿海州およびアムール河沿いの民族をすべてターズ(ta-czy(tadzy))とよんでいた。

　漢民族はターズという言葉でモンゴルをさした(「ダダ(da-da)」もしくは「ダダニ(dadan')」という古い語から)。そのうちにこの名称は中国の国境をこえて移住したすべての種族に用いられるようになり，最初の意味は失われた。これにより「ダーズ，ターズ(daczy, tadzy)」は「未開人」を意味する普通名称となった。この名称は，19世紀にウスリー流域や沿海州に移住した，ひどい貧困に追われた農民，零細な商人，楽な金儲けを求めて動く者たちなど，漢族と満州族の雑多な構成からなる人々をさすのにも用いられるようになった。19世紀中ごろのG. I. Nevel'skogo探検隊はサハリンにもちこまれた「トズング：tozung(タズング：tazung)」という民族名称を記録している。そこではウイルタをそうよんだという。大陸ではクハ(kexa)，キャハ(kjaxa)，キャカル(kjakar)という名称と同様にこの名称はオロチ，ウデヘ，およびナーナイのことを意味した。

　ターズの起源は19世紀におけるかつてのウスリー州の満州族・漢族による植民地化と密接にかかわっている。当時の沿海州の海岸地帯がもっとも急速に同化された。移住者たちの圧倒的多数は男性であった。新しい土地で彼らは家族をもった。妻として原住民，すなわちウデヘ，ナーナイ，オロチの女性をめとった。とくに南および南西地方において土地の人々とよそから来

　＊第2節「ターズの文化」は調査に同行しガイドもしてくださったV. V. ポドマスキン氏から送られてきた論文である。ロシア語からの翻訳は風間が行なった。よって翻訳において生じた間違いは風間の責任である。また末筆ではあるが，この場を借りて，快く調査に協力してくださったミハイロフカ村のインフォーマントの方々とポドマスキン氏に深くお礼申し上げたい。

た住人の強い混合が始まった。19世紀中ごろまで沿海州においてウデヘとナーナイたちは現在よりもより広大な地域を占めていた。ウデヘの定住部落はポシエット湾にさえみることができ，他方ナーナイはスイフン川（現在のラズドーリノエ川），レフ川（イリスタヤ川），そしてウスリー川上流の流域に住んでいた。この地域への異人の出現は，一部の原住民にとって北および北東へ立ち去ることを余儀なくさせたが，他方で居残った者たちは最終的によそ者と混交することとなった。このようにして沿海州での新しい民族的な同一性，すなわち「ターズ」という民族集団の形成が始まったのである。

　近隣の諸民族はターズのことをさまざまによんだが，そのこと自体が彼らの複雑な民族的構成を物語っている。そこにはモンゴ・ターズ，すなわち異民族であるモンゴル，マンズ・ターズ，すなわち異民族である満州族，ゴリダ・ターズ，すなわち異民族であるゴリド（ナーナイ），チリンもしくはキリン・ターズ，すなわち異民族である松花江グループのナーナイ，といった名称がみられる。彼らの集落の場所を示す，さまざまな地域のターズのよび名も多い。すなわち，ウスリーと松花江の河口に住む原住民はサンヘオウ・ターズ（san' xeeou tadza），つまり「河口のターズ」とよばれ，スチャン川の地域の種族はスジャン・ターズ（suczjan tadza），つまりス川のターズとよばれた。中国人たちには沿海州の原住民に対する独特のよび名であるワイシェン・ターズがあったが，これは山の向こう，汗の帝国の向こうに住むターズの意であった。

　19世紀の70年代，ひとつの民族としてのターズの形成は新しい衝動を受けた。朝鮮人の沿海州への移住が多くなるにつれ，その結果として中国人と朝鮮人の結婚の数が急速にのびた。ポツイズ（potujzy）という固有の自称をもっていたにもかかわらず，こうした結婚による子孫たちもターズの数に含まれた。1878年，ポツイズは全体の1050人のうち49％を占めた。彼らのうちにはとくにスイフンとスチャン地区の者が多かった。

　現代におけるターズの歴史はロシア人の圧倒的な量の移住にともなう彼らとの相互作用の結果である。ターズのロシア人への接近はきわめて強力である。結婚による混交はかなりの数にのぼり，ロシア語で児童の教育が行なわ

れ，彼らの母語はロシア語にその地位を譲り，物質文化の面では原住民であるツングース・漢・満州諸民族の要素にロシア文化の諸特徴が加わった。しかしこうした条件下にあってもターズはかなり完全な規模で自分たちの民族的な性格を保っている。ターズは沿海州における教養の高い民族グループである(そのほぼ1/4が都市に住んで働いている)。このグループは自分たちの生業および日常的な特徴に関して安定した自意識を保っている。

　ターズの数に関する最初の比較的信頼できる資料は1872年のものと認められる。当時の人口調査によれば彼らは638人にのぼり，そのうちアフワクーモフカ地域が459人，スチャン地域が179人である。男女比の構成はきわめてアンバランスで男性の比率は67%であった。つぎの人口調査は1878-1879年に行なわれ，ターズ1050人を記録している。しかも彼らはさらにふたつの地域，すなわちスイフン地区とハンカイ地区にあらわれている。この40%にものぼる増加は何よりこの調査時にはよりいっそう完全な調査が行なわれたということと関連しているのだろうが，それとともに驚くほど急速なテンポで原住民の同化が進んだことを示しているとみなすこともできよう。1915年の調査ではターズはオリギン郡でのみ記録されている(429人)。ソビエト時代の調査資料ではターズはときどき別に分けて取り扱われず，1959年にはターズはウデヘの民族学的な一グループとして154人と数えられている。1970年のある調査はターズに関して，不明としている。1989年の全ソビエトでの人口調査は沿海州におけるターズを203人登録している。ターズの言語は不正確な漢語にウデヘ語およびナーナイ語の単語が混入したものである。

　現在ターズの大部分は沿海州オリギン地区ミハイロフカ村に居住している。1938年に至るまでターズは沿海州のアヌチン地区，チュグエフ地区，テテュヒン地区，オリギン地区，およびテルネイ地区にいくつかの家族単位でバラバラに住んでいた。1938年に22世帯のターズをひとつにして，産業協同組合規約を受け入れてゴーリキーという名のコルホーズを組織した。コルホーズには948 haの放牧場，森および耕作地が割り当てられた。当初の作付面積は50 haに相当し，46 haは穀物により，4 haは野菜によって占めら

れた。30年代までは彼らはほかの民族と雑然と入り混じって，ラススィプナヤ・パジ，ニコラエフカ，ペルムスコエ，チュグエフカ，タドゥシ(現在のゼルカリノエ)，シバイゴウ，テテュハ，ノヴァニコラエフカ，サンダゴウ(ゴルナヴォドゥノエ)，ミエロフカ，ボゴポリ，マルダヴァーノフカ，ペトローフカ，スウォローヴォ，ペトロパヴロフカ，ニージュヌイ・ルーシュキ，ワンゴウの諸村に住んでいた。これらの村におけるターズの数は多くなかった。

　ほかの民族と密接な接触のなかに暮らすうちに，ターズの日常の分野にもさまざまな文化の相互作用や相互影響による変化がみられるようになった。地域環境に適応して，新しい生活様式を獲得したが，大多数の場合には彼らはみずからの文化(農業技術，家屋，衣服，儀礼)の伝統的基礎を保ち，地域の住人の生活文化に影響を与え，また今度はこちらから彼らの貴重な生業の伝統を借用した。

　19-20世紀のターズの経済生活の基礎は農業であり，畜産，狩猟，漁労，さらに朝鮮人参の調達，野生の漿果や堅果の採集，といったことは補助的な分野であった。海岸では一部のターズは海草とナマコを得た。その経済文化に関して，ターズは原住の民族とは根本的に異なっていた。このことに関してArsen'evは「ターズはおだやかな性格をもち，山に近い側の場所に小さな中国式の小屋を建てて住み，耕作に従事している。彼らはまったく一言もウデヘ語を解せず，例外なく漢語を話す。スキーや山の川を行くことはできず，舟をつくることもできない」としている。

　農業がその主たる生業である。畑ではキャベツ，ダイコン，コショウ，レタス，タマネギ，ニンニクが栽培された。量は多くないが，トウモロコシ，マメ，カボチャ，キュウリ，トマト，ウリ，スイカも栽培された。耕作地には小麦，ライ麦，大麦，カラス麦，アヘンケシ，コーリャン，アワ，ヒエなどのさまざまな雑穀がつくられた。工芸作物ではターズは大麻(dama)を栽培したが，かつてその需要は相当なものであった。交換と売買が増すに従って，その栽培は急速に削減された。ターズはまた朝鮮型の機織機(cepidy)も知っていた。いくつかの世帯では以下のような実のなる木がみうけられる。

すなわちナシ，リンゴ，スモモ，スグリ，オランダイチゴである。ターズの畑で必ずみられる特徴といえばそれはケシである(dajan)。

　19世紀から20世紀初頭にかけてもっともさかんであったのは焼畑農業であり，未開墾の土地や長期にわたる休耕地に適用された。同じ一区画の土地に数年にわたって種をまいた。土の開墾による水路のシステムが用いられ，乾季における水の最大限の利用とあまりの水を引いてくることが可能になった。彼らには輪作が知られており，また有機の肥料が土に投入された。ターズは鍬(gaotou)，鋤(jangao)，シャベル(muchau)で土を耕した。畑や耕地を耕すための主たる道具は犂(liza)であった。ウマやウシの助けを借りて土を掘り起こし，動かした。ターズには土ならしの道具も知られていた(古代のロシアのタイプの犂はpacy，木の枠のまぐわはpa，除草ぐわはcutu)。収穫の借り入れには鎌(koza lendou)を使用した。ロシアの農民からターズは大鎌を取り入れた。脱穀にはからざお(ljandi)とローラー(kuene)が用いられた。穀物は唐箕(mucheu)の助けを借りて風選され，白樺の樹皮や柳の細枝を編んでつくったもの(pochi)で皮をとることもまれではなかった。トウモロコシの穂は手で皮をむくか，もっとも単純な機械(wapomi cuanza)でむく。これは木の土台からなり，トウモロコシを通す卵型の穴があいている装置である。脱穀し皮をむいた穀物は倉に保存する。小麦粉とアワは製粉してつくる。19世紀の終わりにはターズは脱穀機をもっていた。脱穀機は石の臼と木製の杵からなる。

　狩猟はターズの日常のかなりの部分を占める。狩猟は純粋に男の仕事であり，きつくてたいへんな仕事である。アカシカ，ジャコウジカ，山レイヨウ，クマ，野鳥をとり，さらにリス，イタチ，キツネ，オオヤマネコ，クロテンなどの毛皮獣をとった。19世紀後半から20世紀初頭にかけては袋角のある若シカの猟が大きな意味をもっていた。その角はシカの年齢と枝角の分岐の数によって値がつけられた。袋角は中国人や満州人に売られ，また伝統的な薬として用いられた。薬の原料としては干したアカシカの尻尾(luicza)および腱(ludin)も使われた。猟で捕獲された母ジカの腹のなかに子ジカがいた場合にはたいへんな価値があった。もっとも価値があるとみなされていたの

はジャコウジカのジャコウ(saljunsjan)であり，その脳，心臓，肝臓と胆のうであった。ジャコウジカの牙と蹄は狩りの幸運を導くお守りとなった。ターズは狩りの獲物はあますところなく利用した。狩りの獲物の一部は直接生活に利用され，一部は食料品や衣類などとの交換や購入，および借金の返済にあてられた。

　狩りは1人でも，また協力しても行なわれた。銃とイヌによる猟がもっとも一般的であった。自動弓やトラバサミも使用されたし，獣道での木製の圧殺わな，輪によるわなではジャコウジカや鳥をとった。かつてターズは弓矢，さらに槍(tyda)を用いて狩りをした。アカシカ，ヘラジカは塩水泉(tijan-can)に来るところを待ち伏せした。その目的のために特別な敷物(jauza)を用意した。アカシカの発情期には白樺の樹皮でつくった筒型の囮笛でアカシカをとった。

　漁労はターズにとって副業的な意味しかもたなかった。魚は人およびイヌの食糧になった。かつては魚皮から衣服や糊をつくった。猟の主たる対象はサケ・マス科の魚である。大部分の魚はヤス(pawangza)によってとり，かけ針，網，敷き網，簗も用いた。ターズには大網(tawan)もあった。20世紀初頭にはターズの生活における漁労の役割はどんどん小さくなった。この縮小は農業と畜産の習得の拡大に従って進行した。現在沿海州オリギン地区ミハイロフカ村のターズにおける漁労は愛好家の漁として残っている程度である。

　ターズの生活においてタイガと森の恵みの採集は重要な意味をもっている。年配の男性が従事した朝鮮人参の採集は経済的な効果の点で第1位を占めていた。朝鮮人参を探しに行く者は2, 3人で出かけたが，ときには大きなグループによることもあった。朝鮮人参の根の価値は重さと葉っぱの数，年齢で識別された。その年齢による根の特徴の叙述が知られていた，sanfa, pachanza, oktjaza, tantajza, sy pie, u pie, lju pie, cu pieである。そのなかでもっとも価値があるとされたのは六枚葉(lju pie)の根であった。ターズは朝鮮人参をみつけるとすぐに「パンツイ！（pancuj！,「人参」を意味する）」と叫ぶのであった。タイガでターズは木に生える食用のキノ

コ(muegu)を集めた。キノコは食べ物として用いられたばかりではなく，中国人の仲買人への売り物となった。ターズはワラビの芽(tjuecaj)，ラムソン(xancun)を食べ物として集め，麻(sama)やアシ(cenze)を生活上の必要から集めた。女性と子どもはハシバミ(cenze)，満州クルミ(xetou)，セイヨウスギの堅果(sjangze)，さらに満州リンゴも集めた。

海岸でターズは海草(hajcaj)，テングサ(libo tu)，ホタテ貝(xeza)を集め，ヤスと底引き網でナマコをとった。ナマコの漁期は毎年3月末から6月と，9月後半から10月初旬であった。さまざまな仕事のなかにあって，朝鮮人参採集が経済面では独立した分野となっても，ターズにとって採集は依然二次的な性格のものであった。

ターズは19世紀半ばから20世紀に入ってもなお自分たちの生活に不可欠なものを自分たちの家族の力の範囲内で調達することを好んだ。男たちは鍛造の技術や金属，骨，木，角などの加工の技術をもち，家屋を建て，網を編み，わなや狩猟漁労用具，生活必需品一式を用意した。女性たちは食事をつくり，服を縫い，獣皮および魚皮を加工し，刺繍し，家のなかのさまざまな仕事を果たし，採集に携わった。家内工業のなかで鍛治および貴金属の工芸は高水準のものであり，木の加工と白樺の樹皮から生活用品をつくることが一般的に行なわれていた。大工および指物業には以下のような種類の木が用いられた，白樺(xua su)，エゾマツ(sunsu)，セイヨウスギ(kosu)，モミ(paipicu)，エゾマツ(xypicu)，アムール・キハダ(xoangboli)，ハンノキ(puosu)，シナノキ(tuansu)，カラマツ(chebejsung)，エゾノウスミズザクラ(couliza)，シナノキ(jansu)。白樺の樹皮の加工は女性の仕事でも男性の仕事でもあるとみなされていた。男性は何より白樺の皮をはぎ，女性はそれを手工品とすべく準備した。白樺製品は20世紀の40年代までターズの日常生活で保存されていた。

ターズは獣皮および魚皮の加工を行なった。獣皮は特別な道具・器具によって加工された。真皮を取り去るためのひっかき具(kuadou)，両手カンナ(supiza chanza)などである。毛皮獣の獣皮は女性が加工した。ターズにはシカの皮を加工する方法も知られていた。強さを付与するためにドロヤナ

ギや柳の朽木の一片を用いて皮をなめした。

　魚皮は例外的に女性によってのみ，獣骨性のナイフによって加工された。この目的のためにはサケ・マス科の魚のほか，コイ，カワカマス，ハクレンなどが使われた。魚皮からはウロコを取り除き，特別な丸太を輪切りにした台の上で木のハンマーを使ってやわらかくした。それからいぶし，必要があればさまざまな色で彩色した。かつてターズは魚皮，獣皮を服や靴，家庭用品を縫製するために用いた。

　ターズは糸をシカの腱と野生の麻から調達した。麻をぬらし，ひっぱり，紡錘(synceza)を使ってよりあわせた。糸から，糸巻き(fantinza, 軸のまわりに小さな木の枠の形のものがまわるタイプ)を使って縄をなった。縄はふたつの糸巻きでない，その端は壁や竿に固定した。野生の麻の糸からターズは木製の針を使って網を編んだ。網の目の大きさは木製の型によって調節した。アシからターズは模様の描かれたござ(wejluza)を編んだ。柳の根と細枝からは籠をつくった。細枝は5月もしくは10月に集めた。

　ターズの毎年の生業の周期はつぎのように定まっていた。5月から8月までは朝鮮人参を採集し，9月には畑仕事をしつつ狩りの季節の準備をし，サケ・マスをとった。10月から2月にはクロテンをはじめ毛皮獣をとった。3・4月には家の仕事をし，魚をとり，肉となる獣をとった。

　ターズの伝統的な村は山やタイガに近い台地にある小村落であった。通常の集落と同時に，ターズには狩猟や漁労のために一時的に使用される仮小屋があった。

　ターズの村(ton'za)はあまり大きくないのがふつうであった。ターズの村の大部分は移住者の名によって名づけられた，ワンゴウ(wangou)，サンダゴウ(sandagou)，スィダゴウ(sydagou)，シバイゴウ(sibajgou)など。たくさんの村には川の名前がついている，タドゥシ(tadushi)，テテュヒン(tetjuxen)，スズヘ(sudzuxe)，トゥルフ(tulxu)など。ときどき村のまわりには木の垣がめぐらされ，入り口には大きな1枚扉の門と閂の掛けられる木戸が設置された。村の統合と小村の閉鎖のプロセスは20世紀初頭に始まり，定住への移行とターズへの土地の分配をともなっていた。1914年に，

マルガリータ地区のダトゥンゴウ村 (datungou) には 6 世帯，ペルム地区のエルダゴウ村 (erldagou) には 11 世帯，アフワクーモフスカ (avvakumovsk) の小村には 2 世帯，ユシャンゴウ (jushangou) のターズの村には 12 世帯のターズがいた。村の移動は 20 世紀の 30 年代に連行による全面的な村の集結によって始まり，とくに 60-70 年代，いわゆる「将来性のない」とレッテルをはられた村の閉鎖が実現した際に，移動の波は強く行なわれた。

　ターズは定住式の生活を実行した。家屋と倉などは，土地の自然および気候条件によく適応して建てられた。彼らの主たる家屋は丸太小屋タイプ (fanzy) のものであった。冬用家屋は四隅をもち，南側に窓があった。暖房としてはひとつから 3 つのかまどがあり，煙道は低く床下をオンドルとして通り，壁を突き抜けて，家の外の近くにある垂直の煙突から煙りが出された。家の床はかたく踏み固められた土間か，粘土を塗ったものであった。丸太の骨組みは梁をともなった屋根におおわれた。横木が組まれ格子状に屋根がつけたされた。屋根はカモジグサ (tajaczan) もしくはアシ (wejluza) の束で葺かれた。屋根の上は横梁と縦の角材によって押さえておかれた。季節用の仮小屋は片斜面の小屋 (supichan) と円錐形のチュム (テント : cuelu) であった。倉などの農業用の建物としては，ふたつの斜面をもつ小屋と，木の床をもつ円柱・円錐形の柱の骨組みをもつ倉 (canza) が建てられた。4 本の杭による倉 (cudjao) は穀物の保存用でもっとも一般的なものであった。野菜の保存のためにターズは地下の保存場所 (tjouza) をつくった。魚や網，肉，野菜，網を乾かすための 1 重の棚もふつうにみられた。

　ターズの衣服はその用途によって，普段着，狩猟漁労用，祭礼用，儀式用があり，1 年の季節によっても，夏用の裏地なしのもの，裏地のある合着のもの，冬用の綿入りもしくは毛皮のものがあった。男性と女性の衣服には本質的な違いがあった。男性の衣服は上着とズボンからなっていた。ズボンは帯で腰に固定され，前で帯をしばった。男性はスカート (luechuj) と下がフレアー式になっていて腰のところが狭くなっている長い上衣 (tjao) を身につけた。長い上衣は淡青色と濃青色の綿で縫った。ズボンは布製の靴下 (waze) にその端を差し込んだ。足にはその上に長い靴下 (tjauku) を履き，

バンドで帯に固定した。夏には皮もしくは布製の軽いスリッパ状の靴(sie)を履いた。秋と春にはアムールのタイプのなめし皮のわらじ(sysaza)を身につけた。それらはウシ，ウマ，ブタの皮から縫ってつくった。靴の中敷きにはスゲ(ulecas)を使った。それは足を暖め，歩行に際して汗を吸収した。皮わらじは足にバンドもしくはひらひも(ule taj)を使って固定された。冬用のターズの靴は綿製，毛皮製，なめし皮製，皮製(ula)であった。衣服類のなかでも必須のものは白樺樹皮製のつばの広い帽子(wej lin tou)である。冬にターズの男性は防寒帽をかぶった。毛皮製，綿製，さらにフェルトの丸帽があり，ひさしや耳当てが縫いつけられた。狩猟用の服は皮または毛皮で縫った。それは緩く長い上衣とズボン，長い靴下，靴およびかぶり物からなっていた。ときどきボタンがなくて前でかきあわせるタイプの，袖のない毛皮のチョッキ(kandjajr)を着た。雪から首を保護するためにスカーフ(pe-kenga)を身につけ，春と秋には蚊に対する防御のため，明るい色の頭巾(wanmao)をかぶった。ズボンの上には猟師用の外套とスカート(luachuj)をまとった。雪どけ後に凍った雪面や氷の上を歩くのに猟師たちは靴に鉄のかんじきを固定した。狩猟の衣服に欠かせない部分は皮製の腹帯(pupi)である。それは後ろから上衣のすそもしくは帯に固定された。冬は毛皮の手袋(soubazanza)をはめた。親指は折り返しによって手袋に固定され，その下側には手のひらの幅の切れ目があって，手袋を脱がずに指を出して銃を扱えるようになっていた。服はぬれないように煙りでいぶし，獣の脂をしみこませた。女性の民族衣装は男性のそれと大きく異なっていた。19世紀の60-70年代，ターズの女性の衣服は魚皮，獣皮，毛皮，木綿および毛糸の布などからつくられた。しかし20世紀の20年代にはすでに魚皮は使われなくなった。この時期には中国や満州から来た布はロシアの工場で生産された布にすっかり置き換わった。女性の肌着は上に着る衣服と何らかわるところがなかった。女性の上衣は男性のものと同様，キモノのタイプの裁ち方だが，長さにおいて異なっていた。それは膝下まであり，色は青，褐色，黒でまれに赤であった。男性の上衣と違い，女性の上衣には飾りがあった。縁に沿った色柄の縞，飾り，とめ金，ボタン，貝殻などである。合着の女性の上衣は袖がなく，ま

んなかに切れ込みがあって綿が入っていた。女性の頭はショール(seude)でおおわれた。冬女性は帽子をかぶった。女性の服で忘れてはならないのは保温のためのひざ掛け(teuter)と仕事の際に服が汚れないようにするエプロン(wychu)である。現在ターズの民族的衣装はほとんど用いられなくなった。現在ターズの衣服は現代のヨーロッパ風のものである。最近まで多くの家庭で婚礼および葬式の儀礼用の服が保存されてきた。婚礼用の服はふつう赤い布で縫われ，葬式用は白であった。死者の頭には6枚の細長い三角形の布でできた円錐形の帽子(tjamouza)がかぶせられた。冬はそれは綿製だった(mjamouza)。婚礼のときのかぶり物もまったく同じ裁ち方であった。かぶり物のてっぺんには赤い玉状のもの(lynza)がつけられた。死者の足にはスリッパが履かされた。

　伝統的な女性の服は装飾と下げ飾りで飾られた。ターズの男性はふつう飾りをつけなかった。女性たちの装飾品には，耳輪，指輪，腕輪，首飾り，髪どめ，髪飾りなどがあって，銀でつくられた。ヘアピンはふつう銅でつくられ，金や銀のものは少なかった。飾りとして軟玉が使われた。19世紀の60-70年代には男性のもっとも一般的なヘアスタイルは黒もしくは赤の編み紐を巻いた1本の弁髪(pjan'za)であった。ときどき男性は額から頭の半分のところまで髪をそって残りを弁髪に編んだ。こうした男性のヘアスタイルはtxinoudajとよばれた。ターズの女性の髪型は年齢と家族における立場によって異なっていた。未婚の娘たちはまっすぐな分け目で髪をふたつに分けて編み，赤もしくは青の編み紐で巻いていた(toubu pikej)。花嫁は髪を解き，頭のまわりに結って赤い編み紐でしばった。この花嫁の髪型はwympjanzaとよばれた。既婚女性は後頭部で結んで玉にした(kata der)。束にした髪型が崩れないように小さな網(tobowa)をかけた。子どもたちの髪は大人たちのようには散髪せず，小さな弁髪に編んだ。

　もっとも確固とした伝統は食事に残った。なお19世紀後半から20世紀にかけてはターズの食事のなかでは狩猟・漁労で得た魚肉類が1位を占めた。かなりの量の獣の肉(ju)，魚(juj)そして野鳥の肉が用いられた。家畜の出現によって肉料理の品目は増えた。ターズはアカシカおよびヤギの肝臓，腱

などの生肉を食べた。多くの肉は貯えとされた。ルイベ(凍らせた生肉)はターズの好む料理のひとつである。ターズは鶏卵を広く用いる。ザリガニやカメの肉とその卵を食材に用いることも好んだ。ターズにとって海および川の魚は食べ物のなかで重要な位置を占めていた。とくにサケ・マスをたくさん貯えた。キノコ，ベリー，海草，ラムソン，ワラビなどの野生の植物類も食べ物となった。海草は塩漬けにし，発酵させもした。ほかの海の産物としてターズはホタテ貝，ナマコを用いた。ナマコは薬として，またお祝い用の食べ物として用いられた。穀物および野菜の栽培の習得により，ターズの生活において農業作物が果たす役割はますます大きな意味をもつようになってきた。近年ではそれが食べ物のなかで1位を占めている。伝統的な食べ物は日常のものと祭りもしくは儀礼用のものに分かれた。調味料を加えた肉か魚のスープ(putxan)をふだんの料理とするならば，祭りの食べ物として欠かせないと考えられているのは，ノロジカ，アカシカ，魚の心臓と血漿を煮たもの，アカシカの腱・血管を煮たもの，キノコをネギを加えて軽く炒めたものなどである。ターズではキノコのスープがきわめて一般的であり，民族的な食べ物と考えられている。キノコは肉の出し汁で煮るが，まれに水でも煮る。ターズは土に生えるキノコと同様に木に生えるキノコも貯えた。木に生えるキノコの方をより好んだ。ターズの食べ物では，魚の油とネギで味つけした海草のスープ，およびホタテのスープ(xeza ju cajtan)が欠かせないものである。ターズの食べ物ではあらゆる種類の雑穀を炊いたもの，かゆが重要な位置を占める。かゆはつねに塩を加えて炊く。水を少なく炊いたもの(gamfa)と多く炊いたもの(siczou)に分けられる。かたく練った小麦粉製品もきわめて広く用いられる。小麦粉もしくはそば粉よりもっとも好まれる料理のひとつである麺類(mjantjoza)がつくられる。麺類は肉，キノコ，辛いソースとともに食べる。ターズは茹でたトウモロコシ(xu baumi)を食べることも好む。ターズの間では野菜の料理も一般的である。生の野菜はさまざまな種類のサラダ(lancaj)になる。エンドウマメとインゲンマメの若いさやが大量に貯えられる。それらは煮てから，油で炒める。この料理は肉や魚に加えられる。ターズはカボチャ，スイカ，メロンも栽培する。ターズは茶お

よび地酒の蒸留酒(araki)，ブドウやナシのワイン(niru)を飲む。現代のターズは，かつてのターズの食べ物には欠けていたパン，砂糖，乳製品を食べる。

　家族関係における伝統的な習慣の要素はもっともかたく保持されている。一夫一妻制が圧倒的であったが，なお20世紀の30年代にあっても裕福なターズのなかには多妻のケースをみることができた。ターズの家族においてもっとも特徴的であることは年輩の者，とくに両親への敬意である。つい最近までターズの家族はたいへん子だくさんであった。花嫁の身請け金，すなわち婚資の制度は保持されてきた。陰暦による正月，婚礼，葬式における儀式が保持されてきた。婚礼はいくつかの段階からなる。伝統的な年中行事と家族内の祭りにはごちそうと歌と遊びがつきものである。彼らは漢民族の結婚の儀式である「共有の杯」を借用した。ターズの信仰は狩猟における儀礼と先祖に対する信仰(埋葬と追善供養)を保持している。ターズはかなり儒教や仏教観の影響を受けている。シャーマニズムに関してはわずかにそのなごりがある。

　何世紀にもわたるターズの経験は彼らの民族的カレンダー，度量衡法，医術や猟に関する俗信，民間伝承に反映している。

　ターズの精神文化のさまざまな側面は彼らの民間芸術，信仰，儀式および民話に明らかにあらわれている。ターズの創生神話は中国および満州族起源のものである。歌，ことわざ，早口言葉，地名に関する伝承を今に伝えている。白樺樹皮および布，皮からつくる模様はツングース満州諸族のものに近い。ロシアからは家の窓の庇の飾りを借用している。

　1930年代の集住化以降，ターズには狩猟経済組合が組織された。多くの伝統文化は消滅し始めた。経済事情の悪化にともない，家族の基盤は崩れ，出産率は低下した。どこでもロシア語ばかりが話されるようになった。他方民族みずからのインテリ層が形成され，現在ではターズの民族としての自覚意識の高揚がみられる。

文 献

Arsen'ev, V. K. 1949.　Lesnye ljudi-udexejcy. Sochinenija, T. 5. Vladivostok.
Belikov i Perekhvar'skaja. 1994. tazov jazyk. *In*: Red Book of the Language of Russia. V. P. Neroznak i dr. (ed.), Leningrad.
池上二良．1989．「ツングース諸語」,『言語学大辞典』(第2巻)(亀井孝・河野六郎・千野栄一編), 1058-1083, 東京, 三省堂.
Lar'kin, V. K. 1956.　K voprosu o tazax. Kratkie soobshshenija Instituta etnografii AN SSSR. Vypusk 31.
Podmaskin, V. V. 1997.　Tazy. Primorskij kraj, Kratkij enciklopedicheskij spravochnik. Vladivostok, Izdatel'stvo Dal'nevostochnogo universiteta.
Sem, Ju. A.　Istorija i kul'tura tazov. Arxiv Instituta istorii, arxeologii i etnografii narodov Dal'nogo vostoka DVO RAN, Vladivostok. F. I. Op. 2. D. 22.
東京外国語大学アジア・アフリカ言語文化研究所(AA研)．1966, 1967.『アジア・アフリカ言語調査表』上(1966), 下(1967), 東京.
Turaev, V. A. 1993.　Tazy. Vestnik DVO RAN. No.1.
Vrailovskij, S. N. 1901.　Tazy, ili udixe. Zhivaja atarina. vyp. 2-4.

第4章 エヴェンキ人の名前からみた文化の変遷

D. O. 朝克

1. はじめに

　エヴェンキ人は主として中国，ロシア，モンゴル国などの国に生活する多国籍少数民族であり，人口はあわせて6万1000人(1997年の統計)である。現在エヴェンキ人は中国においては，内モンゴル自治区フロンバイル盟のエヴェンキ族自治旗，オロチョン族自治旗，およびホーチンバルグ旗のエヴェンキ村，エルグナ旗のエヴェンキ村，モリンダワ・ダグール族自治旗のバイン・エヴェンキ村とドラル・エヴェンキ村，アルン旗のチヤラバチ・エヴェンキ村，ザラントン市のサマジエル・エヴェンキ村，黒竜江省納河県のエヴェンキ村，および嫩江県の各地と，新疆ウイグル自治区イリ地方である。ロシアにおいては，エヴェンキ人はつぎの各地に生活している。すなわち，東シベリアのエニセイ川からサハリン西海岸まで，北氷洋へ直接入る諸川との分水界地方からアムール川までの広い地域にあるエヴェンキ自治管区，タイムイル自治管区，ブリヤート自治共和国，ヤクート自治共和国，イルクーツク州，トムスク州，チタ州，ハバロフスク地方，サハリン地方である。モンゴル国においては，エヴェンキ人は北部のバルグ地方に集中している。

　エヴェンキ(ewenke，漢語では鄂温克)はこの民族の代表的な自称で，「山から降りてきた人々」を意味する。エヴェンキという語は，日本ではエヴェ

ンキー，エウンキ，エベンキなどとも表記されている。エヴェンキ人は主としてエヴェンキ語を使っている。現在自分の母語を使用しているエヴェンキ人は約65％を占めている。とくに，中国のエヴェンキ人で，本民族の言語を使用している人は80％以上を占めている。ロシアのエヴェンキ人は，1930年代に，ローマ字を利用してエヴェンキ文字をつくったことがあるため，エヴェンキ文字で書かれた辞書，テキスト，民間伝説などが少なからず残されている。その後，ローマ字のエヴェンキ文字はキリール字のエヴェンキ文字にかわった。中国とモンゴル国では，エヴェンキ文字がつくられなかったため，入学年齢に達したエヴェンキ児童は，家族や本人の希望に従って，モンゴル語学校，あるいは漢語学校に入学して，モンゴル文字や漢文をへて文化知識を勉強している。また，ロシアのエヴェンキ人は文字があるにもかかわらず，子どもたちはすべてロシア語の学校に入学して，ロシア文字を通じて文化知識を学んでいる。

　エヴェンキ人がほかの民族と接触した歴史は非常に長い。異民族と雑居している生活環境では，それぞれの文化と言語の影響を深く受けたため，エヴェンキ人の伝統的な文化，言語の内容と形式に変化が生じた。ロシアにおいて，エヴェンキ人はロシア文化と言語の影響を大きく受け，ロシア式のエヴェンキ文化へと変遷している。モンゴル国においては，エヴェンキ人の文化と言語は，バルグ・モンゴル人の文化と言語へと変遷している。他方，中国のエヴェンキ人は，ひとつの民族と接触したのではなく，歴史上さまざまな民族の文化と言語の影響を受けてきた。そのことは，彼らの名前からも知ることができる。

　名前は誰にとっても大切なものである。名前は人間を区別する特定な名称のみならず，人間の社会活動にとっても欠かせないものになっている。人はいったんある名前をつけるとその名前はその人の一生にともなうばかりでなく，その人の命よりも長く生きていくのである。これはおそらく人々がふつうにいう「末代まで名前を残す」とか，「名前を歴史に残す」とかの理由であろう。それゆえに，人々は大昔から名前をつけるときに，つねにある特殊な言葉や文化的内包を引き立てある希望を託すると同時に，特定の年代，特

定の自然環境，あるいはイデオロギーを付加するのである。したがって，名前の研究を通じて，考証しにくい歴史的問題を解釈する可能性がある。そのうえ，名前の研究から，ある民族の文化変化，異民族との接触の歴史に関してある程度理解できるのである。もちろん，名前はこのようにすべてが深い意味をあらわしているとはいいきれない。そこには，漠然とした，あるいは何の意味もない例もあることは否定できない。

　以下，主として中国のエヴェンキ人の名前を中心に，エヴェンキ人が各歴史時代に，異なる民族の文化と言語と接触し，他民族の影響を受けたことについて検討したい。

2. エヴェンキ人の民族語の名前からみた民族文化性

　エヴェンキ人が大昔に使っていた名前は，彼らのその時代の生産内容，生産手段，生活環境，あるいは彼らの歴史や先祖の氏名などと密接な関係があって，それらをある程度表現している。たとえば，彼らが日常接触する樹木の名称をもってつけた名前は，ジャガダ(Jagda，松)，チャルバン(čaalbang，白樺)，ザダリン(Jadaring，クスノキの松の林)などがある。山に関する名前は，ウル(ur，山)，ウルヘン(urheng，丘)，ハダ(hada，岩山)，ボンボゴル(bombogor，小さくて低い山)，ジデン(Jidən，高い山脈)などがある。川に関する名前は，エニンス(eningse，母親川，今のロシアにあるエニセイ川)，ベラ(bira，川)，ノーン(noong，嫩江)，ホンノルゲン(honorgieng，黒竜江)，アロン(arong，アロン川，阿栄河)，イミン(iming，イミン川，伊敏河)などがあり，これらは彼らが昔生活していた川の名称である。また，昔エヴェンキ人の名前には，彼らの生活していた地方と関係ある例がある。たとえば，シベリ(šibieer，シベリア)，シンガ(šingga，興安嶺)，フロン(hurung，フロン地方，現在の中国にあるフロン湖地方をさす)などがそれである。

　さらに，その時代のエヴェンキ人の名前は，彼らの先祖の氏名と関連するものがある。たとえば，ハーハル(haahar，ハーハル氏族)，ドラル(dolaar，

ドラル氏族)，ウリシ(uriši，ウリシ氏族)，ナハダ(nahada，ナハダ氏族)，ツグドン(tugudung，ツグドン氏族)，オラ(ora，オラ氏族)などはその例である。これからみると，そのとき，エヴェンキ人の間では，自分の属する氏族名をもって名前をつけることが流行していたと思われる。また，彼らのアニミズムの宗教思想に関連する自然現象でつけた例もあった。たとえば，シウン(šiwung，太陽)，ウシット(ošigto，星)，イラン(ilaang，光)，アガドン(agadong，強い雨)，アゲデ(agdie，雷)，シェラン(šieerang，バラ色の雲，霞)などがそれである。また，昔の名前には，漁労や狩猟などと関係ある名前は多かった。たとえば，魚に関する名前は，オール(ollo，魚)，ソゲジンダ(sogieJinda，カワウオ)，ニチヤ(nica，稚魚)，ポーポ(poopo，魚の浮き袋)，ヘルトーフ(heltuuh，フナ)，スレ(serie，水中の魚を刺す道具)，アラール(alaar，魚をとる細い縄でつくった大きな綱)などがある。野生動物に関する名前は，タソク(tasug，トラ)，トロヘ(torohi，イノシシ)，ハンダゲ(handagie，ヘラジカ)，グスケ(guske，野生のイヌ)，オローン(oroong，トナカイ)，インジハン(ingJihang，子シカ)，ゲーセン(giisəng，ノロ)，トーリ(tooli，ウサギ)，ノンノヘ(nonnohi，ガン)などがある。また，狩猟道具の名称をもってつけられた名前も少なからずある。たとえば，クト(kuto，狩猟に使う刀)，ゲジンク(gieJingku，ヤマヌコ)，アランガ(arangga，狩猟に使うやみうち)，ヘランキ(hierangki，大きなヤス)などである。

　以上あげた名前から，エヴェンキ人の昔の生産，生活活動の内容などがある程度うかがわれるのである。彼らは，自分たちが大昔から生活した自然環境にある山，川，草原，その山の樹木，野生動物，その川の水，川の魚，これらに関する狩猟活動，狩猟道具，および彼らをこのような美しくて豊かな世に産んで育てた祖先などに，心から感謝し，崇拝し，そのすべてを自分の心と生活のなかに残し，永遠に忘れないように子どもたちにそれらの名称をもって名前をつけたのであろう。このエヴェンキ人特有の民族心理，民族的イデオロギー，民族の特定的素養と風俗習慣などは，彼らの名前がそのままあらわしていると思われる。

3. 満洲語の名前からみた満洲人の影響

17世紀の30年代から，エヴェンキ人は満洲人の言語と文化の影響を強く受け始めた。エヴェンキ人の貴族階層は，満洲語を勉強し，満洲人の服を着て，髪形および住居などの面ですべて満洲式へと傾斜した。これらのことはエヴェンキ人の貴族たちの間で流行したのであろう。さらに，エヴェンキ人の一般庶民さえも満洲人のような生活に強くあこがれ，そのような生活を希望していたのである。それゆえに，エヴェンキ人の間では，自分の子どもたちに満洲語の名前をつけることが流行となっていたのである。たとえば，タングーダ(tangguda，百)，アンバ(amba，大きい)，アリン(alin，山)，アケトン(akdun，堅固的)，ナムスレイ(namusurie，海のウメ)，ゴシンガ(gosingga，慈しみ恵み)，バダランガ(badarangga，隆盛である)，イチャンガ(ičangga，精巧で美しい)，イシンガ(isingga，富んでいる)，ナチン(način，平らな)，エルデン(elden，光)，ウエヘ(wehe，石)，アイシン(aisin，金)，ゴリミン(golmin，長い)，ブルハ(bulha，きれい)，カンガ(gangga，高い)，ワンガ(wangga，香りのよい)，グイフン(guifun，指輪)，スミン(somin，心に深く刻み込まれている)，ゴニンガ(guningga，イデオロギー)，スレ(sure，賢い)などがその例である。エヴェンキ人の使っていた満洲語の名前からみると，その時代，エヴェンキ人は自分の子どもたちに満洲語の名前をつけるときに，できるだけ自分の希望，意図，意志，および未来への希望と完全に一致している満洲語を選んだことがわかるのである。

これが彼らのそのときの精神生活，あるいは精神活動，精神的享受の一部になっていたのである。清朝時代にエヴェンキ人が子どもたちに満洲語の名前をつけたことから判断すると，人々は名前という特殊な概念，記号を使うことによって，名前を重視し，ある特殊なイデオロギーを代表させたり，象徴させたりしようとしたのである。とくに，困難で苦しい環境のなかで，発展と進歩を熱望する民族にとって，名前のなかにはそれぞれの重要な意味が含まれているのである。それで，当時，エヴェンキ人は自分の子どもたちに

満洲語の名前をつけて，子どもたちが将来，満洲人のように隆盛できるよう願ったのであろう。

4. チベット語の名前からみた仏教の影響

17世紀の中期から，清朝政府は仏教の布教活動を積極的に提唱し，社会的条件がよく，人口が比較的集中している地方に，寺院を多く建てた。同時に，清朝政府は仏教を信仰する人々に対して種々の租税，兵役，労役などをすべて免除するよう規定した。それで，封建社会のこのようなさまざまな過酷な搾取や兵役，労役などから逃れるために，多くの人々は寺院に入って僧侶になった。エヴェンキ人の貴族たちの間には，修行して仏果を得るために，自分の金銭を寺院に布施する人々も多くあった。チベット仏教の布教，およびこれを中心にした宗教的特権階層の出現は，疑いなくエヴェンキ人の精神生活やイデオロギーに大きな影響を与えた。この影響は，その時代のエヴェンキ人の名前からもはっきりと知ることができるのである。エヴェンキ人のチベット語の名前には，チベット仏教そのものに関する語が圧倒的に多かった。たとえば，プルブ(purbu，仏用楽器)，サンゼー(sanJie，仏陀)，ドルマ(dolma，油で炒めた仏用小麦粉)，ソグール(soguur，仏用白い土)，ノルブ(norbu，宝物，宝)などの名前は非常に多く使われていた。また，その時期に，仏教の専門用語以外に，ふつうのチベット語もいっしょにエヴェンキ地方に入ってきて，名前として使われたのである。たとえば，オソロ(osor，光)，ダワ(dawa，月)，ニマ(nima，太陽)，シリバ(širba，東方人)，ジャブ(Jabu，国王)，ジャゲル(Janggier，ヒンズー)，ミゲマル(migimar，曜日)などがそれである。このような特定の時代と社会条件，清朝政府の特定な宗教政策のもとで，エヴェンキ人は仏教を信じ，自分たちの子どもたちにチベット語の名前をつけたのである。そうすることによって，子どもたちが支配者からの残酷な兵役，労役などから脱出できると，彼らはかたく信じていたようである。それで，子どもたち全員にチベット語の名前をつけたエヴェンキ家族もあった。また，ひとつの村で，数人が同じチベット語の名前

をつけた例も少なからずあった。さらに，自分の子どもに理想的，幸運な兆しを意味するチベット語の名前をつけるために，子どもを遠く離れた寺院まで抱いて連れていき，ラマから名前をもらうようなことも多くあった。そのとき，仏教を信じていたエヴェンキ人は，自分の子どもにチベット語の名前をつけると，子どもは仏教教典に書いているように運がよくなると信じていたのであろう。もっとも，その後清朝政府の崩壊により，仏教の役割は弱くなり，エヴェンキ人は，チベット語の名前を使うことが少なくなったのである。

5. モンゴル語の名前からみたモンゴルの影響

エヴェンキ人がモンゴル人と往来した歴史は長い。とくに18世紀の30年代から，エヴェンキ人とモンゴル人との関係はいっそう密接になり，相互の接触がより頻繁になった。18世紀の末期になると，エヴェンキ人のなかから，モンゴル文字を勉強する人があらわれ始めた。20世紀になると，モンゴル文字を学ぶエヴェンキ人は明らかに増えた。もっとも，元朝政府がエヴェンキ人を含む東北の森林に生活していたさまざまな部族と，大草原に生活していたさまざまな民族を征服した後，エヴェンキ人に対するモンゴル人の各方面の影響は，だんだんと大きくなっていた。その時期に，強大なモンゴル帝国の支配者たちのいろいろな兵役と労役を受けながら，エヴェンキ人は支配者モンゴル人の文化と言語に接触したり勉強したりして，できるだけ早くモンゴル人のような平等的，理想的生活をしようと求めたのである。それで，エヴェンキ人たちは，仕方なくモンゴル人の名前をつけ始めた。その結果，子どもたちにモンゴル語の名前をつけた人がしだいに増えるようなっなった。たとえば，その時代に，エヴェンキ人の間で，もっとも人気のあったモンゴル語の名前は，バートル(baatur, 英雄)，ソド(sodo, 利口である)，エンケ(engke, 平和)，テッシ(tekši, 平等)，セチェン(sečin, 賢い)，ゲゲーン(gegen, 明るく，輝く)，ゲルル(gerel, 光)，ゲルルト(gereltu, 明かり子)，サルール(saruul, 明るい)，オド(odo, 星)，サルーラ(saruula,

明るい)，ナラ(nara, 太陽)，チチゲ(čičige, 花)，ナラソ(narasu, 松)，ムンヘ(munghe, 永遠な)，アルダルト(aldartu, 栄誉)，チンケル(činggil, 喜ばしい)，バヤル(bayar, 楽しい)，ジルガル(Jirgal, 幸福)，トガ(tog, 旗)，フグジル(hugJil, さかんである)，テムチル(temčil, 戦う)などの名前である。エヴェンキ人の使っていたこれらのモンゴル語の名前から，我々はその時代のエヴェンキ人が，モンゴル文化と言語の影響を受け，また，彼らの精神活動やイデオロギーにどのような役割を果たしていたかがある程度わかるであろう。そのとき，エヴェンキ人が使っていたモンゴル語の名前のあらわした意味は，彼らの望みをそのままあらわしているのであろう。

　とくに，歴史上モンゴル人と雑居してきたソロン・エヴェンキ人とツングース・エヴェンキ人は，モンゴル文化と言語などの諸方面から，影響を深く受けたため，彼らの間ではモンゴル語の名前は非常に流行していたのである。モンゴル文化と言語の影響を強く受けたあるエヴェンキ人の村では，村人が全員モンゴル語の名前をつけ，家庭のなかで，あるいは村のなかでモンゴル語で話し，モンゴル・ゲルに住み，モンゴル服を着用し，モンゴル人のように牧畜生産を営んでいたのである。これは，彼らがモンゴルの文化，言語およびその生活，生産を全面的に認めたことを直接証明している。他方，中国の黒竜江省に生活していたエヴェンキ人は，モンゴル文化や言語などとそれほど密接的に接触しなかったため，彼らの間ではモンゴル語の名前をつけた人は比較的少なかった。

　ソロン・エヴェンキ人とツングース・エヴェンキ人の間では，今でもモンゴル語の名前は人気を保ち，比較的流行している。これは，彼らがモンゴル文化，言語と接触した歴史が長かったためであろう。その歴史が長くなればなるほど，エヴェンキ人の文化，言語およびイデオロギーに与える影響は深くなり，モンゴル人との関係が密接になるのである。

6. ロシア語の名前からみたギリシャ正教の影響

　中国の黒竜江省と内モンゴル自治区など，ロシアと境界を接しているとこ

ろに生活しているエヴェンキ人は，19世紀の初期からロシア人がギリシャ正教を布教し始めたため，ギリシャ正教を信じることを余儀なくされた。

　その時期，帝政ロシアがエヴェンキ人に対して，シャマニズムは正真正銘の宗教ではなく，誰かがそれを信じるとすると，その人の運が悪くなり生活や生命までも困らせると宣伝を行なった。しかし，もしギリシャ正教を信じるとすると，運がよくなり，生活が幸福になり，体も健康になると宣伝したのである。同時に，ロシア人はエヴェンキ人にギリシャ正教の教会へ行って礼拝し，また，教会で金銭を奉納するよう強要した。その結果，ロシアと境界を接している地方に生活する中国側のヤクート・エヴェンキ人とツングース・エヴェンキ人の多くは，ギリシャ正教を信じ，洗礼を受け，教会に金銭を納めることを余儀なくされた。そのエヴェンキ人たちは，子どもを出産すると，必ず教会に行き，洗礼を受けさせ，牧師から子どもにロシア語の名前をつけてもらったのである。そのとき，帝政ロシアはエヴェンキ人が，もし子どもたちにロシア語の名前をつけないとすると，その子どもは住所さえ正式な戸籍に登録されず，戸籍のない者になる，と規定した。このような現実のなかで，ロシアと境界を接する地方に生活するエヴェンキ人たちは，ギリシャ正教を信じるようになった。そのため，彼らの間では，ロシア語の名前が多かった。たとえば，ビレニヤ(bierieniya, 大命)，ワシリ(wašili, 梅)，イワ(iwa, ハコヤナギ，ヤナギ)，ワイラ(wayila, 信仰)，ウイリケン(uyirikien, 巨人)，ミラ(mila, mira, 平和)，クシク(kušiku, 猫)，ケリョシヤ(kieriušiya, 鋼板)，ルーナ(ruuna, 月)，マルク(maruk, 切手)，アリナ(alina, トックリイチゴ)，アリジア(ariǰiya, 子ども)，グベシケ(gubiešikie, 小草)などのロシア語の名前が多く使われ，非常に流行していた。

　そのうえ，ロシアと境界を接している地方に生活した中国側のエヴェンキ人は，ロシアの文化，言語と宗教などの方面でも影響をだんだんと深く受けた。そのため，多くのエヴェンキ人はロシア語を使うようになり，ロシア文字を勉強し始めた。他方，エヴェンキ語の日常生活用語にも，ロシア語の借用語が少なからず入った。同時に，彼らの日常生活の衣食住や乗り物までも

ロシア文化の影響を幅広く受けた。そのうえ，ロシア人と頻繁に交流を行なったエヴェンキ人は，ロシア語を話し，ロシア文字で簡単な手紙を書けるようになった。さらに，エヴェンキ人とロシア人との通婚もみられた。

7. 漢語の名前からみた漢人の影響

エヴェンキ人は漢人と長い間接触し続けてきた。そのため，エヴェンキ人には漢語の名前が少なからずあった。ところが，最初は，漢語で名前をつけるときに，エヴェンキ人はつねに自分の氏名(名字)の後に漢語の名前をつけるようにしていた。たとえば，トグドンというエヴェンキ人の氏名の後に徳福をつけて，トグドン・徳福とするか，あるいは略してト・徳福とした。ト・徳福は漢文では塗徳富と書いたのである。そのとき，ウリシ・寿貴，あるいはウ・寿貴(漢文では呉寿貴)，ナハタ・福海，あるいはナ・福海(漢文では那福海)，アウラ・長福，あるいはアゥ・長福(漢文では敖長福)，ドラル・林山，あるいはド・林山(漢文では杜林山)，サマジル・喜栄，あるいはサ・喜栄(漢文で薩喜栄)，ジンギル・銀宝，あるいはジン・銀宝(漢文で金銀宝)などの名前が比較的多かった。

19世紀の末期から，エヴェンキ人の間で，漢語でつけた名前が明らかに増えるようになった。これは漢人がしだいに中国の東北に入植した事実と関係がある。清代の中期から末期までの間に，中国の東北地方を開拓するために，清朝政府は内陸地方から漢人を移住させた。その漢人たちは漢人の文化と言語，漢人の農業およびこれに関する活動方式や宗教信仰なども同時にもってきた。それで，町の近いところに住んでいるエヴェンキの人々は，漢人の文化と言語の影響をさまざまの方面から違う程度で受けた。また，一部分のエヴェンキ人は農業生産にも携わるようになった。この影響は，エヴェンキ人のその時期の名前からもはっきりとみえるのである。たとえば，農業に従事し始めたエヴェンキ人たちの名前のなかに，塗福農，杜田，薩糧田，薩宝田，那小糧，呉豊糧，塗小農などがあった。これらの名前は，エヴェンキ人が漢人の文化と言語だけでなく，漢人の農業生産およびそれに関する精

神活動やイデオロギーなどの方面からも影響をある程度受けたことをあらわしている。

　19世紀の末期から20世紀の初期の間に，エヴェンキ地方に移住した漢人はさらに増えた。そのため，農業を営むエヴェンキ人の文化と言語は，漢人に全面的に影響され，漢人と完全に漢語で話すようになった地方さえあった。この強大な漢人の影響で，農業生産に携わり始めたエヴェンキ地方において，エヴェンキ人は自分たちのドラル(dular，杜拉爾)，トグドン(tugudung，塗格頓)，ウリシ(uliši，呉利希)，ナハタ(nahata，那哈塔)などのような氏名を，全部杜，塗，呉(あるいは武)，那などと簡略化させて，その後に漢語の名前をつけるようにしたのである。ところが，おもしろいのは，一部分のエヴェンキ人は，自分の伝統的氏名をつけずに，漢語の名前だけを使っていたことである。たとえば，福善，栄貴，常貴，常順，珠善，徳興貴，長福，明徳，明福，明泰，貴花，通福，明宝などがそれである。以上あげたエヴェンキ人の漢語の名前には，福，貴，珠，栄，興，順，通，常，長，明，泰，善，徳などの漢字が多く使われていた。この事実は，その時代に，エヴェンキ人は漢人の言語と文化の影響だけでなく，イデオロギーと人の存在価値観などの方面からもおおいに影響され，栄誉栄華をきわめることや，隆盛発達することや金銀財宝や善徳明泰などを追求するようになったことをはっきり示している。

　20世紀の50年代以後，エヴェンキ地方に漢人が大量に移住した結果，エヴェンキ人の間では，漢文学校へ行って漢文漢語を勉強する人が増え，彼らの生活習慣に大きな変化を起こした。それゆえに，エヴェンキ人のなかに，漢語の名前をつける人が増えてきた。とりわけ20世紀の60年代に始められた中国の文化大革命の時期に，大昔から伝統的文化と生活をそのまま守っていた興安嶺の奥にあるエヴェンキ村までも，漢人が入ってきて，漢人の言語と文化などを普及させ，漢文学校を建て，エヴェンキ人の子どもたちに漢人の言語と文化を教え始めたのである。その時期，エヴェンキ人のすべての地方で，漢語漢文は大事にされて使われていた。もっと厳しかったのは，エヴェンキ人の子どもたちが以前から使っていた本民族の名前が漢名化された

り，革命化されたりしたことである。その年代に，エヴェンキ人は自分の子どもたちに漢化，革命化した名前をつけることを余儀なくされた。たとえば，エヴェンキ人の子どもたちの間では，革命，勝利，紅花(赤い花)，紅星(赤星)，文化，紅光(赤い光)，東方，東風，東昇，紅日(赤日)，光明，曙光，国慶，衛国(国を守る)，前進，進歩などの漢語の名前が非常に流行していた。ある角度からみれば，エヴェンキ人が自分の子どもたちに漢語の名前をつけたことは，その特別な時代での生存手段になっていたと思われる。これは，特定な年代，特殊な政治的背景で生じた彼らの特別的イデオロギーと生存する価値を示したと思われる。

8. 日本語の名前からみた日本の影響

　第二次世界大戦以前，日本は東北各地で日本語学校を建て，東北諸民族の子どもたちに日本の言語文字と文化を勉強させた。その時期，中国東北のエヴェンキ人の町や村にも，日本語学校が設立され，エヴェンキ人の子どもたちは日本の言語と文化を教えられたのである。それゆえに，エヴェンキ人の子どもたちに，サクラ，ハナ，ソラ，ハト，ハルなどの日本語の名前をつける例があった。同時に，学生の本民族でつけた名前は，日本語の名前に改めさせた例もあった。たとえば，本民族の名前と日本語のトラ，アラシ，タムラ，ハナコ，ヤマタなどの氏名といっしょに使っていた学生も少なからずあった。彼らは自分の村や家に帰ると，本民族の名前を使い，日本語学校にいるときには，日本語の名前を使っていた。このような日本式の教育を受けた結果，彼らは本民族語と日本語だけを使うようになり，ほかの東北諸民族の言語を完全に使わないようになった。また，地元に設立した日本語小学校を卒業して，チチハル(斉斉哈爾)市にある日本語中学校，日本語専門学校までに進学したエヴェンキ学生もいた。

　第二次世界大戦が終わった後，エヴェンキ人地方に設立された日本語学校は全部取り除かれ，エヴェンキ人の学生たちは，日本語の勉強をやめて，日本語学校で使われた日本語の名前も廃棄された。つまり，第二次世界大戦の

とき，ソロン・エヴェンキ人のなかの一部分は日本の言語や文化に短期的に影響されたことがあったということになる。

9. 現在の名前からみた文化の意味

　文化大革命の終結に続き，20世紀の80年代から，エヴェンキ人は自分の国とともに新しい歴史的発展段階に入り，斬新な社会生活を始めた。人々が物質的生活から精神的生活まで，全方面の自由，開放，創造，幸福，愉快の局面にのぞむようになったのである。そのため，エヴェンキ人のイデオロギーと生存価値観も毎日のように新しく変化するようになった。このすべてが，エヴェンキ人の名前のつけ方にも大きな変化を起こしたのである。たとえば，彼らは自分の子どもたちに，衛星，興科，興学，新達などの近代風の名前をつけて，高度技術時代の科学技術を追求する気持ちを示している。

　他方，このような時代に入ったエヴェンキ人には，時代的烙印が完全になく，平板的漢語の名前をつけた例も少なからずみられる。たとえば，蔭々，遙々，清々，草々，娜々，平々，天々，亮々，蘭々などの名前がそれである。これらの名前は，エヴェンキ人の精神生活が愉快になり，物質生活が豊富になるなかで，気楽で広々としたイデオロギーを表現していることをあらわしているのである。

　エヴェンキ語はまもなく消える境界に瀕している。自分の祖先が命をかけて大昔から伝えてきた伝統的文化と言語などの民族的遺産を救うために，いろいろな民間運動が繰り広げ始められている。本民族の言語や文化などを復興させる運動は，エヴェンキ人の子どもたちにエヴェンキ語の名前をつけることからもうかがわれるのである。たとえば，エヴェンキ人，とくに民族意識が強いエヴェンキ人は，自分の子どもたちにつぎのような名前をつけている。すなわち，マンデ(mandi，強い，漢文では満迪)，ナンダ(nanda，きれい，漢文では南達)，セッテ(sette，賢い，漢文では色格提，色迪)，ウル(ur，山，漢文では呉熱)，エゲデェ(egdi，偉大な，漢文では額格迪)，イラン(ilaang，光，漢文では伊蘭)，スグル(sugur，山の峰，漢文では蘇古爾)，

アグダ (agda, 幸福, 漢文では阿古達), テラチ (dielači, 知恵がある, 漢文では迪拉奇), エシケット (ešigtu, 現代的, 漢文では額西克特) などである。これらの名前は, 伝統的意味, 斬新な現代的意味, あるいは未来のさらなる新しく美しい社会を希望する意味を含んだエヴェンキ語のものである。とくに, 牧畜業と狩猟に主として従事するエヴェンキ人のなかで, 本民族の言語で名前をつけることはますます増えるようになった。しかし, それらエヴェンキ語の名前は, 前の部分に昔のように本民族の氏族名を使うことはほとんどみられなくなったのである。

10. おわりに

エヴェンキ人の名前から, 歴史上, エヴェンキ人が各時代にそれぞれの民族と接触し, 文化, 言語, 宗教などの面で, 異なる影響を受けたことをうかがうことができる。同時に, エヴェンキ人の名前の変化から, エヴェンキ人の言語, 文化, 宗教など多方面にあらわれた複雑で, 屈折した変遷をある程度究明できると思われる。

異なる時代に使われたエヴェンキ人の名前の意味と構成形式などに基づき, エヴェンキ人の長い歴史的発展過程を以下の6つの層に概括できる。第一層は, 14世紀の初期から現在まで, モンゴル人からの影響を受けたものである。モンゴル人の文化と言語の影響を長い間受けた結果, ソロン・エヴェンキ人とツングース・エヴェンキ人の多数は, 生業が牧畜へと変遷したのみならず, 文化, 言語, 生活の面でもさまざまな影響を受けた。第二層は, 15世紀の中期から現在まで, 漢人の文化と言語などの影響を強く受けたものである。ソロン・エヴェンキの一部分の人は, 生業は農業へと変遷し, 文化, 言語, 生活などは大きく漢化した。第三層は, 17世紀の初期から19世紀の末期まで, 満洲人の文化と言語の影響を多方面から受けたもので, ソロン・エヴェンキの一部分の人は, 農業を営むか, あるいは町の貴族生活へと変遷して, 文化, 言語にもさまざまな変化が生じたのである。第四層は, 17世紀の中期から20世紀の初期までの間に形成されたもので, ソロン・エヴェ

ンキ人とツングース・エヴェンキ人の多くの人々は，チベット仏教の影響を受けたため，伝統的シャマニズムの信仰はチベット仏教へと変遷したのである。それで，彼らの精神活動，精神生活，イデオロギーに大きな変化が生じた。第五層は，19世紀の初期から20世紀の初期の間のもので，ヤクート・エヴェンキ人とツングース・エヴェンキ人がロシアのギリシャ正教の影響を強く受けた結果，彼らの伝統的シャマニズムの宗教信仰に大きな変化が生じ，ロシアのギリシャ正教へと変遷したのである。第六層は，第二次世界大戦のときに言語と文化の影響を受けたものである。

　つまり，エヴェンキ人の名前の検討は，歴史上エヴェンキ人が異民族の文化，言語，宗教信仰，生活生産様式に接触し，異なる影響を受け，異なる変化が起こった，という非常に複雑な問題を究明するためのひとつのアプローチになると思われるのである。

文　献

中国民間文学研究会黒龍江分会(編)．1983．『黒龍江民間文学』ハルビン，中国民間文学研究会．
中国社会科学院民族研究所(編)．1986．『鄂温克族社会歴史調査報告』フフホト，内蒙古人民出版社．
朝克．1988．『鄂温克族民間故事集』ハイラル，内蒙古文化出版社．
朝克．1991．『エヴェンキ語基礎語彙集』東京，東京外国語大学アジア・アフリカ研究所．
朝克．1994a．「鄂温克語使用概況」，『中国民族語言使用概述集』(中国社会科学院民族研究所編)，926-929，北京，中国藏学出版社．
朝克．1994b．「鄂温克族自治旗語言文字使用概述」，『中国語言文字概述集』(中国社会科学院民族研究所編)，29-33，北京，中国藏学出版社．
朝克．1995a．『エヴェンキ語三方言対照基礎語彙集』小樽，小樽商科大学言語センター．
朝克．1995b．『鄂温克語研究』北京，民族出版社．
朝克．1996．「関於鄂温克族的族称」，『満語研究』，2：44-47．
朝克．1998．「論達斡爾，鄂温克，鄂倫春族人名和語言文化変遷及接触関係」，『黒龍江民族叢書』，4：75-78．
馬名超ほか．1988．『鄂温克族民間文学』上海，上海文化出版社．
満都爾圖(編)．1999．『鄂温克族薩満』北京，中国社会科学出版社．
大間知篤三ほか．1995．『北方民族與薩満文化』(辻雄二・色音編訳)，北京，中央民族大学出版社．
仁欽道爾吉・朗櫻(編)．1990．『叙事文学與薩満文化』フフホト，内蒙古大学出版社．
色音．1997．『東北亜的薩満教』北京，中国社会科学出版社．

蘇日台．1997．『狩獵民族原始藝術』ハイラル，内蒙古文化出版社．
津曲敏郎・風間伸次郎・朝克．1991．『ソロン語基本例文集』札幌，北海道大学文学部．

第5章 満洲族のシャマニズム文化の変遷について

汪 立珍

1. はじめに

　満洲族は主として中国の東北地方に生活し，長い歴史と文化をもつ少数民族のひとつである。満洲族の起源地は長白山と黒竜江あたりであるが，現在は黒竜江省，吉林省，遼寧省など，東北の広い範囲に分布している。そのうち，遼寧省にいる満洲族はもっとも多い。そのほか，河北省，内モンゴル自治区，新疆ウイグル自治区，甘粛省，北京市，天津市，河南省などの地方にも比較的多くの満洲族が生活している。1982年の中国国勢調査によると，全国の満洲族の人口は429万9100人になっている。歴史文献をみると，満洲族の祖先に対し，粛慎，勿吉，靺鞨，挹婁などの名称が使用された。紀元7世紀末期から10世紀の初期まで，靺鞨人の粟末部族は強大な渤海国を建て，歴史上「東海盛国」と称せられた。これはおそらく歴史上満洲族の第一回目の決起になろう。紀元926年，渤海国は遼国によって滅亡された。その後，女真があらわれた。1115年，女真の完顔部が女真を統一させ，金という国を成立させ，1234年，金は元によって滅亡させられた。1616年，努爾哈赤が女真各部を統一し，「八旗」という制度を創設したうえ，清を成立させた。1636年，努爾哈赤はみずから皇帝と称し，国名を「大清」にかえ，同時に，民族の名称を「満洲」にかえた。それで，清朝から，女真人は満洲

族とよばれるようになった。

満洲族の精神的世界をみると，満洲族の祖先である粛慎，靺鞨から，清朝の満洲族まで，すべてがシャマニズムを信仰していた。シャマニズムは満洲族およびその先祖の発展，変遷と盛衰に終始ともなってきたのである。いうまでもなく，シャマニズムは満洲族だけに信仰されたのではなく，世界的に多くの民族が大昔から信仰していた。シャマニズムはもっとも古くて伝統的な宗教のひとつである。たとえば，東北アジア地域，ヨーロッパの北部，ロシアのシベリアおよび北アメリカ，南アジアなどの非常に広い地域の民族は，シャマニズムを信仰してきたのである。歴史文献と考古資料によると，古代アジア地方に生活していた満洲，エヴェンキ，オロチョン，ヘジェン，ナナイ，ウリチ，オリュオロチュ，ネギダル，エブンジ，エブンなどの民族は，シャマニズムを敬虔に信仰しており，シャマニズムは彼らの精神生活の土台となり，彼らの生活の各方面に深く浸透したのである。そのなかで，とりわけ，東北アジアの満洲ツングース諸民族のなかで，満洲族のシャマニズムが比較的整った文化的体系をそなえているのである。満洲族の社会的発展過程からみると，シャマニズムはこの民族の社会的発展と安定を保つために，非常に大きな役割を果たしたのである。また，社会的変遷にともない，満洲族は漢族などの外来文化と頻繁に接触するようになり，そのため，満洲族の伝統的シャマニズム信仰のイデオロギーもそれに応じてある程度変化したのである。以下，私は満洲族のシャマニズムの信仰変遷に関して，議論を展開したい。

2. 満洲族のシャマニズムの変遷の歴史概況

上述したように，満洲族がシャマニズムを信仰した歴史は非常に長い。歴史文献と考古学の研究成果によると，満洲族の祖先である粛慎，勿吉，靺鞨などは，すでにシャマニズムを信仰していた。満洲族のシャマニズムの信仰世界に，もっとも重要なものはアニミズムである。彼らはずっと前から，すべての命は皆霊性があると同時に，それぞれの神によって守られていると信

じていたのである。そのなかで，いろいろな動物に対する信仰はもっとも重要視されていた。このことは，満洲族の祖先が生活していた黒竜江あたりに発見されたシャマニズムの遺跡からもある程度わかるのである。その遺跡には，鳥，ヘビなどの動物や人間の形を描いていた岩石，クマ，トラなどの動物を主題にした陶器などが発見された。そのほか，黒竜江省の新開流遺跡からも，骨で彫刻したタカや，魚の模様のある陶製像などシャマニズム文化に関するものが出土した。これらは，満洲族祖先のシャマニズムの信仰世界で，動物崇拝はもっとも重要な地位を占めていたことを証明しているのである。考古学者の研究成果によると，黒竜江両岸の広くて豊かな自然環境は，満洲ツングース諸民族が大昔から生活してきた原住地である。同時に，考古資料に記載されたように，満洲族の祖先は靺鞨の時代から，鉄器時代に入ったのである。鉄器の使用は，満洲族の農業生産の発展に非常に大きな役割を果たしたのである。たとえば，その時期のシャマンの葬式は二次葬となっており，副葬品の種類はシャマンの社会的地位やシャマンの生活と密接に関連する生産構造および経済状況などによって，野生動物の骨，山の石などの自然のものから，鉄器などの金属製品までいろいろあった。金代になると，満洲族の祖先である女真人は，動物と植物などの自然物をもっとも崇拝し，人間の霊魂は不滅だと深く信じていたのである。「シャマン」という言葉はこの時期の歴史資料に初めて登場した。宋朝の徐夢莘の書いた『三朝北盟会編』には，「珊蛮者女真語巫嫗也，以其通変如神（シャマンは女真語で巫女をさし，神様のように神通力がある）」とある。これは中国の歴史文献のなかで，シャマンに関する最初の記述の一例である。その後，シャマンという名称はだんだん歴史文献に多く載せられるようになった。ところが，「シャマン」をあらわす漢字はさまざまで，たとえば，「珊蛮」，「沙曼」，「撒麻」，「娑瑪」，「薩瑪」，「叉満」，「薩瞞」，「薩満」などのように書かれていた。およそ現代になると，そのすべてが「薩満」に統一された。金代では，シャマニズムは普遍的に信仰された。とくに，民間では，シャマニズムの多神崇拝のイデオロギーはかなりさかんであった。しかも，女真貴族と支配者たちは，シャマニズムを統治手段にして，女真族のシャマニズムの信仰世界にある天への崇拝

を利用し，天神の意志はすなわち支配者の意図のあらわれと人々に説明して，シャマニズムの神権を支配者たちの王権と結びつけたのである。したがって，この時期の歴史記録では，シャマンは国の支配者，部族の首領，軍隊の首領，神通力のある者というような多重の身分をそなえている特殊な人物であった。金代の女真族の社会的発展に従って，金代の末期には，女真族のシャマニズムの信仰はふたつの傾向に向けられた。そのひとつは，民間的シャマニズムの信仰で，非常にさかんであった。そのとき，地方の満洲人たちは，天，地，山，川およびさまざまな動物は，皆神霊をもっているとかたく信じ，ふつうの家庭は，家のなかでは祖先の神像をそなえ，庭には天神を象徴する木の幹をそなえていた。そのときのシャマニズムの信仰のもうひとつの傾向は，女真族の貴族と支配者の間であらわれたもので，政権の衰弱によって，彼らのシャマニズムの信仰もしだいに衰弱し，シャマニズムのかわりに，仏教の信仰がだんだんと広がり強くなったのである。

　女真各部を主にした清朝という新しい時代が始まったときに，清朝の支配者は，女真族のアニミズムに基盤をおいたシャマニズムのイデオロギーをそのまま受け継いだ。同時に，新しく建てられた民族統一体を固め，自分の統治利益を守るために，1647年に，乾隆皇帝は『満洲祭神祭天典礼』を公布した。そのなかには，満洲のシャマニズムの祭祀儀礼と祭祀神霊および祭文などについて，いろいろな具体的な規定が定めている。清朝における満洲人のシャマニズムの信仰は新しい段階に入った，といっても過言ではない。この満洲族のシャマニズムに関する新しい信仰規定で，もっとも重要なのは，満洲のシャマニズム的「家祭り」という宗教活動を本民族の主要な宗教活動として定めたことである。また，この家祭りを行なう前に，シャマンは必ず清朝の統治者たちの規定したシャマニズムの祭祀儀礼などの専門的な訓練を受けた。

　満洲族の歴史的発展過程からみると，1644年に満洲族が中国の東北部から中央地方に入ったことは，彼らの歴史上のひとつの大きな転換点になったのである。同時に，この時期から，満洲族は漢族ともっと密接に接触するという新しい社会発展段階に入り，伝統文化と宗教などが，漢族の文化と宗教

から非常に大きな影響を受け始めた。しかし，満洲族の貴族と庶民は本民族の本来のシャマニズムの信仰を懸命に守ろうと努力したのである。

19世紀の初期ころ，満洲族は中国の広い地域に分散された。このため，各部族の経済，宗教信仰の諸方面での発展は，つりあわない現象がひっきりなしにあらわれた。とくに，交通が便利な東北および中央地方に生活している満洲族は，漢族と接触する機会が多かったため，伝統的なシャマニズム信仰はしだいに淡泊化し始めた。それらの地方においては，乾隆時代に公布された『満洲祭神祭天典礼』の宗教規定さえも遵守されなくなったのである。満洲族の集中している地方では，一般的家庭が祭祀を行なうときにも，伝統的なシャマニズムの踊りを踊らずに，祖先の神像をそなえて，焼香するような祭祀儀礼だけが残された。彼らはこのような大ざっぱな宗教を「叩啞巴頭（黙々と叩頭する）」と称していた。「叩啞巴頭」は満洲族のシャマニズムの変遷過程での主要な現象のひとつである。他方，黒竜江，牡丹江，松花江あたりに生活していた満洲族は，漢族との接触が比較的遅かったため，伝統的シャマニズムの信仰はそのまま守られたのである。現在発見された歴史文献からみると，伝統的シャマニズムの儀礼を守っていた満洲族は比較的少なかったが，家祭儀礼を守っていた人は圧倒的に多かった。ところが，満洲族は漢族との雑居が大きく進行すればするほど，漢族の文化や宗教などの影響が大きくなり，満洲族全体が精神と命で守ってきたシャマニズムの信仰儀式もしだいに「叩啞巴頭」のように簡略化されたのである。

20世紀の初期から60年代にかけて，満洲族は全面的に漢化され，伝統的言語，文化，生活，宗教などのすべてが漢族の影響を強く受け，シャマニズムの信仰もわずかしか残らないようになった。たとえば，町に生活していた満洲族は，家の西側の壁に祖先を象徴する神像をかけてそなえ，農村の満洲族は祖先を象徴する神像をそなえると同時に，庭のなかにひとつの木の幹を立てて，天神を祭祀するようなことしか残っていなかったのである。庭のまんなかに立てられた木は，長さ約3m，太さ約10cmであった。また，その木は必ず山頂からとってきた柳の木あるいは白樺の木でなければならなかった。その他，個別的シャマンはたまに伝統的シャマニズムの踊りを踊り

ながら，同一血族集団構成員の病気を治療し，害を排除して，幸福を祈るような宗教活動を行なった。その時期，辺境地方あるいは町の特別なところに，新しいシャマンが出てきた。彼らは，ふつうは自分のシャマンの身分を暴露しないが，たまには地元の満洲族の小規模で略式な民間宗教活動に参加して，シャマニズムの伝統的踊りを踊っていた。しかし，そのような宗教儀式は，往々夜間に行なわれていた。彼らのそなえていた神霊は，伝統的シャマニズムの祖先の神，動物の神以外に，漢族の「狐仙」と「観音」なども含まれていた。また，ある地方のシャマンはシャマニズムの古い踊りをまったく踊らずに，自分の部屋で占いを使って怪奇な病気にかかった人に対して精神的治療を行なっていた。

20世紀の60年代から70年代までの間に，中国では「文化大革命」という民衆運動が行なわれ，満洲族の伝統的シャマニズムは「迷信旧俗」として批判され，シャマンは「牛の鬼と蛇の神霊」とされ，シャマンの服，帽子，太鼓，銅鏡などの道具はすべて焼却されてしまった。その時代，満洲族の大部分のシャマンは迫害されて，シャマニズム信仰は許されず，シャマニズムの世界は立ち入り禁止の領域となった。ところが，そのような時代に，自分の名前を隠し，人口の少ない辺鄙な地方に隠れたシャマンは，危険を冒して，代々伝えられてきたシャマンの神服，銅鏡，太鼓など重要なものを大事に残した。その時期の満洲族のシャマニズムは，歴史以来，もっともひどい打撃を加えられ，満洲族の信仰世界は非常に大きな損失を被ったのである。

以後，中国は新しい時代に入り，とくに，改革開放の政策が実施されてから，経済と社会が急速に発展し始めた。その時期から，各民族の伝統文化と宗教信仰も回復し，さかんになったのである。それに応じて，中国の各少数民族の宗教活動も春の風に乗った緑みたいに，全国的に復興するようになった。満洲族のシャマニズムの信仰も存在価値を得，シャマンの子孫たちがシャマンの身分で小規模な宗教活動で司祭し，伝統的シャマニズムの踊りを踊ったり，シャマニズムの祭文を歌ったりして，満洲族の古い宗教文化を再びこの世に展示したのである。

1995年に，私は黒竜江省の寧安県で，満洲族のシャマン文化に関する調

査を行なった。当時現地で収集した資料から，本地に残っているシャマニズムの伝統的宗教活動は，だいたい2種類に帰納できると思われる。1種類は，ごく少数のシャマンの子孫が自民族の伝統的宗教信仰をなるべくそのまま残し，代々伝えてきたシャマニズムの儀礼を大切にして，古いシャマニズムの歌を歌ったり踊りを踊ったりするものである。地元にいるシャマンの子孫で，傅という古老によれば，彼はシャマニズムの儀礼のなかで，主としてタカ，トラ，イノシシなど，特殊技能をもつ特定の動物の動作を模倣して踊っているという。しかし，このような動物崇拝を主題にしたシャマニズムの伝統的踊りは，現在満洲族の民間娯楽活動のひとつとして変遷したのである。自民族の祝祭日と結婚式のような重要な日に，村の満洲族が集まっていっしょに動物のもっとも大事な動作を主題にしたシャマニズムの独特な踊りを踊るのである。傅氏によれば，彼は13歳から，シャマニズムのいろいろな内容と形式を習い始めたが，16歳になると，わずか3年間で，修練をやめたという。その3年間，彼は年輩のシャマンからいろいろな訓練を受けた。とくに，彼はシャマニズムに関するいろいろな神話と伝説をよく勉強したため，今でも覚えているという。それゆえに，傅氏をはじめ，一部分のシャマンの子孫，あるいは以前シャマニズム的訓練を受けた満洲族の先輩たちは，できるだけ，自民族の大昔からのシャマニズムと，それに関するすべての内容，形式を今の社会にそのまま展開しようと努力している。

　本地にあらわれたシャマニズムのもう1種類の活動は，新式のシャマンに関するものである。地元の村人たちは，新式のシャマンをふつう「跳大神的（大きな神様を踊る者）」とよんでいる。この新式のシャマンはほとんど農民か無職者である。このなかには，女性がいれば，男性もいる。また，年齢は35歳以上の者が多いようである。現地調査の資料からみると，満洲族の新式のシャマンは，シャマンになる前に，だいたい突然癲癇など不思議な病気にかかっていた。現代の科学的医療手段でも治癒できないため，民間のシャマンに治療を求めた。シャマンは，患者の生年月日と家族構成，生活環境，病気にかかった経緯などの具体的状況をくわしく聞き，いろいろな方面から占いを行なう。最後に，患者は，自分はシャマンになるために病気になり，

シャマンになると病気が自然に治癒できるといわれて，シャマンになったという。これをみると，新式のシャマンになる経緯は，満洲族の宗教史上，神霊につかまえられた人はシャマンになるという大昔からの現象とだいたい同じであるとわかるのである。ただし，満洲族の新式のシャマンは，利益を得る手段として，民間で小規模にシャマニズムの踊りを踊ったり，シャマニズムの呪文を歌ったりして，難病にかかった患者に対して治療を行なっているのである。

要するに，長い歴史の間に，満洲族のシャマニズムは，異なる歴史時期に異なる変遷をへてきた。シャマンたちは，大昔から伝えられてきた伝統的宗教文化を大切にして永遠に存続させようとしてきたのである。これは数々の現地調査資料および出版物からもうかがわれるのである。たとえば，1990年に，吉林省の「満洲族研究所」が吉林省の永吉県楊木郷で行なった現地調査では，ある満洲族の家から，満洲語で書かれた100年以上の歴史のあるシャマニズムの祭文と，木でつくっためずらしい神像などが発見された。このようなシャマニズムに関する実物資料は，宗教だけでなく，歴史，民族，文学，民俗，音楽などの総合的な研究にも価値をもっていると思われる。

以上，満洲族シャマニズムの変遷に関して簡単に検討した。現状では，満洲族が集中する村，町で，シャマンが新たに出ているけれども，これらの新式のシャマンは，伝統的シャマンとはある程度異なっているのである。そのうえ，新式のシャマンの活動内容と形式，シャマンの歌の歌詞，シャマンの踊り方などにも，それぞれ違いがみられる。

3. 祭祀，イデオロギーおよびシャマンの服装の変遷について

満洲族のシャマニズムの伝統的内容からみると，彼らの神霊信仰は多神崇拝である。満洲族の多神崇拝の宗教世界をくわしく分析すると，彼らのまつる神霊の体系は，だいたい3種類に分類できると思われる。第一は，動物神の神霊の崇拝である。第二は，植物神の神霊の崇拝である。第三は，祖先の神霊の崇拝である。満洲族の伝統的シャマニズムの信仰は，彼らの祭祀儀礼，

宗教イデオロギーおよびシャマンの服装などからも明らかである。また，満洲族のシャマニズムの祭祀儀礼などにあらわれた変化は，この民族のさまざまな歴史的変遷，社会，経済などの発展と密接的な関係がある。

3.1 満洲族のシャマニズムの祭祀儀礼の変化

満洲族の歴史文献資料によれば，粛慎，靺鞨などの時代に，満洲族の祖先たちは，氏族や部族などのなかで，何か重大な事件があったときには，時間を定めずに，シャマニズムの重要な祭祀活動を自由に行なっていたのである。しかし，生産，生活の経験の積み重ね，社会的構成の完璧化，シャマニズム自身の発展，成熟につれて，もともと不定期的に行なわれた祭祀活動，祭祀儀礼などが，定期的に行なわれるようになった。たとえば，猟師たちは，もともとは山へ行って狩猟するときだけに山の神をまつって，山へ行かないときは，山の神をまつらなかったが，後に狩猟をするか否かにかかわらず，定めた日になると必ず山の神をまつるようになった。そのうえ，満洲族の農民たちは，秋の収穫の際に，太陽の神も定めた日にまつっていた。これらの祭祀儀礼は，民族，部落および同一血縁の家族を祭祀単位にして行なわれ，祭祀方法はまつる集団によってある程度異なっていた。とくに，1647 年に乾隆の『満洲祭神祭天典礼』が公布された後，満洲族のシャマニズムの祭祀儀礼は斬新な内容を含めたのである。疑いなく，それは法規的なシャマニズム的活動内容，形式として決められたのである。しかし，この満洲族のシャマンの教典は，主として満洲族王室および貴族の間で行なっていた「家祭り」という祭祀儀礼の内容と形式を表現したものである。つまり満洲族の祭祀方法のかわりに愛新覚羅という家族の祭祀方法をさしたものであったけれども，人を喜び安心させたのは家祭りを主として新しく決められたの祭祀儀礼のなかには，かつて満洲族の各姓の祭祀していた神霊も含まれていたことであった。この新しい祭祀儀礼ができたために，その後の多くの満洲族は家祭りは満洲族の最初の祭祀儀礼と感じたのである。

満洲族の歴史文献と近年私が現地調査で得られた資料からみると，満洲族の家祭りはおよそ 3 つの形式に分類できると思われる。

3.1.1 秋の祭祀

これは村に生活する満洲族に広く行なわれる宗教活動で，満洲族が農業社会に入った後に形成された宗教内容であろう。秋に行なうこの祭祀は，家族を主体にして行なう重要な祭祀活動で，主として家族の祖先，星の神，天の神などをまつる。祭祀の時期はだいたい秋の初めころであった。

3.1.2 家族の祭祀

満洲族の家族の祭祀活動は主として家系図をまつるのである。満洲族は大昔から自分の系譜を重要視してきたのである。ふつうの満洲人は，皆が家のなかで系譜と祖先を象徴する神像をいっしょにそなえていた。彼らはおよそ5年間か10年間に，系譜を1度改めたのである。そのとき，シャマンが特別に招かれて，伝統的シャマニズムの踊りを踊りながら，祖先を象徴する神像へと供物をささげるのである。その後，シャマンは家族全員の幸福と平安を保護するよう祈るのである。また，家族のなかに何か不幸なことが起こったり，誰かが重い病気にかかったりしたときにも，彼らは家のなかで祖先を象徴する神像をまつったのである。昔，満洲族は家に祖先を象徴する神像を祭祀するときに，必ずシャマンを招いて，司祭させたり古い踊りを踊らせたりしていた。今でも，満洲族が集中する村では，このような古い習俗がある程度守られている。

3.1.3 平常に行なう祭祀

村に生活する満洲族は，家を新築したとき，結婚するとき，子どもを出産したときなど，重要なときに，家のなかで祭祀活動を行なうに際して，主として祖先の神像をまつるのである。しかし，その祭祀活動は非常に短い時間内に終わらせるのがほとんどである。上述した内容からは，満洲族の家祭りにはつぎの3つの特徴がみられると思われる。

第一は，家祭りに参加する人は必ず血縁関係のある親族たちであること。

第二は，家祭りの対象は必ず家族，あるいは氏族の祖先を象徴する神像であること。

第三は，家祭りのときに用いられる祭具は，必ず，すべてが代々伝わってきたものでなければならないこと。

　満洲族のシャマニズムの宗教儀式は，家祭りを除いて，「野祭り」というものもある。野祭りは満洲族の祖先祭祀イデオロギーを含め，同一血縁の親族のうちには自然の神霊をまつる大切な宗教活動をさす。家祭りと野祭りを分けたのは，およそ乾隆が 1647 年に『満洲祭神祭天典礼』を公布してからのことである。この教典では，シャマニズムの宗教活動の形式に 2 種類あった。満洲族は，宗教活動を行なうときに，さまざまな動物の神霊がシャマンの身体につくことを深く信じていたのである。野祭りは，具体的な事情によって，行なう時期はさまざまで，通常，家族の幸福のために神霊の加護と助けを求めるか，あるいは家族のなかで誰かが難病にかかったときに行なうのである。野祭りは，今でも，満洲族が集中する町から遠く離れた辺鄙な村に残されている。

3.2　信仰イデオロギーの変遷について

　満洲族のシャマニズムのイデオロギーでは，世界上のさまざまな動物，植物および人間が皆神霊をもっているとかたく信じられていたのである。満洲族のそれらの神霊に関する認識は，彼らの生産構造，生産手段の変化，および多方面からの経験の積み重ねにつれて，各歴史時期にだんだんと変化してきたのである。以下，満洲族シャマンの祭文内容を例にとって，彼らの天神信仰に関するイデオロギーの変遷を簡単に述べておきたい。

　満洲族のシャマニズムの祭文によれば，満洲族の祖先は天神が宇宙と人間のすべてを管理していると信じ，そのうえ，天神を天体であると説明していたのである。天神をまつるときに，彼らは地面にひざまずいて叩頭しながら，天に向かっていろいろな希望を訴えて祈ったのである。

　金代になると，支配者は自分たちの統治地位を強固にさせるため，女真人の天神への崇拝を利用し，それを具体的に支配者への崇拝に変化させたのである。それゆえに，女真人は天神崇拝意識に基づき，完全に，皇帝の意志の服従へと変遷したのである。

歴史資料にあらわれるシャマニズムの信仰世界を分析してみると，女真族の時代から，満洲族の時代までの間に，彼らの天神信仰は，大自然にある自然的天体から，具体的な人格化された天神まで変化したのである。いうまでもなく，後になると，天神は当時の支配者である皇帝にかわったのである。

3.3 満洲族のシャマンの服飾の変遷

満洲族のシャマニズムの宗教活動のなかで，シャマンはかなり重要な人物である。シャマンは人間と神霊間の架け橋の役目を演じ，シャマン文化の精神と内容を伝播し，シャマニズムのすべての内容，形式を具体的に表現する典型的な者である。祭祀儀式を行なうときに，シャマンは必ずシャマニズムの深い意味をあらわす飾りのある服を着用するのである。これらの服飾は満洲族の社会と歴史の発展につれて，ある程度の変化がみられる。満洲族の歴史資料に基づいて，満洲族の先祖時代のシャマンの服飾をだいたい以下の3種類に分けることができると思われる。

第一種類は鳥の羽で飾られた服飾である。これは主としてシャマンの帽子，スカートなどの上に飾ったタカなどの鳥の羽からみることができる。そのなかで，おもしろくて深い意味があるのは，シャマンの帽子の上に飾ったタカの羽の数である。その羽の数が多ければ多いほど，シャマンの神力が強いという。シャマンの服にタカの羽が飾られているのは，大昔から，満洲族はタカを崇拝していたことを示している。同時に，これは高く飛ぶタカのように神力をもっている神霊が，人間の祈りと希望を伝えてくれるという満洲族の望みを表現したに違いないであろう。

第二種類は動物の皮でつくった服飾である。満洲族のシャマンは宗教活動に参加するときに，シカ，魚などさまざまな動物の皮でつくった着物を着ていた。満洲族のシャマニズムのイデオロギーによれば，シャマンはある種類の野生動物の皮でつくった服装を着れば，その種類の動物の神霊が身体につき，強い神力を獲得できると信じていたのである。

第三種類は森林のなかの樹皮でつくった服飾である。これは主として白樺など純潔，善良，正しい意味をあらわす植物の皮で飾ったシャマンの服をさ

すものである。

　中国の東北から中央地方に入った後，満洲族のシャマニズムの信仰のイデオロギーと祭祀儀礼などに大きな変化があらわれた。シャマンの服飾もこれに応じて，かわったのである。シャマンの帽子は，元来，木，あるいは動物の頭皮や骨などでつくられていたが，後になると，鉄，銅などの金属でつくるようになった。服は，もともと主として野生動物の皮，あるいは植物などでつくられていたが，後になると，それが布と絹織物でつくられるようになった。服の色も，上の方はだいたい白く，下のスカートはあざやかで，多種類の雲の図案があって，仕上がりが精巧で美しくなったのである。また，シャマンの腰に掛ける銅でつくった鈴も昔よりだいぶ少なくなった。一部分のシャマンの服の上には，大昔のように，いろいろな自然物とシャマニズムの深い意味を象徴し，特別に選択された動物の骨や，石などでつくられた飾り物がかけられていた。しかし，多数のシャマンの服の上には，象徴的な自然物の数がだんだん減少していったのである。そのかわりに，鉄でつくられた，昔の意味と新しい意味を象徴するものが多くなったのである。

　満洲族の歴史文献と数年前の現地調査で得られた資料によると，19世紀から20世紀の中期にかけて，満洲族のシャマンの服飾は2種類の形に分類できると思われる。1種類は代々伝えられてきた伝統的なシャマンの着物である。それには，伝統的なシャマンの服を模倣してつくったものも含まれる。もう1種類は，簡略化されたシャマンの着物である。つまり，白い布でつくられた長い着物と腰を締める赤い布の帯，あるいは上の方は白い着物で，下の方はいろいろなあざやかな布の切れ端でつくられたスカートである。腰の帯の上には，銅でつくられた21個の鈴が結ばれた。

　20世紀中期から今まで，シャマンの服飾は2種類に分類できると思われる。第一は，日常生活に着る服である。第二は，伝統的シャマンの服を模倣して改めてつくり，宗教活動を行なうときに着る服である。1996年，私の遼寧省寛甸満洲族自治県における現地調査で得た資料からみると，地元のシャマンの装飾品は，だいたい，上の方は日常生活に着る木綿製の服で，下の方はあざやかな美しい絹織物でつくったスカートであった。腰には，前述

したような 21 個の銅製の鈴がかけられた。太鼓はシカの皮でつくられた片面のものである。それらのシャマンは，全員が老年の者で，地元の満洲族には「跳単鼓的人」とよばれている。しかし，私をびっくりさせたのは，そのような一人から，シャマンのことを聞くと，彼はそれを聞いたことが全然なく，それに関しても何も知らないと答えたことである。ところが，彼は，自分は動物の皮でつくった片面の太鼓をもち，神霊の踊りを踊り，神力をもっている人だと，自信をもって説明した。宗教的儀式を行なうときに，彼は右手で太鼓をもち，左手で革製のばちをとり，太鼓をたたき，リズムにあわせ，呪文を歌いながら踊るのである。しかし，その呪文の意味ははっきりと聞き取ることができなかった。踊りが終わってから彼から呪文の意味を聞いた結果，それはすべて，現実の生活に直接関連する精神的と物質的内容であった。おもしろかったのは，その呪文は，つぎのような内容であった。

「我々の幸せな生活のために，
政府は一所懸命頑張っているので，
私たちは政府に，
心から感謝している。
もし政府が我々に幸せな生活を恩賜としないと，
我々はいつまでも幸せにならないのだ」
という。

それゆえに，満洲族のシャマニズムの宗教活動は，時間の経過につれて，形式から内容まで，しだいに変遷してきたのである。

4. おわりに

以上，私は満洲族およびその祖先である粛慎，女真などの民族のシャマニズムの信仰に関して，その歴史的過程と内容，形式，原因などの変遷について，簡単に論述した。満洲族の祖先である粛慎から，満洲族まで，およそ 3000 年以上の歴史が経過した。この間，彼らのシャマニズムの信仰は，異なる歴史段階において，社会の発展，民族の変遷および人間の精神的世界の

充実に対して，多方面で異なる役割を果たしたと思われる。この伝統的シャマニズムが，今後，現代文化とどのようにつながるのか，近代化のなかで，自身をどのように守っていくのか，また，近代文明と文化にどのように適応するのかなどは，今やもっとも重要な問題になっているのである。これが現在の満洲族の宗教と文化の研究にとって，もっとも主要な問題と思われる。満洲族は中国東北地方の少数民族で，全国の諸民族のなかで，比較的発達した民族のひとつである。歴史的過程からみると，シャマニズムの信仰は，彼らの精神的活動と精神生活に終始ともなってきたのである。東北地方のほかの少数民族と比べてみると，満洲族のシャマニズムの信仰は，特定的，系統的な民族宗教世界をつくって，独特な民族文化を創造したのである。疑いなく，満洲族のシャマニズムは，中国東北地方における諸少数民族のシャマニズム信仰世界の中心となったのである。それゆえに，満洲族のシャマニズム信仰に関する研究を通じて，満洲族を含む東北アジア諸民族の宗教観，宗教世界，およびこれに関連する精神文化，イデオロギーなどの根源を説明，理解できると思われる。

文　献

秋浦．1985．『薩滿教研究』上海，上海人民出版社．
中国民間文学研究会黒龍江分会（編）．1983．『黒龍江民間文学』第8集，ハルビン，中国民間文学研究会．
趙展．1993．『滿族文化與宗教研究』瀋陽，遼寧民族出版社．
傅英仁（編）．1985．『滿族神話故事』ハルビン，北方文藝出版社．
李澍田（編）．1991．『吉林滿俗研究』長春，吉林文史出版社．
『滿族簡史』編写組．1979．『滿族簡史』北京，中華書局．
大間知篤三ほか．1995．『北方民族與薩滿文化』（辻雄二・色音編訳），北京，中央民族大学出版社．
仁欽道爾吉・郎櫻（編）．1990．『叙事文学與薩滿文化』フフホト，内蒙古大学出版社．
色音．1997．『東北亜的薩滿教』北京，中国社会科学出版社．
蘇日台．1997．『狩獵民族原始藝術』ハイラル，内蒙古文化出版社．
富育光．1990．『薩滿教與神話』瀋陽，遼寧大学出版社．
富育光・孟慧英．1991．『滿族的薩滿教研究』北京，北京大学出版社．
迪木拉提・奥邁爾．1995．『阿爾泰語系諸民族薩滿教研究』ウルムチン，新疆人民出版社．

第6章 満洲国時代における観光資源,展示対象としてのオロチョン

佐々木亨

1. はじめに

1.1 研究の背景

植民地とそこの民族文化の関係を論じた論文集が,わが国ではこのところ多く発刊されている。その傾向をみると大きくふたつに分類できると考える。ひとつは,植民地での民族学・民族学者の役割を解明していくものである。もうひとつは,植民地主義のもとに人々と文化のどのような動きが観察されるかに重きをおいたものである(山下・山本,1997：15)。

前者では,わが国の戦時体制と民族学とのかかわりについて,今まで非公開だった史料の発掘と戦時中に軍関連の研究施設とかかわりのあった民族学者へのインタビューを中心に,戦後ほとんど語られてこなかった日本民族学のルーツをたどる作業が行なわれている(中生,1993a：231-242；1997：47-65；1999：19-36)。

一方,後者では植民地の民族文化を,Cliffordのいうところの「〈同質化〉＝〈消滅〉の語りではなく,〈生成〉＝〈創造〉の語り」(Clifford, 1988: 17)という立場で論じているものが多い。すなわち,民族文化が,世界的な政治や経済のシステムのなかに組み込まれて存在している状況のなかでは,どのようにそのシステムと柔軟にかかわり,新たな文化を生成してきたかを

みていく方が，失われゆく原初の世界をみるよりもはるかに重要である(山下，1999：14-15)とする立場である。その際，対象となる民族文化をどのような側面でとらえているかをみると，たとえば1908-1942年までオランダの植民地であったバリ島の事例(永渕，1996：35-44；1994：44-54)では，オランダが行なった文化政策としての観光開発や，博覧会におけるバリ文化の表象という側面でとらえている。

　しかし後者の研究において，日本が植民地主義のもと植民地の民族文化にどのような影響を与え，その文化がどうなっていったかについては，あまり調べられていない*。このことは，前述した山下・山本の編著書(1997)に対する書評における，日本の植民地統治に関する論考がないことに対する不満にもあらわれている(桜井，1998：164-166)。桜井はその原因を，宗主国と植民地の関係性の相違に求めている。つまり，「植民地化された側は西洋の圧倒的な文化に大きな影響を受け，自らの伝統文化を変容させていった。……(中略)……しかし後発の近代国家日本が植民地としたのは，台湾・朝鮮・「満州」など，その多くが自らと同じ文化圏に属する国家・地域であった。台湾・満州は，辺境とはいえ「中華」の一部であろう。朝鮮は，歴史的にみれば日本に文化を伝えた立場である。これらの国家・地域に日本が与える文化的影響など，たかが知れたものである」と述べている。

1.2　本章の目的と位置づけ

　このような背景を踏まえ，本章ではつぎのふたつのことを明らかにしたい。

　ひとつは，満洲国時代において，その北部地域の大興安嶺・小興安嶺地域に住む先住少数民である「オロチョン」およびその「文化」が，当時の「観

---

　*1997年に，北海道立北方民族博物館(網走市)で開催された第12回特別展の図録『樺太1905-45――日本領時代の少数民族』では，戦前，わが国が樺太においてアイヌ，ウイルタ，ニヴフといった先住民をどのように管理していたかを明らかにするとともに，戦後，北海道にひきあげてきたウイルタの女性からの聞き書きをもとにオタスでの生活や教育所，特務機関について書かれている(北海道立北方民族博物館，1997：5-14；北川，1997：15-18)。この研究成果は，わが国の統治下における民族文化の影響を記述したもののひとつである。

光」にどのようにかかわっていたのか，また満洲の博物館における「展示」などにおいてそれらがどのように提示されていたのか，その事実を明らかにすることである。

ふたつめは，上で明らかになった事実およびオロチョン文化に関しての今までの研究成果から，オロチョン研究の新たな地平を発見することである。

満洲国に関する今までの研究は，主に満洲国成立史，国土計画，統治制度や政策，経済の発展過程，さらにさまざまなイデオロギーのあらわれである文芸・文学が中心であった。

一方，満洲国に関する一次資料や戦前の研究文献の発掘と整備が近年進み，それらの所在がしだいに明らかとなり，さらに重要な一次資料が復刻出版されたことにより，満洲国研究は新たな発展をみせ始めている(井村，1995 a：535-536；1995 b：582-584)。たとえば，戦後まもなくアメリカによって接収された膨大な南満洲鉄道㈱(以下，「満鉄」と略す)の文献・文書のうち，日本国内にないものを中心にマイクロフィルム化され，国内で閲覧可能になった。また戦後，中国に残された満洲国関連の文献・文書もその所在が徐々に明らかになり，公開が進みつつある。それらのなかには，今まで実態が十分に把握されていなかった分野のデータも含まれ，その分野の研究が進むことが期待されている。本章でもアジア経済研究所*が所有する先に紹介したマイクロフィルムによる報告書や，中国・大連市図書館および吉林省図書館(長春市)*² に所蔵されている旧満洲国関連日本語文献をいくつか引用

*1998 年に日本貿易振興会(JETRO)と統合し，現在はその附置研究機関と位置づけられている。
*²私は 1998 年 2-3 月に，南満洲鉄道㈱の蔵書を戦後に一括受け継いだ大連市図書館と吉林省図書館で文献調査を行なった。両図書館とも，外国人の閲覧・コピーについてはまったくオープンで，閲覧室に入室の際に氏名・住所などを記入する程度で入室が許可される。両図書館には 1981 年と 1984 年に発行された旧満洲に関する文献資料目録『東北地方文献聯合目録』1・2(東北地方文献連合目録編集組，1981；東北地方文献連合目録編集組，1984)に掲載されていない資料，および日本国内の大学図書館やアジア経済研究所などではみることのできなかった各種の「油印資料」，ジャパン・ツーリスト・ビューロー満洲支部の社内報，満鉄齋齋哈爾鉄道局局報などがあった。とくに満洲の観光という視点では，国内で入手できない多くの資料を発見することができた。
瀋陽，哈爾浜など中国東北地方にある，満洲国時代の日本語図書コレクションを引き継いでいるその他の図書館においても，文献調査を実施する意義は大きいと考える。

している。

2. オロチョンに関する民族学的調査研究について

2.1 調査研究史

　今世紀になり満洲国成立(1932年)までの間は,大興安嶺・小興安嶺地域における調査がさかんに行なわれた時期であった。1915年から1917年のシロコゴロフによる北部大興安嶺ツングース調査,1929年のリンドグレンによる馴鹿オロチョン調査などの民族学調査,および1932年のプレチュケによる景観地理学調査など,純粋に学術的な調査,探検が行なわれている(今西,1991：46-71；原,1984：71；林友,1943：33-34)。

　満洲への日本人の進出は,今世紀初頭から始まり,おびただしい数の日本人が定住し,さまざまな分野の学術的研究も行なわれた。しかしながら,オロチョンを含む北方ツングースの民族学的研究に日本人は手をつけなかった。その理由として梅棹(1991：5)は,北部大興安嶺はまったくの未開拓地で,足を踏みいれることが困難であったこと,民族学の専門家が少なく,またフィールドワークの伝統も確立していなかったという戦前の日本民族学の弱体ぶりによることを述べている。

　一方,満洲国建国の背景からもわかるように,満洲は当時,日本の植民地であった朝鮮と国境を接し,ソ連と中国に対する国防上の最前線であったこと,さらに中国およびソ連共産党に対峙する地帯であり,思想的防波堤としての赤化遮断地域であった(山室,1993：36-42)。また,地質学者などがこの地域に早くから入り豊富な地下資源の存在が知られており,経済的な重要性も認識されていた(浅川,1941：2)。オロチョンの住んでいる大興安嶺・小興安嶺周辺は,ソ連との国境地帯であり,したがってとくに軍事的政治的にきわめて重要な地域であったといえる。

　満洲国時代に,日本人がフィールドワークや聞き書き,旅行などをもとに記録した主なオロチョンの民族誌は表6.1,その調査コース・エリアは図6.1のとおりである。しかし,この地帯は軍事的理由から一般人の立ち入り

が制限されていた。オロチョンに関する民族学的な調査もいくつか行なわれたが，軍事的色彩の濃いものが多かった（大塚，1988：83）。1943，44年に総合学術調査のためこの地域に入った原（1984：60）によると，軍は山岳地帯にはオロチョン以外の民族を入れない方針をとっており，これもオロチョンの民族学的研究を困難にしていた要因のひとつと考えられる。

この14の報告の調査地域をみると，小興安嶺を扱ったものは9と11のみであり，このふたつ以外のほとんどが，大興安嶺を中心とする興安北省，興安東省に住むオロチョンに関するものである。なお，コース14の調査*は大興安嶺を中心に行なわれた，民族学のみならず，動植物学，地質学，産業などを含む大規模な総合的調査であり，先に著書を引用した原が参加したものである。

2.2 満洲におけるオロチョンの位置づけ
2.2.1 呼称と人口

オロチョンは，中国東北部の大興安嶺，小興安嶺地域に住む民族で，清朝から北辺警備の兵として徴用された。「鄂倫春」という名称は，1688年に清朝から与えられたもので，民族の自称「オルチェン」に漢字をあてたものといわれている。これ以降，独立した民族として扱われるようになった。1949年の中華人民共和国成立までは，大興安嶺・小興安嶺一帯でウマを飼い，これに乗って移動し狩猟をしていた人々を日本では「馬オロチョン」とよんでいた。また，大興安嶺北部のオルグヤを中心とする地域でトナカイ牧畜をしながら狩猟をする人々を「馴鹿オロチョン」とよんできた（大塚，1988：84）。

満洲国当時，日本人がイメージしていた代表的なオロチョン像は「獰悪無二の，恰も台湾の生蕃見たいな性格の持主で，異人種と見たら草の根分けても殺戮してしまふと言ふ恐しい人種の感がしてゐた」（堀内，1929：51）とい

---

*1943年の第一回調査の内容を記した資料は少ないが，当時発行されたものとして，原（1943）および林友（1943）がある。後ほど紹介する満洲国国立中央博物館もこの調査の主催者側に名を連ねているが，実際の調査には参加せず，調査委員会のメンバーとして同館自然科学部部長（遠藤隆次）が名を連ねていただけのようである（原，1943：19）。

表6.1 満洲国時代における日本人によるオロチョンの民族学的調査研究史(佐々木，1994：97)。

実施時期	調査地域	調　査　者　な　ど
1. 1934.3-1936.2 (16回)	興安北省・牙克石から興安東省・博克図まで	吉岡義人(トケプ吉岡/軍部よりオロチョン統制の命を受けて)
2. 1934.5-7	興安北省・奇乾から興安東省・墨爾根まで	山島貞雄(満鉄地質研究所)
3. 1934ころ	興安北省	
4. 1935.7	興安東省・札蘭屯など	大島義美
5. 1935.9	興安北省・額爾克納左翼旗ナラムト，デラブル河上流	米内山庸夫(外務省調査局嘱託)
6. 1935秋	興安北省・畢拉爾河上流	秋葉隆(外務省文化事業部からの委嘱で満蒙民族の踏査/軍部の好意と吉岡義人の協力による)
7. 1935ころ	興安東省	
8. 1936(2カ月)	主として興安東省(博克図の南西)	泉靖一(京城帝国大学法文学部学生)
9. 1938.6-12	大小興安嶺(馬オロチョンの住む地域)	磯江政一(満洲国治安部参謀司調査課属官)，鬼頭繁雄(同課嘱託)らが調査し，同課事務官永田珍馨がまとめる
10. 1938.12	興安北省・額爾克納左翼旗エリニーチナヤ	磯江政一，中山公太郎(満洲国治安部調査課属官)，鬼頭繁雄(同課嘱託)，松下島治(東蒙貿易三河出張所長)が調査し，同課事務官永田珍馨がまとめる
11. 1939.12	黒河省	責任者：陸軍通訳官 中村茂
12. 1941.2	興安東省・莫力達瓦旗	郡司彦(興安東省莫力達瓦旗参事官)
13. 1942.5-7	興安北省・海拉爾から黒河省・漠河まで	今西錦司(京都帝国大学理学部動物学教室)，伴豊(同大学文学部地理学教室学生)
14. 1943-1944	1943：黒河省西部，興安北省，1994：呼瑪河を中心とする黒河省東部，興安東省	満洲国総務庁のもと，大興安嶺総合開発調査が行なわれた。関係した機関は，関東軍参謀部，総務庁企画処，興安局，軍事部，交通部，興農部，大陸科学院，国立中央博物館,国立農事試験場,満鉄

第6章 満洲国時代における観光資源，展示対象としてのオロチョン　　169

なお，今回紹介する満鉄による観光開発を目的とした大興安嶺調査はこの表には入っていない。

報　告　項　目	報告書名
16回目の日程とコース/興安嶺夏季旅行心得/第2，3，4回踏査日誌/オロチョン民俗断篇(住居，服装，騎馬と狩猟，鹿狩日記，神の祈り―サマン，日常生活，或日の夕食，婚葬，禁忌，伝説)	秋葉，1936a；1936b；1936c
住居/交易/言語/宗教/葬制	山島，1935
一般状況/分布状態/統制状況/生活状態/銃器および馬匹数/ウオロンツオフ林区とオロチョンとの関係/満洲国に対する認識/所見	満鉄資料課，1934
生活/鹿狩/銃の技術(読み物風に報告)	大島，1935
馴鹿オロチョンの生活全般(読み物風に報告)	米内山，1938；1942；1943
環境と民族/氏族とキャンプ/テントと家族/社会階級/サマン/祭神/神装神具/行事/民具解説(服飾，家具，馬具および猟具類，泉靖一採集品)	秋葉，1936d；1936e；1937
オロチョン族の性格および発祥起源/宗教および祭典/結婚/裁判制/家族間の日常生活状態/佐領の権限および職務/礼儀分布状態	満鉄資料課，1935
親族関係/住居と食物/狩猟および家畜/分業よび交易/氏族と家族/部落および行政組織/結婚と女性/疾病と死/天文と神統	泉，1937
総説/沿革/戸口および分布状況/行政/土俗(生業，衣・食・住，家庭生活)/信仰と性情(宗教心，薩満，性情)/氏族制度/体格/言語および教育/交易	治安部参謀司調査課，1939a
概説/沿革/分布状況および人口/体格/言語と教育/土俗(衣・食・住，出産，結婚，葬祭)/信仰と性情/生業と馴鹿/交易	治安部参謀司調査課，1939b
起源・歴史/統制機構/住居/衣服/出産/生業/馬の所有/銃器/結婚/交易/信仰/食生活と嗜好品/崇拝と祭礼/シャマン/工芸品	横山部隊本部，1940
オロチョン族の分布/工作実績/オロチョン族の生活の過去と現在/氏族構成と族外婚	郡司，1974
狩猟の世界をどう見るか/馬オロチョンの世界はどこに成立しているか/馬オロチョンの世界―主としてその経済機構/馴鹿オロチョン―馬オロチョンとの比較	今西・伴，1948a；1948b；今西，1991
報告書は発行されていないが，調査項目として，調査科学陣：地質，鉱物，植物，民族/産業調査陣：農業，畜産，林業，交通	(河野，1944a；1944b；1944c；原，1984)

□は次頁の地図の範囲を示す

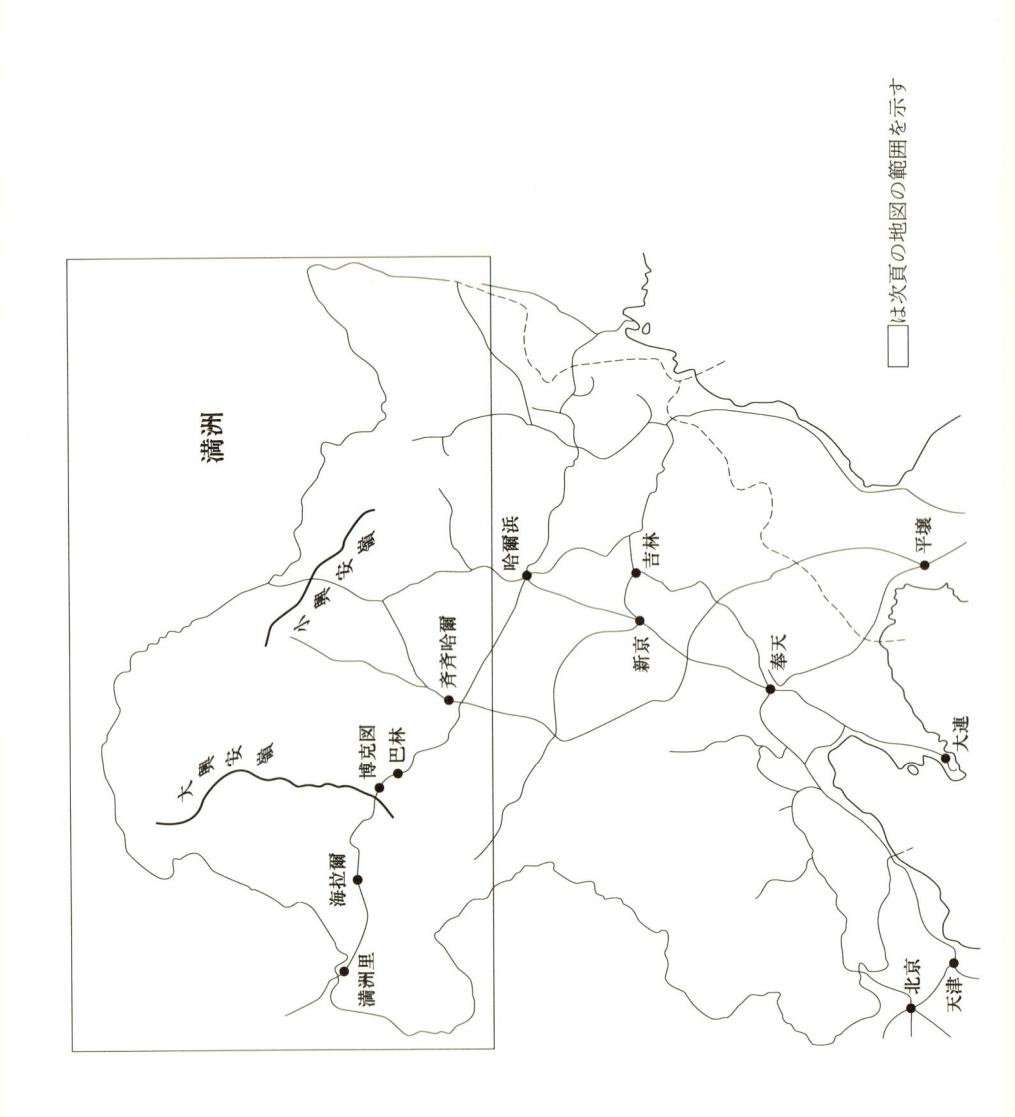

満洲

大興安嶺
小興安嶺
哈爾浜
斉斉哈爾
博克図
巴林
海拉爾
満洲里
吉林
新京
奉天
大連
平壌
北京
天津

図 6.1 満洲国時代における日本人によるオロチョンの民族学的調査コース・地域(佐々木、1994：98)。地図中の1-14は表6.1の番号に対応する。ただし、14-1は1943年、14-2は1944年のルートを示す。

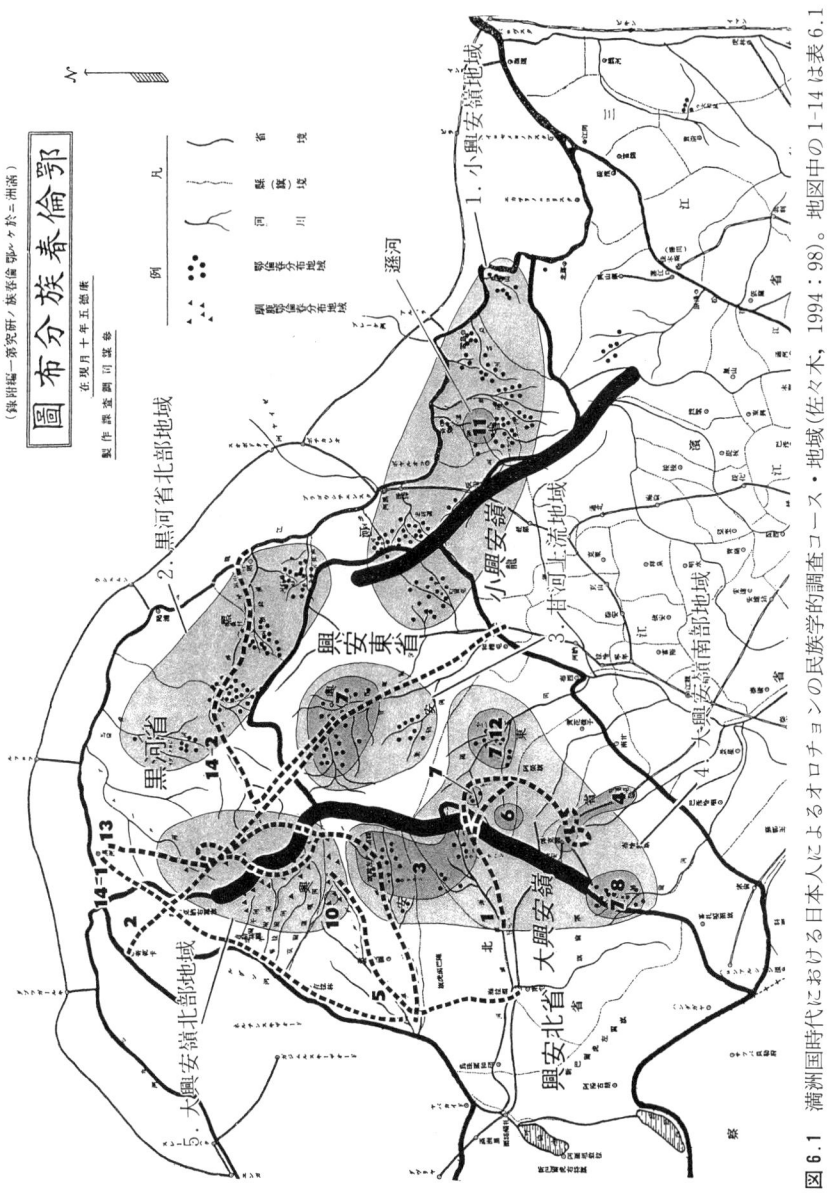

うものや，「亡び行く哀れな弱小民族」,「東亜のジプシー」,「興安嶺の天狗」(大島，1935：11)というものであった。しかし，実際にオロチョンにあうと，「善良なる游牧民」(堀内，1929：52),「親しむべく愛すべし，知れば知るほどこれほど信頼のできる民族はない」(浅川，1941：3)というように，想像とはまったく違っているという記述が少なくない。

当時のオロチョンの居住地域をみると，1. 小興安嶺地域，2. 黒河省北部地域，3. 甘河上流地域，4. 大興安嶺南部地域，5. 大興安嶺北部地域の5つに分けられる(図6.1)。1-4 が馬オロチョン，5 が馴鹿オロチョンの地域である。地域別に人口の変化をみると，馬オロチョンの人口の推移は表6.2，馴鹿オロチョンの人口は表6.3のとおりである(佐々木，1994：96，99-100)。表6.2から，シロコゴロフと治安部参謀司調査課による人口統計を比較してみると，両調査の間隔が20年以上あり，その間に馬オロチョンの人口が全体で約30.3%減少したことがわかる。しかし地域別にみると，4つの地域でこの間に一律減少したわけではなく，小興安嶺地域では，5.2%増加している。また黒河省北部地域，甘河上流地域，大興安嶺南部地域では，それぞれ55.1，24.2，33.8%減少しており，とくに黒河省北部地域において，人口の減少が顕著であったことがわかる。

なお，1938年の満洲国の人口はおよそ3862万4000人である(新人物往来社，1997：169)。一方，オロチョンの主要な居住地である黒河省，興安北省，興安東省の同年の人口はそれぞれ7万3000，8万7000，11万5000人(3省合計で27万5000人)であり，満洲国の各省のなかでもっとも人口の少ない3省であった。表6.2，表6.3における1938年の馬オロチョンおよび馴鹿オロチョンの人口合計は3120人であり，3省の総人口に占める割合は1.1%程度である。

2.2.2 軍事目的への利用

ここでは，満洲におけるオロチョンの位置づけならびに日本人とのかかわり方として，近年報告された日本による軍事目的のための利用について簡単に紹介する。

表 6.2 馬オロチョン人口推移 (佐々木, 1994:99)

調査年[*1]	1915-1917	1932	(1934)	(1935)	1935-1936	1938.6-1938.10	1939.12	1941
出 典	シロコゴロフ, 1941	松室, 1934[*3]	満鉄資料課, 1934	満鉄資料課, 1935	満洲事情案内所, 1938	治安部参謀司調査課, 1939a	横山部隊本部, 1940	江上, 1943
小興安嶺地域	899(100)[*2]	800(89.0)			826(91.9)	946(105.2)	892(99.2)	
黒河省北部地域	1832(100)	1600(87.3)			814(44.4)	823(44.9)	1191(65.0)	
甘河上流地域	430(100)	400(93.0)		563(130.9)	419(97.4)	326(75.8)		
大興安嶺南部地域 (興安北省)	950(100)	900(94.7)	625(65.8)		153	239		
大興安嶺南部地域 (興安東省)				992	356	390		
その他(龍江省, 濱江省, 三江省)					370	143		
合 計	4111(100)	3700(90.0)			2938(71.5)	2867(69.7)		2750(66.9)

*1: 調査年に( )がついているものは、調査年が特定できないもの
*2: 人数の後の( )は、「シロコゴロフ, 1941」の数字を100とした場合の%を示す。
*3: 海拉爾興安警察局の調査による。

表 6.3 馴鹿オロチョン人口 (佐々木, 1994:99)

調査年	出典	
1938.12-1939.3	治安部参謀司調査課, 1939b	
大興安嶺北部地域(興安北省)		204
大興安嶺北部地域(黒河省)		49
合計		253

(1)兵力としての利用

　中生(1993a：234-235)は宣撫工作について，関東軍，特務機関はソ連国境付近の甘河，漠河，遜河，ハイラルなどの各地区に拠点を設け，文官，武官を家族ぐるみで駐在させオロチョン族の宣撫工作をし，1940年には日本人将校をおいたとしている。また，「文化に浴せしめず即ち原始生活の維持。帰農せしめず。特殊民族としての隔離。阿片厳禁。白麺厳禁。独立自活の道を講ずる，即ち依存生活の排撃等」という民族隔離をめざした指導要領があったことを記している。この宣撫工作の目的は，オロチョン族の射撃技術を戦力に組み入れること，銃とともに彼らのウマを利用すること，中国人，ロシア人との交易がさかんであり，中国語，ロシア語に堪能な者がいるため諜報要員にすることであった。

　しかしこのことは，「オロチョン族の指導に関しては相当研究を要するものがあり，之が指導工作宜しきを得れば蘇聯の策謀妨略上相当効果あるものと思料せられるが，之に反して興安嶺蘇聯側に利用せらるれば其の受くる害の大なるは言を待たず」(満鉄資料課，1934：218)からわかるように，裏を返せばソ連側もこの地域におけるオロチョンの存在を重要視していたことが想像できる。事実，浅川(1941：116)は，ソ連のオロチョン工作は彼らの遊牧者，狩猟者としての特性をとらえながら，一方で高等教育を施したり，農機具を使用した農業を指導していると記しており，日ソ両国のオロチョンに対する姿勢は異なるものの，その存在を両国が意識していたことは確かであろう。

　日本の軍によるこのような扱いについて，オロチョン自身がどのように感じていたかはっきりしたことはいえないが，いくつかの記述がある。戦前満洲に入植し，現地で召集され終戦を迎えた岩間典夫氏は，一時期シベリアに抑留され，その後中国に戻ってからオロチョンの養子になり，オロチョンの女性と結婚した。彼の妻によると戦時中，日本人の兵隊が大嫌いで，遜克に特務機関があって関東軍はオロチョン族を酷使していたとある(中生，1993b：16-17)。また，満鉄の北満江運局運営の満鉄厚生船の乗組員が1945年8月にソ連の参戦を知り，用務を遂行しながらも，特務機関から指導を受けて

いたオロチョンに誘導されながら小興安嶺で戦火をくぐりぬけたという報告がある(深瀬, 1996：358-365)。しかしこのオロチョンを指導していた中佐以下十数人の日本人は, 最後にオロチョンにより撲殺された。当時を振り返り深瀬は, かつては一族が平和に暮らしていたオロチョンの社会にも, 時世の波が押し寄せた。それに耐えられなくなった彼らは, 指導者を血祭りにあげたと回想している。この場合, 軍による工作はオロチョンにとって受け入れがたいものであったことが想像される。

(2)軍・治安部が深く関与した民族学的調査

　軍事目的のための民族学的調査であるが, 永田(1969：1-2)は1938年の大興安嶺, 小興安嶺における民族調査(コース9, 10)(治安部参謀司調査課, 1939a；1939b)を振り返り, 「各種民族の調査を担当していたが, 特に関東軍の要請で, 1938年, 大小興安嶺のオロチョン族を調査することになった。関東軍が対ソ戦に備えての戦略的配慮から出たもの」と述べ, 関東軍が調査に際して永田につぎのことを要望したとしている。つまり, 清朝初期の皇帝はロシアの侵攻に対し, たびたび勇敢なオロチョンを起用し, 勝利をおさめたことを踏まえ, 興安嶺を完全に掌握することが, 対ソ戦略上重要であり, とくにオロチョンは, 文明人が入ったことのない興安嶺の奥に住み, 狩猟にすぐれているので, その特性をいかし, 謀略部隊として利用する可能性について調べることであった。

　さらに, オロチョンの調査を行なった民族学者と軍との関係を明らかにする資料として, 1943年に民族研究所*が発行した『満洲国ニオケル諸民族ノ概況ト目下重要ナル民族問題』がある。これは, 当時この研究所の第二部に所属していた江上波夫が視察結果をもとに作成したものである。このなかで江上(1943：8-11, 81)は, 当時のオロチョンに関する問題をつぎの4つに分析していた。

　(1)山林の開発やロシア人の移民団の入山による狩猟場所の減少とそれによ

---

　*民族研究所は陸軍参謀本部の支援のもと, 岡正雄が中心となり1943年に設立された。民族研究所の活動などについては, 中生(1997)および中生(1999)にくわしい。

る食糧不足と飢餓状態にあること，
 (2)対ソ戦略上オロチョンの存在は重要であるにもかかわらず，人口減少が激しいこと，
 (3)その人口減少を食い止める積極的な救済法がないこと，
 (4)オロチョンを諜報において活用するために適切な指導をする必要があること，

である。さらに，満洲に住むほかの民族の概要などを考察したうえで，満洲国全民族の新秩序の樹立をめざし，民族政策策定のための前提条件となる民族実態調査がまったく行なわれていないことを指摘し，その必要性を説いている。

また，民族学者と治安部との関係では，京城帝国大学に所属していた秋葉隆，泉靖一のフィールドワーク(コース 6, 8)があげられる。これはオロチョン工作のために現地に派遣された治安部属官の吉岡義人の協力と援助のもとに行なわれている(秋葉，1936a；1936b；1936c；中生，1993a：235-236)。

このように，オロチョンと日本人とを結びつけていたものとして，軍事・治安という要素は少なくない比重を占めていた。しかし同時に，それによってもたらされた民族誌は，当時のオロチョンの生活を知る貴重な数少ない資料となっていることも事実である。

このほか，軍事目的ではないが満洲国の強力な支援があった研究組織に満洲民族学会がある。1942年から1945年まで新京で活動していた学会であり，設立を直接働きかけたのは，満洲建国大学社会学部で民族学を担当していた大山彦一である(中生，1994：136-138)。この学会の設立目的は，満鉄調査部の研究蓄積，治安部分室の民族問題実地調査，協和会中央本部の企画調査，民生部の研究，建国大学の民族研究など，個々の満洲国の民族問題を取り扱っていた研究者が協力して，研究体制をつくっていくことにあった。

3. 観光資源としてのオロチョン

オロチョンと観光との関係を，主に当時発行されていた満洲観光に関する雑誌やパンフレットから検証する。まずそれに先立ち，当時の満洲観光の全体像を簡単に紹介する。

3.1 満洲観光について

当時の日本人にとって満洲国は実質的に随一の海外旅行先であったといわれている。1912 年にジャパン・ツーリスト・ビューローが鉄道院・国際観光局の外郭団体として，国外客の誘致と諸便宜をはかることを目的に設置された。満洲においてはジャパン・ツーリスト・ビューロー大連支部（後の満洲支部）が 1926 年に東京本部より独立し，その後の満洲観光の担い手となる布石を打っていた*。

では満洲の観光はどのようなものであったか。当時の観光の実態を紹介した雑誌に，ジャパン・ツーリスト・ビューロー大連／満洲支部発行の『旅行満洲』後に改題した『観光東亜』[*2] がある。『観光東亜』の毎号に掲載されているコーナー「観光報知」では，満洲観光に関する新しい話題が記されていて，満洲観光の全体像を把握するのに適している。そのなかから，観光に関する広報宣伝・キャンペーン・イベント，および観光地・観光ルートの開

---

　*1912(明治 45)年 3 月にジャパン・ツーリスト・ビューロー(現在の JTB／日本交通公社の前身)が設立され，同(大正元)年 11 月，大連支部が満鉄社内に設置され，業務を満鉄に委託し，支部長に満鉄社長をあてた。1926(大正 15)年 7 月には大連支部が本部より会計を独立し，翌 1927(昭和 2)年 5 月，大連支部が満鉄に委託していた業務を満鉄から切り離し，会計，人事面で完全に独立した組織となり，1936(昭和 11)年 10 月，大連支部を満洲支部と改称した(日本交通公社社史編纂室，1982：8-90)。

　[*2]ジャパン・ツーリスト・ビューローの大連/満洲支部は，1934 年 4 月より『旅行満洲』を隔月で発行し，1936 年 4 月より月刊誌となった。1938 年 5 月，『旅行満洲』を『観光東亜』と改題した。なお，本章において資料として閲覧した号は，『旅行満洲』1935 年 1，3，5，7，9 月号，『観光東亜』1938 年 7-12 月号，1939 年 1-6，8-10，12 月号，1940 年 4，6-10，12 月号，1941 年 1-12 月号，1942 年 1-6 月号である。

表6.4 「観光報知」にみる満洲における観光開発・旅客誘致

	発行年月	内容
1.	1938.10	「渓城線仮営業開始」沿線の地下資源と農産物の輸送，車窓の風光のよさより観光ルートとしても期待
2.	1938.11	「世に出る奇勝「翠厳山」」錦州，新ハイキングコース踏査隊により翠厳山寺発見
3.	1938.11	「柳河湯温泉」奉天鉄道局が柳河湯温泉を紹介。釣り，河川浴，スキーとともに将来の開発を研究中
4.	1939.01	「スリルの豪華版 東部満洲密林の大猛獣狩り」図佳線南部の密林で猛獣猟ツアー募集(10日間，猟友連盟・鉄道局・ビューロー主催，関東軍，満洲国産業部後援)
5.	1939.01	「安奉線の湯池子温泉 近くデビュー」鉄道局で実施踏査を行ない，鳳凰山とともに紅葉狩りなど温泉地・観光地として期待できる
6.	1939.02	「これは珍しい 日満支凧揚大会」大連
7.	1939.03	「観光地間山 風景の絶対境」自然と古跡をあわせた観光ルートの紹介
8.	1939.03	「大連の花見季節に満人観光客を誘致」花見と紅葉狩りの際に満語パンフ印刷と満人ガイド・ガール採用
9.	1939.03	「秘境熱河の観光誘致策 喇嘛踊りも公開」承徳観光協会：川下りの実施，自動車道路の完成，ラマ僧の踊り公開，温泉旅館建設，釣り場設置
10.	1939.03	「大奉天観光協会誕生 豪華を誇る施設の数々」アミューズメントパークの開設，北陵観光館の建設など
11.	1939.03	「異国情緒豊かな哈爾濱に観光客を招く新プラン」観光協会の斡旋でキャバレー，舞踏場を利用
12.	1939.04	「開拓の鍬見物 大陸旅行者のプラン」ビューロー，北満の開拓村を一般旅行者が訪問しやすいように斡旋に力を入れる
13.	1939.04	「観光客に新生面を拓く 楽土の穀倉地帯」哈爾浜鉄道局，観光視察団誘致に向け，北満の穀倉地帯のバスルート計画
14.	1939.05	「安奉線に「溝児湯」温泉町出現」満鉄，保養地をつくるため大ホテルなどの計画。史蹟保存地でもある。
15.	1939.08	「大興安嶺踏破成る」斉斉哈爾鉄道局，ハロンアルシャン・博克図間の踏査初成功
16.	1939.09	「松花江畔国立公園計画」スキー場，観光館，ホテル，ゴルフ場などをともなった観光地へ
17.	1939.09	「世界第二の土俗館」新京，国立中央博物館の野外展示場，来年5月完成
18.	1939.10	「観光哈爾濱に水族館を」ロシア情緒以外の観光要素を

第 6 章 満洲国時代における観光資源，展示対象としてのオロチョン　179

	発行年月	内　　　　　容
19.	1940.04	「満洲第一 北公園の計画」奉天
20.	1940.04	「吉林松花江に魚釣コースを設く」旅客誘致のため，釣り道具，遊覧船を用意する計画
21.	1940.04	「スンガリー畔に水族館を設立」哈爾浜，来春着工
22.	1940.04	「鏡泊湖の温泉湧出」観光開発の一環として調査
23.	1940.06	「夏のスンガリーは愉し」松花江のヨットクラブ，水泳場，サンドスキーローンスキー場開設
24.	1940.06	「新名所 王兆屯登場」哈爾浜，観光協会：ロシア人副業組合の集団部落王兆屯を観光ルートに編入，特異な民族性を観光客に紹介
25.	1940.07	「新観光地 大泡子湖」奉天鉄道局，大踏査実施
26.	1941.03	「哈爾濱の名物」新しい観光名物として哈爾浜博物館
27.	1941.04	「大自然の健康道場」国民健奨地に指定，登山，水泳，徒歩などの体育を指導（札蘭屯〈興安東省〉など9カ所）
28.	1941.05	「南嶺に大規模な苗園計画」新京，動植物園計画
29.	1941.06	「旅客誘致も新体制 遊山団体割引は廃止」体位向上のための団体旅行や，健康ハイキングを奨励するため厚生運賃割引を導入。温泉，桜見物などの団体割引は全廃
30.	1941.07	「野外教室「青空学校」開設毎日曜に東陵で」奉天の東陵で，家族対象の自然科学・歴史地理の話の会，競技，劇，音楽，舞踏，ハイキングなどを開催
31.	1941.07	「満洲名所ヨット倶楽部開場に備える 今年の新趣向」哈爾浜
32.	1941.12	「満洲の八十八箇所 心身の修練道場」景勝地に道場と手ごろなハイキングコース
33.	1942.04	「科学満洲の誇り 新装中央博物館再開館」新京

発，旅客の誘致などある程度面的な観光開発で，ときに大がかりなハードウェアの設置もともなうような事業を紹介した記事に注目し，その一覧（表6.4）を地図にプロットしたものが図6.2である。

都市部やその周辺を中心とした見学や郊外の遺跡などの見学，さらに遠足，温泉，スキーやゴルフなどのスポーツが観光資源にのぼっている。一方で，満洲国内の交通路の発達とも相まって，日本人を対象とした狩猟や魚釣りを

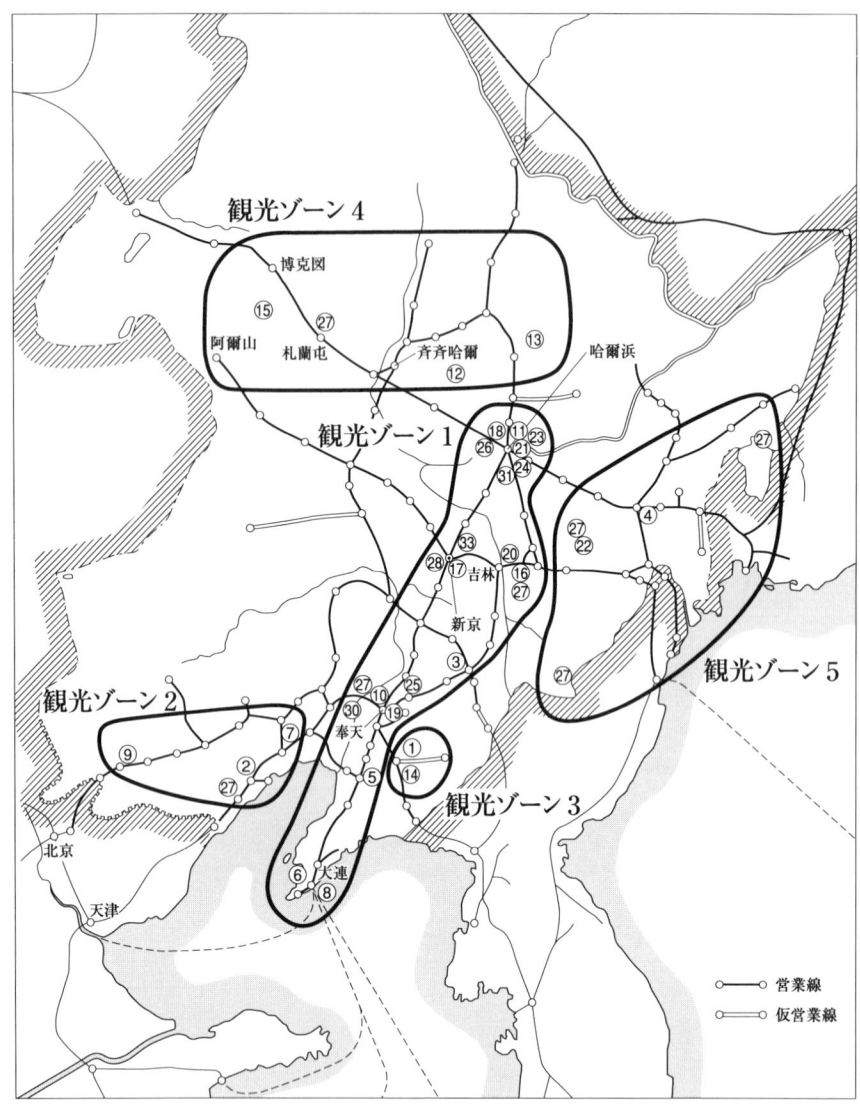

図 6.2　観光開発・旅客誘致エリアと 5 つの観光ゾーン。観光ゾーン 1 は大連―奉天―新京―吉林―哈爾浜の鉄道沿線エリアで，都市施設・史蹟などを目玉とした都市観光型。観光ゾーン 2 は北支連絡ルート上の観光エリア，観光ルート 3 は朝鮮連絡ルート上の観光エリアで，ともに温泉をからめた身近な自然を売り物にしている。観光ルート 4 には開拓視察型観光が付随し，観光ルート 5 はエリア内の湖を観光資源に活用している。ともに狩猟，釣り，ハイキングをメインにしているのが特徴である。

第 6 章　満洲国時代における観光資源，展示対象としてのオロチョン　　181

からめた「秘境観光」も発達していた。その要素のひとつが，本研究の対象である興安嶺に住むオロチョンを資源とした観光であり，表 6.4 の 15 がそれにあたる。

3.2　観光雑誌・パンフレットなどにみるオロチョン

前述した雑誌『旅行満洲』—『観光東亜』とともに，雑誌『満洲グラフ』や『旅』，および当時発行された満洲に関する観光パンフレットなどにあらわれたオロチョンやその文化，またはオロチョンの居住地である大興安嶺・小興安嶺地域についての記事を網羅的に概観する。さらに，重要と考えられる『観光東亜』，5(8)の記事についてその詳細をみる。

3.2.1　雑誌『旅行満洲』—『観光東亜』の記事より

これらの雑誌に掲載された，オロチョンを含む満洲の先住民文化，および観光イベントに関する記事は表 6.5 のとおりである。そのなかからオロチョンに関するものの内容を紹介すると以下のとおりである。

(1)『旅行満洲』，2(1)(1935.1)
　○「北満ジャングルの狩猟」ルカーシキン(北満博物館長)(1935：67-73)
　　　北満の大型哺乳類と鳥類の生態と狩猟方法の紹介。ならびに先住民オロチョン，ソロンの狩猟紹介。

(2)『観光東亜』，5(8)(1938.8)
　○巻頭グラビア「大興安嶺」「オロチョン」(写真 6.1)
　○「大興安嶺探勝踏査座談会」齋齋哈爾鉄道局主催興安嶺踏査団参加者 4 名(鉄道総局職員 3 名，ビューロー編集部(満洲支部)1 名)(日本国際観光局満洲支部，1938：24-36)
　・踏査の目的：「今度の計画そのものが大体旅客関係を中心として実行された以上終局の目的は旅客誘致にあると言わねばなりますまい。即ち興安嶺の勝れた風光や釣魚，狩猟の状態を広く世人に紹介して将来の旅客誘致をやろうと言うので，実は今度もこの企てに成功したら先ず第一回として今年(1938年)の夏学生を中心とする団体募集をやろうと考えて

表 6.5　オロチョンを含む満洲の先住民文化および観光イベントに関する記事一覧

雑誌名	年月	先住民、興安嶺に関する記事タイトル	著者	備考	その他の記事	著者
『旅行満洲』	1935年1月	北満ジャングルの狩猟	ルカーシャン		満洲国観光事業の発展を望む	田誠
	1935年3月					
	1935年5月				満洲の旅行に就て	加藤郁哉
	1935年7月					
	1935年9月	内蒙バルガの旅	島田和夫			
『観光東亜』	1938年7月	大興安嶺の一夜	田中末吉		鮮満北支のホテル	佐藤武夫
	1938年8月	大興安嶺(写真)		(特集グラフ)	観光事業とサーヴィス	村井弘光
		オロチョン族(写真)		(特集グラフ)		
		大興安嶺探勝踏査座談会				
		大興安嶺	兵頭青史			
	1938年9月				満洲見聞を率直に語る	関西写真集連盟
	1938年10月	蒙古の児童教育	窪野隆男		「満洲観光論文懸賞募集」お知らせ	満洲観光連盟
	1938年11月	医学徒の見た蒙古人	丸岡敏夫		「満洲観光連盟懸賞写真」当選発表	
		魚皮を着るゴルド族	島田好		ハロンブルシャン	伊藤多度作
	1938年12月			紫濕特集号	「満洲観光論文」懸賞当選者発表	満洲観光連盟
	1939年1月				〈鉄道省観光局世界宣伝へ〉	
	1939年2月				満洲旅行漫録	河田嗣郎
	1939年3月				大陸の家	島之夫
	1939年4月	二つの猛獣狩と其の連想	兵頭青史		哈爾浜	宇知田武
	1939年5月	黒竜江遡行記	多花樹修	北支紹介号		
	1939年6月	興安嶺査日記抄	兵頭青史			
	1939年8月				〈東満観光鏡泊湖八景宣伝映画製作〉	

表 6.5 (つづき)

雑誌名	年　月	先住民、興安嶺に関する記事タイトル	著者	備考	その他の記事	著者
	1939年9月	大興安嶺五〇〇粁路査	兵頭青史			
		小興安嶺金鏞査	島田一男			
	1939年10月			満洲鉄道一万粁特集号	満鉄不況時代の営業政策	伊澤道雄
					付録「体位向上徒歩旅行」	
					〈観光叢書発行〉	
	1939年12月				〈観光資源公募〉	
	1940年4月				「旅行倶楽部会員募集」お知らせ	ビューロー
	1940年6月				ビューローのサマーハウス	
	1940年7月				満洲みやげ異変	川崎貞利
	1940年8月	新設線案内	横田秀	北満特集号	観光と国土	山根傾太郎
	1940年9月	大小興安嶺に住む弱小民族とその生活	上野凌嶠		付録「第1回満洲観光週間」	花本嗣郎
		興安嶺の山窩	浅野倫彦			
		亡びゆく民族魚皮族	横川信夫			
		北満密林の諸相				
	1940年10月					
	1940年12月	蒙彊地帯の土俗工芸品	外山卯三郎		国民外交と観光事業	井上万寿蔵
	1941年1月			中支那特集号		
	1941年2月	三河地方踏査記	川瀬金次郎		〈興亜観光ルート映画製作〉	
	1941年3月				〈満洲観光百選募集〉	
	1941年4月			大陸の宗教特集号		
	1941年5月				観光と厚生	野間口英喜
	1941年6月				〈第2回全満観光週間〉	
	1941年7月				ツーリストビューロー満洲支部十五年を語る	(座談会)

表 6.5 （つづき）

雑誌名	年　月	先住民, 興安嶺に関する記事タイトル	著　者	備　考	その他の記事	著　者
	1941年8月					
	1941年9月					
	1941年10月					
	1941年11月				観光と保健を語る	(座談会)
					〈満鉄創薬館 大陸発展史展示〉	
	1941年12月	鄂倫春綺談	羽柴増穂			
	1942年1月			満洲の城壁特集号		
	1942年2月	銃猟外道	八木杜朗			
		猟の醍醐味	金田銓造			
	1942年3月	索倫人見参記	大谷勇夫			
	1942年4月				戦争と観光事業	勝俣勉
	1942年5月			山東特集号	観光事業への提唱	玉井静一
	1942年6月					

いたのです」とあるように旅客誘致が目的と考えられる。
- 踏査のメンバー：鉄道総局職員3名，ビューロー編集部(満洲支部)1名，齋齋哈爾鉄道局職員4名，満鉄広報係1名，満日ハルビン支局1名，満洲国林野局1名，警備として鉄道警護隊3名，露人馬車夫6名，案内人オロチョン2名 計22名
- 記事内容：15日間のコース(5.30出発)の説明と動植物の紹介，オロチョンの生活の紹介。文中には，一昨年(1936年)にもこの地域で踏査をしたことが書かれている。

(3)『観光東亜』，6(4)(1939.4)
○「黒竜江遡行記」多花樹(1939：54-58)
- 黒河から漠河への航路の終点近くで(下船してかどうかは不明)2人のオロチョンのテントをみる。オロチョンの生活に関する記述。

○「二つの猛獣狩と其の連想」兵頭(1939a：70-73)
- 東満と大興安嶺における狩猟ツアーの紹介。

(4)『観光東亜』，6(9)(1939.9)
○「大興安嶺五〇〇粁踏査」〈軍検閲済〉兵頭(1939b：44-47)
- 齋齋哈爾鉄道局主催興安嶺調査隊の記録(同行取材か) / 6.1〜6.25
- メンバー：日本人8名，馬夫7名，オロチョン案内人2名
- 行程に沿って，自然・動植物を紹介。一部，オロチョンの宗教を紹介。

(5)『観光東亜』，7(8)(1940.8)
○「新設線案内 墾爾根より霍竜門へ」横田(1940：92-93)
- 終点の霍竜門のひとつ手前の駅・泥秋の周辺紹介：「駅の東方十四粁付近にオロチョン族の小部落が三箇所に点在する。付近一帯熊，狼，ノロ，猪等多く，狩猟を兼ねオロチョン部落探訪を試みるのもまた一興で帰途には皮革はよき土産として得られるだろう。」

(6)『観光東亜』，7(9)(1940.9)
○「大小興安嶺に住む弱小民族とその生活」山根(満洲民族学会会員)(1940：16-25)
- オロチョン族(馬オロチョン)，タガ・オロチョン族(馴鹿オロチョン)，

大興安嶺

•釣りあげたタイメン

•銛で川鱒を突く

•獐を射て来た獵師のオロチョン

[illegible]

•渓流にタイメンを釣る鮮人

写真 6.1 『観光東亜』にみるオロチョン（日本国際観光局満洲支部, 1938：巻頭グラビア）

固有ツングース族，ソロン族それぞれの衣食住，出産・結婚・死亡，生業について記述。
○「興安嶺の山窩」上野(1940：22-25)
・鄂倫春部落への旅，オロチョンの日常生活の紹介。
(7)『観光東亜』，8(12)(1941.12)
○「鄂倫春綺談」羽柴(1941：70-75)
・齋齋哈爾鉄道局の吉川滋治氏が採取した，諾敏河に住むオロチョンとヤクートとの闘争の話。

3.2.2 『満洲グラフ』*の記事より
(1)『満洲グラフ』，3(1)(1935.1)
○「シベリアを突く北黒新線」(南満洲鉄道㈱，1935)
・小興安嶺の自然，アムール川流域の砂金と民俗(オロチョン)。
(2)『満洲グラフ』，10(4)(1942.5)
○巻頭グラビア「前世紀を語る巨獣の化石 国立中央博物館」(南満洲鉄道㈱，1942a)
・展示場風景，オロチョンの民具，マンモスの化石など。
○「生ける国立中央博物館」藤山(副館長)(1942b)
(3)『満洲グラフ』，10(5)(1942.6)
○巻頭グラビア「北満自然科学に貢献 大陸科学院ハルビン分館」(南満洲鉄道㈱，1942b)
・動物の剥製，古美術，化石，オロチョン・ソロン族の狩猟者の模型。

3.2.3 『旅』*2の記事より
『旅』，17(9)(1940.9)
○「大興安嶺の秘境」〈憲兵隊本部検閲済〉兵頭(1940：14-17)
・オロチョンの歴史とシャマン教，興安嶺の自然を紹介。

---
*『満洲グラフ』は南満洲鉄道㈱発行のグラビア雑誌である。

3.2.4　観光パンフレットより
(1) 『北満船の旅』（哈爾浜航業連合局，1938）

案内図の呼瑪―鴎浦間には「当地方の原住民であるオロチョン族は森林地帯に散住し，野獣を捕って生活す。酒が大好物，アルコールの匂いを嗅がせると見事な大熊の毛皮を投げ出すと言う。現存人口二千有余」という解説が入っている（図6.3）。

(2) 『北満地方案内』（南満洲鉄道㈱，1927）

海拉爾の概要の項に「ダウル族を始めソロン，オロチョン，バラカ蒙古，エリュート，ブリャート等の諸族が興安嶺以西の地方に遊牧して，この町に集まり又散じているのである。郊外でこれらを見るのは6月の末頃が適当で，その時期には蒙古人の家なる冬の天幕も夏のも見受けられる」とある。

3.2.5　その他
『民藝』，4(12)(1942.12)

○「オロチョン紋様考」鹿間（満洲国立新京工業大学教授）(1942：28)

　　満洲国建国3周年慶祝の大東亜建設博覧会が新京で開催された際，多くの民族が会場にあふれたとある。その会場には満洲林棲族製品展示販売所があり，2人のオロチョン女性が博覧会の来訪者を目当てに，「鹿皮の靴とか，鹿の角とか，狼の毛皮」や刺繍，白樺細工を販売していた。また販売所には，「以後容易に手入にらぬ物であると紙に書いてあつた。そしてオロチョン族の一寸した紹介記事もそへてあつた」と鹿間は記している。

[*2]「ツーリスト倶楽部」の機関誌として1932年5月に，日本国内の旅行愛好家会員に向けて発行された『旅行日本』が『旅』の前身である。「ツーリスト倶楽部」とは，ジャパン・ツーリスト・ビューロー本部が1932年4月に設置した部門で，目的は旅行趣味の向上，旅行に関する知識の増進，旅行の簡易経済化の実現であった。1934年10月に，「ツーリスト倶楽部」が「日本旅行倶楽部」に改名されたのと同時に機関誌も『旅』に改められた。第二次世界大戦中は休刊していたが，1946年に復刊し，現在に至っている（日本交通公社社史編纂室，1982：41-47，110）。

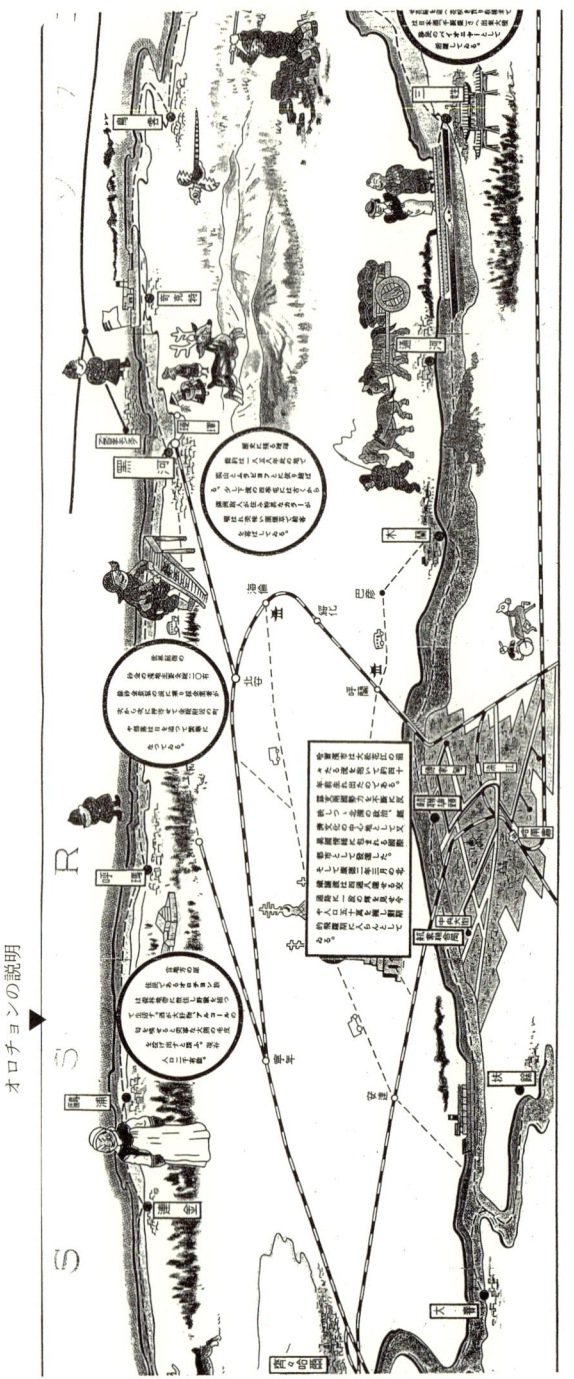

図 6.3　観光案内図にみるオロチョン(哈爾浜航業連合局, 1938)

3.3 『観光東亜』，5(8)の記事内容について

　先に記したように，アメリカによって接収された膨大な満鉄の文献・文書のうち，日本国内にないものを中心にマイクロフィルム化され，国内で閲覧が可能になった。アジア経済研究所が所有するこのマイクロフィルムのなかに，1938(昭和 13)年 8 月 30 日の日付のついた『興安嶺探勝調査報告』全 62 ページ(齋齋哈爾鉄道局営業課旅客係，1938)がある。表紙には，マル秘の印とともに，受け入れ年月日を示す「満洲資源陳列所 13.10.5 満鉄東京支社鉄道課」の丸印と所蔵先を示す「南満洲鐵道株式會社東京支社圖書印」という角印が押されている。

　内容としては，1938 年 5 月 30 日から 6 月 15 日までの 17 日分*の探勝に関する日誌，探勝調査から判断する興安嶺の観光価値についての報告，興安嶺観光に関する宣伝・紹介の実績一覧である。また付録として，本調査の目的，参加者名簿，日程表，携帯品，使用馬車・馬夫，経費などが記されている。以下に，探勝調査の日誌にみるオロチョンについての記述，および本調査の目的と興安嶺の観光価値について紹介する。

　『観光東亜』，5(8)の記事にもあるように，案内人として 2 名のオロチョン(名前はチェンノセーとポーレンダー)が探勝調査に参加している。彼らは前日の 5 月 29 日夜，博克図より巴林駅に到着し一行に合流した。

　5 日目(6 月 3 日)，道中でオロチョンの風葬を発見し，案内人のオロチョンは狩猟の途中で倒れた者を葬ったところであると説明している。

　8 日目(6 月 6 日)，オロチョンは終日，木陰に横たわり活動しなくなったとある。このことに対して報告書では，オロチョンに都会での定住生活を軍関係者が勧めた際の経過を紹介したうえで，狩猟を行なわない生活はとうてい耐えられるものではないと解釈している。また，探勝調査のはじめに全行程分の阿片を渡したが，8 日目ぐらいですべて飲み終え，禁断症状を起こし

---

*『観光東亜』，5(8)では，この探勝調査を 15 日間のコースとしているが，この報告では日程を 17 日間としている。報告では 15 日目(6 月 13 日)に一行は新カントーラに到着し，明日以降は鉄道沿線を歩くことになるとあり，いわゆる探勝はこの日で終了したという感じであったと記されている。そのため両者の日数に食い違いがあると考える。

192

ているとある。

　10日目(6月8日),樹に炭で書き残した人面像があり,オロチョンは狩猟の際に祈るものであるといった。

　12日目(6月10日),奇岩の下にオロチョンの山神をまつった廟があった。丸太を組み合わせた檻のようなもののなかに棚があり,そのなかに山神の名

大興安嶺探勝踏査略圖

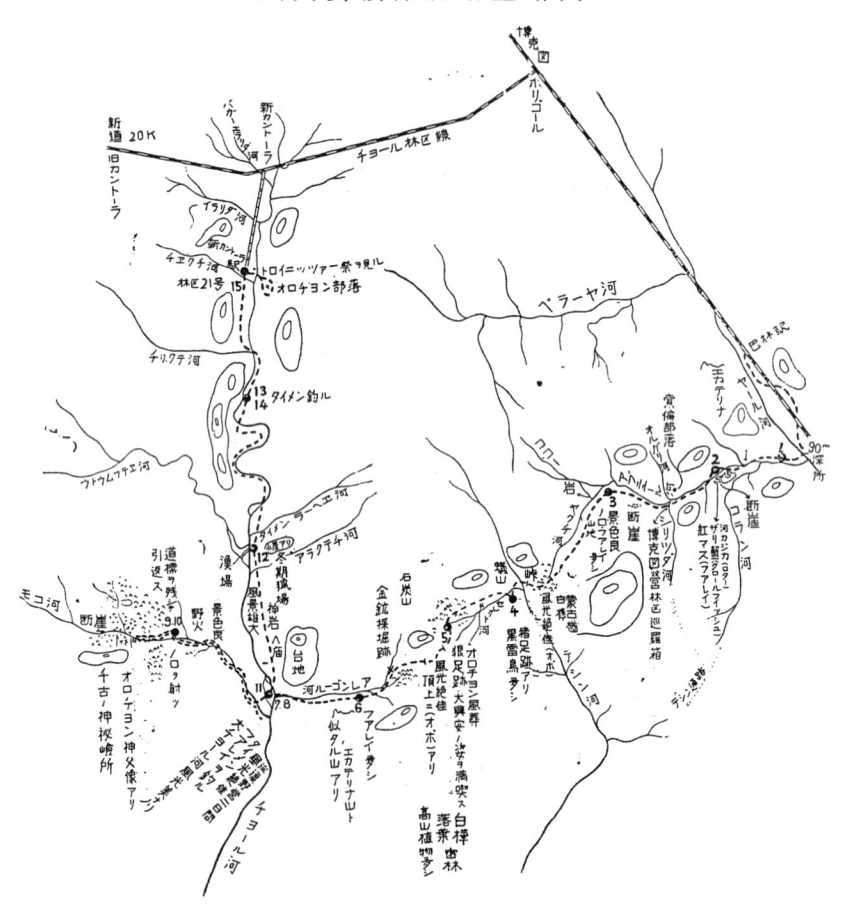

図6.4　大興安嶺探勝踏査略図(実際のコース)(日本国際観光局満洲支部,1938：26)

第6章　満洲国時代における観光資源，展示対象としてのオロチョン　193

を書き連ねた位牌のようなものが並べてあった。案内人のオロチョンはこの前でお経のようなものを唱え，三拝九拝したと報告されている。

16日目(6月14日)，一行は前日，新カントーラ駅に到着していた。付近の丘にはアブニュールより移ってきたオロチョンの部落があり，行楽には最適としている。実際，この日の午前中にこの部落の見学を行なっている。

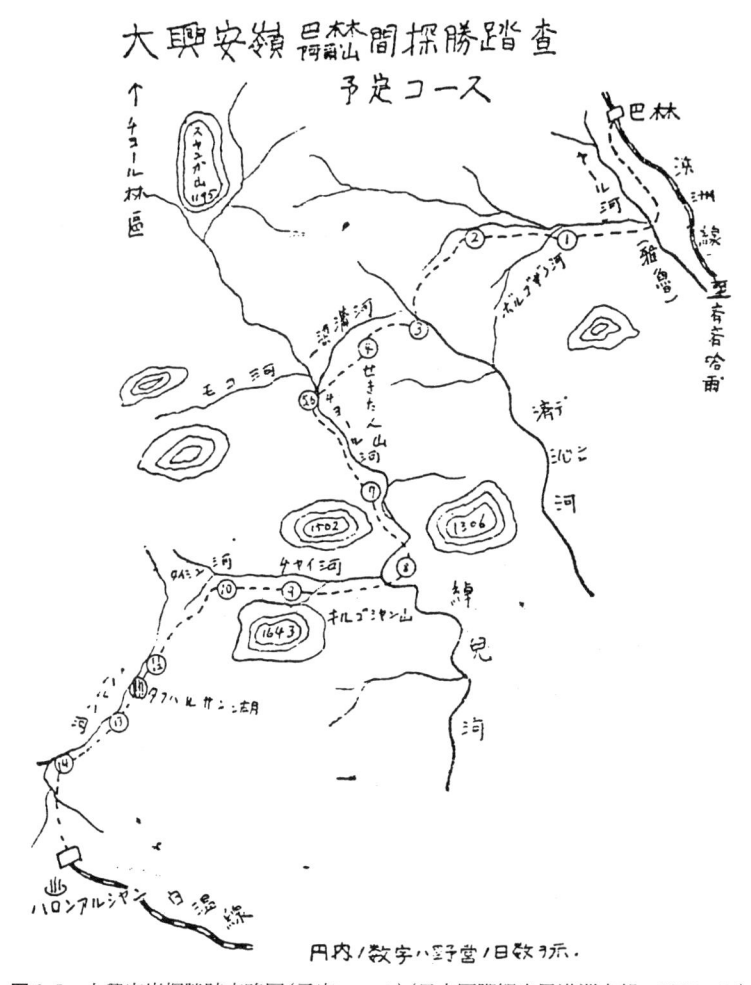

図 6.5　大興安嶺探勝踏査略図(予定コース)(日本国際観光局満洲支部，1938：24)

図6.4にはここで紹介したオロチョンに関する観光ポイントが記入されている。それとともに，旅客誘致の際に重要となる観光資源，たとえば「風光絶佳」「漁場」「冬期猟場」などの情報が記されている。

　なお，10日目(6月8日)は一行にとって大きな決断の日であった。当初のコースは巴林を出発して西に進み，モコ河沿いをさかのぼり阿爾山に向かう予定であった(図6.5)。しかし，モコ河に入ってからは轍の跡もなく，見通しのきかない密林を進むことは人馬ともにきわめて困難であった。そのため，阿爾山に向かうのを断念し，8日目の地点に戻り，北上して新カントーラに向かうこととした。日誌の最後には計画が成功しなかった理由を，第一に巴林においてよびよせたロシア人馬車夫が荷鞍を持参しなかったこと，第二にオロチョンの阿片が途中で切れたこと，第三に隊員の体力にばらつきがあったこと，そして第四に隊員の人数が多すぎたこととしており，案内人のオロチョンも原因のひとつと考えられていた。

　本調査の目的では，巴林および阿爾山は観光地のなかでも避暑地，温泉地霊場として全満的に有名なところであるとし，その間の270 kmに存在する山河渓谷絶勝の場所，珍貴なる動植物，砂金，石炭，森林資源，オロチョン部落など，多くの観光資源を紹介宣伝するとともに，今夏8月の第一回興安嶺探勝団体募集の下準備として探勝調査を行なったとある。また事後における積極的旅客誘致も視野に入れていたと記されている。

　日誌の後に「興安嶺ノ観光価値ニ就テ」の節があり，興安嶺の一部はすでに避暑場として北満随一の観光地に近づきつつある。しかし，興安嶺全域では観光地としての潜在性は高いが，観光施設や資源開発において十分ではなく，今回のような探勝調査は今後とも必要であると述べられている。

　なおこの探勝調査については，前述した『観光東亜』以外に，『満洲日日新聞』『大阪朝日新聞』に記事が掲載された。また齋齋哈爾放送局では，この計画の目的，大興安嶺の概念，大興安嶺の観光的価値について放送した。7月13日には齋齋哈爾鉄道局営業課旅客係主催で，鉄道ホテルにおいて座談会を開催し，100名の参加者を得ている。探勝調査の際に撮影した写真の展覧会を開催予定であったことも報告書に記されている。

4. 満洲国国立中央博物館の展示・出版物にみるオロチョン

満洲国国立中央博物館(以下,「国立中央博物館」と略す)は1940年に一般公開されるが,その前身は満洲国立博物館(以下,「国立博物館」と略す)および南満洲鉄道株式会社教育研究所付設の教育参考館というふたつの系統の博物館である。奉天にあった国立博物館は1935年に開館した満洲国が設けた最初の博物館であり,古美術,古工芸品などの文化財を収集展示していた。一方,南満洲鉄道株式会社教育研究所付設の教育参考館は1936年に設けられた博物館である。その前身である満洲教育専門学校で収集された化石標本,動植物標本,理工学機械器具などを展示する博物館であった。国立中央博物館は当初,教育参考館から直接発展した科学博物館として構想されたようであるが,その後すぐに人文系の国立博物館を統合した総合博物館に計画が変更された。1940年7月に当面の施設として,新京の裕昌源ビル1階に「大経路展示場」*を開館し,一般公開となった(犬塚,1993:24-26)。

では,展示などにおいてオロチョンがどのように提示されていたかをみていく。

4.1 「シベリア展覧会」

開館前の事業として,1939年7月1-5日まで新京市三中井百貨店にて「シベリア博覧会」が開催され,期間中約2万5000人の入場者があった(国立中央博物館,1939a:16-18)。

主催は国立中央博物館,満日文化協会,後援は関東軍,国務院,協和会,満洲新聞社であった。展覧会の構成は以下のとおりである。

(1)国境地帯の各種写真,軍艦模型約40点

(2)シベリア原住民族(ツングース,オロチョン,ギリヤーク,チュクチ,

---

*「大経路」とは,裕昌源ビルが大経路という名前の通りに面していることによると思われる。

アルタイ，ゴリド，コリヤーク，ヤクート，ブリヤート，タタール)の風貌・生活の解説図約20点
(3)シベリア移住スラブ人の生活を示すもの約10点(ジオラマを含む)
(4)シベリアの都市・自然の写真類約20点
(5)シベリアの動物約20点(大ジオラマ，剝製・骨格標本／大陸科学院哈爾浜分院より)
(6)シベリアの工芸品約40点
(7)シベリア産地質鉱物標本類約20点
(8)各種図表・地図類約10点
(9)シベリアに関する文献類約20点(一部，哈爾浜図書館より)

オロチョンは(2)シベリア原住民族のひとつとして，その風貌・生活の解説図が提示されていたようであるが，引用した『国立中央博物館時報』，1において，その詳細は紹介されていない。

4.2 大経路展示場

展示面積は約690 m² で，動物，地理，鉱物，地質，物理の5部門から構成されていた(国立中央博物館，1940：33-38；藤山，1942b)(写真6.2)。

民族の展示は「地理」に含まれ，「地理」の構成は以下のようになっていた。
(1)満洲地貌模型
(2)皇輿全覧図原版型
(3)原始民俗品(オロチョン族，ヤクート族，ゴルヂ族，蒙古族)
(4)白露エミグラントの丸太小屋断面模型

原始民俗品の展示は，「民芸品」が中心である。大経路展示場における展示の様子は，1942年5月発行の『満洲グラフ』の巻頭グラビア「前世紀を語る巨獣の化石 国立中央博物館」(南満洲鉄道㈱，1942a)(写真6.3, 4, 5)において，展示場風景やつぎに述べる民俗博物館，オロチョンに関する資料，マンモスの化石などが紹介されている。原始民俗品として展示されているのはオロチョンだけでなく，ヤクート，ゴルヂ，蒙古族がある。しかし，写真

第 6 章　満洲国時代における観光資源，展示対象としてのオロチョン　　197

写真 6.2　開館当時の国立中央博物館大経路展示場外観(遠藤，1940：3)

6.3, 4, 5 からわかるように誌上の写真 22 枚中,「原始民俗」に関するものが半数の 11 枚，そのうちオロチョンに関する資料写真が 8 点で，その内容は以下のとおりである。
- 白樺樹皮製円形容器(コタ・コンゲハン / オロチョン*)2 点
- 白樺樹皮製穀容器(カムチ / オロチョン)1 点
- 白樺樹皮・ノロ皮製容器(ムルチエン / 馴鹿オロチョン)1 点
- トナカイ用鞍・鞍敷(オモゴン・カルマ / 馴鹿オロチョン)1 点
- 白樺樹皮・ノロ皮製手提鞄(ダクタク / 馴鹿オロチョン)1 点
- 揺籃(ダルトン / オロチョン)1 点
- 揺籃に幼児を入れ運ぶ女性の写真 1 点

「原始民俗」に関するものはそのほか，ヤクート 1 点，民族不明 2 点となっている。

---

*単に「オロチョン」とされているのは，いわゆる馬オロチョンと考えられる。

写真 6.3 大経路展示場の様子(南満洲鉄道(株)、1942a)。左上の2枚の写真は「民俗博物館」

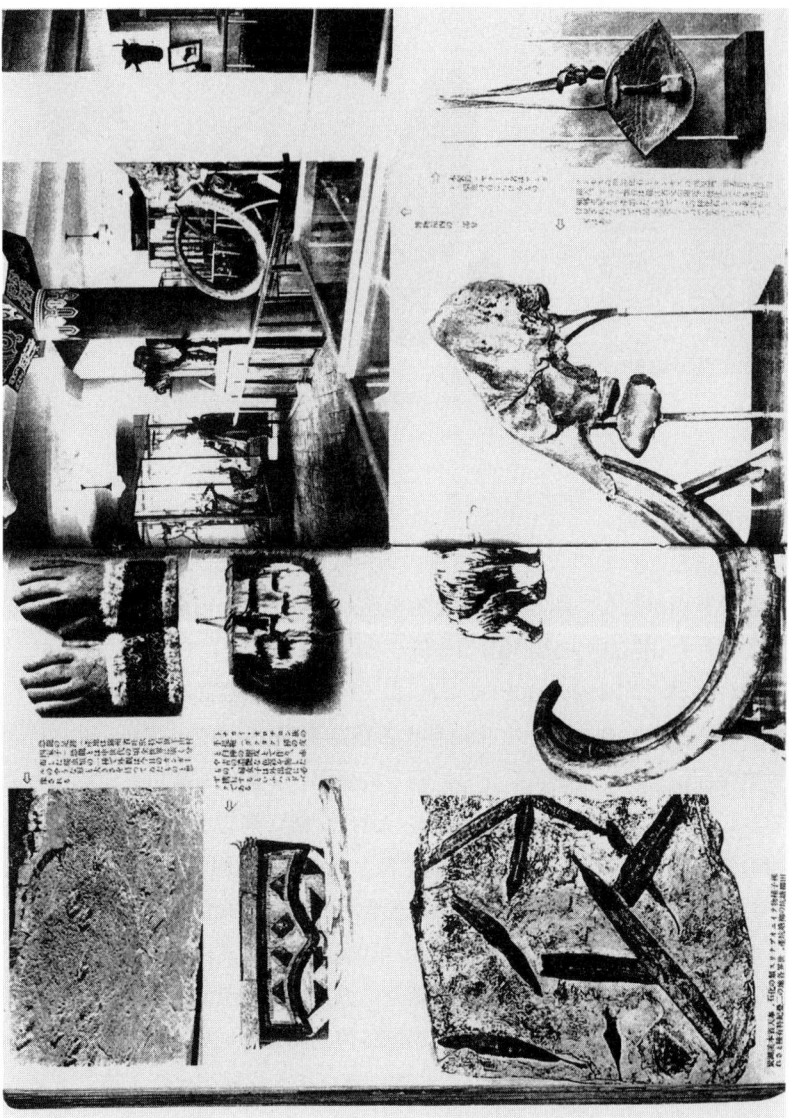

写真 6.4 大経路展示場の様子 (南満洲鉄道(株), 1942a)

写真 6.5　大経路展示場の様子(南満洲鉄道㈱, 1942a)

4.3　民俗博物館

当面の施設としての大経路展示場のほかに野外博物館として,「民俗博物館」建設計画があり, 本館庁舎予定地の新しい敷地近くの南湖湖畔約8万坪があてられた(国立中央博物館, 1939b:20-21)。

犬塚(1993:27;1994:1-2)によれば, この民俗博物館の設置目的は「満洲に於ける民俗, 此の国の文化に存する残存物 Survival in culture を丹念に蒐集保存して, 可及的体系化し, 科学的研究の客観的対象に」することである。しかし, 国立中央博物館副館長の藤山一雄が構想する民俗博物館とは, 狭義の学問上のテーマに基づく実践ではなく,「現住諸民族の生活を如実に展示し北圏生活を自然に順応せしめ, 合理化して生活文化の水準を向上せしめようとする」,「生活試験場ともいふべき機関」であり, 移民として満洲に渡った日本人に新しい農業を模索するための方法を提示するのが目的であった。計画としては, ストックホルムの野外博物館スカンセンにならい, 満洲の先住民(満洲族, シーボ族, ゴルド族, オロチョン族, ビラル族, ダオル族, ブリヤード族, トルコ族)と後世の移住民族(日本, 朝鮮, 漢, 白系ロシア民族)の典型的な生活様式・風習を再現し, あわせて周辺一帯を森林公園

として経営し，自然と人文の融合をめざした。

具体的には，南満農家，北鮮民家，日本開拓民住居，ゴルヂの校倉式小屋，オロチョンの天幕，北満農家，乾燥地帯における泥土の家，小廟，ラマ僧の家，蒙古包，三河地方のロシア人の丸太小屋などの建設を予定した(藤山，1939：15-16)。藤山は，それらの住居からなる民俗博物館を「生ける民俗博物館」にするために，それぞれの住居にそれを使用している人びとを生活させ，同時に館員として日常生活の指導者になることを考えていた(藤山，1940ｂ：4-5)。しかし，結局のところ，北満における漢民族の大農家が1941年9月に落成し「国立中央博物館民俗展示場第1号館」と命名されたのみであった(藤山，1940a：2-3；1940b：4-5；1942a：1-2；犬塚，1993：27)。

この計画に関する座談会が，1940年11月に新京市記念公会堂にて開催された(国立中央博物館，1941：13-21)。出席者[*]は，大山彦一(建国大学)，大間知篤三(同)，千葉胤成(同)，永田珍馨(治安部)，山本守(建国大学)，奥村義信(満洲事情案内所)，杉村勇造(文化協会)，小林胖生(民俗研究家)，菊竹稲穂(蒙古青旗報社長)，藤山一雄・遠藤隆次・尊田是(国立中央博物館)である。

オロチョンを含め先住民が民俗博物館で展示されることに関して慎重な意見がいくつか出されていた。たとえば，菊竹は「満洲国の構成分子であるオロチョンやゴルヂなどの，少数民族は一般的にみた場合には殆んど低級な，原始人である。原始人は文化は低級であっても非常に虚栄心は強いのが普通である。一例を述べるならば，満鉄が地方色豊かなものとして得意になって印刷し各方面に配布して居るあの蒙古人がロバの後の方に乗って悠々広野の畑道を通っているカレンダーの絵であるが，之を描かれた蒙古人にみせた場合，自分達を侮辱したもの，馬鹿にしたものと憤慨して破りすてるか，つきかへすかして決して喜ぶことはない。だから人をつれて来て生活そのものを

---

[*]出席者のうち，建国大学の大山彦一は満洲民族学会の会長であり，大間知篤三は民俗学者である。また，治安部の永田珍馨は『満洲に於ける鄂倫春族の研究』(治安部参謀司調査課，1939a；1939b)をまとめた中心的人物である。

見せるということは，人道上の問題は別としても先づ出来ない相談ではあるまいか。誰しも自分の貧しい台所を見られる事は，あまり嬉しい気持ではない筈だから。只短期間オロチョンなりダホール人なりをつれて来て，芸能祭や展覧会式にやる事は出来る事だし，又民俗博物館としても有意義であると思ふ」と発言し，さらに菊竹は「よしんば原始民族を連れて来ても，国都の中央に来て山の中の生活を少しも改変せずつづけるとも考へられませんネ，協和服を着て，煉瓦造りの家に住み，シュークリームやホットケーキの好きなオロチョンが出来たりはしないでせうか」と発言している(国立中央博物館，1941：16-17)。

4.4 出版物

主要な出版物に，『国立中央博物館論叢』と『国立中央博物館時報』があったが，オロチョンやその他の先住民に関する報告が後者に若干存在する程度であった。これらの出版物のほかに，博物館では1940年ころに『大経路展示場絵はがき』を3セット発行している(名古屋市博物館，1995：36-37)(写真6.6)。

- 第一号：8枚中3枚がオロチョンに関するものである。「オロチヨン族の揺籃(原名ダルトン)」「トナカイ・オロチヨン族」「トナカイ・オロチヨン族の円形容器(原名ムルチユン)」
- 第二号「化石」：8枚すべて化石関連である。
- 第三号「民俗」：8枚すべてオロチョンに関するものである。「オロチヨン族の日用品容器(原名マタ・コンゲハン)」「オロチヨン族の雑穀容器(原名カムチ)」「オロチヨン族の馬の神体(原名ヂヨール)」「携帯用神体(原名ボルカン)」「トナカイ・オロチヨン族の手袋(原名ペルチヤーウキ)」「白樺樹皮製円形容器(原名ムルチユーク)」「トナカイ・オロチヨン族の手提鞄(原名ダクタク)」「馴鹿用鞍及び鞍敷(原名オモゴン・カルマ)」

写真 6.6 第1号(上)と第3号「民俗」(下)の絵はがき集(名古屋市博物館, 1995：36-37)。上：①包紙, ②館内の一部―動物之部―, ③館内の一部―地質及土俗之部―, ④マンモスの頭部化石, ⑤羊歯植物トクサ類の祖先の化石, ⑥原始的直翅類の化石, ⑦オロチョン族の揺籃(原名ダルトン), ⑧トナカイ・オロチョン族, ⑨トナカイ・オロチョン族の円形容器(原名ムルチュン)。下：①包紙, ②オロチョン族の日用品容器(原名マタ・コンザハン), ③オロチョン族の雑穀容器(原名カムチ), ④オロチョン族の馬の神体(原名チヨール), ⑤携帯用神体(原名ボルン), ⑥トナカイ・オロチョン族の手袋(原名ペルチャーウキ), ⑦白樺樹皮製円形容器(原名ムルチューク), ⑧トナカイ・オロチョン族の手提靴(原名ダクタク), ⑨馴鹿用鞍及び鞍敷(原名オモゴン・カルマ)

4.5 その他

1933年7月23日-8月31日に大連市が主催した満洲大博覧会においても，オロチョンが提示された（満洲文化協会，1934）。民族を扱っていた土俗館の展示は，小林胖生を委員長とし満洲学会を中心とした有志が行ない，蠟装の「鹿オロチョン人形」（実物大），「鹿オロチョンの猟帽・猟銃・朝鮮式猟銃・パイプ・白樺樹皮製の水桶・塵取」，「鹿オロチョン族シャマン」写真，「馬オロチョン族シャマン」写真が展示された。

また，『満洲グラフ』（1942.6）の巻頭グラビアに「北満自然科学に貢献――大陸科学院哈爾浜分館――」の記事があり（南満洲鉄道㈱，1942b），大陸科学院哈爾浜分館（哈爾浜博物館）* の展示にオロチョンおよびソロン狩猟者の模型があったことがわかる。

5. 考　察

5.1 商品化されていたオロチョン

本章で，オロチョンを含め大興安嶺の自然やそこでの狩猟などを観光資源として，1938年ころから旅客誘致のための開発をしようとした事実が明らかとなった。

そのころに発行された『旅行満洲』―『観光東亜』や『旅』におけるオロチョンに関する記事，または旅行パンフレットにおける説明をみると，一般的な探勝調査日誌や訪問記以外において，オロチョン文化の記述をみると大きくふたつの提示方法があったことがわかる。ひとつは，『旅行満洲』，2(1) のルカーシキン（1935），『観光東亜』，7(9) の山根（1940），『観光東亜』，

---

*大陸科学院哈爾浜分館（哈爾浜博物館）は，1922年哈爾浜に設立された「東省文物研究会」の陳列所である。その後「東省特別区文物研究会博物館」，「東省特別区立文物研究所」と移りかわり，1932年の満洲国成立後は「北満特別区文物研究所」，「浜江省立文物研究所」となり，1937年に「国務院大陸科学院哈爾浜分館博物館」となった。この博物館の特徴は，一貫してロシア人研究者が在籍したことであり，北満洲地域の科学研究センターの附属博物館として活動したが，国立中央博物館開館後もその統制下には入らなかった。1954年に黒龍江省博物館となり現在に至っている（名古屋市博物館，1995：70；犬塚，1993：28）。

8(12)の羽柴(1941)に代表されるようにある程度学術的にオロチョン文化を紹介して知的好奇心を読者にもたせる方法である。もうひとつは，『観光東亜』，7(8)の横田(1940)や観光パンフレット『北満船の旅』(哈爾浜航業連合局，1938)にみられる「オロチョンにうまく接触できれば毛皮などの収穫あり」というようにきわめて俗的な欲求をもたせ，未知の土地への旅心とあこがれを抱かせる方法である。

　ところで，オロチョンの軍事目的への利用で記したように，関東軍，特務機関は宣撫工作に関して，オロチョンの原始生活を維持させ，文明から隔離する方針をとっていたとある。また，原(1984：60)も，軍は山岳地帯にはオロチョン以外の民族を入れない方針をとっており，これもオロチョンの民族学的研究を困難にしていた要因のひとつとしているように，そもそも当時はオロチョンを観光資源として利用することなど考えられなかった。このような状況のなか，上に記したような開発計画があったのは，つぎの理由や背景によると考える。

　『観光東亜』，5(8)にある巴林から出発するコースは大興安嶺の南東斜面にあたり，ソ連国境とは接していないため，民間人が比較的自由に入ることができたと考える。関東軍，特務機関が宣撫工作のため設けた拠点はソ連国境付近のみであり(中生，1993a：234-235)，巴林のようにソ連国境から150km以上離れている地点は軍事的重要性が低かったと考える。また背景としては，1926年から1941年までは全国的な「観光旅行斡旋期」であり，ジャパン・ツーリスト・ビューローが急成長を続けた時期でもあった。とくに1935年から1940年にかけては，大連／満洲支部の大陸での旅行斡旋業務がピークであり(日本交通公社社史編纂室，1982：8-90)，また表6.5の「その他の記事」欄において多くの観光イベントが実施されていたことからわかるように，当時は新たな観光地，観光資源の開発に着手しやすい時期であったと考える*。

---

　*1940年から軍需輸送がさかんになり，観光旅行が制限された。また，1942年にジャパン・ツーリスト・ビューローが財団法人化され(名称も東亜旅行社に改称)，政府直轄の機関となり，満洲支部の自由な事業が制約された(日本交通公社社史編纂室，1982：80-82)。

もうひとつ注目すべきことは,『民藝』, 4(12)(1942.12)に掲載されている, 大東亜建設博覧会における満洲林棲族製品展示販売所の存在と販売の仕方である(鹿間, 1942：26-28)。鹿間はこの販売所において多くの製品を購入し, その一部を同誌の巻頭グラビアに掲載しているが, 本文では新京博物館の陳列室(国立中央博物館大経路展示場をさしていると考えられる)のオロチョン手芸品をみたときの感動と同様のものをこの購入した製品に感じたとしている。ハルビン博物館(大陸科学院哈爾浜分館をさしていると考えられる)で土俗学のポノソフ氏がオロチョンの民具を研究しているのをみたときは, 陳列室のような感動は感じなかったとし, 販売所の製品がいかにすばらしいものであったかを強調している。また, 刺繍された布について「(販売所の)売子は, 無表情にくりかえす様に, 財布になさいましても, ハンドバックになさいましても, 花瓶敷でも壁掛でも何でも良しう御座いますと言う」と記されている。

　このことから当時すでにオロチョンが製作した民具が, 商品として販売され流通していたということがわかる。またオロチョンが自分たちの生活で通常使用するものを販売しているというよりは, 買い手の嗜好にあわせる形で, 商品が製作されていたと想像できる。

　拙稿(佐々木, 1999)のなかで, 1914年ころから1930年代における大興安嶺・小興安嶺地域でのオロチョンの毛皮獣猟の実態, および当時オロチョンとともに興安嶺で生活していた漢民族やロシア人が支配していた北満洲の毛皮取り引き経済との関連を統計的なデータから検証し, 北満洲の毛皮市場などにおけるオロチョン狩猟の位置づけを考察した。結論として, いわゆる伝統文化の記述だけからではみすごされてきた, 毛皮市場などとオロチョンの生活との密接な関係が明らかとなった。

　今回, 本章において, 1938年ころにおけるオロチョン居住地域を含むエリアの観光開発計画, およびオロチョン集落を探訪した旅行記などが当時の観光雑誌に掲載されていた事実を紹介した。また, 大東亜建設博覧会におけるオロチョンの民具販売から, すでに民具が商品として販売・流通されていたということがわかった。当時のオロチョン文化を考察する場合, 毛皮市場

との関係とともに，伝統文化の記述からだけでは語れない，オロチョン文化の観光化・商品化という視点は無視することができないと考える。

5.2 過大に表象されていたオロチョン

つぎに，博物館におけるオロチョンであるが，ここではその扱いの大きさに注目したい。

ひとつは，国立中央博物館大経路展示場を紹介する『満洲グラフ』，10(4)の巻頭グラビア「前世紀を語る巨獣の化石 国立中央博物館」（南満洲鉄道㈱，1942a)(写真6.3, 4, 5)であり，もうひとつは3セットの『大経路展示場絵はがき』（名古屋市博物館，1995：36-37)(写真6.6)である。

前者は博物館全体の紹介写真である。展示が動物，地理，鉱物，地質，物理の5部門から構成され，民族展示はその「地理」に含まれ，「地理」は民族を含め4つの内容から構成されていた。つまり，この全体割合にほぼ応じた誌面配分があってしかるべきであるが，実際は誌上の写真22枚中，「原始民俗」に関するものが11枚，そのうちオロチョンに関する資料写真が8点となっていて，オロチョンの扱いが大きいことがわかる。

後者でも同様に，3セット計24枚発行されている『大経路展示場絵はがき』のうち11枚がオロチョンに関するものであり，扱いの大きさがうかがえる。

では，なぜそのようにオロチョンが強調されていたのであろうか。

藤山(1990：169)は国策に順応する意図で，5つの部門展示のうち地質と鉱物に重点をおいたと記している。そのため，地理部門に属している民族は展示空間としては多くの領域を占めていなかったはずである。しかしそのような状況にもかかわらず，ほかの先住民ではなく，なぜオロチョンが強調されるのか疑問である。当時の観光雑誌に掲載された，オロチョンを含む満洲の先住民に関する記事をまとめた表6.5においても，オロチョン以外に登場する民族は「蒙古人」3回，「ゴルド族」2回，「索倫人」1回であり，オロチョンに比べるときわめて少ないことがわかる。

この疑問に対する明確な答えを現在もちあわせていないのであくまで想像

であるが、ほかの先住民に比べ、オロチョンはその存在が十分に周知されており、なおかつその存在が稀少であったという条件をそなえていたから扱いが大きかったのではないだろうか。つまり、堀内(1929)や大島(1935)の報告のように、満洲北部を旅行した際に山岳地帯ではなく、ふつうに町のなかでオロチョンに出会ったときの体験が雑誌に掲載されていたり、浅川(1941)の『興安嶺の王者――オロチョンへの理解』のように一般向けの読み物のなかでオロチョンの生活を紹介しているものが多く刊行されていることで、オロチョンに関する知名度はほかの先住民に比べ高く、人々もイメージを形成しやすかったと想像できる。また、モンゴル族に比べ人口がきわめて少ない点(オロチョンの人口は1938年時点で3120人)が、その稀少性を生み出した要因と考える。

5.3　今後の研究において

本章では、日本の植民地状態にあった満洲に住む先住民オロチョンをみてきたが、当時、日本が領有していた北方地域に樺太(サハリン)もある。

樺太庁は1926年、幌内川を挟んで敷香の街の対岸に「土人部落」を設け、そこにウイルタ、ニヴフなどの先住民173人を移住させた。1930年には土人部落に敷香教育所を開設し、技術科で製作した作品や先住民の生活用具を展示した。1934年ころ、この地域は「オタスの杜」とよばれるようになり、1930年代の秘境観光ブームにのり、「日本最北端の観光地」として知られるようになった。それにともない『原始的地方色　樺太土人風俗』『樺太　敷香風景』といった観光絵はがきの販売、さらに教育所の先住民がつくった刺繍を施した皿敷きや、「土人風俗人形」の販売が観光客に行なわれた(大塚、1996：5-7)。またその当時の雑誌『旅』*には、満洲のオロチョンと同様に「樺太土人」に関する多くの記事が掲載されている。

---

*『旅』における樺太先住民に関する記事をみると、以下のようなものがある。「樺太土人の昨今」、「樺太土人の昨今(2)」澤田雄三(1934a；1934b)、「オタスの杜のこのごろ」千葉恒雄(1937)、「樺太の北の涯まで」古林善治(1940)、「冬の交通機関　犬橇と馴鹿橇」山本祐弘(1942)

一方，1942年に樺太庁博物館(豊原/現ユジノサハリンスク・サハリン州郷土博物館)では，国立中央博物館と同様にスカンセンを手本に敷地3000坪の野外博物館が計画されていた。樺太の動植物を配し，そのなかに耐寒性の高いロシア人の丸太小屋，北方民族の家屋を点在させ，造園に終始することなく生態陳列を考えていた(山本利雄，1942：3)。

　このように満洲と樺太では，観光地開発の動きと雑誌や絵はがきなどのメディアによる広報宣伝活動，さらに先住民自身を展示対象とする野外博物館計画があった。この点において，両地域における権力側による先住民文化の扱いやその結果としての文化のあり様に共通な動きがあったと考える。今後，両地域の先住民文化に関して比較検討を行なうことは，日本が支配地域の先住民文化にどのような影響を与え，その文化がどうなっていったかを検証する際に有意義であると考える。

　本章では，満鉄やジャパン・ツーリスト・ビューロー，国立中央博物館といった権力側がオロチョンをどうとらえていたかを当時の資料からみてきた。しかし，オロチョン側からみてそれをどう受けとめたのか，どういう影響があったのかを，ほとんど紹介できなかった。商品化され，展示される民族の視点に立って事象をとらえなおすことは，今後の課題であり，また樺太に関する研究の際の課題とも考えている。

文　献

秋葉隆．1936a．「トケブ吉岡君　オロチョン踏査記(1)——興安嶺山中六百日」，『満蒙』，17(7)：140-147．
秋葉隆．1936b．「トケブ吉岡君　オロチョン踏査記(2)——興安嶺山中六百日」，『満蒙』，17(8)：138-151．
秋葉隆．1936c．「トケブ吉岡君　オロチョン踏査記(3)——オロチョン民俗断篇」，『満蒙』，17(9)：109-119．
秋葉隆．1936d．「大興安嶺東北部オロチョン族踏査報告(1)」，『京城帝国大学文学会論叢』，1-48，京城，京城帝国大学．
秋葉隆．1936e．「オロチョン・シャマニズム：大興安嶺東北部オロチョン族踏査報告(2)」，『民族学研究』，2(4)：30-42．
秋葉隆．1937．「オロチョン民具解説：大興安嶺東北部オロチョン族踏査報告(3)」，『民族学研究』，3(1)：107-131．

浅川四郎．1941．『興安嶺の王者——オロチョンへの理解』新京，満洲事情案内所．
治安部参謀司調査課．1939a．『満洲に於ける鄂倫春族の研究 第1篇』奉天，治安部参謀司調査課．
治安部参謀司調査課．1939b．『満洲に於ける鄂倫春族の研究 馴鹿鄂倫春族 第4篇』奉天，治安部参謀司調査課．
千葉恒雄．1937．「オタスの杜のこのごろ」，『旅』，14(4)：60-62．
齋齋哈爾鉄道局営業課旅客係．1938．『興安嶺探勝調査報告』斉斉哈爾，齋齋哈爾鉄道局営業課旅客係．
Clifford, James. 1988. The Predicament of Culture: Twentieth-Century Ethnography, Literature, and Art. Cambridge and London, Harvard University Press.
江上波夫．1943．『満洲国ニ於ケル諸民族ノ概況ト目下重要ナル民族問題』東京，民族研究所．
遠藤隆次．1940．「満洲国立中央博物館の近況」，『博物館研究』，13(11)：2-4．
藤山一雄．1939．「ある北満の農家」，『国立中央博物館時報』，2：15-18．
藤山一雄．1940a．「民俗博物館について」，『国立中央博物館時報』，4：1-3．
藤山一雄．1940b．「再び民俗博物館について」，『国立中央博物館時報』，8：1-6．
藤山一雄．1942a．「ある北満の農家のこと(三度民俗博物館について)」，『国立中央博物館時報』，15：1-5．
藤山一雄．1942b．「生ける国立中央博物館」，『満洲グラフ』，10(4)．
藤山一雄．1990．『新博物館態勢』(伊藤寿朗監修『博物館基本文献集 4』)(1940年発行の復刻)東京，大空社．
深瀬信千代．1996．「満鉄厚生船の終焉記」，『満鉄社員終戦記録』(㈶満鉄会編)，358-369，東京，㈶満鉄会．
古林善治．1940．「樺太の北の涯まで」，『旅』，17(8)：50-66．
郡司彦．1974．『満洲におけるオロチョン族の研究——興安友愛の記・別冊』自費出版．
原忠平．1943．「大興安嶺綜合調査第一班を終りて」，『林友』，2(12)：20-23．
原忠平．1984．『山とともに——私の記録』自費出版．
哈爾浜航業連合会．1938．『北満船の旅』(パンフレット)哈爾浜，哈爾浜航業連合会．
羽柴増穂．1941．「鄂倫春綺談」，『観光東亜』，8(12)：70-75．
北海道立北方民族博物館．1997．「展示解説 樺太1905-45——日本領時代の少数民族」，『第12回特別展図録 樺太1905-45——日本領時代の少数民族』(北海道立北方民族博物館編)，5-14，網走，北海道立北方民族博物館．
堀内竹次郎．1929．「鄂倫春人に接して」，『満蒙』，10(3)：51-60．
兵頭青史．1939a．「二つの猛獣狩と其の連想」，『観光東亜』，6(4)：70-73．
兵頭青史．1939b．「大興安嶺500粁踏査」，『観光東亜』，6(9)：44-47．
兵頭青史．1940．「大興安嶺の秘境」，『旅』，17(9)：14-17．
今西錦司．1991．『大興安嶺探検——1942年探検隊報告』(1952年発行の復刻)東京，朝日新聞社．
今西錦司・伴豊．1948a．「大興安嶺におけるオロチョンの生態(1)」，『民族学研究』，13(1)：21-39．
今西錦司・伴豊．1948b．「大興安嶺におけるオロチョンの生態(2)」，『民族学研究』，13(2)：42-61．
井村哲郎．1995a．「「満洲国」関係資料解題」，『「満洲国」の研究』(山本有造編)，535-580，東京，緑陰書房．

井村哲郎．1995b．「中国の「満洲国」関係資料」，『「満洲国」の研究』（山本有造編），581-605，東京，緑陰書房．
犬塚康博．1993．「満洲国国立中央博物館とその教育活動」，『名古屋市博物館研究紀要』，16：23-62．
犬塚康博．1994．「藤山一雄と満洲国の民俗博物館」，『名古屋市博物館研究紀要』，17：1-21．
泉靖一．1937．「大興安嶺東南部オロチョン族踏査報告」，『民族学研究』，3(1)：39-106．
北川アイ子．1997．「「オタス」の暮らしとわたし」，『第12回特別展図録 樺太1905-45——日本領時代の少数民族』（北海道立北方民族博物館編），15-18，網走，北海道立北方民族博物館．
国立中央博物館．1939a．「シベリア展覧会」，『国立中央博物館時報』，1：16-18．
国立中央博物館．1939b．「中央博物館敷地変更」「民俗博物館予定地決定」，『国立中央博物館時報』，2：20-21．
国立中央博物館．1940．「国立中央博物館大経路展示場案内」，『国立中央博物館時報』，7：33-38．
国立中央博物館．1941．「民俗博物館に関する座談会記録」，『国立中央博物館時報』，10：13-21．
河野広道．1944a．『河野広道大興安嶺日誌1，2』（青柳信克による整理ノート）．
河野広道．1944b．『河野広道興安嶺フィールドノート1，2』（青柳信克による整理ノート）．
河野広道．1944c．『NOTE BOOK 1944 満蒙』．
満洲文化協会．1934．「満洲土俗資料と満洲大博覧会」，『満蒙』，15(1)：25-69．
満洲事情案内所．1938．『満洲国の現在民族』新京，満洲事情案内所．
満鉄資料課．1934．「興安北分省内に於けるオロチョン民族概況」，『満鉄調査月報』，14(7)：215-218．
満鉄資料課．1935．「興安東省内に於ける鄂倫春民族の分布生活竝風俗習慣」，『満鉄調査月報』，15(7)：278-282．
南満洲鉄道㈱．1927．『北満地方案内』（パンフレット）大連，南満洲鉄道㈱．
南満洲鉄道㈱．1935．「シベリアを突く北黒新線」，『満洲グラフ』，3(1)．
南満洲鉄道㈱．1942a．「前世紀を語る巨獣の化石 国立中央博物館」，『満洲グラフ』，10(4)．
南満洲鉄道㈱．1942b．「北満自然科学に貢献 大陸科学院哈爾濱分館」，『満洲グラフ』，10(5)．
永渕康之．1994．「バリにきたバリ——1931年，パリ国際植民地博覧会オランダ館」，『季刊民族学』，70：44-54．
永渕康之．1996．「観光＝植民地主義のたくらみ——1920年代のバリから」，『観光人類学』（山下晋司編），35-44，東京，新曜社．
永田珍馨．1969．『北方騎馬民族オロチョン』東京，毎日新聞社．
名古屋市博物館．1995．『新博物館態勢——満洲国の博物館が戦後日本に伝えていること』名古屋，名古屋市博物館．
中生勝美．1993a．「植民地主義と日本民族学」，『中国—社会と文化』，8：231-242．
中生勝美．1993b．「中国黒龍江省のオロチョン族」，『アークティック・サークル』，7：15-17．
中生勝美．1994．「植民地の民族学 満州民族学会の活動」，『へるめす』，52：135-143．

中生勝美．1997．「民族研究所の組織と活動：戦争中の日本民族学」，『民族学研究』，62(1)：47-65．
中生勝美．1999．「地域研究と植民地人類学」，『地域研究論集』，2(1)：19-36．
日本国際観光局満洲支部．1938．「大興安嶺探勝踏査座談会」，『観光東亜』，5(8)：24-36．
日本交通公社社史編纂室．1982．『日本交通公社七十年史』東京，日本交通公社．
大島義美．1935．「鄂倫春の狩猟の話」，『協和』，151：11-12．
大塚和義．1988．『草原と樹海の民──中国・モンゴル草原と大興安嶺の少数民族を訪ねて』東京，新宿書房．
大塚和義．1996．「観光の歴史と民族文化4 観光地としての「オタスの杜」」，『アークティック・サークル』，18：4-7．
林友．1943．「秘境大興安嶺を語る(座談会)」，『林友』，2(12)：24-42．
ルカーシキン．1935．「北満ジャングルの狩猟」，『旅行満洲』，2(1)：67-73．
桜井隆．1998．「書評『植民地主義と文化──人類学のパースペクティヴ』」，『植民地教育史年報1』(日本植民地教育史研究会運営委員会編)，164-167，東京，皓星社．
佐々木亨．1994．「日本人によるオロチョンに関する民族学的報告の比較研究──「鄂倫春の實相」を中心に」，『北海道立北方民族博物館研究紀要』，3：93-137．
佐々木亨．1999．「オロチョンの毛皮獣猟と北満洲における毛皮取引経済」，『東北アジアにおける交易拠点の比較研究』(山田勝芳編・国際学術研究成果報告書)，29-39，仙台，東北大学東北アジア研究センター．
澤田雄三．1934a．「樺太土人の昨今」，『旅』，11(2)：84-87．
澤田雄三．1934b．「樺太土人の昨今(2)」，『旅』，11(3)：104-107．
鹿間時夫．1942．「オロチョン紋様考」，『民藝』，4(12)：26-36．
新人物往来社．1997．「復刻構成 図解とデータにみる満州帝国」，『満州帝国の興亡』(新人物往来社編)，166-184，東京，新人物往来社．
Shirokogoroff, Serghei Mikhailouich. 1933[1941]. Social Organization of the Northern Tungus. [『北方ツングースの社会構成』(川久保悌郎・田中克己訳)．東京，岩波書店]
多花樹修．1939．「黒竜江遡行記」，『観光東亜』，6(4)：54-58．
東北地方文献連合目録編集組．1981．『東北地方文献連合目録 第1号：報刊部分』，東北地方文献連合目録編集組．
東北地方文献連合目録編集組．1984．『東北地方文献連合目録 第2号：外文(日，西，俄)図書部分』大連，大連市図書館．
上野凌嶂．1940．「興安嶺の山窩」，『観光東亜』，7(9)：22-25．
梅棹忠夫．1991．「黎明期のツングース研究およびモンゴル研究」，『東北アジアの歴史と社会』(畑中幸子・原山煌編)，1-13，名古屋，名古屋大学出版会．
山本利雄．1942．「北方文化の殿堂樺太庁博物館」，『博物館研究』，15(2)：1-3．
山本祐弘．1942．「冬の交通機関 犬橇と馴鹿橇」，『旅』，19(2)：24-28．
山室信一．1993．『キメラ──満洲国の肖像』東京，中央公論社．
山根順太郎．1940．「大小興安嶺に住む弱小民族とその生活」，『観光東亜』，7(9)：16-25．
山島貞雄．1935．「大興安嶺山脈横断記」，『満蒙』，16(2)：127-151．
山下晋司．1999．『バリ 観光人類学のレッスン』東京，東京大学出版会．
山下晋司・山本真鳥．1997．「序論 植民地主義と文化」，『植民地主義と文化──人類学のパースペクティヴ』(山下晋司・山本真鳥編)，11-34，東京，新曜社．
横田秀．1940．「新設線案内──塁爾根より霍竜門へ」，『観光東亜』，7(8)：92-93．

横山部隊本部．1940．『鄂倫春の実相』，横山部隊本部．
米内山庸夫．1938．『蒙古風土記』東京，改造社．
米内山庸夫．1942．『蒙古草原』東京，改造社．
米内山庸夫．1943．『支那と蒙古』東京，北光書房．
吉見俊哉．1992．『博覧会の政治学——まなざしの近代』東京，中央公論社．

第7章 観光活動による少数民族の文化の保存と伝承
北海道白老の例

ロレーナ・ステンダルディ

　世界中，少数民族が生活しているところは観光地になっている場所が多い。その民族の精神文化と物質文化をあらわす代表的なもの，踊り，儀式や工芸，食べ物，衣服，家屋などを見学者に紹介することによって，その民族の人々が生活の糧を得ているのはほとんどのパターンである。

　しかし，少数民族の文化に限らず，観光地でみられるものは「見せ物」であるとよくいわれている。少数民族の場合は「見せる物」がその民族の文化自体になる。したがって，自分たちの文化を紹介するために，何をみせるのかは重要なところとなっている。観光客にみせるために残されている文化がその民族の本当の文化であるか否か，実際に観光地以外にその民族の生活のなかでまだ残っているものがあるか否かという問題である。また，観光地で紹介されている文化に対して，みる側とみせる側の両方の意識が働くのである。

　観光活動と文化の保存・普及活動はどう両立できるのかを研究することが本章の目的である。そのため，北海道における白老という小さな町にあるポロトコタンというアイヌ文化を紹介する施設を選び，そこで1992年7月から1993年3月までフィールドワークを行なった。観光地のなかで実際に観光業に携わり，生活を立てている少数民族の人々がどのように現実をとらえながら，生きているかをみながら，研究を進めたのである。

1. ポロトコタン―沿革と活動

1.1 成り立ち

　白老の観光地としての歴史は，1881(明治44)年に明治天皇が北海道開拓事情の視察の際，白老でアイヌ民族の生活と文化について視察になったことまでさかのぼられる。天皇の御前でイヨマンテ(熊の霊送り)が行なわれたというが，実際にはクマの霊を送る儀式ではなく，その儀式の際に踊るイヨマンテリムセが上演されたのである(井戸，1975：715-716)。これは記録された最初の上演で，観光地としての白老の起源だと思われる。このようなことから白老にアイヌ民族が住んでいることが全国に知られ，地理的にも北海道のなかで行きやすいという条件もあり，早くから旅行者が訪れてきた。それ以来明確な施設はないが，人々が実際に住んでいた市街地の中心であった現在の白老町国道36号線沿いでアイヌ文化についての説明と舞踊が個人的な形態で行なわれ，同時にクマの彫刻，ステッキ，パイプ，絵はがき，写真などが土産物として販売されていた(井戸，1975：709)。

　戦後になると観光客が漸増して，1964(昭和39)年には56万余人にのぼった。しかし，それまでの場所は土地が狭く，環境的に不適当であり，建築物が古いため火災予防上危険性があるなどという理由により，各関係機関が対策として移設を検討し，観光協会と観光対策委員会が「観光開発計画診断実施要領」を立案した。その骨子はつぎのとおりである。

　(1)営林局にポロト国有林貸付申請，
　(2)アイヌ文化の保護と正しい紹介を行ない，後世に伝える，
　(3)環境衛生の改善，
　(4)売店販売方式の改善，
　(5)観光客への待遇改善，
である(井戸，1975：709-710)。

　さらに北海道大学名誉教授3人による共同調査が行なわれ，「アイヌ部落および売店など付帯施設をポロト湖(沼)東南端に移し，また観光および休養

に適切な計画をすることが必要である」と提言した(井戸，1975：710)。これにより，まとまった観光施設となるように計画され，1965(昭和40)年にポロト(アイヌ語で大きな沼という意味)湖畔にコタンを移設したのである。

　観光施設ポロトコタンはつぎのとおりに構成されていた(井戸，1975：719-720)。①民芸品，土産品売店(移設と同時に53店となる)。②チセ，4軒。③民俗資料館，1軒。④食堂，1軒。⑤無料休憩所。⑥ヘペレセツ(クマの家)。⑦プーの原型(食糧庫)。⑧ポロヌササン(祭壇大)，ポンヌササン(祭壇小)。⑨チプ(丸木舟)。⑩スケート場。⑪ボート乗り場。

　ポロトコタンの誕生と同時に観光の進展の目的で「白老観光コンサルタント株式会社」が設立されたが，基本的に舞踊を専門とする組織はまだなく，会社が仲介者の役割を果たした。1967(昭和42)年に白老町立民俗資料館が「観光と歴史的考古学の研究の場として」(井戸，1975：723)設立され，「館内には古代アイヌ民族が素朴な原始生活を営んでいた当時の面影をそのまま現し，世界的に貴重な生活用具が数多く展示された」(井戸，1975：727)。その後の野外民族博物館の施設の完成によって，「祖先より伝わる有形・無形の文化財を正しく伝承し，保存する責務がますます強まってきた」(白老民族文化伝承保存財団，1982：3)のである。

　1960年代の後半まで資料館をはじめ，ポロトコタンを管理・運営するのは観光協会とコンサルタント会社であった。1970年には大阪における日本万国博覧会に北海道のアイヌ民族舞踊の代表として参加することになり，それまでなかった「白老民俗芸能保存会」という正式な舞踊団が設立された。現在，ポロトコタンの職員全員がこの保存会の会員である。

　1975(昭和50)年に白老民芸会館の完成によって，土産物店は別組織に組み入れられ，コンサルタント会社はアイヌ文化の伝承と保存活動に集中するようになった。そして，1976(昭和51)年には「財団法人白老民族文化伝承保存財団」(SMDF)が発足し，民俗資料館をはじめポロトコタンの施設を管理・運営し，白老民俗芸能保存会による舞踊の紹介をするようになった。運営資金は現在に至るまで，ポロトコタンを訪れる客の入場料収入に頼っている。ただし，博物館は白老町の町有財産となっており，町が出資・債務保

証をし，道と町から生涯学習事業のためのわずかな補助をもらっている。1981(昭和56)年から新資料館建設の計画が進められ，1984年に現在のアイヌ民族博物館が開館された。

1.2 白老民芸会館

旧コタンのころ，土産物として販売されていた民芸品は上述したとおり，クマの彫刻，ステッキ，パイプ，絵はがき，写真などであった。ポロトコタンの移設と同時に民芸・土産品の売店が20店から53店まで急増し，当時の民芸品の種類はつぎのとおりになっている(井戸，1975：719-720)。①クマの彫刻品・鮭喰，鮭吠，親子クマなど，②アイヌ人形(ラーポッポ)，③人形壁掛，④アイヌ関係彫刻額類，⑤装身具，⑥ペンダント，⑦バッグ類，⑧カフスボタン，⑨指輪，腕輪，⑩ブローチ，⑪ヘヤーバンド，⑫イクイバン，⑬ネクタイピン，⑭えぞ模様の財布，⑮ピリカ織りの財布，⑯サバンベ，⑰彫刻刀であった。

土産物店は上述のコンサルタント株式会社の所有していた建物を小売業者が賃借し，開いたものであった。このため，主に隣接する小売店がお互いに競争を仕掛け，店によっては破産の危険性が生じたため，協同組合をつくる計画が立てられた。その結果，施設を拡張し，現在の「白老民芸会館」が建てられ，その管理・運営を行なう組織として「白老観光商業組合」が形成された。これによってコンサルタント株式会社と土産品店とが組織上関連がまったくなくなったのである。現在「民芸会館」と「アイヌ民族博物館」がお互いに影響がありながら正式にはまったく関係がないのはこのような背景によるものである。

1.3 アイヌ民族博物館
1.3.1 沿革

1976(昭和51)年9月に「白老民族文化伝承保存財団」(SMDF)が公益法人として認可されたが，同年に現在のアイヌ民族博物館の建設計画が立案された。これは1970年代前半からのアイヌの伝統文化を再認識しようという

姿勢に基づくものであった。それまでは一般の人々が「アイヌ文化に触れることがあったとしても，それは道内のいくつかの観光地で紹介される，多少色彩化・演出化された形のものでしかなかった。そのため，すばらしい伝統文化が継承されていながらも，多くの人々にはその本質が伝わらず，逆に偏見や誤解されていくことも決して少なくはなかった」(SMDF, 1983：2)のである。このような状況に対応するため，財団はそれまでに類のないアイヌ文化を専門的に扱う博物館を建てることによって，展示・保存をはじめ調査研究，教育普及事業などの活動を通してアイヌ文化の本質をさらに深く理解してもらおうとしたのである。

　新博物館の設計の前提条件は，アイヌ文化にふさわしい建物であり，さらに明るく開放的な印象を与えることであった。そのため博物館は，チセ(家)をイメージしたアイヌ民族文化の精神が反映された建物とすること，照明はトップライトから差し込む間接的にコントロールされた自然光を採用することにした(SMDF, 1983：5)。1981(昭和56)年12月に貴重な児玉コレクションの第一次借入搬入(935点)を行ない，1984(昭和59)年1月に児玉コレクションの第二次借入搬入(1376点)を行なった。こうして，1984(昭和59)年3月にアイヌ民族博物館が開館した。当時の施設は図7.1のとおりであった。

　施設の「基本的性格」は，「①アイヌ文化(有形・無形)の伝承と保存を行う，②アイヌ文化の学術的研究と教育的研究を行う，③アイヌ文化の多面的普及事業を行う，④アイヌ文化に関する総合情報センターとして，各種多層にわたる来館者への対応を行う，⑤管理・運営の主体が非営利の公益法人であることから，各事業に必要な最低限の収益を確保し，その範囲内での運営をはかる，⑥国内唯一のアイヌ文化だけを総合的に扱う博物館とする。ただし，アイヌ文化との関連の下で必要に応じ他の民族文化もその対象とする」(SMDF, 1983：4)ということである。

　こういった目的を実現するために，学芸員が配置されるようになり，それによって無形・有形資料の収集，保存，整理，分類や複製資料の製作，調査研究，普及事業など，活動の範囲が拡大していったのである。そして，

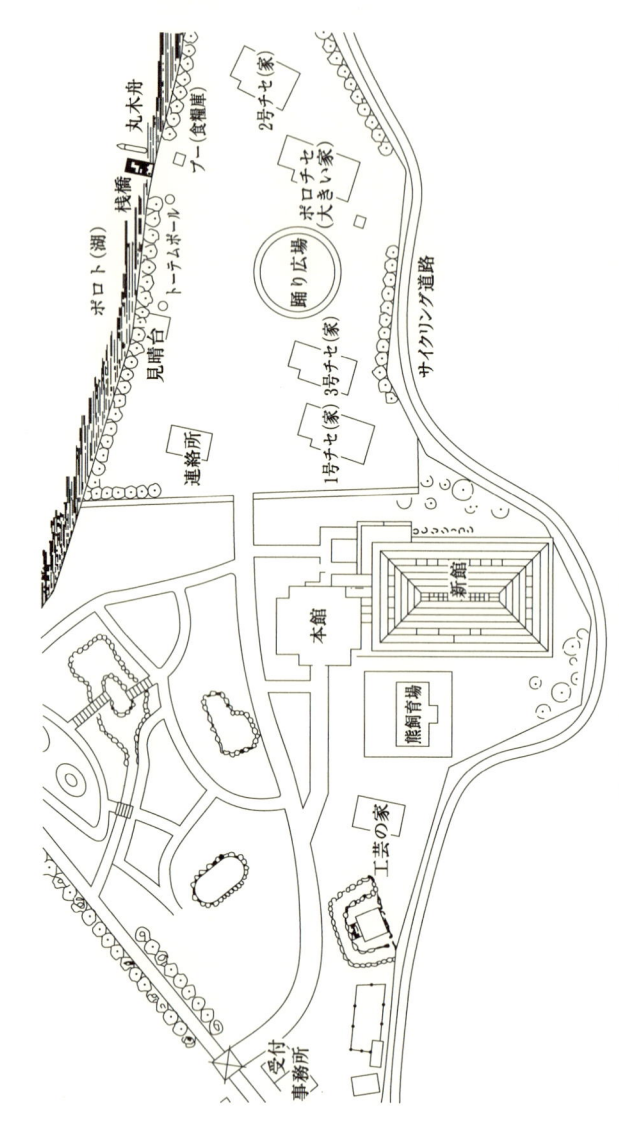

図7.1 白老ポロトコタンの地図(SMDF, 1983: 4)

1990(平成2)年3月には財団名が「アイヌ民族博物館」に改称され，見学者にアイヌ文化についてより正しい認識をもってもらうため，施設全体が博物館として構想されるようになった。

1.3.2 活　動

アイヌ民族博物館の事業は見学者対象のものと職員・一般町民対象のものに大きく分けることができる。観光客対象の事業としては，アイヌ文化についての解説と舞踊の公演が行なわれている。詳細については，第2.2.3項の「観光客の見学コース」で取り上げる。ここでは博物館の展示と普及・伝承・活動について取り上げる。

まず，博物館内の展示はつぎのような方針で行なわれている(SMDF, 1983：6-7)。①有形資料を可能な限り多く展示することであり，レプリカ，ジオラマ，パノラマなども用いられている。②資料は可能な限り露出展示を基本とする。③白老地方のアイヌ文化を基本とするのであるが，地域的な広がりにも目を向ける。④可能な限り，明るく自然状態の元で視覚できるように自然光を採用する。

展示のテーマは，①「神々の世界」，②「神々とひとびと」，③「えものをとる」，④「コタンの森」(以前「大地のめぐみ」であった)，⑤「食べる」，⑥「装う」，⑦「住まう」，⑧「ひとの一生」，⑨「ひとびとのあゆみ」(現在ビデオトークになった)，⑩「北方の少数民族」(以前「周辺の人々」であった)と10点である。そのなかでジオラマを用いているのは「神への祈り」，「熊の穴猟とカジキマグロ漁」，「コタンの森」，「はたおり」，および「子供のあそび」である。

これらの展示以外に，映像展示室でマルチビジョン映像(14分)とビデオトークでの展示が行なわれている。現在観覧できるビデオソフトは，「イヨマンテ・熊の霊送り」(1，2，3)，「キサルプィオ・耳の穴あけ儀式」，「シェチャー・アイヌの人々の整髪と髪形」，「ポロシルンカムイになった少年」，「アイヌの人々の鮭漁・漁のしかたと料理」，「白老のアイヌの生活」(大正14年の16ミリフィルム編集)，「アイヌ民族古式舞踊・白老地方の伝統芸

能」(1, 2, 3, 4, 5),「樺太アイヌの板綴り舟」である。4台の機械が設置されているが,見学者がよくみるものには偏りがあるようである。

　博物館は常設展のほか,企画展としてこれまでに,「アイヌのおまじない」,「北方民族展」,「東北地方とアイヌ文化」,「ソビエト連邦極東少数民族展」,「近代白老アイヌの歩み」,「北方圏の人々」,「八重山展」,「アイヌの衣服文化」がこの順序で開催された。また,期間展・特別展として「木彫工芸品展」,「シマフクロウの写真展」,「アイヌと植物―樹木写真展」が順に開催された。毎年の企画展にあたって,それに関する内容の企画展記念講演会,公開講座,シンポジウムなどが行なわれてきた。さまざまな内容の定例講演会も開かれてきた。

　現在,工芸の家では,3人の女性がアイヌの女性がかつて行なっていた仕事を再現している。展示場を兼ねているチセ内では,着物のさまざまな種類――ルウンペ,チカルカルペ,カパラミプ,チジリ,アッツシ(樹皮衣)――の展示とそのための刺繍の実演,アッツシ織り,サラニップ,エムシアッツ(刀帯)などの実演製作をしている。工芸の家ができた当初,男性が家での男性の伝統的な仕事,木彫り,お盆,小さい入れ物などの制作をしていた。製作を中止した理由は不明であるが,現在これらの実演は行なわれていない。伝統工芸の実演では,見学者の質問に返事をしたり,会話をしたりすることがみられる。ここは見学コースのなかで最後の場所であり,見学者にはあらかじめ奥のチセで解説を聞いておくように勧めることが多い。冬の観光客が少ない時期には伝承部で公演用の着物がつくられている。これらの着物の製作は見学者にみせることを意図とせず,各種の着物のつくり方をある程度守りながらも,模様と色を自由に選ぶようである。

　工芸の家の展示物とその解説は以下のとおりである。①糸紡ぎ―この糸でアッツシを織ります。材料はオヒョウニレの内皮です。②普段着(アッツシ)―儀式用(木綿)―儀式用(アッツシ)―本巻き―前掛け。③オオウバユリの処理。④アッツシ織り―材料はシナノキの内皮です。⑤ござ織り―材料は蒲の葉です。⑥シラカバ―コクワ―サクラ。⑦ガマの葉―ゴザ編みの材料。⑧フトイ―ゴザ編みの材料。⑨エンジュの木―ここでは主として木彫工芸に使用

しています。⑩シナノキ―しなのきの織物。⑪オヒョウ―オヒョウの織物。

　ほかのチセは見学者を対象とするアイヌ文化についての解説と，冬の間の踊りと儀式の会場になっている。それぞれにも展示があり，つぎのものがみられる。イヨイペ(宝物)，木綿の着物，アッツシ(樹皮衣)，昔のコタンや高齢者などの写真，アイヌ語彙を日本語で説明した「アイヌ語訳」という表示板，炉のアペフチカムイ(火の神)のイナウ(木幣)。

　1号チセと2号チセは見学者が靴のままで入り，解説を聞く。踊りは冬の期間にはチセ内の北東に復元されたステージのようになっている炉のまわりで行なわれ，夏の期間には外の広場で行なわれる。ポロチセには見学者が靴を脱いで自由に入り，昔の家の雰囲気を味わうことができる。ここは儀式の際によく使われる。

　野外にはクマの木像，トーテムポール，ラオマップ(サケを捕獲する漁具)の復元，バードテーブル，アイヌのかつての方法で耕作された畑などが復元されている。保存食であったウバユリの団子，干したサケなども季節によってみることができる。儀式の際に使うものや博物館で保存されるものの再現のための材料の処理をしている場面も，とくに見学者対象ではないがみることができる場合もある。

　これまで一般見学者を対象とした展示事業をみてきたが，職員・一般町民対象の教育・普及事業としてつぎのことが行なわれている。まずは，アイヌ文化についての講座がさまざまな形で現在まで行なわれてきた。定期的に行なわれてきたのは職員を含めてとくにアイヌ文化に対して関心をもつ者を対象とした，アイヌ文化講座・セミナー(年1回2-3日間，1984-1987)，アイヌ文化教室とアイヌ語講座(月1回，1990-調査当時)である。また，1984年以来「映画の夕べ」が3回開かれ，アイヌ生活文化についてのビデオ，映画を上映するということが行なわれてきた。1984年には，自然観察会も同時に始まり，翌年から春に1回親子野鳥観察会か，山菜観察収集会の形でアイヌ民族と野鳥や山菜とのかかわりをテーマとして行なわれてきた。さらに，1986年から1990年まで，年に1回，夏に親子歴史見学会が開かれ，とくにアイヌ文化に直接かかわりのない場所の見学も行なわれた。さまざまな内容

の婦人講座が1985年から1989年まで年1回行なわれてきた。上記の活動以外に学芸課は調査研究を行ない，いくつかの出版物を出している。

ポロトコタン以外で行なわれる古式舞踊の公演といった一般対象の事業も白老民俗芸能保存会によって行なわれてきた。古式舞踊の披露は毎年の白老どさんこ祭りをはじめ，北海道内のアイヌ文化祭，アイヌ古式舞踊鑑賞会，全国的なさまざまな博覧会のイベント，民俗芸能大会，外国での文化交流などの機会に行なわれてきた。これらの機会に確実に披露されるものとしてムックリ(口琴)の演奏，イヨマンテリムセ(熊の霊送りの踊り——ポロトコタンでも演出される踊り)，サロルンチカップリムセ(鶴の舞)，エムシリムセ(剣の舞)の4つである。1993年1月の第5回アイヌ文化祭ではムックリ演奏がなく，ハンチカップリムセ(水鳥の舞)が披露された。公演時間によってはこれらにハンチカップリムセ(水鳥の舞)，イフンムケ(子守唄)，ウポポ，ヤイサマネナ，ピリカの唄(ポロトコタンでも演出される)などが加わる。

これらのほかに，不定期に民俗文化財伝統教室として「アイヌ民俗芸能舞踊」，「アイヌ模様の作り方」，「イナウの作り方」，小学生対象の「ジュニア講座」，「ふるさと勉強会」，「道具をつくってあそぶ」，一般対象の探検学習として「チャシを探る」，「ユーカラとムックリの夕べ」，「土器をつくろう」，ムックリ，料理などの講習会が行なわれてきた。これらの通常業務のほかに，少数民族との文化交流のため外国訪問したり，彼らを受け入れたりしてきた。とくにニブヒ，サーミ，樺太アイヌ，ウイルタなど北方圏の民族との交流がしばしば行なわれている。そのひとつの重要なイベントが1989年9月に行なわれた「北方民族国際フェスティバル」である。

これらの公開の事業のほか，完全にみずからのため，若い世代に伝承するための事業もある。現在まで行なわれてきたもののなかでもっとも重要なのはイヨマンテ(熊の霊送り)である。1989年と1990年に実施され，1回目は日高・沙流川地方振内(旧フレナイコタン)出身で当時道東・屈斜路湖畔に在住の伝承者故日川善次郎翁の指導に基づき，2回目は同翁が祭司をし，白老地方独特の方法に可能なかぎり近いイヨマンテを行なった(SMDF, 1990 b；アイヌ民族博物館, 1991)。その他にそれぞれ必要なときには古式に基

づいてアイヌの儀式がしばしば行なわれている。たとえば，展示用のヌサ（祭壇）を衣替えするためイナウ（木幣）を制作したり，イナウセシケ（イナウを立てる）を行ない，毎年5月に見学者とポロトコタンの安全を祈願したり，新博物館の着工の際の地鎮祭，開館の際の新築祝いの儀式，チプサンケ（船おろしの儀式），シヌラッパ（祖霊祭），チセコロカムイ送り（家の神送り），イワクテ（船送りの儀式）を行なってきた。

2. ポロトコタンと観光

2.1 観光システムとその傾向

　ポロトコタンを訪れる見学者の8割以上は団体旅行の観光客である。その理由はポロトコタンという施設の見学が旅行業者との契約によって，北海道をまわるツアーのコースに含まれていることがあげられる。しかし，ほかにレジャー施設や温泉などがないので，観光客は白老に宿泊することはなく，せいぜい40分から1時間ポロトコタンで過ごすことがふつうである。その時間内で見学できるものはつぎの第2.2.3項「観光客の見学コース」で取り上げる。

　戦後になってから，北海道の観光ブームになり，ポロトコタンにも観光客が漸増して，1964（昭和39）年には56万余人にのぼった。それからもまた毎年増加し，1989年に80万人をこえたが，1992年度は9月現在の入場者数は前年度より減少している（表7.1）。それは自家用車の家族連れや個人の見学者の変化による影響というよりも，団体客の減少によるものであるといえる。この現象は白老だけではなく北海道全体にみられるものであるが，白老の場合はとくに1992年度に登別にオープンしたふたつのテーマパークによる影響が多少あるかもしれない。道南をまわるほとんどの観光コースは登別温泉に泊まることになっており，白老は北海道にあるアイヌ文化をみられる施設として，宿泊地の中間にある，休憩をしながら訪れる場所ということになっている。観光バスの通るルート沿いにほかの観光施設が新たにできたため，競争が生じてきたと思われる。ただし，新しくできたほかの観光施設はアイ

表7.1 1976(昭和51)年からの年度別入場者数

年度	総数	年度	総数
1976	623,559	1985	579,597
1977	570,954	1986	613,999
1978	599,327	1987	707,064
1979	634,788	1988	733,587
1980	645,052	1989	806,486
1981	616,374	1990	840,116
1982	579,551	1991	871,621
1983	548,391	1992	668,283
1984	602,166	(10月まで)	

ヌ文化とはまったく関係がなく,北海道に独特なものでもない「伊達時代村」と「中国庭園華園」というテーマパークである。したがって,ポロトコタンは北海道独特のアイヌ文化をみられる場所として,旅行業者に対しての影響力がまだ強いとも思われる。

2.2 ポロトコタンに関する宣伝

　白老ポロトコタンは北海道の観光ガイドブックにアイヌ文化が保存されている施設として必ず掲載されている。多くの本には北海道における旭川の近文,日高の平取とともにアイヌの3大居住地として紹介されることがほとんどである。ガイドブックには野外展示や博物館などポロトコタンでみられるものの説明が書かれている。さらに,いくつかの本には色彩化され,「一般観光客もアイヌの衣裳を着けて一緒に踊りを楽しんでいる」(坂口,1980：100)というような文章がみられる場合もある。

　ガイドブック以外でも,北海道の観光キャンペーンのなかで,ポロトコタンに関しては,白老観光協会が発行しているポスターや旅行業者が出している北海道のツアーを紹介するパンフレットに紹介されている。最近印刷されたポスターはポロト湖と丸木舟をモチーフにしたものである。民族衣裳を着た男女が丸木舟に乗り,女性の方がムックリを演奏しているシーンが描かれている。このポスターの背景にはポロトコタンがみえ,舟は比較的に遠くにある。以前のポスターにはポロト湖の自然のなかで丸木舟がクローズアップ

されたシーンが描かれていた。

　このようにポロトコタンに関して注目されるものは大自然，丸木舟，民族衣裳，ムックリである。このような印刷物のほとんどは，観光客がもっているアイヌと北海道のイメージに呼応するものなのである。

2.3　観光客の見学コース

　上に述べたようにポロトコタンを訪れる見学者のコースは主に野外展示，博物館，工芸の家で成り立っている。団体で訪れる観光客はせいぜい40分から1時間くらいをポロトコタンで過ごすのがふつうである。

　民芸会館を出てからまず受付を通ると，コタンのシンボルである16mのコタンコルクル(むらおさ)の像が目の前に立っている。手にもっているのはイナウ(木弊)であり，コタンを訪れる人々の安全をお祈りしているのである。その前には記念写真撮影の台が設けられている。ある程度の人数がまとまると(主に団体対象で)，奥のチセとその広場で10分くらいの「コタンの解説」(「コタン」はアイヌ語で「集落」を意味する)と5分くらいの踊りが行なわれる。

　奥のチセのなかに展示されているものはつぎのとおりである。アッツシ，木綿の着物，イヨイベ(宝物)，イナウル(削り掛け)，入れ墨をしている姥の写真，アイヌ語の語彙リストとそれにあたる日本語の語彙が書かれた看板，炉の上からぶら下がった保存食品である。解説は4人交替で行なわれ，内容としては人によってそれぞれ多少違うところがあるが，アイヌの生活についていくつかの点を説明することが基本となっている。そのなかでアイヌ語，食べ物，家のつくり，イヨマンテ(熊の霊送り)，信仰，漆器類，着物について必ず話すのである。基本的な解説の内容は，たとえばつぎのとおりである。

　　「皆さんここに来る間にアイヌ語でいくつかの言葉が放送されたと思うが，チセとかイヨマンテとかコタンとか。チセというのはアイヌ語で家のことをいう。イヨマンテというのは熊祭りというふうに以前は紹介されていたが，今は熊の霊送りというふうに訳されている。コタンは村

のことをいう。ここは昔白老にあったアイヌコタンを昔に近い状態に残している施設である。ポロトコタンもアイヌ語である。そして，白老と読んでいるけれども，漢字はあて字となっている。アイヌ語ではシラウオイという発音である。これは虻の多いところという意味になる。この虫が昔は非常に多くてこの地名になったといわれている。ポロトコタンは大きい沼の側にある部落・集落という意味である。ポロは大きい，トは沼とか湖，コタンは町，村，部落になる。これで大きい沼の側の部落・集落という意味である。

　こちらに書かれているアイヌ語をみてください。皆さんもひとつかふたつは知っている言葉があると思う。先のお客さんはメノコという言葉を知っていた。メノコというのは東北地方でもよく使われていた言葉らしい。イヌのことをセタというが，やはり山形付近でもイヌのことをセタといったりする。単語のいくつかは日本語とたいへんよく似ている言葉である。たとえば，トナカイというのはもちろん本州にも北海道にもいない動物です。このトナカイというのはサハリンのアイヌの言葉である。トドとかラッコとかオットセイとかといった言葉もアイヌ語である。このように意外と生活のなかで多く使われている言葉である。北海道の地名も言葉をひとつひとつ訳していくとその地形と一致する。北海道の自然だけではなくて，言葉を紐解いていくとアイヌの自然に対しての考え方や暮らしなどもわかると思う。こういった資料は博物館の方で用意しているのでそちらの方でお求めになってください。

　そして，アイヌ民族というのは北海道における先住民族であり，また北海道の開拓に大きな足跡を残した民族だといわれている。自然のなかにいて，昔は自然のなかにあるものを神様として信仰することによって，毎日の生活を支えてきたといわれている。食生活というのは自然のものをとってきて食料にし，畑をつくるということはしていなかった。これは本州との交流が始まってから，初めて畑をつくる。焼畑で面積自体は広くないのでものを植えても多くの穀物はとれない。だから，いろいろな動物の肉，魚，山菜，多く食べていた。北海道の川にはサケがたくさ

んのぼってくるし，アイヌの村もそのサケがのぼってくる川の近くに多くつくられ，人が住んでいた。だからサケはやはりアイヌの生活にとってたいへん重要な食料だった。

　だいたいこういうふうに燻製にする。家のなかに入れる前は外に干してあった。冬の間に外に干すのであるが，水分があるから凍る。その凍ったものを切って，口のなかに入れて溶かして食べることをルイペという。ルイペというのは今高級な料理になっているが，もともとアイヌのルイペ，溶かしたもの，溶けるという意味である。動物だけを食べていたわけではないので，植物もたくさんとっている。これはその代表的なもので，ユリ根（ウバユリの根茎）をつぶした保存食である。ユリ根をつぶして，乾燥しておくといつでも食べることができる。料理のなかに入れたり，おなかが痛いときは水に溶いて，飲んだりしたようである。基本的にどの料理にもタラとか動物からとった油で味つけをして，食べる。それで，この薄い着物でも冬を過ごすことができたようである。

　つぎに家の説明をします。家のことはチセといったが，チセのつくりはみんな同じで，ご覧のように白老地方では窓は3つである。入り口から入って，正面の窓が東に向くように家が立っている。東から西に長方形に建てられる。家の大きさはこんなに大きくはなかった。実際に昔建っていた家の大きさというのはこれの1/3くらいの小さな家である。土間の上には藁や草を敷いて，その上に今はここに敷いてある蒲草で織った敷物を敷く。だから，板の間よりはずっと暖かかったようである。窓は3つ，東側にひとつ，南側にふたつと決まっている。

　我々の先祖は昔からたくさんの神様を信仰していた。太陽様，お月様，星様，山，海，川，ここに神がおられ，そのなかでも炉のなかにいる火の神様がもっとも大切な神様で，家族の者を火の神によって守っていただくということである。東側にあるのは神窓ですが，山でクマを獲たならばやはりこの窓から入れてくる。神窓は，内側から外に向かって，ごみを捨てたり，外からこのなかをのぞきこまれることを非常に嫌うということである。神窓の正面には祭壇がある。あの前で皆さんのご存じの

イヨマンテという熊の霊送りの儀式が行なわれる。なぜアイヌがクマを殺すのかとよく質問を受けるが，私にもちょっとわからない。が，自然のなかで生きる人々，動物というのは絶えてはいけないのである。だから，クマもやはりまた神の住む世界に帰って，また人間界に降りてくるという考えをもっている。熊の霊送りの場合にはあの前で解体して，あの神窓から家のなかへ迎えられる。踊りをみせたり，ごちそうを振る舞ったりして，もてなしてからまたあの神窓から神の住む世界に帰してあげる。それでまたいつか人間の世界に暖かい毛皮と肉をもってやってくるという考えをもっている。この儀式はだいたいクマ狩りが始まる11月から12月にかけて北海道全域で行なわれていた儀式である。クマがふだん神様，アイヌ語でカムイとよばれている動物である。
　今度，漆器類をみてください。北側の角にあります。漆器類を並べている下の1段高いところは今の床の間といっしょのところになっている。上に並べている漆器類はアイヌ民族がつくったものはひとつもない。昔，本州の方にいた武士の方々，大名の方々の屋敷で使っていた漆器類である。その屋敷の方々が使わなくなったものを商人の方にはらいさげて，商人の方が北海道へもってきたのであり，それをアイヌ民族がもっていたいろんな動物の毛皮類，鳥の羽，魚を燻製にしたものと交換をして，手に入れたといわれている。この漆器類自体が宝物，財産であるので，毎日の生活には使わず，儀式のときだけに使うといわれている。とくに熊の霊送りのときはあのなかにお酒を入れたり，供物を入れたり，というふうに使っていた。長く使われていたが，大切に扱っていたことから今でも昔アイヌコタンがあったところにはたくさん大切に保管されている。
　漆器類といっしょにこの木綿と陣羽織もアイヌの手に渡っている。木綿が入る以前は動物の皮とかを材料にして着物をつくった。そのなかでもずっと長く着られていたのはこちらの木の皮でつくったアッツシという着物である。お年上の人方はアッツシというのは聞いたことがあると思うが，今でも東北とか北陸では使われている言葉である。アイヌの

アッツシの材料はこれである。オヒョウの木の皮である。これは春先にとってきて，水につけて，乾燥させるとこの薄い皮がとれる。これを糸にして着物をつくっていく。実際に木綿より暖かい。雪が降ったり雨が降ったりというときも水を通さないし，ある程度水分が吸収され，目が詰まって，水とか風は通らない。だから，本州から来た出稼ぎの漁師とか開拓に来た人も好んで着ていた着物である。模様の入っているのが礼装用となる。ふだんは模様のないものを着る。模様は地方によって形がかわっているので博物館の方の着物をみて，比較してみてください。私が着ているのは白老地方，ここのコタンの着物である。

　しかし，もう街のなかではこういう建物もなくこういう生活もなく，今は生活であっても，教育であっても，皆さんと同じである。かわるところがない。ここに残している建物は保存施設として今は公園のなかに残している。今は皆さんと同じ生活であることをご紹介し，私の説明を終わります。遠いところありがとうございました」

　これはアイヌ文化について基本的に説明されるものであるが，解説者によって多少の違いがある。たとえば，男性の髭と女性の入れ墨について，「昔の風習では男の人は成人になると髭をのばす。女性はそちら側の写真のように(東側の壁にはってある写真)口のまわりに入れ墨を入れる。これは12-13歳のときから入れ墨を始めて，成人までに完成する。入れ墨を完成すると結婚が許される。明治に入ってから禁止になっている。だから，今はこの風習はないけれども，禁止になった後でこっそりと入れ墨を入れた人が今でもこの北海道のなかに4名ぐらいいる」と説明する人もいる。もう一人は着物の模様について「模様は魔除けの模様である。とくにえりとかそで口にはたくさんの模様がついている。悪い魔は入ってこないようにという工夫がされている」と説明したりする。それに，最後の「ありがとうございます」というのをアイヌ語で「ヤイライケレ」ともいう人もいる。

　踊りの内容は当初からかわらなく，夏季間には広場で，冬季間にはチセのなかで簡単な紹介の後，ムックリの演奏，ピリカの歌，イヨマンテリムセの

順番で行なわれる。その紹介は「ムックリの音色からお聞きください。コタンの娘が遠く離れている愛しい人に自分の思いをこのムックリにためて自分の恋心を伝えたといわれている。つぎに童謡ピリカの歌をお聞きください。明治30年ころにコタンの子どもたちを集めて，教育した学校があった。学校の先生が子どもたちに明るい心をもたせるためにできたのが童謡ピリカの歌である。今では観光バスのガイドさんなどにも歌われ，よくご存じの方もいらっしゃるかと思うが，本当はこの白老でできた歌である。つぎにイヨマンテの踊りを始めます。この踊りは熊の霊送りやお祝いのときの踊りである。私たちの方には昔から伴奏楽器がないので手拍子をとり，歌声にあわせて踊る」という内容である。残りの時間で博物館，工芸の家，北海道犬，熊飼育場などの施設を自由に見学することが一般的である。

　このような紹介からアイヌ文化の代表的なものというのは，アイヌ語のいくつかの言葉，食べ物，家のつくり方，信仰，着物，無形文化といわれる唄・舞踊であることがわかる。さらに，そのなかでとくに代表的なものがあり，食べ物のなかではサケとウバユリ，家のなかでは窓の位置，敷物，漆器類，着物のなかではアッツシ，唄・舞踊のなかではムックリの演奏，イヨマンテの踊り，ピリカの歌というものが白老ポロトコタンではアイヌ文化を代表するものになっている。ポロトコタンを訪れた見学者にこのようにアイヌ文化が紹介されている。

3. アイヌ文化保存・伝承活動の事例

3.1 アイヌ語講座とアイヌ文化教室

　1980年代以降，アイヌ語とアイヌ文化の継承の重要性が考えられるようになり，1983年に沙流川郡平取町二風谷に最初のアイヌ語教室が開設された。それ以来，全道で8カ所にアイヌ語教室が開設され，北海道ウタリ協会の各支部によって運営されている。そのなかの白老支部のアイヌ語教室は1990(平成2)年に始められた。さらに，同年から現在に至るまでアイヌ民族博物館の2階の研修室で，アイヌ文化教室とアイヌ語講座は月に1回程度で

行なわれてきた。一般町民対象の事業であるが，目的は職員のアイヌ文化に対しての知識を深めるためである。したがって，ほとんどの参加者がポロトコタンの職員である。アイヌ文化教室は「白老町のアイヌ語地名について」，「ユーカラの入門」，「アイヌ民族の服飾文化」，「アイヌの住居について」，「白老のアイヌの生活」，「アイヌ民族の口承文芸」，「白老のユーカラ」などをテーマとし，博物館の特別研究員や学芸員などを講師として開かれた。

3.1.1 アイヌ語講座

参加者のほとんどは職員で，そのほかは関心をもつ町民や隣接の市町村から来た人々であった。聴講者は積極的に会にかかわり，講義の雰囲気ではなく，誰でも知識のあるかぎり参加できる場である。したがって，それぞれ地方によっていい方が違う場合，参加者がそれぞれの出身地のいい方を教えたり，比較したりする。とくに千歳出身のアイヌ文化伝承者白沢ナベ（故人）が聴講者として参加するとき，教室はより活発となった。

1992年度に行なわれたアイヌ語講習会に私も3回にわたり参加したが，1回目は9月26日に，「アイヌ語の発音と日本語と似ているアイヌ語」をテーマとして行なわれ，参加者は22名であった。2回目は10月31日に，「アイヌ語のあいさつと呪文（おまじないのことば）」をテーマとして行なわれ，参加者は28名であった。3回目は11月28日に，「アイヌ文学のいろいろなジャンル」をテーマとして開かれたものであった。

3.1.2 アイヌ文化教室

この参加者も同じようにほとんどは職員で，そのほかは関心をもつ町民や隣接の市町村から来た人々であった。参加した3回の教室のうち，1回目は1992年9月20日に行なわれたバス見学会で，「山田秀三・知里真志保両先生の足跡を訪ねて」というテーマで，参加者が30名であった。2回目は11月1日に，「ユーカラの入門」をテーマとし，博物館2階の研修室で開かれた。3回目は11月29日で，「アイヌの食べ物」をテーマとし，参加者は26名であった。アイヌ文化教室の雰囲気も形式的な講義とは違って，聴講者が

自由に発言していた。聴講者は積極的に教室に参加していたのであった。

3.2 物質文化の保存と伝承——シナの皮の採取と処理を例に

物質文化の保存と伝承の事例としてアッツシ（attus：樹皮衣）の反物を織るための皮はぎとその処理の作業を取り上げることにする。アイヌの衣服のなかで植物を使ったものが樹皮衣と草皮衣があるが，アッツシにはオヒョウをはじめ，シナノキやハルニレなどの内皮の繊維が使われている（中川・佐々木ほか，1987：71）。立木の皮を下からはぎあげ，はぎとった皮の外皮と内皮を取り分ける。内皮だけを温泉か沼に漬けておき，やわらかくなったら流水でぬめりをとりながら数枚にはがす。それを天日に干し，糸に紡ぐ。それで反物を織り，古くから伝統を守っているアッツシを完成する。今回，私は皮はぎと皮を乾燥させる前までの作業に参加したが，その作業は以下のとおり行なわれた。

1992年8月3-4日（月・火）に採取し，8月24日（月）に処理を行なった。3日の朝10時ごろ車2台で当時の学芸部長，学芸員1人，学芸課の職員1人，伝承課工芸係の職員2人，私の6人で様似に向かって博物館を出た。途中で二風谷の方にそれ，そこで発掘現場と近くのアイヌの墓地をみるため，1時間くらい過ごした。二風谷からは翌日にシナの皮をとりに行く予定だった森林の所有者の息子が参加し，車に同乗した。様似の手前で，土地の所有者の材木屋に立ち寄り，つぎの日の予定を打ち合わせ，夕方の5時ごろ様似に着いた。旅館に着いて，食事の後，翌日の打ち合わせをした。つぎの日の作業と当時全員がかかわっていたアイヌ民族博物館の問題がその夜の主な話題だった。

つぎの日の朝に様似を出て，車で個人所有の森林に入って，皮はぎの作業を行なった。これはほとんど男性が行なうものである。まず，シナの木を1本選んで幹の皮に鉈で切り目を入れて，皮をそこからはがしてみて，利用できる状態であるか否かを判断し，その木を切り倒してから，できるかぎり全部の皮をはがした（材木屋の都合にあわせて木を切り倒したと思われる）。これと同様に木を選んで，切り倒し，皮をはがすことの繰り返しで，4本のシ

ナの木の皮を採取した。「昔は木が立ったままで1/3くらいの皮をはがして，また縛っておいた。そして，何年かたって，また皮がはえたころにはそのはえた半分をはがしていたんだって。本当かどうか知らないけど」ということで，昔は木を切り倒してはいなかったという。

　男性が木の皮をはがしている間に，女性が外皮と内皮の分離の作業を行なう。はがした皮をとり，手で適当なところで外側に折り目が出るように折り，そこからさらに内皮と外皮を手ではがす。昔は歯で外皮を挟み，手で内皮をはがしたらしい。

　利用する内皮は繊維が切れないように軽くまとめて束にし，外皮はそのまま地面に捨てる。1本のシナの木でだいたいサラニップ（入れ物）を3つ，または，アッツシの反物を1反製作できる。「これぐらいの木だったら反物1反，着物1枚分がとれる。kgでいったら糸にして，1.3 kgくらい。去年は足寄というところで，3本くらいのオヒョウをはがして，15 kgくらいの皮をとってきた。幹の皮は縦糸に枝の皮は横糸に使う」という。最後の1本の木の皮は分離せずに束にし，持ち帰った。夕方に現場をたち，夜に博物館に帰り着き，材料を整理して作業が終わった。

　本来，採取の時期は5-6月であるが，博物館の都合や材料の入手が困難なため，8月になった。「春先は南側でも水がどんどん吸い上がるでしょう。今の時期というのは木の成長が悪い時期だから日にあたらない北側の方がましです」という。しかし，今回は南側のも北側のも全体に皮をはがして採取した。シナの木は2種類があり，ふつうにアオジナとアカジナとよばれている（アオジナの和名はオオボダイジュで，学名は $Tilia\ maximowicziana\ Shirasawa$ である。アカジナの和名はシナノキで，学名は $Tilia\ japonica$ (Miq.) Simonkaiである）。「実際にはアカジナの方が繊維が厚いので，本当はアカジナの方がいいです」という。しかし，今回採取したのはアオジナである。

　つぎに行なう作業は内皮の処理である。8月24日に，ポロトコタンのクマの檻の後ろ側で，私を含めて計7人で行なわれた。朝早くから湯を沸かした。昨年はオヒョウもシナも採取し，処理したが，シナの場合は煮る時間が

約5時間で，オヒョウより2倍時間がかかったという。湯が沸いたら，ふたつの容器それぞれに，5 kgと2 kgの皮を入れた。さらに，それぞれにあくをとるために苛性ソーダを500 gと250 g入れ，ときどき様子をみながら待っていた。1時間半がたってから5 kgの方に300 gの苛性ソーダを加えた。午後，火を消す前に2 kgの方はシナではなく，昨年採取したオヒョウであったことに気がついた。全部で3時間40分でできあがった。そして水にさらし，さらに手でていねいにはがしたものを束にし，最後にその束を糠につけ，2-3日間おいておく。

　糠につけることは，このとき初めて実験的に行なう作業で，皮の色をもっとも淡くするためであるという。この処理作業を行なうことにしたのは，シナ皮を使った織物についての山形県米沢市で取材されたテレビ番組をみてからである。「シナ皮を3-4日糠に漬けて晒します。これは色だしといわれる一種の精練作業でシナ皮の濃い褐色がこの作業で淡い褐色にかわります」というテレビの解説にヒントを得たものである。

　残念ながらほかの作業には参加ができなかったため，観察していないが，つぎに行なう作業は皮を糸に紡ぐものである。また，採った皮の一部だけを昔風の方法で処理することにし，ポロトコタンに流れる川の流水にシナ皮を数日間漬けたり，数枚にはがし，天日に干したりすることも行なった。

　このように，昔と現在の方法にいくつかの違いがある。まず第一は，木を切り倒さずに皮をはがしていたことに対して，現在では切り倒してから全部の皮をはがす。第二は，かつて樹皮を温泉に漬けていたことに対して，今では煮るようになっている。第三は，現在ではあくをとるために苛性ソーダを使ったり，色をよくするために糠に漬けたりする。これらの3つの主な違いをあげることができる。

3.3　儀礼—イワクテ(船送り)を例に

　儀礼の事例として船送りの儀式を取り上げることにする。この儀式のことはアイヌ語でイワクテという。今回のは船の霊を送るものであったが，「ものを送ること全部をイワクテという。使ったものだけではなくて，イワクテ

は動物でも人間でもないものの魂を送ることだ。つまり，人間のために役立ったものを送ることである。家でも船でも帽子でも着物でも皆そうだ。ものはただ火の神様を通じて，もらってきたものだから返すのは当然のことだ」という。

1992年11月30日(月)にポロトコタンで船送りの儀式が行なわれた。使用できなくなった船の霊を送る儀式である。とくには宣伝をせず，参加者のほとんどはポロトコタンの職員だった。ポロトコタンは相かわらず営業中だったが，冬の時期で観光客が比較的少ない方だった。

数日前から儀式に使う道具と供え物の準備で忙しかった。まずはイナウ(木弊)，ヌサ(祭壇)にござをつけるための串(シトニッ)などの製作は数日前から始まった。2-3人の男性の職員が儀式の前日にイナウをつくりながら，「白老ではヤナギを使わない。ミズキの方がめずらしいからミズキを使う。先が細くてくるくるまわっているイナウはだめ，格好よくない」と話していた。そして，イヌンペサウシパ(尺度の役を果たす木の部分)がついているマキリ(小刀)はイナウをつくるためのマキリである。「このマキリを使うと，イナウル(削り掛け)はよく削られるが，はずれやすく，はずれたら怪我しやすいから，今ではほとんどの人はイヌンペサウシパが一体となった鉄で加工したマキリを使っている」という。これまでの作業は男性がかかわる準備である。

女性の方は数日前に酒をつくり始めて，前日に6-7人で団子をつくった。静内出身の織田ステ姥(故人)によると，この団子はアイヌ語でニッオシト(串に連ねた団子)とよんでいたという(アイヌ民族博物館，1991：11)。団子の材料は全部で約2.5 kgの米粉(5割がもち米で5割がうるち米)で，それと湯である。もち米とうるち米の粉をまぜておき，へらでまぜながらそれに湯を加える。「680 gの生地で，15 cm×1.5 cmの大きさの団子1個になる」という。そして，重さと大きさをはかりながら，まんなかに穴をあけて，形ができたら15分茹で，冷ます。この材料で12個をつくって，あまった生地で小さい団子，シトギを十数個つくった。つぎに，供物にするのに2人の男性が6個ずつを串でさし，イナウル(削り掛け)で飾った物を用意する。

つぎの日の主な流れは朝早くの酒こし，ヌサイナウ立て，沼に面した新しいヌサの製作，チセでのカムイノミ（神への祈り），新ヌサでのカムイノミ，船の解体，カムイノミというものである。

酒こしは作業は女性3-4人が薄くて水っぽい酒と濃い酒をざるで分離し，別々においておく。ざるの上に残っているもの，つまり濃い方は「サツ」といって，「こっちの方がえらい神様にあげるけれど，えらくない神様がたくさんいるらしいので，そちらも飲んでください。下のお酒，女・子どもも飲んでもいい」といわれる。

酒こし作業以外は全部男性が行なう。カムイノミが行なわれる工事中のポロチセで男性がござを敷いたり，トゥキ（椀）とパスイ（酒捧箸）をおいたり，会場の準備を行なう。そして，用意されたイナウを窓から出し，ポンヌサ（小祭壇）とポロヌサ（大祭壇）にイナウを立てる。ポンヌサに，1本のキケパラセイナウと4本のストゥイナウと1本のチェホロカケップイナウを立て，ポロヌサに，1本のキケチノイェイナウと2本のチェホロカケップイナウを立てた。そして，ポンヌサの神様に米糠を根元に撒いた。「ヌサの神様にあげるものである。ポンヌサにあげるというのはヌサコロカムイが穀物・食べ物の神様だから，あげる。結局あまるものでね。それで後ろに捨てないで前にあげる」といわれる。イナウを立てている間に，女性が少しお酒が入ったざるをもって，チセの戸口の神様にお酒をあげ，ざるで3回くらいたたく。「皆でお酒を飲んでください，戸口の神様からほかの神様に伝えて，皆で分けて飲んでくださいというお願いで，女性がやる」といわれる。

祭司は，「先に神にお願いして，これからはこういう儀式をするので，無事に神のもとへ帰れるようにということだ。それからつぎの段階，つぎの神様にお願いをして，そこでまたカムイノミをして，すべて無事に始まりますと，1回1回カムイノミで伝えながら，ひとつひとつ確認しながらいうことである。だから2日かけても3日かけてもいいということだった」と，手続きの流れをひとつひとつ説明をしながら参加者に役割を与えたり，祈りの言葉を教えたりして儀式を行なった。

後ろの風景に山が入るようにして沼に向かうヌサをつくった。端とまんな

かに棒を立て，それに模様入りのごさをつけ，その前にイナウを立てた。12本のキケパラセイナウと12本のチェホロカケップイナウと22本のストゥイナウを立てた。ヌサができあがる時点で神聖な場になるため，女性は儀式に参加しないばかりか，みることすらもしない。「ヌサにござをつけたらもう女の人は後ろを歩かないでください」というような忠告がしばしばあった。新しいヌサができあがったら，2台の船はそのヌサの手前におき，チェホロカケップイナウを1本ずつ船頭につける。

つぎに，カムイノミの会場，ポロチセへ移動し，男性たちは自分の席に座る。祈りはオンカミ(挨拶・礼拝)から始まる。そして，祭司がアペフチカムイ(火の神)へカムイノミをする前に，ほかの人にそれぞれの神様への祈り言葉の内容をくわしく説明した。アペフチカムイのほか，重要な神はコタンコロカムイ(村を司る神)，チセコロカムイ(家を司る神)，ヌサコロカムイ(ヌサを司る神)，ハシナウカムイ(狩猟の神)である。

まず，コタンコロカムイの祈り言葉は以下のように述べるという。

「コタンコロカムイが守ってくれなかったら困った。たいへん感謝いたします。つくったこれをあげますから，手で受け取ってください。それに自分の子どももいるし，家内もいるし，皆でお祝いのものとしてとってください。今は昔みたくうまくいえないし，わからないけれども，とにかく，我々の気持ちがわかって，受け取って，自分たちの仲間のなか，親戚全部にまわしてくれるように，けっしてそのひとつの神様も忘れないでやってくれるようにお願いします」

そして，チセコロカムイは現在白老のチセにはいないが，カムイノミが行なわれるべきであるという。祈り言葉は以下のように現在の事情とその理由を述べている。

「ここのチセコロクル(家主)が神様になってしまったのでここにあったチセコロカムイも上の国へ送って，今は形がないけれども，いずれか

違って一生懸命何とか考えるから，神様にあげますから受け取ってくだ
　さい。おわかりだろう。ぜひがんばって，いいように守ってください」

　つぎに，全部の儀式にかかわっているヌサコロカムイに，過去の船を送る
ことになった理由をずうっと述べるべきであるという。続いて，ハシナウカ
ムイへの祈り言葉をつぎのように述べる。

　「これからも自分たちの毎日食べるものを授けてくれる神様にありが
　たいと思っています。ほかの神様は今回かかわりがないが，こういうこ
　とがめったにあるから受け取った後，ほかの神様に公平に忘れることが
　なく，分け与えてください」

　そして，皆がそれぞれの神のところ(ヌサかチセのなかか)へ行き，カムイ
ノミをした。終わった人は残った酒を全部飲み，またオンカミし，さらにほ
かの神様にカムイノミをする。
　今度は，トマリコロカムイ(舟付き場を司る神)へ以下のように祈る。

　「この湖にこの船を浮かばせていた。この湖があって，あの船もあっ
　た。だから，これは我々の売り物であり，金儲けしてもらいたい」

祭司は，「こういうふうになったという経過を全部話して，この船を送る
ためにお酒をつくってもらって，これができたのでまずこれをあげますとい
います。祈り方によって，今度の天気がどうなるか，間違ったらたいへんに
なる。神様の名前をよんで，振り向いてもらったようだと思ったら，その神
様にいってあげてください。どうぞ，お始めください。終わったらめしあ
がってください」と説明する。そして，若い人もそれぞれほかの神様，ワッ
カウシカムイ(水の神)，川の神，海の浜辺の神などに祈る。
　最後に，「このカムイノミはこれで終わりです。お願いしたことが，確か
ですね」と，神様に向かって確かめて，ありがたい気持ちを伝え，終わると

いう。飲みたい人は自分で飲み，あるいは女の人をよび，残りの酒を飲んでもらう。

女性たちが残りの酒を飲んでいる間に，一人の男性が，客をよぶ神様に（名前が不明・沼の神だと想像できる）「ありがたいと同時に，もっとお客を入れてくださいという気持ちをゆっくり伝えてほしい」と祭司に頼む。これが終わったら皆いっしょにもう1回オンカミをし，「子どもたちがやるものだけれども，いないから，誰か飲んでくれる人がいたら，アペフチカムイの酒をとって飲んでください」ということで終わる。若い人が神窓側から道具をさげ始める。

つぎに，全員が新しいヌサの方に移動し，ここでまたカムイノミをする。「皆さん，この神様に感謝してください。そのおかげで大きく儲けただろうから。これのおかげでまた観光にもなったから，ありがたいということを皆伝えてほしい。お客様の方向をかえてくれてこれまで本当に我々のためにいろんな人と必要なものそなえて，これからもまたお向かいすることをお待ちしております。どうぞよろしくお願い致します。ありがとうございます」と祭司が指導する。ところが，一人の博物館の理事が「先生，観光という言葉ではなく，普及という言葉を使った方がいい」と勧めた。

ここでのカムイノミが終わって，ヌサの前で船を分解した。儀式が始まる前に選んだ木のもとへ折った船の断片と必要な道具をもち，「この木を選んだおかげで我々がうまくできて，ありがとうございました。左にあるのはあなたがほしいといわれたもので，あなたはどう使うかわからないけれども，もっていってください」という祈り言葉を述べる。ほかの人が片づけている間に祭司は新しいヌサの方に戻り，またアペフチカムイにカムイノミをした。ヌサは翌日まで片づけないでそのまま残した。

これでイワクテが終わった。とくに注目するべきことは，祭司が若い人に儀式の手続きの意義や祈り言葉の内容をひとつひとつ細かく説明しながら儀式を行なったこと，宣伝をせずにポロトコタン内で行ない，偶然訪れた見学者がそれをみることができたのみであったことである。

4. 分　析

4.1 ポロトコタンの発展

　白老での観光に関する活動は北海道のほかの地域より早く活発になったといえる。それと同時に観光と関連のない伝承の活動が行なわれてきたともいえよう。ただし，後者は同化政策や観光客の増加などの影響で衰え，白老で継承されてきたものは主に観光活動に関連するものであったといわれる。しかし，アイヌ民族，アイヌ文化をはじめ少数民族，先住民に対する関心が広まってくるとともに，それまで差別の恐れのためにアイヌであることを隠していた人々もアイヌであることに誇りをもつようになった。最近の白老にもこの傾向がみられる。

　観光の最初の段階では個人的に市街でアイヌの人たちがみずからの文化を紹介していたのである。ポロトコタンの誕生は大きな転換である。ポロト湖畔に移設した理由のひとつは戦後に入ってから観光客が漸増し，1964(昭和39)年には56万余人にのぼり，それまで使用されていた場所が不適当になったからである。ゆえに，ポロト湖畔に移設し，「アイヌ文化の保護と正しい紹介」(井戸，1975：709)という目的で，ポロトコタンが誕生した。この「正しい」という言葉が博物館の出版物にはしばしばあらわれる。「アイヌ文化に触れることがあったとしてもそれは道内のいくつかの観光地で紹介される，多少色彩化・演出化された形のものでしかなかった。そのため，すばらしい伝統文化が継承されていながらも，多くの人々にはその本質が伝わらず，逆に偏見や誤解されていくことも決して少なくはなかった」(SMDF，1983：2)。つまり，アイヌ文化の普及・紹介は個人から共同体へ，勝手な紹介から正しい紹介へという過程が生まれたようである。

　つぎの転換点として考えられるのは博物館の設立である。このとき，「アイヌの生活文化を多面的にしかも立体的に展示し，適切な普及事業を行う」という活動がつけくわえられるようになる(SMDF，不明)。そのための学芸員が配置され，それまでのアイヌ民俗資料館の展示・保存活動に対して，

さらに無形・有形資料の収集，保存，整理，分類や複製資料の製作，調査研究，普及事業など，活動の範囲が拡大してきたのである。これらの活動は第1.1.3項の「活動」に取り上げたように，現在まで続けられている。

4.2 ポロトコタンの活動のもつ意味

現在のポロトコタンの活動は大きく3つの範疇の事業に分けられる。
(1)ポロトコタンを訪れた見学者を対象とする事業，
(2)一般町民・職員を対象とする普及事業，
(3)職員のみを対象とする伝承事業，
である。

見学者を対象とするもの，つまりみせるもののなかで必ず行なわれる，時間的に最長であるのは解説と舞踊，展示である。舞踊の内容が昔からかわらず，「白老に行けばムックリ，ピリカの唄，イヨマンテリムセ，この3つのことがみられる」といわれているとおりに行なわれる。舞踊をはじめ，クマの木像やトーテムポールなどが観光客のもつアイヌ像，北海道の「大地」，「自然」とともに調和して生きてきたアイヌ民族のイメージに相当する。しかし，そのイメージに相当するもののなかには，本来アイヌ文化には存在しなかったものが多い。ムックリとイヨマンテリムセを除き，クマの木彫りやピリカの唄などは和人との接触から生じたものである。本来，その文化に存在しなかったものはその民族の精神には根づいていないものといえ，まさにそのゆえにこそ商品化することにはあまり抵抗がなかったと思われる。したがって，見学者の印象にもっとも残るもののなかには本来アイヌ文化には存在しなかったものも多いのである。

アイヌ民族が自然とともに調和して生きてきたというイメージは，見学者に伝わってくるが，その一方で，今でもそのような原始的な生活をしている人がいるという偏見や誤解を招く危険がある。このため，見学者にアイヌ文化についてより正しい認識をもってもらうように解説を聞かせることにしている。対象とする観光客のほとんどはアイヌ文化に関心をもつわけでもなく，白老のポロトコタンがツアーのコースに含まれているために訪れるのである。

そのため，あまり関心のない人に差別を招く偏見や誤解をもたせないように，現在のアイヌの生活はふつうの日本人の生活とまったくかわらないことが解説のなかでよく強調される。「もう街のなかではこういう建物もなくこういう生活もなく，今は生活であっても，教育であっても，皆さんと同じです。かわるところがありません」ということが主張される。

　アイヌの生活もふつうの日本人の生活と同じであることが注目されるが，この解説に日本の社会における均一化を大事にする考え方があらわれていると思われる。そのため，見学者はアイヌ文化というものは今の人のふつうの生活には存在しないものであると思ってしまうのである。つまり，アイヌ文化が現在の日本人が認識するみずからの文化と違うということを，それが異なった文化であることによるのではなく，過去の文化であることによると思ってしまいがちである。たとえば，工芸のチセを訪れる多数の観光客にとって印象に残るものはキナテセ（ござ織り）であり，観光客側から「私たちもやったよね」という声をよく耳にする。しかし，ござ織り以外に日本文化にはなかったさまざまなものが展示されているのに，観光客の多くがござ織りに注目していることは，まさに，現在の自分たちの文化からの時間的な距離を感じ，アイヌ文化が原始的であるという意識，自分たちの文化と本質的にはかわらないのだという意識を明らかにしている。つまり，文化的な違いよりも，時間的な距離を強く感じることになっている。それはみずからの生活には意味のないものには注目しないことと，解説の影響でもはやその文化が存在しないと思うことによると思われる。このため，ほかの伝承・普及活動が行なわれているにもかかわらず，観光客には結局，これらの活動が行なわれていることが伝わらず，白老のポロトコタンの保存施設では，もう存在しない文化を見学者に紹介していると思われることが実情となっている。

　また，一般町民・職員を対象とする活動は，アイヌ文化に興味をもつ人に対しての普及事業である。アイヌ文化に関心をもつべきであると博物館が考える対象は，職員をはじめ，白老町民や小中高生など，施設のある地域に住む人々である。もうひとつの目的は職員のアイヌ文化に対する知識を高めるためである。これらの普及事業は学術的であり，正しい文化を伝承する目的

として行なわれる。学術的な伝承事業のひとつは工芸のチセでの仕事である。それは見学者に対してもみせるもののひとつになっているが，実際には，見学者にみせている意識はあまりなく，技術を伝承しているという意識が強い。つまり，伝承自体が目標であるという意識が強い。この範疇に入る活動は見学者を対象とする活動と違って，学術的にアイヌ文化を普及する目的で行なわれる。

　さらに，職員のみを対象とする活動，伝承事業はすべて儀式であり，神聖性・精神文化にかかわるものである。ほとんどの儀式が宣伝されずにポロトコタンのなかで行なわれている。「見せる」ためでなく，「若い世代のものたち自ら伝承していくため」（SMDF，1990a：2）のものである。これらの儀式は非公開で，通常実施されているものではないが，偶然にその場にいあわせた観光客はみることができる。たとえば，1990年と1991年にポロトコタンにイヨマンテ（熊の霊送り）が行なわれ，とくに解説がなかったが，見学者は営業時間内に行なわれたこの行事をみることができた。これらは伝承のみのためで，将来にもそれを観光客を対象とする行事にするつもりはまったくないそうである。

　1990年のイヨマンテは，沙流川出身の日川善次郎翁が祭司となり，その指導に基づきイヨマンテが実施された。「その第一の目的は，祖先伝来の伝統を決して絶やすことなく，しっかりと受け継いでいくために，若い世代のものたち自らが身を持って学ぶことにあります」（SMDF，1990b：序）という。1991年にはまた，「この経験を基礎に，今後若い者たちに白老の伝統をもっと調査研究させて，白老流の熊送りを復元させ，これを伝承保存させていきたい」（アイヌ民族博物館，1991：序）と考え，日川翁を祭司として，白老地方独特の方法に可能なかぎり近いイヨマンテを行なった。1994年に再びイヨマンテを行なう企画が立てられていた。

　イヨマンテ以外の若い世代に伝承させるために行なわれてきた儀式については第1.1.3項の「活動」に述べたが，私も見学ができたのは第3.3.3項「儀礼」に取り上げたイワクテ（船送り）である。これもやはり若い世代に身をもって伝統を受け継いでもらうための目的で行なわれた。この儀礼が行なわ

れた背景には，使わなくなった船をただ単に捨てるわけにはいかないからという理由があったのである。これはアイヌの考え方であり，「もらってきたものだから返すのは当然のことだ」という考えに基づく。つまり，アイヌの考え方からすれば，アイヌ文化の保存施設ポロトコタンで人間に役立ったもので，使わなくなったものは全部送るべきである，ということになるのである。この儀式を行なうことによって，その基盤になる考え方をまだ，ポロトコタンのなかだけであっても，いかすことができる。ただし，このような儀式がどのような意味で現在行なわれているのかは，見学者には十分伝わらず，見学者はやはりアイヌ文化というものはもはや存在しないと思ってしまうのが事実である。

　以上，ポロトコタンで行なわれる事業について述べたが，これら以外にポロトコタン以外の会場で行なわれるものがある。職員全員が会員である白老民俗芸能保存会による古式舞踊の公演である。これはアイヌ文化に関心のある者もとくに関心のない者も対象とするものである。ただし，これについては，アイヌ文化祭をはじめ，アイヌ古式舞踊鑑賞会や民俗芸能大会など，その文化に関心のある者を対象とする場合には，「ピリカの唄」のような本来アイヌ文化ではないものを披露しないことは注目すべきであろう。

4.3　観光システムの必要性

　ポロトコタンは，誕生した当初から「自分でできるものは自分でやる。自分でできないことはほかの方々にお手伝いしてもらう」(理事へのインタビュー)という方針で今に至っている。したがって，入場料が収入のほとんどであるので，入場者数が減るか増えることによって収入も違ってくるのである。現在，旅行会社と契約し，ある程度の安定性があるが，ツアーの観光客が来なくなったら不安定な状態になることは間違いない。旅行会社は何を見学できるかによってどの施設と契約するかを決める。現在までのところ，白老のポロトコタンはアイヌ文化に関するまとまった施設として，旅行会社には大きな影響力がある。

　ポロトコタンは地理的立地に恵まれ，入場者数が1989年から平均80万人

以上にのぼった。昔からポロトコタンの宣伝パンフレットに記されているものに観光客は期待をかけている。そのため、見学者の期待に答えるようにポロトコタンでみられるものの内容は、当初からかわらない。しかし、最近になって社会的にアイヌ文化に対しての意識が変遷してきたため、商品化も問題になってきている。つまり、何を商品化する、何をみせるかによってそれはアイヌ文化の代表的なものになってしまう。ただし、意識が変遷してきても、商品化が問題になったとしても、旅行業者の影響があり、みせるものの内容をかえることは非常に難しいことである。

　また、みせるものがかわらなくても、みせるものに対する意識が変遷してくる。白老の場合、最初のコンサルタント会社のころには経済的な問題が首位にあったと思われる。その時期には北海道の観光ブームのせいで忙しく、何をみせるのかを深く考えることなく、市街中で披露されていた舞踊と同じものをみせ続けてきたのである。そのため、白老ポロトコタンはアイヌ文化を「見せ物」にして儲けるといわれていたのであった。しかし、1970年に大阪における日本万国博覧会に北海道のアイヌ民族舞踊の代表として参加することになった折に、さまざまな民族と日本国内の各地方からきた人々と出会い、初めて自分たちが代表として披露するアイヌ文化を新しい目でみるようになったと思われる。さらに、北海道中に広がるアイヌ民族文化・少数民族に関する関心に白老も強い影響を受けるようになり、アイヌ文化の伝承に対しての関心があらわれるようになった。1982年にはポロトコタンに新博物館が開館され、アイヌ文化の伝承・保存・研究・普及事業が意識的に拡大されてきたのである。そして、1990年に財団法人が「アイヌ民族博物館」に改称したころには、アイヌ文化についてより正しい認識をもち、ポロトコタンの施設は全体的に博物館として考えてもらう意識がさらに強くなってきた。それと同時に、当然の結果として観光に対しての意識が変遷してきたのである。

　つまり、ポロトコタンでは、何をみせるのかを考えずにみずからの文化を見せ物にするという観光施設から、見せ物ではない文化を普及する施設へ発展してきたのだという意識が高まってきている。これをよくあらわすものと

して，イワクテ(船送り)のときの祭司の祈り言葉の意味の説明に対する一人の理事の反応である。その祈り言葉はアイヌの考え方に基づき，現代のポロトコタンの状況と関連するものであった。祭司は観光客が増えれば増えるほど人々をよんでくれる神様に感謝するべきだと思っている。しかし，そこでは理事のなかには「観光」という言葉にまだ抵抗があり，「先生，観光という言葉ではなく，普及という言葉を使った方がいい」と勧めていた人がいたのである。理事の表現はポロトコタン内では観光というものに対してのイメージがまだ見せ物としての観光のイメージが残り，観光施設よりもアイヌ文化を普及している施設だと認められたいという意識があることをあらわしているのである。

見学者の多くはツアーで来た観光客であり，観光システムに組み込まれることは，経済的な理由からポロトコタンを維持していくためには不可欠である。入場料が収入のほとんどであるため，見学者の数が少なくなりすぎたら，見学者を対象とする事業を始め，博物館の調査研究やみずからのための伝承事業など，経済的に負担がかかるものを行なうことができなくなるのである。したがって，当初からポロトコタンは観光システムに組み込まれているが，現在の白老アイヌ民族博物館においても観光システムはアイヌ文化の「伝承」という意味からも必要である。繰り返していえば，ポロトコタンにおいて，アイヌはアイヌの考え方をいかし，自分の文化の伝承を発展させていくために，観光システムを利用することが不可欠となっているのである。

5. おわりに

ポロトコタンは当初から観光システムに組み込まれている。しかし，当初から現在まで，アイヌ文化と観光に対しての意識は変遷してきたのである。誕生のころには観光活動以外の事業を行なうことは予想されていなかったと思われる。北海道の観光ブームに埋没し，失われいくアイヌ文化・民族に対しての意識というものをあまり考えていなかったようである。

そして，観光ブームの恩恵でもあるが，ポロトコタンの活動が徐々に拡大

されてきた。同時に，さまざまな内側と外側の条件によって，ポロトコタンが影響されてきた。活動の範囲が拡大されるとともに，職員はいろいろな民族と接触ができ，アイヌ文化を新しい視点からみるようになってきた。一方，少数民族・先住民の文化に対する関心が世界的に高まり，北海道にも白老にも強い影響を及ぼすようになってきた。これとともに，観光とアイヌ文化に対する意識がかわり，観光客を対象とする活動は当初から現在に至って，ほとんどかわらなくても，アイヌ文化の伝承・普及活動が拡大されてきた。

現在のアイヌ民族博物館は，理想的な「正しい」アイヌ文化の紹介への望みがある。しかし，このことは，見学者に紹介されているもののなかに本来アイヌ文化にはなかったものがあることと矛盾しているであろう。観光客の期待が博物館の望みの実現の制限になっている。そして，みせるものがかわらないからこそ，みる側の意識がかわることがなく，このためみせる側とみる側の意識が一致していないのが事実となっている。この背景には差別問題の影響もあると思われる。とくに，本州から来た見学者はこの差別問題を意識していないため，トラブルを起こすことがある。これを避けるために，解説の際に，今のアイヌは皆とかわらない生活をしていると主張される。だから，現在のポロトコタンで見学者に伝わるメッセージはアイヌ文化が「過去」の生活文化であり，今は存在しないものであるということになる。さらに，印象に残るもののなかでアイヌ文化になかったものも入っている。つまり，博物館が望んでいる「正しい」文化の紹介はいまだに十分には実現されていないのである。

これに対して，アイヌ文化に関心をもつ者を対象とする活動の方が学問的で，「正しい」紹介に相当するであろう。白老のアイヌ民族博物館をアイヌ文化を普及・伝承する場所として認めてもらうために，このアイヌ文化の普及・伝承活動が現在のポロトコタンで大きな意味をもつ。すなわち，ポロトコタンの人々が「見せ物」ではない観光を行なうという意識をもつために，アイヌ文化の伝承活動が必要なのである。

しかし，この大事な伝承活動を行なうために経済的支えが必要であり，見学者から得る収入が重要であり，観光システムに組み込まれることが不可欠

となる。このことは，観光システムに組み込まれているため，旅行業者の影響力があり，観光客に「正しい」紹介をしにくくなっているという悪循環ともなっている。残念ながら，見学者にはアイヌ民族博物館の活動事業の氷山の一角しかみえないのである。

文 献

アイヌ民族博物館．1990-1991．『アイヌ民族博物館だより・The Ainu Museum』，No. 21-23．
アイヌ民族博物館．1991．『イヨマンテ――熊の霊送り――報告書II・平成2年2月におこなったイヨマンテの実施報告』白老，アイヌ民族博物館．
アイヌ民族博物館．1992a．『アイヌの衣服文化』白老，アイヌ民族博物館．
アイヌ民族博物館．1992b．『シラオイコタン・木下清藏遺作写真集』白老，アイヌ民族博物館．
Batchelor, John. 1971. Ainu Life and Lore. New York, London, Kyokubunkan (first reprinting of The Ainu and Their Folklore, Tokyo, Kyokubunkan, 1901).
知里真志保．1980a．『分類アイヌ語辞典・植物篇―動物篇・別巻I』東京，平凡社．
知里真志保．1980b．『分類アイヌ語辞典・別巻II・人間篇』東京，平凡社．
萩中美枝・畑井朝子ほか．1992．『聞き書・アイヌの食事』東京，農山漁村文化協会．
平凡社．1988．『The 北海道 Hokkaido guide』食の祭典委員会．
北海道博物館協会．1991．『北海道博物館ガイド』札幌，北海道新聞社．
井戸次雄(編纂委員長)．1975．『白老町史』白老，白老町役場．
金田一京助．1940．『アイヌの研究』東京，八洲書房．
満岡伸一．1924．『アイヌの足跡』白老，自費出版．
満岡伸一．1944．『熊の足跡』弘学社．
満岡伸一．1991．『アイヌの足跡』(第8版・満岡章編)，白老，アイヌ民族博物館．
Munro, Neil Gordon. 1962. Ainu-Creed and Cult. London, Routledge & Kegan Paul.
中川裕・佐々木利和ほか．1987．『アイヌ文化の基礎知識』白老，白老民族文化伝承保存財団．
坂口よし朗．1980．『最新旅行ガイド・1・北海道』東京，日本交通公社．
白老民族文化伝承保存財団(SMDF)．1982．『白老ポロトコタン・白老民俗資料館報』，創刊号．
白老民族文化伝承保存財団(SMDF)．1982-1983．『白老ポロトコタン・白老民俗資料館報』，創刊号-No. 6．
白老民族文化伝承保存財団(SMDF)．1983．『白老ポロトコタン・白老民俗資料館報』，No. 6．
白老民族文化伝承保存財団(SMDF)．1984-1990．『アイヌ民族博物館だより・The Ainu Museum』，No. 7-20．
白老民族文化伝承保存財団(SMDF)．1986．『アイヌ古式舞踊・The Ainu Traditional Dance』白老，白老民族文化伝承保存財団．

白老民族文化伝承保存財団(SMDF)．1990a．『アイヌ民族博物館だより』，No. 20．
白老民族文化伝承保存財団(SMDF)．1990b．『イヨマンテ──熊の霊送り──報告書・日川善次郎翁の伝承にもとづく実施報告』白老，白老民族文化伝承保存財団．
白老民族文化伝承保存財団(SBDF)．(不明)．『アイヌ民族博物館・The Ainu Museum』(パンフレット)白老，白老民族文化伝承保存財団．
総理府(編)．1992．『観光白書』(平成4年版)，東京，大蔵省印刷局．

第8章 語りにみるコリャーク語の変容
ロシア語の影響という側面から

呉人 恵

1. はじめに

　コリャーク語(Koryak)は，シベリア極東カムチャツカ半島北部，コリャーク自治管区を中心に分布する話し手4500人あまり(1989年現在)の言語である*。周辺のチュクチ語(Chukchee)，イテリメン語(Itelmen)などとともにチュクチ・カムチャツカ語族(Chukchee-Kamchatkan)を形成し，さらにはシベリアに散在するケット語(Ket)，ユカギール語(Yukaghir)，エスキモー・アリュート語族(Eskimo-Aleut)，ギリヤーク語(Gilyak)などの異系統の諸言語とともに，いわゆる古アジア諸語(Paleo-Asiatic)をなしている。

　シベリアに分布する多くの言語の例外ではなく，コリャーク語もまた話者数の激減により消滅の危機に直面している。このことは，コリャーク語の母語率が，1897年，コリャーク族総人口7335人の99.8%を占めていたのに対

---

　*コリャーク語の分布地域にはこのほか，マガダン州セヴェロ・エヴェンスク地区などがある。それぞれのコリャーク族の総人口は1989年現在で，コリャーク自治管区6572人，セヴェロ・エヴェンスク地区820人，その他ロシアの各地に分散している者2670人である(Krušanova, 1993: 10)。

し，その約90年後の1989年には，総人口9200人のうちのわずか53％に減少するという数字からもうかがうことができる(Volodin, 1997: 12)。このような話者数の激減が，急激なロシア語への同化を主たる要因とすることはいうまでもない。とりわけ問題視されるのは，20世紀初頭，北方委員会によって導入された寄宿学校(internat)制度である。この寄宿学校でのロシア語による教育と集団生活は，シベリアの先住民族の子どもたちから正常な母語習得の場(すなわち親元)を剥奪し，彼らをロシア語化させる大きな原動力になったと考えられている(庄司，1995：143；金子，1999：155-156)。

しかしながら，コリャーク語の危機的状況は単にロシア語へのとりかえという事態にのみみられるのではない。その一方では，現実に話されているコリャーク語のロシア語から受ける干渉の度あいもますます深刻化している。コリャーク語の話者の多くはロシア語との2言語併用者であるが，なかでもロシア語に熟達した若年層の話すコリャーク語ほど，ロシア語の干渉をより強く受けているという傾向が認められる。すなわち，話者の年齢が低くなれば低くなるほど，干渉の度あいは単なる語彙の語幹としての借用といった軽微なものから，屈折部分をも含んだ語ごと句ごとの借用をはじめとする，コリャーク語の構造にかかわる重大なものへと移行している。

そこで，本章では，ロシア語がコリャーク語に実際にどの程度，またどのような形で浸透してきているのかをみていくことにする。その際，小さな世代差にもかかわらず，ロシア語の干渉が量的に増大しているだけでなく，質的にも変容しつつ深刻化しているという具体的なプロセスを示すために，私が現地調査で収集した60代，40代，30代の3人のコリャーク族がコリャーク語で語る語りを取り上げ相互比較する。

3人のコリャーク語の話者が語るのは，60代が民話，40代，30代は自伝的語りである。本来ならば，いずれの世代からも民話を採集し，比較のための資料を同質化すべきであったが，現実には私のこれまでの調査でみるかぎり，そもそも40代以下の若年層からの民話の採集はすでにかなり難しくなっている。60代以上の老年層の場合には，初対面であってもこちらの依頼に応じてその場で民話を語ってくれる人も多い。しかし，それ以下の世代

になると，コリャーク語による日常会話には不自由なくても，民話を流暢に語れる人は少ない。ここに，コリャークにおいては口承文芸の伝統が確実に失われつつあるというひとつの変容の跡をみてとることができるであろう。

ロシア語のコリャーク語への干渉については，次節でみるとおり，いくつかの現象がこれまで指摘されてきてはいる(Žukova, 1972: 12; 1997: 40; 一ノ瀬[呉人]，1995：29-30；1997：27)。しかし，世代差とロシア語の干渉の程度の相関関係，あるいは干渉の変容のプロセスについて専門的に扱ったものは，管見のかぎりではない。

なお，本章で扱うコリャーク語の資料は，大陸側で唯一コリャーク族のコルホーズがあるマガダン州セヴェロ・エヴェンスク地区のヴェルフ・パレニ村，エヴェンスク村ならびにマガダン市で収集されたものである。この地域のコリャーク語は，コリャーク語の正書法の基礎方言となっている，北東部のトナカイ遊牧コリャークによるチャヴチュヴェン方言*に属するものであり，以下で言及するコリャーク語とはこのチャヴチュヴェン方言をさしている。なお，この方言の母音音素は/i, e, a, o, u, E/，子音音素は/p, t, t', k, q, v, γ, h, č, m, n, n', N, l, l', j, w/である。このうち，母音音素/E/は [ə]，子音音素/h/は[ʕ]，/č/は[t͡ʃ]，/N/は[ŋ]である。また，歯茎音の後の'は口蓋化を示している。

コリャーク語の主な形態音韻的現象には，母音調和，シュワの挿入，歯茎音の口蓋化などがある。コリャーク語の母音調和は，アルタイ諸語にみられるものとは異なり，dominant/recessive 型のものである。すなわち，/E/以外の母音は基底で強母音/e, a, o/と弱母音/i, e, u/のふたつのグループに分かれ，両者が1語のなかに共起することは許されない。また，形態素の接続に際し，後者のグループはその語中での位置のいかんにかかわりなく，前者のグループの対応する母音，すなわち，/i/→/e/，/e/→/a/，/u/→/o/に同化する(たとえば qaj-wajam ← qaj-wejem「小川」, meml'-E-čko-jtEN ←

---

*コリャーク語の主要方言としては，チャヴチュヴェン方言以外に，南西部のパラナ方言が知られているが，このほかにも，パレニ方言，イトカン方言，カメンスコエ方言，アプカ方言，カラガ方言などの存在も報告されている(Žukova, 1968: 271)。

miml-čko-jtEN「水のなかに」)。しかしながら，コリャーク語の母音調和は同系のチュクチ語のそれほどには厳密ではなく，母音調和に従わない多くの例外もみられる(一ノ瀬[呉人]，1995：33-36；呉人，1999：56-60)。

シュワの挿入は語頭，語末での2子音連続，語中での3子音連続を避けるためのものである。シュワは語頭，語末では2子音の間に(たとえばn-E-tuj-qin ← n-tuj-qin「若い(絶単)」，kajN-E-t ← kajN-t「2頭のクマ」)，語中では，通常，連続した3子音の2番目の子音の後に挿入される(たとえばɣa-jajt-E-len ← ɣe-jajt-lin「彼女/彼は家に帰った」)。ただし，形態素境界が連続した3子音の1番目の子音の後にある場合には，そこに挿入される(たとえばwajam-E-čko-Nqo ← wejem-čko-Nqo「川のなかから」)。

歯茎音/t, n, l/は，/č/あるいは口蓋化した歯茎音/t', n', l'/を含む形態素が後続すると，これに近接的にも離接的にも通常，逆行的に同化して口蓋化する(t'it'i-pil' ← titi-pil'「小さい針」，n'ut'el'qEn ← nute-l'q-E-n「土」，jal'ko-čko-jtEN ← jelko-čko-jtEN「家のなかへ」)。

2. コリャーク語におけるロシア語の影響

まず以下では，コリャーク語に及ぼすロシア語の影響に関する数少ない先行研究のなかで，これまでどのような点が指摘されてきているかを概観しておきたい。

2.1 語　彙

コリャーク語にはロシア語からの借用語が数多くあるが，これらには，コリャーク語の構造に即した改編をへた借用と，改編をへない直接的な借用のいずれもがみられる。前者には，音韻的改編として音素の置き換え，音素添加，形態音韻的改編として名詞絶対格単数形形成に際してみられる末尾母音の脱落，接尾辞添加，重複などがみられる。なお以下のロシア語はキリル文字をローマ字転写したものである。

2.1.1 音素の置き換え

コリャーク語にないロシア語の音素は，これに調音位置の近い既存の音素に置き換えられる。Žukova(1972: 12-13)および私の資料によれば，つぎのような置き換えがみられる。

(1) /b/→/p, m, w, v/, /d/→/t, j/

コリャーク語の閉鎖音には有声・無声の対立がなく無声のみである。したがって，ロシア語の有声閉鎖音/b/, /d/はコリャーク語の対応する無声閉鎖音などの調音点の近い音に置き換えられる。

(1a) bazar → pazar 「市場」
　　 xleb → qlevan 「パン」
　　 bumaga → momaɣan 「紙」
　　 sedlo → četla 「鞍」
　　 odekolon → ajekalon 「オーデコロン」

ただし有声閉鎖音/g/は対応する無声の/k/にではなく，摩擦の/ɣ/に置き換えられる。

(1b) ogorod → aɣarot 「畑」

(2) /x/→/q/

(2) saxar → čaqar 「砂糖」
　　 xleb → qlevan 「パン」

(3) /c, s, z, ž, š/→/č/

(3) kurica → kuriča 「ニワトリ」
　　 časy → čač 「時計」
　　 zoloto → čolat 「金」
　　 barža → varča 「荷船」
　　 mašina → mačina 「自動車」

2.1.2 音素添加

語頭に/r/や/s/をもつ語を借用する際，その前に母音が添加され/r/, /s/が語頭に立つのが避けられる。

(4) rubaxa → urvaq 「シャツ」
    sto → Eston 「100」

2.1.3 接尾辞 -n の添加
ロシア語の借用名詞に名詞絶対格単数をあらわす接尾辞 -n が添加されることがある。

(5) maslo → mačlan 「油」
    škola → školan 「学校」

2.1.4 末尾母音の脱落
コリャーク語では，通常，名詞絶対格単数形において語幹末尾の母音は脱落する（たとえば pont＜ponta「肝臓」，tEqEl＜tEqEle「白樺」）。これに従い，ロシア語の借用においても，母音終わりの語の末尾母音が名詞絶対格単数形で脱落することがある。cf.の例では，絶対格単数形以外の格，数において末尾母音が保存されていることが示されている。

(6a) korova → karov   「ウシ」   cf. karova-t   「ウシ(双)」
     kontora → kantor   「事務所」 cf. kantora-k 「事務所で」
     lampa → lamp   「ランプ」 cf. lampa-w   「ランプ(複)」

ただし，末尾母音が脱落することにより，1音節化あるいは無音節化する場合には，末尾母音が脱落せずに保存されたり，脱落しないまま絶対格単数形成接尾辞 -n が付加されたりする。

(6b) bukva → pukva 「文字」
     okno → uqnun 「窓」

2.1.5 重　複
コリャーク語では1音節の名詞語幹は，通常，絶対格単数において重複される（たとえば liŋliŋ「心臓」，tiltil「翼」，jiwjiw「腸」）。これに従い，ロシア語の1音節語を借用する際にも重複が起こることがある。

(7) čaj → čajčaj 「お茶」

sol'→čol'čol'　　　　　「塩」

2.2　文法

文法面におけるロシア語の影響としては，つぎのような現象が指摘されている。

2.2.1　双数の消失

コリャーク語は，名詞の絶対格において単数，双数，複数の区別をするが，Žukova(1997: 40)によれば，ロシア語からコリャーク語への翻訳がなされる際，双数をもたないロシア語の影響で，双数であるべきところに複数の接尾辞が用いられることがある。cf.の双数の接尾辞 -t が付加された方が本来の形である。

　　(8) mEnɣ-o　　「両手」　　cf. mEnɣ-E-t
　　　 miɣ-u　　　「スキー」　cf. miɣ-E-t

2.2.2　後置詞の前置詞的使用

Žukova(1997: 40)によれば，場所をあらわす後置詞がロシア語の影響で前置詞的に用いられることがある。(9)のコリャーク語の2例が，cf.にあげたロシア語の同意表現の語順と同じであることに注意されたい。

　　(9a) čejmEk wejem-E-k「川の近くに」(čejmEk「近くに」, wejem
　　　　「川」, -E- 挿入, -k 処)
　　　　cf. rjadom s rekoj(rjadom「並んで」, s「-と」, rekoj「川(具)」)
　　(9b) kamlelEN utt-E-k「木のまわりに」(kamlelEN「まわりに」, utt
　　　　「木」, -E- 挿入, -k 処)
　　　　cf. vokrug dereva(vokrug「まわりに」, dereva「木(属)」)

ちなみにこの2例は，それぞれコリャーク語本来の語順によれば，wejemEk čejmEk, uttEk kamlelEN となるべきところである。

2.2.3 修飾語と被修飾語の数と格の一致

コリャーク語では名詞の修飾・被修飾関係が2種類の方法によってあらわされる。すなわち，

1) 修飾部にあたる名詞，形容詞，動詞，副詞のひとつあるいはそれ以上の語幹を，被修飾部の名詞に合成する方法，
2) 修飾部と被修飾部を名詞句として分析的に表現する方法，

である。このふたつの方法の並存について，Koptjevskaja(1995: 309)，Žukova(1954: 301)などは，被修飾部に話者の主たる関心が向けられている場合には合成形が，修飾部に向けられている場合には分析形が選ばれるというような機能分担によるものとしている。しかし，修飾部に関心が向けられていることを裏づける「もっとも」「非常に」などの程度副詞的な意味は分析形のみならず，これらの意味をもつ接頭辞の付加により合成形によってもあらわしうる。また，分析形においては，修飾部がとりうる格に制限があることなどから，ひとつの可能性として，本来あった合成的な方法にロシア語の影響によって分析的な方法が加わり，相互に機能分担をするに至ったとも考えることができる(一ノ瀬[呉人]，1997：26-27)。ちなみに，コリャーク語では分析形が用いられる際には，ロシア語同様，修飾部と被修飾部が数と格の一致を示す。以下の例(一ノ瀬[呉人]，1997：16, 19, 20, 23)では，まず分析形を，つぎに cf. としてこれに対応する合成形をあげる。

(10a) nEmejENqine-t wejem-ti「大きな2本の川」(nEmejENqine「大きい」, -t 双, wejem「川」, -ti 双)

cf. mejN-E-wejem-ti

(10b) qet-ena-w lewt-u「サケのふたつ以上の頭」(qeta「サケ」, -ena 所有, -w 複, lewt「頭」, -u 複)

cf. qeta-lewt-u

(10c) en'pič-ine-k jaja-k「父の家に」(en'pič「父」, -ine 所有, -k 処, jaja「家」, -k 処)

cf. en'pič-jaja-k

(10d) wejem-kine-te miml-e「川の水で」(wejem「川」, -kine 関係,

-te 具，miml「水」，-e 具)
cf. wejem-meml-e

3. 語りにみられるロシア語の干渉

以下では，私が採集した60代，40代，30代のコリャーク語の話者が語る語りにみられるロシア語の干渉と，世代間での干渉の変容のありさまについてみてゆく。インフォーマントは，いずれもチャヴチュヴェン方言の話者である Ekvinina Nina Inylivna さん(1933年生まれ，女性)，Kergelqut Nikolaj Andreevič さん(1955年生まれ，男性)，Čajbugi Vladimir Ivanovič さん(1964年生まれ，男性)の3人である。なお，それぞれの語りについて，以下では本章にかかわる部分のみを抜粋して例としてあげるが，全体の音韻表記ならびに和訳は本章末に付するので参照されたい。

3.1 「英雄クイケニャークの物語」(Ekvinina Nina Inylivna)

まずは，1933年生まれ，60代の話し手である Ekvinina Nina Inylivna さんが語る民話である。内容は，コリャーク族の文化英雄であるクイケニャークが，妻のミティにみおくられて2匹のネズミが引く橇に乗り，神の国に出かけて戻ってくるまでの顛末をユーモラスに語ったものである。何度も同じ決まり文句が出てきたり，雷鳥が「母のミティは私に乳房を縫いつけた」というくだりが独特の節回しで繰り返されたりするなど，民話の定型に沿った語りぶりという印象を受けた。しかし，ここにもロシア語の干渉は借用語の使用という形で認められる。以下，品詞別に借用語をみていくことにする。見出しには語幹形ではなく，屈折接辞をともなったものなど，語りにあらわれた形式そのままをあげる。以下の例では，下線部が問題の借用語にあたる。

(1)名詞―inčitrumentaw「道具(複)」

名詞では唯一，inčitrumentaw「道具(複)」(inčitrumenta ← instrument, -w 複数)が借用語として認められるが，借用の際，コリャーク語の音韻的，形態音韻的ならびに形態的特徴にあわせたいくつかの改編が施されている。

すなわち，①音素の置き換え(/s/[s]→/č/[tʃ])，②語幹末への母音/a/の添加である。②は前述の第2.1.4節でみたように，絶対格単数形で語幹末尾の母音が脱落するというコリャーク語の形態音韻的特徴に即してなされた改編である。さらにこの例では，屈折部分の複数をあらわす標識にはコリャーク語固有の接尾辞 -w が用いられていることにも注意されたい。下の例(11)は inčitrumentaw があらわれる文例である。

(11) EmEN inčitrumentaw, EmEN γejNelinew「道具やら何やらを彼はすべて積み込んだ」(EmEN「すべて」, inčitrumenta「道具」, -w 複, γe- 過去, jNe「積む」, -linew 3単主3複目)

(2) 接続詞—i「そして」

この接続詞には音韻的改編は認められない。iは物語のなかで全部で7カ所出てくるが，ここでは便宜的に以下の2例をあげる。

(12a) i γEmleN γehejNewlinet「そして再び彼は2頭をよんだ」(i「そして」, γEmleN「再び」, γe- 過去, hejNew「よぶ」, -linet 3単主3双目)

(12b) i eta EmEN Najejo pečγEjočγo γennENčikulinew「そして，えー，彼女はそれらの食べ物の容器すべてを捨てた」(eta「これ」, EmEN「すべて」, Najejo「それらの」, pečγ「食べ物」, -E- 挿入, -jočγ「入れ物」, -o 複, γe- 過去, nnENčiku「捨てる」, -linew 3単主3複目)

(3) 副詞—ap'at'「再び」, t'eper'「今」, tam「あそこに」, patom「後で」

いずれの借用語にも音韻的な改編の跡はみられない。

(13a) to ap'at' γEmleN γehejNewlinet「そして彼は再び2頭をよんだ」(to「そして」, ap'at'「再び」, γEmleN「再び」, γe- 過去, hejNew「よぶ」, -linet 3単主3双目)

(13b) i eta t'eper' γEmleN γehejNewlinet「そしてさあもう一度彼は2頭をよんだ」(i「そして」, eta「これ」, t'eper'「今」, γEmleN「再び」, γe- 過去, hejNew「よぶ」, -linet 3単主3双目)

(13c) to tam eta EmEN Enneju hopta qEnanala ɣEtki「そしてそこであのーこれらすべても捨ててくれ」(to「そして」, tam「そこで」, eta「これ」, EmEN「すべて」, Enneju「これら」, hopta「再び」, q- 命令, Enanala「捨てる」, -ɣEtki 2単主)

(13d) patom mitiw ɣEmleN emqun qEɣetjalqawl ɣEtkE「後で翌日再び『行ってみなさい』」(patom「後で」, mitiw「明日」, ɣEmleN「再び」, emqun「さあ」, q- 命令, -E- 挿入, ɣetjalqawla「行ってみる」, -ɣEtkE 2単主)

(4) 指示代名詞—eta「これ」

ここでみられる eta は, いわゆる本来の指示的意味をあらわすものではなく, ある種の間投詞的な意味をあらわしていると考えられる。音韻的改編はなされていない。eta は物語のなかで全部で4カ所で用いられているが, 以下では便宜的につぎの1例をあげる。

(14) i eta ɣajajtElen「そしてあのー, 彼は家に帰った」(i「そして」, ɣa- 過去, jajt「家に帰る」, -E- 挿入, -len 3単主)

Ekvinina Nina Inylivna さんが語るこの物語には, 以上のようなロシア語の借用が認められた。そこで特徴的な点をまとめると, つぎのようになる。

1) 名詞の借用ではコリャーク語の音韻的, 形態音韻的特徴に即した改編がなされている。
2) 名詞の屈折部分にはコリャーク語固有の接尾辞が用いられている。
3) 名詞以外の品詞の借用語は, 接続詞, 副詞, 助詞のような形態的な変化をともなわない不変化詞に限られており, コリャーク語の構造的変化には影響を与えないものである。
4) ロシア語において活用が屈折的な動詞の借用はみられない。

3.2 「私の自叙伝」(Kergelqut Nikolaj Andreevič)

つぎは, 1955年生まれ, 40代の話し手である Kergelqut Nikolaj Andreevič さんが語る自叙伝的な語りである。ツンドラで生育した氏が, 村に出てきてどのように教育を受け, 働き, 家庭を築いたか, さらにマガダン市

に出てきてどのように生活しているかを語ったものである。このような内容を反映して，氏の語りには新しい文化現象に関する借用語が多くみられる。

(1) 名詞—pazaretEN「市場へ」, mačinawe「自動車(複)」, mačinak「自動車のところで」, mašinata「自動車で」, školan「学校(絶単)」, školak「学校で」, brigad「ブリガード(絶単)」, brigadak「ブリガードで」, obšežitiek「寄宿舎で」, butElkata「酒で」, armijajtEN「軍隊の方に」, armijak「軍隊で」, pas'olakak「村で」, vertal'ota「ヘリコプターで」, traktora「トクラターで」, načalinik「長」, slesar'「修理工」, dokument「文書」

名詞の借用は，単一語，複合語いずれのレベルでもみられるが，ここではまず単一語の借用についてみる。Kergelqut Nikolaj Andreevičさんの語りにみられるロシア語からの借用名詞に特徴的なのは，それが音素の置き換えをしているか否かにかかわらず，形態音韻的ならびに形態的にはコリャーク語固有のふるまいをしているという点である。すなわち，ロシア語で子音終わりの語には屈折の際，語幹末に母音が付加され，屈折部分にはコリャーク語固有の数，格の接辞が用いられている*。この点では，前述のEkvinina Nina Inylivnaさんの語りにみられた唯一の借用名詞inčitrumentaw「道具(複)」のふるまいと同様である。

まず，音素の置き換えがなされている例は，pazar ← bazar「市場」である。ここでもコリャーク語の方向格をあらわす接尾辞 -etEN が接尾されていることに注意されたい。

(15) pazaretEN kulqEtEN to ɣahinNallin「彼女は市場へ出かけて，倒れた」(pazar「市場」, -etEN 方向, ku-...-N 現在, lqEt「出かける」, -E- 挿入, -ϕ 3 単主, to「そして」, ɣa- 過去, hinNal「倒れる」, -lin 3 単主)

---

*ただし，唯一の例外として na olu「オーラ(地名)へ」は，コリャーク語の処格が付加されず，前置詞をともなったロシア語の屈折を行なっている。

つぎに，音素の置き換えがなされている場合となされていない場合とで揺れのある例は mačina/mašina ← mašina「自動車」である。

(16a) mačinawe traktoro EmEN jeju tEtejkEnaw「私は自動車やらトラクターやら何でも修理した」(mačina「自動車」，-we 複，traktor「トラクター」，-o 複，EmEN「すべて」，jeju「何（絶単）」，t- 1単主，-E- 挿入，tejk「修理する」，-E- 挿入，-naw 3複目)

(16b) γEmmo kojavetatEN mačinak「私は自動車で働きたい」(γEmmo「私」絶単，ko-...-N 現在，ja- 希求，vetat「働く」，-E- 挿入，mačina「自動車」，-k 処)

(16c) Nanko Eno tENvok vetatEk mašinata「そこで，私は自動車で働き始めた」(Nanko「そこで」，Eno 間投詞，t- 1単主，-E- 挿入，Nvo「始める」，-k 過去，vetat「働く」，-E- 挿入，-k 不定形，mašina「自動車」，-ta 具)

上例の(16a)(16b)では後部歯茎摩擦音素/š/[ʃ]が破擦音素/č/[tʃ]に置き換えられているのに対し，(16c)では音素の置き換えがなされていない。ただし，いずれの場合にも，屈折部分ではコリャーク語固有の数，格の接尾辞が用いられている。

このほか，Kergelqut Nikolaj Andreevičさんの語る語りのなかで，音素の置き換えはなされていないが，コリャーク語固有の屈折接辞が付加された借用名詞には以下のようなものがある(コリャーク語の例はすべて語幹形であげてある。紙数の関係上，それぞれの文例はあげないが，cf.として語りのなかにあらわれる屈折接辞の付加された形式の部分をあげる)。

まず(17a)は，ロシア語で母音終わりの語を借用した場合で，ここではロシア語の主格単数形がそのまま語幹として格をあらわす屈折接尾辞をとっている。ただし，絶対格のあらわれ方は一様ではなく，最初の školan「学校」のように，絶対格単数形を形成する接尾辞 -n をとるものもあれば，2番目の brigad「ブリガード」のように本来ロシア語にあった語末の母音が落ちて，コリャーク語の子音終わりの絶対格単数形のように仕立て直されている

ものもある。

(17a) škola 「学校」 cf. škola-n「学校(絶単)」
škola-k「学校で」

brigada 「ブリガード」 cf. brigad「ブリガード(絶単)」
brigada-k「ブリガードで」

obšežitie 「寄宿舎」 cf. obšežitie-k「寄宿舎で」

butElka 「酒」 cf. butElka-ta「酒によって」

armija 「軍隊」 cf. armija-jtEN「軍隊の方に」
armija-k「軍隊で」

一方，つぎの(17b)は，コリャーク語の形態音韻的特徴に即して，ロシア語で子音終わりの主格単数形の語末に母音/a/が付加されている例である。

(17b) pas'olaka ← posjolok 「村」 cf. pas'olaka-k「村で」

ただし，同じく子音終わりの語であっても(17b)のような改編がなされていない語幹もある。

(17c) vertal'ot 「ヘリコプター」 cf. vertal'ot-a「ヘリコプターによって」

traktor 「トラクター」 cf. traktor-a「トクラターによって」

このほか，ロシア語の主格単数形がそのままあらわれているために，屈折のもととなる語幹形が不明な語に，načalinik「長」，slesar'「修理工」，dokument「文書」がある。

(2)形容詞—vasimoj「8の」

この借用語は音韻的な改編はなされていない。コリャーク語では形容詞も格接尾辞をとり，主要部名詞との一致を示す。ここでは，ロシア語の主格単数形(男性)の形容詞にコリャーク語の処格の接尾辞が付加され，形容詞自体が名詞的にふるまっている点に注意されたい。

(18) brigadir awewqaj st'epan <u>vasimojEk</u> brigadak...kotvaN「ブリガード長のアウェウハイ・ステパンは第八(ブリガード)にいた」
(brigadir「ブリガード長」，awewqaj st'epan「アウェウハイ・ス

テパン(人名)」, vasimoj「第八の」, -E- 挿入, -k 処, brigada「ブリガード」, -k 処, ko-...-N 現在, tva「いる」)

(3)**接続詞**—i「そして」, no「しかし」

　以上、みてきたのは、単一語の借用の例である。一方、Kergelqut Nikolaj Andreevičさんの語りのなかには複合語の借用もみられる。これらは単一語の借用とは異なり、屈折もロシア語により行なわれ、もはや音韻的にも形態的にもコリャーク語の構造に即した改編の跡がみられない。

　　(19) sems'at ftarom「72年に」(sems'at「70」, ftarom「2(前)」)
　　　　atdel kadrov「人事課」(atdel「課」, kadrov「人員(複属)」)

以上のKergelqut Nikolaj Andreevičさんの語りにみられるロシア語の干渉の特徴についてまとめると、つぎのようになる。

1) 多くの借用名詞には音素の置き換えなどの音韻的改編がなされていないが、わずかながら、改編がなされている例、あるいは音韻的な改編がなされているものとなされていないものとの揺れが認められる例もある。
2) 単一名詞の借用においては、語幹末への母音添加、屈折部分におけるコリャーク語固有の数、格の接尾辞の利用などの、コリャーク語に即した形態音韻的あるいは形態的改編がなされている。
3) 一方、複合語の借用の場合には、屈折もロシア語によっており、コリャーク語への改編はみられない。
4) 動詞の借用はみられない。

3.3 「ベニテング茸の話」(Čajbugi Vladimir Ivanovič)

　最後は、1964年生まれ、30代の話者であるČajbugi Vladimir Ivanovičさんの語りである。内容は、コリャーク族が伝統的に用いてきた覚醒作用をもつベニテング茸を、子どものころ、父親に勧められてかんだおかげで、何十kmもの距離を疲れ知らずで歩くことができた思い出について語ったものである。この語りは、そもそももはや語り手にロシア語で内容を説明してもらわなければならないほどに、コリャーク語としては理解しがたいものになっている。これは、おそらく語り手にとっての母語はすでにロシア語になって

おり，コリャーク語が日常的にはほとんど使われていないことによるものであろうと考えられる。

(1) **名詞**—muxamor「ベニテング茸」, men'a「私を(対)」, kilometrov「km(複)」

この3つの借用語のうち，muxamorは単独で用いられているほか，つぎの(20a)でみるように，屈折部分にコリャーク語の処格 -k をとっている。一方，men'a, kilometrov はいずれもロシア語による屈折をしている。これは，この語り手のコリャーク語が，先の Ekvinina Nina Inylivna さん，Kergelqut Nikolaj Andreevič さんのコリャーク語よりもさらに強くロシア語の干渉を受けていることを示す例であるといえよう。

(20a) muxamorEk vEhajok tatanak tEkivNEn davaj qEnuɣEn「お父さんは私に『ベニテング茸を，草をさあ食べろ』といった」(muxamor「ベニテング茸」, -E- 挿入, -k 処, vEhajo「草」, -k 処, tata「お父さん」, -na 定, -k 処(能), t- 1単主, -E- 挿入, k-...-N 現在, iv「いう」, -E- 挿入, -n 3単目, davaj ← davaj「さあ」, q- 命令, -E- 挿入, nu「食べる」, -ɣEn 2単主3単目)

(20b) *to tatanak men'a Nanko qonpEN wejcite kolEmNenaN

この(20b)は「私はお父さんにいつもそこで徒歩でついていった」という意味になるべきところであり，正しくはつぎのような能格構文(主語は能格，目的語は絶対格，動詞は他動詞活用)になるべきであるが，実際には，主語の「私」がロシア語の対格，目的語が能格，動詞は自動詞活用するなど文法的な誤りが散見され，全体として意味をなさない非文である。

cf. to ɣEmnan tata Nanko qonpEN wejcite tEkolEmNenaNEn (to「そして」, ɣEmnan「私(能)」, tata「お父さん(絶単)」, Nanko「そこで」, qonpEN「いつも」, weicite「徒歩で」, t- 1単主, -E- 挿入, ko-...-N 現在, lEmNena「ついて行く」, -E- 挿入, -n 3単目)

(20c) metkE mel'kičil tehi kilometrov「おそらく，何km」(metkE

「たぶん」, mel'kičil「おそらく」, tehi「いくつ」, kilometrov「km（複）」)

(2)動詞—ustan'oš「お前は疲れるだろう」, budet「彼は——だろう」

この語りには，先のふたつの語りにはみられなかった動詞の借用もみられる。これはいずれも，屈折部分もロシア語による語ごとの借用である。以下では ustan'oš の例をあげる。

(21) esli tumɣEtum ili ɣEčci unmEk ustan'oš「もし，友だちかお前がひどく疲れたら」(esli「もしも」, tumɣEtum「友だち（絶単）」, ili「あるいは」, ɣEčci「お前（絶）」, unmEk「ひどく」, ustan'oš「お前は疲れるだろう」)

(3)副詞—tol'ko「わずか」

(22) tata amu mell'qej tol'ko jajte「お父さんは家に帰ったばかりだった」(tata「お父さん（絶単）」, amu 間投詞, mell'qej「しばらくして」, tol'ko「わずか」, jajt「家に帰る」, -e 過去)

(4)接続詞—esli「もしも」, ili「あるいは」

例は上の(21)をみられたい。

(5)小詞—vot「ほら」

(23) vot eta muxamor nEmelqin「ほら，このベニテング茸はいいものだ」(vot「ほら」, eta「この」, muxamor「ベニテング茸」, nEmelqin「よい（絶単）」)

これらの単一語の借用語以外に，つぎのような名詞句の借用もみられる。

(24) malen'kij muxamor「小さなベニテング茸」

minut sorak「40 分」

以上の借用語とは別に，この語りにはコリャーク語としての文法的な誤りが散見され，話し手が日常，すでにロシア語を母語として使用していることにより，コリャーク語が大きく崩れつつあることをうかがわせる。ここでは，以下の2例をあげる。

(25) *ajNon ɣEmmo PojtEk Eppl'uk kotvaN「昔小さいころ，私はパレニにいた」(ajNon「昔」, ɣEmmo「私（絶）」, Pojt「パレニ（地

名)」, -E- 挿入, -k 処, Eppl'u「小さい」, -k 処, ko-...-N 現在, tva「いる」, -φ 3 単主)

ここでは，主語は1人称単数，すなわち「私」であるので，動詞は kotvaN「彼はいた」ではなく，t-E-ko-tva-N「私はいた」(t- 1 単主，-E- 挿入) とならなければならない。

(26) *q-ewji-γEn「お前はそれを食べろ」(q- 命令，ewji「食べる」，-γEn 2 単主 3 単目)

コリャーク語のいくつかの動詞は，異根により自動詞・他動詞の区別がなされるが，「食べる」の意味の ewji(自)/nu(他) もその一例である。自他の区別は動詞の活用によって知られる。(26) の qewjiγEn は自動詞語幹に他動詞の屈折接辞を付加したもので文法に正しくない。これは，他動詞語幹 nu をとって qEnuγEn とするか，語幹は ewji のままで自動詞活用した qewjiγi でなければならない。

以上，Čajbugi Vladimir Ivanovič さんの語りにみられるロシア語の干渉の特徴についてまとめると，つぎのようになる。

1) 単一名詞の借用においても，屈折がコリャーク語によるもののみならず，ロシア語によるものもみられる。
2) 屈折部分も含めた動詞の借用がみられる。
3) 文法的な崩れがいちじるしく，全体的に意味を理解するのは難しい。

4. おわりに

以上，本章では，60代, 40代, 30代のコリャーク語の話し手が語る語りにみられるロシア語の干渉のありようについて相互比較し，その3世代を通じての干渉の変容のプロセスの一端を検証してきた。変容のプロセスがもっともはっきりあらわれたのは名詞の借用においてである。そこでは，コリャーク語に即した語幹部分の音韻的改編が年代が下がるにつれて行なわれなくなるのとともに，屈折部分もコリャーク語固有の接辞によるものからロシア語によるものへと移行しているプロセスがみてとれる。また，文法的な

崩れも 30 代という若年層においていちじるしい。

　もちろん，3 人の話し手がそれぞれの世代のコリャーク語の特徴をそのまま最大公約数的に反映しているというわけではない。60 代の話し手のなかにもさらにロシア語の干渉の進んだ人もいるであろうし，30 代の話し手のなかにもよりロシア語の干渉の少ない人もいるであろう。また，語るテーマによっても，ロシア語の干渉の度あいには差が生じるに違いない。

　とはいえ，3 人の語りはコリャーク語の変容の幅を示すひとつの例として注目する価値はある。この例からみるかぎり，コリャーク語はロシア語の影響により量的のみならず，質的にも急速に変容しつつあることは明らかである。おそらく，今後も 10 年，20 年という単位でその速度がますます加速されていくことが予想される。その重大性を認識するためにも，まずはコリャーク語の変容の姿を一次資料に基づいて正確に把握しておくことが必須である。

略　号

例のグロスに用いられている略号は以下のとおりである。

単＝単数　　1＝1 人称　　主＝主語　　処＝処格　　能＝能格
双＝双数　　2＝2 人称　　目＝目的語　属＝属格　　前＝前置格
複＝複数　　3＝3 人称　　絶＝絶対格　具＝具格

付録テキスト

以下，3 人のコリャーク語話者により語られた語りの全文(音韻表記)とその和訳をあげる。できるかぎり完全な訳を施すように努めたが，まだ意味が十分とれていない部分もある。とくに，最後のČajbugi Vladimir Ivanovičさんの語りでは意味不明の箇所が多く，そこはやむを得ず，点線で残しておいた。

「英雄クイケニャークの物語」(Ekvinina Nina Inylivna)

[音韻表記]

qujkEn'aqu koqojaɣEjkEN hamin kuheqevEN nekajtEN. kuhejNewNEnin qojat. kiwNEnin, "oj hej hej". ɣellelinet kajNEt. ɣamal'heNčačalenat kiwNEnin, "qajto" ivEk, "tuji qEjetɣEtEk". mulle ɣipilhalinat hehetEN. ɣEčvEčɣEčinNu ɣenhellinet. to ɣEmleN ɣehejNewlinet. ɣEmleN kiwNEnin, "oj hej hej". Enn'aq elwekjiNEt ɣellelinet. ɣEmleN ɣamal'heNčačalenat. kiwNEnin, "qajta" ivEk, "tuji qEjetɣEtEk". mulle ɣipilhalinat hehetEN. ɣEčvEčɣEčinNu ɣenhellinet. i ɣEmleN ɣehejNewlinet. kiwNEnin, "oj hej hej hej". hejwEt ɣellelinet. ɣEmleN ɣamal'heNčačalenat. kiwNEnin, "qajta" ivEk, "tuji qEjetɣEtEk". ɣEmleN ɣEčvEčɣEčinNu ɣenhellinet. to ap'at' ɣEmleN ɣehejNewlinet. kiwNEnin, "oj hej hej hej". qepejet ɣellelinet. ɣEmleN ɣamal'heNčačalenat. kiwNEnin, "qajta" ivEk, "tuji qEjetɣEtEk". ɣEmleN ɣEčvEčɣEčinNu ɣenhellinet. i eta t'eper' ɣEmleN ɣehejNewlinet, "oj hej hej hej". "qajta" ivEk, "tuji qEjetɣEtEk". ɣellelinet mil'utet. ɣEmleN ɣaheNčačalenat. kiwNEnin, "qajta" ivEk, "tuji qEjetɣEtEk", ɣEmleN ɣEčvEčɣEčinNu ɣenhellinet. ɣEmleN ɣehejNewlinet, "oj hej hej hej". Enn'aq pipiqEl'NEt ɣellelinet. ɣaqojelNallenat, kiwNEnin "NakEje tEkulQEtEN jojohEnimijičhetEN". "i", mitinak kiwNEnin, "i jeju mEnčoččEmawnaw". "En'NEhaN kEtEl". ɣellelin jojohEnimjičhetEN. qujkEn'aqu nekiwNEn, "mej EnpEqlavol, mEnkElɣEtvalaɣe". "ilot činin". "qok močɣEnan mEnvutEkiwnet". "ilot činin, nilNeluqinet qojat". Najej pipiqEl'NEt ɣevutElqEwlinet. kiwNEnin, "amvečočqEta qineNetEk ejɣEhejNečhu qEčvitkuɣEtkE". nekiwNEnin. i ɣetkiwlin Nanko. jEqmitiw kiwNEnin, "mEnetEnat qojat močɣEnan", "ilot činin". hEtvEkokl'ENEn ujetikinu kulNENnin. Enn'aq kukEl ɣ atEN. nekiw-

NEn, "mEnkEl ɣ alla moč ɣ Enan", "ilot činin, ɣ Emmo tEjakEl ɣ atiki". EmEN jinnE ɣejNevElin. EmEN elNEvo EmEN, inijiwi, EmEN enanvenaNo, hamin, EmEN inčitrumentaw, EmEN ɣejNelinew. EmEN kEmiNEčɣin makawwe ɣejNelinew. EmEN jeju ɣejNejvElinew. ujNe jinnE apelaka. EmEN ɣenqeviwlinew, ɣapapEl'allenaw. EmEN kiwNEnin, "qENpalatEk Eno tEjanejallaNtEk". kačačɣEnčelaN. "qEjimewEn mEjew hEnhahalamEk". ɣeNelin. ɣamal'čeklaplenat pipikEl' NEt. ɣelhejeheqewlin jaqam Najeju elhawwe ɣančeNqajtawlenaw. jEqqe nekiwNEn, "qukkoN, wal'u inijiw qEnajatɣEn, wal'u elNEwwEN qEnajat, wal'u maka kEmiNin kejkej qEnajat", EmEN mekiwwi ɣejNelinew. nekiwNEn, "wal'u Najejo qEnajat, kan'ɣEmjEjEčɣEn wal'u qEnajet" [jeqqe juleq tEjatvENEn mEjew]. i eta ɣajajtElen, kiwNEnin mite, "Enoqun woč Eč ču EmEN mEtqEjEč ɣo, kan'ɣomɣEjEč ɣo, jimNEjEč ɣo, tEjevihEN to EmEN ɣančoč Emavlenaw. petEvalqajajtEN qEnanajalatEk. to tam eta EmEN Enneju hopta qEnanalaɣEtki". to NakEje ɣetinmEvihElin. to jeqqe nakonmEjEtvawNEn. kEmiNEjEk nakewNEvoNEn, "mite qukkEn kopoqlaN". "jinnE mewEn napoqlaɣaɣEn. amu Enin enallEqtat ɣEjneNvet ɣiNo kopoqlalaN". "qok miti, qukkEn kowen'večač ɣEn'čeN". "jinnE mewEn n'Ehačeč ɣEnčen. amu Eninew enallEqtatɣEjNE neNvetɣiNo kačač ɣEnčelaN". vEhajok nekunneNEn valqajajtEN nekulleNEn ɣeniNlElin val'qajacEkojtEN. nekiwNEn, "miti, qukkEn keNelɣetEN. tEhElE jinlEk". "jinnE mewEn, Eninew enallEqtatɣEnE neNvetɣiNo kaNElɣalaNe". i eta EmEN Najejo pečɣEjočɣo ɣennENčikulinew. "emqunem qEɣetalqewlaɣEjkE qukkEn. mite, ham qukkEn komjenatɣavEN". "jinnE mewEn ham nEɣEmɣEnotɣavEn, amu Ennej enallEqtatneNvetɣiNo komjenotlawl'aNe. qejllE, komjenotlavEN". mEjew i patom mitiw ɣEmleN "emqun qEɣetjalqawlaɣEtkE. miti, ham qukkEn komjetalaN". "jinnE mewEn, nEɣEmjetalan, amu Enin enallEqtatneNvetɣiNo komjetalalaN". mitiw ɣEmleN kiwNEnin, "emqun qEɣetalqewlaɣEtkE kujeqqEN". ɣaja-jtElenaw kewlaN, "mite ham qukkEn kujElqetEN". "jinnE mewEn nejElqetɣehan. amu Enin enallEqtatneNvetɣiNo kajElqalaN. qEl-qEltEk omketEN. qakmelɣEtkE jewjew kEjulhElhEn. kEtEl anmEka. qEjallaɣEtkE jewjew". ɣann'ajtalen. mitinet lolohEt ɣecvilinet jaw-javetEN, ɣatEplenat. kiwNEnin, "jeqqe qEččelEɣEtke Nanko hamin valqajak jEnoɣiNEk". kukamlil'EvijEN. evEN, "mitinak Ellanak enač enačohEnakmave". ɣeɣEntewlin Najen qujkEn'aqu kojajtEN. "qEɣet, miti Nano qukkEn kujetEN". "jinnE mewEn nejjetɣehEn, amu Eninew enallEqatneNvet-ɣiNo kojallaNe". ojenval ɣekmillin, kujkElelhenNEnin mitinak qujkEn'aqu. qujkEn'aqunek kiwNEnin, "miti, peninemuju. mEnetEnaw taNpičyu kEmeNEjEkEN. jinnE mewEn qon'pečɣEEnpEq-lavolEčɣEn". i to Nanko ɣajajtElen. čemot.

［和　訳］
　クイケニャークはトナカイをつかまえて，どこだったかに出かけた。彼は2頭のトナカイをよんでいった。「オーイ・ヘイ・ヘイ」すると，2頭のクマがやってきた。クイケニャークはクマの鼻をひどく殴った。そして2頭にいった。「カイタ」といって，「（お前たちのようなトナカイは俺にはいらない）お前たち2人，こっちに来い」といった。血が2頭のクマを空に向かって流した。2頭はちりになった。そうしてまた，クイケニャークは2頭のトナカイをよんだ。そしてまた2頭にいった。「オーイ・ヘイ・ヘイ」すると，2頭の野生トナカイがやってきた。また，クイケニャークは2頭の野生トナカイの鼻をひどく殴った。そして2頭にいった。「カイタ」といって，「お前たち2人，こっちに来い」といった。そうして，血が2頭を空に向かって流した。2頭の野生トナカイはちりになった。そしてまた，クイケニャークはトナカイをよんでいった。「オーイ・ヘイ・ヘイ・ヘーイ」すると，2頭のオオカミがやってきた。また，クイケニャークは2頭の鼻をひどく殴った。そして，2頭にいった。「カイタ」といって，「おまえたち2頭，こっちに来い。」また，2頭のオオカミはちりになった。また，クイケニャークは2頭

のトナカイをよんだ。そしていった。「オーイ・ヘイ・ヘイ・ヘーイ」すると，今度は2匹のクズリがやってきた。また，クイケニャークはその2匹の鼻をひどく殴った。そして，2匹にいった。「カイタ」といって，「お前たち2匹，こっちに来い。」再び，2匹のクズリはちりになった。そしてクイケニャークは今度はまた2頭のトナカイをよんだ。「オーイ・ヘイ・ヘイ・ヘーイ」「カイタ」といって，「お前たち2頭，こっちに来い」といった。すると，2羽のウサギがやってきた。また，彼は2羽のウサギの鼻を殴った。そして，2羽にいった。「カイタ」といって，「お前たち2羽，こっちに来い」といった。再び，2羽のウサギはちりになった。再び，クイケニャークは2頭のトナカイをよんだ。「オーイ・ヘイ・ヘイヘーイ」すると，今度は2匹のネズミがやってきた。クイケニャークは，2匹のネズミに橇につなぐ革紐を結びつけた。そしていった。「私は向こうの雨を降らせる神様の方に行く。」妻のミティはクイケニャークにいった。「そう，何を私たちは準備しましょうか？」するとクイケニャークは，「いや，何にもいらない」といった。そして，クイケニャークは雨を降らせる神様の方に出かけていった。クイケニャークに彼らはいった。「こんにちは，おじいさん。私たちはあなたに橇をはずしてあげましょう。」「いいや，自分で。」「さあ，私たちがつないであげましょう。」「いいや，自分で。いうことを聞かないトナカイだから。」クイケニャークはその2匹のネズミをつなぎに行き，2匹にいった。「耳の先が雪に埋まるように，かみちぎれ。」彼はそこに泊まった。朝，彼にいった。「私たちが2頭のトナカイを連れてきましょう。」「いいや，自分で。」そうして，彼は木を削ってつくったボートで橇をつくって，今度は橇を仕立てた。彼らは彼にいった。「私たちが橇を仕立ててあげましょう。」「いいや，自分で。私が橇を仕立てよう。」そうして，彼はすべてを積み込んだ。臼やら，毛皮の掛け布団やら，皮なめし棒やら，道具やらをすべて積み込んだ。それから子どものおむつやらも積み込んだ。何でもすべて積み込んだ。後には何にも残さなかった。すべてのものを贈り物として積み込んだ。そして，彼らは橇の滑り木に立って出かけていった。彼はいった。「みんな橇から降りなさい。うっかりあなたたちをたたいてしまうだろう。」彼らは笑った。

「そんなことはありえない。なぜなら，あなたは私たちをひっぱって行きなさい。」彼はすわった。そして2匹のネズミを鞭打った。2匹のネズミは速く走った。すぐにその女たちは落っこちた。その後で，クイケニャークに彼らはいった。「クックン，せめて掛け布団でも臼でも，子どものおむつやつなぎでも残しなさい。」しかし，彼はすべてを積み込んだ。彼らはクイケニャークにいった。「せめて。その球根の入れ物でも残しなさい。」（これからまだ長く話すよ）。そしてあのー，クイケニャークは家に帰った。そして妻のミティにいった。「ほら，このすべての脂肪の入れ物，球根の入れ物。私は死ぬときのために，すべてを準備した。焼き場の方に捨ててくれ。そしてそこであのー，これらすべても捨ててくれ。」そして，彼は向こうで死ぬふりをした。そして，今，彼らは彼を横たえた。子どもたちは母のミティにいった。「ミティ，クックンがおならをしたよ。」「そんな彼がおならをするなんてありえない。きっと彼の霊魂たちがおならをしたのよ。」「ほら，ミティ，クックンがくすくす笑いしたよ。」「そんなことありえない。彼が笑うなんて。きっと彼の霊魂が笑ったのよ。」その後で，彼を焼き場に運んでいった。彼らは彼を運んでいって，焼き場の方に捨てた。彼らはミティにいった。「クックンがうめいているよ。捨てるのは痛いのだよ。」「そんなことありえないわ。きっと彼の霊魂がうめいているのよ。」そして，えー彼女は，それらの食べ物の容器をすべて捨てた。「さあ，行ってみなさい。ミティ，クックンは骨を煮ているよ。」「そんなことありえない。彼が骨を煮ているなんて。きっと，彼の霊魂が煮てるのよ。本当に。」後で翌日再び，「行ってみなさい。ミティ，クックンは肉を砕いているよ。」「そんなことありえない。彼が肉を砕いているなんて。きっと，彼の霊魂が肉を砕いているのよ。」翌日また，いった。「さあ，行ってみなさい。彼が何をしているか。」彼らは家に帰っていった。「ミティ，クックンが寝ているよ。」「そんなことはありえない。彼が寝ているなんて。きっと，彼の霊魂が寝ているのよ。お前たち2人，森に行きなさい。1羽の雷鳥を生け捕りにしなさい。殺さずにもってくるのよ。」彼らは雷鳥をもって帰ってきた。そしてミティの両方の乳房を切って，雷鳥に縫いつけた。そしていった。「あそこの焼き場のとこ

ろに建てたヤランゲの煙出し口のところに放しなさい。」雷鳥はくるくるまわった。そしていった。「ミティは，母は，私に乳房を縫いつけた。」そして，逃げ出した。クイケニャークは家に帰ってきた。「おい，みろよ，ミティ。クックンが帰ってきたぞ。」「そんなことありえないわ。彼が来るなんて。きっと彼の霊魂が来たのだわ。」ミティは薪の燃えさしをとると，クイケニャークを追い立てた。クイケニャークはいった。「ミティ，私たちは昔からいっしょだったじゃないか。子どもたちに食べ物をもってこよう。」「そんなことない。欲張り老人。」そこで彼は家に帰った。おしまい。

「私の自叙伝」(Kergelqut Nikolaj Andreevič)

[音韻表記]

ɣEmmo qun ɣajtojɣEm ham krečEk tnupEk kEppl'ENajEk. ɣEmnin Emma Emhamama lena. mel'EnkEjep ɣajtolen hopta. to ɣEmnin pEpou qErɣEl'qut andrej hopta EnkEjep ɣajtolen. kotvaN kEtEk hopta mEllENen mEnɣEto ɣiviw to ɣEmkEN NEjaq mEnɣEto NEččaq. sems'at ftarom Nejan tEpl'Etkon školan. to Nanko tENvok vetatEk NellEk. to Nanko sem'sot p'atam tElqEtEk armijajtEN. NEccaq ɣivit tEtaɣhEn Nanko armijak. to Nanko janot traktora tEkojavetatEN to tEniNElEɣhEn mEjew tEkivEN miNkEje jeqEcqcɣEn mEjew liNliN amu ɣejEqqelin teqEn ewEn Eno pEpou titEn jevihEN. to Nanko ɣEmmo sems'at vasimom tElqEtEk NelvElhatEN NEjoq brigad. Nanko qulɣu kotvaN brigadir. to Nanko amu NEjeqew NEččaq mEtEkivla to kEtawEt kEtEk jetti evEN, "mEnElqEt mEnn'ajtE Nejan kEjal'ojtEN". kEjal'ok ewEn mEtkotvalaN. pojtENqo mEtɣalala picɣu mEtekminnew tomEthaqEwla kEjal'ojtEN. kEjal'ok Emmanak kinivEN pEpou vihi. to tENvok tejNatEk mEjew minkEje to ɣevihElin. mEtEnkenɣawnan pEpou to Nanko brigadir awewqaj st'epan vasimojEk brigadak NEjoq mEllENen brigadak kotvaN brigadir evEN, "mEnn'alɣala Nakje". to

Nanko tEvetatEk maleppl'uhaw. vosem's'atam gadu tEkivEN mEjejwučevEk EmmE qun mašinak. vertal'ota tElqEtEk čajbuqajtEN. to Nanko atdel kadrov šervakova evEN, "qEjiNEɣi Nejan xabarofsk kraj ge pe te u sem'nacat'". Nanko Eno Ennen ɣivin tEkaličitEk to Nanko qun tEpl'EtkoɣehEn to javaletEN qun tElqEtEk čajbuqajtEN to obšežitiek tENvok tEvak. pEče tEvetatEk eppl'uhaw to Nanko amu ɣejeqqElin tEmajNEewwičik vEtelkata. to i hamin dokument prava tEntEmɣawnaw hatawamtEm. to Nanko načalinik tEkiwNEn qok tEntEmNawnaw dokument. i tENvok wutEnno vetatEk qun mačinawe traktoro EmEN jeju tEtejkEnaw. mil'ɣEčhEn NEčhEnEn kevlaN slesar'. to Nanko tEnmell'olak Nano tEvetatEk čajbuqak. qun pas'olokak to Nanko vosemi sedimom ɣEmleN Enn'aq na olu tElqEtEk tEkaličitElvekEk. qun Ennen mEllENen jEhilɣo tEpl'EtkoɣehEn to ɣEmleN čajbuqajtEN tElqEtEk. Nanko Eno tENvok vetatEk mašinata. jeqqEqun Eno methamačinaw ɣetejkElinew. to Nanko qun devenostam p'atam gadu Eno mEtElqElla qun pEče NevEtqet to kEmiNo magatanetEN. mEjew qok aplEwEnt'Emt'Eka Enn'ahEN. qEjEm evEn mEjew kEmiNo koɣEthallaN teqEn qun ɣEmmo vanvan mil'qEčil Nanko tEtvak mEjew qok kEmiNo t'umɣEpill'aqo koɣEthellaN. devenosta p'atam gadu qEllaj NevEtqet to kEmiNo magatanetEN. to wutku janot kotvaN vava to appapo ɣEmEk NevEtqetenew nekekkuj. en'pič to Emma. to Nanko Eppl'uhaw Eno ɣEmmo hopta tEjetEk mell'Eqaj magatanetEN to eppl'uhaw Eno mEčwan'avala qo amu tehi metke mEnɣEtEk NEjaq hElowwe ɣalawwi. to kEtawut kevlaN Emma ɣevihElen janot amu pazaretEN kulqEtEN to ɣahinNallin mEjew qok no minkeje Enn'ahEN Enɣ EhEn qun ɣevihElin qun wutku ɣenikelin ɣulhulin. to mEjew qok apappo qejNEn moskvajtEN ɣelqEllin. qejNEn Enno kEmiNata qonpEN kujkEplENEn. NEjaq mEnɣEto ɣiviw ɣalawwi. moskvanqo ɣejEllin dokument. kewlaN appo ɣevihElin hopta. mEjew minkeje aplEwEnt'Emt'Eka mEtkopkavlaN moskvajtEN qEtEk mEjew kewlaN teqEn pEče dva milion pElwEnto mEjew minkeje aplEwEt'Emt'Eka mEnn'aNalate to mEnElEholaN minke ɣulqEvlin. to Enn'aq Eno školak tEkovetatEN hamin kewlaN tEkunn'uN mEjew qok tehi pElwEnto ɣEmmo kojavetatEN mačinak no mEjew qok qEjEm evEn lEhonew vetatEnvEn inmE qok tEkenajejNEn.

［和　　訳］
　私はクレスティキのカプリャガイ山で生まれた。私の母はエムアママ・レーナといって，昔生まれた。そして私の父，ケルゲルコット・アンドレイもまた昔生まれた。私には兄がいて，50歳だ。私は42歳だ。72年に私は学校を終えた。そして，トナカイの群れで働き始めた。75年には私は軍隊に行った。2年軍隊に行った。そして，はじめはトラクターで働きたかったが，やめた。なぜなら，なぜだか私の心臓が父がもうじき亡くなるといっているように思えたからだ。そして私は78年に第三ブリガードのトナカイの群れの方に行った。そこではクルグがブリガード長だった。そこで私たちは2日宿営すると，突然兄がやってきていった。「行ってクレスティキに戻ろう。」そしてそこに私たちは暮らした。私たちはパレニを通って食料をもち，クレスティキに向かって出発した。クレスティキにつくと，母は私に父が亡くなったといった。そこで私は泣いた。なぜならば父が亡くなってしまったからだ。私たちは父を焼いた。そのとき，第八ブリガードのブリガード長アウェウハイ・ステパンがいた。彼はいった。「向こうで宿営しよう」と。そこで私はしばらく働いた。80年に私は「自動車の勉強がしたい」といった。ヘリコプターでチャイブハに行った。そこで，人事課のシェルヴァコヴァが「ハバロフスク州のGPTU 17に飛びなさい」といった。そこで私は1年勉強して終了して，チャイブハに戻ってきた。そして寄宿舎に住み始めた。しばらく働いたが，それからどうしたわけが大酒を飲んだ。そして運転免許証をなくしてしまった。私はボスに運転免許証をなくしてしまったといった。こうして，そこで働き始め，私は自動車やらトラクターやら何でも修理した。つまり修理工になったのだ。こうして，チャイブハ村で働いた。87年に私

は再び今度はオーラに行って勉強し，6カ月で終了した。それから再びチャイブハに帰ってきた。そこで，私は自動車で働き始めた。何といい自動車を修理しただろう。95年に私たちは，まずは妻と子どもたちがマガダン市に引っ越した。なぜなら，お金がないと困るからだ。子どもたちが飢えていたからだ。私はチャイブハにしばらくとどまった。なぜならば，子どもたちが飢えていたからだ。95年に妻と子どもたちがマガダン市に行った。最初はそこに子どもたちの祖父母がいた。つまり私の義父母だ。そして今度は私が後でマガダン市にやってきた。それからしばらくして2週間ほどたったとき，突然，義母が亡くなったといった。最初，彼女は市場に出かけて，倒れた。こうして亡くなった。その後，義父がモスクワに行った。子どもがいつも彼を殴っていたらしい。2週間ほどすると，モスクワから義父が亡くなったという知らせが届いた。しかしお金もないのにどうやってモスクワに行けるだろう。200万ルーブルもいるという。どこからそんな大金をみつけたらいいのだろう。さて，今私は学校で働いている。本当は私は自動車で働きたいが，まだみつかっていない。でも，きっと仕事をみつけたいと思っている。

ベニテング茸の話 (Čajbugi Vladimir Ivanovič)

[音韻表記]

AjNon γEmmo PojtEk Eppl'uk kotvaN. tatanak men'a qonpEN ecγan-NEvok miNki hamin kEčaw to jeju amu wejemEk kotvalaN to vaca menno qojawwe. to tatanak men'a Nanko qonpEN wejčite kolEmNenaN to Nanko γEmmo tEkivEN metkE mel'kičil' tehi kilometrov mel'kičil' amu tehi menke NEjoq kilometrov γEmmo wejčite, to kEmhElik γEmmo unmEk tEkophaN to Enneju hamin enEno mucγinew qonpEN teqEn muxamorEk vEhajok tatanak tEkivNEn "davaj qEnuγEn, to Enno Eppl'uqin malen'kij muxamor qEnuγEn", to γEmmo jaqam ewjik to amu tehi minut sorak amu tehi inhe γEmmo tEkEmhElEk jajtetEN to tata amu mell'eqej tol'ko jajte γEmmo tEcajuk kEta jelqEti to tata vitku amin jetti to ecgγi tEkivEN vot eta muxamor nEmelqin to qonpEN Ennin muxamor inet qonpEN ewjik kEta esli tumγEtum ili γEcci unmEk ustan'oš Nanko qEnuγEn vaca hamin EnnEnno vot etot vaγiNEn esli kEta amin EnEnno qekmityin ili jeju ili budet meNinet kotNEtvalaN to qewjiγEn jajak to qonpEN qEjemlEqetEki qEγitejki miNkEje.

［和　訳］

昔，小さいころ，私はパレニにいた。お父さんはいつも私を夜が明けると……。川にはカワヒメマスや何やらがいた。ときにはトナカイもいた。そしてお父さんは私をそこでいつも徒歩で連れていった。そしてそこで私は考えた。「たぶん何 km？　たぶん 3 km 私は徒歩で……」そして，私は戻ってきてとてものどが乾いた。そして，これらの私たちのいつも……。お父さんは「食べろ，小さなベニテング茸を食べろ」といった。そこで，私はすぐに食べた。そしてたったの 40 分という早さで家に帰ってきた。しばらくして，父が帰ってきたときには，私はお茶を飲んで寝た。父は帰ってきたばかりだった。そこで私は考える。このベニテング茸というのはいいものだ。いつもこのベニテング茸を食べると，もし友だちがあるいはお前がとても疲れたら，そのとき食べなさい。ときどき，いつも，ほらこの神様……。

文　献

一ノ瀬［呉人］恵．1995.「コリャーク語の音韻に関する報告」，『北海道立北方民族博物館研究紀要』，4：21-41.
一ノ瀬［呉人］恵．1997.「コリャーク語の名詞の合成形と分析形」，『北海道立北方民族博物館研究紀要』，6：9-30.
金子亨．1999.『先住民族言語のために』東京，草風館.
Koptjevskaja, T. M. 1995.　Possesive and Relational Forms in Chukchi. *In*: Double Case. F. Plank (ed.), New York and Oxford, Oxford University Press.
Krušanova, A. I. (red.) 1993.　Istorija i Kul'tura Korjakov. Sankt-Peterburg, Nauka.
Kurebito, M. 1998.　On an Aspect of Typological Changes of Koryak: from Incorporative to Analytical. 『周極地域諸文化の比較研究――言語・生態・世界観』（文部省科学研究費補助金基盤研究 B 1，代表：煎本孝），23-37.
呉人恵．1999.「チュクチ・カムチャツカ語族の母音調和に関する一考察」，『富山大学人文学部紀要』，30：49-64.

庄司博史．1995．「ソビエト言語政策下の北方少数民族と言語の復権」,『講座スラブの世界 2 スラブの民族』(原暉之編), 142-170, 東京, 弘文堂.

Volodin, A. P. 1997. Čukotsko-kamčatskie Jazyki. A. P. Volodin i dr. (red.), Jazyki Mira, Paleoaziatskie Jazyki (Indrik, Moskva), 12-22.

Žukova, A. N. 1954. Dva Osnovnyx Sposoba Svjazi Opredelenija s Opredeljaemym v Korjaksokm Jazyke. Učenye Zapiski Leningradskogo Gosudarstvennogo Pedagogičeskogo Instituta im. A. I. Gercena 101 (Leningrad), 293-304.

Žukova, A. N. 1968. Korjakskij Jazyk', P. Ja. Skorik i dr. (red.), Jazyki Narodov SSSR V (Nauka, Leningrad), 271-293.

Žukova, A. N. 1972. Grammatika Korjakskogo Jazyka (Izdatel'stvo Nauka, Leningrad).

Žukova, A. N. 1997. Korjakskij Jazyk', A. P. Volodin i dr. (red.), Jazyki Mira, Paleoaziatskie Jazyki (Indrik, Moskva), 39-53.

第9章 シベリア北東部におけるチュクチの文化変容
チャウンスキー地区の事例から

池谷和信

1. はじめに

　チュクチに関する従来の研究には，4つの流れがある。第一は，17世紀から19世紀の間に実施された探検家による記述である。第二は，1900年ころに現地調査を行なったボゴラス(Bogoras)の民族誌である(Bogoras, 1909)。彼は，1890-1898年にコリマ地区に滞在するとともに，1900-1901年には，カムチャツカ，アナディール，チュコト半島への旅行を行なっている。第三は，ヴトーヴィン(Vdovin)の歴史民族学(Vdovin, 1965)とクルプニック(Kurupnik)の生態人類学の研究がある。第四は，ジョサップ探険から100年目を記念して行なわれたアメリカとロシアによる国際共同研究の成果があげられる。これは，歴史民族学的色彩が強い。その一方で，日本のチュクチ研究では，鳥居龍蔵，松園万亀雄，黒田信一郎，荻原真子らによって海外研究の紹介を中心とした歴史民族学的研究がみられるにすぎなかった。しかし，近年になって現地調査を踏まえての谷本一之，大島稔，甲地利恵による民族音楽学や呉人徳司による言語学的研究が生まれるようになった。以上を通じて，内外の研究をみても，17世紀から現在までの約400年間におけるチュクチの文化変容に焦点をあてたものはないことがわかる。

本章では，ロシア共和国チュコト自治管区チャウンスキー地区レトクーチ村を対象とする。そこでは，ブリガーダ No.9 の生活についてのふたつの報告がみられる。両者とも約1週間の現地調査にすぎないが，1988年4月のソフホーズ内の遊牧民支配の管理システム(NHK取材班ほか，1989)や1991年2月のトナカイと人との関係(大島，1993)を明らかにしている。また，1991年のチュクチの民族音楽の調査(谷本，1992)やチュクチの民話やチュクチ語の調査(呉人，1997；1998)が報告されている。

さてチュクチ(Chukuchi)は，ロシア共和国の北東部のチュコト半島に暮らす先住民として知られている。1989年の人口数は，約1万5000人を示す(Vakhtin, 1994: 34)。彼らは，19世紀後期の主な生業様式を指標として，トナカイ牧畜を生業の中心とする〝トナカイチュクチ〟とセイウチやアザラシ漁を生業の中心とする〝海岸チュクチ〟に2分されていた(Bogoras, 1901)。しかし現在では，1950年代に始まったソビエトの社会主義化のなかで，多くの人が国営農場(以下，ソフホーズ(Sovkhoz)とよぶ)で働く国家公務員になっていたが，その国営農場が会社組織にかわったことにともない公務員は少なくなっている。

本章では，かつての〝トナカイチュクチ〟に力点をおき，17世紀から現在までのチュクチの文化変容を，帝政ロシア時代(第2節)，ソビエト社会主義時代(第3節)，ポスト・ソビエト時代(第4節)の3つの時代に分けて把握することを目的とする。

研究方法としては，現地での参与観察や古老からの聞き取り，20世紀前半に導入された交易品の計測や写真撮影を行なった。また，本章で用いた文献は，1649年のデジネフの探検，1728年のベーリングの探検，1815-1818年のコツェブエの探検，1820-1823年のウランゲルの探検，ホッパーの探検，1878年のノルデンスキョルドの探検に基づく記録によっている。

現地調査は，1997年10月20日から11月22日までの34日間にわたって実施された。なかでも，約1週間は，ブリガーダ No.2 のトナカイ放牧に従事するキャンプにて，チュクチの人々と寝食をともにして，彼らの生活をつぶさに参与観察するよう努めた。また，村では，元村長の家に住み込みをし

て，ソフホーズ事務所や村役場での統計資料の収集，村に滞在するチュクチの古老への聞き取り調査を行なった。

2. 帝政ロシア時代のチュクチ

まず，アメリカのエスキモー研究を代表する民族学者バーチ(Burch)による，この地域における4つのタイプの交易類型を紹介しよう。彼によると，第一は，"トナカイチュクチ"と"海岸チュクチ"との関係にみられるチュクチ内のものである。第二は，チュクチとエスキモーにみられる先住民間のものである。第三は，1789年のアニウイの市のようにチュクチとロシア人との関係がある。第四は，チュクチとアメリカの捕鯨船員との間にみられるものである。

さて，帝政ロシア時代には，シベリア支配の最前線基地として，チュコト半島において，1644年にニジネコリムスク要塞が，1649年にはアナディール要塞が建設された。そのころの1649年には，コサックのデジネフの一行が，コリマ川から東へ進み，そしてベーリング海峡を航海している。しかし，彼らは大きな嵐にあい，ケープ・オリユトルスキー(Cape Oliyutorskiy)の近くに上陸して，アナディール川まで陸路をとった。そして，そこから数百km上流のマルコバの町の近くに，アナディールスク(Anadyrsk)と名づけられた交易所をつくった。ここが，約1世紀の間にわたり軍事的な中心地であったが，税の支払いへのチュクチの反逆によりまもなく撤退することになる。

17世紀のチュクチは，チュコト半島とコリマ川の下流域*に分かれて居住しており，本章の調査地であるチャウン湾沿いやアナディール川沿いには居住していなかった(図9.1)。そこには，狩猟採集民のユカギールが占拠しており，チュコト半島の東部では，チュクチとエスキモーとの居住は2分され

---

*17世紀前半のコリマ川の西側に，コサックがチュクチとよぶトナカイ民がいたことがコサックによって報告されている(Bogoras, 1909: 16)。

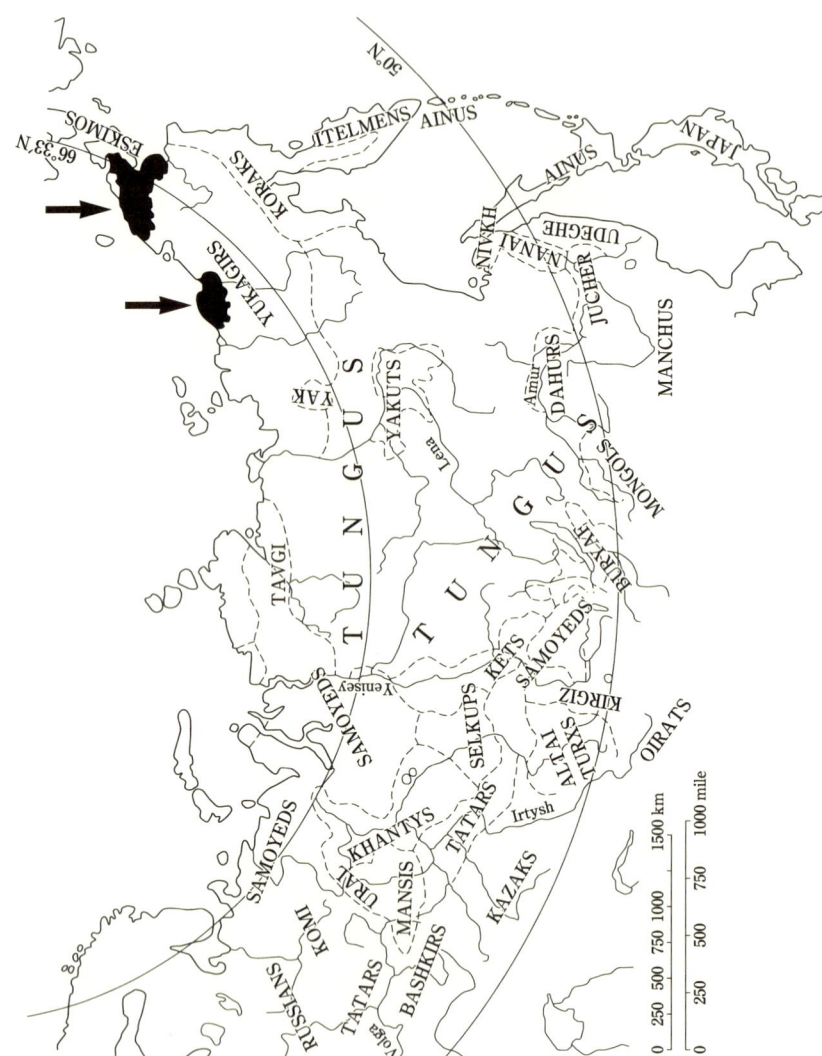

図 9.1 1600年ころのチュクチのおおよその居住域 (Forsyth, 1992: 17による)

ていた。このころ，1728年8月19日，第一回のベーリング探険のなかで，一行はアナディール湾で一隻のチュクチの船にあっている(石橋, 1950：379)。

　1750年代には，ロシアとチュクチとの戦争が続いた。たとえば，1752年にはアナディール要塞のコマンダーが，チュクチの最近のレイディング活動についてイルクーツクの役人に報告している。1759年には，200人のチュクチの一行が，彼らの居住地から650 mileも離れたカムチャツカの北東海岸にあらわれている。そこで，彼らは，数人のコリヤークを殺した後に，14人のコサックをとらえ，彼らを妻や子どもやトナカイのもとへ運んでいる (Forsyth, 1992: 149)。その結果，1764年には，帝政ロシア政府はアナディール要塞を放棄した(Bogoras, 1909: 15)。

　その後，1788年には，最初のロシア・チュクチ交易市場が，アナディール川沿いに設立された。この市場には，トナカイチュクチだけではなく，海岸チュクチやエスキモーもやってきた(松園, 1968：67)。これは，アニウイの交易市とよばれる。ここでは，ロシア人の交易人が，タバコ，ナイフ，銅製のやかんなどと，北極キツネやトナカイの皮，セイウチのキバなどと交換した。これらのものは，チュクチの交易人がベーリング海峡に住むエスキモーから入手したものである。当時，約18 kgのタバコが，10枚の北極キツネの毛皮や40個のセイウチのキバと同じ価値があったという。

　1800-1820年には，″トナカイチュクチ″がみずからのトナカイ群の大きさを拡大して，みずからの居住地を西側や南側へと広げていった。1860年代には，彼らの居住域がコリマ川をこえている。また，1820年代におけるウランゲルの探険記のなかで，チュクチの交易の様子が記述される。チュクチの人々は，その島と川の土手にキャンプしていた。彼らは，ベーリング海を渡り，アメリカの北西海岸の住人から獲得した毛皮とセイウチの歯を，トナカイ橇に乗ってもってくる。その旅行には，5-6カ月がかかっているという。彼らは，ここに8-10日間，滞在した後に，彼らは戻る。こうしたチュクチとアメリカ人との交易は，ロシア人にとっても，チュクチにとっても利益を得るものであった。

1850年代には，アメリカの捕鯨団がチュクト半島の近海に出現して，みずからが海獣猟をするほかに〝海岸チュクチ〟や〝エスキモー〟とも交易をした。とりわけ〝海岸チュクチ〟のなかには交易の仲介を専門にする者もあらわれて，北アメリカとチュコト半島を往復することで交易に従事していた(Levin and Potapova, 1956; 松園，1968：68)。

　1878年8月に，ノルデンスキョルドのヴェガ号が，本国スェーデンから北極海沿いの海岸を経過して，イーストケープを横切り，チュクチが居住する海岸に着いた。乗組員は，チュクチの村が海岸沿いにあること，食物は魚類とアザラシからなることを報告している。そして，夏季には木や骨を骨組みにして，その上をセイウチの皮で張る皮船で漁をしていること，〝トナカイチュクチ〟は，内地に居住して生活は豊かであり，あるときには冬季にベーリング海峡を横切り，アメリカ大陸に商品をもって商売をするという(鳥居，1926)。

　その後，1900年ころになって，ボゴラスによって，チュクチの全体像が初めて明らかになった。ここで，ボゴラスの調査結果を引用することで(Bogoras, 1909: 26-27)，1900年ころの〝トナカイチュクチ〟の地域集団を紹介する(図9.2)。当時，〝海岸チュクチ〟の人口は，太平洋岸に1100人で北極海岸に1600人の合計で2700人，〝トナカイチュクチ〟のそれは約1万人であった。つまり，全体の3/4がトナカイ飼育者で，1/4が海獣狩猟者である(Bogoras, 1909: 32)。このころ，毎年，多くの家族が海岸から内陸に移りトナカイ飼育者にかわっているので，〝海岸チュクチ〟の数が減少しているという。

　以下，各集団の特徴を記述していく。

　Ⓐインディギルカとアラセヤ集団は，チュクチの居住域のなかでもっとも西側にあたり，同じ名前の川沿いに居住する。この地域は，ヤクートとツングースが居住する地区に囲まれている。ここには，13のキャンプにおよそ150人が居住し，トナカイの全頭数は5000頭に及ぶ。トナカイの所有者は，スレネコリムスク(Sredne-Kolymsk)というロシア人の町とほかの集落へ肉を供給する。

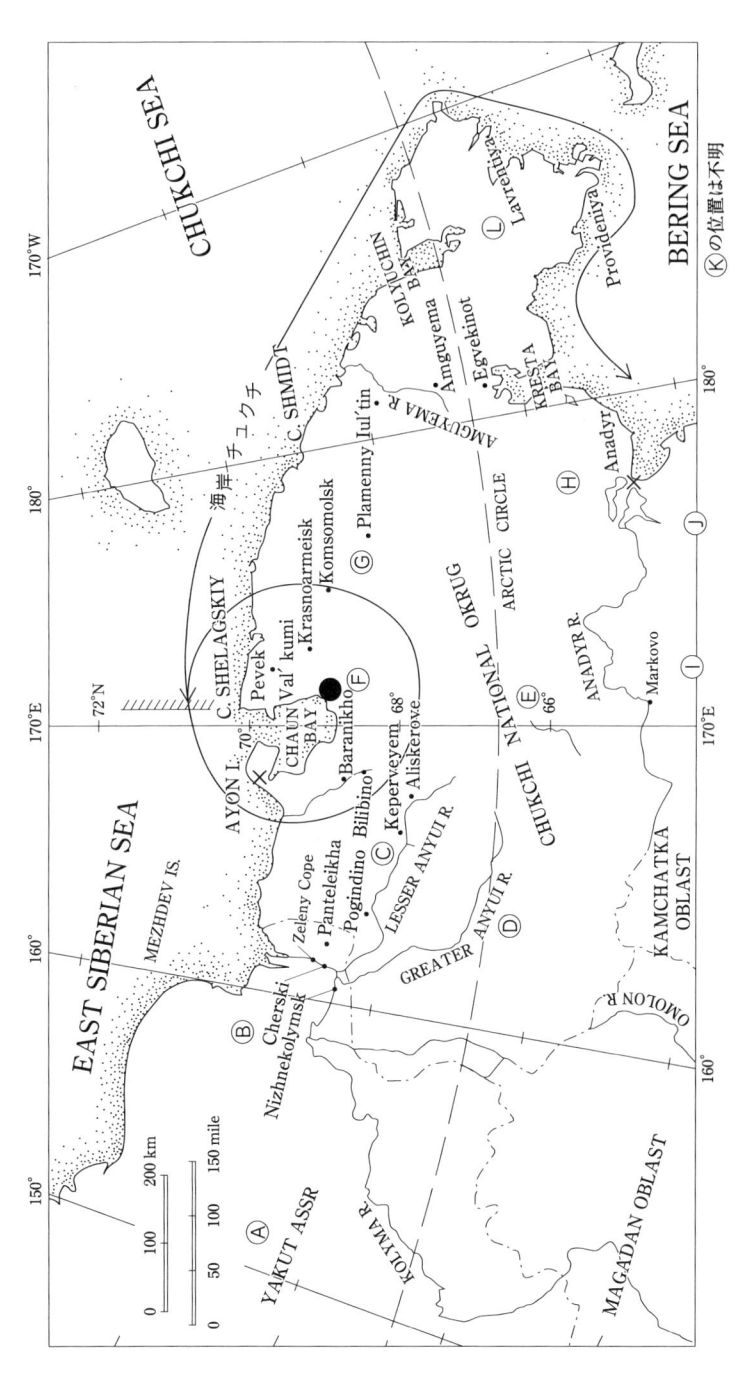

図 9.2 1900年ごろのチュクチの地域集団の分布。Ⓐ〜Ⓛの記号は，本文中と一致する。Ⓚの位置は不明

Ⓑ 西コリマ集団は，コリマ川の西側のツンドラに住む。ここには，35のキャンプに400人が居住する。この集団では，1884年の天然痘によって，人口の1／3が死亡したといわれる。また，多くのトナカイが野生トナカイの群に加わったことで，トナカイ頭数の大幅な減少がみられる。

Ⓒ ドライアヌイ集団は，チュクチのなかでもっとも大きい規模の集団で，北極海とドライアヌイ川の間に居住して，キャンプはコリマ川の右岸からアヌイ川に沿って，5-10 mileの間隔で立地する。キャンプの数は，およそ100を示す。トナカイの群はあまり大きくなく，たいてい2家族に肉や服や毛皮を供給するのに足りる300-400頭からなる。しかし，いくつかのトナカイ群は，2000-3000頭を示す。

Ⓓ ラージアヌイ集団は，20のキャンプからなり，その数は，オロイ川とオモロシ川などの南側への移動によって，かなり減少した。スレネコリムスクとギシギンスクというふたつのロシア人の町に肉を供給する。彼らは，海への接近がないので，夏には山中に住む。

Ⓔ アナディール川上流集団は，30のキャンプからなる。夏には，山中へ行くことになっている。

Ⓕ チャウン集団は，チャウン湾に近接するツンドラに居住する。ここは，約50のキャンプからなる。山地でアヌイ集団と分かれている。東アヌイの人々と似ていて，さらに大きな群があるが，彼らの群の頭数は，400-500頭である。

Ⓖ エリ集団は，チャウン集団の東側に位置して，40-50のキャンプからなる。

Ⓗ オンミリン集団は，アナディール川の北岸とホリークロス湾の間に住む。ここは，約60のキャンプからなり，その多くはたいへん貧しい。ここには，過去30年の間に，〝海岸チュクチ〟からトナカイ飼育者にかわった太平洋側の村を含む。

Ⓘ テルカップ集団は，約50のキャンプからなる。トナカイ群は，400-500頭で平均的な大きさを示す。彼らは，かつてコリヤークと戦った戦争のリーダーである。

- Ⓙウッテニセン集団は，アナディールの南側で，コリヤークとの境界沿いに居住している。トナカイ群は，夏に山のなかに移る。
- Ⓚホワイト川集団は，約25のキャンプからなる。
- Ⓛチュコト半島の集団は，チュコト半島に居住する。ここには，80-100のキャンプがあるが，気候の厳しさや放牧地の不足からトナカイ群は大きくない。ここのキャンプの半分は，海洋からの食糧を入手し，イヌのチームや毛皮のボートを所有する。

以上のようなチュクチにおける12の地域集団の特徴をみてみると，"トナカイチュクチ"のなかに，キャンプ成員の規模の大小やトナカイ飼養頭数の大小などから明確な地域性が存在することがうかがえる。なかでも，チュコト半島では，トナカイ牧畜と海獣漁労とを組み合わせている点が特徴的になっている。また，この時代を通して，"トナカイチュクチ"であれ"海岸チュクチ"であれ，チュクチの経済活動のなかで交易活動が重要であることがわかる。

3. ソビエト社会主義時代のチュクチ—チャウンスキー地区の事例

本節では，20世紀前半におけるチュクチの交易の実態と，それによってチュクチ社会がいかなる変化をしたのかを把握する。

一般的には，1933年に"トナカイチュクチ"のなかでつくられた集団農場の割合は，"海岸チュクチ"の60％に対して，全人口の3％にすぎなかった。その後，1939年には，"海岸チュクチ"の95％が，ソビエト集団化に組み込まれていったのに対して，"トナカイチュクチ"のそれは11％に増加したのみである。1941年には，チュクチの土地でのトナカイの90％は，個人所有であった。つまり，"トナカイチュクチ"の大多数は，集団化システムの外側にいて，ロシア人によって提供された現代文明の利益に背を向け，伝統的な遊牧生活に固執していた。たとえばヴェニカノのようなトナカイ王は，1930年代に5万頭のトナカイをもっていたという。そして，多数の貧しい牧夫を雇っていた。アナディール盆地から北部のツンドラにあたる，チャウ

ン湾とアムグエマ川の間へ移動した"トナカイチュクチ"のレフジーは，1950年代まで群とともにさまよっていたといわれる(Forsyth, 1992: 340)。

さて，チャウンスキー地区の中心地ペベックでは，1929年からロシア人が住むようになったといわれる(NHK取材班ほか，1989：10)。その後，1932年には，文化基地(クストバーザ)としてペベックに集合住宅が建設される*。

これらペベックでの最初のロシア人とレトクーチ村のロシア人との関係は明らかではないが，村の博物館の資料によると，1930年ごろには村はなく，ロシア人の猟師のマルコフ氏兄弟が住んでいたという。また30年代のチャウン・チュクチは，1年間に1家族あたり50頭のトナカイを屠殺していたといわれる(Kurupnic, 1989: 109)。

彼らは，1920年代の終わりに来たというが，どこから来たのかは不明である。1931-1932年には，ロシア科学アカデミーの鳥類研究所のあったところに村がつくられる。そして1933-1934年には，村は現在の場所に移る。そこには，学校，学生寮，パン工場が建設される。

1939年には，この地域の人口センサスがつくられる。1940年に，最初のコルホーズがつくられる。マルコフ氏が，その責任者となる。1941年に，モスクワから学校の先生が来て，文化局や診療所ができる。1957年に，ソフホーズがつくられる。ゲウトアの夫が，その責任者となる。1959年には，人口が約80人で，大部分をロシア人によって占められる。1965年には，12のブリガーダがあり，おのおのに万能走行車(ヴェズジェホート)とトラクターがあった。この年に，ソフホーズで所有していた船が廃船となる。1969年に，ツンドラでの火事がある。1980年に，ゲウトアは，文化局の仕事と

---

* 1924年に，極北諸民族に対する援助の中央機関として，全露中央執行委員会に付属する北部辺境諸民族援助委員会(略して，北方委員会)が設置された。そこでは，ボゴラスやシュテルンベルクが指導的な役割を果たしたといわれる。文化基地は，北方委員会がシベリアのもっとも僻遠の地に僻地住民への経済的，文化的サービスの施設として，1927年から1935年にかけて組織したものである(飯田，1989：163)。また，1988年3月におけるペベックの人口は，1万5000人を示し，チュクチは1%ほどであるという(NHK取材班ほか，1989：10)。

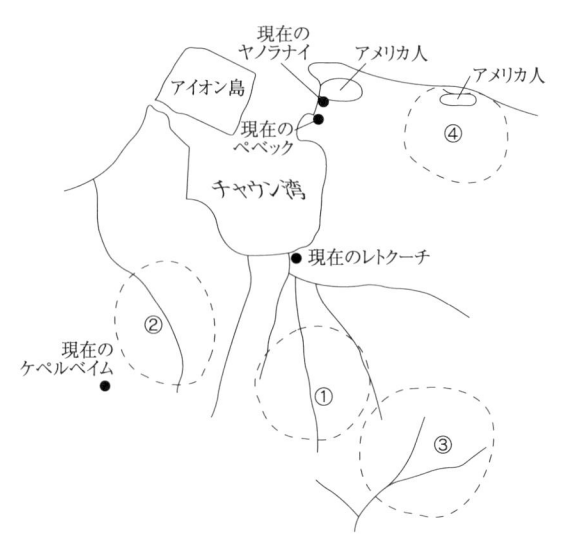

図 9.3 事例 1 から 4 の情報が示す地域。○は，本文中の事例番号に対応する。

して，ツンドラのチュクチに映画をみせる仕事をしながら，村内でチュクチの伝統的な工芸品をつくり始める。そのことが実って，1986 年に，村に文化局付属の博物館がつくられる。

以下，4 人の古老からの聞き取り調査の結果から，当時の社会生活を復元してみよう(図 9.3)。

事例 1　情報提供者，ルーダ，1945 年生まれ

　私は，マトキウェール川の近くで生まれた。小学校 2 年を卒業する。1950 年代にソフホーズは始まり，トナカイは国のものとなったと聞く。祖父は，多くのトナカイをもっていたので，1940 年代の後半の国有化の動きに反対した。そのため，1 年間にわたりペベックの刑務所に入った後に，そこから逃げた。しかし，警察がイヌを使って追いかけてきたので，ベルトをとりはずして首をしめて自殺したという。

　1969 年の夏に，父は死亡する。母は，ワン，ツー，スリー，石鹸，米，お金，タバコなどのアメリカ人の言葉を知っていた。私の母が 5 歳

のときに，ペベックのあたりの取り引き所（バザール）で，北極キツネやトナカイの毛皮との交換で，鉄鍋，オノ，やかん，お茶，キャンディー，タバコなどを入手していた。それは冬で，トナカイ橇に乗って移動して交換した。当時，そこには，毛皮を求めて交易のためにアメリカ人が住んでいたという。ロシア人はいなかった。ペベックには家はなく，チュクチの放牧地であった。後に母の夫となるコーラウエ（1920年生まれ）は，そこのペベックで親といっしょに放牧していた人である。

祖父の時代には，広い範囲を放牧していたという。夏営地と冬キャンプがあるのは，現在とかわりがない。夏営地では，年寄り，子ども，女性が残ったが，2人以上の妻がいたので男性が足りないと一部の女性は男たちといっしょに放牧に出かけた。祖父は，多数のトナカイがいたので，多くの人を雇っていた。交易へ行って，ものをもらい，みんなに配っていた。

この事例から，"トナカイチュクチ"とアメリカ人との交易の一端がうかがえる。チュクチからは毛皮がもたらされ，アメリカ人からは鉄鍋やオノなどが導入されている。また，チュクチの間に英語の単語が記憶されている点は興味深い。また，ソビエトの集団化に反対した結果，自殺に追い込まれているのも集団化のチュクチへの影響であると理解することができる。

事例2　情報提供者，レクリン・ボリス，1930年生まれ

私は，パウンチュア川沿いのバラニハのあたりで生まれた。その後，パトゥ・ウェームの上流域で移動していた。ケペルベイムの近くへ行ったときには，そこの林から，橇や家用の木をとったりした。

私は子どもであったので，直接，アメリカ人をみていないが，ペベックのあたりに船で来たアメリカ人と交換したものをみている。それには，タバコ（パイプ用），四角でかたいお茶，やかん，鍋，銃などがあった。なかでも，銃は高価であったという。チュクチからは，北極キツネやオオカミ，トナカイの毛皮をもっていった。当時，北極キツネは，木製の

罠で毛皮の質のよい冬にとっていた。オオカミは，キツネと同様な罠でおとすか，アメリカ人から購入した銃でうって殺した。

　当時，父親は所有するトナカイの数が少なく，トナカイ肉を食用にするだけではなく，コマイ(ハリウス)やサケなどの魚で補っていた。アザラシについては，アイオンへ行く人に頼んで，トナカイ肉との交換で入手した。なお，アイオンのチュクチは，アザラシ，セイウチなどをとっていた。アザラシの油をトナカイの干し肉，冷凍肉につけて食べた。アザラシの皮は，夏用のブーツによかった。また，セイウチのキバは，橇を引くトナカイのムチの先に使われた。皮は，夏や冬用のブーツの底となった。当時のトナカイには耳印があって，その所有者が明確になっていた。耳印は，トナカイが2歳になった春につけられた。

　当時，トナカイ橇のみで，イヌ橇はなかった。夏には2頭のトナカイ，冬には1頭のトナカイが橇を引いた。そして，橇をつなげて移動した。

　1944年ころには，小学校ができる。1948年からは，ソホーズで働き，サラリーをもらった。それから定年になるまで，No.7に属していた。当初，No.7は，現在のNo.2のあたりに占拠していたが，1964年に，現在のNo.5の近くに移っていった。これは，その冬に，雨が降って雪がとけて氷がはり，トナカイが草を食べられなくなったことによる。多くのトナカイが，死亡した。なお，2年前より，一年中，村に滞在している。

　この事例では，トナカイの所有頭数の少ないチュクチとアメリカ人との交易がうかがえる。この場合，アメリカ人からもたらされた銃が，チュクチの猟法を大きくかえていることがわかる。また，北極キツネの毛皮を獲得するうえで，罠猟が重要であった。

事例3　情報提供者，マリーナ
　　私の母はイワンタグラートグルグンの第三夫人で，アメリカ人にあっている。私の祖父はトナカイの国有化に反対して，刑務所に5年間いた。

この地域で，多数のトナカイを所有する3人のチュクチの一人でした。

この事例では，事例1と同様にソビエトの集団化に反対していることがうかがえる。また，当時，大規模なトナカイ所有者がいたこともわかる。

事例4　情報提供者，アーニャ

8-10人のアメリカ人が，船で来ていた。そこには，海で狩りをする人のヤランガがあったが，多くの人がツンドラからも集まってきていた。また，そこには，グレゴールという名のチュクチではない男性が住み，チュクチとアメリカ人との仲介をしていた。つまり，アメリカ人が，彼にものを預けて，チュクチの人がそのものをもっていった。アメリカ人は，屠殺されたトナカイの皮をとったのをよく覚えている。ツンドラからの人は，北極キツネの皮をもってきていた。

父と母は殺されたので，おじさん(母の兄弟)のところで育った。1936年生まれの兄がいうには，祖父は，ビーリングスの海岸に住み，アザラシやセイウチ狩りで暮らしていた。そして，トナカイと北極キツネの毛皮をアメリカ人に渡すかわりに，鉄鍋，タバコ，お茶，バター入りの缶，ヴィンチェスター銃，鉄製の罠，スコップなどを入手していた。小学校に入学するころには，アメリカ人はいなかった。その前には，秋にアメリカ人をみている。

この事例からは，"海岸チュクチ"もアメリカ人と交易をしていたことがわかる。また，両者の交易の仲介には別の集団の人が介入している点は興味深い。アメリカ人から獲得したものは，ほかの事例と類似している。さらに，交易の行なわれた海岸部には，"トナカイチュクチ"も集まってきていたことから，交易品をめぐって，アメリカ人・"海岸チュクチ"・"トナカイチュクチ"のエスノネットワークが形成されていたことがうかがえる。

以上の4つの事例から，当時チュクチの生活のなかにアメリカ人との交易活動が組み込まれていたことが明らかになった。また彼らが交易により得た

銃や鍋やオノなどの導入は，彼らの社会を変容させてきた。さらに銃によるトナカイの害獣となるオオカミの減少，トナカイ皮が商品化されていたことなどが関与していて，彼らのトナカイ所有頭数が増えていった可能性がある。

4. ポスト・ソビエト時代のチュクチ

本節では，チャウンスキー地区のレトクーチ村を対象にして，村の中心的経済活動であり，ツンドラを広く利用するトナカイ牧畜の実態を把握することを目的とする。これを通して，当時の国家がいかにたくみにトナカイ牧畜民の伝統文化を利用・管理しているのか否か，そしてこれに対するどのような牧畜民の主体的行動がみられるのかを明らかにする。

まず，国家の管理システムの末端にある中心村落(以下，村とよぶ)と，そこに管理されているブリガーダ(Brigade：生産隊)が展開する場としてのトナカイキャンプの生活を概観する。つぎに，国家の管理のもとでの農場経営とそれへの牧畜民の対応を明らかにする。

4.1 村の概観

チャウンスキー地区は，1990年にマガダン州から分離して成立したチュコト自治管区(約72万km²の面積)の西北部に位置する。1997年の人口は，およそ1万800人で，このうち地区を管轄する役所がおかれているペベック市の人口は8000人を示す(文化庁のオースキン氏私信)。この地区内には，レトクーチ，ヤノラナイ，アイオンの3つのソフホーズが存在していたが，1995年にヤノラナイのソフホーズがロシア人とチュクチの24人から構成される会社組織に変化した*。ソフホーズの統計資料によると，1997年におけ

---

* ヤノラナイでは，1992年に5つのトナカイ群がいたが，1995年にはふたつの群に減少している(呉人，私信)。そして，1997年10月現在，2家族と2人の青年が飼育する2600頭のひとつのトナカイ群のみになっている。それにともない，ヤノラナイでは役場もなくなり，ペベック市に統合されている。また，アイオンには3つのブリガーダがあり，3つのトナカイ群がいる。なお，1995年11月に，レトクーチ村内にあるロシア科学アカデミー鳥類研究所の建物は，ペベックにある暖房関係の会社に売却された。

る 3 つのソフホーズのトナカイ頭数は，1 万 3000 頭，2792 頭，9664 頭を示し，レトクーチのそれがもっとも大きい。

レトクーチ村は，北緯 69°，東経 171° にあたり，地区の中心都市ペベックの南に約 100 km 離れ，北極海につながるチャウン湾に面している。レトクーチとは，チュクチ語で銃の音を意味し，ロシア人からはウスチャオンとよばれている。この村は，南北に約 240 km，東西に約 200 km の広がりをもつソフホーズの一部を占め，この広大なツンドラでトナカイの放牧が行なわれている。

地形は，川沿いを中心として表面がオウトツの低地が続き，南部には分水嶺となる山地が広がる。川沿いには，湖が多い。気候では，1996 年の月別の平均気温をみると，最暖月の 8 月で 14℃，最寒月の 2 月で −27.5℃となっている。月別の降水量では，8 月が 47 mm で最大で，1 月が 5 mm で最小を示す。また 7 月上旬から 8 月中旬までは白夜が続くのに対して，12 月 22 日から 1 月 25 日は，一日中ほぼまっ暗になる。植生は，灌木や地衣類からなるツンドラでおおわれている。なかでも，ハナゴケはトナカイの食料として不可欠なものである。また，農場の外に位置するコリマ川の支流域を放牧地とするブリガーダ No.5 には，高さが 2-3 m の木が山すそにまばらにある。これらは，橇の素材として使われる。

ペベックから村へは，12 月から 5 月上旬までの約 5 カ月間，海上が凍結して道路となるのでバスやトラックを使っていくことが可能である。1994 年には，週 2 回のバスがあり，所要は約 3 時間であるという(呉人，私信)。また，7 月末から 9 月にかけては，冬用の発電や暖房に使う石炭などを運搬する貨物船が，約 14 回にわたり，ペベックから村へ行っている。所要は，約 6 時間かかる。なお，1997 年 8 月以来，かつては定期便であった週 1 便のヘリコプターは運行されていない。

村長からの聞き取りによると，1997 年 10 月現在の村の人口総数は 493 人を示す。このなかで約 110 人が，7 つのブリガーダに分かれてトナカイキャンプに居住している。これらは，1 人のウクライナ人や 2 人のエヴェンやコリヤークを除いてすべてがチュクチである。また，現在の人口のうちチュク

チは323人で，全人口の約65%を占め，そのほかはロシア人，ウクライナ人などの白人である。さらに，現在の村長がこの村にやってきた1970年ころの人口が1000人でピークに達していたこと，1988年の人口は890人を示したことから（NHK取材班ほか，1989：12），1988年から1997年までの10年間に約400人の人口が減少している。

村には，国家が所有する2階建てか平屋の集合住宅のほかに，学校，幼稚園，病院，村役場，ソフホーズ事務所，火力発電所，ソフホーズが経営する雑貨屋，サウナつき公衆浴場，図書室などがある[*]。まず集合住宅には194戸が入っている。ここ数年，ロシア人を中心とする白人の村外への流出にともない空室が増えたことによって[*2]，チュクチがその後に入居する事例が多くみられる。このため，1年のほとんどをトナカイキャンプで生活するチュクチであっても，村内に部屋を借りている。また各部屋には，暖房のためのパイプ管が通り電気コイロのついた台所やカラーテレビ，冷蔵庫などがおかれている。これらの近代的な施設は，冬季には氷をとかして水を入手したり，しばしば停電になることを除いて，私が生活している日本の公務員住宅のそれとほとんどかわりがないものである。

村での就業状況をみてみよう。村長，ソフホーズ長，校長，医師や看護婦などは，すべてロシア人が担っている。チュクチは，村役場の会計事務に3名，チュクチ語を教える先生が1名のほか，郵便局，文化局などに2-3名いる程度である[*3,4]。最近，絵や音楽，そしてチュクチの伝統工芸を教える文

---

[*] ソフホーズで所有する万能走行車（ヴェズジェホート）は，故障中が多く作動できるのは1台のみである。また，ソフホーズでは，村内で数頭のウシやブタを飼っている。1ℓの生乳は，1万5000ルーブル（約300円）で販売している。

[*2] ロシア人のレーナさんは村に11年住むが，1998年4月に，子どもとともに村から出る予定であるという。夫は村の発電所に勤めていたがそれをやめて，中国との国境の近くで，軍の船の作業員として仕事についている。

[*3] 村の郵便局で働いているチュクチの女性が，1997年7月1日から約1カ月間，有給休暇をとり，モスクワやサンクト・ペテルスブルクに観光に行っている。これには，交通費や滞在費を含めて1500万ルーブル（約30万円）が支払われている。ちなみに，彼女の月あたりの給与は，50万ルーブル（約1万円）である。

[*4] 村の文化庁で2年間働く男性の給与は，100万ルーブル（約2万円）である。

化芸術学校がつくられ，そこに勤める人もいる。これらに対して，ツンドラでトナカイ牧畜に従事する人々は，1人のウクライナ人の白人を除いてほとんどがチュクチである。

　一般に，ロシア国内では，6歳から16歳までの11年間にわたり学校へ行くことが義務づけられている。この村の学校の生徒数は合計で118人を示し，このうち70人は学校に隣接する寄宿舎で生活する*。また，幼稚園児は48人いる。地区では，村の寄宿舎の子どもをトナカイキャンプに送り迎えするサービスをしていた。学校が，6月1日から8月31日まで夏休み期間であるので，多くの子どもは，6月初めに地区のヘリコプターで家族の住むトナカイキャンプへ行く。平年では，8月末にヘリコプターを使って，2回に分けて，7カ所のブリガーダから子どもを村へ運ぶといわれる。しかし，1997年11月7日現在，地区の財政難によってヘリコプターによる輸送が確保できないために，11名の子どもがキャンプから学校に戻ってこられない状態であった。

　村の雑貨屋には，パン(1斤，約360円，18300ルーブル)，砂糖(1kg，約600円，3万3000ルーブル)，タバコ(1個，約100円，5000ルーブル)，小麦粉などが販売されている。なお，1992年には，村内に宿泊所があり，週に2回，映画が上映されていたという。

4.2　トナカイキャンプでの生活―ブリガーダNo.2の事例

　村の背後には，広大なツンドラが広がり，トナカイ牧畜が展開する。ここのソフホーズには，7つのブリガーダがあり，そこには多様性がみられるが，私の滞在したブリガーダNo.2のトナカイキャンプに焦点をあてて記述する。

　ツンドラのキャンプでの衣・食・住には，トナカイを中心とするチュクチの文化がよく反映している。まず，冬用の衣服はトナカイの皮からつくられる。A(アントヌフン)のものは，3枚の皮からなる。糸は，ロシア製のもの

---

　*1988年において寄宿学校では，生徒の半分がチュクチの子どもであった(NHK取材班ほか，1989：16)。

を使う。

　食では，トナカイの肉を煮たり茹でたりする料理が中心であるが，村でつくられた四角形のパンがあれば食べられる。1997年10月27日に，食用のために2頭のトナカイを殺した。また，その日には，ブリガーダ長のイワンが村のソフホーズの店から前借りした十数個のパンがおかれていた。10月29日，Aが63匹のコマイ（ハリウス）を釣りあげたが，魚は副食として欠かせない。

　女性が，料理をつくる。小屋の外側に，長さ1.5mあまりの3本の棒でやぐらを立て，そこから鍋がつるされる。肉は，石オノを使って細かくされる。

　イヌは，Aのテントには5匹，隣のBのテントには5匹いる。イヌは猟犬ではなく，夏に牧夫の手伝いをする。冬の日中は，小屋の外で足首をひもに縛りつけられ，午後5時ころ，4匹のイヌが入口のテントのなかに入れられ，もう1匹は内のテント内でロープにつながれている。イヌは，メスイヌでは子どもを産みやっかいなので，すべてオスイヌである。

　水くみには，トナカイ用の薬入れであった容器を使う。冬季には氷をかちわって，氷の下の湖水から水をとる。運搬には，橇が使われる。

　冬の間，住居となるテントが，川岸の内側で凍りついた川底の上に建てられる。冬は，ロシア式テント，夏は円錐型ハット（ヤランガ）が使われる。1972年に冬用のものが円錐型ハットからロシア式テントにかわったことにともない，だるまストーブが導入される。しかし，ブリガーダNo.9では，冬でも，ロシア式テントと円錐型ハットとの組み合わせになっている。夜は，ケロシンランプが使われている。

　ブリガーダNo.2（以下，No.2とする）の人口は，17名で，1名のエヴェン（A）を除いてすべてチュクチである。

　No.2には，3つのテントがあり，A（アントヌフン），B（トレーセイウェ），C（イワン）の3世帯，それぞれ5人，6人，6人で，合計すると17人が生活している。このうちCの2人の子どもは村の学校へ通っているので，6月から8月の夏休みの期間を除いてはキャンプには滞在していない。A，

B，Cの3世帯は，Aの妻の弟がCで，AのこどもがBの妻というように，お互いが血縁関係によって結ばれている。また，3人は，血縁のない若者の男性である。まず，トーノーは，No.4のトナカイ群をすべてなくしてしまったので，そこから義父である故セレーゲエーノフとともに移籍した人，ワレーリアは，かつて死亡した母がこのNo.2にいたことがあるので，ワーシャはもとここにいた故セルゲビチのこどもであることによっている。

キャンプの成員の年齢をみると，6歳，3歳，7カ月という10歳以下のこどもが3人いて，10代はまったくいないが，20代や30代の男性がいる。彼らは，村の学校を卒業した後に，2年間の兵役の義務として，マガダンやサハリンやアムール地域での勤務を終えた後に，キャンプに戻ってきている。

近年，このキャンプでは，2人の老人が死亡している(呉人，私信)。1996年4月にコーラウエ(トナカイを飼う人の意味)，同年8月にセレーゲエーノフである。また，Bは，1991年にNo.10で働いていたので，妻のユーリャもNo.10にいた。彼らは，1992年に，妻の両親のいるNo.2に移籍する。

No.2には，ソフホーズによって任命された一人のブリガーダ長がいる。現在はCで，その前はA，さらにその前は，Aの妻の母親の夫コーラウエであった。

Aには，4人のこどもがいる。このうち長男のローマのみが村住みである。彼は，1994年以来，結婚を機会に村に住むようになった。彼は，キャンプの親族の手助けをすることがよくある。たとえば，1997年11月1日のように，彼は村からスノーモービルを使ってキャンプを訪れて，彼の妹とその3人のこどもを村に連れていったのである。7カ月の乳飲み子の体調がよくなく，村の病院へ行くためである。つまり，キャンプと村との間に，親族のネットワークを通じての相互の行き来がみられた。

チュクチは，1年を7つの季節に分けている(呉人，私信)。3月下旬から4月までの子トナカイの出産期(ウルオン)，5月から6月中の雪がとけ蚊がいない時期(ケットケット)，6月中から8月末の蚊の出る時期(エーテン)，9月の時期，10月から11月の雪が降る時期(ウットハン)，12月の太陽が沈む時期，1-2月の太陽がのぼる時期である。これらの季節の区分に応じて，

キャンプの移動形態がかわり，4月下旬，8月下旬，1月下旬の3回にわたり，彼らの儀礼が行なわれる。

6月初めに，年寄りと若者が分かれる。年寄りは，円錐型ハットに住み冬服を製作したり魚とりに精を出す。若者はロシア式テントに住む。各群には，彼らの荷物を運ぶために，ロシア人やチュクチが運転する1台の万能走行車（ヴェズジェホート）がつく。かつては，人が背負って運搬したという。4月下旬には，トナカイの出産の儀礼が行なわれる。8月下旬には，放牧キャンプにいた青年が夏の本拠地に戻ってきて，4月に生まれた子トナカイを草の上で殺す儀礼が行なわれる。一家族あたり3-5頭を殺す。この際に殺したトナカイの代金は，給与からさしひかれている。そして，年寄りと若者は10月に合流する。

図9.4は，1995年8月から1997年10月までにおけるNo.2のキャンプ地の移動を示す。年間の移動形態は，ツンドラが積雪におおわれて，運搬用の橇の使える冬季と，それ以外の時期とで大きく異なっている。まず，冬季は，キャンプの成員全体が集まり，いっしょに移動を繰り返す。これに対して，夏季では，トナカイ群の管理に従事する男性若者のキャンプ地と，トナカイの毛皮の加工の仕事をする年長者や女性の定住キャンプ地とに2分される。

図9.4より，1994年と1995年の夏の本拠地は，レトー川の中流沿いに立地していたが，1996年と1997年のそれは，オムロイカイ川中流沿いにかわっていることが明らかになった。そして，1995年と1996年の冬季は，オムロイカイ川沿いを下って海の近くまで接近してから，夏の本拠地に戻るような経路となっている。1994年4月には，トナカイの出産がチャウン湾からの北風を妨げてくれるゲートヒン山の南側で行なわれたことが確認されている（図9.4参照）。その結果，総移動距離は，100 km以上に及ぶ。また，1回あたりは，6-20 km以上と異なるが，10回以上のキャンプの移動を繰り返すことになる。これに対して，若者男性のみの夏季の移動は，1995年には川の上流側に対して，1996年，1997年には川の下流側で大きく異なっている。

つまり，約2年間の移動形態より約2500頭のトナカイを維持できるブリ

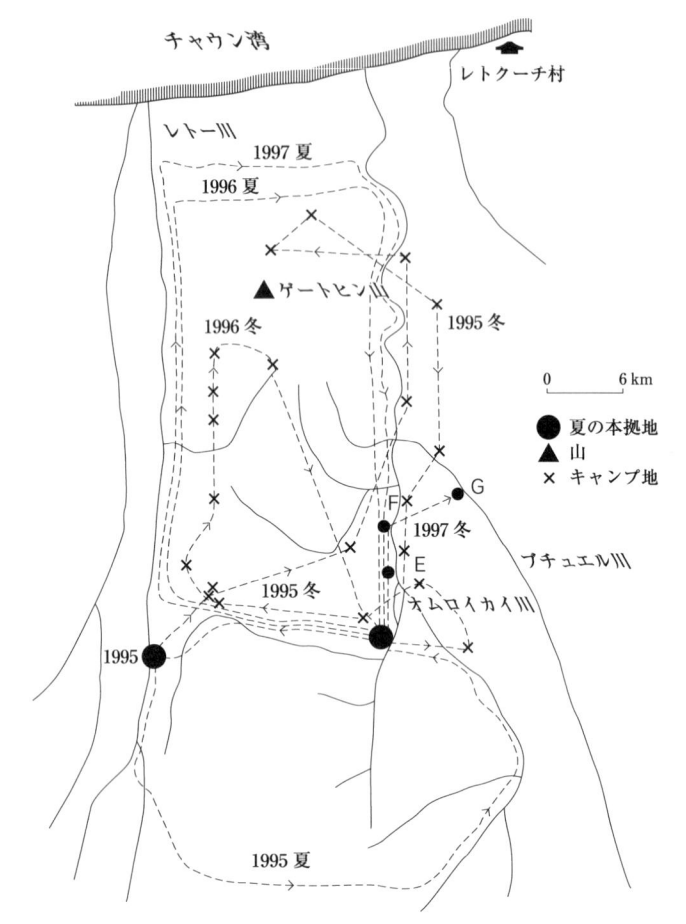

図 9.4 トナカイ牧畜の移動ルート(1995年夏から1997年冬まで)。E, F, G は直接観察による。それ以外は，1/200,000 の地図を使用したトーノ氏への聞き取り調査から復元したもの。これは，ブリガーダ No.2 で図 9.2 に対応する(池谷, 1999：12)。

ガーダの放牧地は，レトー川からオムロイカイ川の間に至る範囲であることが明らかになった。

1997年10月の移動状況をくわしくみると，10月上旬に川や湖が凍ると橇での移動が可能になるので，放牧集団が夏の本拠地の集団と合流する。まず，本拠地から E 地点へ移動した。この際には，ブリガーダ長のイワンが有給休

暇に入っていたので，年長者のE が移動地を選択している。1997年10月29日には，E地点では，凍りついたオムロイカイ川のうちに隣接するふたつの小屋，そこから約7km離れた夏キャンプ地に立地するひとつの小屋の2カ所に分かれていた。つぎに，10月30日に，E地点から約7km離れたF地点へ移動した。さらに，11月3日に，F地点からプチェル川沿いのG地点へ移動している。いずれも，キャンプ地は，川沿いに決められている。

これは，川岸のたき木や氷を砕いて水を利用するのに便利であると考えられる。また，EからFへの移動の前日(10月29日)，トナカイの採食地がキャンプより遠くなったから牧夫(アローシャ)の帰りが午後9時40分と遅かった。これは，放牧地の場所が，キャンプの移動を決定していると考えられる。

移動の時期や放牧地の選定は，ブリガーダ長のイワンによって決められる。彼がいないときには，A である。冬季の移動の間には，夏用の円錐型ハット(ヤランガ)のテントやポールは，夏の本拠地におかれる。

キャンプ地の移動には，キャンプの若者であるアローシャとアンドレーのスノーモービルが使われる。なかでもアンドレーのものは，1996年に中古車を120万ルーブル(約2万4000円)で購入したものである。10月30日の移動には，有給休暇に入っているイワンも手伝いにきている。約1時間半で，家屋の解体は終わり，人を乗せてつぎのキャンプ地までは，スノーモービルで約26分であった。なお，1995年までは，ガソリンがなかったので，トナカイで橇を引いていたという。ここでは，駄獣トナカイもいて，いつでもトナカイ橇を使用できる。現在でも，No.3, No.8, No.9は，トナカイ橇を使っている。

新しい移住地では，まず，地面の雪を払って土を出す。つぎに，ポールを建て，ロシア式テントを建てていく。

以上のように，キャンプの移動形態は冬季とそれ以外では異なっているが，毎年移動するルートや範囲がほぼ決まっていることが明らかになった。また，トナカイ牧畜の活動からみたツンドラの利用として，トナカイの放牧による植生へのインパクトが大きいのであるが，人の側もトナカイの採食が十分で

きなくなると，キャンプの移動を繰り返して自然とのバランスを保とうとする。これが，環境に対して保全的か破壊的かを判断することは難しい。

トナカイのなかには，牽引用のためにチュクチが自分の所有物と意識したものもあるが，ソフホーズの事務局ではすべてを国有と認知している。

トナカイの放牧では，午前8時から午後8時までとそれ以外とに分けて，約12時間ごとに牧夫が交代することになっている。たとえば，10月28日にトーノーが，トナカイキャンプを午後6時50分に出発して午前8時40分に帰ってきている。牧夫は，銃，投げ縄，双眼鏡，ナイフ，6Vのランプ，お茶を沸かせるコンロなどをもって出かける。なお，冬にはトナカイがおとなしいので使わないが，夏にはブーメランのようなトナカイを追い払うもの（ウッスキトレン）を用いるという。

トナカイは，夏には，灌木の葉やキノコ，冬には雪を掘り起こして地衣類を採食する。トナカイは，でこぼこのツンドラの上で分散して採食するが，腰をおろして休息することもある。牧夫はトナカイの動きにあわせて，ときにはトナカイをキャンプに誘導する。トナカイにとっての一番の外敵は，オオカミである。オオカミがトナカイの群れに近づくと，牧夫が銃で警告を与える。

No.2では，3つのテントに別れて住む6人の牧夫が，冬の間は1人ずつのまわり当番となっている。たとえば，10月28日昼と29日夜がワーシャ，30日夜と31日夜がワレーラというように2日連続して従事しているように，その順番に規則性があるわけではない。このメンバーに入っているブリガーダ長のCは，90日間のわたる2年分の有給休暇をとっている際中であったので，みはりには参加していない。また，年長者のAは，屠殺用のトナカイを捕獲することはあるが，このみはりの仕事はしていない。

冬は，トナカイ群がおとなしいので，1人の牧夫が従事する。また，夏のトナカイの放牧にはイヌを使用するが，冬の放牧にはイヌを使わない。No.2には，2568頭のトナカイがいる。牧夫たちは，これらトナカイの数を知らず，ブリガーダ長のCが種オスの数などをすべて知っている。これは，彼が，定期的にそれを数えて，その数をソフホーズ事務所に連絡しているからであ

る。牧夫が，国家に管理されているのがよくわかる。

　放牧の際の先頭を歩くトナカイは，とくに決まってはいない。トナカイは，冬の間はトナカイゴケを求めて動いていく。トナカイは，すべての草がなくなるまで採食せずに，適当に採食したら移動する。しかし，草が少なくなると，トナカイがあっちこっち動いて落ち着かなくなるという。また，人がトナカイにププとならしてパンを与えると，トナカイは人に近づいてくる。つまり，一部のトナカイは，人づけされている。

　数頭のトナカイの首には鈴がついている。これは，トナカイの存在を知らせる道しるべのような役割をもつ。牧夫のかけ声であるヘイ，ヘイは右へ行け，ハァ，ハァは左へ行けを示す。トナカイの後ろにまわりこめば，まっすぐ進む。また，牧夫によって音色は異なるが，口笛をふくと拡散していたトナカイ群がいっせいに凝集する。さらに，去勢は，5月初めか8月末から9月初めまでに行なわれる。No.2 の群には，159頭の去勢オスが含まれている。

　トナカイは，牧夫に誘導されることがなければ，平素はキャンプに近づくことはない。キャンプから離れたところで，放牧されている。

　放牧中にトナカイどうしが角をからませてけんかした際や，屠殺の際に，牧夫がトナカイを捕獲するには，投げ縄が欠かせない。3人の男性がおのおのの投げ縄をもって，お互い並んでトナカイの群に近づく。どのトナカイにしぼるのかは，3人が小声で話をする。人が走り出して，縄を肩の上にあげてトナカイに近づく。トナカイは，走る。人は，角をねらって投げる。うまく角にかかわると，トナカイとの綱引きが始まる。結局，人がトナカイの方に近づき，トナカイを捕獲できる。

　10月31日には，4頭のトナカイが解体された。その内訳は，10歳のオス，5歳のメス，2歳のオス，3-4歳のメスである。このうち2頭分の肉は，キャンプで自家消費されて，残りは村に運ばれた。

　以上のように，牧夫は夏と冬とのトナカイの生態の違いに応じて，イヌや道具の使用の有無をかえ，またトナカイ群のなかのものに鈴をつけたり去勢をしたりすることを通して，2000頭以上が集まるトナカイ群を管理する技

術をもっている。

4.3 農場経営からみたトナカイ牧畜

　対象とするソフホーズでは，経済的付加価値の高いものが注目され，トナカイ牧畜だけではなく，ぺベックへの魚の販売によって収益を得ている。村内には，10人近くの人が魚をとり販売している。たとえば，村に住むAの長男のローマは，3tのサケをソフホーズに販売して，月あたり200万ルーブル(約4万円)を得ている。彼以外の従事者は，すべてロシア人であった。

　国家は，収益の増大につながるトナカイの頭数を増加させて，農場経営を維持する必要がある。

　すでに前項で述べたように，すべての牧夫がトナカイ群の構成を知るわけではない。ソフホーズが，経営の維持と向上のために，農場内のすべてのトナカイの頭数や性別を掌握している。3月末から4月初め，5月，10月，12月の年に4回にわたり，統計担当者が村からツンドラを訪れ，各ブリガーダ別のトナカイ頭数を数えている。これらのデータをもとに，その年の各ブリガーダ別の屠殺頭数が割り当てられている。また，ブリガーダ長が毎月頭数を数えてソフホーズ事務所に伝えている。これは，住民による屠殺頭数を把握することで，その代金が賃金からひかれることになる。たとえば，食料用として1頭のトナカイを殺すと150万ルーブル(約3万円)ひかれる。

　レトクーチ村が所属する国営農場におけるトナカイ頭数は，1万頭から3万頭の間を示し，年変動が大きい。1980年には約2万7000頭であったのが，1985年には約1万2000頭に激減している。その後，わずか5年後の1990年には約2万5000頭に回復し，その後減少の方向を歩んでいる。このなかの減少には，次項で述べるように，家畜トナカイの群に野生トナカイが合流することによって，家畜トナカイが野生化してしまったり，冬に雨が降って雪がとけて氷がはり，トナカイが草を食べられなくなり死亡したり，オオカミの被害にあったりすることによる。また，このなかの増加は，トナカイの自然繁殖によっている。

　ブリガーダNo.9の頭数が4199頭で，ソフホーズのなかで最大数のトナ

カイを所有している。たとえば，No.2 では，1008 頭の出産可能なメスがいて，6 カ月の子で示されるように 704 頭のトナカイが生まれている。つまり，約 2599 頭の群で，毎年約 700 頭の増加があるので，トナカイ群には 35％の自然増加分があるとみてとれる。また，この群には，1 歳半のオスが 319 頭，2 歳半のオスが 53 頭，種オスが 78 頭，去勢オスが 159 頭含まれている。しかし，屠殺以外で出産可能なメス 148 頭，6 カ月の子 182 頭，去勢オス 17 頭が，死亡している。

　このような各ブリガーダ別のトナカイの状況調査の結果に基づいて，ソフホーズ長がその年のトナカイの屠殺頭数を決めることになっている。1996 年は 1200 頭，1997 年は約 1100 頭である。1997 年のその内訳は，No.9 が 500 頭，No.1 が 103 頭，No.2 が 200 頭，No.3 が 202 頭，No.5 が 100 頭となっている。No.8 と No.10 は，ゼロである。

　トナカイの屠殺方法は，キャンプで実施されるものとは大きく異なる。屠殺されたトナカイの保存を考慮して，11 月 15-20 日ころの寒い日に，村の近辺で，12Ｖの電気ショックを使って，トナカイがつぎつぎに殺される。

　ソフホーズに集められた肉は，村人の食糧や学校・寄宿舎で消費される分とペベックのソフホーズの事務局に渡されるものとに分けられる。村での肉の価格は，トナカイ生産にかかわる人は 1 kg あたり 1 万 5000 ルーブル（約 300 円），そのほかの人は 3 万ルーブル（約 600 円）で販売される。これは，1 頭あたりにすると，50-70 kg の肉をもつので，150 万ルーブル（約 3 万円）から 210 万ルーブル（約 4 万 2000 円）で取り引きされることになる。なお，2-3 年前には袋角を販売したが，現在ではやっていない。トナカイの皮は一部をチュクチがもらい，残りは捨てられる。

　以上のように，トナカイ群の構成やその頭数の変化に応じて，ソフホーズでは毎年何頭のトナカイを殺すことがよいのかという経営戦略を立てていることがわかる。

　この村には，南北に約 240 km，東西に約 200 km の農場が広がっているが，トナカイ牧畜は農場内で実施されてきた。

　村人と各トナカイキャンプの人々との間は，毎日無線で結ばれている。

1988 年には，10 時 30 分，13 時，19 時 30 分の 3 回にわたった(NHK 取材班ほか，1989：30)。1997 年 11 月には，10 時 30 分，14 時，19 時の 3 回ではあるが，天候により無線が通じない日も多かった。なかでも，No.2 のキャンプでは，1997 年 10 月下旬の私の滞在時には，無線機のマイクロホンが壊れていたので，まったく外部から連絡ができない状態であった。

また，チュクチは，村の雑貨屋から茶，パン，砂糖，小麦粉などを前借りで購入する。このため，彼らの給料からは屠殺したトナカイの金額や雑貨屋での前借り金がさしひかれて，トナカイをなくしたときには，罰金が支払われることになっている。なお，アパート代は，60 万ルーブル(約 1 万 2000 円)で，年金者と 3 人以上の子どもがいる場合は 30 万ルーブル(約 6000 円)となる。

さらにヘリコプターを使って，医者がおのおののバリガードをまわって，結核を診断するサービスが 1996 年 9 月 12 日にあったが，1997 年にはまったく実施されていない。

その一方でソフホーズの会計係の人が，月あたり 27 日間の労働として，きめ細かく給料の金額を計算している。同じブリガーダ長であっても飼養しているトナカイの頭数などによって金額はばらつきがみられる。たとえば，もっとも多くのトナカイを放牧する No.9 のブリガーダ長は 310 万ルーブル(約 6 万 2000 円)とツンドラ在住者のなかで給与は高く，No.2 の長は 250 万ルーブル(約 5 万円)と安くなっている。トナカイを管理する若者は，150 万ルーブル(約 3 万円)である。女性は，料理代として 78 万ルーブル(約 1 万 5000 円)を得る。元ブリガーダ長の A (アントヌフン)は，給与が 54 万，地区手当てが 54 万，北方手当てが元ブリガーダ長の 54 万で合計すると 162 万(約 3 万 2000 円)となる。

以上のように，牧夫は村人との無線連絡をすることができ，国家から仕事内容に応じた給与を受けとっていることがわかる。

4.4 放牧テリトリーの変化とチュクチの主体的対応

放牧テリトリーは，各ブリガーダ別の放牧地が社会慣行として決まってい

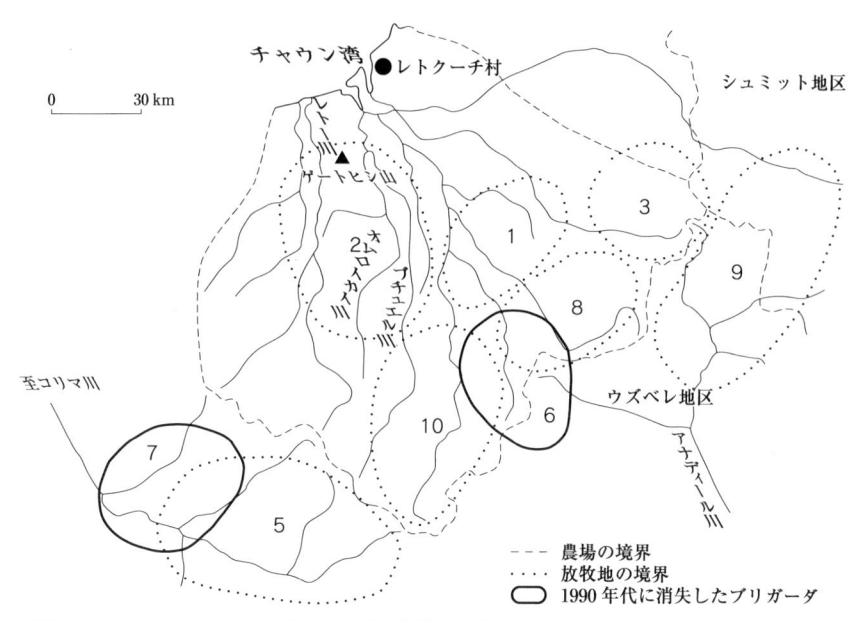

第9章 シベリア北東部におけるチュクチの文化変容　311

図 9.5 1997年における各ブリガーダの放牧地。聞き取り調査による(池谷, 1999：23)。

る状態と定義される。まず，1957年にソフホーズがつくられた時点で，ブリガーダが生まれて，ソフホーズによって放牧テリトリーが線引きされたと推察される。しかし，その範囲を確定できる資料は残っていない。

　1968年の農場内の放牧テリトリーをみると，農場内のおのおののブリガーダは，ソフホーズ事務所によってほぼ川の流域を単位とせずに，12に区割りされていた。その多くの形が村に向けての細長い長方形であるのは，トナカイの屠殺のときに，村の近くまでトナカイを放牧できるように配慮されていると考えられる。また，No.2, No.3, No.4, No.5の放牧地の一部は，農場の領域をこえているのがわかる。さらに，当時，No.1に4カ所，No.2に3カ所，No.3に2カ所，No.4に3カ所，No.5に2カ所，No.6に4カ所，No.7に5カ所，No.8に4カ所，No.9に4カ所，No.10に5カ所，No.11に3カ所，No.12に3カ所の合計で42カ所の狩小屋がつくられていた。

その一方で，図 9.5 は，1997 年における放牧テリトリーを示す。この時点では，各ブリガーダの放牧地は，長方形のように規則的な形をしていない。これは，1968 年のそれとは異なり，ソフホーズが上から区割りしたものではなく，現場の牧夫がみずから創造した領域であることを示している。そのなかでは，No.5，No.9 の放牧地が，完全に農場の範囲をこえて隣の農場の領域を占有している点が注目される。No.2 が，レトー川，オムロイカイ川，プチェエル川の流域を占有することは，第 4.2 項で述べている。No.5 は，2 m 以上の樹高のある木が自生しているので，レスノイ（森があることを意味する）ともよばれる。さらに，No.4 と No.6 と No.7 が，近年になって消失している点も注目される。なお，この時点では，獲物が枯渇したためか狩り小屋がみられない。

以上のように，ふたつの年代の放牧テリトリーを比較すると，おのおののブリガーダの放牧地の変化を指摘できる。これらの変化は，つぎのような理由によっていると考えられる。まず，1969 年か 1971-1972 年の落雷によるツンドラでの火災によってトナカイの餌となるトナカイゴケがなくなった。その結果，ブリガーダの放牧地は，各ブリガーダの自主性にゆだねられ，No.5，No.7，No.9 は，隣接する農場の領域内を占有するようになっている。たとえば，No.9 はアナディール川の上流部を，No.5，No.7 はコリマ川の支流の上流部を占有している（図 9.5 参照）。

No.7 の移動に関しては，別の理由もあげられている。No.7 は，現在の No.2 のあたりを占拠していたが，現在の No.5 の近くに移っていった。これは，その冬に，雨がふって雪がとけて氷がはり，トナカイが草を食べられなくなり，多くのトナカイが死亡したことによっている（1930 年生まれ，67 歳，レクリン・ボリス談）。その後，1995 年ころに No.7 は年長者の死亡で牧夫の数の減少やトナカイ数の減少にともなって，No.5 のなかに含まれることになる。

つぎに，1994 年には，No.4 が消失する。これは，同年の 12 月 28 日の昼ごろに，群よりも数の多い野生トナカイがやってきて，No.4 のすべてのトナカイが逃げてしまったことによる。そのときには，現在，No.2 にいる

トーノーが，キャンプから 5-6 km 離れたところに群れはいて，1 人で群れを監視していた。しかし，彼が食事のためにキャンプに戻っている間に，1200 頭いたトナカイが 1 頭もいなくなった。この結果，1995 年に，No.4 の 2 家族が No.2 へ移籍した。これには，トーノーが含まれている。彼は，No.4 と No.2 がツンドラの地形などが似ていることから，No.2 のブリガーダ長の C に移籍を望んでいることを伝えて，それが実現したものである。なお，No.6 の消失の時期は 1992 年以前というが，その原因は明らかではない。

　以上のことから，1968 年から 1997 年にかけて，各ブリガーダ別の放牧地が大きく変化してきたこと，その要因としてツンドラでの火災や野生トナカイによる家畜トナカイの逃亡などがあげられることが明らかになった。

　近年のトナカイ牧畜をめぐる新しい現象として，ブリガーダ No.9 の構成員数の増加を取り上げる。1988 年 4 月には，4 家族で 12 人が 4000 頭のトナカイを飼養していた（NHK 取材班ほか，1989：18）。具体的には，ブリガーダ長ブブカイとその妻，ノーチンとその妻，コリヤークの人，そしてグルゴートセイフンの 4 家族である。

　その後，1997 年 11 月現在，約 10 家族で 29 人が 4199 頭のトナカイを飼養している。このうち，コリヤークが 2 名，エベンが 1 名いる。このなかには，1988 年に滞在していた人がすべて含まれる。これから，約 10 年間にトナカイ頭数は変化していないが，ブリガーダの構成員数が大幅に増加したことがわかる。

　これは，本節の冒頭で述べたように，近年になって，農場の境界をこえて放牧地を展開した結果，放牧中に隣接の集団とであうこともあり，その間でのチュクチどうしの通婚が行なわれた結果である。たとえば，地区は異なるが近隣の農場であるシュミットから移住者が 3 名，ウズベレから移住者が 2 名いる。たとえば，1993 年冬に，ブブカイの知人が，シュミット地区から移り住んできた。その一方で，この集団からシュミットへ養子に行った人もいる。また，集団内での若者どうしの婚姻や未婚の母が生まれた結果，数名の乳飲み子がいる。

　以上のような農場をこえての婚姻は，落雷による火災によっての植生変化

が農場の境界を完全に越境してまで放牧地をかえてきたことがひとつの原因となり，またトナカイ牧畜の維持のためにチュクチが主体的につくりだした戦略としてみなすことができる。

5. チュクチの文化変容

　この報告では，17世紀から現在までのチュクチの文化変容を，帝政ロシア時代，ソビエト社会主義時代，ポスト・ソビエト時代に分けて，おのおのの生活を把握することを目的とした。その結果，以下の3点が明らかになった。

　(1)帝政ロシア時代におけるチュクチの12の地域集団の特徴をみてみると，"トナカイチュクチ"のなかに，キャンプ成員の規模の大小やトナカイ飼養頭数の大小などから明確な地域性が存在することがうかがえる。なかでも，チュコト半島では，トナカイ牧畜と海獣漁労とを組み合わせている点が特徴的になっている。また，この時代を通して，"トナカイチュクチ"であれ"海岸チュクチ"であれ，チュクチの経済活動のなかで交易活動が重要であることがわかる。

　(2)ソビエト社会主義時代において，チュクチへの集団化政策の施行は遅れた。このため，1930年代には，アメリカ人とチュクチとの交易がふつうにみられた。アメリカ側からは，銃，やかん，鍋，オノ，ビーズなどが，チュクチ側からはキツネ，オオカミ，トナカイの皮が供出されていた。また，調査地においても，当時のチュクチの生活のなかにアメリカ人との交易活動が組み込まれていたことが明らかになった。その結果，彼らが交易により得た銃や鍋やオノなどの導入は，彼らの社会を変容させてきた。さらに，彼らが多数のトナカイを所有していたことは，銃の利用によってトナカイの害獣となるオオカミが減少したこと，トナカイの皮が商品化されたことで彼らが商業牧畜を志向したことなどが関与していると考えられる。しかし，その後，チュクチの居住するすべての地域に集団農場がつくられ，従来の遊牧形態は崩壊した。つまり，中心集落とトナカイキャンプというふたつの形態のなか

で村の生活が成り立っていった。

　(3)ポスト・ソビエト時代には，チュクチに関与して急激な変化がみられた。中心村落には，日本の公務員住宅とかわりのない施設や集合住宅がととのっており，ツンドラでのトナカイ牧畜に従事する人も，村内に部屋を借りている。ここではチュクチが全人口の65％を占め，ロシア人らと混住している。就業状況では，ソフホーズや村役場の多くの仕事はロシア人らが占め，多くのチュクチはトナカイ牧畜に関与するという違いが明瞭であった。また，トナカイキャンプの構成員は，親族関係を中心に形成されている。また，ほかのキャンプからの移籍者があることから，集団としては離合集散の性質をもつ。さらに，年齢構成では，中心村落の学校に通っているために10代の若者は皆無であるが，20代，30代の青年はみられる。さらに，キャンプの移動形態は，夏と降雪によって橇の使用できる冬では異なる。夏では，トナカイを放牧するキャンプとトナカイ皮を加工するキャンプに分かれて，前者は万能走行車(ヴェズジェホート)とともに移動を繰り返すが，後者はまったく移動をしない。冬は，スノーモービルかトナカイ橇を使って，すべての成員が1-2週間で1度の割合で移動する。その移動ルートは，ほぼ決まっていて，夏は川の中・上流で，冬は海岸の近くに向かう。そして，トナカイの管理では，1日中牧夫がつきっきりである。牧夫は，1日に2人が交代で従事する。放牧には夏にはイヌを使うが，冬は使わない。牧夫はオオカミよけのために銃をもち，トナカイ群の誘導には口笛やかけ声が使われる。なお，農場経営では，ソフホーズ事務所がトナカイ群の構成や頭数を調べることを通して，トナカイ牧畜の動向を管理している。牧夫は村人との無線連絡ができ，毎年屠殺されるトナカイ頭数が決められ，給与が支払われている。このため，儀礼に使用されるトナカイや自家食糧とするトナカイの代金は，給与からさしひかれるシステムになっている。

　最後に，放牧テリトリーの変化やキャンプの構成員の増加のなかに，チュクチの主体的対応がみられた。また，放牧地の変化の要因としては，ツンドラでの火災や野生トナカイの存在があげられ，近隣の農場の領域への放牧地の変化にともない近隣のチュクチとの婚姻が生まれていることが明らかに

なった。

 以上のことから,チュクチは,帝政ロシア時代とソビエト社会主義時代の前半までは,トナカイ遊牧を中心として,狩猟,漁労,交易の生業複合を維持してきたが,社会主義時代後半の集団農場化によってトナカイ牧畜を専業とする国家公務員として養成されてきたことがわかる。しかし,その時代以降ポスト・ソビエト時代にかけてソフホーズが維持されている一方で*,チュクチはかつての遊牧形態を反映しながら主体的対応をしてきたと結論づけられる。

文　献

Arutiunov, S. A. 1988. Chukuchi: Warriors and Traders of Chukotka. *In*: Crossroads of Continents. Fitzhugh W. W. and A. Crowell (eds.), Washington, Smithonian Institution Press.

Bogoras, V. G. 1901. The Chukuchi of North-Eastern Asia. *American Anthropologist*, 3: 80-108.

Bogoras, V. G. 1909. The Chukuchee. Leiden and New York, AMS Press.

Forsyth, J. 1992[1998]. A History of the Peoples of Siberia: Russia's North Asian Colony (1581-19990). Cambridge, Cambridge University press.［『シベリア先住民の歴史』(森本和男訳)．東京,彩流社］

飯田規和．1989.「極北の少数民族」,『北極圏3』(NHK取材班ほか), 161-165, 東京, 日本放送出版協会．

池谷和信．1993.「シベリア牧畜民研究」,『北方学会報』, 2 : 12-13.

池谷和信．1998a.「日本におけるモンゴル牧畜民に関する研究」,『北方学会報』, 5 : 9-11.

池谷和信．1998b.「現代のチュクチにおけるトナカイ牧畜の生態」,『周極地域諸文化の比較研究──言語・生態・世界観』(煎本孝編), 49-57, 北海道大学文学部．

池谷和信．1999.「シベリア北東部におけるチュクチのトナカイ牧畜と放牧テリトリー」,『北海道立北方民族学博物館研究紀要』, 8 : 1-30.

Ikeya, K. 2001. Chukchi reindeer grazing and changes to grazing territory in northeastern Siberia. *In*: Parks, Property, and Power: Managing Hunting Practice and Identity within State Policy Regimes. Anderson, D. and K. Ikeya (eds.), pp. 81-100, Senri Ethnological Studies no. 59.

石橋栄達．1950.「毛皮と歴史(3)」,『歴史と地理』, 23(4) : 372-387.

Joseph, W. 1994. Siberian Yupik Eskimo: The Language and its Contacts with

---

*1999年に,チャウンスキー地区レトクーチ村の国営農場は,ムニツパルに名称をかえて解体したが,それ以降も実質的な経営内容はかわっていない。

Chukuchi.　Salt Lake City, University of Utah Press.
呉人徳司．1997．「チュクチ語テキスト(1)」，『北海道立北方民族学博物館紀要』，6：31-67．
呉人徳司．1998．「チュクチ語テキスト(2)」，『北海道立北方民族学博物館紀要』，7：1-30．
黒田信一郎．1992．「チュクチの抵抗──北東シベリア原住民の受難史」，『北の人類学』（岡田宏明・岡田淳子編），京都，アカデミア出版会．
Kurupnik, I. 1989. Arkticheskaia Ethnoekologiia. Moscow, Nauka Publishing House (Arctic Adaptations 1993 translated by Marcia Levenson).
Kurupnik, I. 1998. Understanding Reindeer Pastralism in Modern Siberia: Ecological Continuity versus State Engineering. In: Changing Nomads in a Changing World. Ginat, J. and A. Khazanov (eds.), pp.223-242, Sussex Academic Press.
Levin, M. G. and Potapova, L. P. (eds.) 1956. The Peoples of Siberia. Chicago, The University of Chicago Press.
Lieut W. H. and R. N. Hooper. 1853. Ten Months among the Tents of the Tuski. Leiden and New York, AMS Press.
松園万亀雄．1968．「狩猟バンドからトナカイキャンプへ──北東シベリア・チュクチ族における社会変動」，『やまと文化』，49：61-95．
Members of the Expedition (translated by Alec Brown). 1935. The Voyage of the Chelyuskin. London, Chatto and Windus.
NHK取材班ほか．1989．『北極圏3』東京，日本放送出版協会．
Nordenskiold, A. E. 1881a. The Voyage of the Vega round Asia and Europe. Vol.1. London, Macmillan and Co.
Nordenskiold, A. E. 1881b. The Voyage of the Vega round Asia and Europe. Vol.2. London, Macmillan and Co.
荻原真子．1992．「チュクチのシャーマニズム──北東シベリアの民族文化の一特質」，『北の人類学』（岡田宏明・岡田淳子編），京都，アカデミア出版会．
大島稔．1993．「ツンドラに生きるチュクチの子供達」，『アークティック・サークル』，6：12-14．
大島稔．1998．「コリヤークのトナカイ飼育──1996年ペンジナ地区スラウトノイェにおける調査」，『カムチャッカ半島諸民族の生業・社会・芸能(文部省国際学術研究調査報告書)』（大島稔編），117-133，小樽商科大学言語センター．
Starokadomskiy, L. M. 1976. Charting the Russian Northern Sea Route. Montreal and London, McGill-Queen's University Press.
谷本一之．1992．『北極圏，ツンドラと氷原を渡る響き』東京，同盟舎．
鳥居龍蔵．1926．『極東民族 第1巻』東京，生活文化社．
Vakhtin, N. 1994. Native people of the Russian Far North. In: Polar Peoples. Minority Rights Group (eds.), pp. 29-80, London, Minority Rights publications.
Vdovin, I. S. 1965. Ocherki Istorii i Efnografii Chukchei. Moskva and Leningrad, Nauka.

第10章 サハにおける文化復興とシャマニズム・儀礼の復興

山田孝子

1. はじめに

　北東シベリアにおいて，ヤクート自治共和国は1990年9月の独立国家宣言によって，サハ共和国(ヤクーティア)としての新たな道を歩んでいる。サハ共和国は初代大統領の選出，ロシア共和国との連邦条約の締結，憲法の制定などをへて，ロシア連邦のなかでの経済的・政治的主権国家として現在に至っている。共和国名はサハ・ヤクートの民族名にちなんだものである。しかし，サハ・ヤクートは北方民族としては多数を占めるのであるが，共和国そのものは1989年の統計によれば(Nikolaeve, 1994: 67-68)，ロシア人が50.3%，サハ・ヤクートが33.4%，ほかにエヴェンキ，エヴェン，ユカギールなどの北方少数民族からなる多民族国家である。サハ・ヤクートはこれまで，一般にヤクートとよばれてきた民族である。この民族の呼称に関しては諸説があるが，独立以降，民族名称としてより古い時代の記述に登場する「サハ」を用いるようになっており(ロマノーヴァ and ヴァシーリエフ，1994：12-13；Gogolev, 1996: 私信)，本章では民族名としてサハを用いる。

　サハ共和国は出発点から多民族国家として，民族性の尊重と国家としての統合という問題に対処しなければならず，共和国成立以降，サハをはじめとする北方諸民族の民族性の尊重が国家政策としてとられ，それぞれの伝統文

化復興の動きが進展している。旧ソ連邦の「ソ連のすべての民族の一つの民族，ソビエト人への統合」の時代には，単一の民族あるいは国家の伝統文化や歴史を深く探求することは許されなく，70年代の終わりから80年代の初めにはヤクート自治共和国全体について1人の民族誌学者で十分であるということが本気で提案されたという(ロマノーヴァ and ヴァシリーエフ，1994：10)。

ソ連邦時代におけるロシア化，ソビエト人への統合という長い歴史をへて，ではいったいどのような文化復興の取り組みが行なわれているのであろうか。民族文化の復興は何を核として進展しうるのであろうか。本章では，1990年以降に進展した民族文化の復興過程で，とくにサハを対象にして，伝統文化の名のもとにいかなる側面が関心を集めるものなのか，また，シャマニズム・儀礼の復興は人々にとってどのような意味をもちうるのか，民族文化の復興と宗教・儀礼の意義などについて考察することにしたい。分析は1994年および1996年の調査によって得られた資料に基づくものである。

2. サハ共和国の成立と文化復興の過程

サハ共和国の成立とともに，シャマニズムと伝統的治療の禁止が解かれ，また，サハ文化に対する民族学・民族誌学的関心も急速に高まっている。実際，国家レベルでの民族文化復興の取り組みを示すものとして，ヤクーツク国立大学に設けられた国民文化言語学部や，サハ共和国人文科学研究所，サハ共和国文化省付属の民俗文化創造事業局や文化大学などの機関の改組充実をあげることができる。

たとえば，サハ共和国文化省の民俗文化創造事業局には，1993年に現在の名称に改称されたのであるが，編集，民俗伝承，北方民俗伝承，古文書の4部門がある。民俗伝承，舞踏，歌謡，文化事業コーディネーターなどと，それぞれを専門とする21名のスタッフを抱え，ここでは①サハ，エヴェン，エヴェンキ，ユカギールの民俗伝承や古代ロシアの伝承の研究と，その再現・再演のお膳立て，②民俗歌謡団，民俗舞踏団の設立準備の援助というよ

うに，踊り，歌，儀礼などの民俗文化の研究と，各地における文化の再現・復興の指導などが積極的に押し進められている。

また，1992年に国立のカレッジとして文化大学が設立された。それ以前には文化スクールにすぎなく，最初の設立は1969年であるが，任意団体のようなものであったという。1990年に文化省の国民文化部局となり，1992年にほかの部門とともにカレッジとなったのである。文化大学には国民文化部，舞踊部と歌謡部がある。高等学校(11年生)を終了した生徒が入学し，教育期間は3年間となっている。

国民文化部は国民文化についての専門の教育機関であり，4人の教師によってサハの伝統的儀礼の教育が行なわれている。1996年には17人の卒業生がいたが，彼らは村や町の文化局に勤めたり，幼稚園の先生になっているという。ここでの教育はサハがもっと自然とかかわって生活できるようになることを目標として，つぎのようなカリキュラムが組まれている。①伝統的な歌唱法を修得するための正統呼吸法，②自然の音に敏感になり，精神を集中し，精神の統一ができるように感受性の強い感性を身につけるための教科，③民族誌と文化についての勉強，④伝統的歌謡(toyuk)の歌唱法の修得，⑤伝統的儀礼，とくに，主要な儀礼であるウセフ(ysyakh，夏至祭り)の実施法修得，⑥夏至祭りのときに唱える祝詞(algys)の唱え方の修得，などである。

教師の1人は，国民文化部の教育の目的についてつぎのように語っていた。

「教育の理念は，自然に密着し，自然の精霊を信仰することにある。ここでは，あらゆる儀礼について学び，サハの古代の伝統的儀礼を現代社会において再現することをめざしている。たとえば，埋葬の仕方，自殺者はどのように埋葬したらよいのかなど。結婚式はどのように行なえばよいのか，子どもはどのようにつくればよいのか(子どもが授からないとき)，出産はどのように行なうべきか，家を悪い精霊から守るためにはどのようにすればよいのか，火の霊への祈りはどのようにすればよいのかなどである。ここでの卒業試験では，サハの儀礼を実行できるか

どうかを試す。自分は，60種類の儀礼についてそのやり方を知っている。」

このような説明が示すように，国民文化部ではとくに，シャマニズムの伝統の継承が教育の目標となっていることがわかる。

以上のように，踊り，歌，儀礼などの民俗文化の研究と，各地における再現・復興の指導，サハの青年層を対象にしたシャマンの所作を含めた伝統的儀礼の実施方法，および伝統的世界観に関する指導・教育などが積極的に行なわれてきたことがわかる。さらに，サハ共和国人文科学研究所による雑誌 *Oyuun*（シャマンの意）の刊行というように，シャマンに関する調査研究の学術的成果のヤクート語での出版が行なわれている。

一方，このような伝統文化の見直しのなかで，1991年には，ヤクーツク市において第1回伝統医学会議が開かれた。サハ共和国内の伝統的治療者，いわゆるシャマン的治療者が一同に会し，伝統的治療の復興が討議され，サハ伝統医学協会が設立された。1992年にはサハ共和国文化省の後援のもとにヤクーツク市において，国際シャマニズム会議が「宗教としてのシャマニズム：起源，復興と伝統」をテーマとして開かれた(Hoppál, 1993: 1-3)。これはシャマニズムに関してシベリアで開催された初めての国際学術会議であり，ロシアからは100名以上，ほかの国々からは約40名の研究者が参加したのであった。

1994年には，サハ共和国文化省，サハ共和国人文科学研究所，北方少数民族問題研究所の共催のもとに，北方諸民族に伝承される叙事詩をめぐってさまざまな角度から討議するために，第3回アルバータ・ベイッツァ卿記念国際会議が開かれた。この会議においてサハの伝統的叙事詩であるオロンホが文化的遺産として貴重であり，その研究と語り手の保護の重要性が強調されていた。

このような一連の動きのなかで，サハのシャマンの演技が民俗的・歴史的資料に基づいて復元され，民俗芸能としてマス・メディアを通して広く一般に公開されるようになっている。たとえば，国際シャマニズム会議の期間中

には，サハのシャマンの演技が民俗的・歴史的資料に基づいて復元された舞台劇として公開され，「シャマンの演技の復元が民族的アイデンティティを強化するのを助長し，ヤクート（サハ）としての意識の高揚には古代サハの宗教的イデオロギーであったシャマニズムが本質的部分を占めていることを体験した」(Hoppál, 1993: 1-3)と，参加者が語っている。1994年には『中の世界（*Orto Doydu*）』という，サハの伝統的生活を描いた映画が劇場で上映されていた。1996年にもドラマ化されたシャマンの演技はテレビに放映されていた。

　サハにおける文化復興運動の最大の取り組みは，かつて重要な聖なる祝祭であったウセフ（夏至祭り）(Romanova, 1994 a)の民族の祭りとしての復興といえる。ソ連邦時代にはいかなる儀式もともなわない労働祭にすぎなかったといわれる祭りが，1990年以降，ヤクーツク市で伝統的な儀式を取り入れた共和国全体の祭りとして復興されたのである。これとともに，各地でも伝統的なウセフの復興が取り組まれるようになっている。実際，後述するように，1996年にはアムガ（Amga）で地区政府の主導のもとに，史実に則り，忠実に伝統的儀式を再現する形でウセフが復興された。

　以上のように，サハ共和国成立以降，文化省の後援というようにひとつの政策として文化復興が推進されてきたのである。しかも，このような文化復興政策は，伝統文化の名のもとに，伝統的な祭り・儀礼の復興，伝統的治療と世界観の尊重，叙事詩とその語り手の保護，伝統舞踊や歌唱の奨励などといった宗教的，芸術的側面の復興に焦点があてられてきたことがわかる。ヤクートの伝統的な宗教，芸術的側面は，シャマンの存在とその背景となる世界観を抜きにしては語ることができず，文化復興の核としてシャマンをめぐる諸現象，シャマニズム的現象が重要な位置を占めてきたのである。

3. 現代における伝統的治療・シャマニズムの復興

　以上のようなソ連邦解体以降の歴史的変化にともなう，サハ文化の復興の高まりを受け，各地には，シャマン，薬草医，超感覚治療者などの伝統的治

療者あるいはシャマンとよばれる人々が多数出現したのである(山田, 1998)。伝統的治療者のなかには，治療者として認定され，資格をもらうために，みずからの霊的な体験や治療方法などを印刷物として公表する者もあらわれている。たとえば，11 名の伝統的治療者の経歴や治療技術などを紹介した本が出版され(Ilyakov-Khamsa, 1994)，伝統的治療者は治療技術の公表により初めて，一般に承認されるという機構が整い始めている。もちろん，サハの間において誰が本当のシャマンであるのかは議論が白熱するのであるが(Balzer, 1996: 12)，多くのサハは現在でも新しく台頭したシャマンの霊的な力を信じているのである。

　サハの伝統的宗教は典型的なシベリアのシャマニズムのひとつの例として，古くから民族誌で取り上げられてきた(Czaplicka, 1914; Jochelson, 1933; ハルヴァ, 1989；Alekseev, 1975)。伝統的なサハのシャマニズムでは，つぎのような世界観を基本とするものであった。まず，宇宙は 3 つの世界――「上の世界」，「中の世界」，「下の世界」――からなると考えられてきた(Yamada, 1997: 208-209)。「上の世界」は 9 層に分かれ，至高神をはじめとする神々(アイー：aiyy)が住むと同時に，人間の 3 つの魂のうちの「大気の魂」に影響を及ぼし，人間を堕落させたり，また，精神的障害を与えようとする悪い霊(アジャライダール：ajaraidar)が住むと考えられてきた。「中の世界」は，人間の暮らす世界であるが，いろいろな霊なるものが住む世界でもある。動・植物をはじめ，火，大地，水や川，峠，家屋，家畜小屋，森や狩猟など，自然物や自然現象のなかには，神秘的な内的力をもつ「霊なる所有者」(イッチ：ichchi)をもつものがあると考えられた(Gogolev, 1994: 42; ハルヴァ, 1989：351-368；山田, 1994：220；Yamada, 1997: 216-219)。「下の世界」は，つねに人間の魂のなかの「大地の魂」を食べ，破壊しようと待ちかまえる悪霊(アバーシィ：abassy)の住む世界であると考えられてきた。

　このような世界観を背景に，シャマン(オユーン：oyuun)は，霊的な存在から授かった超自然的力や補助霊の手助けのもとに，「上の世界」，「下の世界」などの異界へと「魂の旅」をする。シャマンは，訪れた世界で霊的存在

と交渉することによってさまざまな目的を達成するなど，社会的役割を果たしてきたのである。またかつては，啓示を受けた——超自然的力を授けてくれた——「霊なるもの」に応じてシャマンのカテゴリーと役割が分化していたという(Romanova, 1993: 7-9)。たとえば，つねに人間に危害を加える黒呪術を行使し，人間の魂を「食べる」力をもった邪悪な黒シャマンはとくにクハガン(kuhagan)とよばれ，「上の世界」に住む至高神から啓示を授かり，神々への祝福の祈りを熟知し，人々の幸福と繁栄のために働く，祭司的な白シャマンはアイー・オユーン(aiyy oyuun, 原義は「神のシャマン」)とよばれた。また，病気のときに「上の世界」の精霊から啓示を受け，狂気や眼病の治療を専門とするシャマン，「下の世界」の悪霊から超自然的力を授かり，さまざまな病気の治療を専門とするシャマンなどがあり，女性のシャマンはとくにウダガン(udagan)とよばれていたのである。

　伝統的なシャマニズムのうち，まず，白シャマンの伝統は17世紀以降に進行したサハのキリスト教化とともに，キリスト教と融和統合し，19世紀には北部の一部の地域を除きほとんど衰退したといわれる(Gogolev, 1996: 私信)。これに対し，病気治療などを専門としたシャマンの伝統は，キリスト教化後も人々の間で生き続け，20世紀になってからのソ連邦体制のもとで，キリスト教とともに初めて禁止されるに至ったという。とくに，1920年代から30年代にかけて，ソビエト政府はシャマンたちにその職務を放棄するように強制していった。シャマニズムを放棄すれば，政府はあらゆる市民権や利益を提供するという通達が出されたのである。何百ものシャマンのドラムが燃やされ，一部のドラムや衣装は博物館に寄贈されたという(Balzer, 1996: 7-8)。1925年の新聞には，当時の有名なシャマンであるプロタソフの「シャマニズムを拒絶」という記事が掲載され，いく人ものシャマンが彼に従い，シャマニズムをやめたといわれる(Oiunskaya, 1993: 6-7)。ソ連邦時代にはシャマンの活動やシャマニズムを含めた伝統的治療は厳禁されていたのであった。

　このような過程をへて，共和国の成立以降シャマニズムが復興したのである。ソ連邦時代の禁止の陰で，実際には各自がそれぞれ独自にシャマンの行

為をひそかに続けてきたのであり，シャマニズム的活動は，ソ連邦の崩壊後，公然と復活したのであった。実際，各地にはシャマンのさまざまな神秘的な話が伝えられてきている(Monchurin, 1993: 3-6; Potapov-Agaan, 1993: 45-48; Efimov, 1993: 49-53)。また，ヤクーツク市南方のある村に住む年老いたウダガンは，ソ連邦時代に人に請われて，ひそかに伝統的な方法で病気の治療をしていたことを語っていた。

では，旧ソ連邦時代における長期間にわたる禁止をへながら，サハの伝統的治療はいかに維持されてきたのであろうか。また，伝統的治療者はどのような契機のもとに再生され，どのような治療技術を行使するのであろうか。1人のウダガンについては別稿で取り上げているので(山田，1998)，ここでは，他のシャマンの語りを紹介し，この点を考えてみることにしたい。

事例1　G. T. 氏(当時66歳，男性)

「自分はオユーンではなく，人々の病気を治すのを主に行なうオトフト(otofuto，薬草医)であり，そのための特別な知識をもっている。シャマンは心理的方法によって病気の治療を行なうのであり，薬草医の方がシャマンより強い治療能力をもつ。

たとえば，シャマンは神経系の病気，精神疾患，非正常な心の病などを治療儀礼を行なうことによって治す。シャマンの儀礼は主に患者の神経系を活性化させるために行なわれるのである。第二に，シャマンは患者に「もうよい健康を取り戻した」という確信を与えるのである。シャマンは催眠療法を行ない，霊感によって治療を行なうのである。

これに対し，薬草医はシャマンの儀礼を行なうこともできるし，また，シャマンが治療しない病気についてもうまく治すことができる。薬草医はシャマンよりも強力な治療方法を使う。たとえば，薬草の使用，イルブイィェ(ilbuiye，接触マッサージ法)，ジャルブイィェ(jalbuiye，非接触マッサージ法)，トゥンナーハン(tunnahan，灸，ヨモギ属の乾燥させた葉を患部に燃す)，ハンナーハン(khannahan，患部の吸引放血)，外科的手術，霊感の供与などの方法を駆使する。治療を実施する前には

自分の力の源となる精霊に対し祝詞を唱える。

　さらに，シャマンと薬草医がともに使う方法のひとつにホモフン(homofun，催眠法)がある。一般に，催眠法を行なうことのできる人をシャマンと人々はよんでいる。どちらも患者を治療する力を何代も経た世襲によって確得するのである。薬草医はとくに，神経性のイリ(iri)という病気の患者などに対してシャマンの儀礼を行なうこともできる。イリというのは，非正常な精神状態であったり，自分の名前を忘れるなどの正気を失った状態であったり，排尿，排便をところかまわずしたり，食事や睡眠の規則正しいリズムを失ったり，対人関係を結べなくなったりする病気のことである。頭に血が過剰に集まることがこの病気の原因となるので，ハンナーハンを施すことも多い。自分が催眠法を行なうとき，患者の魂[とくに大気の魂(salgyn-kut)]とともに「上の世界」に旅をし，「上の世界」の神に助けを乞うている。

　薬草医になったきっかけであるが，それはまず，15歳のとき(1943年ころ)自分には催眠をかける能力があることに気づいたことである。そして，まず，トゥンナーハンという伝統医療の訓練を始めた。1953年ころからハンナーハンも使い始めた。イルブイイェとジャルブイイェは25-30年前から行ない始めたものである。1952年ころ，自分にはとくに強い力がそなわっていることに気づいた。というのも，ダンスをしている最中に，2人の女性の肩にちょっと手をのせただけであるのに，2人とも床に倒れてしまったからである。ほかの伝統的治療者たちは私の治療儀礼に参加するのを好まない。というのも彼らは私からもっと強力なエネルギーが発散されているのを感じとるからである。

　ソビエト時代には，伝統医療は禁止されていた。父親は高等教育を受けた人間であるが，伝統医療に関する知識をシャマンや治療者から集め，自分に教えてくれたのである。母親は，また薬草に関する知識を教えてくれた。母親の親族はすべて薬草医であり，母の弟から灸を習った。その他の治療能力は生まれながら自分にそなわっていた。父の集めた資料は膨大な量で，これは私の家族の大切な財産であり，家族で大切に守っ

ていかなければならない知識である。私の息子も病気治療の修業を始めている。娘もまた医者(西洋医学を学んだ)である。かつて，薬草医は45歳以上になって初めて患者の治療を開始したものであったという。父親も少しは患者の治療を行なったが，主に薬草を処方したのであった。

　私は単に薬草医である。治療のためにいくつかの方法を実施するだけである。自分は，病院の医師たちや，生物エネルギーの力を強くもった人々にイルブイイェを教えることもある。しかし，欲深い人々を教えるのは嫌いであり，本当に人を助けることのできる人々のみを教えている。ペレストロイカ以前には，伝統治療の実施は秘密に行なっていたが，村人はすべて私が治療行為をしていることを知っていた。私は西洋医ともよい関係を保っている。ときには西洋医が自分に助けを求めてくることがあり，私も治療具を彼に提供してもらったりする。」

事例2　B. V. 氏　（当時54歳，女性）

「サンクト・ペテルブルクの教育学研究所で，教育学，児童心理学の教育を受けた。卒業してから26年間村の小学校でロシア語を教えていた。4年前からサハの伝統医療の実践を行なうようになった。現在，サハ伝統医学協会のメンバーである。伝統医療については，K氏の指導のもとに3年前から学び始めた。

　自分の祖先には3人のウダガンがいる。1人は非常に有名であったし，ほかの2人も中程度のパワーをもっていた。3人は父方の親族である。母方の親族では，G. T. 氏(事例1の男性)がいる。現在，自分の親族では4人の女性が伝統医療を行なっている。

　自分が伝統医療に関心をもつようになったきっかけは，テレビでロシア人の超感覚者の番組をみてからである。テレビを見終わってから，この出演者が見せたと同じ方法を，夫に対し実行してみたいと思ったのである。このとき，実際にやってみると成功した。そして，これをまた実践し始めたのである。そこで，K氏のもとに出かけ，伝統治療を学ぶようになったのである。彼のもとでは，ジャルブイイェのひとつである

遠隔からの心の治療法を習った。彼はこの治療法の基礎となる意味や，医師と患者との関係などについて教えてくれただけであり，ほとんどの方法は自分自身で学んだのである。自分はつぎのように治療を行なったことがある。

(1) 電話で話すだけで患者を治療した。
(2) 肺の疾患や，慢性的咳，腎臓疾患に対しては薬草を処方して治した。
(3) 1年前から，薬草を処方するようになった。
(4) チベット医学，とくにその12の脈管系に非常に興味がある。患者を診断するのに，チベット医学の脈診を用いている。
(5) 神に対する祝詞ではないが，特別な言葉を唱えるようにしている。とくに，出血を止めるためにこの言葉を用いる。
(6) 自分の生物エネルギーを用いて治療も行なう。生物エネルギーは，人間の内的力であると考えている。患者を治療するときには，どの器官の力が弱まっているのかを感じとることができる。患部に自分自身のエネルギーを与えることによって治療するのである。
(7) 自分の主な治療法は，イルブイイェ，ジャルブイイェとボクソルユ（boksoryu，吸い出し法）であり，内臓器官に対してこれらの方法を行なうのである。ボクソルユが可能になるためには，患者にこの治療を受け入れる気持ちのあることが必要である。ボクソルユでは吸い出したものを後で吐き出す。

　自分はこの特別な生物エネルギーを「上の世界」から得た。若いときに自分には特別な力があると感じたことはなかった。しかし，長い間病気を患った後，このことがあらわれ始めた。約10年間病気で苦しんだ。病気の最初の兆候は，胃炎で30歳のときに始まった。つぎには腫瘍，子宮炎，冠状動脈欠陥を同時に被っており，1988年には腫瘍の手術を受けている。腫瘍の場合だけ手術を受けたが，ほかの病気では自分の力でコントロールした。現在も貧血と気管支様の咳を患っている。

　特別なエネルギーがあると最初に気づいたのは，自分の手が非常に暖かく感じ，空気の流れを感じたときであった。（甥の）許嫁にあったとき，

彼女は私にこういった。「あなたと3人の姉妹は皆手にグローブをはめているようだ。」許嫁は自分のエネルギーをグローブのように，手の上で火が動いているように感じたのであった。「上の世界」を訪れたことはまだなく，患者を治療するだけである。
　病気の原因は，エネルギーの減少あるいは，ある器官のエネルギーの欠損である。それは，人間の魂の力(kut-sur)の変化とも関係がある。まず，人はよい行ないをし，魂の力を保つようにしなければならない。食事も大切な要因である。エネルギーを保つためには脂肪分の多い食事が必要である。私は肉のない食事をとることがあるが，そんなときにはエネルギーを「上の世界」から与えられる。」

　事例1のインフォーマントG. T. は，単に薬草医であると主張する一方，言葉の端々に彼の超自然的力の強さをほのめかしているのがわかる。しかも，特別な力は「上の世界」の精霊あるいは神から恵与されたものとなっている。実際，彼は自分は神々の奴隷であると語り，患者を治療するときにはいつも，「我々の神々」と語りかけており，患者にもこのことは了解されていた。この力がどのような超自然的存在から恵与されたものであるのかは秘密とされており，この点について語ることはなかった。しかし，彼は「上の世界」については叙事詩(オロンホ)などから知識を得て知っているし，ときには患者とともに「上の世界」へ旅することがあるなどと語っていたのである。また，事例2のB. V. の場合においても，あるときに特別な力を「上の世界」から得たことを確信したと語られる。しかも自分の特別な力と病気を長く患ったこととが彼女の心のなかで結びつけられていた。さらに，彼女の語りはそういう力を得る能力が家系を通して継承されうることが信じられていることを示している。
　現代のサハの間では，みずからシャマンであると称する場合は少なく，単に治療者であると自称することが多い。しかも，シャマン，伝統的治療者，あるいは超感覚者(extrasenses)をめぐる現在のさまざまな状況は，かつての伝統的シャマニズムそのものではない。しかしシャマンをはじめとし，伝

統的治療者はいずれも，現代においてもなお一般の人々とは異なった，何らかの超自然的体験を経験したと感じている人々であることがわかる。なかには，一種のトランス状態による，「上の世界」の神々からの超自然的力の啓示や授与の体験をはっきりと認識している場合も認められる。また，亡くなった親族からのシャマンとしての超自然的力の継承が信じられていることがわかる。

一方，上述したように，かつては，啓示を受けた霊的存在に応じてシャマンのカテゴリーと役割が分化し，いわゆる黒呪術を専門とする黒シャマンも存在していた。これに対し，現代のシャマンは，病気の治療を専門とするふつうのオユーン，あるいは「上の世界」の神々に対する儀礼，とくに夏至祭りを執り行なうアイー・オユーンである。現在のサハ共和国において，シャマンは伝統的世界観に基づく治療者として機能すると同時に，伝統的儀礼を執行する祭司としての役割を果たしている(Yamada, 1997)。

病気の治療者あるいは儀礼の祭司としてのシャマンの役割は，さまざまな場を通して広められるようになっている。たとえば，1991年に開かれた第1回伝統医学会議以降，サハ伝統医学協会は伝統医学の講習会を定期的に開くようになった。このため，何らかの超自然的体験を契機に伝統医学に関心をもち始めた人々が，事例2のB. V. のように，新たに講習会に参加し，伝統医学の実践を始めるようにもなっている。また，伝統的な「白シャマン」の知識を継承し，人々からシャマンと認められている男性が，文化大学で儀礼・祭祀の実施法の教育に従事し，伝統的儀礼の復興に貢献しているのである。若いシャマンや伝統的治療者の多くもまた，伝統文化の知識を十分に身につけ，シャマンの伝統を継承したいと願っているのである。

さらに，現代のサハのシャマンは誰もが自然の大切さ，伝統的な生活の規範を守り，自然を大切にすることの重要さを語っていた。もちろん，これはサハ共和国内において，ソ連邦時代に地下核実験が行なわれ，それによる環境汚染が深刻な問題となり，新聞に報道されるようになっていることとも無関係ではない。このような現代的状況を背景に，シャマンはそれぞれ自然や自然のサイクルについて，独自の考えをつくりあげている。たとえば，ある

シャマンはつぎのように語っていた。

「現代の人びとにおいては自然と接触することが失われている。人びとは自然との深い接触を忘れてしまっている。サハの人びとは，自然についての豊かな知識に基づいた，豊かな伝統的医学，薬の知識，哲学をもっている。

人間と自然にはよく似た点が多い。サハの住む土地は動物相が豊かである。サハの人びとは，動物とよく似た性格，特徴を持つことが多い。たとえば，ある人は，キツネにそっくりであるとか。サハは自然と人間との間の知識を実現する強力な能力を持っていたが，今の若い人びとはこれを忘れてしまっている。不幸なことに，われわれは自然と人間との接触を実現する知識を妨げられてしまっている。

自然において，すべてのものは明確な目的を持って作られている。多くの自然の材料は，道具(われわれの生活のために)を作るためのものである。野生の草は治療のために用いられるが，われわれはその意味を忘れてしまっている。もしわれわれが，このたいへん豊かな伝統を失わなかったとしたら，今やサハの人びとは高度に発展した民族の一つとなっていたことであろう。

人間は，自然の一部である。人間が自然を尊敬しなくなると，また，人が祖先に結びついた伝統や慣習を犯すようになると，自然の精霊(イッチ)は自分たちの存在を示すために人間に何らかのサインを送る。それはたとえば，強風であったり，嵐であったり，大雪であったりする。このようなときには，サハの中には，悪霊の仕業であると考えるものもいる。しかし，そうではない。人間にたいする自然からの警告なのである。

自然もまた，息をする。大地も息をする。それは汚れていることもありうる。大地の汚れ，ごみは，上(上の世界)へと上昇し，そこで，上界の力は汚れを雲に変形する。上界の力は汚れを吸収する。その力は大地の汚れを焼き，凍らせ，乾かし，雪に，雨に，そのほかの自然現象に変

形させる。

　……秋には自然は非常に汚い。秋にはすべてのものは休息に入る準備をする。第一に，太陽のエネルギーは弱くなる。すべてのものは冬の長い休みのための準備をする。汚れやごみ，自然の大地の煙は凍り始める。

　冬には雪が降る。初めには，雪は柔らかい。大地を雪で覆う必要があるからだ。しかし，そのうち，（球状の）氷・雪／氷・雨(toborakh)となる。この氷・雨が降り，（柔らかい）雪に覆われた大地に穴をあける。大地は，息をすることができるようになり，これに感謝する。すると，また柔らかい雪が降る。このように，繰り返される。

　次第に，自然は起き始める。それはまもなく春がやってくる徴である。……雪は暖かい。私たちは風，暖かい風もまた感じる。太陽のエネルギーはだんだん強くなる。この季節の太陽はいつもの位置に戻り始めるからである。次第に，自然が戻り始める。雪は次第次第に水に変わる。

　解けている雪は雨となって降る。上の世界の力は息をして汚れを，大地の汚れとごみを吸収する。その力はそれを焼き尽くし，そして，雨が降る。それは春の到来を意味する。そしてそれは循環する」(山田，1998：143)。

　このシャマンは，自然をひとつの有機体として，また，循環するものと考えていることがわかる。このような考え方は，伝統的なサハの考え方ではなく，この語り手であるシャマンの独創的な新しい考え方であるといわれる(Romanova, 1994b: 私信)。また，このシャマンは人間や動物の魂，「下の世界」に住む悪霊アバーシィや「中の世界」に住む霊なる所有者イッチ，これらの「霊なるもの」と人間との関係についても，独創的な考え方をもっていた(Yamada, 1996: 6-13)。彼女にとって，自然は「霊なるもの」そのものの象徴であり，人間と「霊なるもの」との関係は人間の自然に対する関係そのものとして説明されていた。しかも，彼女は人間と動植物をはじめとする自然のあらゆるものとの関係は対等であり，お互いに循環しあうものとしてとらえ，人間と霊なるものとの関係は人間と自然との共生関係として理想化

されていた(Yamada, 1996: 13-14)。

　もちろん，今日のサハがすべてこのような考え方をとることを必ずしも意味しない。実際，シャーマンの語る超自然観には，個人ごとのバリエーションが大きいのである(Yamada, 1997)。しかし，この例は1人のシャーマンにおいて，装いを新たにしたアニミズム的観念が生み出されていたことを示している。文化復興において，伝統的な信仰や観念は必ずしもそのまま復興されるのではなく，変形され，新たな観念へと再編されているのである。

4. サハのウセフ(夏至祭り)

　かつて，サハはシャーマンによる治療儀礼ばかりではなく，季節に応じてさまざまな儀礼を行なってきた。たとえば，その年初めての春雷のころ，アルチ(archy)とよばれる最初の春の儀礼が，冬の間にたまったすべての汚れを祓うために行なわれたという(Romanova, 1994a: 75-77)。冬の住居であるバラガン(balagan)から夏のテントであるウラサ(urasa)に居を移すときには，シチ・ウヤシィン(sichi uyasyn)とよばれる儀礼が行なわれた。これは大地の主霊のための儀礼であり，馬の毛でつくった紐に色とりどりの布やミニチュアの道具を結びつけたサラマ(salama)を森の木立に渡し，大地の主霊を祝ったという(Romanova, 1994a: 78; Yamada, 1997: 219)。秋の狩猟シーズンの前には，森の主霊にバターと肉をささげたものであるという(ハルヴァ，1989：357)。

　サハの季節にあわせた儀礼のなかで，もっとも重要であり，盛大であるのがウセフであったといわれる。ウセフは，この祭りのときには必ず馬乳酒(クムス：khumus)を神々に供物としてささげるため，「馬乳酒の祭り」であるといわれるが，夏至のころに行なわれる祭りであるところから現在では「夏至祭り」と一般にいわれる。"ysyakh"という言葉は，ヤクート語の動詞 "ys"(「水をかける」「振りかける」)の派生語であるといわれ，ウセフは「水をかける/振りかける儀式」であるといわれる(Romanova, 1994a: 112)。火を介して神霊に馬乳酒を注ぐことがウセフの最大の宗教的シンボルといえ

第 10 章　サハにおける文化復興とシャマニズム・儀礼の復興　335

写真 10.1　夏至祭りで供えられる馬乳酒

るが，祭りの名称そのものも馬乳酒を「振りかける」(捧げる)ことがこの祭りの重要な要素となっていることを示している。G. V. Ksenofontov が「ウセフは，ステップにおける遊牧生活の最高段階に達したサハの古代宗教と信仰の中心であり象徴である」と記すように(Ksenofontov, archives; ref. Romanova, 1994a: 112)，サハにとってウセフはもっとも重要な祭りであると考えられてきた。

　サハのウセフは，古くから民族誌のなかに取り上げられてきた。たとえば，もっとも古い記録としては，17世紀末にヤクーティア(サハの土地)を訪れたオランダ商人 I. イデスの日記に登場している。そこでは，「ヤクートのウセフの特徴は，馬乳酒またはアラカ(蒸留酒)が祭礼用の薪に振りかけられ，その薪の火は祭りの間中ずっと燃やし続けられることである」と記されている(Romanova, 1994a: 5)。

　19世紀末以降に出版されたサハに関する民族誌では，この祭りの性格について多様な見解が出されてきた。たとえば，Serochevski は『ヤクート人』のなかで「ウセフが宗教的というよりはむしろ氏族的・社会的性格を帯びたものである」と指摘している(Seroshevski, 1896: 464; ref. Romanova,

1994a: 8)。また，トロシチャンスキーやヨヘルソンらは，「春に行なわれる上の世界の善き神々アイーに捧げるアイー・ウセフと，秋の夜に，血の犠牲をともなう悪霊アバーシィに対して行なわれるアバーシィ・ウセフのふたつの氏族的祭りが存在していたこと」を報告している(Jochelson, 1933: 202-205; Czaplicka, 1914: 298; Troshchanski, 1903: 103-107; Romanova, 1994a: 9)。さらに，G. V. Ksenofontov は，ロシア科学アカデミーシベリア支部ヤクート学センター古文書に残された原稿のなかで，「ウセフはキリスト教徒化される以前には，夏の日の出を盛大に迎える厳粛な儀式であった」と記している(Ksenofontov, archives; ref. Romanova, 1994a: 12)。

一方，サハの学者 N. A. Alekseev は「ウセフは氏族的・宗教的な祭りであり，祭りの期間中に最高神ウルング・アイー・トヨンをたたえて血を流さずに供物を献じる祭りであるが，アイー崇拝を忘れていき，ウセフという祭りも宗教色を失って，新しい労働年の始まりを告げるためのヤクート共通の祭りとなった」と述べている(Alekseev, 1975: 78, 100, 102; Romanova, 1994a: 16-17)。

また，「ウセフは新年の祝いである」というものがある。Gogolev は，「ウセフはサハの暦のうえでもっとも重要な祭りのひとつで，新年に行なわれる豊穣を祈願する祭りであり，太陽・天空・大地の崇拝を含む偶像崇拝の総合的体系である」と述べる(Gogolev, 1983: 19; 1986: 27)。かつて，サハは1年を夏季と冬季に分け，春になると古い年が終わって新しい年が始まると考えてきたのであり，春のめぐってくるごとに1年ずつ年齢を積み重ねながら，新年の始まりを更新の日として祝ったといわれる。春の月のひとつがヤクート語で"ysyakh yia"（ウセフの月）とよばれるように，ウセフは春の祝い，つまり自然と牧畜のサイクルにおける一定期間に行なわれる年中行事としての性格をもち，新年の祝いのなかで，仕事始めとして5月末から6月23-24日ころまで続いた大規模な祭りなのであった(Romanova, 1994a: 83-84, 114)という。

ところで，すでに述べたように，かつてウセフは春と秋に行なわれていた。また，かつていかなる祝祭，たとえば，結婚式や部族間の和解式などの馬乳

酒と肉が供される祝祭もウセフとよばれていたという(Ergis, 1974: 153; ref. Romanova, 1994a: 112)。さらに，ヤクーツクにあるロシア科学アカデミーシベリア支部ヤクート学センター古文書に残された，サハの学者N. M. Alekseev の1945年の未発表原稿には，ウセフの祭りには人々の団結をうながす役割があり，民族主義的な性格があること，そして厳しく長い冬の後で，春のウセフは待ち望んだ春の喜びと，隣りあった集団どうしの相互交流の可能性とに結びついていたと述べられている(Romanova, 1994a: 13-14)。そして，Alekseev はウセフがかつてつぎのように執り行なわれていたと報告している(Alekseev, archives; ref. Romanova, 1994a: 40-42)。

「ウセフの始まりを宣言したのは，祭りの主催者，もしくは古い儀式に詳しい，敬意を払われている長老である。かつては，〈白い〉シャマンがこれを担当した。〈白い〉シャマンはウラサ(白樺の樹皮でできた円錐型の夏の住居)のなかにいて，善い霊たちに馬乳酒の供物を捧げるために焚かれた小さな篝火のそばに陣取っている。彼は未婚の若い男9人を右側に1列に並ばせ，左側には馬乳酒の入った小さな杯(チョロン)をもたせた処女の娘9人(もしくは8人)を1列に並ばせる。彼は左の膝をついて東を向き，アイー(上の世界の神々)に呼びかける。彼は神々の名をあげるたびに，馬乳酒を3度火に注ぐ。その後，アイー以外の精霊(イッチ)に供物が捧げられる。このときには，彼は大きな木製のスプーンで馬乳酒をすくい，霊の名をあげ，祝詞を捧げ，チェチル(chechir：白樺の若木)に馬乳酒を振りかける。

供物を捧げた後，車座になって馬乳酒の宴が始まる。この宴は集まった人々の権威の序列に基づいて進められる。最初もっとも敬意が払われている人に杯が渡され，その後つぎつぎに杯がまわされていく。そのつぎに遊びと競争が始まる。もっとも好まれる遊びは，オソハイ(osuo-khai)というヤクート風の輪踊りで，人々は夏を待ち望む歌を口ずさみながら踊る。それ以外には，叙事詩語り手たちの競い語りが行なわれる。夕方や夜更けには競馬が催され，優れた競走馬が発表される。」

表 10.1 かつて行なわれていたウセフの主要プログラム(N. M. Alekseev の記録から)(Romanova, 1994a: 40-42)

1. 〈白〉シャマンによる「上の世界」の神々への祈り
2. 〈白〉シャマンによる「上の世界」の神々への馬乳酒の供え
3. 〈白〉シャマンによる霊への祈りと馬乳酒の供え
4. 馬乳酒の宴
5. 遊び：輪踊り(オソハイ)，叙事詩の語り
6. 競争
7. 競馬

　この記述が示すように，ウセフの祭りでは，白シャマンによる「上の世界」の神々への祈りと馬乳酒の奉納，さまざまな霊イッチへの祈りと馬乳酒の奉納，馬乳酒の宴，遊びと競技，競馬などが行なわれてきたことがわかる(表10.1)。いずれにしても，ウセフは多様な性格と意味がそなわった祝祭であり，すべての点で，春のウセフはサハにとって宗教儀式の本質そのものであったといえる。ウセフはサハにとっての主要な民族行事のひとつであるとともに，シャマンの活動に結びついたもっとも重要な宗教儀式であったのである。

5. 夏至祭りの復興——1996年に実施されたウセフの事例から

　サハの民族的行事の中心をなしていたウセフは，ソ連邦時代には独自の儀礼的意味は否定され，まったく政治的な行事にかえられてしまったといわれる。天と地を結びつける鎖の輪を象徴し，厳密な意味づけがなされ，儀式や祭りの際には必ず立てられたセルゲ(sergé, 装飾を施された「聖なる繋ぎ杭」)(Romanova, 1994a: 126-127)は，ソ連邦時代には「時代の新しい特徴」——赤い星，鎌と槌など——を示すものにとってかえられた。また，1970年代には，「社会生活の全領域での国際化」と関連して，サハの祝いは友邦諸民族の行事のひとつとなり，祝いのときには国際性が民族性に勝るようになっていた(Romanova, 1994a: 149)という。このような歴史的プロセスを経て，1990年以降，以下の例に示すようにサハ共和国において民族独自の

第10章 サハにおける文化復興とシャマニズム・儀礼の復興　339

写真 10.2　夏至祭りの会場に立てられたセルゲ

様式を保ったウセフの復興, 再生がはかられているのである。

1996年の調査時には, ウセフは大学, 研究機関といった小さな集団レベルから, 村レベル, 地区レベル, 国家レベルと多様な規模のもとに実施されていた。ここでは, 調査期間中に参加することのできた, 異なるレベルで実施されていた3つの事例を取り上げ, ウセフが現在どのように復興, 実施されているのかを述べることにする。

5.1　学術機関主催の夏至祭り(1996.6.15)

これは, サハ共和国の科学アカデミー主催による小規模に実施されたウセフの例である。参加者は, 科学アカデミーのメンバーとその家族であった。ヤクーツク市郊外の森のなかの開けた空き地が会場として選ばれ, 参加者は貸し切りバスに乗って市内から会場へと向かったのであった。祭りのプログ

表10.2 学術機関主催のウセフ(1996年6月15日)のプログラム

a.m.10：30	バス出発
11：00	会場に到着，到着後，祭りの会場の設営を始める
p.m.12：00	祈りの儀式(これによって祭りの開始となる)
	馬乳酒の宴
p.m. 1：00	民族衣装の紹介，郷土料理の実演，サハの歌の披露
p.m. 1：52	オソハイ(輪踊り)の開始
p.m. 2：30	各種力比べの開始：腕相撲，棒のひっぱり合い，レスリング，片足飛び，六段飛び，両足飛び，最後にリレー競争
p.m. 5：00	すべてが終了し，再びバスにて市内へと帰った

ラムは約5時間続いた(表10.2)。

　この例では，会場の東端の中央には，1996年のウセフを記念する〝96 Academy〟と刻まれたセルゲがすでに立てられていた。そして，参加者は会場に着くと同時に，祭りのための聖なる空間の設営にとりかかったのである。セルゲのさらに東側中央に火の霊のための祭壇が設けられ，支柱の左右両側の端に白樺の若枝(チェチル)が立てられた。支柱からは白樺の枝へとさらには中心の広場の周囲を四角く取り囲むように聖なる紐(サラマ)がわたされ，聖なる空間がつくりだされた。広場(聖なる空間)の中央には，馬乳酒の入った壺がおかれた。その広場の南側に招待客接待用の場が設けられ，茹でた馬の肉と内臓，トマトやきゅうりのサラダといったご馳走が用意された。

　1人の男性が，司祭の役として祭壇にしつらえられた薪に点火し，神々への祈りを捧げ，火の霊に馬乳酒とバターを捧げた。セルゲ，白樺の枝，大地にも馬乳酒が振りかけられ，最後に「ウルイ，ライハー」(勝ち鬨)と叫び，参加者もこれに唱和した。

　これによって，祭りの開始となり，馬乳酒の宴に移った。参加者への馬乳酒のふるまいとなり，参加者は中央の馬乳酒の壺のところに出向き，これをもらった。参加者は，昼食を持参しており，しばらく会食のときとなった。昼食が一段落した後で，民族衣装の紹介，郷土料理の実演，民謡の披露が行なわれ，1人の男性による歌の主導のもとに，輪踊り(オソハイ)が始まり，多数の参加によりしばらく踊りが続けられた。踊りの終了とともに，力比べの競技が始まり，最後のリレー競争によってウセフの全プログラムの終了と

第 10 章 サハにおける文化復興とシャマニズム・儀礼の復興　341

写真 10.3　輪踊りに参加する人びと

なった。

　この科学アカデミー主催による事例は，小さな集団による比較的規模の小さなウセフの例といえる。しかし，この場合においても，神々への祈り，馬乳酒の宴，輪踊り，各種の競技といったかつてのウセフを成り立たせていた祭りの要素が，簡潔ではあるが取り入れられ，さらに，民族衣装の紹介，郷土料理の実演といった現代的工夫が祭りの要素として組み込まれていたのである。

5.2　アムギンスキー地区中心地アムガでの夏至祭り(1996.6.20-21)

　これは，アムギンスキー地区政府の主催により実施されたウセフの例である。アムガは帝政ロシア時代の流刑地であったことから，この地域のサハは共和国内の他のどの地域よりもロシア文化の影響を早くから受け，しかもロシア人との混血も多いといわれてきた。このため，この地区はサハ共和国のなかで，サハ文化がもっとも残っていない地区としても知られてきたのであった。このような歴史を背景に，アムギンスキー地区政府は，現在，ひとつの政策として住民がサハとしてのアイデンティティをもつように宣伝・普

及に努めているのであるという。たとえば，アムギンスキー地区政府の副知事は，つぎのように語っていた。

「アムギンスキー地区は，これまでサハ文化を保存していない地域として有名であった。しかし，政策として伝統文化を保存し，人々の精神の核とすることが必要である。このため，今年は伝統に則ったウセフを執り行なうことを計画したのである。

来年はサハ共和国で小麦栽培が開始されてから325周年にあたり，我々の地域の来年のウセフをサハ共和国全体のウセフとすることで，すでに共和国大統領との合意ができている。

アムギンスキー地区は，サハ文化の多くを忘れてしまっているかわりに，ロシア文化のよいところを吸収してきた。来年の地区成立250周年を記念するウセフでは，ふたつの面から祭りの計画を立てる予定である。ひとつにはサハの伝統文化の尊重，もうひとつはロシア文化による新たな文化の尊重である。来年にはもうひとつ式典用の会場を新たにつくる予定である。」

こうして，1996年にはサハの伝統に則る形でのウセフが企画され，周到に準備されたのであった。町のはずれの広大な場所が新たに用意され，主会場(ytyk tyhylgé, 偉大な聖なる・空間)が「日の出を迎える儀式」(kyny körsyy siéré-tuoma)のために設営された。この会場は各種の競技は行なわれず，開会の儀礼——「日の出を迎える儀式」——を行なうためだけの場所として用意されていた。この会場の周囲は真新しい柵で囲まれ，内側には何本ものセルゲが打ち立てられ，9個のバラガン(冬の住居)と2個のウラサ(円錐型の夏の住居)が建てられていた。会場のセルゲには，「上の世界」の神々に捧げられる犠牲用の雌馬十数頭がつながれていた。

伝統的な「日の出を迎える儀式」の劇的な再現は，ヤクーツクの共和国文化省民俗文化創造事業部局の指導のもとに，半年以上前から準備され，当日も文化省付属文化大学，ヤクーツク国立大学国民文化部の学生，教師などの

第10章 サハにおける文化復興とシャマニズム・儀礼の復興　343

表10.3 アムガにおけるウセフ(1996年6月20-21日)

6月20日
p.m. 9：00-11：30　夏至祭りの前夜祭：美人コンテスト
知事の挨拶で開始。余興(サハの歌・踊りのショウ)
6月21日
a.m. 3：00- 4：50　祭りの開始儀礼：「日の出を迎える儀式」
p.m.12：50- 1：35　「馬乳酒の儀式」(Elei Ysyakh)
会場の広場への知事の入場，各村からの招待者の入場
知事による開会の辞
祭司 algys-chit による祈りの朗唱
火の霊，Aararchin Hoton(大地の霊)，馬の神への祈り
知事および招待者，参加者への馬乳酒のふるまい
開会の舞踊(集団)/個人舞踊，祭りの起源を語る舞踏劇
2頭のウマによる模擬競争(白馬/黒馬)，オソハイ(輪踊り)
儀式の終了
p.m. 1：42- 5：40　余興(アトラクション)の開始
踊り，演奏，歌，民族衣装のショウ，レスリング
p.m. 6：10- 7：30　勇者(ディグン)決定の競技
"飛び"競技3種
棒のひっぱり合い，腕相撲
重量担ぎ(120 kgの石を担いで歩いた距離の長さを競う)
p.m. 8：00-10：30　競馬場における競馬
9：00-　　　若者のためのコンサートとディスコ
p.m.11：55-a.m. 0：05　閉会の儀式　最後に，知事による閉会の挨拶
6月22日　a.m. 0：05　すべての行事が終了し，解散

　協力によって実施されたのであった。ウセフのプログラムは公式に表10.3のように発表されていたが，前夜祭を含め2日間に及ぶものであった。
　この年のウセフが以前のウセフと大きく異なる点は，「日の出を迎える儀式」が新たに加わったことであり，この儀式を復活させるために地区政府は周到な準備を行なったのであった。「日の出を迎える儀式」は，現代のサハの間においても，太陽のエネルギーを体内に取り込むためのものであり，人々はこの儀式に参加し，太陽エネルギーを体内に取り込むことによって，向こう1年間を健康に暮らすことができるのであると知られるようになっている。しかも，日の出の儀式を3年間続けて体験することにより，さらなる幸運に恵まれるとも考えられていた。前夜祭が終了してから4時間あまりし

かたっていないうえに，この儀式が行なわれる場所が中心地から少し離れた丘の上にあるにもかかわらず，多くの人々がこの儀式に参加したのであった。参加した人々は，初めて目にする「劇場的」かつ厳かな儀式の再現に一様に感激し，地区政府によって今後もこのような儀式が続けられることを希望すると述べていた。

「日の出を迎える儀式」，「馬乳酒の儀式」(tunakh ysyakh siéré-tuoma)，輪踊り，各種の競技，競馬は，上述の N. M. Alekseev の記述にあったように，かつてのウセフにおいても行なわれていたプログラムである。ウセフの復興という点からみると，このようなプログラムを実施することがとくに重要であると思われる。また，すでに述べたように，Ksenofontov が「ウセフは夏に日の出を迎える儀式である」と主張していることを考慮すると，ウセフは「日の出を迎える儀式」を行なうことをもって完全に復興，再現されたことを示すということもできる。つまり，アムガにおいて，「日の出を迎える儀式」がウセフを開始する儀式として真新しい聖なる空間で実施されたことは，儀礼の完全なる復興と再現をめざそうという意志をあらわすものという点で重要である。しかも，ここでは，サハの神話ともいえる叙事詩オロンホが語るウセフの起源物語「エレイの物語」に描かれるウセフを劇的に再現する形で行なわれたのである (Okladnikov, 1970: 281)。このような取り組みによって，アムギンスキー地区政府は，サハの伝統文化の復興に真剣に取り組むという政府，行政側の姿勢を人々にわからせようとしたのであった。

しかし，アムガで行なわれたウセフは，つぎの点でかつて行なわれたウセフとの大きな違いがあった。儀式はアイー・シャマンあるいは祭司 (algys-chit) という神への祈りをささげることを専門とする人によって執り行なわれたのではなく，一般の人によって一種の演技のように行なわれたのであり，介添え役の人々もヤクーツク大学の学生たちであったのである。つまり，ここで行なわれた儀式は宗教や信仰の明かし，その表出したものとしてではなく，ドラマ(劇)として実施されたものにすぎないようにもみえた。ただし，儀式の再現に参加した学生たちは，一様に彼らのパーフォーマンスが単なるお芝居ではなく，霊感に満ちた，崇高で荘厳な思いを実感しながら行なわれ

たものであると語っていた。

　その他の催しは，例年どおり中央会場(kiin tyhylgé，中央・聖なる空間)にて行なわれ，プログラムも例年とあまりかわらない内容であった。プログラムが示すように，余興や競技には，伝統的なもののみではなく現代的な考案によるものも認められる。たとえば，伝説上の勇者ディグンの栄冠を求めて行なわれる競技は，いわば伝統に則った力比べであった。この英雄の栄冠を求めての競技には，7人の男性が参加したが，彼らはそれぞれ村の代表として，4種の伝統的な競技——3種類のジャンプ，2人による棒のひっぱり合い，腕相撲，約120 kgの石を両腕に抱えての歩いた距離の競争——を競った。総合成績により勝者となったものは，アムギンスキー地区の勇者と称えられ，ヤクーツク市のウセフで開催される勇者(ディグン)決定の競技の代表者となったのであった。

　これに対し，サハの民族衣装のコンテストは，サハ共和国の独立後企画化されたものであり，むしろ新伝統主義プログラムといえる。音楽会やディスコはまったく現代的な催し物である。民族衣装のコンテストがウセフの場において初めて実施されたときには，参加者は年輩の人々がほとんどであり，衣装箱の隅に追いやられていた昔の衣装を取り出して参加したものであったという。しかし，現在では，若い人々さえもそれぞれの創意工夫で民族衣装をつくり，参加するようになったのであり，民族衣装に対する関心が若い人々の間にも芽生えてきたのであるという。また，前夜祭に，競技場で開かれたミス・アムガ・コンテストには，小雨のなかを観客席を埋め尽くす住民が集まり，7名の若い女性によって繰り広げられるコンテストとその合間に披露される歌や音楽の演奏を楽しんでいたのである。このように，アムガにおけるウセフは伝統的儀礼や文化を披露する場というのみではなく，純粋な娯楽，楽しみの場ともなっていた。

　すべてのプログラムが終了した後，「日の出を迎える儀式」が行なわれた会場近くの白樺林で，1本の太いカラマツの木を「聖なる木」(ytyk-mas)，つまり大地の霊の象徴として選び，サラマをくくりつけ，一方の端を隣の木へと張り渡す。このカラマツの霊(イッチ)に対し祈りを捧げた。ウセフが無

事終了したことを感謝すると同時に、今後もこの地域を見守ってくれるように祈ったのであった。祈りがすんだ後、そこに居あわせた人々——参列した人々は祭りの実行委員会のメンバーであった——は、このカラマツに布切れ、コインなどを自分の願いとともに捧げた。

これは閉会の儀式として行なわれたのであった。このような「大地の霊への祈り」が行なわれたことも、1996年のウセフの特徴のひとつといえる。しかも、このとき、知事はつぎのような挨拶によってウセフを締めくくったのであった。

>「伝統的な儀式の再現の形で実施した今回のウセフが成功のもとに終わったことをたいへん感謝している。これは、一重にヤクーツクの文化省民俗文化創造事業部局のスタッフの方、およびヤクーツク大学の国民文化言語学部教授のおふたりの指導、尽力のおかげであり、このおふたりに感謝いたします。
>
>　今回のウセフの開会の儀式をサハの伝統的文化に則って実施するための準備は、昨年の冬から時間をかけて行なっていたものである。来年はアムガ地区で小麦栽培が始まって325年目であり、また、この地区が誕生してから250年目にあたり、盛大な記念すべき周年行事を行なう年ともなっている。
>
>　この地区ではサハとロシア人との混血が進んでいるが、混血の人々もサハ文化を受け入れ、これを守ってきた。サハ文化の伝統はこれからも大切に守っていく必要があるだろう。
>
>　この地区の大きな節目の年を迎えるにあたって、郷土誌博物館を建設する計画を練っている。アムガの町から20kmほど離れたところにある古い教会を移転させ、これを中核にして博物館をつくりたいと考えている。」

この知事の挨拶が示すように、伝統的なウセフの復興がアムギンスキー地区においてひとつの政策として大きな意味をもっていることを示している。こ

の点については，もう一度考察のところで取り上げることにしたい。

5.3 ヤクーツク市における共和国全体の夏至祭り(1996.6.29-30)

ヤクーツクでは，共和国全体のウセフが国立競技場において，共和国大統領やヤクーツク市長の臨席のもとに行なわれたのであった。プログラムは2日間に及んだ。ヤクーツクでは1990年のサハ共和国独立以来，ウセフの宗教的儀式は古文書に準拠しながら，文化復興運動母体として結成された"Kut-sur"という団体のメンバーの指図のもとに，再生，復興されてきたという。毎年，その年のウセフ祭りのテーマとなる神が決められ，1990年にはEhegei Iyeksit(牛飼養の女神)，1991年にはKyorui Josgei(馬の神)，1992年にはHotoi(ワシの神)，1993年にはSugei Toyon(雷の神)，1994年にはTangkha Khan(運命の神)，1995年はOdun KhanとGingis Khan(運命の神)であった。1996年はUrung Aar Toyon(最高神，創造神)に捧げるウセフということであった。この共和国レヴェルでのウセフには，各地から人々が集まり，各種の催しに参加していた。勇者決定の競技はとくに，地区代表の勇者によって競われた。2日間にわたるプログラムは表10.4に示したとおりであった。

このヤクーツク市におけるウセフは国民全体の祝祭として行なわれるものとなっており，祭りの規模はサハ共和国のなかでもっとも大がかりなものとなっている。しかし，そこで実施されたプログラムは，基本的にはアムガで行なわれたウセフと変わらないものであった。主要な違いのひとつはヤクーツクにおけるウセフが「日の出を迎える儀式」によってではなく，「馬乳酒の儀式」によって開会とされた点であった。「日の出を迎える儀式」は翌日の日の出の時刻に実施された。

開会の宗教的儀式，つまり「馬乳酒を神々に捧げる儀式」は，競技場の中央に特別に設営された舞台の上で行なわれた。共和国内でもっともよく知られたシャマンがアイー・オユーンとしてこの儀式を司った。「上の世界」のすべての神々への祈りが，プロの舞踏団による宗教的舞踊を間に挟みながら捧げられた。開会の儀式の終了後，舞台では民族衣装のコンテストが行なわ

表 10.4 ヤクーツクにおけるウセフ(1996年6月29-30日)

6月29日
　a.m.11：00-p.m.12：00　開会の儀式：「馬乳酒の儀式」
　p.m. 1：00-7：00　コンテスト(民族衣装，民族料理，輪踊り)
　p.m. 9：00-a.m. 0：00？　現代音楽コンサート，男女集団見合い，ディスコ

6月30日
　a.m. 4：00-4：30　「日の出を迎える儀式」
　a.m.11：30-p.m. 2：45　各種の力比べ競技
　　　1. 棒のひっぱり合い
　　　2. ジャンプ
　　　3. レスリング
　[力比べの競技に平行して，歌，踊り，音楽などの演奏が行なわれ，また輪踊りのコンテストが前日に引き続いて行なわれていた。コンサートは，各民族集団のお国自慢の趣をなし，ロシア音楽，ブリヤート，カザフスタン，コーカサス，コザックなどの民族音楽がアマチュアの人々によって披露された]
　p.m. 2：45- 7：40　Dygyn Onyuuta(勇者決定の競技)：
　　　　　　砂袋担ぎ競走，"飛び"競技，ロープ上追い落とし競技，重量担ぎ競技
　[競技の合間の余興：ダンス，歌，楽器の演奏，サハ共和国大統領の挨拶]
　p.m. 7：50-　プロの民族舞踏団によるダンス
　　　　　　国立劇場舞踏団による花嫁衣装の紹介
　　　　　　各種コンテストの結果発表
　p.m. 9：00-　ヤクーツク市長の挨拶(閉会の辞)
　　　　　　この後，競馬場にて，競馬が行なわれた

写真 10.4　アイー・オユーンによる夏至祭り開会の儀式

れた。民族衣装のコンテストはサハのものが中心であったが，共和国全体の祭りであり，共和国が多民族国家であることを反映し，共和国内の他の民族集団，エヴェン，エヴェンキなども衣装コンテストに参加していた。会場の別の場所では，サハの伝統料理，そして輪踊りのコンテストが行なわれた。競技場のあちこちに，大きな踊りの輪がつくられ，踊りはとぎれることなく夕方まで続いていた。

　翌日の早朝，日の出のころには年齢を問わず多くの人々が「日の出を迎える儀式」に参加するために再び競技場に集まっていた。人々は，儀式の行なわれる特設舞台に向かって左側に（太陽に向かって左側）女性，右側に男性と分かれ，列をなして立ち，儀式を待ちかまえていた。儀式の開始とともに，いっせいに日の出の方向に向かい，そのエネルギーを受け止めようと両手を太陽の方に掲げたのであった。

　犠牲用の雌馬と小馬が少し離れたセルゲにつながれ，祭司により神々への祈りと歌が捧げられた。この後，伝統的花嫁衣装をまとった女性と花婿が登場し，壇上近くのセルゲにつながれた2頭の鞍をつけた馬に乗って退場するという簡単な宗教劇が奉納された。

　太陽が姿をあらわすと，参加者はあげていた手を下げ，両方の手の掌を上に向け，太陽エネルギーを受けるポーズをとる。参加者のほとんどすべては，厳粛の面もちで日の出を迎えていたのであり，太陽エネルギーの力をまるで本当に信じこんでいるかの様子であった。

　順次朗唱されていた祈りと歌（toyuk）が終わると，ただちに輪踊りに移った。それまで整然と並んでいた会衆は，突然列が乱れ，踊りの輪に加わったのであった。20分間ほど踊りが続き，そのまま流れ解散となった。

　2日目の日中には，男性による各種の伝統的な力比べの競技——棒のひっぱり合い，ジャンプ，レスリング，そして勇者決定の競技——が共和国チャンピオンの栄誉を求めて行なわれた。これらの競技のなかで，勇者決定の競技は特別な趣向をこらして行なわれた。ゲームに先立って，各地域から選ばれた勇者12人は，伝統的な戦士の衣装を身にまとい，馬にまたがって1人ずつ観客の前に登場し，競技への戦意をアピールするメッセージを述べ，そ

写真 10.5 力比べ競技の参加者と観衆

れぞれ全力疾走で観客の前を駆け，競技の順番を決めるために用意された旗を選びとったのであった。こうして，順番が決まり，競技の開始となった。まず，約20 kgの砂袋を担いでの競走，距離を競うジャンプ――片足飛び，両足飛び，片足ずつ交互飛び――，1本のロープにまたがっての追い落とし競技，そして最後が約96 kgの石を担いだうえでの歩く距離の競いであった。勝者には共和国一の勇者の栄誉と報奨が与えられた。

　競技の合間には，楽器演奏，舞踊，民謡など各種の民俗音楽，芸能の披露があり，大統領が祝辞を述べたのであった。音楽，芸能はサハのものばかりではなく，エヴェンキ，コサック，ウクライナ，カザフスタン，ブリヤートなどのロシア連邦内の他地方，他民族によるものも紹介されていた。すべての競技が終了した後，各コンテストの結果が発表され，ヤクーツク市長の閉会の言葉で競技場でのプログラムはすべて終了した。その後，競馬場で競馬

が行なわれ，祭りの全プログラムは丸2日間続いて終了したのである。

6. 考察——シャマニズム・儀礼復興の意義

　サハ共和国において独立以降進展したシャマニズム，伝統医療の復興をみると，つぎのような傾向が認められる。第一に，伝統医療に関する知識はこれまで個人的に秘密に保持されてきたものであり，個々の治療者によって超自然的世界観，治療法などの点でバリエーションが大きいことがある。第二に，シャマンをはじめとし伝統的治療者と称する人々が多数出現し，これに対し，一定の条件によって治療者として認定し，資格を与えるという機構が整えられ始めている。第三に，治療法のバリエーションがある一方で，治療は超感覚的能力に基づくこと，そしてその能力は超自然的存在からの恵与であるという観念に立脚することが共通に認められる。

　現代においても，シャマンあるいは伝統的治療者として認められる用件として，シャマンには共通して一般の人々とは異なった，何らかの超自然的体験や霊的な力をもつことが重視されているのである。このため，現代のシャマンの語りにおいても，彼らがみずからの超自然的力——たいていはその力を「上の世界」の神や精霊から授けられたと考えるのであるが——を確信し，彼らの魂が異なる世界を補助霊の助けを借りて「旅」することができると信じていることが示唆される（Yamada, 1996; 1997）。超自然的存在からの啓示，「魂の旅」の経験などという点では伝統的なシャマニズムの世界観が保持されているのである。

　一方，二元的な世界観——宇宙は現象的世界と霊的世界からなるという——が新たに芽生え始めている。また，エコロジー的な考え方の潮流を背景に，人間と霊的な存在との関係は人間と自然との共生関係に理想化され，人間と自然との霊的平等を示唆する新しいアニミズム的考えも登場し始めている。このように，シャマンをめぐる諸現象には，かつての伝統的世界観が現代化された形で再構築されている側面があることをみのがすことができない。シャマニズムはこのように，現代における変化する状況のなかで，新たに宗

教現象の核として再生しうることが認められる。

　さらに，シャマンは伝統的治療者としてばかりではなく，儀礼の祭司としての役割をも担っているということができる。たとえば，伝統的儀礼であった夏至祭りの再現・復興は，史実に則り，極力伝統的な所作に基づき行なわれるのであるが，祭りのときの儀礼において，シャマン，とくに白シャマンは「上の世界」の神々への祝詞を唱えることによって祭りの口火を切る役目を担うばかりではない。シャマンは一連の進行に関する知識をもちあわせる存在でもあり，いわば祭りの〝総監督〟という重要な役割をも果たすのである。シャマンは，祭りの復興を通して，忘れ去られ，失われつつある伝統文化の復興・伝承——もちろんまったく同じ形でというわけではないが——に貢献しているのである。

　ところで，夏至祭りの復興をみると，その実施される規模の違いにもかかわらず，祭りの伝統的なプログラム，たとえば「馬乳酒の儀式／宴」，「日の出を迎える儀式」，輪踊り，各種のコンテスト，そして可能ならば競馬といったプログラムが企画されていた。コンテストでは，民族衣装，民族料理，民族音楽，レスリング，棒のひっぱり合い，腕相撲，勇者決定の競技など各種のプログラムが用意されていた。もちろんこれらのなかには民族衣装，料理，音楽などといった近年になって企画された必ずしも伝統的プログラムというわけではないものもみられるが，いずれのコンテストもますます民族色豊かなものとなっている。夏至祭りという祝祭の場でこのようなコンテストが積極的に企画されることは，サハの伝統文化の復興と啓蒙の意図を明確に示すものであり，人々にみずからの伝統文化の再確認をうながすものとなっている。

　もちろん，ヤクーツクにおける夏至祭りのプログラムが示すように，サハ共和国が多民族国家であることを背景にして，伝統文化披露のプログラムのなかには他の民族集団による民族音楽や衣装などの発表もまた組み入れられていた。しかし，プログラムのハイライトはサハの宗教的儀式や勇者決定の競技，つまり伝統的サハ文化であった。さらに，注目すべき点は，祭りのなかで復興されていた文化というのは，料理，衣装，舞踊や音楽といった芸能，

運動競技，そしてシャマニズム的儀礼であったことである。

　サハの人々の現在の日常生活はもはや伝統的な生活とはいえず，近代化された，ロシア人の生活と表面的には何らかわるところのないものということもできる。実際，ソ連邦時代には母語が異なるとはいえ，学校教育はロシア語中心で共産主義イデオローグのもとに行なわれ，ロシア化が進められたのであった。このため，日々の実生活における伝統への復帰は少しも実質的な意味をもたないばかりではなく，むしろ不可能なことともいえる。芸術的，宗教的なもの，あるいはスポーツ的な側面における文化の復興のみが，少なくとも現代に生きるサハの人々にとっても意義をもちうるものであるといえる。

　実際，若い女性たちの間にはイヴニング・ドレスとしてサハの民族衣装を身につけることが，今では流行りだしているとまでいわれる。民族衣装の復興は現代において十分に生かされているのである。また，ヤクーツクで行なわれた「日の出を迎える儀式」に若い人々が積極的に参加していたことは，シャマニズム的，宗教的イデオロギーが若い人々の間に徐々に受け入れられ始めたことを示すといえる。サハの伝統的シャマニズムの儀礼は，現代のサハの人々の心性，精神性を少しずつ変え，新たな宗教観をつくりだしてゆく役割を担い始めているのである。

　このような伝統的夏至祭りの復興の取り組みを通して，サハ文化の芸術的，宗教的側面は一般の人々にもなじみのあるものとなり始めているのである。この意味で，夏至祭りはサハがみずからの文化を理解し，確認する場を提供しているのである。これは，とりもなおさず，夏至祭りに参加することによってサハは独自の民族文化に目覚め，自分自身をサハとして，つまりみずからの民族的アイデンティティを確認することとなっているのである。

　一方，夏至祭りが国家，地区，あるいは村の公式行事として取り組まれる背景には，サハ共和国全体の政治的統合の求心力としてサハとしての民族的アイデンティティを再生産し，活用しようという意図がうかがえる。また，夏至祭りにおけるシャマニズム的色彩の濃い儀礼の復興を通じて，政府はかつての共産主義にかわる新しいイデオロギーを提供しようとしているともい

える。実際，アムギンスキー地区知事，ヤクーツク市長，共和国大統領らは夏至祭りでの祝辞のなかで，サハ文化の神髄として夏至祭りの復興と，その世代をこえての継続の必要性を強調していた。共和国のなかで，もっともロシア化が進んだアムギンスキー地区において1996年に伝統的夏至祭りが復興されたことは，多民族国家サハ共和国におけるサハの伝統文化を核とした文化的，政治的統合という国家政策を象徴する画期的なできごとであったといえる。

　ソ連邦体制が崩壊し，サハ共和国は独立国家として，国民のアイデンティティをロシア人としてではなく，サハとして再構築する必要性に直面したといえる。伝統文化の名のもとに，伝統的な祭り・儀礼，伝統的治療と世界観，叙事詩とその語り手の保護，舞踊や歌唱などといった宗教的，芸術的側面の復興に焦点をあてた文化復興政策が，サハ共和国の独立以降進められてきた。政府は多民族国家の求心力の源泉として，サハとしての民族的アイデンティティの構築を模索し，その一歩として現代の状況においてもっとも受け入れられやすい宗教的，芸術的側面の復興に着手する道を選んだのであるといえよう。

　以上のように，サハにおいて，シャマニズム，儀礼とくに夏至祭りの復興は，国家レベルでの政策と結びつき，伝統文化のコアとして民族のアイデンティティの形成に大きく関与しているということができる。民族のアイデンティティはさまざまな形でつくりだされうるものでもある。現代においては，とくにグローバリゼーションがあらゆる面で進行している状況のなかでは，民族集団ごとの違いは表面的には薄れつつあるともいえる。このようなとき，言語を別にすると，宗教的イデオロギー，精神生活，あるいは哲学が民族の帰属意識の形成にとって有効な鍵となりうるといえるであろう。実際，アイヌの文化復興運動において，自然との共生の哲学が彼らの運動の中心的観念，アイヌとしてのアイデンティティの核となっているという報告がある (Irimoto, 1998)。サハにおいて夏至祭りの復興やシャマニズムの復活は政治的な意図に支えられながらも，彼らの民族的アイデンティティの核を提供する役目を担っているのである。

文　献

Alekseev, N. A. 1975. Traditsionnye religioznye verovaniia Iakutov v XIX-nachale XXe. Novosibirsk, Nauka.
Alekseev, N. M. archives. Ysyakh. (Archives at the Siberian branch of Russian Academy of Sciences in Yakutsk).
Balzer, M. M. 1996. Changing Images of the Shaman: Folklore and Politics in the Sakha Republic (Yakutia). *Shaman*, 4(1-2): 5-16.
Czaplicka, M. A. 1914. Aboriginal Siberia. Oxford, The Clarendon Press (Reprinted by Oxford University Press, Oxford in 1969).
Efimov, E. I. 1993. Uigurdaakh. *In*: Oyuun (Part 3: The Shamans in Legends and Traditions). pp. 49-53, Yakutsk, Yakut Institute of Language, Culture and History.
Ergis, G. U. 1974. Ocherki po Yakutskome folkloru. Moscow, Nauka.
Gogolev, A. I. 1983. Lektsuii po historicheskoi ethnografi Yakutov. Yakutsk.
Gogolev, A. I. 1986. Historicheskaya ethnografia Yakutov. Yakutsk.
Gogolev, A. I. 1994. Mifologicheskii mir Yakutov (Mythological World of the Yakut Deities and Spirits-Protectors). Yakutsk, State University of Yakutia.
Gogolev, A. I. 1996. 私信.
ハルヴァ, U. 1989. 『シャマニズム——アルタイ系諸民族の世界像』(田中克彦訳). 東京, 三省堂[Harva, U. 1938. Die religiösen vorstellungen der Altaischen völker. Helsinki]
Hoppál, M. 1993. Report on the Conference Held in Yakutsk. *ISSR Newsletter*, 2: 1-3.
Ilyakov-Khamsa, P. N. 1994. Sakha sirin khotygy Noryottarin émchittéré. Yichik, Nationalinai Kiniga Kuhata.
Irimoto, T. 1998. Ambivalent Resolution: Political Discourse and Conflict Resolving Process on the Ainu. Paper presented for the ICAES (International Congress of Anthropological and Ethnological Societeis) held at William Mary University, July 1998.
Jochelson, W. 1933. The Yakut. Anthropological Papers of the American Museum of Natural History, vol. 33, part. 2.
Ksenofontov, G. V. archives. Material ob Ysyakhe. (Archives at the Siberian branch of Russian Academy of Sciences in Yakutsk).
Monchurin, D. S. 1993. Keerekeen Oyuun. *In*: Oyuun (Part 3: The Shamans in Legends and Traditions), pp. 3-6, Yakutsk, Yakut Institute of Language, Culture and History.
Nikolaev, M. 1994. Interview on the Pole of Cold. V & M Metallhandelsgesellschaft mbH.
Oiunskaya, S. P. 1993. Byradaahap Oyuun. *In*: Oyuun (Part 3: The Shamans in Legends and Traditions), pp. 6-7, Yakutsk, Yakut Institute of Language, Culture and History.
Okladnikov, A. P. 1970. Yakutia before Its Incorporation into the Russian State. Montreal and London, Mc-Gill Queen's University Press.

Potapov-Agaan, G. P. 1993. Kostokyyn Chirkov. *In*: Oyuun (Part 3: The Shamans in Legends and Traditions), pp. 45-48, Yakutsk, Yakut Institute of Language, Culture and History.

Romanova, E. 1993. Oyunnars. *In*: Oyuun (Part 1: The Stories about Oyuuns and Their Ritual Practice), pp. 7-9, Yakutsk, Yakut Institute of Language, Culture and History.

Romanova, E. 1994a. Yakutskii Prazdnik Ysyakh (Yakut Festival Ysyakh). Novosibirsk, Nauka.

Romanova, E. 1994b. 私信.

ロマノーヴァ, E. and F. F. ヴァシーリエフ. 1994.「サハ・ヤクート共和国における民族学研究の現状」,『北方学会報』, 3：10-13.

Seroshevski, V. L. 1896. Yakuti: Opit ethnograficheskogo issledovania. St. Petersburg.

Troshchanski, V. F. 1903. Evolutsuia chemoi veri (shamansstva) u Yakutov. Kazan.

山田孝子. 1994.『アイヌの世界観——「ことば」から読む自然と宇宙』東京, 講談社.

Yamada, T. 1996. Through Dialogue with Contemporary Yakut Shamans: How they Revive Their Worldview. *Anthropology of Consciousness*, 7(3): 1-14.

Yamada, T. 1997. The Concept of Universe and Spiritual Beings Among Contemporary Yakut Shamans: The Revitalization of Animistic Belief and Shamanic Tradition. *In*: Circumpolar Animism and Shamanism. Yamada, T. and T. Irimoto (eds.), pp. 205-226,Sapporo, Hokkaido University Press.

山田孝子. 1998.「サハ・ヤクートにおけるシャマニズムと自然の意味」,『エコソフィア』, 1：129-147.

モンゴル・シャマニズムの文化人類学的分析
内モンゴル,ホルチン・ボのシャマニズムにおける歴史意識と宇宙論的秩序

第11章

煎本　孝

1. はじめに

　モンゴルのシャマニズムに関する研究は,従来より,民族誌あるいは歴史的研究が多くあるにもかかわらず,文化人類学的視点からの分析は比較的限られていた。また,モンゴルのシャマニズムそのものが,おそらくは北方の狩猟文化と深くかかわりあいながらも,牧畜文化の展開,さらにはモンゴル帝国の樹立から現在に至るまでの歴史的経過にともなうそのときどきの国家との関係,あるいは仏教,キリスト教,道教などさまざまな宗教との接触と受容により変化してきたばかりではなく,西はブリヤートから東は内モンゴルに至るそれぞれの地域における変異を含んでいるのである。本章では,これらの問題点を踏まえながら,内モンゴルにおけるホルチン部族のシャマニズムについて,実地研究資料,および文献資料に基づき,文化人類学的視点から分析する。なお,必要と思われるモンゴル語には転写字表記,および発音を付すことにする。

　ホルチン(Qorčin[xɔrtʃin])におけるボ(bö[bo],シャマン)の演出は,超

自然的世界と自然世界，そして過去と現在とを仲介するシャマンの活動を作動させるためのさまざまな舞台装置から構成されている。その目的のひとつは依頼者を治療することにある。そのため，刀(ǰida[dʒad])，鞭(suqai tasiGur[sʊχai teʃʊʊr])，ボを守護する「心の鏡」(ǰirüke-n toli[dʒurxə(n) tɔli])，ボを助けるオンゴット(ongGud[ɔŋɔd])，そしてオンゴットにささげるための酒が小さな机の上におかれる。机は祭壇(ダングルゲンイット：tangGarig-in inder[taŋarg-in jindər]，「誓いのもの」という意味)として部屋の西側の壁につけておかれる。また，ボ自身が身体につける多くの細長いリボン状の飾り布がついたスカート，冠，9個あるいは11個の青銅の鏡をつるした皮製の帯，柄のついた単面の太鼓は，シャマンが超自然的世界における霊的活動を行なうために必要な象徴的道具なのである。また，12段のボの歌と舞踊は，さまざまな神格への拝礼と招請，そしてシャマニズムの歴史についての語りから構成されている。招請されたさまざまな霊に守られたシャマンが，彼の崇拝する祖先のシャマンの霊と同一化することにより，超自然的世界を自然的世界に出現させ，霊的治療の実行を可能とするのである。

　以下に，シャマンの衣装と身体につける道具の象徴的意味，シャマニズムの演出の過程について記載，分析を行なう。そのうえで，ホルチン・ボのシャマニズムの演出における歴史意識と宇宙論的秩序について解明する。なお，実地研究は1995年から2000年におけるモンゴル調査の一環として，中国内蒙古自治区哲里木(ジリム)盟通遼において1996年8月に行なわれた(煎本，1998a：413-414；1998b：21-25)。ホルチンのボであるS氏(男性，72歳)，および彼の弟子(女性，23歳)に実演を行なってもらい，VTRで記録した。その後，S氏との間で，シャマニズムの詳細についての対話が行なわれ，筆記およびテープレコーダによる記録がなされた。また，文献資料として哲里木盟文化処で編集された『科爾沁博芸木初探』(1986：85-161)が用いられた。ここに記録されている伝説5編に*Leg.1*から*Leg.5*と番号をつけ，さらに*Leg.2*についてはそこに含まれる異伝を*ver.1*から*ver.5*とし，同様に*Leg.3*についても*ver.1*と*ver.2*に細分類した。また，47編の祈祷の歌

詞を，記載の順序に従って *Song 1* から *Song 47* と番号をつけ，本章における分析のための資料とした。

2. シャマニズムの道具の象徴性

2.1 スカート

ホルチンのボであるＳ氏が説明するところによれば，最初のシャマンは飾り布のないスカート(olongdai[ɔləŋdai])をつけていた。そのとき，シャマンは自分の太鼓に乗って宇宙を飛んでいた。しかし，ボルハン(Burqan [bʊrxan]，仏)が投げた金剛杵(wčir[ɔtʃir])が太鼓にあたり，シャマンは地上に落ちて，スカートは破れ，今のように多くの細い布が垂れた形のスカート(ホヤック：quyaG[xujag]，またはホルマイブチ：qormuibči [xɔrmɔibtʃ])になった。また，今の太鼓の下にはこのときの穴があいている。なお，ホルチン・ボの源であるホブグタイと仏との闘いについて，ホルチン左翼中旗のボの語る伝説(*Leg.2, ver.1*)に以下のように述べられている。

> ホブグタイは３つの珍宝をもっていた。ひとつは両面に皮を張った赤色の太鼓で，これは彼の乗馬だった。ふたつ目は 64 のリボンでつくられたスカートであり，これは彼の翼で，これを着れば九天の上まで飛んでいくことができた。３つ目は 18 個の銅鏡であり，これは彼を守るものであった。仏はこれに我慢できず，みずから７人の弟子を連れて彼を治めに来た。仏とホブグタイとの間の力競べの結果，ホブグタイは白雪山に逃げると，仏の金剛杵にあてられ檀の樹の上に落ちた。こうして彼の 64 個のリボンは 24 個になり，18 個の銅鏡は９個になり，両面の太鼓は片面となり，青い経(フフソドル：köke sudur[xox sʊdar])は仏のもとに収められ，ボは経を読むこともできなくなり，ホブグタイは仏に順応した。

Ｓ氏の語りは，上の伝説と細部においては相違がみられる。たとえば，伝

説(Leg.2, ver.1)においては，ボはもともとリボン――布片――でつくられたスカートをつけていたが，仏との闘いに破れ，そのリボンの数が減ったと述べられている点である。しかし，現在のボの太鼓や衣装の形態の由来を，仏との闘いに敗れたことに求めるという点では一致している。

2.2 銅　鏡

青銅の鏡(kürel toli[xurəl tɔli])について，S氏はこの鏡の上にサホース(sakiGusu[saxʊʊs])とよばれる「守るもの」がいると語る。また，この守るものは大きな鏡だけについており，まわりの小さな鏡を支配しているという。守るものは病気を治すときにボを助けてくれるのである。また，鏡の数は9個，11個，あるいは13個である。仏教に関するものが偶数であるのとは対照的に，ボにかかわるものは奇数である。これは「本来，ボに関するものが奇数だったからであり，ボの誓い(tangGariG[taŋarag])である」と説明される。さらに，この「守るもの」は，「支配している」，「もっている」という意味であり，それはふだんは「白雪山」(častu čaGan agula[tʃast tʃagaan ʊʊl])にいるけれども，よぶことによって鏡のなかに入るという。また，踊ったときに鏡が触れあい出る音により，「守るもの」がやってくる。鏡のサホースは「鏡の主」という意味であるという。また，S氏がつけていた鏡は彼の師匠からもらったものであり，その師匠も前の師匠からもらったものである。最初の鏡は天がつくって地上に降ろしたものであるが，それからどのくらいのときをへたのかはわからないという。

2.3 太　鼓

太鼓(kenggerge[xəŋərg])は武の源で武器になる。ボにとっては，これが教科書(本)であり経典でもある。この太鼓をとり，ばち(deledeGür[dəlduur])で打ち鳴らせばボになるという。直径約30 cmの円形の太鼓の枠と柄は鉄製である。これは鍛冶につくってもらう。しかし，太鼓の皮は黄羊(ジュール：jegere[dʒəər])の皮でつくられ，これはS氏みずからがつくった。黄羊の皮を使用するのは，音が大きく，また湿気を帯びにくいから

である。柄の端には3つの輪がつくられ，それぞれの輪にはさらに3つの小さな鉄製の輪が取り付けられている。手首をまわすと輪が互いに触れあい，音が出るのである。太鼓の音とボの歌をあわせてやれば招請する神々や霊がやってくるのである。また，「ホルチン・ボの伝説」(*Leg.2, ver.1, 4*)によれば，元来，ホブグタイの太鼓はボの乗馬であり，これに乗ればボはどこにでも行けたのである。

2.4 冠

冠はドゥールグ(dugulga[dʊʊlg])とよばれている。これは「白雪山」を象徴している。白銅製，あるいは赤銅製の冠の上に同じ材料で3本の樹とそれぞれの樹の上にとまる3羽の鳥がつくられている。この樹はネズ(arči[artʃ])であり，鳥はタカであるといわれる。鳥から垂れている長い布片は鳥の尾(segül[suul])であり，ここにつけられている鈴(qonga[xɔnx])は鳥の鳴き声となる。冠の上の3羽の鳥の尾は，それぞれ赤と青，黄と赤と緑，赤と青の布片からできている。中央には黄色が入っている。しかし，両側の鳥の尾は2色でも3色でもよいという。S氏によれば，この色は自由であり，それぞれの色の意味はないという(写真11.1)。

さらに，冠に鳥がつけられていることの意味は樹の上に鳥が巣をつくっているということだという。鳥は樹を守っており，樹の主のようなものである。ボの冠の上には必ず樹と鳥があるはずだという。冠の前面につけられている上部がまるくなった5枚の板が「白雪山」をあらわし，その上に樹と鳥がいるのである。これこそが，自分の崇拝する祖先のボの霊がいる場所の本来の様子であるという。また，冠の前面の板の表面には山の様子が描かれている。ここに描かれている人物は「山の主」(agula-in sakiGusu[ʊʊl-in saxʊʊs])であり，さらにそのまわりの植物は冠の上に取り付けられている樹と同じネズを表現している。この人物はボの源，すなわちボが発生した最初のボ(ホブグタイ：qoboGtai[xɔbɔgtai])という名前)であるという(写真11.2)。もっとも，この図像は「ラマ教の仏のようにみえるが」という私の問いに，「この冠は新しくつくったものであり，今の若い者が古い絵を描けなくてこう描

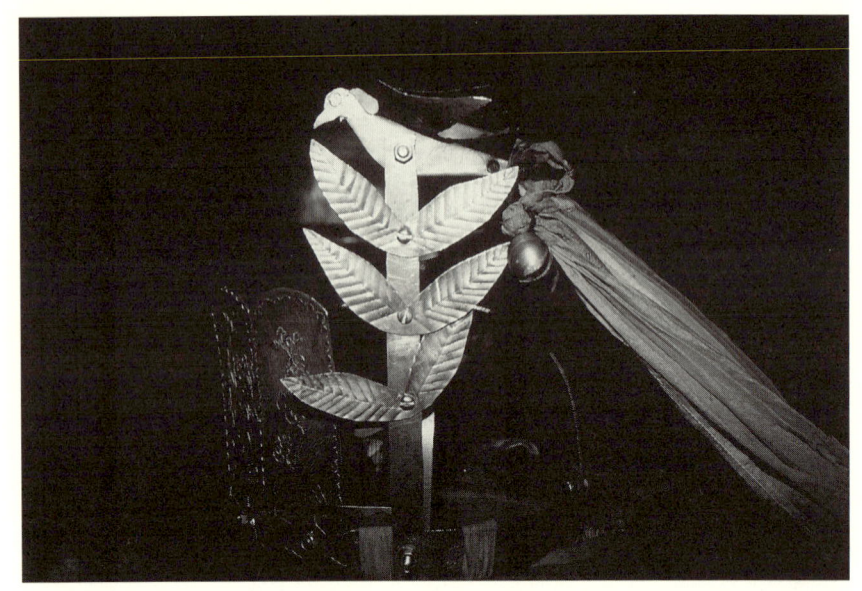

写真 11.1　冠の上の樹と鳥

写真 11.2　白雪山を象徴する冠と「山の主」であるホブグタイ

いたものである」とのことであった。この冠は昨年，S氏が呼和浩特(フフホト)に行ったときに武装警察の者につくってもらったものである。彼は専門の鍛冶ではないが，たまたまつくることのできる者がいたので彼につくってもらったとのことであった。S氏は，それまで古い冠を使用していたが，それが壊れたため，それを手本にしながら新しい冠をつくってもらったというのである。古い冠に描かれていたボの源の衣装はモンゴル相撲のときにつけるものであったという。

「ホブグタイの伝説」(Leg.2, ver.4)によれば，ホブグタイが仏との闘いに敗れたのを認めた後，「白雪山」の1本の聖なる檀の樹の上に住み，仏に従って山の洞窟のなかで技を学んだとされる。これに従えば，冠の上の樹にとまっている鳥こそがボの源であるホブグタイ自身の象徴であるということになる。実際，シャマンがつけるリボン状の細い布片のついたスカートは鳥の翼の象徴であり，伝説(Leg.2, ver.2)に語られるように，ホブグタイの64個のリボンでつくられたホルマイブチは彼の翼でこれを着れば飛ぶこともでき，ずっと九天の上にまで到達できるのである。すなわち，ここでは，鳥はシャマンを象徴していると解釈することができる。さらに，シャマンが頭につける冠は，彼が崇拝し，招請する祖先のボの魂がいる超自然的世界そのものを表現しているということになる。

この「白雪山」は内蒙古自治区哲里木盟の通遼市から西北の方向，現在の外モンゴルにあるという。もっとも，ここが世界の中心であるという考えはない。ここに，死んだボの魂(スンス：sünesü[suns])が集まり，それぞれの場所を占めているのである。

2.5 オンゴット

祭壇には3つのオンゴットが，それらを包んでいた布の上におかれている。第一はティルン・オンゴット(teyireng ongGud[tiirən ɔŋɔd])とよばれる足の不自由なオンゴット，第二はエヒン・チャガン・オンゴット(eke-in čaGan ongGud[əxin tʃagaan ɔŋɔd])とよばれる女性の白いオンゴット)，第三はフルル(フルバット)・オンゴット(kürel ongGud[xurəl ɔŋɔd])とよば

写真 11.3　オンゴット

れる青銅の英雄のオンゴットである(写真 11.3)。

　ティルン・オンゴットは，死んだとき，膝が不自由だったので，オンゴットになっても足が不自由であるという。S氏はこのオンゴットの由来についてつぎのように語る。

　　唐の李世民の時代，兵隊を率いて東遼を攻めたとき，1万人の兵隊と王金和(ワンジンフ)が水に沈んだ。これ以外の兵隊は長安に帰り，階級をあげられ賞をもらった。そのとき，強い風が何日も吹いた。その理由を人から聞いたところ，東遼を攻めて水に沈んだ兵隊たちには賞を与えなかったからだとわかった。それで，李世民はこの1万人の兵隊全員をオンゴットにするといった。その兵隊の1番位の上だった人は足が不自由だった(彼は王金和ではない)。それで，そのときの傷がついたままオンゴットになった。また，エヒン・チャガン・オンゴットは，そのときの女性の兵隊だった。さらに，フルバット・オンゴットはそのときの将軍だった。そして，オンゴットになったとき，青銅の英雄のオンゴットになった。

ティルン・オンゴットについては，じつは「ホブグタイと黒い，白いボ，並びにティルンの伝説」(以下，「ティルンの伝説」Leg.3，ver.1，2 とよぶ)にその起源が述べられている。伝説(Leg.3，ver.1)において，その起源はラマ教とシャマニズムとの闘いに結びつけられている。この伝説では，カン・ラマ(ラマの王)がホブグタイの5人の弟子であるボを殺そうと酒を飲ませ，金剛杵を投げると，3人の右手と左足にあたり，不自由になった。これが「足の不自由なオンゴット」の起源であるという。また，この5人の弟子はそれぞれ，赤，黄，紫，黒，白の顔をもち，それぞれその色の服を着ていたと述べられる。このなかで，顔色が白く，白い服を着ていたボはホブグタイの妹だった。また，この妹は酒を飲まずに逃げたと述べられている。

伝説に語られるオンゴットの起源は，後に述べるように，水に沈んだ李世民の兵隊に関連するものも確かにある。しかし，「足の不自由なオンゴット」に関しては，その形態と「ティルンの伝説」(Leg.3，ver.1)との間には，整合性がある。そこでは，ティルンという名称の一致のみではなく，足が不自由になったいきさつが明確に語られているからである。さらに，この伝説には，ホブグタイの妹である白い顔をして白い服を着たボ(女性のシャマンはイドガン，オドガンともよばれる)についても述べられている。この女性のボは，エヒン・チャガン・オンゴットに比定しうるものである。

「ティルンの伝説」の異伝(Leg.3，ver.2)では，ティルンの左手が内側に曲がり，右足も内側へ曲がり，また，どもりであることの原因についてつぎのように語られる。

　　　ティルンは本名ガルブといい，頭がよく，一人のすぐれたボに従って習った。ある日，師匠が出かけたうちに，彼は師匠の家に入ってお経をひそかに読み，即座にボの方術を全部習得した。師匠は彼が方術を盗んで習得したことを知り，おおいに怒り，天から矢の雨を降らせた。ガルブがすぐに地面にひとつの円を描いてなかに入ると，その矢の雨はどうしても円のなかに入ることができなかった。しかし，彼が前に歩くと，矢の雨はまた彼について降り，また，どのように走っても，天はずっと

彼の後ろについてぶんぶんと音を出して，雷を落とす。彼は師匠の手元から逃れられないことがわかり，自分の片手と片足を円の外に出して雷に打たせた。こうして，師匠が追うのをやめて，彼は命だけは助かった。以来，彼は足の不自由などもりのティルン・オンゴットになったのだ。

　ここに述べた「ティルンの伝説」(Leg.3, ver.2)においては，ティルン・オンゴットの起源は，前述の伝説(Leg.3, ver.1)とは異なり，ラマ教とシャマニズムの闘いに結びつけられてはおらず，シャマニズムの習得における師匠と弟子との闘いの結果によるものとなっている。しかし，いずれの場合も，方術による闘いに敗れて傷つけられたということにおいて共通している。

　S氏の語るオンゴットの起源は，むしろ「王金和の伝説」(Leg.5)に基づくものである。とくにフルバット・オンゴットが将軍であると語られることは，唐の第二代の皇帝李世民が「タミンチャガン」海(東海との説もある)を渡って東に遠征したとき，30万の兵士，18の将軍を率い，その第五の将軍が有名な大刀王金和であったとの話と矛盾しない。この伝説では王金和夫婦と彼の10万の兵士が解氷した海に落ちて死んでしまい，その魂は恨みが非常に大きかった，と述べられる。そこで，李世民はみずから地獄の「エッレク・カン(閻魔大王)」のところに行き，彼の王座に座って，王金和を「カン・バンボル」に，王金和の妻を「ハトン・バンボル」，すなわちボの神王と神王夫人に封じ，またその10万の兵士を「トマン・オンゴット(tüme-n ongGud[tumən ɔŋɔd]，万のオンゴット)」に封じて，人間の香を享受することにさせた。李世民は唐に帰ってから，人々にボを行なわせて，魂を済度し，彼らをボ神とオンゴットとよばせ祈らせたという。

　S氏の語りにおいては，ティルン・オンゴット，およびエヒン・チャガン・オンゴットは，フルバット・オンゴットとともに，「王金和の伝説」(Leg. 5)に統合されていることが明らかとなる。すなわち，前二者を伝説(Leg.3, ver.1, 2)に述べられるようなボが起源のオンゴットではなく，王金和の兵士であるトマン・オンゴッドとしているのである。

　さらに，そもそも「オンゴットとは何か」との私の問いに，S氏はオン

ゴットの性格についてつぎのように語る。

　　オンゴットは天よりも下にあり，さらにボーモル(天のウマ，名前はウマだが形は人で，天の下の息子である)よりも下にある。また，オンゴットは人が死んでなるものである。唐の李世民のときに彼が多くの人(兵隊)を水に沈めたことに起源するものである。オンゴットは小さな人形の形態をしており，本来，人間である。オンゴットのなかでもっとも偉い者，すなわち主は王金和であり，フルル・オンゴットはこの人物である。オンゴットは我々ボが特別に崇拝するものであり，病気を治すために，我々を助けてくれるよう必ず要請するのである。この際，東を向いて祈る。

　なお，オンゴットは全部，青銅でつくられるが，ある種の植物(麻)の茎あるいは玉でつくることもあるという。「ホブグタイの伝説」(*Leg.2, ver.1*)によると，ホブグタイが仏に順応した後，仏はまた「トマン・オンゴット」を降状させ，麻の柄で1万のオンゴットをつくり墓に埋め，ボをそなえたり，よんだりすることをさせたという。また，オンゴットの役割についてS氏は興味深いことを語る。すなわち，

　　ボというものは必ずこういうオンゴットに祈る。そうすると，彼ら(オンゴット)もボを使用することができる。すなわち，オンゴットのなかにはボを使わす者もあるし，ボがそのオンゴットを使うこともある。要するに，互いに使用することができるのだ。

　ここで，オンゴットを使用するためには，呪文(tarni[tarni])を用いる。大事なとき，呪文を唱えると，オンゴットがやってくる。そして，相手を悪くするためとか，自分の意思を実現させるためにオンゴットを使う。そうすると，そのオンゴットが戻ってくる。そして，逆に，オンゴットがボを使うときには，主として，ボはどこどこの場所に行くことはできないという指示

を出すという。

「オンゴットが何かを要求するということはないのか」との問いに，S氏の助手の女性は，要求はないと答えた。ヒツジやヤギは，こちらからささげるものであるとのことである。また，別の機会に，S氏自身から得た情報によると，ボはオンゴットを喜ばせるために，オンゴットをヤギやヒツジの血のなかに入れるという。これは，シューサルナ(sigüsüle-ne[ʃuusəl-nə]，「喜ばせる」という意味)とよばれる毎年旧暦9月9日に行なわれる祭りにおいて行なわれる。このときはオンゴットが降りてくる季節と決まっており，ヤギまたはヒツジを1頭殺してささげるのである。

以上のことから，オンゴットは人間よりは上にあるが，天やボーモル(天のウマ)よりは下にあり，さらに，死んだ人間がオンゴットになるということから祖先のボと同じ位置づけをされていることが明らかとなる。しかし，自分の崇拝する祖先のボの魂が「白雪山」におり，鳥がその象徴であったこととは対照的に，オンゴットは青銅製の人形である。また，S氏の語るところによれば，オンゴットと天の間には何の関係もなく，また，オンゴットとオボの主，山の主との間にも関係はない。オンゴットはボとの間にだけ関係をもつのである。

このように，オンゴットは唐の李世民の時代に水に沈んだ王金和の兵隊に由来している。これは，ホルチン・ボの歌詞「オンゴットに祈る」(*Song 22*)において，「唐太宗時代にあらわれた10万の精霊」と述べられ，あるいは「10万のオンゴットへの祈り」(*Song 23*)に，「丘に小草が実るときに，皇様が海を渡ってみずから征伐するときに，呉江王が後ろをみるときに，模様服ボの10万の精霊があらわれた」と歌われることと一致する。このことは，S氏が語る李世民の遼東への遠征とも矛盾はしない。なお，李世民は隋末に各地で反乱を起こした群雄のうちの李淵の次男であり，高祖李淵が唐王朝(618-907年)を成立させ即位して9年目に新天子となった名君のほまれ高い太宗である(礪波，1985：498)。また，遼東への遠征とは，太宗が出した高句麗征討の遠征軍を意味するものと考えられ，645年以後，高句麗は5度にわたる唐軍の遼東進入をその都度撃退している(井上，1984：350)。なお，

つぎの高宗は高句麗討滅に主眼をおいた従来の方針を一変し，660年に海軍を出して百済を攻め，これを滅ぼした。そして，668年には唐・新羅連合軍が高句麗を攻撃し，孤立した高句麗は唐に降った(礪波，1985：498-499)。したがって，李世民(太宗)の遠征は645年以後，つぎの高宗の遠征(660年)より前のことと時代比定することができよう。そして，オンゴットもこの時代に起源すると語られることになるのである。このように，ホルチン・ボにおけるオンゴットは明確に限定された性格をもっており，このことは，ブリヤートにおけるオンゴットや，オンゴットに相当すると鳥居(1976a：609)が考えているマルコ・ポーロ旅行記に述べられるナティガイ(Natigay)――地の神で，小児，家畜，収穫物を守護する神――，さらには，Heissig (1980: 12-14)が述べる皮や絹布などでつくられた家畜や世帯の守護霊としての人形というモンゴルの一般的なオンゴットの概念とは異なるものとなっている。

3. シャマニズムの演出

ホルチン・ボのシャマニズムの演出は12段の歌と舞踊から構成されている。それぞれの段は異なる神々や霊に対する祈りや要請である。全体としては，ボがさまざまな神々に祈り，招請し，自分の崇拝する祖先のボの霊を身体に入れ，依頼者(患者)の病気を治し，最後に自分の崇拝する霊を送り返すという構成になっている。病気を治すためには，酒を患部に吹きかけるなど，必要な処方を行ない，あるいは，身体から離れている病人の霊をよび戻し，病人に憑いている鬼(悪霊，cidpür〔ʃudxur〕)を追い払うという方法がとられる。これらシャマニズムの演出の各段階が歌と舞踊によって演じられるのである。S氏によって演じられた12段の歌と舞踊は，以下のとおりであった。

(1)ボルハン(Burqan[bUrxan]，仏)への祈り
(2)テンゲル(tngri[təŋər]，天)への祈り
(3)ジヤチ(ǰayaGači[dʒajaatʃi]，家畜の神)への祈り
(4)ネーネ・ボグト(nei-nei・boGda[nəi-nəi・bɔgd]，祖母神)への祈り

(5)ボーモル(baGumal[buumal]，天の人)への祈り

(6)オンゴット(ongGud[ɔŋɔd])への祈り

(7)ドルブン・デブテル(dörbe-n debter[dorbə(n) dəbtər]，4つの経)への祈り

(8)ボの源(ホブグタイ：qoboGtai[xɔbɔgtai])への祈り

(9)師匠(バクシ：baGasi[bagʃi])への祈り

(休息)

(10)崇拝するもの(祖先のボの霊，シュトクル：sitügel[ʃutgəl])を体のなかに入れるための祈り

(11)病気を治す祈り

(休息)

(12)崇拝する霊を送る祈り

この順序に従って，ボの演出の過程を，それぞれの祈りの対象となる神格を明らかにしながら，以下に記載することとする。

3.1 ボルハンへの祈り

第一段の祈りはモンゴル人が崇拝しているといわれるボルハンを対象とするものである。ボルハンとは仏(ブッダ)のことである。「ホブグタイの伝説」(*Leg.2*)，あるいは「ティルンの伝説」(*Leg.3*)に語られるように，ラマ教とシャマニズムの闘いの結果，ボはラマ教に順応した。ホブグタイはラマ教に順応して白いボになり，これが白いボの来歴であると述べられる。また，ラマ教に順応しなかったのは黒いボであると語られる。もっとも，白いボにしても，ホブグタイをボの源であるとしている。

ボルハンへの祈りを行なう前に，ボは部屋の西側に小さな机をおき，その上に3体のオンゴットと小さな鏡を並べ，その右側に刀，左側に鞭を立てかけ，それらの前に酒の瓶とふたつの小さな杯，そして数珠をおき，祭壇とする。部屋の北側には衣装箱がおかれている。9時1分に椅子の上に皿をおき，そのなかに酒を注いで火をつけ，太鼓をあぶり，打って音を出す。湿気を取り去り，乾いた高い音が出るようにするのである。さらに酒を杯に入れ，西

側の北の隅にある入り口のところに行って，口に含んだ酒を部屋の外に向かって吹きかけ，また，杯に指をひたし，空中に向かってはじき飛ばす。部屋の外にいる霊や天に酒をささげ，演出の場である部屋を浄化するのである。そして数珠をとり，右手にはめる。

　つぎに，ボは衣装をつける。ズボンの上からふたつに割れた赤いエプロン状の布を身体の前後にそれぞれつけ，その上からリボン状の布片のついたシャマンのスカートをつける。腰の後ろに皮製の腰あてをまわし，この上から鏡の垂れ下がった皮製の帯をつける。鏡は腰の後ろに垂れ下がり，腰を振るとそれらが触れあい，音を出すのである。ボは上半身に黒いシャツを着ている。そして，顔の前面に黒い細い紐がたくさん垂れ下がった帽子をかむり，顔を隠す。この上から冠をつける。冠の上には3本の樹があり鳥がいる。冠は顎に紐で結ばれる。9時11分にボの準備がととのうと，助手の女性もボと同様，細い布片のついたスカートをつけ冠をつける。

　準備がととのうと，2人は部屋のまんなかに祭壇の方向(西)を向いて立ち(祭壇に向かってボが右側，女性が左側)，左手に握った太鼓を右手のばちで打つ。ドンドンと2回たたき，左手を動かしながら太鼓の柄についた鈴を鳴らしながらあげる。このとき，身体を少し揺らしながら右足を斜め前に出し，この方向に頭を下げて礼拝する。左側についても同じことを行なう。つぎに，同じ動作を2人は北向きになって行なう。そして，東向き，さらに南向きと右まわりに位置をかえながら同じ動作を行ない，再び西の祭壇の方向に向かい，これを繰り返す。そこで，太鼓を打ちながら歌を歌い始める。ゆっくりした調子で，ボと彼の助手の女性がいっしょに歌う。歌は9時22分から9時31分まで続く。ここまでが第一段である。

　ボルハンへの祈りの内容は歌詞(*Song 4*)に以下のように述べられる。

　　各お寺の仏様よ，
　　香机は並ばれた。
　　玉座にいるチェジン仏様よ，
　　我々はあなたに敬虔に祈る。

きらきらの灯は咲いた花のように，
バダマサンブ生き仏にささげよう。
香の明かりはきらめく星のように，
大慈大悲の仏様にあげよう。

たった聖なる香は香りをたち，
点けた聖なる灯は光を射す，
苦難から救う仏様，
我々を救って病から離して。

ここには，8世紀にインドよりチベットに来て，チベット仏教のニンマ派の開祖となったパドマサンバヴァ(Padma sambhava)である「パダマサンブ生き仏」の名称にみられるように，チベット仏教からの影響がみられる。さらに，*Song 5*「ゲゲン(生き仏)に祈る」においては，「智恵が焦辺たるダライ・ラマ」という表現がみられる。*Song 6*「ボゴド(賢明な)ラマに祈る」では，「チャチャルマンジュシレ」ラマ(マンジュシュリ，文殊菩薩)，「ミライボゴト仏」(マイトレア，弥勒菩薩)，さらには，死をつかさどる主であるヤマーンタカ(Yamāntaka)である「ヤマンダグ仏(魔王を治める仏)」の名称がみられる。さらに，仏教の影響は抽象的な諸仏の観念のみではなく，*Song 6* に，「8つの旗の生き仏よ救って，21の寺の法師よ加護して，ボゴト・ラマ，ああ，我らの祈りを聞いてください」と述べられるように，内モンゴルの寺々の法師に対して祈りが行なわれている。同様に *Song 7* においても，「フフホトのお寺，フレー寺の女天，バインホショのお寺，フルグ(仏像)寺，モーリ寺，モドンホショ，アグイ・ジョ」などの具体的な寺々の名称があげられ，そこのラマに対して加護を祈願しているのである。ラマ教が政治的にシャマニズムの上位にあることが，ボの演出における神々への祈りの順序と歌詞に反映しているのである。

なお，ボの歌詞(*Song 1, 2, 3*)には「歩き」という歌が記録されている。これは，ボルハンへの祈りの前にボが歩きながら，演出を始めるための準備

の歌である。たとえば Song 2 では，

 歩くよ，歩く，
 模様の衿を揺らせよう。
 まわるよ，まわる，
 模様の衿を揺らせよう。

と歌われ，また，Song 3 では，

 若いのはまわりに座って，
 子ども年寄りはなかへ座ろう，
 うちの家は狭いよ，
 本人は年とったぞ。

と歌われるように，身体を動かし，また，狭い家のなかで，子どもや年寄りが内側に，若者たちが外側に座って，ボの演出が始められることがわかる。

3.2 テンゲルへの祈り

 第二段は，少し早く太鼓が打たれ，再び歌が歌われる。部屋の中央に立った2人は身体を祭壇の方に向けたまま，同時に左前に進み，右側に円を描くようにもとの位置に戻る。これを7回繰り返す。女性は冠が重いのか，冠を気にし始め，手でさわっている。意識がぼんやりした感じで，少しトランスに入っているようである。2人の身体はゆっくり左右に揺れている。2人は同時に右足を斜め前に出して頭を下げ拝礼する。女性は後ろを気にして，自分の足もとの後ろをみようとしている。さらに身体は前を向いたままで，左前から右側に円を描くようにまわる動作を3回繰り返す。9時38分に歌が終わる。女性がコップに水を入れてボに飲ませる。女性も少し飲む(写真11.4)。

 この第二段はテンゲル(tngri[təŋər]，天)に対する祈りである。テンゲル

写真 11.4 シャマニズムの演出

をよべば，彼らはボを守ってくれるのである。テンゲルには姿，形があり，また女性，男性のテンゲルがいる。ウマに乗っているテンゲルもいる。ロバに乗っているテンゲルは女性であり，男性のテンゲルはウシ，ウマに乗っているという。8種類，全部で81のテンゲルがある。8種類は方角によって分類されている。南西にはベッシマン(bisaman[bisman])，西にはバインアヘ・オンガン(bayan aqai ongon[bajan axai ɔŋon])，北西にはホン・バートルト(qun・baGaturtu[xUn・baatart])，北にはドクシンアヘ(doGsin aqai[dogʃin axai])とよばれるテンゲルがおり，北のテンゲルは強そうな女性のテンゲルであるという。北東にはヤルシャル・テンゲル(yirwa šoro tngri[jɔr ʃɔr təŋər])，東にはホフチ(qubča[xUbtʃ])，南東にはマセラモ(marsai lhamu[marsai lamU])とよばれるテンゲルがいる。この南東のテンゲルの名称はチベット語であるといわれる。南西にはマハサン・テンゲル(maqasan tngri[maxsan təŋər])がおり，これは中国語でいわれる四大天王である。さらに，上の方向にはアスリ・テンゲル(asari tngri[asar təŋər])がいる。また，これら以外に33のテンゲルであるオロンホヘ・テンゲル

(olong qoGoqai tngri[oloŋ xɔɔxai təŋər])，99 のテンゲルであるイルスン・テンゲル(yere yesü-n tngri[jər jəs(ən) təŋər])がいる。ボはこれら全部の天の名前をよび，歌を歌い，病気を治すために，ここに来てほしいと招請したのである。

3.3 ジヤチへの祈り

　歌を歌い太鼓を打ちながら，S氏と助手の女性は，9時39分から西を向いたまま，左前方から右へとまわる動作を2度繰り返す。これを4度繰り返し，そのたびに身体を揺らし，腰の鏡を鳴らす。助手の女性は眼を細め，うつろな眼となり，トランス状態に入っている。さらに，同じ動作を1度繰り返し，9時44分に歌を終える。助手がコップに入った水をもってきて，S氏に飲ます。この間，太鼓だけが打ち続けられる。

　家畜の神であるジヤチ(ジアース，ザヤガチ)は，ウマ飼いが死んで，家畜を支配する神になったものだといわれている。父親と5人の息子からなる神々であり，白いスカートをつけた人間の形をしているという。S氏は，「ジアースは家畜の神だから，これに祈らなければならず，ここに来てくれるように要請するのだ」と語る。ジアースの由来については「ジヤチの伝説」(*Leg.4*)につぎのように述べられる。

　　北方のモンゴル部にはサルラというバイン(金もち)がおり，彼にはジヤチという奴隷がいて非常に熱心にウマとウシを飼っていた。ジヤチが年をとり死ぬ前に，「自分が死んでからも放牧するときの服を着せ，放牧するときの鞭をもたせ，高い山の頂に埋めて，死んだ後も自分の放牧した家畜をみえるようにしてくれ」とバインにいい残した。しかし，バインがこのことを忘れたため，ジヤチの姿が草原にあらわれ，放牧していた馬群を昔の草場に追い払った。そして，馬群は病気になるか死んでしまい，疫病がはやった。このため，バインはボを招いて聞くと，「彼のために像をつくって，そなえればよい」との答えを得，腕のよい美しい未婚の少女を招き，繻糸で身体をつくり，真珠と山梨を目にしてジヤ

チの像をつくり，テントの上にかけ，像には五種類の穀物の入った皮袋をかけ，丸煮のヒツジと乳製品をそなえて，敬虔にまつると，ジヤチが夜中にぶらぶら歩く姿もみえなくなり，疫病もなくなった。それから，ジヤチは全モンゴルの崇拝する家畜の保護神になった。また，長い間そなえていた像のどこかが壊れたら，ボを招いて新たにつくらねばならない。しかし，壊れた像は捨てることが許されず，ボに野原の大樹にかけてもらい，呪文を述べその神霊を新しい像につけさせねばならない。

伝説(*Leg.4*)にはボたちの祈りの言葉がつぎのように記されている。

牛山の山麓にあらわれた神霊は，
牛馬を放牧するジヤチだ。
エレデニバンバイ嶺上にあらわれた魂は，
ウマの背中に端座するジヤチだ。

花山の山麓にあらわれたジヤチは，
家畜に加護する神明だ。
金なるバンバイ嶺にあらわれたジヤチは，
全モンゴルの尊奉する神霊だ。

5人の子どもを連れたジヤチは，
長い馬竿をひっぱる。
9人の子どもを連れたジヤチは，
馬竿に模様のある長い紐をつけた。

日暮れになると，
家畜を囲いに入れるジヤチ。
早朝になると，
5畜を渓谷に追うジヤチ。

身体はハダグでつくった，
目は山梨ではめこまれ，
みんなの父ジヤチ，
黒い，白い災禍を消してください。

身体は白布でつくった，
目は真珠ではめこんだ，
民達の父ジヤチ，
家畜に加護してください。

祭壇になる机は整った，
蠟燭線香がつけられた，
4足のヒツジがそなえられた，
4角の袋がいっぱい詰められた。

おいしいボダー（モンゴルの粟でできた即食）を両手でもち，
口に入れる前に香りが発つ。
ボダーを山にもっていって召しあがって，
空気と泉もいっしょに召しあがって。

我らは清潔な供物をささげ，
神明たるジヤチに申しあげる。
牛羊の繁殖に加護して，
5畜の繁栄に加護して。

　この伝説には，ジヤチの起源とその役割ばかりではなく，ジヤチの像のつくり方と祈願の方法が語られる。ここでは，ジヤチは5人の子ども，また9人の子どもを連れた父親とされる。また，ジヤチの像にはその神霊が入っており，全モンゴルの尊奉する神であることがわかる。なお，ジヤチは外モン

ゴルにおける家畜および財産を守護する幸福のザヤガチ（ゾル・ザヤガチ：jol jayaG(ɣ)ači）に対応し，これらは民間において尊信を受け，帳幕内にあるその像には毎日献祭が供せられる（バンザロフ，1942：35-37）という。

ホルチン・ボの歌詞のなかでは，このジヤチはときにシラサンブラ（sir-a sampal[ʃar sampal]）という名称で祈られる。たとえば歌詞（Song 12）において，「仏の光は太陽のようにきらきら，……お経は月のようにきらきら」とラマ教の仏や経の賛美に続いて，

　　黄色い仏教を血に溶かして，
　　経を袋のなかに入れて，
　　白髪の老人，
　　敬虔にシラサンブラ父に祈る。

とシラサンブラへの祈りがなされる。ここで，「白髪の老人」と述べられるシラサンブラ父とは，ブリヤート，西モンゴルのオイラート，さらにはヴォルガのカルムックなどモンゴルの広い地域においてみられるツァガン・エブゲン（Tsaghan Ebügen,「白い老人」）（Heissig, 1980: 76）とよばれる家畜と繁殖の神と共通点をもつ。ツァガン・エブゲンとは大地と水の支配者であり，長寿と家畜の繁殖をつかさどり，人々を悪魔や毒蛇などの危険から遠ざけるという役割をもつ。なお，シラサンブラが家畜の神であるジヤチと同一視されていることは，歌詞（Song 13）において「円い山の上から，飛び出したサンブラは，王と，黒い，白いボたちの信奉する神霊父」であり，「太陽が東から出たときに，あなたは馬群を山の奥に追い払い，露が草原にまかれたときに，あなたは牛群を囲いに追い払う」と歌われ，「まるい眼は山梨，身体は絹糸，富の主人，神明なサンブラ父」と述べられることから明らかである。また，ここでサンブラ父が，黒い，白いボの信奉する神霊とされており，ラマ教に順応したボにとっても，また順応しなかったボにとっても，共通の崇拝対象であることがわかる。したがって，ジヤチはラマ教の伝播以前にさかのぼる，モンゴル人にとって重要な家畜の守護神であると解釈することがで

きる。

　さらに，歌詞(*Song 14*)は「ジヤチに祈祷する」という題がつけられているが，そこでは，ジヤチの名称のほか，ジヨラ(jol[dʒɔl])父，サンブラ(sampal[sampal])父の名称が用いられている。さらに，

　　まるいカン山の上から招かれたジヨラ父，
　　全モンゴルの信奉するサンブラになった。
　　まるい宝山の上から招かれたジヨラ父，
　　天下のモンゴルの信奉するサンブラ父になった。

と述べられるように，ジヨラ父が山の上から招かれ，全モンゴルの神霊としてのサンブラ父になったことが歌われる。また，白布の上に描かれたサンブラ父の像について，「描かれたのは106人のジヤチ，106人のなかには6人のジヨラ父がいる。我らはヒツジをあなたの前にささげ，99の墓の側に埋めた，サンブラ父」と歌われることから106人のジヤチのなかに6人のジヨラ父がいることがわかる。これは前述した「ジヤチの伝説」(*Leg.4*)において，その子どもたちの数は異なるものの，ジヤチが父と5人，あるいは9人の子どもたちからなるということと符合する。すなわち，家畜の守護神であるジヤチのなかで，とくに父がサンブラ父とよばれ，さらに，これがラマ教の影響下に全モンゴルの神霊としてのサンブラ父として流布したものと考えられる。

　もし，「白い老人」(Heissig, 1980: 76)とサンブラ父との間に共通点があるとすれば，ともに家畜の神であるという点である。しかし，「白い老人」はブッダとの出会いやターラとの出会いの伝説(Heissig, 1980: 78-79)に語られるように，その神格と役割をラマ教のなかで認められており，大地と水の支配者として，また人々を悪霊から守り，長寿をつかさどる神として，その機能は拡大している。この点から考えると，ホルチン・ボの歌詞(*Song 12, 13, 14*)のなかでジヤチ，ジヨラ父，(シラ)サンブラ父，白髪の老人などの名称が登場し，しかも，ジヤチの本来の家畜の神としての性格に重点がお

かれ，放牧の役割が明確に歌われていることは重要である。さらに，前述の歌詞(Song 12)に歌われるように，ボは仏教を賛美しながら，同時にシラサンブラ父への祈りを行なっていることがわかる。「黄色い仏教を血に溶かして」とは，ラマ教とシャマニズムとが黄色と黒色によって対立させられることを考えると，「仏教ではなくてシャマニズムによって」と解釈できるし，「経を袋のなかに入れて」とは，ラマ教が経を読むことに対して，シャマニズムは経がなく太鼓が教科書であり経であることを考えると，「仏教の経ではなく，シャマニズムによって」と解釈することができるのである。すなわち，ここでは，シラサンブラ父，あるいは白髪の老人さえも，仏や経と対立的に語られるシャマニズム本来の宇宙論のなかで位置づけられ，機能しているのである。シラサンブラやジヤチへの祈祷の歌詞のなかで，ボたちは神々への祈りを述べるばかりではなく，ラマ教とシャマニズムとの歴史と，そこにおける神格の変容，そして何よりもラマ教と対立し併存するシャマニズムの宇宙論について歌っているのである。

3.4　ネーネ・ボグトへの祈り

　歌が9時45分に始まり，西の祭壇の方向に向かって立つS氏と助手は，左前から右前に身体を前方に向けたまま2度続けてまわる。1度まわるごとに太鼓は，「トトントン，トントントントン」と打たれる。歌を歌いながら，2度ずつまわることを11回繰り返し，最後に太鼓だけを「トントントントン……」と打つ。助手が水をもってきて，S氏が飲み，助手も飲む。この間，あたかもトランスに入りかけたボの状態を持続させるかのように，祭壇に向かってみずから太鼓を打ち続ける。

　ネーネ・ボグトのネーネとは祖母のことであり，ボグトとはモンゴル語で疱瘡(天然痘)のことである。疱瘡の主である祖母神は幼い子どもの命を助けてくれるものであり，水の宮に住んでいるという。また，太陽ののぼる南の方角にいる女性であるとS氏は語る。

　ホルチン・ボの歌詞「祖母神」(Song 15)には，この水の宮について，

> 下には金龍玉柱に支えられぬ，
> 上には鉄鍵銀糸に懸けられぬ，
> 宙ぶらりんで空に，
> 祖母神の宮殿がある。

と歌われる。同様に，「祖母神」(Song 16)において，水の宮は，

> 太陽がのぼるところに，
> 80階の宝塔があり，
> 階ごとに聖なる水壺があって，
> 壺ごとに聖なる水が盛ってある。
>
> ……
>
> 天には支えられる柱がなく，
> 地には高い山が突っ張ることなく，
> 炊くことの煙のない空中に，
> 80の亭台楼閣がある。

と歌われる。また，Song 16において，聖なる水と壺について述べられ，さらに続けて「慈悲なる祖母神，我らの嬰児に賜福して，聖なる水で灌頂して，彼らをもっと賢くなるように」と歌われることから，ネーネ・ボグトは水と深い関係があることが指摘される。

　また，ネーネ・ボグトは一年中その宮殿にいるのではなく，春と秋に宮殿に降り，さらに人々の住んでいる村々にやってくると信じられている。このことは，Song 15において，

> 春秋に宮殿に降り，
> 宮中の子どものため害を追い払い，

春秋に農家に来て，
　　　みんなの子どものため病気を治す。

と語られ，同様に *Song 16* において，

　　　春になると世間を遍歴して，
　　　村々家々の子どもの病気を治して，
　　　秋になると世間に来て，
　　　家々の子どもに賜福して災禍を除く。

と歌われることから明らかにされる。
　さらに，病気を治すということから，薬との関係が歌詞「祖母神」(*Song 17*)につぎのように歌われる。

　　　丘の上の花々で，
　　　薬をつくって，
　　　我らを救って，
　　　聖なる白い祖母。

　　　雪山の樹の葉で，
　　　薬をつくって，
　　　我らを救って，
　　　仁慈なる祖母。

　このことから，祖母神は，中国ではすでに5世紀中ころの『灌頂経』に始まり，隋・唐の時代にさかんになった薬師如来との関連も考えられるが，薬師信仰の基本的な特色である十二大願と九横死，さらに七仏薬師の信仰などの特徴(浅井，1989：451)がみられない。もっとも，東方浄瑠璃世界の救主として万病を癒すという薬師如来(Bhaisajya-guru)の原型は初期経典のひ

とつである『出曜経』に薬王菩薩としてみえるので，かなり古い時代において何らかの影響があったことは考えられよう。しかし，ネーネ・ボグトの特徴は，その名称にみられるように疱瘡(天然痘)の神であるということを考えると，たとえば，樺太や北海道のアイヌなどの北方民族における「疱瘡神」(山田，1994：86-88)，さらにはブリヤートにおける疱瘡や熱病から人々を守る「白い老人」(Heissig, 1980: 86)と関連する点がある。また，外モンゴルにおける，子どもらとその健康および幸福の女神であるエメゲルジ・ザヤガチ(emegelji jayaG(γ)ači)(バンザロフ，1942：37)にも対応する。すなわち，ホルチン・ボにおいて明らかにその起源と機能の異なるジヤチとネーネ・ボグト(祖母神)は外モンゴルにおいてはその相違を保ったままゾル・ザヤガチとエメゲルジ・ザヤガチというザヤガチ(内モンゴルの発音ではジヤチ[dʒajaatʃi])の範疇に含まれ，さらにブリヤート，オイラートなどにみられる「白い老人」はこれらの機能を統合した大地と水の支配者としてラマ教のなかでの神格を確立したものとして考えることができる。したがって，ホルチン・ボにおけるネーネ・ボグトの観念には仏教やラマ教よりも，むしろ土地固有の神格の特徴がみられることを指摘することができる。

3.5　ボーモルへの祈り

　祭壇の方向に向いてゆっくりした調子で歌が始まり，S氏と助手はそのまま右まわりに歩き，2人とも祭壇とは反対方向の東向きとなる。東に向かってS氏が右側，助手が左側に並び，その場でそれぞれ身体を前方に向けたまま左前から右前へと円を描くように踊る。歌を歌い太鼓を打ちながら，同様に2度ずつ回転する。これを6度繰り返す。助手の女性は冠が気になるのか，しきりに手を冠にやる。最後に太鼓だけを「トントントントン……」と打ち，歌を終える。9時56分に両者とも冠をとり，休息する。この第一回目の休息はつぎのオンゴットに対する祈りのため再び冠をつける10時6分まで続く。

　S氏によれば，ボーモルの名称は「天のウマ」という意味であるが，ボーモルは人の形をしているという。これは天ではなくその息子であり，実際に

は父，母，息子の3人からなる。彼らはチンギス・ハーンのときに発生し，空にいるという。またボーモルを要請するときは外に向かって祈る。ふつう，室の入口は南にあるので南を向くが，ここでは東へ向いて祈ったとのことである。

「ボーモルの伝説」(Leg.1)によれば，「ボーモル」は「バゴマル：baGumal[bUUmal]」ともよばれ，「天から降りた」という意味である。すなわち，

  玉皇大帝の娘の一人がひそやかに世に降りて，一人の男と結婚し，2人の子どもをもうけた。玉皇大帝の妻の王母娘々はこれをかくまおうとするが，玉皇大帝は怒り，子どもをとらえて，「ドルドチン・オール（山）」の上に捨てさせる。2人の子どもは2頭の巨大なウシと変じ，人間を食べ，ホルチン草原はそのためあたふたとなった。ダルハン王が慌てて，ホブグタイと彼の妹のシラルジャ・オドガンを迎えてそれを治めた。ホブグタイは，これは「バゴマル・テンゲル（天から降りた天）」だといい，シュウス（いけにえのヒツジの丸煮）をそなえて，5色の法服を着て，羊皮の太鼓をたたき，ドルドチン山の上でボの祭祀を行なった。いけにえのヒツジの体の肉を360の塊に分け，順番に賛美の歌を歌うと，2頭の巨大なウシが祭祀の机の前にあらわれたので，まつって死なせた。ところが，戻ってまもなく，カン王の息子が病気にかかり，続いて全旗の人々があいついで病気になった。カン王がまた急いでホブグタイに依頼して，災禍を追い払う。ホブグタイは，これは2頭のウシの精霊がたたりをしており，49の旗がそれをまつっていないからだといい，人々に「ボロガン」(テン)の皮，5色の絹，真珠などをもってこさせ，「ボーモロ神霊」をつくった。それは「天から降りた」バゴマルであるため，ウシのように描いてはならず，人間に似るか似ないかのように描かれた。これが，後に人々がまつる「ボーモロ」である。それで，まつるときには皆がこう歌う。

5色の絹は体になりし，
サインジョ，サインジョ，
ボロガンの皮は眉になりし，
サインジョ，サインジョ。

真珠は目になりし，
サインジョ，サインジョ，
金と銀で描いたボーモロ，
サインジョ，サインジョ。

　この伝説から，ボーモルは「バゴマル・テンゲル：baGumal tngri [bUUmal təŋər]，天から降りた天」であり，ボの源であるホブグタイにより調伏させられた後，まつられ，人々に信仰される「ボーモロ神霊」になったことが明らかにされる。また，彼らは天に住む玉皇大帝の娘と世の人間の男との間に生まれた子どもであることがわかる。天と地上の男との結婚の話は，ハルヴァ（1971：420-421）が紹介するブリヤートに伝わる伝説——衣を奪われて狩人の妻になったハクチョウの伝説——を思い起こさせる。ここでは，彼らの間に生まれた子どもたちは地上に残され，ハクチョウの女は天に帰るという結末になる。なお，ハルヴァは，ハクチョウを氏族の始祖である聖動物と解釈している。

　また，「ボーモルの伝説」(Leg.1)に述べられる「2頭の巨大なウシ」と，「ボハ・ノヨン(牛王)」との類似を指摘することができる。ボハ・ノヨンとは，ブリヤートが供物をささげ，牡牛とも，あるいは人間ともいわれ，ハンの娘に生ませた男の子がブラガト氏族の始祖になったとされるものである。さらに，牛王の伝説は，すでにウイグルにより王族の始祖として語られており，トーラ河とセレンガ河が合流するところに2本のマツの樹があり，その間の盛り上がった丘から，この牛王が生まれたと教えている（ハルヴァ，1971：424）。これらのことを考えると，ホルチン・ボの「ボーモルの伝説」は，その原形はかなり古い時代にまでさかのぼりうるものであり，その後，

ボの源であるホブグタイにより調伏させられ，さらに「天」の観念が道教における「玉皇大帝」に置き換えられたという歴史を物語っているものであると考えることができる。

　もっとも，ホルチン・ボの歌詞「ボーモルに祈祷」(*Song 11*)においては，この玉皇大帝という名称はあらわれず，カン・ホルモスト天という名前がみえる。このホルモスト天という名称は，後述するように，天の最高神であるホルムスダに相当する。このホルモスト天は *Song 11* においては銅鉄で鋳造した4つの大門のある万却不変の宮殿にいる九重天の大帝であると歌われ，九十九重の天，三十三重の天であるとされる。したがって，伝説(*Leg.1*)においては玉皇大帝という名称がみられるにもかかわらず，ボの歌詞に歌われるようにその実体は天であり，その最高神であるホルムスダ天であることが明らかになる。また，*Song 11* において，ボーモルは「聖なるゲセルのとき，3つのボーモルがあらわれた」と述べられ，さらに「彼は長生天の乗馬で，模様服ボの霊魂だ」と歌われる。ボーモルが乗馬であるということは，S氏の語る「天のウマ」と一致するが，「2頭の巨大なウシ」との伝説(*Leg. 1*)とは異なっている。また，ここで述べられる「長生天」とはモンゴルにおいては「永久の天，möngke tngri[moŋx təŋər]」を意味することから，ホルモスト天，玉皇大帝，長生天，永久の天が，それぞれその歴史的由来と名称を異にするにもかかわらず，いずれも最高神として同一の地位に位置づけられていることが明らかとなる。もちろん，ボーモルは，この最高神の娘の子どもということになる。さらに，*Song 11* において，ボーモルは，天から雷のように降りた父なるハン・ボーモルと，天から稲妻のように降りた母なる后・ボーモルであると歌われ，また，錦の上に描かれた5色の神はアミン・カンの信仰する9つのボーモル天，5色の繻糸で表装した神霊はタイジ(貴族)様のそなえる5つのボーモル天，青雲を御してめぐる7つのボーモル天，稲妻を御してめぐる5つのボーモル天は人々が信仰する狂いトラのボーモル天，と述べられる。ここでは父なるボーモルと母なるボーモルを対比させ，それぞれの性格を9と5，あるいは7と5というボを象徴する奇数を用いながら，ともに狂いトラのボーモル天であるとしている。

このように，ボーモルは伝説や歌詞において，「巨大な2頭のウシ」であったり，「長生天の乗馬」であったり，「模様服ボの霊魂」であったり，また，「狂いトラ」として描かれるが，それが「天から降りた天」であるということでは一致している。現在，ボーモルはボの演出において要請されるべき神霊となり，そこでは明確には語られてはいないにもかかわらず，本来は聖動物と人間とを結びつける始祖伝説に関連し，同時に天という超自然的存在と人間という自然的実在との両義的特徴をそなえていることを指摘することができるのである。

3.6 オンゴットへの祈り

祭壇には，ティルン・オンゴット，エヒン・チャガン・オンゴット，フルバット・オンゴットの3つのオンゴットが，それらを包んでいた布の上におかれる。

S氏と助手の女性は10時6分に再び冠をつけると，10時7分に祭壇のある西の方向に向かい，「トントントン……」とリズムをとって太鼓を打ち，頭を下げる。歌が始まると女性は東の方向に歩み，S氏と向かいあう。続いて，S氏が東へ移動し，逆に女性が西へ移動し，向かいあう。このように9度場所を変代しながら，太鼓を打ち，歌を歌い，祈りが続けられる。最後に，10時14分に連続的に東と西の間で場所を変代しながらまわる。このとき，相手方の右側を向かいあって通り過ぎ，そこで右まわりに小さく回転し，向かいあう。そして，そのまま再びもとの場所に相手方とすれちがうように戻り，さらにそこでとまらず再び相手方とすれちがうように場所を変代し，小さく右まわりに回転する。この連続変化の舞踊は両者が躍動的に回転するすばらしいものである。太鼓を「トントントン……」と打ち，冠をとり休息に入る。

歌詞(Song 22, 23)には，唐代以後，黄教(仏教)がさかんになるとともに，ボが順応し，それにともなって，ボの始祖ホブグタイがタイジ(tayiji [taidʒl]，貴族)の信仰を失い，10万のオンゴットが民間に降りたことが歌われる。すなわち，Song 23 に，

唐のときから，
　　10万のオンゴットが伝えられ，
　　五方の人々を解放する命令を受けられ，
　　苦難な同胞を救う命令を受けられた。

　　ホブグタイ父のときに，
　　10万の精霊があらわれ，
　　仁慈なホトクト・ラマが，
　　10万の神明を治めた。

　　我らの始祖ホブグタイは，
　　それからのタイジらの崇拝を失い，
　　我らの尊敬する10万の精霊は，
　　師匠について上から民間に降りた。

　　磁都の名声が広がるときに，
　　世の中に10万の精霊がめぐっていた，
　　黄教がさかんになるときに，
　　模様服のボがだんだんと順応した。

と述べられるとおりである。これに続けて，李世民が海を渡って征伐するときに水に沈んだ10万の精霊があらわれたことが歌われ，さらに，その正体がつぎのように明らかにされる。

　　上座に座る祖先トーテムは，
　　47人いる。
　　後ろに座るアンダ兄弟は，
　　18人いる。

アダ・シャマン・ボの祖先，
　　昔々にあらわれた，
　　「アルバルジン」と「トログ（鎧）」があり，
　　手に宝の剣をもつ。

　　狂ったトラは乗り物，
　　鎧はきらきら，
　　毒蛇はしりがい，
　　我らボの尊い神だ。

そして，ボ独自の伝統が現在まで継続していることが以下のように力強く歌われる。

　　神鼓に糸のふさ，
　　ばちに銅をはめ込み，
　　白い火打ち石のイドガン（女のボ）は，
　　昔の国から今に伝えられた。

　　「五音」はそのときから伝えられ，
　　神鼓は文字のない経で，
　　我らを度脱した師匠が恩賜し，
　　文字のある経よりも深奥だ。

　　教えは命令だ，
　　太鼓とばちは経だ。
　　模様服のボは太鼓をたたき，
　　文字のない経を読んでいる。

　　神明たる師匠たち，

勇敢な 10 万の精霊，
救って，祖師の霊魂，
恩賜して，9つ山の覇者。

オンゴットへの祈りは単にオンゴットを招請するための祈りにとどまらず，唐代にまでさかのぼる伝承，さらには仏教とシャマニズムとの闘いについてのボの側からの歴史の「語り」である。したがって，この祈りは現在に至るまで継続するボの伝統と神々に対するかわることのない信仰の表明であることが明らかとなるのである。

3.7　ドルブン・デブテルへの祈り

この「4つの経への祈り」とつぎの「ボの源への祈り」は4つの経やボの源（最初のシャマン）に対する崇拝を表現するものであり，霊の招請を行なうものではない。これらは，天や霊に対する祈りとは異なり，ボの起源を語るというものである。さらに，これに続く「師匠への祈り」も自分がボとなった経緯を再確認し，師匠への尊敬をあらわすものと解釈できる。

ドルブン・デブテルのデブテルとは現在モンゴル語として使用されているが，本来はアラビア語に由来するもので，「本」という意味である。4つの経とは，S氏によれば，第一にすべてのボのいるところの1本の木(sitar-a-in gaGča modu[ʃatar-in gantʃ mɔd)，第二に金のあるところ(alta baiqu gajar[alt baix gadʒar])，第三に「白雪山」のネズ，第四に銘文のある白い岩(sibar čaGan qada-n[ʃabar tʃagaan xada(n)])とされ，これらは外モンゴルにあるという。これらは経といっているけれども，実際にはボが勉強する教科書であり，それらがこの4カ所であるという。これについてのホルチン・ボの歌詞はないが，ボの経は「文字のない経」であり，「太鼓とばちが経」であるというオンゴットへの祈りの歌詞(*Song 23*)にみられる表現と矛盾はしない。また，「白雪山」の檀の樹の上に祖先のボの魂がいるという「ホブグタイの伝説」(*Leg.2, ver.1, 4*)とも一致する。

なお，歌詞「経に祈祷」(*Song 8*)に，「3つの部族のきれいな，あ，神聖

な「ゴルラブ」経，あ．智恵の「ビルマドバンサラグチ」，あ，我らを救って，あ」と歌われ，また，歌詞「三宝」(Song 9)に「カンジョル，ダンジョル，3つの部族の聖書，そなえられる三宝，三世転化の救世の主．無知の弟子は黙々祈る，我らモンゴルの老若の長寿と幸福に加護して」と歌われる経は明らかにラマ教における大蔵経を示しており，ボにおけるドルブン・デブテル(4つの経)とは異なるものである．一方でラマ教の「経」に対する祈りがあるのとは対照的に，他方でボの「文字のない経」に対する祈りがあることが明らかとなるのである．

3.8　ボの源への祈り

「ホブグタイの伝説」(Leg.2，ver.1)に「仏がまだ世に来る前に，ホブグタイはすでにすばらしい技をもつボになった．彼はホルチン・ボの祖先で，チンギス・ハーン時代のホルチン・ボの子孫の弟子だった」と語られるように，ボの源とはホブグタイを示すものである．彼の乗馬である太鼓，彼の翼であるホルマイブチ，そして彼の守りである銅鏡という3つの宝物については，ホブグタイの伝説において語られている．そして，現在のボの衣装や太鼓の形態がボルハンとの闘いに敗れたホブグタイのこれらの宝物に由来したことについても，すでに述べられたとおりである．

伝説(Leg.2，ver.3)において，ホブグタイは6人の将軍の1人であると述べられる．彼らは「裏切り」の6将軍ともいわれ，仏教と対立するボの師匠である．彼らの名前は，ホブグタイ(qoboGtai[xɔbɔɡtai])，アタ・シャマン(ataGa šaman[ataa ʃaman])，シラルジャ・オドガン(siralǰi odqun [ʃaraldʒ ɔdɡən])，ビント・アバイ(bintü abai[bint abai])，ボーモル(baGumal[bʊUmal])，およびジヤチ(ǰayaGači[dʒajaatʃi])といわれる．ここで，アタ・シャマンとは邪悪なシャマンを意味し，オドガンとは女性のシャマンを意味する．また，ビント・アバイとは伝説(Leg.2，ver.2)においてはホブグタイの母親と述べられる人物である．ボーモルとは，「ボーモルの伝説」(Leg.1)に語られる「天から降りた天」であり「バゴマル」ともよばれる．さらに，ジヤチとは「ジヤチの伝説」(Leg.4)に登場する家畜の

神である。ホブグタイは6人のなかでもっとも能力のある者だったと語られるが、やがて仏が彼に罰を与えることになるのである。彼ら「裏切り」の6将軍は、仏と対立するモンゴル・シャマニズムにおける神々として位置づけられている。なお、ボーモルとホブグタイとの関係は、「ホブグタイの伝説」(*Leg.2, ver.4*)に、ホブグタイがボーモル天の5番目の息子を方術比べをしようと世に降ろし、彼を「バゴマル(世に降りた天)」とよび丸煮羊をそなえ、よい仲間になったものであると語られる。これは、「ボーモルの伝説」(*Leg.1*)に述べられるホブグタイと彼の妹のシラルジャ・オドガンが玉皇大帝(天)の娘の子どもである2頭の巨大なウシを調伏し、「バゴマル・テンゲル」としてまつるという話と一致する。

　ホブグタイは、また、「ティルンの伝説」(*Leg.3*)において、5人の1人として登場する。彼らはボの祖先でもあったが、1人は顔色が赤くして赤い服を着て、1人は顔色が黄色にして黄色の服を着て、1人は顔色は紫にして紫の服を着て、1人は顔色が黒くして黒い服を着て、もう1人は顔色が白くして白い服を着ていて、これはホブグタイの妹だったと語られる。彼らはカン・ラマ・シャガドル(qaGan lama šaGdar[xaan lam ʃagdar])の方術に敗れ、逃げるのであるが、カン・ラマの投げた金剛杵がそのうちの3人の右手と左足にあたり、「足の不自由なオンゴット」の起源となっている。

　本章ですでに論じたように、この「足の不自由なオンゴット」、さらにはホブグタイの妹である「白いオンゴット」をS氏は唐代の李世民の遠征と結びつけて語ることになるのである。なお、この伝説(*Leg.3*)には、ラマがホブグタイの母親に「子どもはいないのか」と聞くと、彼女は「いるわ、1人の息子と1人の娘、ボとオドガンだよ」と答えている。ボは男性のシャマンであるホブグタイのことであり、オドガンは女性のシャマンである妹のシラルジャ・オドガンを意味する。さらにラマが「オドガンは何をするのか」と聞くと、母親は「同じボだ。我が家のボは他人のと違って、太鼓にのれば天にものぼれる」と答えている。オドガンについては、「10万のオンゴットへの祈り」(*Song 23*)に、

神鼓に糸のふさ，
　　ばちに銅をはめこみ，
　　白い火打ち石のイドガン(女のボ)は，
　　昔の国から今に伝えられた。

と歌われており，ここでも白い色と関係づけられている。
　このように「ホブグタイの伝説」は，ホブグタイを中心とするシャマニズムの神々を仏と対立するものとして位置づけている。そのうえで，ホブグタイと仏との闘い，そしてホブグタイがその闘いに敗れ仏に順応したことが語られるのである。

3.9　師匠への祈り
　S氏によれば，この祈りは自分にいろいろ教えてくれた師匠であるボに対するものであるという。師匠を要請し助けてもらいながら，いっしょに病人を治すという。歌においては，この前の「ボの源への祈り」，さらにはその前の「オンゴットへの祈り」の最後の節に師匠への祈りの歌詞が含まれる。たとえば，「オンゴットに祈る」(Song 22)では，唐太宗時代にあらわれたオンゴットに始まり，ホブグタイについて歌われた後，

　　勇敢な師匠たち，
　　勇ましい「9つ山」の大覇者，
　　我らはあなたに祈り，
　　あなたこそ人々を苦痛から救える。

との節で終わっている。同様に，「10万のオンゴットへの祈り」(Song 23)では，

　　神明たる師匠たち，
　　勇敢な10万の精霊，

救って，祖師の霊魂，
恩賜して，9つ山の覇者。

と歌われる。また，「神を招く」(Song 21)においては，

黒いボの6人の師匠，
黒い方角の弟子があなたに祈り，
暗闇に苦しんでいる人々を，
苦難から救って。

……

北には古里があり，
家には金の鎧，銀の甲があり，
「双山」の師匠，
恩賜してください。

天から災難が降りた，
世間が苦痛で満ちた，
早く来て救って，
「9つ山」の師匠。

と師匠を要請しているのである。

3.10 崇拝する霊を体のなかに入れるための祈り

　崇拝するものとは，S氏の場合，ボであった彼の祖父（母の父）の霊を意味する。ボというのは，踊ったり歌ったりしないことには霊がやってこないという。その間に，決まった方向に向かって招請するものである。天のため，またオンゴットのためには2人で場所を交代しながら踊る。崇拝する霊を招

請するときには，まわって踊るという。そして，崇拝するものが自分の体のなかに入るのである。そうすれば依頼者の病気は治る，とＳ氏は語る。また，今日行なった演出では自分が座るための椅子をおいていたが，実際にはベッドなどでもよいという。まわっているときに「崇拝するもの」が入る。後は，霊のいうままになり，自分では何もできない。最後に霊が出たら，苦しくなり，少しはきそうな感じがする。また，霊が入っているときには何をしゃべっているのかわからないという。入った霊がしゃべるということになるからである。自分の身体と口を借用して霊が行動するというのである。また，祖父の霊を招請するときには，彼の生年月日と死んだところをいう。さらに，私は招請した霊について，つぎのように質問を続けた。

　私　「それまでに招請した天，その他の霊はその場にいるのですか？」
　Ｓ氏「招請して，来たかどうかは確認はできません。どこにいるのかもわかりません。目にみえないから」
　私　「感じることはないのですか？」
　Ｓ氏「みえないけれど，自分の祖父の霊が来ていることは，はっきりわかります。しかし，ほかの神々などは自分の体の気でわかるのです」

さらに，演出の翌日，祖父の霊とは何か，それはどこにいるのか，そして，どのようにしてＳ氏に入るのかということについて，彼はつぎのように語った。

　Ｓ氏「ボの死んだ霊(スンス)がこの山(西北の方角，現在の外モンゴルにある白雪山)に集まって，それぞれの場所を占めているのです」
　私　「このスンスというものは人が生きているときにもあるのですか，それとも死んだ後のものなのですか？」
　Ｓ氏「人にはそれぞれスンスがあります」

といって，彼は自分の胸をたたいた。そして，つぎのように続ける。

　Ｓ氏「死んだら，そのスンスが飛んでいって，その山に行くのです。昨日，入ったのはこの祖父のスンスです。私たちのスンスは自分の主(霊のもち主，erkelegten [ərxləgtən])のところに行くのです」

さらに，彼は，

S氏「ふつうのスンスは後人間になるかもしれないし，動物として生まれかわるかもしれない。また，18の地獄に落ちることがあるかもしれない。ふつうの話ではこう解釈している。だから，だいたいはこうかなあ」

私　「ボのスンスはほかの動物に生まれかわったりはしないのですか？」

S氏「ボのスンスは必ずシュトクル(崇拝するもの)になります」

私　「先ほどのスンスの話ですが，ふつうの人はいくつあるのですか？」

S氏「ふつうの話では3つあるということです」

モンゴル人の伝統的な考え方では，ひとつは身体についているもの，ひとつは影についているもの，そしてひとつは自分のまわりにいるものであるという。さらに，私は質問を続ける。

私　「ボにはスンスはいくつあるのですか？」

S氏「私の理解ではひとつだけだと思う。私の場合は自分の祖父のスンスをもっている」

私　「それはよんだときにだけ来るのですか，それともふだんからいるのですか？」

S氏「このスンスはつねに自分の体にいるけれども，もし，自分の崇拝するものをよんでくると，自分のスンスが出る。人が生まれてくれば，必ずスンスがついています。私のスンスも生まれてからもっているものです。もし，祖父のものをもってくれば，自分のスンスが出なければ(祖父のスンスが自分のなかに)入ることができない」

私　「どのように入れかわるのですか？」

S氏「祖父のものと自分のスンスが出るのは同時です。時間はたたない。もし，自分のスンスが出てから時間がたてば，入りにくくなります。もし，15分から30分の間に入れないと入りにくくなる。祖父のものは脇の下から入り，同時に自分のスンスは頭の上から出ます。この頭の上(前)(エセルワ：eserwa[əsərwa])というのは子どものとき，やわらかい部分です」

私　「ふだんは，スンスはどこにいるのですか？」

Ｓ氏「頭にいます」
　なお，先ほど，Ｓ氏が人にはそれぞれスンスがあるといって胸をたたいたのは，自分という意味であり，スンスは胸ではなく頭にいるのだと説明を加えた。
　私　「このスンスは，3つのもののうちどれになるのですか？」
　Ｓ氏「ふつうの話で3つがあるけれども，実際に主なひとつは自分の体にいるものです。ボもふつうの人間だからおそらく3つあるはずです」
　私　「ふつうの人が死んだ後はどうなるのですか？」
　Ｓ氏「ふつうの人が死んだらスンスが生き返るために行くのです」
　なお，Ｓ氏によれば，ふつうの人が死んだ後，その霊は東北の方角にある上の世界に行くという。そこは彼らの集まるところであり，ユルク(yuruk)という名称でよばれている。しかし，前述のように，ボの霊はここへは行かず，西北の方角にある白雪山に行くというのである。
　以上のことから，ボはシャマニズムの演出において，自分の崇拝する霊を体のなかに入れることが明らかとなる。この崇拝するものはボの冠によって象徴されホブグタイの伝説によって語られる「白雪山」におり，ボがまわって踊り，招請することによりやってきて，ボの霊と入れかわりにボの体のなかに入るのである。さらに，人間が死んだ後，再び人間や動物や地獄に再生するという仏教における輪廻思想は，彼自身の宇宙論にはないようである。また，モンゴルにおける人間には3つの霊があるという伝統的考え方についても，彼自身は確信をもっているわけではなく，あくまでも生まれたときからもっているひとつのスンスが主なものであると考えている。さらに，ふつうの人々の霊とボの霊とは，死後行く場所も異なり，ボの霊は必ず崇拝するものになるというように，両者を明確に区別していることが明らかとなる。
　さて，祖先のボを招請するための舞踊は，以下のようになされる。「オンゴットへの祈り」の後の休息が終わると，10時25分にボは再び冠をつける。Ｓ氏と助手は西向きに並び(Ｓ氏が右側)，太鼓が連続的に「トン，トン，トン，トン……」と打たれ，やがて，太鼓についている鈴がリズミカルに振ら

れ始める。10時27分に歌が始まる。S氏は前方に移動し，再びもとの場所に戻り，助手は入れ違いに前方に移動し，両者は向きあう形（S氏が東側に位置し西向きで，助手が西側に位置し東向き）となる。前回の舞踊と同様，互いに交差しながら，3回行き来して，それぞれの位置が逆転した形（S氏が西側で東向き）で再び向きあう。再び位置を逆転させた後（S氏が西側で東向き），両者は膝を折って拝礼を行なう。

　助手の女性の声の調子はしばしば崩れ，トランスに入っていることをうかがわせる。再び位置を逆転することを2度繰り返し（S氏が西側で東向き），前回と同様に膝を折って拝礼を行なう。さらに，位置の逆転を行ない，膝を折るが拝礼は行なわない。助手の声は高調になる。再び位置の逆転が行なわれ（S氏が西側で東向き），膝を折って拝礼が行なわれる。再度，位置が逆転する（S氏が東側で西向き）が，膝を折るだけで拝礼は行なわれない。つぎに，1度だけ交差し（今までは3度），位置を逆転する（S氏が西側で東向き）。さらに，3度の交差により，位置の逆転が行なわれる（S氏が東側で西向き）。10時36分に，再度，3度の交差により，位置が逆転する（S氏が西側で東向き）。さらに，1度交差した後，S氏が助手に椅子をもってくるよう指示する。助手は椅子をS氏の北側におき，両者はこの椅子の方に向かって並ぶ（両者北向きで，S氏が左側に位置する）。

　椅子の前でS氏は，身体は前方を向いたまま右に左に8回円を描く。歌は助手の女性のみが歌う。そして，S氏は太鼓を「タ，タン，タン，タン，……」と打ちながら，その場で身体をぐるぐるまわすように回転させる。そして，そのまま椅子に座る。10時38分に椅子に座っているS氏の前に患者が来るが，これについてはつぎの第3.11項で述べることにする。

　なお，この一連の舞踊の前半部は，すでに述べたドルブン・デブテルへの祈り，ボの源への祈り，師匠への祈りが含まれているものと思われるが，むしろこのうちのいくつかは省略されたと考える方が時間的には整合性がある。また，S氏と助手の女性は場所を11度交代しているが，膝を折って拝礼を行なったのは，そのうちの3度だけであり，そのすべてについてS氏は東に向いている。このことは，後にS氏が私に「崇拝するもの（彼の祖父のボの

霊)を要請するのは東向きで行なう」と語ることと矛盾しない。もっとも，「崇拝するもの」がいる「白雪山」が西北にあると語られるにもかかわらず，彼はこの方角を向いてはいない。おそらく，具体的な地理的方角とシャマニズムの宇宙論における象徴的方角とは必ずしも一致する必要がないからかもしれない。さらに，一連の舞踊の最後にS氏自身がその場で激しく回転したときに「崇拝するもの」が彼の体のなかに入るということが，その演技においても，明瞭に認められる。

　祖先のボの霊を招請するための歌では，それが自分の身体につくようにと歌われることが特徴となっている。すなわち，「イベー(神を招く)」(*Song 25*)において，

　　イベー，イベー，
　　あなたの4つの住所から離れて，
　　宇宙の天門の前に立ってください，
　　あなたに祈り，イベー。

　　イベー，イベー，
　　青銅宝座から降りて，
　　村の大門の前に立ってください，
　　あなたを頼む，イベー。

　　イベー，イベー，
　　墓の棺から出て，
　　家の大門の前に立ってください，
　　あなたに懇願し，イベー。

　　イベー，イベー，
　　上から飛んできて，
　　私の体内について，

人々の病魔を除けて。

と歌われるとおりである。さらに，興味深いことは，後にアンダイとシャマニズムの復活の項で述べるように，「蜜蜂の精霊を招く」(Song 26)に，「早く私の身体に飛び込んで，おとなしくついてしつこくないて」と，憑霊と蜜蜂とを関連づけている点である。

さらに，祖先のボの霊が鳥に乗ってくる，あるいは鳥と同一視されていると考えられていることも，「鳥の精霊を招く」(Song 27)から明らかとなる。すなわち，

　　ホンゴル鳥ジョガイ，
　　綺麗な賢い鳥神。

　　愛する乗り物をあなたに与えた，
　　早く乗ってきてね。

　　夢のなかにあなたに逢って，
　　あなたが私の身体についたとみた。

　　ぼんやりしたうちにあなたが飛んでいるのをみて，
　　最後に私の霊魂にとけこんだ。

と歌われるのである。さらに，「チュクチューヘ(ヒバリ)」(Song 28)には，つぎのように歌われる。

　　北の茂る森林に，
　　宝の檀の樹がある。
　　樹の上に鳥の巣があり，
　　巣には卵とヒヨコがいる。

尊い鳥神よ，
我らの側に来てください。
我らはあなたを尊び，
自分の瞳と眉のように。

あなたがさえずれば，
空にまで響く。
美しい歌よりも，
美しいよ。

黒い，白いふたつのボ，
どちらにつくか，
有名なホンガル鳥神，
我らは家のなかにあなたを招いている。

火のような翼を開いて，
口を開けて鳴いてね。
ここに飛んできて，
ここに赤い血のおいしいものがあるよ。

模様服のボが長い歌を歌い，
あなたの来るのを祈る。
青い火の上から降りて，
我らの心についてね。

　ここには，祖先のボの霊がいる「白雪山」と，樹と鳥の巣，そして卵とヒヨコが登場する。樹と鳥，そして卵というシャマニズムの宇宙論が語られ，さらに，祖先のボの霊を象徴する鳥を招請し，ボにつくことを願うのである。

3.11 病気を治す祈り

　椅子に座ったボの前に患者がやってくる。ボは酒を口に含み，フッと患者に吹きかける。そして，少量の酒を患者に飲ます。患者の右手の脈をとり脈診を行ない，つぎに左手の脈診を行なう。ボは患者に何か告げるが，言葉の意味がわからないらしく，助手の女性と哲里木盟文化処の職員の一人がボと患者の横に立ち，ボの言葉を患者に伝える。なお，助手の女性の役割は病人とボとを仲介することである。ボ自身は霊が入っていて何を話しているかわからないので，病人への通訳が必要になるという。後に聞いたところでは，患者は首の後ろが痛かったが，ボの診断によればこれは治るということであったという(写真 11.5)。

　治療後，ボは太鼓をとって打ち，椅子から立ち上がると，その場で右まわりにまわる。強く太鼓を打ち，10 時 41 分に休息に入り，冠とスカートをとる。なお，ボは休息のため，部屋の西側にある祭壇の横で椅子に座っていたが，この際，哲里木盟文化処の職員はここにやってきて彼の身体の不調を訴え，不安そうな表情でボに脈診してもらい，診断を受けていた。なお，村で

写真 11.5 治療を行なうホルチン・ボ

の治療にあたっては，病人は何人来てもよいとのことであった。こうして，1人ずつの病人に治療を行なうということである。

　病気を治すために歌われる祈りには大きく分けてふたつの種類がある。ひとつは患者の霊をよぶための歌であり，ほかのひとつは患者の霊に害を与えていた鬼を追放するための歌である。まず，その第一の種類として，歌詞「霊をよぶ」(Song 29)にはつぎのように歌われる。

　　ささげたいけにえがそなえられた，
　　神曲を歌ってあなたをよんでいる，
　　人の身体を司る霊魂よ，
　　帰って，帰って。

　　どうしてつねに後ろをみている，
　　どうして衿で顔を隠している，
　　どんな悔やみがあるのか，どんな悩みがあるのか。
　　我らボにいってよ。

　　あなたを低いところに埋葬したか，
　　鈴をたたき太鼓を打って読経の声を聞かなかったか，
　　僧侶に風水をみてもらわなかったか，
　　あなたの悩みはここにあるのか。

　　あなたを砂丘で押さえたか，
　　マニの真言がここを照らさなかったか，
　　ラマに教えてもらわなかったか，
　　あなたの悩みはここにあるのか。

　　紙銭を十分燃やさなかったか，
　　法師に道を教えてもらわなかったか，

身につく霊魂よ帰ってきてよ，
　　どうして1人で悩んで自分を苦しめるのか。

　　あう前には山の3頭の獣，
　　相談してからは我らは同じ祖師の弟子だと知り，
　　あう前には草原の3羽の白いトビ，
　　あってからは一家のように親しい。

　　欲しいものをすべてきみに，
　　もっていきたいものをすべてもっていって，
　　霊魂よ，身体につくよ，
　　ボはきみの要求にすべて応じる。

　ここでは，何らかの原因で身体を離れている病人の霊に向かってボは「どんな悔やみがあるのか，どんな悩みがあるのか」と語りかけ，さまざまな悩みの原因を歌い，「どうして1人で悩んで自分を苦しめるのか」とさとすのである。そして，病人の霊に対し，「あってからは一家のように親しい」と同じ仲間であることを表明し，「ボはきみの要求にすべて応じる」から，帰って再び「身体につく」よう霊に要請するのである。同様に，「霊をよぶ」(*Song 30*)では，以下のように歌われる。

　　長柄のない車は人がどこに座るのか，
　　霊魂が鬼につかまったらどうやって生きるのか，
　　帰ってよ，宝の霊魂，
　　ボがあなたのため悪魔を退治した。

　　輪のない車は人がどこに座るのか，
　　霊魂が鬼に墓にもっていかれどうやって生きるのか，
　　帰ってよ，宝の霊魂，

老いたボがあなたのため悪魔を追い払った。

　白いトビは翼がふたつ，
　地獄の大門はひとつだけ。
　帰ってよ，宝の霊魂，
　ボがあなたのためすべてを担う。

　文句をつけて選ばずに，
　あれこれと恐れずに，
　帰ってよ，宝の霊魂，
　ここにあなたの欲しいものがそろっている。

　ここでは，病人の霊が鬼につかまっていたのを，ボが退治したので，霊に帰ってきてほしいと要請している。また，「ここにあなたの欲しいものがそろっている」と述べ，「ボがあなたのためすべてを担う」とボが霊の要求の保証を行なうと表明することは，前述の歌(Song 29)と同じである。また，「長柄のない車は人がどこに座るのか」，「輪のない車は人がどこに座るのか」と霊を車の長柄や輪にたとえ，それが車の本体である身体から分離した状態が病気であり，治療のためにはその原因である鬼を追い払い，病人の霊をもとどおり身体につけることが必要であると考えられていることが明らかとなる。

　さらに，「オドガン・ドライ」(Song 34)と名づけられる祈りには，ボのトマンバヤルと女性のボである小弟子のドロマが若者の王貴の恋の病を治すための歌詞がみられる。すなわち，

　　若者の王貴が病気にかかり呻吟すると，
　　父母は耐えられるのか。
　　ボのトマンバヤルを招くと，
　　小弟子のドロマは来なくてもいいのか。

若者の王貴が病気にかかり呻吟すると，
　　　母なる者は耐えられるのか。
　　　ボのトマンバヤルを招くと，
　　　女の弟子のドロマは来なくてもいいのか。

と若者が病気であり，父母が心配していることが歌われるのに続き，

　　　ボのトマンバヤルが迎えられ，
　　　歩いたりまわったりひとくぎりし，
　　　病人の顔色を細かくみて，
　　　弟子のドロマは彼の病気を治せるのか。

　　　ボのトマンバヤルがやってきた，
　　　まわってまわって半日間歌い，
　　　病人の様子を繰り返しみて，
　　　弟子のドロマは彼の病気を治せるのか。

　　　模様の服をドロマは着て，
　　　竃と扉に向かい，
　　　太鼓をもってたたき，
　　　王貴兄の病気は治るはずだ。

とドロマが病気を治せることが歌われる。さらに，ドロマが病人の霊をよぶと，地獄の入口まで行った霊も戻ってくるはずであることが歌われる。すなわち，

　　　ハトの尾の羽でつくった矢尻，
　　　5色の絹でやなぐいを飾って，
　　　綺麗なドロマはあなたをよび，

地獄の入口に行っても戻ってくるはずだ。

ワシの尾の羽でつくった矢尻，
9色の絹でやなぐいを飾って，
綺麗なドロマはあなたをよび，
地獄の入口に行っても戻ってくるはずだ。

さらに，続けて，王貴の病気の原因がつぎのように歌われる。

オスの山鳥が飛んで行ったときに，
杏の樹の下が空いてくる。
愛するドロマがいないときに，
若い王貴の心が空いてくる。

メスの山鳥が飛んで行ったときに，
柳の樹の下が空いてくる，
愛するドロマがいないときに，
若い王貴の心が空いてくる。

煎薬を飲んでも治らない病気，
5人のラマが経をよんでも治らない病気，
思想が迷ったこの病気は，
恋人の姿をみれば治るのだ。

粒の薬を飲んでも治らない病気，
9人のラマが経をよんでも治らない病気，
夜が眠らないこの病気は，
思いあう声を聞けば治るのだ。

この歌の内容は，後で述べるように，ホブグタイの伝説に語られる「アンダイ」を思い起こさせる。アンダイにおいては，さまざまな原因で病気になった女性に対し，アンダイ歌手がそのまわりをまわりながら歌うことにより治療するのであるが，それらの原因のひとつに恋の病があるからである。病気を治すための祈りの歌に，鬼によりとらえられた霊をよぶ歌と，恋の病のために心が空いていることを歌う歌があることは，シャマンは患者の病気の種類をみきわめ，それに応じて適切な歌を歌うということを意味するものである。シャマンは単に一連の歌を歌っているだけなのではなく，そこで患者の適切な診断を行ない，積極的な治療を行なっているのである。
　さて，これまで病気を治すための第一の種類の歌について述べてきたが，第二の種類の歌として患者の霊をとらえていた鬼を追い払うための歌がある。「骸骨——鬼を送る曲」(Song 35)では，つぎのように歌われる。

　　　この悪党奴早く行って，
　　　骸骨，骸骨，骸骨，
　　　おまえの要害をつかまえたぞ，
　　　骸骨，骸骨，骸骨，

　　　このぶらぶら歩く奴，
　　　骸骨，骸骨，骸骨，
　　　おまえの要害をつかまえたぞ，
　　　骸骨，骸骨，骸骨，

　　　綺麗なかわり身がつくられた，
　　　骸骨，骸骨，骸骨，
　　　おまえの要害をつかまえたぞ，
　　　骸骨，骸骨，骸骨，

　　　つくられたかわり身をあなたにささげ，

骸骨，骸骨，骸骨，
人間の骨ではめこんだ，
骸骨，骸骨，骸骨，

綺麗なかわり身をあなたにそなえ，
骸骨，骸骨，骸骨，
子どもの骨で彫ったのだ，
骸骨，骸骨，骸骨，

人に害を与えに行く途中であなたに与え，
骸骨，骸骨，骸骨，
早くもって去ってよ，
骸骨，骸骨，骸骨，

ここでは，鬼に身がわりをそなえることにより，早くもちさるよう歌われる。この身がわりを鬼に与えることについては，「デデルマイ（かわり身を行かせる）」（*Song 37*）においても以下のように歌われる。

あなたの欲しいものをすべて与えた，デデルマイ。
あなたにもっともよい服装を着せた，デデルマイ，
衿には6つの真珠をつけた，デデルマイ，
これはあなた自身で頼んだ様式だ，デデルマイ。
妖怪，すべてをあなたのために満足させたのだ，デデルマイ，
まだもちさっていないのか，デデルマイ。

すなわち，病人の霊をとらえていた鬼に病人の身がわりを与え満足させて去ってもらうことにより，病人の霊をもとの身体につかせ，病気を治療するという論理が明らかになるのである。

3.12 崇拝する霊を送る祈り

　最後に，ボに入った霊を送り返し，ボはもとどおり回復する。その他の神々も，それぞれもとの場所に送るのである。このため，ボと助手の女性は10時57分に再び冠とスカートをつける。11時1分に準備が整うと，両者は西側の祭壇に向かって並んで立ち（S氏が右側），太鼓を打ち，頭を下げ，太鼓の鈴を振り，身体を揺らす。11時2分に歌が始まり，S氏は左に大きく回転し，反対に助手は右側に前進し，両者は向かいあう（S氏が西向き，助手が東向き）。両者は交差し場所を2度交代し，再び向かいあう。これをもう1度繰り返す（S氏が西向き）。つぎに3度交差しながら場所を交代する（S氏が東向き）。これを，さらに3度繰り返す（S氏が東向き）。つぎに，同様に，3度交差しながら向かいあうが，今度はそのまま，S氏だけが椅子のおいてある北に向き，その場で右まわりにまわる。助手もいっしょに太鼓を打つ。そして，11時7分に踊りがとまる。冠をとり，終了する。9時1分に太鼓を火であぶるという準備に始まり，9時11分に祭壇に向かい祈りの始まったボの演出は2時間をへて，すべて完了したのである。

　霊を送る祈りは，「霊を送る曲（身体につく霊を送る）」（*Song 38*）につぎのように歌われる。

　　　各方角のもち主，
　　　自分の方角に帰って，
　　　各地の神，
　　　自分のいるところに帰って。

　　　酔った者はひっぱっていき，
　　　目の不自由になった者は連れていき，
　　　寝た者は起こしていき，
　　　力のない者は運んでいく。

　　　足の不自由な者は助けていき，

理不尽をする奴は追い払っていき，
すべての目の不自由な者，足の不自由な者，酔っぱらいを
もれなく集めていく。

行く道は開いている，
来る道はふさがれている，
行く道は開いているが，
行ってからは戻らないぞ。

　ここでは，すべての神々がもとの場所に帰るよう要請されている。そして，「神を送る」(Song 39)では，ボがもとどおりの精神を取り戻すよう，つぎのように歌われる。

神霊よ，私を解脱して，
私の精神を回復させて。
神霊よ，帰ってください，
私の精神を戻して。

神主は仁慈だ，
後輩の我らを関心するはずだ。
神霊は戒律があるのだ，
苦難から救うはずだ。

太陽のように昼を照らして，
葉のようにきらきら，
弱い弟子を哀れんで，
我らの福寿に加護して。

各方面の神霊よ，

自分の居場所に帰って，
英雄である10万の精霊よ，
自分の神山に帰って。

7，8人の凶神よ，
金剛杵の英雄たちよ，
世間のすべての神霊よ，
自分の家に帰って。

さらに，「オンゴットを送る曲」(Song 40)に以下のように歌われる。

へたな模様雄牛，
角を揺っていけ，
機敏な神犬，
尻尾を揺っていけ。

みんなの首領，
4人の金剛の精霊，
身体に憑いたスルド，
自分たちのところに帰って。

各方角の神霊，
強い「山」の主，
10万の精霊，
いっしょに帰ってください。

こうして，ボは模様服を脱ぎ，背中の汗を乾かし，「祖父の神霊よ恩寵して，後輩の私の精神を回復させて。災難と苦痛は多いけれども，祖師は我らのために解除してくれるはずだ」(Song 41)と崇拝する祖父の霊と祖師に祈

り，シャマニズムの演出を終えるのである。

4. シャマニズムの歴史意識

4.1 モンゴル・シャマニズムとチベット仏教

　S氏が語るところによれば，ボが発生して1200年の歴史があるという。これに基づけば，ボの発生は紀元800年ということになる。それは，隋に続く統一王朝である唐(618-907年)の時代ということになる。同時に，それは契丹族の遼朝(907-1125年)や，1115年に成立し遼朝を滅ぼした女真族の金王朝，さらには宗との連合軍で金を滅ぼしたチンギス・ハーン(1167-1227年)の時代，そして，フビライ(1260-1294年在位)の代に南宗王朝を滅ぼして全中国を統一する元王朝(1271年)に先立つものであるということにもなる。これら諸王朝がいずれも仏教を保護していたことを考えると，S氏の語りは，仏教伝来以前からシャマニズムがあったという意味であると解釈できるかもしれない。あるいは，S氏はボの発生を唐の第二代の皇帝李世民の遠征(645年)におけるオンゴットの起源に関連づけているのかもしれないし，もしくは，8世紀の半ばのモンゴル族の登場においているのかもしれない。

　もっとも，ホルチン・ボの始祖であるとされるホブグタイについては，「彼(ホブグタイ)は……チンギス・ハーン時代のホルチン・ボの子孫の弟子だった」(*Leg.2, ver.1*)と語られている。テムジンがオノン河源の地にクリルタイ(大集会)を召集し正式に王位にのぼりチンギス・ハーンの称号を採用したのが1206年であり，さらに，モンゴルにおけるチベット仏教の公伝が1247年とされることを考えると，ホブグタイの時代はこれ以後と比定されよう。もちろん，それまでに仏教の影響がなかったわけではない。570年代の末から580年代の初頭に建設されたとされる仏教草書体ソグド文字で書かれたブグト碑文から，タスパル・カガン(佗鉢可汗)の治世に，仏教が中国人仏僧恵琳によって突厥に伝えられていることが明らかとなっている。もっとも仏教は宮廷貴族の帰依を得たにとどまり，一般民衆のシャマニズム信仰のなかへ消滅していった(護，1981：89, 116)のである。また，遼や金など北

方の諸王朝も仏教を保護していたことについては前述したとおりである。しかし，8世紀の半ばに，初めてタタルとして歴史に姿をあらわし，9世紀の半ばにウイグル帝国が倒れた後，モンゴル高原の支配者となるモンゴル族（岡田，1981：135）に仏教が取り入れられるのは，チンギス・ハーンが中央チベットに入った1206年以後であろう。

　チンギス・ハーンは吐蕃王朝の末裔にあたるヤルルンの摂政ジョガとツェルパの宗主クンガドルジェとに迎えられ，彼らから全チベットの主権を譲り渡され，同時に彼はサキャに贈りものを届け，その僧院長クンガニンポにモンゴルへ来て法を説くように招請し，彼の保護者になることを申し出たとされる。また，1221-1222年にカルマ派のラマ，ツァンパ・ドゥンクルワがチベット化した仏教国西夏に招かれている。チンギス・ハーンの死後，カルマ・パクシ(1206-1283年)は当時王子だったフビライに招かれ1255年，アムド地方で彼と会見し，1256年にはモンゴルにおいて皇帝モンケ御前で行なわれた仏教と道教との教義論争に加わり，皇帝をネストリウス教から仏教に改宗させたともいわれる。しかし，モンケの死後，カルマ派がその保護者を失うと，サキャ派の「大学者」サキャ・パンチェン(サパン・クンガ・ギャルツェン)(1182-1251年)はチンギス・ハーンの孫でココノール地方に拠ったゴダンに招請され，1244年(もしくは1247年)に会見している。そして，ゴダンとサキャ・パンチュンの死後，再びモンゴル軍がチベットに侵入(1252-1253年)するが，その総師フビライもまたサキャ派の保護者となっている。しかし，カルマ派やサキャ派はモンゴル人を完全にラマ教に改宗させるには至らず，真の改宗はカダム派からゲールク派を創始したツォンカパ(1357-1419年)以後，ダヤン汗の孫でトゥメト・モンゴルの王であったアルタン汗の代にゲールク派の手で行なわれた。ゲールク派の長は，当時デブン寺の僧院長を務め，後年ダライ・ラマ3世として知られるソナムギャムツォ(1543-1588年)であり，彼はカム全域，アムド，ココノール地域，内モンゴルに大旅行を行ない，トゥメト部族，チャハル部族，ハルハ部族などからゲールク派保護の約束をとりつけている(スタン，1971：70-76)。また，明代に勢力を拡大した西部モンゴルのオイラートのネイチ・トイン(neyiji toyin，1557-1653年)は，ホルチン(Qorčin)やハルチン(Qarčin)など東部モンゴルへの仏教の布教活動を行ない，シャマニズムの駆逐に努め，オンゴットを没収，焼却し，逆にヤマーンタカ陀羅尼などを暗記した者には褒美を与え，また108巻のガンジョールを書写させ，諸侯に配った(金岡，1989：316-317)という。

　ここで，興味深いことは，S氏が自分たちホルチン・ボは外モンゴルにいたハルハの子孫であると述べていることである。ボが使用する冠が「白雪山」を象徴し，聖なる檀の樹にとまる鳥がホブグタイの象徴であることについては，すでに論じたところであるが，この「白雪山」が外モンゴルにあるといわれることと一致しているのである。ここで，ハルハとは，1368年に元朝が明によって滅ぼされた後，15世紀末，チンギス・ハーンの後裔としてダヤン・ハーンがモンゴルの統一に努め，その領土を左右翼に分けて息子たちに配分したうちのひとつである。ここで，東方のチャハル，ハルハ，ウリヤンハイ三大部族は左翼とよばれてハーンの直轄に帰し，西方のオルドス，トゥメト，ヨンシェブなど三大部族は右翼を形成して晋王の号令をきくことになった(森川，1985：1027；岡田，1981：202)。しかし，ダヤン・ハーンの死後，モンゴルは分裂し，ハルハ部族の一部は東部外モンゴルに進出し，さらに1547年，アルタンに追放されたダライスン・ハーンに従って東遷したハルハ部族の一部は大興安嶺東のシラ・ムレン河の流域に遊牧した。また，ホルチン部族はもとホロン・ブイル地方の住民であったがハルハの東遷後は嫩江の流域から洮児河にかけて遊牧した。なお，ダライスン・ハーンが移住する前にシラ・ムレン河流域には三衛として知られる諸部族がおり，そのひとつはオノン河から移住したウリヤンハン部族の一部であり，オンリウト部族はチンギス・ハーンの同母弟ハチウンの子孫の投下であるが，最後のオジエト部族だけは起源がわからない。この三部族は1388年，天元帝トクズ・テムル・ハーンが滅びたときに明に投降し，それぞれ朶顔衛(ドヤンエイ，ウリヤンハン)，泰寧衛(タイネイエイ，オンリウト)，福餘衛(フエルエイ，オジエト)の名を与えられた。彼らは最初アルクタイの支配を受け，オイラト時代にはトクトア・ブハ・ハーンに属すが，ダライスン・ハーンの東遷と

ともにその部下となった。そして，泰寧衛はハルハ部族，福餘衛はホルチン部族に吸収された(岡田，1981：208-209)。これらの歴史的経緯に基づくと，現在のホルチン部族は起源を異にする諸部族からなっており，そのなかにハルハ部族に起源をもつボたちがいても不思議ではないことになる。彼らは，1547年に東遷したダライスン・ハーンに従ったハルハ部族の一部に由来すると考えることができるかもしれない。もしくは，起源のわからないオジェト部族が何らかの形でハルハ部族と関係するとの推測も否定することはできない。さらに，ホルチン・ボの祖先はチンギス・ハーン時代から騎馬戦で負傷した兵士たちの治療を専門としており，このため現在も接骨にすぐれているといわれることも，これらの史実と矛盾するものではない。

なお，歴史的には，その後，16世紀末から，ツングース系の満洲が台頭し，後金(後の清朝)を建て，モンゴル最大のハーン，リグダンと対立する。しかし，1634年にリグダン・ハーンは青海地方で病死し，内モンゴルは清朝の領域に入る。さらに，チベットの前途を憂えたダライ・ラマ5世(1617-1682年)は1678年に全オイラートの指導者となりジューン・ガル王国を建てたモンゴル僧ガルダンツェワンを利用し，ゲールク派仏教帝国を建設しようと，チベット－モンゴル軍をもって西チベットのラダック王国に進政(ca. 1679-1685年)する。しかし，ムガール帝国下カシミール軍の援助を受けたラダック王国の攻略に失敗している。そして，1691年には清朝のジューン・ガル王国征略の過程で，外モンゴルも清朝に帰属することになるのである(岡田，1981：215-216；森川，1985：1027；煎本，1986：444-446)。

さて，前述したように16世紀中ころに東遷したホルチン・ボの祖先はその伝説に，唐代の「王金和の伝説」(Leg.5)を加えることになる。ここで，「王金和の伝説」は中国東北地方における漢族の，焼香して祖先をまつる際の単鼓踊りの「排張郎」のプロットによく似ている(哲里木盟文化処，1986：83)とされることに基づけば，ホルチン・ボにおける漢文化の強い影響をみのがすことはできない。事実，オンゴットに関してすでに指摘したように，S氏はオンゴットの起源をホブグタイと仏との闘いにではなく，王金和の兵隊に結びつけているのである。そこでは，「10万のオンゴットへの祈

り」(Song 23) に「唐のときから10万のオンゴットが伝えられ，……ホブグタイ父のときに10万の精霊があらわれ……我らの始祖ホブグタイはそれからタイジらの崇拝を失い，……黄教がさかんになるときに模様服のボがだんだんと順応した」と歌われることになるのである。

　なお，ここで歌われるホブグタイ父とは，「ホブグタイの伝説」の異伝 (Leg.2, ver.2) に述べられる父親の「ナランゴンチグ」をさすと考えられる。この異伝では母親の「ベント・アバイ」の病気を治すため，父親はミロク仏の教えに従ってボになる。そして，ナランゴンチグは仏に従って学び，仏は彼にボの「青演義経」である「フフソドル」を与え，ハラダムキン仏にボの服と太鼓をつくらせて，ひとつの宝剣とひとつの刀を与え，語りながら歌うことと，まわって踊ることを教え，またラマが治療できない精霊のたたりによる病気の治療方法を教えたとある。このことはシャマニズムが仏教の影響と指導のもとに体系化され承認されたことを示すものであろう。この初期の接触は，1244-1247年のチベット仏教サキャ派の公伝，もしくは，1256年のカルマ派のモンゴルへの招請と関連するかもしれない。

　その後，「ホブグタイの伝説」の異伝 (Leg.2, ver.2) では，ナランゴンチグが年をとったためにボを息子のホブグタイに伝えたが，彼の方術は父親のものよりも高くて，太鼓に乗って天にのぼったり，天から雷や稲妻を下ろすこともできたと語られる。ホブグタイは，それで自分がすごいなと思い，ミロク仏と敵対した。仏はそれで73人の弟子を率いてホブグタイを訓戒したとされるのである。また，「ホブグタイの伝説」の異伝 (Leg.2, ver.1, 3, 5)，さらに「ティルンの伝説」(Leg.3, ver.1) においては，ホブグタイの父親は登場しない。ここでは，母親の病気をホブグタイが治すことができないにもかかわらず仏が治したため，ホブグタイが仏に対抗するが，方術をもって敗れるという構成になっている。これは，仏教伝来以後，それがシャマニズムにかわって貴族の崇拝を受ける過程であると解釈できよう。そして，「黄教がさかんになるとき」(Song 23) とはゲールク派の布教活動が行なわれた16世紀後半から17世紀を意味し，ボがだんだんと順応したことが歌われるのである。ホルチン・ボの祖先が，前述したように，ダライスン・ハーン

に従って1547年に東遷したと考えるならば，ゲールク派の布教活動とシャマニズムに対する抑圧のもとで，7世紀から17世紀に至るまでの1000年にわたる自分たちの歴史を，仏やラマに対する賛辞とともに，ボへの祈りによって構成された歌のなかで構築したものだと考えることはできないだろうか。それは，歌詞「オンゴットに祈る」(*Song 22*)のなかでつぎのように語られる。

> 唐太宗時代にあらわれた10万の精霊は，
> ラマ父の点化によったのだ。
> タイジ(貴族)が多いときに降りた精霊は，
> 西天の仏様がおさめた弟子だ。
>
> ホブグタイ父が上から民間に降りたのは，
> 西天にお経をとるラマの教えを受けたのだ。
> 大唐の都がさかんだったときに降りた精霊には，
> 仏ラマがみずから黄教のお経を教えた。
>
> 上級タイジの栄誉を失い，
> 貧乏な民間に転化し，
> 父のような聖なるラマが我らを救い，
> 幸福と慈愛を我らの前に展示した。
>
> 王府の門から追い出され，
> 民衆の間に根をはった。
> 父のように聖なるラマが我らを哀れみ，
> 我らを導いて災難から脱した。
>
> 紙のないお経，
> 祖師が我らに教え尽くし，

文字のないお経，
我らは暗唱できる。

勇敢な師匠たち，
勇しい「9つ山」の大覇者，
我らはあなたに祈り，
あなたこそ人々を苦痛から救える。

　ここでは，シャマニズムと仏教と漢文化の融合がみられるにもかかわらず，最後の2小節に明確に歌われるように，彼らの祈りの真の対象がボの祖師と師匠に向けられていることを指摘することができるのである。

4.2　アンダイとシャマニズムの復活

　シャマニズムに対する明確な信仰は，じつは，「ホブグタイの伝説」の異伝(*Leg.2, ver.4*)に興味深い話として語られているので，つぎにこれについて分析を進めることにする。この異伝では，ホブグタイが仏の方術に敗れ，失敗を認めた後，白い雪山の1本の聖なる檀の樹の上に住み，仏に従って山の洞窟のなかで技を学ぶ。これが終わってから，師匠は彼を下山させたのであるが，これに続いてつぎのように語られる。

　　ホブグタイは洞窟を出たところで，一人の女の人にあった。この女の人が道端にどのくらい座っていたかわからないが，ただ彼女の髪の毛に山鳥が巣をつくって2個の卵を産んでおり，耳のなかにも2巣のハチが住んでいるのがみえた。ホブグタイが，「おまえはここで何をしているのか」と聞くと，女の人は，「私はここで機会を待っていて，もう18年間になる」と答えた。ホブグタイはこれを聞くと感動し，「おれが山から降りるときに，師匠がおれに送った白いハンカチには，5つのトビが描いてある。このトビが描いてある白いハンカチとおまえの髪の毛の卵と耳の蜂の巣とを交換してよいか」といった。女の人は喜んで交換して，

ハンカチをもっていった。ホブグタイが卵と蜂蜜を食べると，また太鼓に乗って天にあがることができた。あの女の人はトビの描かれた白いハンカチを手に入れてからは，「アンダイ」歌手になった。つまり，これはアンダイがトビを歌うことの起源だ（今でも白鳶をもっぱら歌うモンゴル・ボがいる）。

アンダイについては，「ホブグタイの伝説」(Leg.2, ver.2)に，ミロク仏がホブグタイの父親のナランゴンチグにラマが治療できない精霊がたたりをした病気の治療方法を教えたと述べられるところで，「とくに『アンダイ病』はボしか治療できないことになった」と語られている。アンダイとは，主としてこの「アンダイ病」である若い女性の精神疾患を治療するために行なわれる歌と踊りからなるモンゴルの文化的儀礼であり，とくに17世紀に発展し，今世紀中ごろまで広く行なわれていたものである。

ここでは，アンダイ歌手が疾患の原因をさまざまな質問からなる歌により明らかにした後，歌によって助言を与え，回復した患者はアンダイ歌手に加わり，治療は娯楽へと移行する(Suyage, 1997: 261, 268-269)のである。なお，この際，アンダイの場の中央に車軸が立てられ，白いハンカチが結びつけられる。そして車輪の下には麦などの穀物の入った鉢が埋められる。これらのことから，Suyage(1997: 266-267)は，アンダイは，樹やオボのまわりを踊るモンゴルの父への信仰，さらにそれに続く両親への信仰に基づく儀礼と軌を一にするものであり，母なる樹は車軸にとってかわり，父なる鳥はハンカチにとってかわり，卵は穀物の種にとってかわったと分析している。すなわち，アンダイはシャマニズムと再生産の儀礼と解釈されているのである。

このアンダイの象徴的解釈は，その発生が母権制から父権制への社会進化にともなう信仰の変化を背景とするという進化主義的前提を別にしたとしても，先に述べたアンダイの起源について語られる「ホブグタイの伝説」を分析するために参考となるものである。すなわち，ホブグタイが女の人に与えたトビの描かれた白いハンカチは鳥でありシャマンであるホブグタイ自身を象徴し，同時にそれは父親の象徴である。そして，交換によって得た卵は生

命の源であり，再生産を象徴するものと解釈することが可能である。また，女の人の耳のなかの蜂の巣は卵と同様に再生産の象徴とも考えられる。あるいは，ブリヤートが蜜蜂は人の霊であると考えている(ニオラッツェ，1943：22)ことに基づけば，ボが自分の崇拝する祖先のボの霊を招き，憑霊させるというシャマニズムの実践の象徴であると解釈することも可能である。実際，崇拝する霊(祖先のボ)を体のなかに入れるための祈りである歌詞「蜜蜂の精霊を招く」(*Song 26*)には，蜜蜂神が以下のように歌われている。

　　ウイ，ウイ，
　　来て，来て，早く来て。

　　綺麗な神明なる蜜蜂神，
　　ひらひら舞うように降りて。

　　あなたのためおいしいものを用意した，
　　早く来て教示を賜ってください。

　　早く私の身体に飛び込んで，
　　おとなしくついてしつこくないて。

　　ウイ，ウイ，
　　来て，来て，早く来て。

　さらに，仏によって調伏されたホブグタイのいた洞窟は死を象徴しており，18年間待っていた女の人は同様に不活動の状態である死を象徴している。また，彼女の髪の毛は樹を象徴し，それは同時に母親の象徴となっている。洞窟を出て山を下るホブグタイは死から生へ，さらには天と地を結ぶ鳥でありシャマンであり，座って待っていた女性は天に対する地を象徴し，彼女の髪の毛のなかの卵と耳のなかの蜂の巣は祖先のボの霊の憑霊により生まれ出

るのを待っていた生命の象徴である。

　彼らがあってそれぞれの贈り物を交換したことは，父と母，鳥と樹，天と地というそれぞれ対立するものの同一化とそこから生まれる新たな生命を象徴するものである。このことは，白いトビを歌い，また手に白いハンカチをもって踊るアンダイ歌手にみられるように，アンダイそのものの儀礼的な再生産の宇宙論を示すのみならず，シャマンが異なる世界を結びつけ，そこに同一性と再生産の場を創造する(Irimoto, 1994: 426-427; 煎本，1995：200；Irimoto, 1997: 37-38)というシャマニズムの宇宙論そのもののメタファーとなるのである。

　さらに，ここで重要なことは，卵と蜂蜜を食べたホブグタイは再び太鼓に乗って天にのぼることができるようになり，またトビの描かれた白いハンカチを手に入れた女の人はアンダイ歌手になったということである。これは，ボの力の復活とアンダイ歌手の誕生を意味し，死から生への転換が起こり，シャマニズムが復活したことを意味するものと解釈できるのである(図11.1)。

　以上，述べたように「ホブグタイの伝説」においてはホルチン・ボの始祖ホブグタイが仏により調伏させられたことが繰り返し語られるにもかかわらず，ボたちは同時に，明確なシャマニズムの宇宙論に基づきながら，シャマ

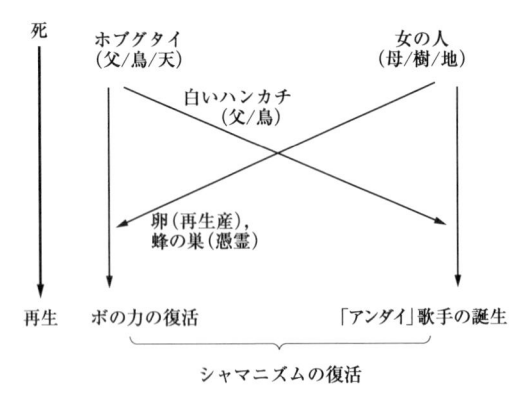

図11.1　ホブグタイの伝説に語られるシャマニズム的宇宙論における交換と再生産

ニズムの死と再生の物語をそこに織り込ませていることが明らかになるのである。

4.3 シャマニズムの継承

ホルチン・ボのシャマニズムの演出における歌とさまざまな伝説は、ラマ教との闘いに破れてボルハンに順応したシャマニズムの歴史について「語る」。しかし、このこと自体が、シャマニズムにとって独自の歴史を構築し、それによってボたち自身の帰属性（アイデンティティ）を確立させ、それを継承していくという役割をもつことになる。実際、ホルチン・ボのシャマニズムの演出が、体系立てられた歌と舞踊からなる形式的な特徴をもっていることは、歴史についての「語り」と、そこに内在する歴史意識の継承にとって不可欠なことなのである。

ホルチン・ボにおけるシャマニズムの演出が一定の形式をもって行なわれることは、中国東北部のシャマニズム、とりわけ満洲のシャマニズムを思い起こさせる。もちろん、満洲の祭祀は天と祖宗の祭りを氏族的に行なうものであり、また家の庭には神を迎えるための神杵があり、さらに白いヒツジではなく黒いイノシシを供犠するなど、モンゴルのシャマニズムと異なる点はある。しかし、シャマンの服装、神帽、金属性の鳥、神鼓などの道具をはじめ、歌と舞踊による演出（善隣協会調査部、1938：127；大山、1941：158；小堀、1949：30）は内モンゴル・ホルチンのシャマニズムと類似している。さらに、興安嶺の西札嚕特（バラゴン・シャロット）で90年以上前に鳥居（1976 b[1909]：496-497；1976 c[1923]：508）が記録したモンゴル・シャマンの鳥と板金のついた宝冠、真鍮製の小人形であるオンゴット、5色の絹のついた裳、鏡、太鼓という道具を用いた演出、そして、興安嶺北省海拉爾（ハイラル）のモンゴル・シャマンの行事（赤松、1936：119-121）は本章に記載したホルチン・ボによるシャマニズムの演出とほとんど相違はないと考えられる。すなわち、内モンゴルにおけるシャマニズムは少なくともこの90年間、大きく変化することなく継続してきたのである。

歴史的に清朝における『欽定満洲祭神祭天典捧禮』6巻によりシャマニズ

ムの民間信仰は宮廷の儀礼として登場し(瀧澤, 1937：835；満洲事情案内所, 1940：70), また「蒙古羅哈喇祭祀禮儀」による式次第の実用的な記載(小林, 1932：110)など, 祭祀の形式が定められたことは, 内モンゴルのシャマニズムが清朝を建てた満洲のシャマニズムの影響下におかれると同時に, その継承をも容易としたと考えることができるのである。

シャマニズムの継続にとって, シャマンの系譜的関係と演出の形式化という特徴は大きな役割をもつ。シャマンが社会的に認められ, また, 形式を通してシャマニズムが師から弟子へと忠実に教育, 継承されうるからである。

ここで, ボにとって師匠とはどのようなものかを明らかにするために, 私はS氏に彼がどのようにしてボになったのか, さらには, そのときの師匠の役割はどのようなものであったのかについて聞いてみた。なお, 彼の話に登場する祖父(S氏の母の父)とは,「崇拝する霊を体のなかに入れるための祈り」の対象となる祖先のボその人を意味する。したがって, 祖父と師匠とは別々の人物である。また, 師匠とS氏との間には血縁関係はないという。

 私 「どうやってボになり, 師匠についたのですか？」
 S氏「最初は祖父の霊が入ってきて病気になりました。ボにみてもらって, この病気は霊が入ってきていると教えてもらいました(つまり, 祖父の霊が病気の形で自分の体のなかに入ったのです)。弟子になれば病気が治るので弟子になりました」
 私 「どういう病気になったのですか？」
 S氏「ふつうの病気ではなくて, 霊が入った病気です。頭が痛くて, はきそうな感じで言葉が出てこないのです。意識も不明瞭になることもあります」
 私 「そのときはどうやって治したのですか？」
 S氏「弟子になればその病気は治るのです」

さらに, S氏は自分に入った霊は祖父(母の父)の霊であり, これに関して, ボは皆同じであるという。すなわち, ボになるのは祖父(母の父)であるボの霊が入ることによるのである。これについて, S氏はつぎのように語る。

 私 「病気になるのは, 皆, 母の父の霊が入るのですか。動物の霊が入る

こともあるのですか？」

S氏「ほかの霊が入ることはなくて，皆，母の父の霊が入って苦しめるのです。ボは皆同じです」

私　「母の父というのは特別の意味があるのですか？　父の父ではだめなのですか？」

S氏「ボというものはほとんどが母の系譜につながるのです。もし，自分が死んだら，霊は自分の娘の子どもに行くのです。もっともボになるのは男でも女でもいい」

と説明する。さらに，母の父の系譜をさかのぼった最初の者は誰なのかとの私の問いに，S氏は，

S氏「ずっと昔のことはわかりません。ただし，自分の祖父はボでした。彼の上の祖父も同じくボでした。それ以前のことはわからないのです」

と答える。事実，彼の祖父は有名なボであったという。S氏は11歳のときに病気になって，13歳まで病気が続いた。13歳のときに師匠について，23歳のときに独立して一人前のボになったという。この過程について，彼は以下のように語る。

S氏「11歳から13歳までは祖父の霊が入ったり出たりして苦しんでいたのです」

私　「13歳のときに師匠についたというのはどういうことですか？」

S氏「そのとき，師匠は私の祖父に『もう君の霊はすでにこの人（S氏）の体に定着するようになっている。だから，この人は君の霊をもっていく』といった。そして，私はボになったのです」

私　「師匠が亡くなるまでいっしょにいたのですか？」

S氏「23歳のとき，師匠から独立して一人前のボになりました」

私　「どのようにして，一人前のボになるよう認められたのですか？」

S氏「23歳までいろいろ学びました。師匠も年をとったのでヒツジかヤギを殺して，オンゴットをまつり，自分の祖父の霊を喜ばせて，師匠から独立したのです」

S氏は，現在，自分が師匠となり，弟子を教えている。これについて，どのような経緯でそうなったのかとの私の問いに，

S氏「彼女(自分の現在の弟子)が中学生のときに，ボであった彼女の父の母の母の霊が彼女に入ろうとしていました。それで，彼女は病気になり勉強できなくなり，私がみたのです。そして，このことを確認すると病気は治りました」

私　「そのときも，あなたは霊にあなたの師匠がいったように，いったのですか？」

S氏「彼女の父の母の母に私は生前会ったことがあります。それで，霊が入ろうとしていることを確認したのです」

私　「そこで，霊と対話があったのですか？」

この質問には，横で聞いていたS氏の弟子自身がつぎのように答えた。

弟子「彼(S氏)の師匠がいったことと同じことをいいました。そのおばあちゃん(父の母の母)の霊に安心するようにいったのです」

私　「おばあちゃんの霊は何か答えたのですか？」

S氏「そうしたら，『座る(つく，saGu-na[suu(na)])』といったのです」

私　「そして，彼女の病気も治ったのですか？」

S氏「そうです」

なお，S氏はボは母の父の系列にボがいるときにしかなれないというが，彼の弟子の例でみると父の母の母がボであるということから，この原則とは異なるようである。

また，ボになるのは自分の意思ではなく霊の意思によるという。これについて，S氏はつぎのように語る。

私　「ボになるのは祖父の霊がなろうとするのですか？」

S氏「その霊(祖父の霊)の意思で来るのです」

私　「ボになって気持ちはどうですか？」

S氏「ボになるのが好きな人はいません。これもしようがないことで，さもないと病気が治らないのです」

S氏によれば，ボは人々の病気を治すので，村では尊敬されているという。

また，ボには男性が多いという。現在，この哲里木盟のなかには，40歳から50歳以上のボは32人おり，それより若い者は20人ほどいる。このうち，女性は10人くらいであるという。この2-3年の間に何人もの有名なボが亡くなったが，S氏はボのなかでも一番知識をもっているといわれている。なお，哲里木盟におけるほかのボの略歴についてはつぎのような資料が得られている。

たとえば，J氏は1984年現在で66歳，ホルチン左翼中旗の牧畜民で17歳のとき，農作業中に車から転落し立つことができなくなり，ボにみてもらったところ，ボ神にみあててボにならないと治らないといわれてボになった。22歳のとき，西宝龍山の鉄山ボの指導を受けて「双山」をこえた（哲里木盟文化処，1986：85）。また，G氏はホルチン左翼中旗の人で，1982年現在65歳，モンゴル医者である。G氏の家は5代伝承のボの家である。9歳のとき，母親が亡くなり，彼は父親ボルジャ・ボとモンゴルのサイシンガ・ボについてボを学んだ。師匠から字が読めないとよいボにならないといわれ，2年間のモンゴル文字の勉強の後，ボを学んだ。15歳ころに師匠が死に，彼が師業を伝承した。18歳のとき，勉強を終了して人に治療した。新中国の成立後，彼はモンゴル医者になり，1984年に亡くなった。また，M氏は1985年現在75歳で，祖先は老帰化城の人であるがフレー旗が設立したときにここに移住した。伝説によれば，M氏の祖先は天の甥であり，天にもあがれるボであって，M氏まではすでに13世代を経過している。有名な女のボ，L氏は彼の叔母になる。また，M氏は21歳からボを学び，25歳のときに「9つの山」をこえ，27歳で勉強を終了すると，ボとして独立し治療を始めた。彼の家柄は代々ボでありながらラマの家柄でもあり，弟は7歳からフレー寺の僧侶となり，叔父（母の兄弟）も高僧であった。M氏本人と彼の母親もラマ教をよく信じており，つねに寺に参ってラマ経を読んだといわれる（哲里木盟文化処，1986：88）。

以上のことから，ボの師匠とは，治療の過程で，病気の原因が祖先のボの霊によるものであることが確認された患者を弟子とし，そのことによって病気を治し，さらにボになるための教育を行なう。その後，オンゴットや祖先

のボにヒツジをそなえるという儀礼をへて，依頼者を一人前のボとして独立させるという役割をもつことが明らかになる。また，後日，私の得た別の情報(1998年8月，於内蒙古自治区フフホト市)によれば，師匠たちは彼らの前で弟子にボの演技を行なわせ，ボとしての資格認定試験を行なう。この試験は「9つの山：yissü-n dabaGa-n[yisən dabaa(n)]」，「2つの困難(双山：quyar berke[xɔjar bərx])」などとよばれ，ボの技術の段階を示すものであるという。また，ボになる者に祖先のボの霊がその意思でやってくるという点は，シャマンは精霊によって選ばれるというシベリアや北アメリカの事例にみられる成巫過程と共通する(煎本，1995：198)。しかし，やってくる霊が自然や動物の霊，あるいはチベット仏教における神々ではなく，自分の祖先のボの霊であるということはホルチン・ボに特徴的であり，ボの社会的継承が系譜関係に基づく具体的な祖先の霊によるものであることが明らかとなる。

　もっとも，ここでシャマニズムの形式が継続するということは，その内容まで不変であることを意味するわけではない。すでに述べたように，ラマ教を装いながらシャマニズムを語ることにみられるように，その内容はきわめて動的な政治的対応の過程を示している。事実，この半世紀の社会主義の時代さえシャマニズムは生き延び，研究のため「芸能」として私の眼の前で演じることを可能としたのである。ここでは，形式さえも内側にある本質を守るための装置として機能しているのである。過去1000年もの間，さまざまな宗教—政治状況のもとで，ボたちはこれにしたたかに対応し，演出のなかに歴史意識と帰属性を織り込みながらシャマニズムを継承してきたということができるのである。

5. シャマニズムの演出における宇宙論的秩序

5.1 ボルハンとテンゲル

　シャマニズムの演出において，最初にボルハンへの祈りを行なうが，それに続くさまざまな神格や霊に対する祈りや招請は本来のシャマニズムの観念

に基づいている。政治的にラマ教に順応し，またそれについての伝説が語られるにもかかわらず，彼らの宇宙論はシャマニズム本来の宇宙論を根本的に解体することなく，それにボルハンを加えたものとなっている。

　したがって，シャマニズムの演出において，ボルハンの実質的な機能は認められない。S氏は，ボルハンについて，それはみえないけれど家のなかにいるという。また，寺のなかにいろいろな形でおり，男性や女性があるという。これは寺院におけるさまざまな仏像のことをいっているのであろう。また，時間を支配する千の神々がいる。さらに，天を支配する黄色の神と黒色の神がいるという。しかし，ラマ教の象徴的な色が黄色であり，ボの象徴的な色が黒色であることを考えると，天を支配する黄色の神というのがボルハンであり，天を支配する黒色の神というのが，後に述べるように，世界および人々の行為を支配し指導する精神的実在である「永久の天」であると解釈できるかもしれない。そうであれば，ラマ教とシャマニズムはその宇宙論において支配と服従の関係にはなく，むしろ両者は並立しているということになる。

　テンゲルはボによれば仏ではなくて上にいるという。また，ボが崇拝しているテンゲルは黒い方角のものであるという。黒はボに関する象徴的な色となっており，ボルハンに関する象徴的な色が黄であるのと対比をなすものである。また，ボルハンへの祈りが西を向いて行なわれることとは対照的に，ボに関する方角はその逆の東向きとなっている。

　仏教における天は，インド神話や仏教が伝播する過程で接触したさまざまな地域固有の神々からなる。天はチベットにおけるラー(lha)の概念に近く，ここでは仏教教義上の「欲界」，「色界」，「無色界」に属す27種類のラーがみられる。これらは，護法尊としての四天王や33のヴェーダ神などを含み，『マハーヴユットパッテイ　翻訳名義大集』，『阿毘達磨倶舎論(西蔵訳)』『阿毘達磨倶舎論(漢訳)』に述べられる天との一致がみられる。同時に，その他のさまざまなラーが機能的に分化し，現実の生活における個人と集団の生存にかかわり，物質および活動と不可分のものとして認識されている(煎本，1989：307-311，320)。

モンゴルにおいても，テンゲルは同様の特徴を示す。すなわち，バンザロフ(1942：34-37)はモンゴル人の生活の主となる要素のひとつであった戦争に関連する，勇気の神(バガトゥル・テンゲル：baGatur tngri[baatar təŋər])，戦争の神(ダイチン・テンゲル：dayičin tngri[daitʃin təŋər])，勝利の神(キサガン・テンゲル：kisaGan tngri[gisgən təŋər])，そして，ほかの生活要素である牧畜に関連する幸福のザヤガチ(ゾル・ザヤガチ：jol jayaGači[dʒɔl dʒajaatʃi])，子どもの健康と幸福の女神(エメゲルジ・ザヤガチ：emegelji jayaGači[əmgəldʒ dʒajaatʃi])，さらには同朋兄弟たるテンゲル，すなわち人民の保護者である9のテンゲル(アハ・デグゥ・イスン・スルデ・テンゲル：aqa deGü yisün sülde tngri[ax duu jisən suld təŋər])をあげている。また，東の44のテンゲル，西の55のテンゲルをあわせた99のテンゲルという概念，さらには，ホルムスタ(Qurmusta)を王とする33のテンゲルという概念(Heissig, 1980: 49)もモンゴルに広くみられるものである。

さらに，ここで重要なことは，99のテンゲルの主は「青い永久の天」(köke möngke tngri[xox moŋx təŋər])と述べられることである。また，ホルムスタ・テンゲル(Qormusta tngri)は33のテンゲルの主であるばかりではなく，モンゴルの99のテンゲルの最高神であるという考え方がある。ホルムスタ・テンゲルは火の起源と関連しており，モンゴルにおける火の賛歌の多くにおいて，「ブッダ(仏)が火を打ち，ホルムスタ・テンゲルが火をつけた」(Heissig, 1980: 50)と述べられる。ここでは，モンゴルにおいて，世界および人類の行為を支配し指導するものであって，大能力を有する精神的実在である「永久の天」(バンザロフ，1942：8-9)という天の抽象的観念があると同時に，最高神としてのホルムスタ・テンゲルという観念も登場していることが明らかになる。もっとも，ホルムスタ・テンゲルの概念は，ゾロアスター教のアホラ　マズダ(Ahola Mazda)に由来する可能性(バンザロフ，1942：14；Heissig, 1980: 49; 格日勒扎布，1995：37-40)が高い。さらに，それが，永久の天と同一視されるに至ったのには，当時の社会政治的背景や仏教の布教という要因(額爾徳木図，1995：63-68)が認められる。その結果，

第 11 章　モンゴル・シャマニズムの文化人類学的分析　431

自然的意味の天がシャマニズムや仏教における天の概念へと変化し，同時にこれらが混合している(烏力，1997：84-90)ことも事実である。しかし，ここで重要なことは火の起源において，ブッダとホルムスタ・テンゲルが同等に位置づけられているということである。

　以上のことから，ボはボルハンとムンケ・テンゲルを西と東という方角，黄と黒という色により対立的に分類していることがわかる。また，東の44のテンゲルと西の55のテンゲルという概念は，それぞれを支配するボルハンとムンケ・テンゲルという構成を表現したものであろう。なお，ジヤチやネーネ・ボグトはホルチン・ボにおいてはそれぞれ独立した神格であり天には含まれていない。これは，バンザロフ(1942：34)が，これらの神々をムンケ・テンゲルと区別された第二流の神として，テンゲルに含めている点と異なる。これらの対立的な分類は仏教とシャマニズムの並立的な関係を空間的に表現したものと分析することができるのである(図11.2)。

　なお，方角に関して興味ある分類は，ボの源や祖先のボの霊が西北に位置する「白雪山」にいると考えられることと対照的に，ボでない一般の人々の霊は，死後，東北にあるユルクというところに行くと考えられていることである。これは，ホルチン・ボがハルハ部族に起源するということと関連する

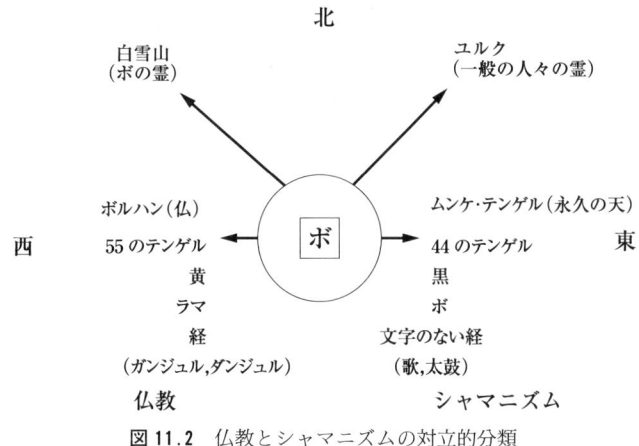

```
                        北
    白雪山                        ユルク
   (ボの霊)                    (一般の人々の霊)


        ボルハン(仏)            ムンケ・テンゲル(永久の天)
西      55のテンゲル ← [ボ] → 44のテンゲル            東
            黄                      黒
            ラマ                    ボ
            経                  文字のない経
     (ガンジュル,ダンジュル)       (歌,太鼓)
          仏教                  シャマニズム
```

図11.2　仏教とシャマニズムの対立的分類

ものと考えられる。現在の外モンゴルにある「白雪山」はホルチン・ボにとっての伝説的な故地となっていると解釈することができよう。

5.2　シャマニズムにおける垂直的宇宙論

　ホルチン・シャマニズムの宇宙論においては，さまざまな神々や霊が垂直的に位置づけられている。たとえば，Ｓ氏はオンゴットについて，「オンゴットは天よりも下にあり，さらにボーモルよりも下にある」と語る。また，ネーネ・ボグトは空中に浮かぶ水の宮に住むが，春と秋にこの宮に降り，さらに人々の住んでいる村々にやってくると歌われる。ジヤチは，「牛山の山麓」，「エレデニバンバイ嶺上」，「花山の山麓」，「金なるバンバイ嶺」にあらわれると歌われることから，山と関連づけられていることがわかる。また，ボーモルは天から降ろされ，またそこでまつられる「ドルドチン山」と関連づけられ，垂直的には天と人間との中間に位置づけられる。さらに，ボの源であるホブグタイ，崇拝する祖先のボの霊は白雪山にいて，その頂上にある樹と鳥に関連づけられる。これらのことから，シャマニズムの宇宙論において天と地が垂直に位置づけられ，それらを結ぶ山が重要な意味をもつことが明らかになる。

　天と地の関係について，Ｓ氏はつぎのように語る。

　　私　「天は上空にいるといっていますが，地下には何かいるのですか？」
　　Ｓ氏「海(水)の主(ロス：luus[lus])がいる」
　　私　「地面には何かいますか？」
　　Ｓ氏「地面には我々人間がいるのです。地面の上の中間の宇宙に我々がいるのです」

じつは，私は地に人間がいると考えていたのであるが，Ｓ氏は地面の上の中間の宇宙に人間がいるのだと語る。ここでは登場していないが，モンゴルにおける女神エトゥゲン(etügen[jitgən])(バンザロフ，1942：21)が地の女神であり，天に対するものなのである。したがって，宇宙は天と地とその中間にいる人間からなっており，さらに，地下には水の主がいるということになる。

また，山は天と地を結ぶものであることは白雪山の樹が地を象徴し，鳥が天を象徴することから明らかである。さらに，鳥が天と地を結ぶシャマンの象徴とも解釈され，このことから鳥のとまる樹そのものを，天と地を結ぶものとして広く解釈することも可能であろう。さらに，人間は山の上に，木の枝を中心に立てた石積みであるオボをつくり，ここで天をまつり，また天と水の主を結びつけることにより雨乞いの儀式を行なう。これら，天や地との交信を行なうのがボなのである(図11.3)。

なお，魂，鳥，世界樹のイメージは中央および北アジアに特有のものであり，ゴルディ，ドルガン，ツングースは生前，子どもたちの魂は小鳥のように世界樹の枝にとまっており，シャマンはそこへその魂をみつけにいく(エリアーデ，1974：347，366)という。この考え方は内モンゴルのシャマニズムの宇宙論に近いものである。しかし，メソポタミアやインドに源流があるとされる世界の中心としての宇宙山の観念，そして世界樹は中心軸として天，地，地下の3つの宇宙領域を連結しているという観念(エリアーデ，1974：342，337，346)，あるいは，西アジアのセム人にみられるような海に囲まれた地の中心としての聖なる山，それぞれが海をもつ天，地，地下という3つの部分からなる宇宙，そして海の象徴としての蛇，太陽の象徴としての鳥という観念(Wensinck, 1978 a: 61; 1978 b: 23, 36; 1978 c: 42)は大文明における

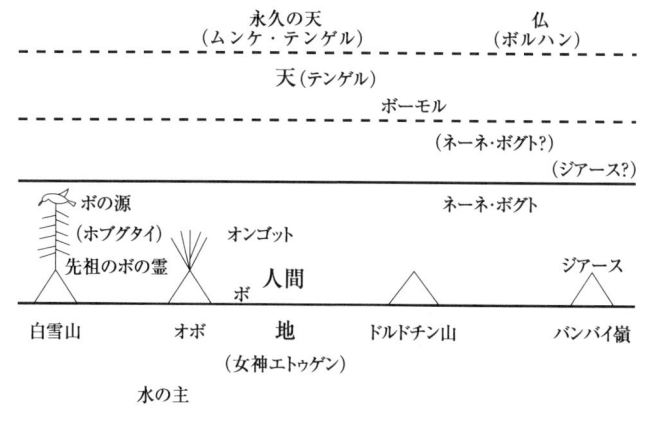

図11.3 ホルチン・シャマニズムにおける垂直的宇宙論

完成された宇宙論を示しており，ここで分析した宇宙論とは必ずしも一致しない。

　内モンゴル・シャマニズムの宇宙論の特徴は天，地，地下という垂直的宇宙において，天と地の中間に人間がおり，シャマンが山や樹や鳥という象徴を用いて，宇宙の神々と交流するという点にある。すなわち，世界の中心としての宇宙山や世界樹という，大文明を支える宇宙論ではなく，さまざまな天をまつり病人を治療し，シャマニズムを作動させるための人間的，かつ実践的な宇宙論がここにあるのである。

5.3　シャマニズムの宇宙論と初原的同一性

　ここでは，ホルチン・ボのシャマニズムの実践における宇宙論的秩序を分析し，初原的同一性の観念(Irimoto, 1994: 426)との関係を明らかにする。ボがシャマニズムの演出に用いる冠が「白雪山」を象徴していること，そしてアンダイの起源の伝説において，樹，鳥，卵がシャマニズムの宇宙論における宇宙の対立的範疇の同一化と再生産を象徴することについてはすでに述べた。さらに，シャマニズムの演出において，ボが祖先のボの霊である崇拝するものを身体のなかに入れる歌において，「白雪山」の樹の上にいる祖先のボの霊を象徴する鳥を招請し，ボにつくことを祈ることについてもすでに指摘したとおりである。

　このことは，以下のように分析することができる。すなわち，二元論的宇宙観に基づく樹と鳥，母と父，地と天という対立項の同一化により，卵あるいはヒヨコによって象徴される再生産が可能となる。

$$樹 \quad + \quad 鳥 \quad \longrightarrow \quad 卵$$
〔母，地〕　　〔父，天〕　　　〔再生産〕

そして，樹と鳥は「ホブグタイの伝説」に語られるように「白雪山」に結びつけられており，この「白雪山」こそがボの源であるホブグタイをはじめ，祖先のボの霊のいる場所となっている。すなわち，西北の方角，現在の外モ

第 11 章 モンゴル・シャマニズムの文化人類学的分析

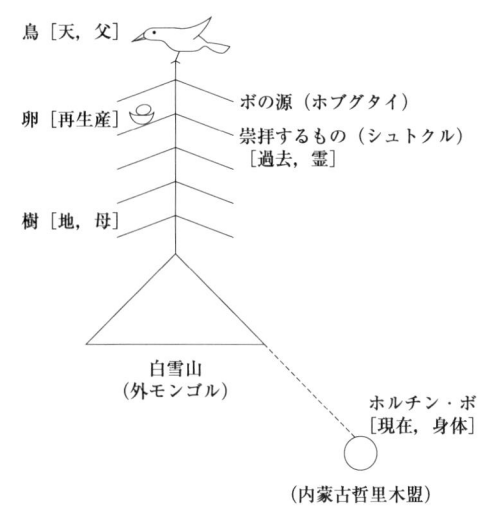

```
         鳥［天，父］
              │
     卵［再生産］──ボの源（ホブグタイ）
              │  崇拝するもの（シュトクル）
              │  ［過去，霊］
     樹［地，母］
              │
          ╱ ╲
         ╱   ╲
        ╱     ╲
       ╱_____╲
       白雪山 ┈┈┈┈ ホルチン・ボ
     (外モンゴル)     ［現在，身体］
                        ○
                  （内蒙古哲里木盟）
```

図 11.4 ホルチン・ボのシャマニズム的宇宙論における時間と空間の連関

ンゴルに空間的に位置づけられる「白雪山」が，現在のボと祖先のボ，さらには伝説的なボの源であるホブグタイを時間的にも結びつけているのである（図 11.4）。このことは，「白雪山」，樹，鳥がつけられ，ボの源であるホブグタイが描かれている冠を，シャマンがかぶるということに意味されるとおりである。

そして，「崇拝するもの」である祖先のボの霊が鳥としてやってきて現在のボの身体に入ることは，空間的同一性の場のみではなく，過去と現在との時間的同一性の場を出現させるということにほかならない。同時に，これは身体と霊，すなわち自然と超自然との同一化でもある。この同一性こそが再生産という力を生み出し，患者の治療と回復とを可能とするのである。すなわち，

```
        ボ       ＋  崇拝するもの(シュトクル) ──→   力
   〔内蒙古哲里木盟，    〔外モンゴル白雪山，         〔回復〕
      現在，身体〕         過去，霊〕
```

という図式が成り立つ。この過程が，シャマニズムの宇宙論的秩序を作動させるボの演出であり，シャマニズムの実践の本質であるということができよう。

ここで，興味あることは，モンゴル人は天および地はかつて混沌たる状態で一塊に混合しており，火は天が地から分離する際に生じたと考えていることである。また，天をもって自然界の男性的根原とし，地を女性的根原とみなし，前者は生命を与え，後者は形態を与えるものとし，前者を父と名づけ，後者を母と名づけている(バンザロフ，1942：10-11)ことである。このことから，シャマニズムの演出における同一化とは，分離したものを再び混沌たる状態に回帰させることにより，そこから力を取り出す操作であるということが明らかになる。天と地から火が生じたことと同様，鳥と樹から卵が生じ，また，ボと崇拝するものから力を生じさせるのである。このようなシャマニズム的宇宙論はハクチョウと狩人から氏族の始祖が生まれるブリヤートの伝説，「バゴマル・テンゲル」が玉皇大帝の娘と一人の男から生まれたという「ボーモルの伝説」，あるいは，アンダイ歌手の起源についての「ホブグタイの伝説」における共通の背景となっている。さらに，アンダイをはじめとするシャマニズムの実践はもとより，オボ祭りにおける雨乞いにおいて天と水の主を結びつけ中間の宇宙に雨を降らせるという儀礼にも繰り返し登場するのである。

したがって，シャマニズムの実践における同一性への回帰とは，時間的に天地創造の時代にまでさかのぼるための演出の過程である。先に，ボの身体に崇拝するものが入るということが，ボのいる場所と白雪山との空間的同一化のみならず，現在と過去という時間的同一化を意味することについて述べたが，天と地という宇宙の異なる空間的範疇を同一化することは現在と神話的時間とを同一化することにほかならないのである。その混沌たる状態はもはや時間と空間の区別もなく，時空同一性の場そのものであるということができよう。それは，異なるものが本来的には同一であったという初原的同一性(Irimoto, 1994: 426-427; 煎本，1996：5-6)の場である。この場はシャマニズムの宇宙論に繰り返しあらわれる「卵」によって象徴されるものでもある。

「白雪山」の樹の上の鳥の巣にある卵，そして，ホブグタイがアンダイ歌手になる女の人と交換によって手に入れた卵こそが初原的同一性の場である生命の源なのである．シャマニズムの実践とは神話的時空間における初原的同一性の場への回帰と，その混沌から秩序への回復の過程であり，そこで獲得した力の行使なのである．

6. おわりに

モンゴル・シャマニズムは政治的にはラマ教によって変化させられ，ときに駆遂させられたのではあるが，同時に，それはラマ教と並立しながら，モンゴル文化における独自の歴史意識と帰属性を再生産し続けている．さらに，シャマニズムの宇宙論的秩序はシャマンが天，地，地下のさまざまな神々と交流するという，人間的，実践的な宇宙論となっている．そこでは，ボルハン，テンゲルへの祈りをはじめとし，ジヤチ，ネーネ・ボグト，ボーモル，オンゴット，ドルブン・デブテル，ボの源であるホブグタイ，師匠への祈りと招請が行なわれ，祖先のボの霊である崇拝するものを身体のなかに入れ，病人を治療し，そして崇拝する霊を送るというシャマニズムの実践が歌と踊りによって演じられることが明らかになった．そして，シャマニズムの実践は二元的宇宙観に基づく対立的範疇の同一化による初原的同一性の場への回帰と，そこで得た力の行使であることが明らかにされた．

ホルチン・ボのシャマニズムはおそらく1000年以上にわたるさまざまな宗教的，政治的状況のなかで，その本質をかえることなく継続してきたのである．それには，シャマンの系譜の社会的認知，シャマニズムの演出における形式の確立，そして，師から弟子への教育が大きな役割を果たしている．しかし，病人を治療し，家畜を増やすという実践的な目的，そして何よりも人々がシャマンの霊的な力を信じているということが，継続のためにもっとも重要なことであったと考えられる．

霊的な力への信仰とは，時代が移り，その対象がかわろうとも，人々がつねに必要とするものなのかもしれない．大宗教や科学では扱うことのできな

い身近な問題を解決するためにシャマンは霊的な力を行使し，人々はその力を信じるのである。唯物思想であるはずの中国の研究所の研究員がシャマンに恐れを抱き，自分の身体の様子をおそるおそるみてもらうのは，このことを示している。また，内蒙古自治区バヤンヌル盟では共産党の役人であった男性がシャマンとなり，人々の治療を始めた。そして，フルンベル盟でも若い新しいシャマンが多く出てきているという。さらに，モンゴル国では自由化後，辺境のフブスグル県にいたウリヤンハイのシャマンが首都のウランバートルに出てきて治療を始めた。彼らは市場経済と自由化という新たな状況のなかで，人々の需要に応え，シャマニズムを新たに展開，実践しているのである。

内モンゴル，ホルチンにおいては，現在もかわることなく，天をまつっている。依頼者の願いにより病気を治療し，あるいは病気にならないよう，家畜が増えるよう，シャマニズムの実践が日常生活のなかで続けられているのである。さらに，シャマンは自分の信じるオンゴットをまつるため，ヒツジを供犠し，肉を煮てオボの前におき，村にいる病人を皆集めて，祈るという。

私の「今後，ボは続いて行くと思いますか」との問いに，ホルチン・ボのＳ氏は「自分自身は死ぬまでは病気を治していって，死んだら自分の霊が孫のところに移る」と語る。続けて最後に，「まわりが発展してきているが今後，ボはどのようになると思いますか」とたずねると，彼は「まあ，自分のことはこうなっている。だから将来のことは自分はもう想像することはできないです」と語るのである。

きわめて静的な外観を保ちながら，内部では歴史的状況に動的に対応し，歴史意識と宇宙論的秩序，そして帰属性を再生産してきた内モンゴルのシャマニズムは，Ｓ氏の謙虚な語りにもかかわらず，未来へ続くと考えてもけっして不思議ではないのである。

文 献

赤松智城．1936．「蒙古薩満の行事」，『京城帝国大学文学会論纂 第4輯，京城帝国大学創

立十周年記念論文集，哲学篇』，113-130，東京，大阪屋號書店．
浅井和春．1989．「薬師信仰と造形」，『仏教文化事典』（金岡秀友・柳川啓一監督，菅沼晃・田丸徳善編），451-459，東京，佼成出版社．
バンザロフ，D．[Banzarov, Dordji].1942 [1891].「黒教或ひは蒙古人に於けるシャマン教」(白鳥庫吉訳)，『北亜細亜学報』，1：1-62．[Chyornaya vera ili shyamstvo u mongolov. Chyornay vera ili shyamanstvo u mongolov i drugie stati D. Banzarova. Pod redaktsiei G.N.Potanina. SP-b (Sankt-Peterburg) 1891]
護雅夫．1981．「遊牧国家の文明化」，『世界各国史12 北アジア史(新版)』(護雅夫・神田信夫編)，81-134，東京，山川出版社．
エリアーデ，M．[Eliade, Mircea]．1974[1964，1968]．『シャーマニズム——古代的エクスタシー技術』(堀一郎訳)．東京，冬樹社．[Le Chamanisme et les techniques archaÏques de l'extase. Paris, Libraire payot, 1951;2éd. revue et angmenté Payot. Paris, 1968; Shamanism, Archaic Techniques of Ecstasy. translated from the French by Williard R. Trask, Bollingen Series LXXVI. New York, Bollingen Foundation, 1964]
額爾徳木図(Erdemtü)．1995．「蒙古英雄史詩与李額唱詞中的〝騰格理〞」，『内モンゴル社会科学』，1995/5：63-68．
格日勒扎布(Gereljab)．1995．「論蒙古《格斯爾》〝天〞——騰格里」，『内モンゴル社会科学』，1995/5：37-40．
ハルヴァ，U．[Harva, Uno]．1971[1938]．『シャマニズム』(田中克彦訳)．東京，三省堂．[Die religiösen Vorstellungen der altaischen Völker. Helsinki]
Heissig, W. 1980[1970]. The Religions of Mongolia. eoffrey amuel trans, Berkley and Los Angeles, University of California Press. [Die Religionen Tibets und der Mongolei by Giuseppe Tucci and Walter Heissig. Stuttgart Berlin Köln Mainz, W Kohlhammer GmbH]
井上秀雄．1984．「高句麗，隋・唐との対戦時代」，『大百科事典5巻』，350，東京，平凡社．
煎本孝．1986．「ラダック王国史の人類学的考察——歴史—生態学的視点」，『国立民族学博物館研究報告』，11(2)：403-455．
煎本孝．1989．「ラダックにおけるラーの概念」，『印度哲学仏教学』，(4)：305-324．
Irimoto, T. 1994. Anthropology of the North. In Circumpolar Religion and Ecology ——An Anthropology of the North. Irimoto, T. and T. Yamada (eds.), pp. 423-440, Tokyo, University of Tokyo Press.
煎本孝．1995．「アイヌにシャマニズムはあるか——聖典，治療，演劇の象徴的意味」，『民族学研究』，60(3)：187-209．
煎本孝．1996．『文化の自然誌』東京，東京大学出版会．
Irimoto, T. 1997. Ainu Shamanism : Oral Tradition, Healing, and Dramas. In Circumpolor Animism and Shamanism. Yamada, T. and T. Irimoto (eds.), pp. 21-46, Sapporo, Hokkaido University Press.
煎本孝．1998a．「蒙古薩満教的文化人類学分析」，『第三次蒙古学国際学術討論会論文提要』，413-414，内モンゴル大学．
煎本孝．1998b．「内モンゴル，ホルチンのシャマニズム」，『北方学会報』，(6)：21-25．
哲里木盟文化処(編)(jirim 盟文化処編)．1986．『科爾沁博芸木初探』通遼，内モンゴル通遼教育印刷廠．

金岡秀郎．1989．「モンゴル」，『仏教文化事典』，310-318，東京，佼成出版社．
小林胖生．1932．「薩瞞の祭儀に就て」，『満蒙』，13(5)：109-115．
小堀巖．1949．「満洲族薩満の祭祀を見て——黒河省 琿懸大五字子村の場合」，『民族学研究』，14(1)：26-32．
満洲事情案内所（編）．1940．『満洲民俗考』新京，満州事情案内所．
森川哲雄．1985．「モンゴリア」，『大百科事典14巻』，1027，東京，平凡社．
ニオラッツェ，G．[Nioradze, Georg]．1943[1925]．『シベリア諸民族のシャーマン教』（牧野弘一訳）．東京，生活社．[Der Shamanismus bei den sibirischen Völkern. Stuttgart, Strecker und Schröder]
岡田英弘．1981．「モンゴルの統一」「モンゴルの分裂」，『世界各国史12 北アジア史（新版）』（護雅夫・神田信夫編），135-228，東京，山川出版社．
大山彦一．1941．「薩満教と満洲族の家族制度」，『民族学研究』，7(2)：157-189．
スタン，R. A．[Stein, R. A.]．1971[1962]．『チベットの文化』（山口瑞鳳・定方晟訳）．東京，岩波書店．[La civilisation tibétaine. Paris, Dunod, Éditeur]
Suyage. 1997. The Origin of the Cultural Consciousness of *Andai*. *In* Circumpolar Animism and Shamanism. Yamada, T. and T. Irimoto (eds.), pp. 261-271, Sapporo, Hokkaido University Press.
瀧澤俊．1937．「現在せる満洲民族の信仰薩満教に就いて（下）」，『満蒙』，18(5)：833-847．
礪波護．1985．「唐」，『大百科事典10巻』，498-501，東京，平凡社．
鳥居龍蔵．1976a[1909]．「マルコポロ旅行記中の Natigay と Ongot に就いて」，『鳥居龍蔵全集第7巻』，607-610，東京，朝日新聞社．[『東京人類学会雑誌』，281号]
鳥居龍蔵．1976b[1909]．「興安嶺附近に於ける薩満教の遺風」，『鳥居龍蔵全集第8巻』，495-500，東京，朝日新聞社．[『東京人類学会雑誌』，280号]
鳥居龍蔵．1976c[1923]．「日本周囲の民族と宗教に就いて」，『鳥居龍蔵全集第7巻』，506-512，東京，朝日新聞社．[『人類学会雑誌』，38(5)]
烏力吉(Ülji)．1997．「関於〝騰格里〟的探索」，『中央民族大学報，社科版』，1997/4：84-90．
山田孝子．1994．『アイヌの世界観——「ことば」から読む自然と宇宙』東京，講談社．
Wensinck, A. Jan. 1978a[1917]. The Ideas of the Western Semites Concerning the Navel of the Earth. [reprinted from Verhandelingen der Koninklijke Akademie van Westenschappen. 2nd series, XVII, no.1] *In* Studies of A.J. Wensinck. pp.I-XII, 1-65, New York, Arno Press.
Wensinck, A. Jan. 1978b[1918]. The Ocean in the Literature of the Western Semites. [reprinted from Verhandelingen der Koninklijke Akademie van Westenschappen. 2nd series, XIX, no.2] *In* Studies of A.J. Wensinck. pp.I-VI,1-66, New York, Arno Press.
Wensinck, A. Jan. 1978c[1921]. Tree and Bird as Cosmological Symbols in Western Asia. [reprinted from Verhandelingen der Koninklijke Akademie van Westenschappen. 2nd series, XXII, no.1] *In* Studies of A.J. Wensinck. pp.I-X,1-47, New York, Arno Press.
善隣協会調査部（編）．1938．『蒙古大観』東京，改造社．

第12章 内モンゴルにおけるチャハル人の生計活動の変化

阿拉騰

1. はじめに

　中国の歴史資料では，北方民族に関して，その生計活動を「水と草とをもとめて転々と移動し，城郭や常住地……はない」(佐口ほか，1975：3)と概括し，その国のことを「行国」と描写した。日本語の「遊牧」は，その源である中国語と同様に，「定住せず所々移動すること」とともに，「牧畜」の意味も含んでいる。これに対しモンゴル語では，このいわゆる「遊牧」のことを「ヌードル」といい，それには「牧畜」の意味が含まれず，「ある居住場所から他の居住場所へと移動する」ことのみを意味する(池上，1981：20-23)。いずれにせよ，資源を求めてつねに移動するということはかわらない。

　モンゴル高原においては，環境的特徴に規定されて，家畜に利用しうる資源は分散的である。遊牧民の利用空間もまた政治，社会的変動によってつねに変化している。したがってその新たな変化に対応して，遊牧民は集団的に移動するか，あるいは個別的に移動したのである。同時に，利用する資源の状況によって，彼らはそれに対応する生計活動を変化させたのである。人間と自然はヒトの活動を通して結ばれ，種々の活動は活動の体系――人間活動系――を形成すると考えられる(煎本，1995：131-151；1996：14)。モンゴ

ルにおける遊牧民の生計活動の特徴はそこにある資源の分布状況に起因するが，彼らが生活している社会的環境の変化にも大きく左右される。したがって，モンゴルにおける生計活動に関する研究は，その社会，歴史的要素をつねに念頭におかなければならない。

内モンゴルにおけるチャハルというモンゴル人集団(図12.1)は，生計活動を展開する活動地域が，その集団の特別な社会，歴史的地位に決定されて，つねに変化してきたのである。また，変化した活動地域に存在する資源を利用するために，彼らはつねに生計活動を変化させた。本章では，チャハルの歴史的流れを叙述しながら，3つのホトの事例を通して，彼らの活動空間と活動内容の変化を分析しておきたい。

2. チャハル人

内モンゴルには現在，チャハルをはじめ，バルグ，ホロチン，バイリン，オルド，オルドスなど複数のモンゴル人集団が含まれている。これらの集団は蒙古帝国時代の「千戸」「万戸」など，ジンギスカンが部下に封じた部族から由来するもので，現在はおのおのの方言グループとして存在している。「チャハル」の意味についてはいくつかの解釈が存在しており，なかにはカーン(皇帝)の衛兵である説がもっとも有力である(金巴札布，1989：1)。もっぱら皇帝を守っていくゆえに，チャハルの生計活動の範囲は国の政治，歴史の変化によって直接影響を受けていた。

モンゴルが清朝によって併呑された後，チャハルを本拠にしたモンゴル末代皇帝林丹(リグダン)・カーンが最後まで抵抗した。カーンの死後，チャハルがモンゴル帝国を再建しようと構えたが，失敗した。鎮圧されたチャハルは，その当時遊牧していた現在中国遼寧省あたりから北京に近い万里の長城外に移住させられた。結局，これが彼らのその後に展開する生活活動に大きく影響することになった。1675年，清朝はチャハルにおいて旗の制度を導入し，チャハルを8つの旗に分けた。チャハル八旗は満洲八旗に従って設立されたものである。さらに，八旗は左右両翼に分けられた。それはつまり中

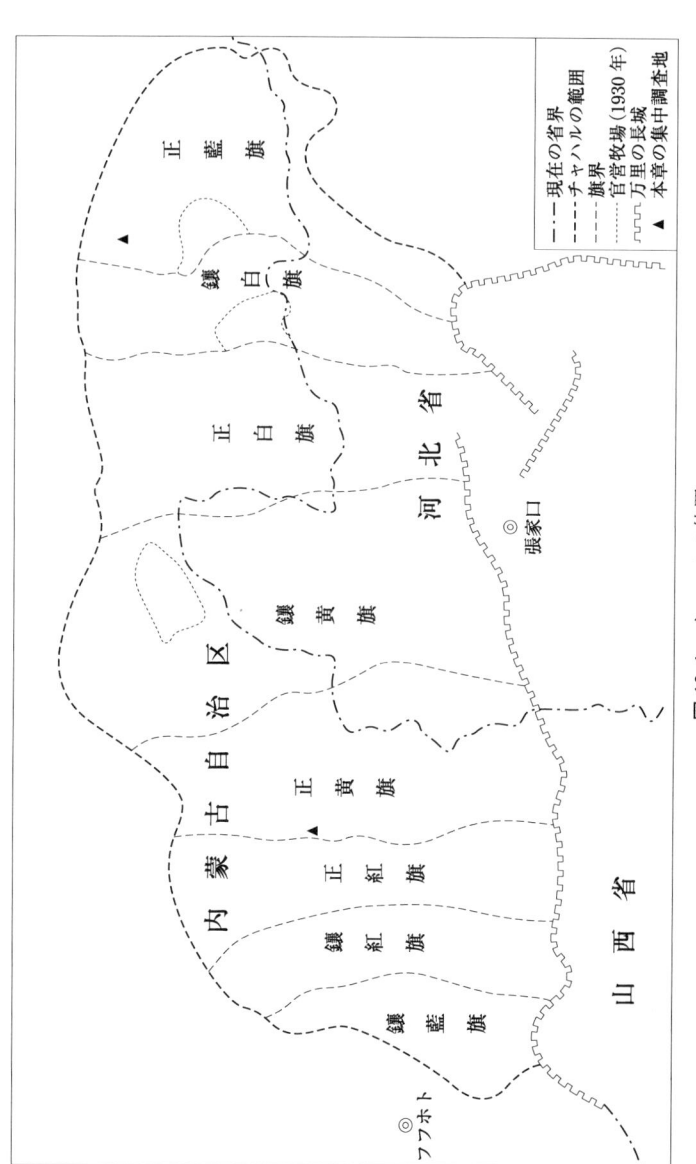

図12.1 チャハルの位置

凡例:
- 現在の省界
- チャハルの範囲
- 旗界
- 官営牧場（1930年）
- 万里の長城
- ▲ 本草の集中調査地

正藍旗
鑲白旗
正白旗
鑲黄旗
正黄旗
正紅旗
鑲紅旗
鑲藍旗

内蒙古自治区
河北省
山西省

◎フフホト
◎張家口

国語でいう左翼の正藍，正白，鑲黄，鑲白であり，右翼の正黄，正紅，鑲紅，鑲藍の合計8つの旗である。それ以外に，満洲政府は朝廷の食肉，乳製品，役畜の需要を満足させるために，チャハル地方において，複数の大規模な「牧群(牧場)」を設立した。それはつまり中国語でいう商都牧群，明安牧群，太僕寺左，右翼牧群である。これら旗と牧群をあわせて，ふつうチャハル十二旗群とよばれる。

こうして，チャハル人の生計活動は「アイル」遊牧，つまり世帯単位の遊牧以外に集中的牧場も経営するようになった。また，チャハルではほかのモンゴルのようなアイマグ(盟)が設置されず，各旗にも他旗のように世襲的ジャサグ(札薩克)が設置されなかった。旗の長官は清朝政府から直接任命された(烏雲畢力格ほか，1993：221)。モンゴルに設立された一般的旗は，軍事的性格を有しながら，一級の地方政権にもなった。しかし，チャハルにおいては，旗は軍事的性格が比較的に濃厚であるため，チャハルはモンゴルのなかでは特別な存在になった。

八旗には複数のソムが含まれた。ソムは満洲八旗の「牛録」という旗下位の組織に由来するもので，中国語では「佐」と訳される。ソムは中国語にいう「佐領」，「驍騎校」，「護軍校」といった3人の責任者によって管理される。ふつう，ひとつのソムは150の兵士を出さねばならなかった。5人家族から1人の兵士を出すと計算すると，ひとつのソムは750人になる。1675年，チャハルはあわせて62のソムがあって，4万6500人の計算になる。その後，清朝政府が移住政策を実施し，チャハルは120のソムまで増加し，人口は9万の計算になる。乾隆(1735-1795)年間，清朝がチャハルから16のソムを新疆に駐屯させ，チャハルの人口が減少した。以後，チャハルの人口が年々減少し，清朝末期には4万5000人しか残っていなかったとされている(王，1989：57-62)。

1911年，辛亥革命によって清朝が崩壊した。1912年に中華民国政府は「蒙古待遇条例」を公布し，モンゴル元来の制度を保留した。しかし，1914年からは内モンゴルにおいて，綏遠，熱河，チャハルといった3つの特別行政区を設置した。さらにモンゴル側の反対を無視して，1928年に前述した3

つの特別行政区を，中国内地の行政区域である行省のように改変した。チャハルを2分化して，左翼をチャハル省に，右翼を綏遠省にそれぞれ分割した（金巴札布，1989：60-61）。これによって，チャハルは移動的軍事単位から一地方組織になった。

中華人民共和国が成立してからチャハル省が廃止され，左翼の南方，漢民族の入植の多い地方を河北省に編入し，右翼の漢民族が多く入植した地方に県を設立して，新たに成立したウランチャブ盟に入れた。なお，1997年現在，チャハルにおけるモンゴル人はあわせて13万6569人である。右翼チャハルにおいては，人口は3つの旗と複数の県と市に分布しており，合計6万1141人である。そのうち，3つの旗におけるモンゴル人の人口は2万1478人であり，それ以外の複数の県，市に散在するモンゴル人の人口は3万9663である。3つの旗では一部の人が牧畜に従事しているが，それ以外の県，市では，一部の人が農業に従事し，大部分が県，市の中心地に集中している（烏蘭察布盟統計局，1998：10-12）。左翼チャハル人は，4つの旗とひとつの県に分布しており，合計7万5428人である。これらの人は牧畜に従事するか，あるいは旗県の中心地に集中しており，農業に従事する者はほとんどない（錫林郭勒盟統計局，1998：39-42）。もちろん，以上の人口にはチャハル以外のモンゴル人がある程度含まれている。

3. 活動空間の変化

清朝が成立する以前の時代には，遊牧における移動距離が現在よりはるかに遠く，いわゆる遠距離遊牧が存在したとされている。清朝によって旗の境界が確定された後，そのような遊牧が阻止されたという。たしかに，モンゴルにおける遊牧民の1年間の活動範囲は，清朝以前には，近代のような行政的範囲がないゆえに，ほかの集団の領域までこえることが可能であったと思われる。しかし，これをもってただちに，モンゴルに遠距離遊牧があった，と断定するのは根拠が不足しているといわざるを得ないであろう。

清朝成立後，旗の境界を定め，遊牧民の旗範囲をこえる行動を厳しくとり

しまるようになった。清朝政府の目的はモンゴルを地縁的組織のように管理していくところにあるが，資源利用の立場からみると，遊牧民が自然的条件のよい箇所のみに集中することが阻止され，放牧地がすべて利用されることを促進し，あらゆる条件のもとで遊牧が行なわれるようになったことになろう。

ところが清朝末期になると，国内外の情勢に応じて，清朝政府は「移民実辺」という政策を実施し，内地から漢民族をモンゴルに多く入植させた。チャハルが万里の長城の周辺に位置するため，入植がもっとも多かった。なお，入植した原因について，1930年代に内モンゴルに現地調査を行なった安斉は，経済的および経済外的原因とに分けている。それはすなわち，漢民族農民の困窮による必然的移住，牧畜経済と漢民族の農業経済との衝突による漢民族の勝利，内モンゴル各旗王公の財政的破綻とその応急策としての土地払下，中国人高利貸，軍閥，不正官吏などの悪辣なる土地転売，政府財政難に基づく蒙地の開墾奨励などである(安斉，1942：31-98)。いずれにせよ，入植によって，チャハルにおける耕作可能な地方がほとんど開墾され，遊牧民の活動空間が大きく縮小し，またにともない，遊牧民のほかの地方への移転が多く発生するようになった。

歴史資料をまとめると，漢民族の入植によるチャハル人の移動方向はおよそふたつに分けられる。ひとつは官営牧場の移動である。右翼にある牧場は最初は左翼に移動し，そこからさらに北上した。もうひとつは牧場以外の遊牧民の移動であるが，これはさらにふたつに分けられる。ひとつは遊牧民が北上してチャハル以外の旗に融合し，ひとつは付近にある農耕に適さない箇所に移動した。なお，少数であるが，移動せずに農業に従事した遊牧民もあった。これらの移動によって，チャハルにおける活動空間が大きく変動し，生計活動にも多くの変化が生じた。

3.1 官営牧場の移転

右翼チャハルにある牧場は，東にある左翼チャハルに移転し，さらに北上した。牧場で飼育した家畜頭数は成立当初は多かった。4つの牧場のウマは

合計10万頭以上，ウシは合計6万頭，ヒツジは合計20万頭であった。ところが，漢民族の入植がしだいに増加した結果，牧場は移転を余儀なくされ，人口収容力の低い地方に移転せざるを得なかった。それで，家畜の頭数が大幅に減少したのである。1930年代になると，チャハル各旗の人口4万人に対し，家畜が合計1万頭足らずの状態になって，牧場の家畜の少なさを想像できる。中華民国設立後，それらの牧場は整理統合されて，3つの牧場になった。1928年に，国民党政府がそれらをチャハル省立第一，二，三「模範牧場」と改変し，その後，牧場がしだいに縮小し，結局は解散して各旗に編入された(金巴札布，1989：62)。

3.2　個別的遊牧民の移転

　漢民族の入植は南部から始まり，しだいに北部へと進行した。農耕可能な土地が漢民族によって占有された後に，前述した牧場は集団的に移動したが，それ以外の牧戸の一部分は北上し，一部分は地元のアルカリ性が強く，農耕に適しないところに移動した。

　しかし，チャハル人はなぜ農耕に順応せず，農耕不適の箇所を選択して，小範囲における遊牧を行なったのであろうか。それにはもちろん文化的伝統が作用している面があると考えられるが，この地方における生態的条件にも深く関連していると思われる。

　現在チャハルの農地に化した地域における生態的条件をみると，無霜期はおよそ100日間，年間降水量は300-400 mm程度で，冬季になると，気温が−30℃にも下がり，氷点下の月が5カ月も続く(章ほか，1990：5-15)。川は3月まで凍結し，8月中旬に初霜をみる。気温の格差も大きい。降水量が少ないために，川水は海に注がず，川は尻無川となって広い沖積平原の砂のなかに埋まり，あるいはところどころに湖を形成する。左翼においては，アンカリ湖，クイス湖，右翼においては，岱海などはそれら湖のなかの大きいもので，内流域の地帯である。そして，このような乾いたところでは，毛細管現象で地下の塩分があがるために，これらの湖水には食塩，曹達が含まれる。また，土壌はアルカリ性の栗色土壌になっている。植物景観は，イネ科

が優占植物になっていた。総じてみると，ここは牧畜業には理想的立地であるが，農耕はぎりぎりのところでしか成立できない。農作物は生育期が短い裸燕麦，小麦，アワ，馬鈴薯，蕎麦などを粗放的につくる程度である。また生産量が少ないため，広大な面積を保有しなければ最低限の農業生活が維持できない。これらの地方は，現在中国でいわれる「貧困地区」になっており，ふつうの作柄でも穀物が自給困難な状態になっている（魏，1994：78-82）。

　チャハル人が農耕が完全に不能なところを選択したのは，農民から退避したともいえる。彼らはそれらのところを牧畜によって有効に利用し，穀物の需要はもっぱら漢民族に頼った。

　歴史からみると，北方遊牧民は必須の農産品を戦争あるいは交易によって入手した。漢民族農耕民は遊牧隣国に対する依頼関係を有しないが，遊牧民の方からは農産品を積極的に求めた（札奇斯欽，1977：262-285）。ところが，遊牧民は漢民族の農産品に頼るが，両者の間にはしばしば緩衝地帯が設けられた（手塚，1943：143-161）。清朝になると，モンゴル遊牧民の農産品の需要は主に「旅蒙商」という漢民族の仲介役の人々に頼って（内蒙古政治協商会議文史資料研究委員会，1984；盧，1995；邢，1995：33-43），地元の漢民族とは，直接的な経済的往来はなかった。さらに，入植した漢民族集落は土塁で囲み，銃眼を設置したことさえあった（多田，1939：43-53）。また，モンゴル人の有力者が土地を占有しても，それを漢民族の小作に貸し出し，賃貸料を受け取るか（慶格勒図，1990：49-56），あるいは，収穫物を半分ずつでいわゆる「打分収」の形で受け取った。そのほか，農民を招来して，農地を耕作させるモンゴル人も存在したが，それは少数の有力者に限られ，大部分のモンゴル人牧畜民は，家畜飼育に専念した。モンゴル人はみずから農耕に従事することはもっぱら拒否しており，農耕という生業を軽視してきた。

　もっとも，1960年代半ばから，遊牧地域では農耕可能な箇所においてところどころ飼料栽培地をつくってきた。しかし，1990年代現在さえモンゴル人は農業に不馴れである。モンゴル人は牧草のあまり生長しない箇所を選択して農地をつくったり，農作物の管理を粗末にしたりして，穀物の生産量が漢民族に比較して2,3割低い。牧草があまり生長しない箇所を選択した

理由については，「よいところではもったいない」と述べ，生産量が低い理由については，「モンゴル人に農業をやらせるなんて，これでもたいしたもんだ」と述べている。また，モンゴル人の集落地であるホトと漢民族の村が数百mしか離れていない場合があるが，互いにほとんど顔見知りではないという。生態学的視点からみれば，モンゴル牧畜民と漢民族農耕民がおのおのの生計活動に適した場所を「選択」し，それに集中したのである。モンゴル人の「軽農」意識は，自然環境を牧畜によって有効に利用するということを強化させる機能を有するものであろう。さらに，この地域における農村の現状は，上述したように貧困な状況にあるのがほとんどで，同じ状況にならないように，モンゴル人にも「軽農」意識が生じうるであろう。したがって，遊牧から「半遊牧」あるいは「半農半牧」への移行が，モンゴルにおける伝統的遊牧経済の大きな「飛躍」であるという従来の見解（邢，1995など），また，入植がモンゴルにおける遊牧文化の発展に大きく貢献し，漢民族の勤勉なる仕事ぶり，定住的生活習慣などの「優良要素」がモンゴル人に吸収されたような論説に至っては，資源利用の角度からみれば，根拠の希薄な空論であるといわざるを得ないであろう。

4. 遊牧の変化と人口の新たな移動

　漢民族がチャハルに多く入植し，農耕線が遠く北方へと進行したのは既述したことであるが，農耕化された地域においては，小範囲にありながら，遊牧が農耕に不適なところで1940年代までに完全な形で行なわれた。その後，資源地の領有状況と社会的環境の変化で，遊牧がしだいに停止され，1950年代の末ではすべての遊牧が停止した。一方，左翼チャハル北部のような地方においては，遊牧が現在なお行なわれている。このように，チャハルにおける牧畜はふたつの様式が存在するようになった。それはすなわち遊牧と定住牧畜である。ここにおいて3つのホトの事例を紹介して，その変化をみることにする。これら3つのところは，すなわち右翼にあるアダリガ，アライオス両ホトと左翼にあるタバンオドというホトである。

4.1 アダリガ・ホト

　右翼チャハルにあるアダリガ・ホトでは 1940 年代初めころに至るまでは，年間を通じて遊牧生活がなされていた。その後，1943 年ころからは移動回数がしだいに減少し，1950 年代の後半になると遊牧は完全に停止された。移動回数が減少し始めた 1943 年から遊牧が完全に停止された 1958 年までには，1947 年内モンゴル自治区の成立という政治的変化はあるものの，1953 年までは生産制度は変化しなかった。1953 年以後 1958 年の人民公社が成立するまでには「合作社」とよばれる労働組合が成立したが，家畜の所有制度は変化しなかった。それゆえ，遊牧の停止は政府の政策的関与とはあまり関係がなく，変化した環境に対応したためであると思われる。

　生態的環境からみると，アダリガ・ホトは火山噴火により形成された丘陵地帯に位置し，牧畜には適しているが，農耕には不適である。丘陵地帯を出ると 1 カ所の窪地を有し，そこには丘陵地帯からの土壌が雨水によって運搬され，地力が肥沃で農地として適しているが，昔から遊牧民はそれを農地として利用することなく，外地の軍閥がそこを占有し，数世帯の農民を雇用して農地を耕作した。

　アダリガ・ホトにおける遊牧は，その移動範囲が狭い。4 つの放牧地間の距離はそれぞれ 2 km をこえない。この活動範囲は当時 4 つの箇所に分けられ，6 つのアイルがゲルとよばれるテントをもって，年に 4 回の移動で利用した。4 つのところの立地条件と施設の状況から紹介すると，春営地は風を避けるところに位置し，家畜を収容する施設はホローとよばれる石つくりの囲いがある。春，彼らはここでヒツジを出産させ，夏営地に移動した。夏営地は水たまりのあるところに位置し，家畜を収容する施設はない。ここにおいて，彼らは家畜を搾乳し，羊毛をカットして，秋営地に出た。秋営地はとくに定めた地点が存在せず，おおよその範囲しかなかった。そのため，家畜を収容する施設は存在しない。ここにおいて，彼らは家畜を十分採食させて，太らせながら，降雪を待つ。降雪があってからは，彼らはただちに冬営地に入った。冬営地は山の渓谷に位置し，風を避けて，日当たりのよいところを選択した。家畜を収容する施設は上述したホローがある。ここにおいて，彼

らは家畜を屠殺して，越冬した。

　以上に述べた4つの箇所を彼らは1940年代初頭までは完全に利用したが，1940年代初頭に，彼らは最初に秋営地を，つぎに春営地を廃止した。1950年代に入ると，彼らは夏営地と冬営地の間に遊牧したが，しだいに回数を減少し，1958年に遊牧を停止して，定住した。

　1947年に内モンゴル自治区が，1949年に中華人民共和国が成立した。1950年代に入っても1953年までは，内モンゴルの牧畜地方における生産経営制度は従来のものを踏襲し，変化はほとんどなかった。1953年からはいわゆる「生産合作社」が設立され，遊牧民の間の協力関係が正式に制度化された。1958年にいわゆる「人民公社」が設立されてから，「人民公社」には数個の生産隊が含まれた。この制度は，牧畜民が家畜をもって人民公社に加入し，公社から家畜を請け負って管理するものである。遊牧民は数世帯が家畜をともにして，生産活動はほとんどの面で協同で行なわれた。採算は生産隊というもっとも基本的行政単位のなかにおいて行ない，遊牧民は労働によって獲得した単位で生産隊から利益を与えられる。また，社員は公社に入社するときに株として投入した家畜頭数からも利益を獲得した。人民公社の制度は1958年から実施され，1983年の家畜の私有化までに継続された。

　1958年以後生産隊が設立され，同じ生産隊に組み込まれた付近の農村から多くの漢民族がアダリガ・ホトに移入した。1960年代から1970年代までは，アダリガ・ホトにおける家畜の頭数はあまり増加せず，アダリガの4つのヒツジの群をあわせて1200頭にとどまり，ウシも家族ごとに数頭しかなかった。そのため，かつての採草地をもっと拡大して，まわりを石垣で囲んだ。

　1983年からいわゆる請負制度が実施され，家畜がすべて個人に分配された。1990年代に入るとアダリガ・ホトの家畜が急速に増加し始め，10個の羊群があった。これは　1950年代のひとつの群より10倍も増えたことになるのである。また，家畜の頭数の増加によって，放牧地の植生が悪化しつつある。ヒツジの放牧に際して，かつては，人が群の先頭に立ち，それを誘導していったが，今は，人がただ自分の群を他人の群とあわせないように努め

るだけとなったのである。

　植生の悪化にともない，井戸が整備され，採草地と農地を潅漑するようになった。農地は各世帯に分配して，生産量を増加するために工夫された。収穫した穀物は家畜の飼料にあてるだけでなく，人間の食料にされた場合もあった。

　しかし，一方，モンゴル人牧畜民がホトからあいついで移転した。1990年代に入ると，在来 6 世帯の遊牧民のうち 5 世帯が移転し，現在 1 世帯がホトに残っている。なお，この 1 世帯の 2 人の息子が結婚して別々に生活している。さらに，ホトから移転した 5 世帯の状況をくわしくみると，1970 年代に移転したのが 1 世帯，1980 年代初頭に移転したのが 2 世帯，1983 年の家畜私有化後に移転したのが 2 世帯である。またその原因をみると，町に勤務する世帯員と同居するために移転したのが 3 世帯，老後生活が保障できないため移転したのが 2 世帯である。また，老後生活が保障できないために移転した 2 世帯のうち，町に勤務する娘のところに移転したのが 1 世帯，ほかの牧畜地方の親戚のところに移転したのが 1 世帯である。

　一方，同じ時期に，多くの漢民族がアダリガ・ホトに移入した。その状況をくわしくみると，1940 年代に移入したのが 2 世帯，1958 年の人民公社設立時に移入したのが 2 世帯，1960-1970 年代に移入したのが 2 世帯，1983 年代の家畜私有化以後に移入したのが 10 世帯である。なお，同ホトの付近に位置する漢民族からなる村には，元来生活していた 3 世帯に加えさらに 3 世帯が増え，1997 年では 6 世帯が生活している。

4.2　アライオス・ホト

　アライオス・ホトはウランハダ・ソムのアライオス・ガチャーに所属する。このガチャーには 3 つのホトが含まれる。ほかのふたつのホトは，ひとつは北部約 2 km 離れるところに位置する。このホトには 1980 年初頭には十数世帯のモンゴル人がいたが，現在は 3 世帯だけが残っている。もうひとつのホトはアライオス・ホトの南部約 3 km 離れるところに位置する。このホトは 1980 年代以前には 20 近くの世帯があったが，現在 10 世帯程度残ってい

る。

　アライオス・ガチャーはアダリガ・ガチャーと異なって，主に緩やかな低山地帯に位置する。山稜の上は土壌が雨水によって運搬されたため，地力はやせているが，山麓はより肥沃である。アライオス・ホトの付近には比較的に広い平地が2カ所あり，うち1カ所は農地として利用されており，もう1カ所は牧草地として囲まれている。オドガントの1カ所の窪地は全ガチャーの牧草刈り地として利用されている。

　アライオス・ホトは，アダリガ・ホトと同じように，1940年代には，年間を通して遊牧生活をしていたが，1950年代になると移動回数が減少して，人民公社が設立されたときに完全に定住した。

　このホトの民族構成をみると，かつて漢民族男性とモンゴル人女性からなる1世帯があったが，現在はいない。なお，3つのホトの付近1km離れたところには漢民族の村がともに存在しており，牧畜民と村人との個人的な往来はあるものの，互いに移住することはなかったという。

　1983年の時点で，アライオス・ホトにおいて，牧畜民はあわせて15世帯が生活したが，その後，それらの世帯から7世帯があいついで移出し，ほかの地方に移住した。その移住先はふたつに分けることができる。ひとつはほかの牧畜地方で，もうひとつは行政的中心地である。牧畜地方に移住したのは2世帯，町に移住したのは3世帯，子どもが町か牧畜地方に移住し，親が彼らのところを巡回しているのが1世帯，同ガチャーのほかのホトにいる子どものところに行った老人世帯が1世帯である。

　人口がホトから流出する原因は，家畜頭数ののび悩みと直接関連していると思われる。アライオス・ホトの家畜は，牧畜民の思いほど増加していない。その増加を阻止する要因は，出生率，育成率などの管理の面にあるが，放牧地の狭小化がもっとも大きな要因である。放牧地の狭小化の要因は前述した漢民族の入植にあるが，また漢民族が牧畜経営に参入したことにも関連している。人民公社の時代においては，漢民族は耕作可能な地域でもっぱら農耕を行なってきたが，生態的条件が農作にはあまり向いていなかったため，最近彼らは農耕を行ないながら，牧畜も経営するようになった。その結果，か

ぎりある放牧地を両民族共同で使用するようになった。

このような背景で，アライオス・ホトの人口が流出するようになっている。人口の流出は，上述した家族全員が町かほかの牧畜地方に移転する以外に，また若者を町に行かせ仕事をさせるケースも多くみられる。若者を町に行かせると，1人あたり所有する家畜頭数が比較的に増加し，余剰ができるようになる。ところが，若者が町に行った結果，大事な後継者が同時に失われる。また若者が町に行っても，自活するのみで，仕送りまではできないのが現状である。

また，若者を送り出す以外に，出稼ぎもみられる。ふつう家畜頭数の少ない世帯は，生活費を補うために繁殖可能な個体まで売却してしまい，頭数を増加できないどころか，没落して無産者になり，最終的には有産者に付属する。ところが実際には，彼らの家畜は完全になくなることなく，少数ながら数頭を保有している。彼らは出稼ぎなどによって生活の一部を補っている。

4.3　タバンオド・ホト

左翼チャハルの北部地域においては，遊牧が継続されてきた。しかし，彼らも年間数回の移動から，現在の年2回の移動までに減少した。

左翼チャハルは右翼からの牧場を多く収容したが，南部においては，多くの漢民族農民が入植したことは既述したものであるが，その後，遊牧民がしだいに北上し，張北台地とよばれる高地から北へ退去し，陰山山脈以北に遊牧するようになった。

生態的条件をみると，左翼チャハルの南部地方は平原地帯であるが，北部はグンシャンダクとよばれる砂丘地帯である。この砂丘地帯は一般にいう砂漠とは異なっており，一部の流動砂丘を除き，大部分は植生が繁茂なのである。

タバンオド・ガチャーは1994年1月現在，106世帯，人口506人を有する。1997年8月に，1人の女性がほかのガチャーに嫁いだのみで，人口の変化はなかったという。なお左翼チャハルにおいて，右翼チャハルと同様に，もっとも基本的行政単位はガチャーであるが，右翼チャハルのように，ガ

チャーをさらに組に分けることはない。そのため，調査対象をガチャーに設定した。

　タバンオド・ガチャーにおいては，1970年代までは，遊牧民は冬季数世帯が集中し，砂丘地帯で過ごして，春になると冬営地を出て春営地に入った。夏季は一団となって途中において1回程度停留し，南部の平原地帯で過ごした。秋になると彼らはしだいに北上し，砂丘地帯に入り越冬した。このようにして，彼らは年間およそ4,5回移動した。しかし1970年から，それまで利用した夏の放牧地には国営の営林場ができて，彼らはそこを放棄せざるを得なくなり，年中完全に砂丘地帯に入りこむようになった。現在，彼らはもとの冬営地をベースにして，夏の間はゲルをもって，30 kmあまり離れたところで過ごし，年間1回のみで移動を続けている。しかし，1990年代に入ってからは，夏営地に滞在する期間がしだいに短縮されて，1995年になると，このような移動が完全に停止されるようにみられたが，翌年の1996年からはその滞在期間が再び延長される傾向を示し，冬―夏のような移動が再び維持されるようになった。

　ここで，タバンオドにおける四季を通した遊牧から現在の冬―夏の遊牧に至るまでの変化を記しておきたい。

　1953年ころ，彼らは従来のように冬営地を砂丘地帯におき，越冬してからは南方の平原地帯へ移動し，春営地に入った。春営地への移動は，合作化のときは変化はなかったが，人民公社以後は群がいっしょに放牧されたため，移動は当然統一された。移動に際しては，家財道具を載せた車は一団となり，家畜は各世帯が協同して別の一団となって移動した。移動の回数は，以前は途中で少なくとも2,3回は停留したが，今度は砂丘地帯から直接平原のところに行った。また平原においては，さらなる細かな移動は以前よりは減少したという。その原因としてあげられたのは，数世帯が統一されたから，行動が制限されたという。

　夏営地への移動は，合作化以前とは，移動時期と移動路線は変化されなかったが，人民公社以後は，6月になってから湖を離れて，南方の夏営地に移動した。以前途中では，数回停留して，徐々に夏営地へと移動したが，今

回は，冬営地から春営地への移動と同様に，家財道具の一団と家畜の一団が別々に行動し，途中ではほとんどの場合は停留せず，直接夏営地に到着した。夏営地においてはさらなる移動も減少した。

　10月の中旬に入ると，遊牧民たちは夏営地を離れて，秋の放牧を行なった。秋の放牧は「オトル」とよばれ，頻繁な移動やあるいはいつものルートを遊離した移動をさすものである。合作化とそれ以前の時代には，このような移動が行なわれていたが，人民公社以後は，彼らは10月に中旬までに夏営地に滞在して，約60km離れる冬営地に移動した。家財道具は車に載せられて一団となって移動し，家畜は数名によって追われた。途中で1回停留し，2, 3日かかって，冬営地に到着したという。

　また，人民公社設立後，生産隊は隊の事務室として冬営地に固定施設を建造した。過去において，冬営地の位置はそれほど大きく変化しなかったとはいえるものの，年来の場所から遠く離れる場合もあった。しかし，彼らは今度は隊部を中心にして，冬営地を変化させることはしなかった。

　1967年以後に，隊部の付近に，遊牧民の建てた泥つくりの固定家屋があらわれた。およそ1970年になると，すべての遊牧民が固定家屋に住むようになった。固定家屋があらわれてから，彼らは冬営地では固定家屋に住み，ほかの季節にはゲルに住むようになった。この冬営地には，冬季に入る10月中旬から翌年の4月までに滞在し，4月上旬からは隊の指定によって，羊飼いのみがゲルをもって，冬営地を離れて砂丘地帯と平原の接するところに放牧し，6月になると大部分の遊牧民は必要な家財道具を運んで，夏営地に移動した。10月の上旬になると，夏営地に滞在している遊牧民はゲルを車に載せて，途中で1回以上露宿して冬営地に戻った。

　1970年になると，彼らはそれまで使用していた夏営地を放棄し，別のところに夏営地を選択した。夏営地がかえられた背景は，彼ら遊牧民もよくわからなかったが，その地域に国の種雄育成場が設立されたのは事実である。新しい夏営地は冬営地から約35km離れる砂丘地帯のなかに位置する。1970年からは，この新しい夏営地に行くようになった。

　夏営地はグンシャンダク砂丘地帯のなかに，冬営地より35km離れたと

ころに位置する。ここにはひとつの湖があって，夏のテントをこの湖を囲むように張っていたのである。これで，彼らは冬営地と夏営地の間を年に1回往復して移動するようになった。

　前述したように，1970年までの古い夏営地を使っていたときには，夏の放牧地に行くのはだいたい6月の下旬であって，冬の放牧地に戻るのは10月の上旬から中旬の間であった。新しい夏営地を利用するようになってから，1990年代までは，彼らも引き続きこの期日に従って移動した。しかし1990年代に入ってから，彼らは夏の放牧地の滞在期間を短縮させ，6月の下旬から8月の下旬までのわずか2カ月にした。

　ところが1997年に，この滞在期間に新しい変化がみられた。本来1990年以来の数年間では，8月の下旬になると遊牧民は冬営地に戻るのである。しかしこの年は遊牧民が，10月に入って雪が降り始めるころに冬営地に戻ると計画した。

　また，夏営地の構成にも変化がみられた。この変化を固定家屋からなる冬営地の構成と夏の集落地の構成を比較してみれば，明らかになるのである。冬営地は人民公社時代にできたもので，そこからはその時代の集落構成をみることができる。冬営地では，10世帯のうち3世帯が親族関係を有するが，夏営地において，1カ所に集中する10世帯のうち，9世帯がそれぞれ親族，あるいは姻族関係を有し，残り1世帯が漢民族で，彼らとは仲間関係を有するという。

5. 比較・分析

　以上述べた3カ所の状況を通して，チャハルの両翼における遊牧，人口移動と最近の生計活動の状況を比較，分析してみたい。
　まず遊牧の状況をみると，右翼チャハルのアダリガ・ホトにおいて，遊牧は移動回数が1940年代から徐々に減少し，1950年代に完全に停止した。左翼チャハルのタバンオドにおいては，遊牧の移動回数が減少したが，現在なお夏―冬のような遊牧が続けられている。

アダリガ・ホトにおける遊牧が停止した要因は固定家屋が建設されたことにあるが，社会的環境の変化がその主な原因になっていると思われる。もっとも，冬営地の近くには1カ所の農村があって，人口増加によって，農地が冬営地のすぐ近くにまで侵入した。その結果，それを避けるために，遊牧民はほかのところに移転する必要があった。結局，遊牧民は固定家屋を建造して定住生活をするほかなかった。

他方，左翼チャハルのタバンオドにおいては，遊牧における移動回数の減少は主に社会制度の変化にあると思われる。いわゆる人民公社の制度が導入され，移動の期日が行政的に指示され，移動回数が減少した。社会制度の変化以外に，放牧地の狭小化も一因になっていると思われる。国営の営林場などが入ったため，放牧地が縮小され，移動回数がそれで減少するようになった。

つぎに人口移動をみると，右翼チャハルには多くみられるが，左翼チャハルにはほとんどみられない。前述したように漢民族の入植が始まってから，牧場以外のモンゴル人牧畜民は大部分は北上し，農耕線以北に位置するほかの部族に融合したが，その少数は農耕に不適な場所に「残留」した。このようにして，チャハルにおいては，北部にはもっぱらモンゴル人のみが居住しているが，南部にはいわゆる「大雑居，小聚居」の局面が形成された。「大雑居，小聚居」とは，広い範囲からみればモンゴル人と漢民族とは混住しているが，狭い範囲からみるとモンゴル人は周囲の漢民族から独立して，集中的に居住しているというものである。モンゴル人牧畜民と漢民族農民とは，同じ集落における「混住」はなかった(梅棹，1990：54)。ところが，最近数十年間においては，「小聚居」の局面が崩壊し，モンゴル人が元来生活していたホトからあいついで移出し，ほかの地方に移住した。

アダリガ・ホトとアライオス・ホトにおいて，両ホトともモンゴル人が多く流出しているが，両者を比較すると，また異なった様相がみられる。前者においては漢民族がホトに移入し，モンゴル人が移出するようになっているが，後者においては漢民族の移入がみられず，モンゴル人の移出のみがみられる。このような相違は，社会制度の実施状況と直接関連していると思われ

る。

　既述したように，もともと清朝によって編成されたチャハル八旗は，軍事的性格を有する移動的集団になっていたが，中華民国をへて，新中国においては，八旗はしだいに地域的組織へと改造された。1958年からの人民公社制度においては，モンゴル人は地縁に徹底的に固定された。人民公社では，数ヵ所の集落を含める生産隊(ガチャー)という組織が創設され，人民公社のもっとも基本的経済単位とされた。生産隊はホト・村に基づき，いくつかの組に分け，組はさらに羊群を中心にいくつかの「小組」に分けられた。牧畜民は「小組」から家畜を請け負って生活するようになった。生産隊内部においては，牧畜民の移動は自由で，また，牧草地，飼料栽培地は原則として所在するホト・村(すなわち組)周辺のものを利用するように定めた。この政策は，資源の少ないホト・村の漢民族牧畜民がそれの多いところへと移動するのを促進するものであろう。

　1958年に人民公社が設立された際に，アダリガ・ホトはほかのひとつのホトとふたつの農村とひとつの生産隊になった。モンゴル人のホトが漢民族の村と行政的に一体化された結果，農民が少数の家畜をもって牧畜生産隊に加入し，家畜を多く所有しているモンゴル人と財産を共有できた。生産隊の家畜は集団全員の財産であるため，貧しい農民の経済的状況を即時に改善できるようになった。生産隊が設立された後，もともと人口を多く収容できない村から，新しい漢民族牧畜民があいついで移出し，土地の広いアダリガ・ホトに移入した。

　もっとも，チャハル地方に入植した漢民族は，丘陵地帯の窪地，山間部の渓谷などの雨水によって土壌が積み上げられた箇所に入植して耕作したのである。しかし，このような箇所はそれほど多く存在するはずがなく，そのうえ水利もないため，生産量が低くて，農耕民を多く収容できない状態にあった。そのため，増加する農耕民は，新たな資源を求めて外部へ流出する傾向が強い。新中国が成立する以前は，新たな土地を入手するには賃貸，あるいは購入するほかなかった。それらの農民がほとんど小作になっており，土地の入手は困難で，村から移出しても状況改善の望みは少なく，貧困な状況が

続いた。ところが，新中国においては，社会組織の改造によってこれらの農民が牧畜民になって，資源利用方法を農業から牧畜へと変換したのである。

　モンゴル人がアダリガ・ホトから移出したのは，漢民族の圧迫を受けた結果とはいいきれないが，以上のような漢民族の大量の移入を背景として発生したのは確実である。

　他方，アライオス・ホトにおいては，漢民族の村と同じ生産隊に編入されておらず，生産隊は複数のモンゴル人ホトによって編成された。そのため，「小聚居」の局面は行政的に保護された。したがって，モンゴル人牧畜民が全員ホトから移転しないかぎり，「小聚居」の局面は変化しないであろう。ところが，「小聚居」の局面が維持できたが，彼らのみに利用されてきた放牧地が漢民族によって共用されつつある。もっとも，内モンゴルにおける放牧地の境界は，1983年の中国の開放政策が実施される以前には，旗レベルのものはあるが，旗の範囲内ではただ習慣的に存在し，明確なものはなかった。その後，放牧地がガチャー(生産隊に相当する行政的単位)に分配され，ガチャーで共有されたが，標識など存在せず，実際に境界不明の状態にある。アライオス・ホトにおいては，1983年以前において，ホト周辺にある放牧地はホトの牧畜民のみに利用されていたが，その後，もともと自家所有の家畜が認められなかった農村の漢民族も家畜を飼育でき，その放牧地をモンゴル人と共用するようになった。こうして，ホトのモンゴル人の放牧地が縮小されたのである。それと同時に，アライオス・ホトから多くの牧畜民が流出し，ほかの牧畜地方，あるいは町に移住した。

　このアライオス・ホトにおいても，アダリガ・ホトと同様に，牧畜民の流出は漢民族の圧迫によるものとはいいきれないが，それが放牧地の縮小と，家畜頭数ののび悩みを背景に発生したのは確実である。

　最後に，チャハル両翼における現在の生計活動の状況をみてみる。右翼チャハルのアライオス・ホトにおいては，一部の世帯が移出してから，残りの8世帯が，世帯員を町に行かせ，1人あたり所有する家畜頭数を増加させるか，あるいは出稼ぎして生活費の不足を補っている。彼らはこのようにして生活を維持しているが，土地の集約的利用はみられない。一方，アダリ

ガ・ホトでは，土地の集約的利用がみられる。このホトのモンゴル人の状況をみると，元来この地方を遊牧した6世帯から5世帯が移出し，残りの1世帯の兄弟2人は，現在別々に生活している。前述したように，1958年から多くの漢民族が移入し，家畜も増加した。そのため，放牧地の植生がいちじるしく悪化した。このような状況のなかで，その弟は人々の非難を無視して，丘陵地帯に約100 haの放牧地を針金で囲み，そのなかに自家の家畜を入れた。同時に，彼は家畜をあまりもたない兄にフェンスを管理させて，生活費を与えている。近い将来，弟はフェンスの近くに移り，そこに家屋を建築して常住するつもりである。さらに彼らは農地を耕作して，家畜に穀物飼料を与えている。

　他方，左翼チャハルのタバンオドにおいて，遊牧における移動が減少したうえ，放牧地を人口に基づいて各世帯に分配して，集約的に利用しているが，土地を農地として利用することはあまりみられない。逆に，停止に瀕した遊牧が復活し，集落構成も回復しつつある。

　タバンオドの遊牧民が平原地の夏営地を喪失したため，放牧地が縮小した。ところがそれ以来，家畜頭数が大幅に増加した。そのため，植生状況の悪化の結果となった。それで放牧地を改善するために，それをフェンスで囲い込み，季節的な利用方法を調整するようになった。1997年までは，個人が囲い込んだ放牧地が全部承認されていた。しかし，経済的能力のない世帯はフェンスをもたないため，1997年からは改めて世帯員数に基づいて分配されるようになった。私が滞在した一家の冬営地の家屋付近は，以前は半固定あるいは移動砂丘であって，植生がほとんど破壊されたというが，1984年以来，この一家はそこに40 haの面積を囲み，なかに人工的に柳条と牧草を植えた。現在，砂丘は全部固定化し，植生の被度は70%にも達している。1997年からの草地の新たな分配は，人口に基づくもので，1人あたり約13 ha（200 畝）が与えられた。一家は6人家族になっており，約78 haの面積が分配された。ところが，一家はほかにもう1ヵ所の牧草地をもっていたため，草地から一部を拠出しなければならなくなった。一家はフェンスの植生を改善させ，もっぱら他人から子ヒツジを購入し，肥育してからその年に売却し

ようと計画している。

　またタバンオドにおいて，遊牧の状況にも新たな変化がみられた。1990年代に入ってから，遊牧民は夏営地はわずか2カ月しか過ごさなかったが，1997年になると，彼らは前と違って，夏営地に10月までに滞在した。冬の放牧地に早く戻らないのは，放牧地の分配と直接関連していると思われる。冬営地にある放牧地が全部分配されてしまったため，そこに早めに戻ると，家畜を自家のフェンスに入れるしかなく，損になる。むしろ夏営地に長く滞在した方が有利になるのである。しかし，夏営地に長く滞在することは従来の習慣と一致しているのも事実である。

　また，タバンオドにおいて，夏営地の集落構成にも習慣の回復がみられる。モンゴルにおける集落は，もともとは親族関係，あるいはよい仲間どうしで構成されるものであった。長い間，社会主義下での行政的関与で，集落の構成がしだいに変化してきた。1983年からの家畜の私有化により，夏の移動は完全に個人の自由になった。それで，遊牧という生業様式にもっとも適合する集落構成方式が，ふたたびみられるようになった，と思われる。

6. おわりに

　内モンゴル地方は内陸アジアに位置しているため，気候条件がいちじるしく乾燥しており，植生の被覆度がきわめて希薄的で，牧畜業に利用しうる資源は分散的である。そのため，四季における移動などが発達し，分散的資源を有効に利用したのである。

　清朝から現在に至るまでに，チャハルにおける遊牧は，その移動空間が縮小し，移動回数が減少してきた。移動空間の縮小は主に漢民族の入植に起因するもので，移動回数の減少は移動空間の変化に関連するが，社会制度の変化にも関連する。右翼チャハルにおいては，遊牧が主に漢民族の入植によって影響されたが，左翼チャハルにおいては，社会制度の変化と深く関連していると思われる。集団化制度の導入によって，行政的な関与が増え，各放牧地間を時間をかけて行なった移動が速やかに行なわれるようになり，移動回

数がそれで減少し，遊牧が定住，あるいは「半定住」の状態になった。さらに右翼チャハルにおいては，定住化した牧畜民が漢民族の新たな入植で生存空間を喪失しつつある。もっとも漢民族が入植しても，モンゴル人とは別々の箇所において生活していたが，社会制度の変化によって，両民族は同じ行政的組織に組み込まれ，あるいは農耕民が牧畜経営に参入するようになり，その結果，モンゴル人が小範囲に集中しているような局面が破壊され，牧畜民がほかの地方に移転するようになった。

また最近，経済的改革をきっかけとして，草場がフェンスによって囲まれ，家畜頭数が草地の収容能力以上に増加した。その結果放牧地が退化し，植生がさらに分散的になった。一方今まで，遊牧は低効率の資源利用方法として認識され，否定すべき生業様式とされてきた。社会的環境の変化によって遊牧が停止し，また，かろうじて行なっているところでも年間1回程度の移動を行なっているにすぎない。そのため，遊牧が遅れた生業様式だというイメージが人々にさらに与えられる。とくに，遊牧にともなう家畜の商品率の低下，草場管理の皆無などを発展の障礙物とみなし，家畜の売却率を高め，草場への資金投入を増加しようとしている。これは近代工業，農業から生まれた生産の集中的管理，資源の集約的利用という思想を，遊牧を基礎にしてきた生業に適用しようというものであろう。その代表的例は，いわゆる「人民公社」制度の導入である。ところが，人民公社制度では家畜と労働は集中されたが，資源の集約的利用には成功しなかった。

遊牧が定住牧畜へと変化し，資源を集約的に利用して，「原始的」牧畜は近代的牧畜に発達するものと期待された。しかし，資源が分散的であるため，集約的利用には不向きである。そこでフェンスなどを導入して，それを集中させようとした。それにともない，牧畜民の生計活動も，家畜餌の入手問題の解決に集中しつつある。しかし，フェンスはあくまでも牧草の季節的バランスを調整するもので，資源の量的増加は促進できない。また逆に，フェンスが整備されたことによって，フェンス以外の放牧地への圧力が増え，植生がさらなる食害にさらされるようになった。地方によって，大部分の牧草地を人数に基づいて各世帯に分配した場合もある。ところが，所有する家畜頭

数の世帯間格差が大きいため,フェンスにかかる負担もさまざまになる。牧草地と家畜とのバランスは,結局とれていないのが現状である。したがって,フェンスなどに頼って資源の分布状況を改善するのは困難なのであろう。一方,放牧での家畜の分散という行動は,フェンスでの集約的利用という方針と背反している。そうすると,近代化はいつまでも半分しか実現できないであろう。

文　献

安斉庫治．1942．「蒙疆における土地分割所有性の一類型」,『満鉄調査月報』, 2：31-98.
池上二良．1981．「漢語『遊牧』と満州語その他のアルタイ諸語」,『民博通信』, No.13, 20-23.
煎本孝．1995．「宗教と生態」,『生態人類学を学ぶ人のために』（秋道智彌ほか編）, 131-151, 京都, 世界思想社.
煎本孝．1996．『文化の自然誌』東京, 東京大学出版会.
金巴札布．1989．『察哈爾蒙古族史話』フフホト, 烏蘭察布盟政治協商会議文史委員会.
盧明輝．1995．『旅蒙商』北京, 中国商業出版社.
内蒙古政治協商会議文史資料研究委員会．1984．『旅蒙商大盛魁』フフホト, 内蒙古文史書店.
慶格勒図．1990．「綏遠省蒙旗土地改革政策初探」,『内蒙古大学学報』, 4：49-56.
多田文男．1939．「蒙疆地方に於ける漢・蒙両民族交界地方を横断して」,『地理学』, 1(7)：43-53.
手塚隆義．1943．「漢と匈奴との緩衝地帯に就いて」,『北亜細亜学報』, 2：143-161.
王龍耿．1989．「察哈爾興察哈爾八旗」,『錫林郭勒史料』, 1：57-62.
烏蘭察布盟統計局．1998．『烏蘭察布盟統計年鑑』.
烏雲畢力格ほか．1993．『蒙古民族通史』フフホト, 内蒙古大学出版社.
梅棹忠夫．1990．「回想のモンゴル」,『梅棹忠夫著作集 2』, 1-86, 東京, 中央公論社.
魏鐘林．1994．「陰山北麓農牧交錯帯上生態効益与経済効益的辯証統一」,『内蒙古師範大学学報』, 4：78-82.
章祖同ほか．1990．『内蒙古草地資源』フフホト, 内蒙古人民出版社.
錫林郭勒盟統計局．1998．『錫林郭勒盟統計年鑑』.
邢亦塵．1995．『朔漠集』フフホト, 内蒙古人民出版社.
佐口透ほか．1975．『騎馬民族史：正史北狄伝』東京, 平凡社.
札奇斯欽．1977．「中原農業民族興蒙古遊牧民族之間的貿易方式興戦争」,『旅蒙商(付録)』（盧明輝）, 北京, 中国商業出版社.

第*13*章

中国・ショ人(畬族)の生業戦略にみる伝統と現代
浙江省麗水市老竹畬族自治鎮黄桂行政村を中心に

菅　豊

1. 問題の所在

　本章では，中国の少数民族ショ人＊を対象とし，現代における伝統的生計戦略の維持と変化の様相について考察する。中国は1978年の中国共産党11期3中全会における決議以降，「改革・開放」政策へと転換がなされ，農村改革，社会主義市場経済の導入など，さまざまな改革が推進されている。そのような状況のなか，かつて旧社会から「解放」された以降，共同化，集団化という驚くべき画一制度によって大きな変化をとげてきたのとは異質の変化を，中国の人々の生計活動は被っている。

　この大変革期にあって，人々の生きるための生計戦略はどのようにかわり，あるいはどのようにかわっていないのであろうか。現代化，あるいは「改革・開放」政策，それにともなう市場経済の浸透が，どの程度，農村社会の生業に影響を与えているのであろうか。このような問題を，ショ人の生計戦略のなかで検討する。

　＊本章で「ショ人」と表記するのは，中国広東省や福建省から浙江省にかけた山岳部に居住する少数民族で，漢字では畬族と表現される。日本では「シェ族」，「シェー族」「ショオ族」という表記をすることもある。

ここで取り上げるショ人は「解放」以前より，漢人との交流が深く，経済生活の面に限らず，多くの側面で漢化がいちじるしい(瀬川，1990：74-85)。しかし，ほとんど漢人とは差のない生活のなかにも，彼らが伝承的に受け継いできたと認識する活動，技術，知識は存在する。それが，オリジンとして漢人の技術，知識に由来するものであったとしても，現在，それはすでに彼らの生活の一部となっているのであり，存在，あるいは継続する価値を有しているのである。本章では，そのような継承された生業の現在的意義を抽出するために，ショ人が行なう家禽・家畜飼育を題材にする。

　この家禽・家畜飼育は，彼らの経済生活のマジョリティーを占めるような，いわゆる「本業」ではない。しかし，「副業」として意識化され，現実に生産の周縁的な部分を占めるがゆえに，個人の意図や自発的創意が，むしろ反映されやすくなっている。それには彼ら自身の「改革・開放」以後の，生業に対する考え方が，より強く反映しているのである。その意味で，国家政策に強く管理されやすいメジャーな生業に比べ，在地の自発的な論理を抽出しやすく，人々の内発的な戦略を考察するにあたり有効な題材であるといえる。

2. 黄桂行政村ショ人の経済状況とその構造

　本章で対象とする黄桂行政村(ホアングゥイ)は，現在，浙江省麗水市(リショイ)老竹鎮(ラオジュ)に属する(図13.1)。老竹鎮は，麗水市区の西端に位置(北緯28°30′，東経119°44′)し，人口約1万4000人，そのうち約5％をショ人が占める自治鎮である。この老竹鎮の北部，武義県との境界をなす山岳部に黄桂行政村がある。黄桂行政村は，上井村(シャンジン)，平坑村，高水尖村，横塘村，黄桂村(ホアングゥイ)*の5自然村からなり，1997年時点で戸数202戸，人口705人である。大半が雷，藍，鐘姓のショ人で，周姓などの漢人が少数ながら居住する(写真13.1)。

　ショ人は浙江，福建，広東，江西，安徽の5省に居住する少数民族である。本来，山岳地に依拠した「刀耕火種」とよばれる焼畑と，狩猟を生業の基盤

---

　* 本章では，自然村は地名の後に「〜村」，行政村は「〜行政村」と表記する。

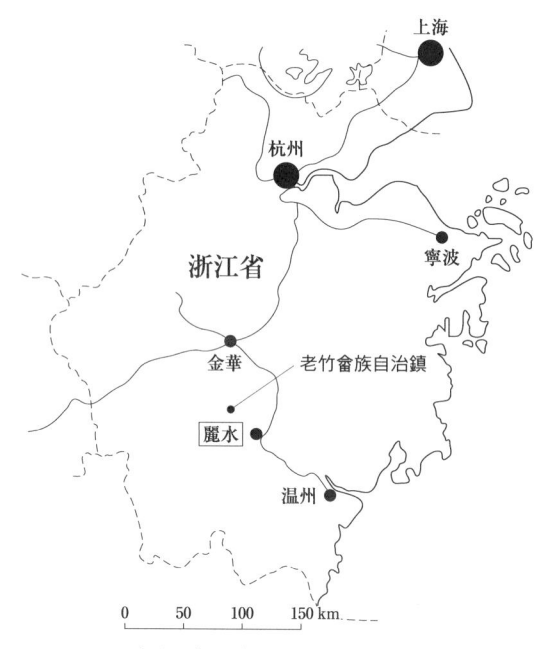

第13章　中国・ショ人(畬族)の生業戦略にみる伝統と現代　467

図13.1　調査地の位置(福田，1999：1をもとに作図)

写真13.1　老竹畬族自治鎮黄桂村

とすると一般に考えられてきたが(鐘，1987：266-277；施，1988：63-67；藍，1995：59-61)，現在の黄桂行政村においては，焼畑，狩猟などその民族性を示す生業は，すでにほとんど行なわれていない。その生業の基盤は，稲作を中心とした農耕にあり，周辺の漢人と生産生活面において大きな差はない(藍，1995：66)。家禽・家畜飼育に関しても，早くより漢人との交流により，その独自性は失われている。

黄桂行政村域の「解放」前の家畜飼育は，現在と同じく個別的，小規模なものであった。たとえば，「解放」時には，地主，富農，富裕中農，下中農，貧農の5成分に区分されたというが，ブタは富裕中農，下中農で1戸に1-2頭ほど，地主，富農で3-4頭飼育していたという。そのほとんどは，換金用で，自家で肉を消費することなど，地主や富農層以外ではほとんどなかった。そのころに比べてはるかに消費量は増えたが，現在でも家禽・家畜の肉や卵は，ふだん頻繁に食べるような食材の地位を占めるに至っていない。

以下，黄桂行政村の現在の経済状況について，統計資料* をもとに検討してみよう。

黄桂行政村には，村民委員会が1組織，その下部組織として村民小組が9組設けられている。電気普及率は100％で，上水道普及率は約95％，テレビも102の家庭に普及している(『1997年農村基本情況』による)。耕地面積は水田683畝(1畝＝6.667a)，畑作地77畝で計760畝，その他山林3551畝(『1997年耕地面積』による)である。全人口705人中約37％，263人(うち16歳から59歳までの男性205人，16歳から54歳の女性58人)が「労働力

---

* この行政村の統計を管理，集計するのは行政村の会計L.L.氏(1932年生まれ，ショ人，男性)である。彼は，1953年から統計作成にかかわっていたが，正式に会計の職についたのは1963年からである。彼は，毎年12月20日までに村内の統計資料をとりまとめ，鎮政府へと報告してきた。彼は最初に統計とかかわった1953年の数値を若干記憶している。当時は，戸数119戸で，人口565人(うち約280人がショ人)。この村は，977.45畝の耕地面積をすでにもっており，その面積は現在より広い。彼は，政府によって決められた経済，社会に関する統計を集計している。その数値の正確性には，いささか疑問もあるが，基本的に彼はこの数値は歪められていないという。ただし，平均収入については，若干高めに報告しているようである。報告値の年間平均所得は2150元であるが，実際は1750元にしかならないという。

資源」として計算され，その内訳は農業201人(約76.4%)，牧畜業12人(約4.5%)，林業1人(約0.4%)，漁業2人(約0.4%)，通信・交通運輸業5人(約1.9%)，商業5人(約1.9%)，その他37人(約14.5%)であり，大部分の労働力が農業生産に配置されているといえる(『1997年農村労働力資源および主要行業分布情況』による)。しかし，農業従事者として計算される人々は，実際には自家でブタやニワトリなどの家禽・家畜飼育を行なったり，山林の木材伐採に従事したりしており，統計上にあらわれるような専業化は大きく進んでいない。

長期，外部へ流失している「臨時工」は37人，短期の出稼ぎ「外出労働力」は18人(うち省外6人)であり，村外に働きに出ている人口は，村の全人口の約7%，全労働力の約21%にあたる。

表13.1は，黄桂行政村における1997年農作物の作付面積と，1畝あたりの生産量，全生産量をまとめたものである。黄桂行政村では，耕地における粮食作物の作付面積は1500畝，非粮食作物は485畝，合計1985畝で，耕地面積760畝に対する作付面積比は約2.6倍である。つまり，作物の栽培季節，期間のずれを利用して，全耕地を1年間に2.6回使用しているということになる。

非粮食作物が全作付面積に占める割合は，約24%である。粮食作物はイネ，麦，雑穀など主食物作物として位置づけられる穀物であり，これは食糧生産政策・契約買付制度の影響下にあるのに対し，非粮食作物は主として換金を目的として市場に対応した作物である。この割合は，社会主義市場経済導入後，徐々に増加しつつあるという。しかし，現状として作付けの主たる作物は，作付面積でみるかぎり全作付面積の約53%を占めるイネであり，黄桂行政村の農業生産は，現在においてもイネを中心とした穀物生産に比重がかけられていると，統計的には理解することができる。ところが，収益面から検討すると，そのような穀物中心の生産から，商品性の高い産物生産へ変化しつつあることが理解できる。これは，「改革・開放」以後の市場経済の影響によるものと考えられる。

表13.2は，黄桂行政村の1997年の総収入，総支出をまとめたものである。

表 13.1 黄桂行政村の 1997 年農作物の作付面積と，1畝あたりの生産量，全生産量(『1997 年農作物播種面積と産量』および『1997 年茶葉と果樹生産状況』をもとに作成)

作物名	播種面積	畝産	産量
粮食作物			
【春季生産の粮食作物】			
小麦	65	105	6.8
エンドウマメ	55	45	2.5
ジャガイモ	165	140	23.1
イネ(早稲)	485	395	192.0
＊そのうちハイブリッド米	160	420	67.0
【秋季生産の粮食作物】			
イネ(単作，すべてハイブリッド米)	50	420	21.0
イネ(連作晩稲)	520	400	208.0
＊そのうちハイブリッド米	500	410	205.0
サツマイモ	45	800	36.0
ダイズ	115	150	17.2
非粮食作物			
【水田，畑など耕地で栽培するもの】			
ナタネ	120	80	9.6
その他の野菜	185	1250	231.0
スイカ	180	622	112.0
【山地，果樹園など耕地外で栽培するもの】			
シイタケ	—	—	200.0
茶	5	—	15.0
			(そのうち春茶10，夏茶5)
ミカン	110	3681	405.0
モモ	5	—	—

播種面積は作付面積：単位は畝(1畝＝6.667 a)
畝産は1畝面積あたりの生産量：単位は公斤(1公斤＝1 kg)
産量は全生産量：単位は噸(1噸＝1 t)
粮食作物はイネ，麦，雑穀など食料用穀物の総称

総額209万3200元(1997年時点1元＝約15円)の生産をあげるが，そのうち約58％は農業生産によるものである．その農業生産のうち，約55％は市場に対応した売却用の産品である．つまり，作付面積では政府買い上げの穀物生産に比重がかけられているものの，農業収益の面からいうと，市場対応型の経済作物生産が大きな意味をもっているといえる．牧畜業による収入が

表13.2 黄桂行政村の農村経済総収入と総支出(万元)(『1997年農村経済収益分配情況統計表』をもとに作成)

[総収入] 項目	収入	
農業	121.00	
・栽培農業		113.00
		(そのうち一般市場への売却用産品67.00)
・その他農業		8.00
林業	10.32	
		(そのうち一般市場への売却用産品0.32)
牧畜業	31.00	
運輸業	2.00	
商飲業	4.00	
サービス業	21.00	
農村外労働収入	20.00(村外出稼ぎを含む)	
総計	209.32	

[総支出] 項目	支出	
生産にかかる費用	42.00	
・栽培農業		28.00
・林業,牧畜業,漁業		4.00
・その他		10.00
管理にかかる費用	4.60	
その他	0.32	
国家税金	8.00	
・農業税		4.50
・農業特産税		3.50
その他税金	2.58	
・村控除分		0.92
		(積立金,公益事業費,幹部報酬など)
・郷控除分		1.66
		(学校,計画生育,軍への特別慰問金,郷村道修理費など)
総計	57.50	

農業収益についで約15%を占めるが,これも市場への売却を主たる目的とした産品であり,現在の黄桂行政村は収入の基盤を市場経済にかなりゆだねていることが理解される。黄桂行政村の総収入と総支出の差,つまり純益は

151万8200元で，人口1人あたりの年収は約2150元*である(『1997年農村経済収益分配情況統計表』による)。

　このような生産活動の経営は，個人の裁量にゆだねられた「家庭経済」がほとんどで，集団的な「村組集体」の経営は現在では0.5%にも満たない。耕地の「承包」率(生産責任(生産請負)の率)は100%で，生産責任制のもとで経済の個人化は進展している(『1997年農業承包経営責任制情況統計表』および『1997年農業承包合同情況統計表』による)。

　以上のように，現在の黄桂行政村の農業は，「解放」前のような山間地の焼畑と，集落周辺部の耕作地に依拠する形態から大きくかわっている。そして，その生産形態は現在でも，外部的な市場経済に対応して明らかに変化しつつある。この変化は，家禽・家畜飼育の方面にも大きく影響を与えている。

　黄桂行政村では，ショ語で農作物をオンフォ(黄貨：農作物)*2とよぶのに対し，家畜をタオサン(？：家畜)とよぶ。タオサンとしては，ジー(猪：ブタ)，ノウ(牛：ウシ)，ヨン(羊：ヒツジ，ここではヤギ)などとともに，ガイ(鶏：ニワトリ)，アオ(鴨：アヒル)，ガオ(鵝：ガチョウ)など家禽も含む。

　「解放」前から，生産大隊時代を通じて，これらの家禽・家畜飼育は行なわれていたが，現在のように収益として大きな意味を認識され始めたのは，改革・開放以後のことである。ブタの飼育を例にあげれば，「解放」前でも下中農レベルまで飼育は行なわれ，ほとんどが売却され収益はあげられていたものの，それを生業の中心とすることはなかった。自家消費も，ほとんどが春節などの祭事に限定されていたという。

　1997年のブタの「年末存欄総頭数(年末に存在する総頭数，当歳の子ブタ

---

　*　実際に純益151万8200元を，人口705人で割ると約2153元となり，統計上の数字と3元誤差がある。

　*2　本章では，現地発音の聞きなしをカタカナで表記し，さらにその後ろの括弧内に(彼らが意識する漢字表記：日本語の意味)を付している。表記不詳の場合は「？」をつける。この地域のショ人は，日常的には麗水方言とショ語とされる言語の両方を用いて会話する。このショ語とされる言語には，独自の語彙もみられるが，客家語的な特色の濃厚なものも多数みうけられる(矢放，1999：213-214)。ショ人は，言語的には，その人口の99%が，漢語の客家方言を用いているという(施，1988：21)。

も含む)」は432頭で，年内に生産売却されたブタの頭数「出欄」298頭をあわせても全生産数は730頭(うち繁殖用メスは18頭)である。1戸あたりの頭数は単純計算約3.6頭で，現在でも経営頭数は特別拡大していない。現在，一部飼育頭数を増やした家も散見できるが，ほとんどの家は1-2頭を小規模に戸別飼育する形態のままである。経済的には，みこみがあると認識されているものの，さほど極端な増加は示していない。

ヤギの「年末存欄」はわずかに2頭(すべてメス)にすぎない。ウシは「年末存欄」51頭で，黄牛36頭(うちメス10頭)，スイギュウ15頭(うちメス6頭)である。ウシは農耕用の役牛で，田を耕すことのできる「能耕牛」は34頭。ニワトリ，アヒルなどの家禽は，「年末存欄」は2900羽，売却された「出欄」は1700羽で，産卵量18tである。数字上概数と思われるが，1戸あたりの年間飼育羽数は，おおよそ22羽程度である(『1997年畜牧業生産情況』による)。

3. 伝承的家禽飼育の戦略と存在意義

従来，ショ人社会では，ブタや家禽類の飼育の大部分は女性が担っていた。現在でも，伝承的な方法で家禽・家畜飼育を行なう家では，その日常的な担い手の主体は女性であり，家禽・家畜飼育に関する在来の民俗知識を，とくに豊富に有するのも女性である。

L.X.氏(1926年生まれ，ショ人，女性)は，そのような伝承的な家禽・家畜飼育に関する民俗知識を豊富に有する女性の一人である。彼女は現在，黄桂行政村に属する上井村に娘夫婦とともに住んでいる。L.X.氏の実家は黄桂村で，子どものころから母の手伝いをするなかで，家畜・家禽に慣れ親しんできた。本格的に彼女が主体となって飼い始めたのは18歳のとき，上井村に嫁いできてからの話であるから，現在もう50年以上の飼育の経験があることになる。

彼女の家庭では，1997年12月時点で，ブタのオス2頭とスイギュウオス1頭，アヒルも13羽を飼育していた。ニワトリは夏まで飼っていたが，す

べて病気で死なせてしまって，12月現在はいなかった。彼女は最近，よその土地からニワトリをもってくることにより，今までなかったような病気がはやりだしたと，愚痴をこぼす。とりあえず年が明けるまで待って，病気のはやり具合をみてから，再び飼い始めるつもりだという。

　L.X.氏は，家禽・家畜飼育に熟練している。ただし彼女は，飼育数でわかるように，家禽・家畜飼育に専門化しているのではなく，あくまで栽培農業を基盤とする生産活動の合間に動物たちを育ててきたのであって，ほかの黄桂の人々と何らかわるところはない。その飼育は，あくまで伝承的な方法をベースにしていると考えられている。

　L.X.氏は，家禽・家畜飼育において昔ながらのやり方を守り，さらにその才はぬきんでていると村の人々に評価される人物である。母から伝授された技術や知識のみならず，彼女は長年の経験のなかで，飼育に関する技術，知識を培ってきた。まず，彼女が保持する伝承的な家禽飼育知識，技術についてみてみる。

　「解放」前にも，たいてい，どの家でも数羽のニワトリを飼育していたという。富農のなかには，50羽以上も自家用で飼っている者がいたという。ニワトリは，節事のみならず客をもてなす食材として一般的であったが，中農以下の家庭ではめったに食べられるものではなかった。しかし，嫁の両親をもてなすときには，必ずニワトリ料理でもてなしたものであるという。

　L.X.氏は，ニワトリ飼育に関してさまざまな伝承的知識を保持している。この地の在来鶏は卵肉兼用であり，第一に卵を生産するために飼育し，その生産の過程で得られる成鶏を肉として利用する。そのため，卵の生産と成鶏の再生産に関し，とくに細かい知識を有している。

　彼女が行なう伝承的なニワトリ飼育の方法は，放し飼いである。夜間，ニワトリを家のなかのガイジー（鶏？：ニワトリ小屋）・ガイロン（鶏籠：ニワトリ籠）で休ませるが，朝には家から出し周辺部を徘徊させる。これら巣のなかには，卵を1個とらずに残すか，あるいは卵の殻をくっつけて卵状にしたものをおいたり，ガンラン（假卵：偽卵）という木製の卵をおいておかねばならない。そうしないと，ニワトリは小屋のワラや薪のなかなど別の場所で

卵を産むという。

　餌には，自家で生産したトウモロコシのあまりや，ヌカ，残飯をまぜて与え，コメに余裕のある家では籾も与える。朝晩2回，決まった時間に与えるのが，放し飼いから規則正しく戻ってくるコツである。ニワトリはアヒルに比べ，早く家を出て早めに家へ帰るという。

　現在放し飼いにしているニワトリは，在来のニワトリという認識がある。しかし品種名としては特定されず，ただベンディーガイ(本地鶏：地元のニワトリ)と表現され(写真13.2)，移入種のワイディーガイ(外地鶏：外来鶏)と区別される。在来鶏の場合，たいていの家はガイコウ(鶏公：ニワトリのオス)，ガイニョウ(鶏娘：ニワトリのメス)ともに飼育しており，自家で再生産も行なうが，ガイラン(鶏卵：ニワトリの卵)を生産しないオスは，数のうえで少ない。

　通常，この地では春節あけに産卵，ふ化させ，ヒナをとる。ガイコウは春節に，背が大きく足の太い健康なもの1羽を種オスとしてとどめる以外，自家で消費したり売却したりしてすべて処分してしまう。メスも産卵数が減ってきたものは，このときに同時に処分する。したがって，春節の前後には飼

写真13.2　ベンディーガイ(本地鶏の放し飼い)

育数が一時的に減るが、最低でも5-6羽のメスを保留している。種オスは農暦2-3月まで、種オスとして用いる。この時期に産卵数が多く、就巣性の強いガイニョウを母メスとして選び、その卵をふ化させる。

ふ化させるために就巣するニワトリを、ラッピュガイ(懶孵鶏：就巣鶏)という。ラッピュには、農暦2、8月ころになりやすいという。L.X.氏は例年、春節あけから、母メスとして選んだガイニョウの卵を主に、20個ほど集めてふ化させる。23、24個もふ化させることはできるが、数が少ない方がふ化する率は高いという。

さらにふ化率を高めるために、有精卵か無精卵かを民俗的な技術でみきわめる。有精卵と無精卵は、ショ語でデェーン(布：有精卵)、ポーン(冇：無精卵)＊と区別される。燈火に照らしてみて、なかに白い模様がはっきり出るものをデェーンと判断する。

卵が集まると、ラッピュになったニワトリにピュガイツォイ(孵鶏仔：抱卵)させる。ちょうどラッピュになるメスがいない場合、よそからラッピュガイを借りてきてふ化させることもある。抱卵させて約10日後に、再び燈火に照らしヒナがいるかどうか確かめ、ポーンを取り除く。また、デェーンでも死んでいる場合があり、軽く冷たい水に浸け、動きを確かめる。ふ化日数は、20日と考えられていて、約8割ほどふ化する。

ヒナはガイツォイ(鶏仔：ニワトリのヒナ)とよばれ、数カ月でオス・メスの区別がつく。オスは1斤(1斤＝500ｇ)くらいに成長して以後、必要に応じて処分する。農暦7-8月ころの生後およそ6カ月齢でガイトゥン(鶏？：若鶏)とよばれるようになると、メス(約1.5斤)は産卵を始め、オス(約2斤)は交尾を始めるとされる。同時に、ラッピュ(懶孵：就巣)になるメスも出始める。

ラッピュ時には放っておくと、20日から1カ月以上も就巣し、産卵を停止する。ラッピュになると、餌を食べるとき以外巣から出なくなり、人が近

＊デェーン、ポーンという表現は、イネの籾の入り具合にも使われる。また、スーという表現も、すべての動植物の交配を表現する言葉で、たとえば、「スイカは、早朝にスーする」と語られる。

づくと羽を逆立てて威嚇するのですぐにわかる。ラッピュになるのは鳥ごとに違いがあり，なりやすいものは二十数日ごと，また，まったくラッピュにならないものもいる。就巣性の発現の個体差が大きいため，産卵数は鳥ごとに大きく差があると考えられているが，1羽あたりの平均的な年産卵数は100個前後とみつもられている。ニワトリは，卵をとることをその飼育目的のひとつとされているため，再生産に必要なラッピュも，子とり以外の季節には不つごうなのである。そのため，ラッピュを解除する民俗的な技術が存在する。

　これをギンサンレイ（赶醒了：急いで眠りから覚ます）と表現するように，ラッピュは眠っている状態と考えられている。その眠りから目を覚まさせるために，目を布でふさいで竹竿の上に立たせたり，浅い水の上に立たせて腹を冷やしたり，子ども靴を無理やりはかせて縛ったり，ガイロンに閉じこめ断食させたりする。こうすると約1週間ほどで，ラッピュから覚めて，再び産卵し始めるという。

　同様に，卵を産まなくなる現象にダンマオ（揮毛：換羽）があるが，これは秋から冬にかけて，ニワトリの羽が生えかわることであり対処法はない。年をとったメスのラオガイ（老鶏：当歳すぎのニワトリ）に多いと考えられている。

　ガイトゥン期は1-2カ月と短く，それより大きく成長すると，オスはガイコウ，メスはガイニョウと区別してよばれるようになる。ガイトゥンの肉は，美味で栄養があるとされ，「斤鶏馬蹄鼈（ニワトリは1斤ぐらい，スッポンはウマの蹄位が美味で栄養がある）」という俚諺が語られるほどである。また，メスがガイトゥンになって最初に産んだ卵は，シンガイラン（新鶏卵：最初に産んだ卵），あるいはタウサンラン（？：最初に産んだ卵）とよばれるが，これには血がついているといわれ，栄養があるため子どもに食させるものとされる。

　L.X.氏は，アヒル飼育に関しても，ニワトリと同様に細かい伝承的な技術，知識を保持し，実践している。

　上井村にはファーアオ（番鴨：アヒルの一種）（写真13.3），タンアオ（田

写真 13.3　ファーアオ(番鴨)

写真 13.4　先導するタンアオ(田鴨)と追従するペイチンアオ(北京鴨)の群れ

鴨：アヒルの一種)，ペイチンアオ(北京鴨：アヒルの一種)(写真13.4)とよばれる3品種のアヒルが存在している。L.X.氏は，1997年12月時点で，ファーアオ3羽，タンアオ6羽，ペイチンアオ4羽を飼育していた。ファーアオは，瘤頭鴨，いわゆるバリケン(Muscovy(*Carina moschata*))で，ペイ

チンアオは北京ダックであるが，タンアオの品種名は同定できない。ファーアオ，タンアオは「解放」前から黄桂近辺で自給用に飼育されていたが，ペイチンアオは，この村への導入がここ十数年と新しい。その導入は，明らかに換金を目的とした副業のためであり，その導入とときを同じくしてファーアオ，タンアオの飼育も，その飼育目的の比重を販売へと移してきている。

ファーアオは自家でふ化させヒナを再生産するが，一方，タンアオ，ペイチンアオは，ヒナを購入する。アヒルのヒナはアオツォイ(鴨仔：アヒルのヒナ)とよばれ，これを購入することをチョアオ(捉鴨：アヒル購入)という。古くは，縉雲からヒナをもってきていたが，今は台州産が多い。アヒルのヒナ売りは，モアオ(売鴨：アヒル売り)という。黄桂村には農暦3月から4月にかけて，タンアオのモアオが台州からやってくる。タンアオのアオツォイは，一種の委託飼育方式で販売される。

タンアオのアオツォイは，通常2羽1組にして売買される。1998年時点，タンアオのアオツォイは1組5元で，この値段は，購入(委託)時に決められ，モアオは売った相手の名前と羽数，値段を控えておく。しかし，この時点では実際に代金の支払いは行なわれない。それは，ヒナの時点には，売り手も買い手も，アオコウ(鴨公：アヒルのオス)かアオニョウ(鴨娘：アヒルのメス)か，みわけがつかないためである。

タンアオは，通常は卵生産用として買い求められる。産卵数はほかのアヒルに比べ多いが，成長しても体重約2斤と小型で，肉質も悪い。そのため，タンアオはメスのアオニョウに飼育価値があるのであり，オスのアオコウは買い手としては不必要である。だが，ヒナ購入時に雌雄の区別がつかないため，ある程度の数のヒナを購入せねばならない。

タンアオは，約20個ほど連産するとしばらく産卵を休止し，年間200-300個産卵する。暑い時期には産卵数が減るが，秋口に入って1週間ほどの換羽＝ダンマオの後，産卵数が増加する。タンアオは卵用アヒルとして品種改良されているため，就巣性＝ラッピュの習性はない。

モアオは農暦8月，イネの収穫の終わったころ再びこの村を訪れ，残存している羽数を数え精算していく。これぐらいになると，はっきり雌雄の区別

がつく。この際，アオコウは無料になり，アオニョウのみが2羽5元で精算される。この時点までに死んだり処分されたりした分は，メスとして計算する。タンアオは，2カ月ほどで食べられる大きさまで成長し，卵を産まないアオコウの場合，餌を考慮すると早く処分することが望ましいが，精算時にメスとして計算されるため，精算以前の処分は控え，精算がすむといっせいに自家で消費される。アオニョウは卵を産むかぎり飼育するが，おおよそ2-3年で産卵能力が衰えるため，逐次若いメスと更新していく。

　タンアオのアオツォイは，立夏の前の生後まもないものを購入せねばならないとされる。それは，成長したものだと放し飼いができなくなっているからであるという。通常，購入後2-3週間は家のなかでコメやヌカ，トウモロコシ，細切りダイコンを与え飼育し，ある程度大きくなってから外へ連れ出し，家までの道筋を覚えさせる。このようにすれば，タンアオは放し飼いにしても，夕方になると必ず迷わず帰ってくるといわれる。立夏以後に買った成長したヒナは，すでに育った別の場所の道筋を覚えており，迷いやすいと考えられている。

　一方，ペイチンアオについては，タンアオのように厳密な購入時期が決められていない。農暦2-8月の間に，タンアオと同じく台州からモアオがペイチンアオのアオツォイを売りに来る。ペイチンアオは肉生産用のため，体の大きなオスが好まれる。最終的には7斤ほどまで育つ。売られるペイチンアオのアオツォイは，雌雄の区別がある程度つく段階まで成長しており，購入後に価値が変化しないことから，タンアオと異なり，購入時点ですぐに精算できる。1997年時点，2羽1組2元である。ペイチンアオは，再生産を自家で行なうことはなく，かつ3-4カ月肥育された後にすべて売却される短期飼育であるため，就巣や換羽に関する直接的な民俗知識は稀薄である。

　ペイチンアオの飼育方法も，タンアオと同じく放し飼いである。しかしタンアオと同じく，すでにかなり成長しているヒナを放し飼いした場合，頻繁に道に迷うと考えられている。ただ，タンアオを飼育していれば，それにまじって群れをなし，放し飼いが可能になるという。この群れには，ファーアオもまじることが多い。ファーアオは，ペイチンアオと同じく肉生産を主た

る目的として飼育されており，その来入の起源はわからない。ペイチンアオよりも美味とされ，自家消費用のアヒルとして重要な位置を占め，春節などの節事の料理にはファーアオが欠かせない。オスは春節，清明節，端午節，中秋節，冬至などの節事に随時消費されるが，メスはたいてい繁殖用に2-3羽保留される。これも長期間飼育すると産卵数が減少し，ラオアオ（老鴨：当歳すぎのアヒル）になって肉質が悪くなるので，2-3年ごとに更新する。ラオアオは「熱い」食物として胃病の人に好まれるが，ふつうは生後10カ月齢のものがもっとも美味とされる。黄桂村では多い家では10羽ほど，少ない家でも2-3羽は飼育している。ファーアオはタンアオ，ペイチンアオと異なり自家で再生産を行なうため，人々はタンアオ，ペイチンアオにはない再生産の民俗知識と技術を有している。

ファーアオは，早くて羽の生えそろう4カ月齢，遅くとも6カ月齢には産卵を開始するが，夏場暑い時期には産卵しない。通常，春節に多くが消費されるため，その前後に子とりを行なう。10-20個の連産の後，ラッピュし抱卵する。抱卵の期間は，約35日である。その後20日ほどヒナの世話をして，ダンマオの後，再び産卵すると考えられている。春節前後にはこの抱卵を3-4回やらせて，50-80羽のヒナを生産し，自家用以外は売却する者もいる。この時期にファーアオのアオツォイはもっとも需要が多く，価格も2羽1組5元で売れる。

ファーアオにはタンアオと異なり，ヒナの段階で雌雄の区別をする民俗知識がある。ファーアオのオスは，メスに比べ体が長いとされる。また雌雄の区別のために，ヒナを逆さにする民俗的識別法もある。ヒナを逆さに返し，すぐに起きあがるものがオス，時間がかかるものがメスであるという。このような民俗的識別法があるものの，オスの方が肉質がよいとされるので，タンアオと異なり，基本的にオスも飼育価値を有する。

ひとつの家ではだいたいオス・メスともに飼育しているが，もしすべてオスになった場合は，新しいメスのヒナを購入しなければならない。またすべてメスになったときには，近所からオスを借りスー（許：交配）させる。貸してくれた家にはひとつがいのヒナをスーの礼に贈る。通常，6-7羽のメス

に，1羽のオスがいれば，自然交配は可能である。

　スーをすると，約9割は受精する。有精卵と無精卵は，ニワトリと同じくショ語でデェーン(布：有精卵)，ポーン(有：無精卵)と区別される。これは，民俗的に5分硬貨を用いて識別される。デェーンの場合，5分硬貨の上におくと自然に回転するといわれ，それは選抜されてふ化され，回転しないポーンはすぐに食用に供されるとあくまで伝承的に語られる。

　以上のように，家禽飼育は細微な伝承的知識，技術に裏打ちされている。いかにも粗放的，非効率的にみえる伝統的飼育法であるが，では，そこから得られる収益の実態はどのようになっているのであろうか。まず，ニワトリ飼育からみてみたい。

　ニワトリの飼育数は個人差，季節差の変移が大きく，さらに収益となる卵の生産量もニワトリの個体差などにより変移するため，ニワトリ飼育からの収益の一般的状況を推しはかることは困難である。ここではL.X.氏の1997年度の収益を推計してみよう。ただし，先にも述べたように，1997年夏にL.X.氏はすべてのニワトリを病死させている。したがって推計は，その分を死ななかったと仮定して修正した値とする。

　この地のニワトリ飼育は，卵肉ともに確保することを目的とされている。まず，肉から得られる収益を計算してみる。

　オスは順次，必要に応じて処分され，また，春節には種オスとなる頑強なものを除き，すべて処分されることは先にも述べた。このころには約5斤ほどまで成長しており，自家で消費する以外は，老竹鎮で行なわれるオネッ(過行：定期市)で売却される。在来鶏であるベンディーガイは，移入種のワイディーガイより価値があり，1斤あたり18元で売れるので，オス1羽あたりおよそ90元で売却されることになる。L.X.氏は1997年の春節に，自家で2羽消費し，6羽のオスと4羽のメス(約4斤ほどに成長)を売却して，828元の収益をあげたという。

　ついで，卵の生産から得られる収益を考えてみる。通常村内には，卵を仕入れてオネッで商売をする者がいる。そのような卵で商売する人は村外からもやってくるので，一般の農家では1カ月に2，3回は売却する機会がある。

ベンディーガイの卵も肉と同様に，ワイディーガイに比べ高価で，1斤あたり（およそ9個分）6元（ワイディーガイは3.5元）で取り引きされている。L.X.氏はガイニョウになったメスを，コンスタントに卵を産み続けるかぎり飼い続ける。だいたい3-4年は卵を産み続けるが，2年ほどで産卵能力は落ちてくるため，できるだけ若いメスへと毎年更新する。彼女は1997年夏に，病気の流行とともに15羽のメスと8羽のオスのすべてを失ってしまった。この時点で，産卵能力のあるガイニョウは7羽であった。L.X.氏は，端境期である春節のころでも，毎年5-6羽の成メスを保留しているというから，この羽数は平均的なものと考えてよかろう。

この7羽が病死することなく，コンスタントに1年間卵を生産したとして，平均的にみつもられている年産卵数約100個に乗すると約700個となり，およそ77斤の産卵量が期待される。すべて売却したとして，得られる収益はおよそ462元にみつもられる。したがって，L.X.氏は，1997年度には，春節時の成鳥売却と年間の卵売却をあわせて，約1290元ほどの収益をあげることが期待されたことになる。

つぎにアヒル飼育を考えてみる。十数年前までは，黄桂村のアヒル飼育は自家消費を主たる目的として行なわれていたが，現在は自家消費のほか，販売による換金にその飼育の主たる目的は変化している。ファーアオ，ペイチンアオの成鳥と，タンアオのアオラン（鴨卵：アヒルの卵）は，ニワトリと同じく定期市で売買される。ファーアオはオス約6斤，メス約4斤に成長し，1斤あたり5元，春節のころには7元ほどで取り引きされる。ペイチンアオは安く1斤あたり3元，タンアオの卵は，1斤（およそ7個分）あたり4元で売買される。このアヒル飼育から得られる収益について，ニワトリと同様にL.X.氏の1997年度の例から推計してみよう。

1997年12月時点で飼育しているファーアオ3羽（オス1羽，メス2羽），タンアオ6羽（すべてメス），ペイチンアオ（すべてオス）4羽のうち，ファーアオは自家でヒナどりしたものである。タンアオは，モアオから農暦3月に10羽購入したもので，そのうち4羽がオスだったために，モアオへの精算時には2羽1組5元で，メス6羽分15元を支払った。4羽のオスはモア

への精算以後，随時自家消費し，12月時点にはすでにすべて処分されていた。ペイチンアオも，モアオから購入したもので2羽1組2元，4羽で4元支払った。したがって，アヒルの購入コストは19元ということになる。餌は，ニワトリと同じく自家生産物の余剰，残滓を用いるので，コストには含めない。

一方収益であるが，タンアオ1羽から生産される卵の年産卵数を最大300個とみつもると，全体の産卵数は1800個となる。1斤はおよそ7個分に相当するので，生産量は約257斤，収益は1028元になる。ペイチンアオは7斤ほどに育ち，1斤あたり3元にしかならないので，4羽で得られる収益は84元にとどまる。ファーアオはオス1羽，メス2羽全部を売却したとすると，通常期で70元ほどになる。したがって，アヒル全体から得ることのできる収益は1182元ということになる。購入コストをさしひいた純益は1163元ということになる。ただし，先にも述べたように，ファーアオに関しては，L.X.氏はすべて自家消費し，さらにタンアオの卵も自家消費する（鶏卵より消費する頻度は多い）ので，実際の金銭的収益はもっと低く推計されるべきであろう。

以上のように，1997年度のL.X.氏がニワトリ，アヒルなど家禽から獲得できる純益は，最大値2500元近くにものぼる。もちろん，先に述べたような自家消費分，さらにアクシデンタルな損失分をさしひけば，その額ははるかに低くなるであろうが，この獲得可能な約2500元という値は，先に紹介した黄桂行政村人口1人あたりの年収約2150元よりも多く，70歳をこした高齢の女性があげることができる収益としては，けっして低いものではない。伝承的な家禽飼育は，この村の標準的な金銭収入水準を満たすことのできる活動であるといえる。しかし，L.X.氏など伝承的家禽飼育を展開する人々は，単に金銭的な収入をあげるためにその伝承性を維持しているのではない。金銭的な収入の最大化には関心はあるが，それのみが最大の関心事とはなっていないのである。

伝承的家禽飼育を続ける人々には，共通した家禽飼育規模を抑制する意識がある。この意識は，簡単にいって「飼えるだけ飼う」という言葉で表現さ

れる。「飼えるだけ」というのは，その家のなかで家禽飼育に無理なく携われる人の数と，自家で賄える飼料にみあっただけ，という意味である。とくに飼料の量を飼育数の限定要因として，多くの人々は考えている。この飼料量はほかの生業による生産とかかわっており，余剰の生産物を家禽飼育にまわせる家では飼育数も多い傾向がある。伝承的家禽飼育は，この点において他生業と結合(integrate)することにより，資源を無駄なく有効に使いコストを低く抑える方法をめざしたものであるといえる。このコスト低減には，さらに放し飼いという伝承的方法が有効である。それほど多量とは思えないが，家庭内で供給する飼料以外に，放し飼い中に行なわれる食餌行為によりさらに無償の資源を利用できる。また，放し飼いにより飼育環境管理(鶏舎の清掃など)の労働の手間も低くできるのである。

　後にも述べるように，配合飼料を購入することによって飼育数を拡大し，飼育期間を短くすることが可能である。しかし伝承的な家禽飼育では，配合飼料を購入してまで飼育規模を拡大する指向性はまったくない。むしろそれはコストを増大させることになり，L.X.氏らにとっては，それは危険なことだと考えられている。実際1997年度には，L.X.氏は保持していたニワトリすべてを病気で失ってしまった。L.X.氏の産卵鶏は1997年時点で半年生存し，夏に死亡させたニワトリの損害は，卵だけでいえば単純に200元強，加えて産卵可能なメス7羽ということになるが，死亡した15羽のメスと8羽のオスが，もし死亡せずにすべて売却されたと仮定するならば，その損害額は約1800元を加えた2000元ほどにものぼり，その金銭的な損失は無視できない。この損失は，翌1998年の春節時に成鳥売却ができないことで顕在化するのである。しかし，その損失は金銭的コスト(労働力や飼料)がほとんどかからなかったことにより，生活自体への影響は比較的軽くすんでいる。ここに購入飼料のコストが加わっていれば，当然それは他生業から得られる金銭的な収益から補填しなければならない。それは生活全体の維持において，不安定要因となりかねない。つまりコストの低減は，その生業のもつリスクの低減につながっているのである。これはニワトリ飼育ばかりでなく，アヒル飼育にも同様なことがいえる。

この地の家禽飼育は，経済的にそれほど大きな地位を占めてはいないが，確実に他生業と結びつき，生活の全体性維持のなかで生産量の最大化と生活の安定化という，2点のバランスをとりながら展開されているのである。

　このように，家禽飼育はある程度の範囲内で，生活の維持に金銭面から寄与している。ただし伝承的家禽飼育が継続されるのは，そのような金銭的な実利のみを追求するからではない。その行為自体を継続する別の理由を，伝承的飼育を行なう人々はもっている。

　たとえば，1997年度にニワトリをすべて失ってしまったL.X.氏の損失は，金銭的な側面ばかりにとどまらない。事実L.X.氏は，日常の生活のなかで肉と卵をストックできなくなったことこそを，むしろ大きな損失と考えている。現在，ニワトリからの金銭的な利益は，生活を左右するほどの大きさをもって期待されていない。その飼育にかけられるコストが諸生業の余剰であるのと同じく，その利益もあくまで余剰なのである。

　また，日常頻繁に食卓へとはのぼらないものの，「改革・開放」前に比べ，ニワトリの肉や卵は求めやすいものとなってきた。しかし，かつて貴重な食材として日常の食卓にはのぼることがなかった肉や卵に対する価値が，彼女にはいまだ記憶されている。そのため，ある種の生活の豊かさを確認させてくれる肉や卵をストックする機会を失うことこそ，彼女にとって大きな損失と受けとめられたのである。年間，節事や祝いごと，来客時などに利用することによってその豊かさは確認されるが，その食材を自分で確保できない状況を彼女は問題視しているのである。

　このように家禽は商品としての側面と，生活の豊かさの証としての側面の二重性をもつ。それぞれへの比重のかけ方は，各家の経済状況で大きく異なってくるであろう。ただ黄桂行政村では，「改革・開放」以後の市場経済浸透の後も依然，商業性に特化しない形で，伝承的な家禽飼育が意味をもち続けているのである。伝承的な家禽飼育が現在でも意味をもつのは，生産量の最大化と生活の安定化という2点のバランスをとりながら，精神的な豊かさも含めた生活の全体性維持において，その方法が適していると人々に認識されているからである。

4. 伝承的家畜飼育の戦略と存在意義

　近年，黄桂行政村におけるブタは，換金目的でかつてより重要視されているものの，先に紹介した統計的な飼育頭数のように，とくにそれを拡大する指向性はみられない。以前と同じく，農業生産の合間に，伝承的な方法で，少数のブタを小規模に飼育する者がほとんどである。その日常的な飼育技術も基本的なところで大きく変化していないが，繁殖や品種の側面において，現代化，あるいは市場経済に対応した変化がみられる。それでも L.X.氏は，自分の行なうブタ飼育は本来のショ人の飼育方法であり，自分は伝統的なやり方を守っていると強調する。

　L.X.氏は昔ながらのやり方を守り，さらにその才はぬきんでていると村の人々に評価される。あるとき，70斤の子ブタを10カ月間肥育し，299斤（1斤＝500gなので約150kg）まで育て上げたことがあり，また1997年度，ある1頭を約7カ月間で，10カ月飼育並の大きさまでに仕上げて売ることができたので，村中で話題となっている。人々は，「L.X.氏の水桶はとてもよい（ブタを大きくする水が入っている，転じてブタ飼育にすぐれているの意）」と評するほどである。彼女は，現在でも基本的に「解放」前とほとんどかわらない方法で，ブタを飼育していると語る。そしてこの方法は，生産大隊時代もほとんどかわらなかったという。

　ブタはかつて家禽以上に貴重で，春節や清明節，端午節，中元節などの節事に食べられればよい方で，日常的にはほとんど食卓にのぼることはなかった。「解放」前には地主や富農が数頭単位で保有し，富裕中農，下中農でも1戸に1-2頭いればよい方で，貧農などでは飼育することすらできなかった。そのため家禽以上に，生活の豊かさの証としての意味を，ブタは今でももっている。

　彼女は，この貴重なブタに関して，人間とかわらぬようにていねいに育てれば必ず大きく成長すると，手をかけることの重要性を指摘する。毎日3回，ダイコンや野菜のクズ，サツマイモ，ヌカ，雑草などをまぜて，1回で食べ

きれる分だけ給餌し，配合飼料は用いない。給餌の際には，消化を助けるため必ず煮てやわらかくする。朝に餌をつくりおきするが，給餌の際は暖めなおす。子ブタのときにはとくに注意を要し，コメの粥や卵をまぜたりして，体調に気をつける。ときどき，虫下しとしてヨウチャ(油茶：アブラツバキの仲間)の実のしぼりかす(燃料として用いている)を燃やした灰を粥にまぜて与えるという。

もともとブタは，自分の家で繁殖させることもあったが，数年前に繁殖はやめ，現在では肥育のみを行なうようになっている。ジーツォイ(猪仔：子ブタ)は，娘夫婦が，2と7のつく日に老竹鎮で行なわれる定期市オネッで購入してくる。

先にも述べたように，黄桂行政村のブタの全飼育頭数は730頭で，そのうち繁殖用メスは18頭にしかならない。最高でも全戸の約9%ほどしか繁殖メスブタを保持せず，ブタの自家再生産を行なっていない。残りの大半の家庭では，村外からブタを購入しているのである。元来，繁殖に携わる人は，あまり多くはなかったという。

「解放」前には，ウージー(烏猪：黒ブタ)を繁殖させていた。これは，縉雲からもたらされたとされるブタで，これをベンディージー(本地猪：地元のブタ，地ブタ)だと考えていた。ところが，1958年に杭州から白いブタを獣医たちがもってきた。その後，さまざまな品種が村にきて，ウージーはほとんど姿を消すこととなる。現在わずかに残るウージーは，同じ麗水市内の碧湖鎮からもたらされた碧湖猪という地方品種であり，現在ではこれをベンディージーと考えている。

子ブタは，毛に光沢があり前足が太く，背の幅が広いものほど，成長がよいと考えられており，そういうものを選んで購入する。品種はさまざまであるが，最近は碧湖猪と長白(ランドレース種)をかけあわせた「雑交種」(F1)が，成長がよいということで多く出まわっている。この肥育用の「雑交種」の子ブタは，通常，約4カ月齢(体重70斤前後)まで繁殖者に肥育されて売られる。それは，小さいものほど病気になりやすいと考えられているので，4カ月齢前後のものが好まれるからである。L.X.氏も，70斤前後の子

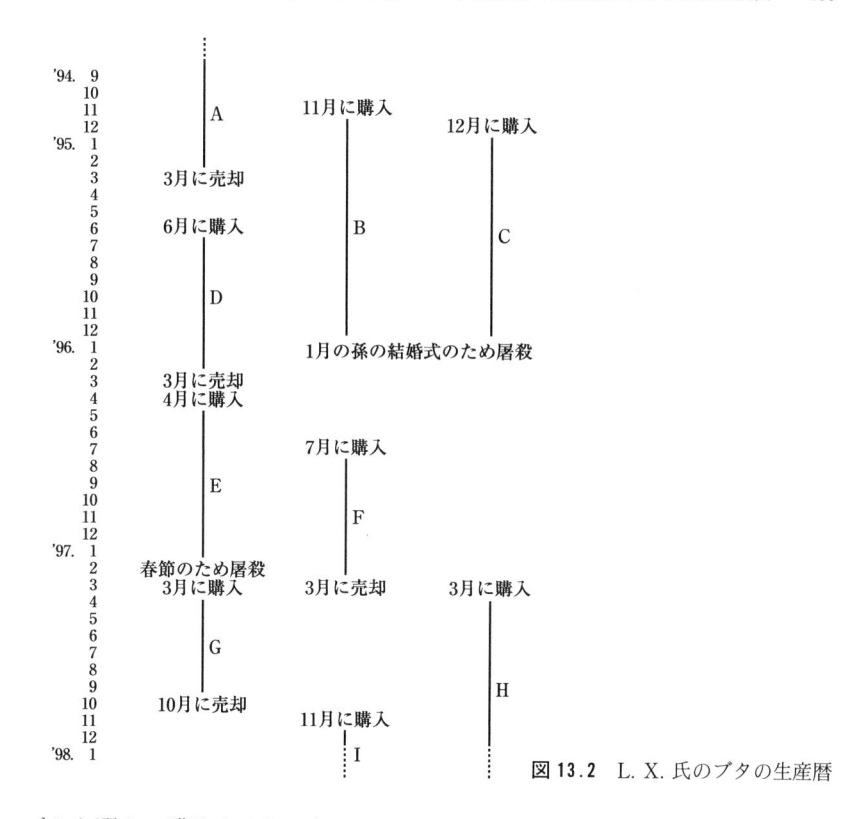

第13章 中国・ショ人(畲族)の生業戦略にみる伝統と現代　489

図13.2　L. X. 氏のブタの生産暦

ブタを選んで購入するという。

　L.X.氏には，ここ数年，飼育したブタについての記憶が鮮明に残っている。

　図13.2は，それを生産暦にまとめたものである。彼女は，1995年初頭には，94年初夏(A)，11月(B)，12月(C)に購入したブタ3頭を飼育していた。Aのブタは95年3月に売却し，これにかえて6月にDのブタを購入した。B，Cのブタは96年1月1日に行なわれた，孫の結婚式の料理用に屠殺した。

　Dのブタは，1996年3月に売却。これにかえて4月にEのブタ，さらに7月にはFを購入し，Eを翌97年の春節の料理用として屠殺し，Fを3月に売却した。そして，これらにかえてG，Hを購入した。このGが，約7カ月間の飼育で10カ月並の大きさ(肉だけで約200斤(約100 kg))までに仕

上げて村中で評判となったブタで，10月に売却することができている。これにかえてIを11月に購入している。彼女の家では1997年末存欄で，2頭のジーコウ(猪公：ブタのオス)を飼育している。このH，Iはすべて去勢したロウジー(肉猪：肥育ブタ)である。現在，子ブタを購入するときには，すでに去勢ずみである。

　この生産暦からわかるように，1995-1997年のL.X.氏の飼育頭数は9頭にのぼる。購入から処分まで，明確に飼育期間のわかっているB，C，D，E，F，Gの6頭の平均飼育期間は，約9.8カ月で，彼女が語るほぼ9-10カ月という飼育期間の数値と一致する。年平均3頭が，彼女に飼育の上限と考えられている。これ以上飼育すると，飼料上あるいは手間からいって，自分一人で面倒をみられないという。通常は，ブタの成長具合，自家での需要に応じて購入，販売，処分の時期が，それぞれのブタで異なっているため，頭数は変化する。最大で3頭飼育しているのであり，1996年の3月から4月，また97年の2月から3月のように，飼育していない時期もある。実際の販売，処分頭数は95年に1頭，96年に3頭，97年に3頭で，ここ3年間で年平均約2.3頭生産したことになる。

　さてこの値から，彼女のブタ肥育の収益を推計してみよう。

　たとえば，1997年Gのブタの場合，67斤の子ブタを最初に購入してきた。このとき，同時に購入したHは71斤で，通常，彼女は70斤前後のある程度育った4カ月齢前後の子ブタを選ぶという。購入時の子ブタの価格は，体重1斤あたり6元であった。したがって，Gのブタは402元で購入された。これが，売却時に肉のみの重さ200斤になっている。このときのブタ肉の価格は1斤5.8元であり1160元になる。これに，肝臓などの内臓分30元を加えて，1190元の収益をあげたという。

　先にも述べたように，L.X.氏は，家禽と同じく飼料を自家で賄っているため，ブタ生産には，子ブタ購入費，および労働力以外のコストがほとんどかからない。したがって，ブタの購入費を収益からさしひいた額を，基本的に純益とみなすことができ，これは758元になる。もし，年平均約2.3頭生産するブタをすべて売却用にまわすとしたら，L.X.氏は約1743元の収益をあ

げることができる。

　この額は，黄桂行政村人口1人あたりの年収約2150元の8割程度であり，70歳をこした高齢の女性があげる収益としては，家禽飼育と同じくけっして低いものではない。L.X.氏は，ブタ飼育の収益を蓄え，子どもの教育や，結婚の費用に使ってきたようで，その経済的な意味は，主たる生業の収益に比べ個別性が強いようである。このような金銭的な利益に加え，家禽飼育と同じような喜び──生活の豊かさの証──が，ブタ飼育にはある。さらに，L.X.氏は自分がもっている技術が村のなかで評価されていること，そして，実際にほかの人より大きなブタを早く成長させることができたことで，ささやかな栄誉感にひたることができている。

　以上，黄桂行政村における伝承的な家禽・家畜飼育の意味について，一人の女性を例にみてきた。ニワトリやアヒルの家禽飼育と同様にブタなどの家畜飼育にも，他生業との結合(integrate)によりコストを低く抑え，リスクを低減させる指向性がみられる。これは同じくその生業のもつリスクの低減につながっているのである。

　この地の伝承的な家禽飼育と家畜飼育は，ともに他生業と結びつき，生活の全体性維持のなかで，生産量の最大化と生活の安定化という，2点のバランスをとりながら展開されているのである。この生産量の最大化は，単に金銭的な利益の最大化を意味するのではなく，精神的な喜び──生活の豊かさや栄誉感など──を拡大することにもなっている。伝承的家禽・家畜飼育が伝承される意味は，ここにあるといっても過言ではない。それが非近代的な技術であると認識されていても，けっして無意味というのではなく，現在でも存在意義がそこには十分に認識されている。

　L.X.氏は，このように自分の生活を金銭面，精神面から豊かにしてくれるブタの家禽・家畜の安寧を願って，儀礼を欠かさない。たとえば，ブタを屠殺するときには，その血を紙につけ，ジーラン(猪欄：ブタ小屋)の戸口にさし，線香をそなえまつる。これをシェザイ(血財：ブタの血をつけた紙)とよび，これが多いほど，家は豊かになるといわれる。また，このシェザイは，ブタが下痢したときに，燃やして与える民間治療薬ともなる。

写真 13.5　ブタ小屋にはられた「血財肥大」の紙札

写真 13.6　トリ小屋にはられた「鶏鴨成群」の紙札

さらに，ブタに限らず，家畜の飼育場所の入り口には，年越しにその成長を願った札をはりつける。ジーランには「血財肥大(シェザイ(ここではブタをさす)が，肥えて大きくなるように)」(写真 13.5)，「猪大如象(ゾウのようにブタが大きくなるように)」，「猪大如牛(ウシのようにブタが大きくなるように)」，ガオラン(牛欄：ウシ小屋)には「力大如虎(トラのように力が強くなるように)」，「六畜興生(家畜が栄えるように)」，ガイジー(鶏？：ニワトリ小屋)・ガイロン(鶏籠：ニワトリ籠)やアオジー(鴨？：アヒル小屋)・アオロン(鴨籠：アヒル籠)には「鶏鴨成群(ニワトリ，アヒルが群れになるように)」(写真 13.6)といった文言の書かれた紙札がはられ，その家禽・家畜の成長の安寧が祈願されるのである。

5. 新しい家禽・家畜飼育の戦略と存在意義

　以上のように，黄桂行政村の伝承的家禽・家畜飼育はいまだ重要な「伝承」の意味をもっているが，一方で，新技術，知識を応用した新しい試みが若い世代のなかで模索されている。それは，明らかに「改革・開放」以後の市場経済に対応した方法である。
　たとえば，黄桂村に住む L.B.氏(1955年生まれ，ショ人，男性)は，自分の家の一室をニワトリの飼育舎とし，移入種ワイディーガイの飼育を試みている。その飼育方法は，伝承的なニワトリ飼育とは異なり，舎飼いによる短期育成という近代的なものである。L.B.氏は，1996年にこの方法を始めたばかりである。この地域の中心的な都市部麗水に出稼ぎに行った際に養鶏場での飼育方法をみて，これは儲けになると確信し，その飼育法を学んできたという。L.B.氏は1996年，時間に比較的余裕のできる7月から翌年2月にかけて，7，8月が第一回目，9，10月が第二回目，11，12月が第三回目，1，2月が第四回目という形で，1シーズンに4回のサイクルで飼育した。ヒナを麗水の育雛場から購入し，約50日ほど育成して出荷した。ヒナは育成中に死ぬ分を考慮して，毎回110羽購入した。そうすると出荷時には100羽ほどになったという。ワイディーガイは肉用なので，購入にあたって雌雄を

問う必要はない。

　ワイディーガイの飼育は，伝承的なニワトリ飼育に比べ，はるかにコストが大きい。餌は配合飼料を購入して確保する。昼夜を問わず配合飼料を給餌する必要がある。冬場には，鶏舎として用いている部屋の温度をあげるため，500Wの電灯を複数灯して暖める。また，ベンディーガイに比べ病気になりやすいので，しばしば獣医の勧める薬を餌にまぜてやらねばならない。ヒナの購入代金も含めて，これらの飼育に関するコストは，1羽あたり約20元(100羽出荷するとして)にものぼる。

　一方，ワイディーガイの販売価格は，在来鶏であるベンディーガイに比べかなり安くなる。L.B.氏は売却する時直接麗水の都市部へともっていくが，ベンディーガイが1斤あたり18元，オス1羽あたりおよそ90元で売却されるのに対し，ワイディーガイは1斤あたり5元ほどでしか売れない。約50日の育成で7斤ほどまでに成長するが，実売の価格は35元程度と，ベンディーガイのオスに比べて約1/3の価格しかつかないのである。

　しかし，多羽数飼育と短期飼育により，伝承的なベンディーガイ飼育に比べ収益を非常に大きくすることができる。L.B.氏の場合，1996年夏から1997年春にかけてコンスタントに1サイクル約100羽出荷し，それを4サイクルやることによって全体で約1万4000元もの収益をあげることができた。その飼育にかかった費用は，L.B.氏の労働力を換算しないでも，1サイクル2000元はかかっている。つまり，1シーズンでは約8000元ものコストを費やしているのである。だが，その結果もたらされた純益は，全体で約6000元にものぼるのである。これは，伝承的ニワトリ飼育を行なうL.X.氏が1997年度にあげることのできた期待純益の約1290元に比べ，約4.6倍の利益であり，伝承的な飼育法では到底達成できない利益である。L.B.氏は，1羽あたりの利益は少ないが，飼育数を増やし，飼育期間を短くすることによって生産量を増加させ全体の利益を向上させる，という戦略をとることにより，従来の伝承的飼育法では到底獲得できない収益を得ているのである。

　この戦略は明らかに，近年の市場経済の動向を強く認識したものである。飼育数を増やすためにヒナを購入し，さらに餌も成長をよくするために配合

飼料を購入しなければならない。それに，薬品代や設備費を加えると，そのコストは伝承的な飼育法に比べ格段に大きくなるしかない——伝承的飼育法のコストは，ほぼ0に等しい——。このコストは当然，飼育前に投資という形式で支払われているのである。L.B.氏は養鶏を始めるにあたり，出稼ぎで稼いだ収入を元手とし，飼料，薬剤の購入費や設備費に5000元ほどを投資したという。高コストで高生産を生み出すという戦略は，ニワトリの販売にとどまらず，必要物資の市場性が確保されないかぎり不可能なのである。その意味でL.B.氏は，市場経済の浸透する現状をうまく認識しているといえる。

　しかし，このような方法は誰にでも採用できる方法ではない。まず先行投資する資本が必要であり，それはL.B.氏のように都市部に出稼ぎに出た者でないと確保することが難しい。さらに，高コストは高リスクにつながることを覚悟できる者でないとこの方法は採用できない。多羽数飼育，短期飼育をめざしたとしても，それは必ずしも確実に利益をもたらすとは限らないのである。相手が動物のため，いつも病死などの可能性は存在する。一度伝染病にみまわれ全滅ということになると，その高コストゆえに損失は甚大になるのである。事実，1997年冬において，L.B.氏はワイディーガイの養鶏を控えていた。それは，夏場にニワトリの伝染病が蔓延し，この村のニワトリを大量に死に至らしめたからである。L.X.氏などのニワトリもこの病気で全滅したわけであるが，このような状況では，多羽数飼育は躊躇されるのである。L.B.氏は，年が明けて病気の状況をみきわめた時点で，再開するつもりである。

　このような新しいニワトリの飼育法は，伝承的な飼育法と比べ，その技術のみならず，その方法の存在意義という側面まで異なっている。先に伝承的飼育法が，生産量の最大化と生活の安定化という2点のバランスをとりながら，精神的な豊かさも含めた生活の全体性維持において意味をもっていることは述べた。しかし新しい飼育法では，生産量の最大化にとくに関心がはらわれ，その結果，生活自体においては不安定な要因をはらんでいる。ニワトリ自体の生産と利用から得られる精神的な豊かさもそこには稀薄で，ある

すれば金銭を多く得たという喜びと，実質的な生活の向上である。事実，L.B.氏は自分の飼育していたワイディーガイを，自家用に用いることはなかったという。これは味覚的な問題もあるが，明らかにそのニワトリに対し商品としての価値のみをみいだしているからである。その点において，ワイディーガイの飼育は，生活そのものの豊かさを証明するものではなく，そこから得られる金銭のみが生活の豊かさの証として認識されているのである。新しい飼育法はまだ黄桂行政村では散見するほどであるが，市場経済のさらなる浸透に従って，さらに増えていく可能性は高い。

　このような新技術の導入により市場経済に適応しようとする動きは，ニワトリ飼育ばかりではなく，ブタの飼育にもみられる。これもまた，出稼ぎ経験をもった若い世代が取り組みはじめた。

　L.Z.氏(1973年生まれ，ショ人，男性)は，黄桂行政村に属する上井村に両親とともに住む若者である。彼は中学卒業後，しばらく出稼ぎに出ていたが，家族の面倒をみるために22歳のときこの村に戻ってきた。彼は，伝承的な方法で小規模にブタを飼育することに飽きたらず，できるだけ新しい方法でブタを飼育しようと考えている。それは，肥育ではなくジーツォイ(猪仔：子ブタ)の生産，つまり繁殖である。

　現在，都市部を中心に肉需要が高まるなか，ブタが商品としての可能性を大きく有することを黄桂行政村の人々は熟知しているが，L.Z.氏のように飼育頭数を増やしてまで拡大しようとする者はあまり多くはない。それは，ブタ生産を子ブタ生産で拡大させるには資本が多く必要で，病気などの生産上のリスクを余計に抱え込むことになるからである。とくに子ブタの繁殖生産は，そのリスクもさらに高まる。

　L.Z.氏は1997年12月時点で，36頭のブタを飼育している。そのうち34頭がロウジー(肉猪：肥育ブタ)のジーツォイで，残りの2頭が自家消費用として肥育しているロウジーと繁殖用のジーニョウである。L.Z.氏は，種メスであるジーニョウの品種を，「浙江大白猪」と語る。彼は自家で繁殖させ肥育するとともに，今年から購入した子ブタも肥育している。12月時点で飼育中34頭のロウジーのうち，12頭が10月3日に自分の家で産まれたブタ，

22頭が11月26日に購入したブタである。自分で生産したブタは約3カ月，購入したブタは2カ月ほど肥育して，需要が高まり価格が上昇する春節のころに売却する予定である。

L.Z.氏がまだ8歳ころ，彼の家庭では初めてブタを飼い始めた。そのころは，母が主としてブタの世話をし，L.Z.氏もときおり手伝うことはあった。しかしその方法は，先に述べたL.X.氏など大半の村民が行なうような伝承的な小規模の肥育である。子とり，繁殖の経験はなかった。彼が伝承的な肥育ではなく，新しい繁殖を企図したのには，出稼ぎ中の知見や経験，また，友人の獣医Z.L.氏からの助言が大きく影響している。そして，自分自身で畜産指導書を読みあさったことが，その技術の裏づけとなっているようである。

図13.3は，L.Z.氏のブタの生産暦である。彼は帰郷後，1頭の繁殖用ジーニョウと5頭のロウジー(I)，計6頭のブタを購入した。ロウジーの子ブタは，翌年94年の春節のころすべて売り払った。彼は子とりをする目的でジーニョウを購入したので，12月に種つけした。種オスは老竹鎮にいる長白(ランドレース種)で，老竹鎮には2頭種つけ用に飼われている。30-40元の謝礼で，種つけ1回。受胎しなければ，何度もやりなおしてもらえる。このジーニョウは5-6年繁殖に使用して，新しいメスと更新するつもりである。

彼は年2産，1年に2回の繁殖を行なっている。その1回は，売却時期を子ブタの値段があがる春節前後にあわせるようにしている。ブタの妊娠期間は110日前後と考えられており，約70日の間隔をおいて，年2回の連産を可能にしている。通常は12月中に種つけし，翌4月に出産。その後1カ月半-2カ月ほどで断乳すると，ジーニョウは発情し種つけが可能となるので，6月中に種つけし，10月にその年2回目の出産を行ない，12月に再び種つけするというサイクルになる。

産まれた子ブタは，断乳の後2カ月間，1日3回に分けて，配合飼料をサツマイモやダイコンなどの自給飼料にまぜて煮て与える。配合飼料は購入せねばならず，当然コストがかかるが，もし配合飼料を使わないと，成長に2

498

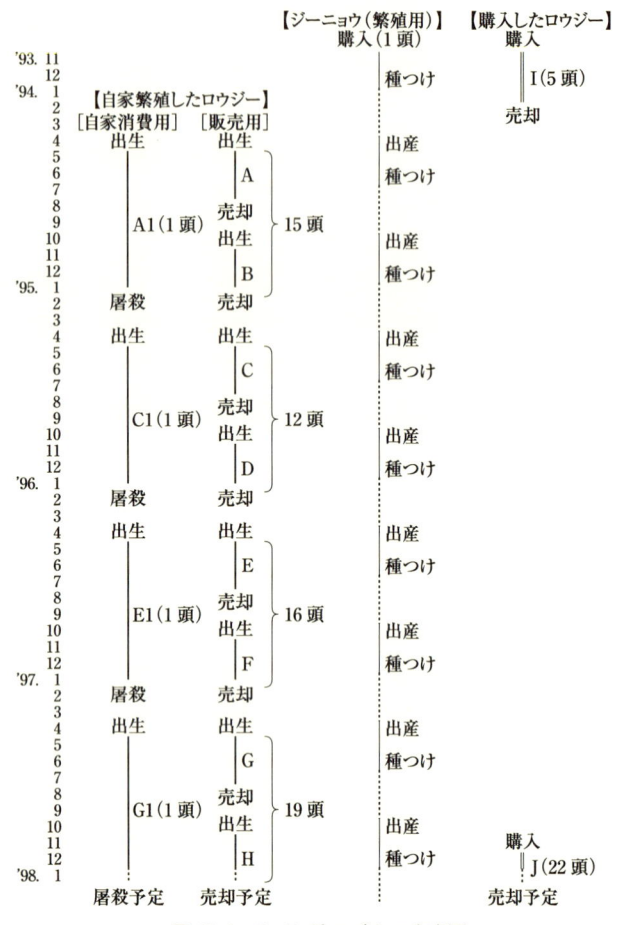

```
                                    【ジーニョウ(繁殖用)】  【購入したロウジー】
                                      購入(1頭)            購入
 '93. 11
     12                              │種つけ              ║I(5頭)
 '94. 1                              │                   ║
     2      【自家繁殖したロウジー】    │                    売却
     3      [自家消費用]  [販売用]    │出産
     4       出生         出生        │
     5                    │A          │種つけ
     6                    │
     7                    │売却       │
     8                    │出生  ⎱   │出産
     9       A1(1頭)      │      ⎬15頭
    10                    │出生  ⎱   │
    11                    │          │
    12                    │B         │種つけ
 '95. 1                   │          │
     2       屠殺         売却        │
     3                               │出産
     4       出生         出生        │
     5                    │C         │種つけ
     6                    │
     7                    │売却      │
     8                    │出生  ⎱   │出産
     9       C1(1頭)      │      ⎬12頭
    10                    │出生  ⎱   │
    11                    │          │
    12                    │D         │種つけ
 '96. 1                   │          │
     2       屠殺         売却        │
     3                               │出産
     4       出生         出生        │
     5                    │E         │種つけ
     6                    │
     7                    │売却      │
     8                    │出生  ⎱   │出産
     9       E1(1頭)      │      ⎬16頭
    10                    │出生  ⎱   │
    11                    │          │
    12                    │F         │種つけ
 '97. 1                   │          │
     2       屠殺         売却        │
     3                               │出産
     4       出生         出生        │
     5                    │G         │種つけ
     6                    │
     7                    │売却      │
     8                    │出生  ⎱   │出産
     9       G1(1頭)      │      ⎬19頭
    10                    │出生  ⎱   │
    11                    │          │              購入
    12                    │H         │種つけ       ║J(22頭)
 '98. 1                   │                        ║
             屠殺予定     売却予定                  売却予定
```

図 13.3　L. Z. 氏のブタの生産暦

倍の時間を要するという。多くのブタを飼育する分，伝承的な小規模肥育に比べ給餌の手間はかかる。しかし，20歳代男性であるL.Z.氏にとっては，日常の農作業の合間に十分にこなせる労働量でしかないという。子ブタは4カ月齢約70斤ほどまで肥らせて，老竹鎮で肥育農家に売却する。

　L.Z.氏は，1994年には4月に産まれたA群，10月に産まれたB群をあわせて15頭売却した。さらに，A群と同じに産まれた1頭(A1)を，春節の

自家消費用として留保しているので，産まれて途中で死んだりしたものを除いた94年のブタ生産は16頭になる。同様に95年はC1，C，D合計13頭，96年はE1，E，F合計17頭，97年はG1，G，H(98年春節に売却予定)合計20頭生産している。ここ4年の繁殖した子ブタの平均売却数は15.5頭である。

　この値から，L.Z.氏の子ブタ繁殖飼育からの収益を概算してみよう。

　子ブタの値段は，97年にはおおよそ体重1斤あたり6元前後で推移していたというから，約70斤まで成長させて売るL.Z.氏の子ブタは，1頭あたり約420元になる。

　この額を，ここ4年の繁殖した子ブタの平均売却数15.5頭に乗すると，6510元になる。肥らせるための断乳後2カ月分の配合飼料(1斤あたり1.45元)は，1頭あたり80斤116元分必要で，15.5頭分で1798元のコストがかかる。また，種つけが1997年の場合，2回で76元かかっている。したがって繁殖生産したブタの平均的な売却における純益は4636元，子ブタ1頭あたり約299元となる。

　このL.X.氏がブタ繁殖飼育であげる収益の概算は，先に紹介した年平均約2.3頭を伝承的な方法で肥育生産するL.X.氏のみつもり収益1743元(1頭あたり約758元)の約2.7倍となる。L.Z.氏の収益には，例年生産する春節用のブタを含んでいないので，さらにブタからあげられる収益差は大きくなるものと考えた方がよい。

　この収益を，もしL.Z.氏が伝承的なブタ肥育のやり方であげることは，いくら若いL.Z.氏とはいえ容易なことではない。約2.7倍の収益を成豚肥育であげるためには6頭の成豚を飼育せねばならず，先にも述べたように飼料の自給の面からいって不可能である。配合飼料を与えると，食餌量の多い成豚ではコストがみあわない。成豚を純粋に配合飼料のみで育てると，1日に8斤は必要であると考えられている。肥育期間をふつうの人が行なう約10カ月300日とすると，売却まで2400斤の配合飼料が必要なことになる。このコストは，3480元にものぼる。配合飼料を用いれば，肥育期間が短縮されることは間違いないが，200斤の成豚が1200元足らずで売買されてい

ることから考えると，配合飼料のみで肥育生産するメリットはなさそうである。その点からいって，L.Z.氏の行なっている子ブタの繁殖生産は，肥育生産の拡大の限界をのりこえることのできる，「新しい」飼育形態とL.Z.氏自身に考えられている。

　以上のようなコンスタントな繁殖生産に加えて，L.Z.氏はさらに，より収益のあげられそうな飼育形態を模索している。それは，小さな子ブタを購入し，短期飼育して大きい子ブタとして売却するという，さらにリスクの大きいやり方である。

　1997年12月時点で，36頭のブタを飼育していることはすでに述べた。そのうち，34頭がロウジー（肉猪：肥育ブタ）のジーツォイ（猪仔：子ブタ）で，12頭が10月3日に自分の家で生産したブタ(H)，22頭が11月26日に購入したブタ(J)である。この22頭(J)の飼育が，新しい飼育形態の模索である。

　購入したブタ(J)は2カ月ほど飼育して，自分で生産したブタ同様，需要が高まり価格が上昇する春節のころに売却する予定である。彼はこのブタを，老竹鎮の獣医Z.L.氏と共同で購入した。この購入についていいだし，斡旋したのは，このZ.L.氏である。Z.L.氏がいうには，安徽省に成長のよいブタがいるという。これを松陽県（麗水市の隣県）の知人が，多数安徽省から仕入れているという。

　これは約2カ月齢の断乳のすんだばかりのもので体重25斤前後しかなく，輸送料込み1頭200元，1斤あたり8元と，このあたりで売っている子ブタよりも単価が高かった。しかし，老竹鎮では，小さいものほど病気になりやすくリスクが高いと考えられているので，4カ月齢前後のものが好まれる。そのため，ほとんどこのようなブタは大量には出まわらない。

　Z.L.氏は，この子ブタを2カ月で70斤にすれば，今の子ブタ価格でいって420元で売れる。それから2カ月分の配合飼料代1頭あたり80斤116元と，購入費用200元をさしひいても，100元あまりの利益があがると計算した。L.Z.氏もこれに納得し，父母の貯金を借りて22頭計4400元投資したのである。しめて2000元あまりの純益をもくろんだのである。その後，22頭のブタは問題なく順調に育っている。

ところが，購入してちょうど1カ月後の12月26日，老竹鎮の市に碧湖鎮から，碧湖猪が大量に入ってきた。そのため，子ブタの価格が，1斤あたり4.5元まで下落してしまった。この相場で売れば，70斤で315元でしか売れない。購入費用と飼料代をあわせただけで316元にのぼるのに，このままいけば赤字になるかもしれないと，L.Z.氏は危惧しているところである。彼は，初めて市場経済の難しさに直面しているのである。

6. おわりに—「意味ある停滞」か「意味なき進歩」か

　以上，ショ人を主体に構成される麗水市老竹鎮黄桂行政村における家禽・家畜飼育の意味とその変容，すなわち，家禽・家畜飼育の伝統と現代の狭間で生起する人間の生活戦略と，それに対する意味づけを考察してきた。それは，市場経済の影響を受けつつも，一方向的な現代化の流れに単純にのみこまれ，変革されているわけではない。黄桂行政村の人々は，経済の伝統と現代の狭間でさまざまな模索をいまだ繰り返しており，とくに現代に特化した状況にはなっていない。黄桂行政村における経済の現代化は着実に進展しつつあることが統計上理解できるが，家禽・家畜飼育に関してはいまだ前代の技術，知識が大きな意味をもっているのである。江南地域の大都市周辺農村経済が，現代的商品経済の浸透により大きく変貌しているという一般的な状況と比べ，まだそれへの対応はあくまで相対的にではあるが，緩やかであるといえる。現状として，現代化に対する欲求が高まりつつある過程であり，そこには伝統的な世界から完全に離脱できない状況がいまだ存在しているとみるべきである。

　ここでいう伝統とは，ショ人の生活様式が，「解放」前からすでに大きく変容された後に形成されたものである。その伝承性を保持した人々は，伝統の名にいささかの価値もおいていない。伝統自体には，別に民族的なアイデンティティーを求めるような価値はないのであって，それに価値があるのは，実践して人々の生活の全体性において豊かにする役割をいまだ果たしているからである。労働力や資本，コストといった側面から，大きすぎもなければ，

小さすぎもない活動なのである。さらに，金銭的価値とは別の位相の価値をその活動にはみいだしているのである。その点において伝統は，「意味ある停滞」として考えられている。それは，経済が大きくかわろうとしている今，変質する可能性がある。その可能性が L.B.氏，L.Z.氏など若い人々のなかに萌芽している経営戦略なのである。

　しかしこの経営戦略が，黄桂行政村では，根本的な技術変化，改良，革新をめざしたものではないことを指摘しておかねばならない。たとえば，L.Z.氏がブタの繁殖に完全に特化した点は，現代化への適応戦略であると評価できるが，彼の行なっている繁殖生産は，技術的には根本的，本格的な改良を行なっていない。むしろ，飼育技術ではなく，販売の回転をよくする飼育形態，システムの改良に彼は関心をもっているのである。L.B.氏のニワトリ飼育における販売の回転性に関する指向は，さらに顕著である。つまりこの両者は，現代への適応にあたって，農学的な適応ではなく，経済学的な適応をより重視しているといってよいであろう。

　L.Z.氏が 97 年にやり始めた子ブタ購入肥育―子ブタ販売では，ふつうの人々がやらないような投資をして，その拡大に努めた。しかし，それは売却時の値動きのリスクを，従来の方法より強く受ける方法であった。そのため，彼は現状として値動きに敏感になり，市場経済の動向が第一の関心事となったのである。これは伝承的なブタ飼育を行なってきた農民たちが，ブタの健康に敏感であり，ブタの発育，成長こそが第一の関心事であったこととは大きく異なっているのである。同様に L.B.氏のニワトリをみるまなざしは，そこに存在するニワトリそのものに向けられているのではなく，その背後に想起される金銭に向けられているといっても過言ではない。彼もまた，ニワトリそのものの成長の具合より，それが売られる際の値段の高低に関心があるのである。

　ニワトリなどの家禽，ブタなどの家畜を商品としてみる見方は，彼らが語る過去からあった。また現在，伝統的と自負する伝承的飼育を行なう人々も，やはりこの見方からある程度は逃れられない。しかし現在，もっとも新しい方法として認識されている飼育形態は，この見方に極端に集中している点で，

伝承的飼育を行なう人々の見方とは異なっている。もともと，家禽・家畜飼育は農耕の余剰かつ残滓を用い，それを有効に資源化する方策であった。そのため，あくまで経済的に余剰であって，これが主たる本業になることは，多くはなかった。それが特化したとき，高リスクの不安定性を抱えこんだ「意味なき進歩」と化す危険性をはらんでいる。

　今後，伝統が「意味ある停滞」として存続するのか，あるいは消え去るのか，現代化が「意味なき進歩」の危険性を克服して人々の幸福に寄与するのか，あるいは農村を荒廃させるのか，といった観点から，「改革・開放」以後の中国農村社会をとらえなおすことが必要であろう。

文　献

福田アジオ．1999．「調査の経過と調査地の概況」，『環東シナ海(東海)農耕文化の民俗学的研究』(福田アジオ編)，1-7，横浜，神奈川大学外国語学部．
藍万清．1995．「試論畬族文化変遷」，『畬族歴史與文化』(施聯朱・雷文先編)，59-70，北京，中央民族大学出版社．
瀬川昌久．1990．「畬族と客家」，『文化人類学8』(末成道夫編)，74-85，京都，アカデミア出版会．
施聯朱．1988．『畬族』北京，民族出版社．
矢放昭文．1999．「黄桂村畬語について」，『環東シナ海(東海)農耕文化の民俗学的研究』(福田アジオ編)，213-220，横浜，神奈川大学外国語学部．
鐘中．1987．「解放前畬族原始社会残余初探」，『畬族研究論文集』(施聯朱編)，266-277，北京，民族出版社．

北東アジア沿岸地域の諸民族における
社会構造の比較研究試論

第14章

岸上伸啓

1. はじめに

　前世紀の初頭に実施されたジェサップ北太平洋探検隊以来(Bogoras, 1904-1909; Jochelson, 1908)，北米と北アジアとの類似が強調されてきた(Fitzhugh and Crowell, 1988; Fitzhugh and Chaussonnet, 1994)。しかしこれまでの研究は，北東アジア内での比較や北米の一地域と東北アジアの一地域の比較に終始し，より巨視的な視点を欠いてきた傾向がある(渡辺，1992：90-92；宮岡，1992)。このような欠陥を補うべく，渡辺仁は「北太平洋沿岸文化圏」の研究構想を打ち出したのであった(渡辺，1987；1988；1992：70, 107)。

　本章では，渡辺の提案する「北太平洋沿岸文化圏」の概念を，北東アジアの諸先住民の社会組織の比較を通して吟味することにより，その妥当性を検討することを目的としている。ここでは，対象地域を北海道からカムチャツカをへてチュコト半島に至る北東アジアの沿岸地域の先住民のみに限定する。さらに，渡辺の概念を吟味するためには，複数の文化要素の複合体を比較検討する必要があるが，ここでは北方諸民族の社会組織の比較のみを行なっているにすぎないという意味で，今後の体系的な比較研究のための試論である

ことを断っておきたい。

2.「北太平洋沿岸文化圏」について

2.1 「北太平洋沿岸文化圏」の地域と特徴

　北太平洋沿岸とは，日本から米国のカリフォルニアに至る，ほぼ北緯30°より北の太平洋沿岸地帯である(渡辺，1988：298；1992：69)。すなわち日本，サハリン，オホーツク海沿岸，カムチャツカ半島，チュコト半島，アリューシャン列島，アラスカ半島，および北米本土西側の太平洋に面する地域である。季候的には冷寒帯から寒帯に属し，サケ類が溯上する河川の分布域である。

　この地域には，北海道からユーラシア大陸，北米大陸にかけて，複数の北方先住民が存在している。民族としては，北海道アイヌ，千島アイヌ，サハリンアイヌ，ニヴフ，ウイルタ，ウリチ，ナーナイ，エヴェン，エヴェンキ，イテリメン，コリヤーク，チュクチ，シベリアエスキモー(ユッピック)，北アラスカエスキモー(イヌピアック)，南西部アラスカエスキモー(ユッピック)，太平洋エスキモー(チュガシュ，コニアグ)，北西海岸インディアン(トリンギットやハイダなど)および北部カルフォルニア・インディアンなどである。

　これらの北方諸民族は，定住性と漁労の経済的重要性という共通の特徴をもっており，狩猟・漁労・採集民としては異例の複雑な文化をもっているとされている(渡辺，1992：69)。これらの諸民族の間には地域差がみられる一方で，複数の文化要素が共有されている(渡辺，1988；1992)。かかる意味で，渡辺はこの北太平洋沿岸地域をひとつの文化圏とみることができ，それはさらに北西海岸区，ベーリング海沿岸区，オホーツク海沿岸区および日本海沿岸区の4つの地方圏に分かれると考えている(渡辺，1988：303)。

2.2 「北太平洋沿岸文化圏」に分布する共通要素

　渡辺は，文化圏内の諸民族文化の間には地方色がみられる一方で，つぎの

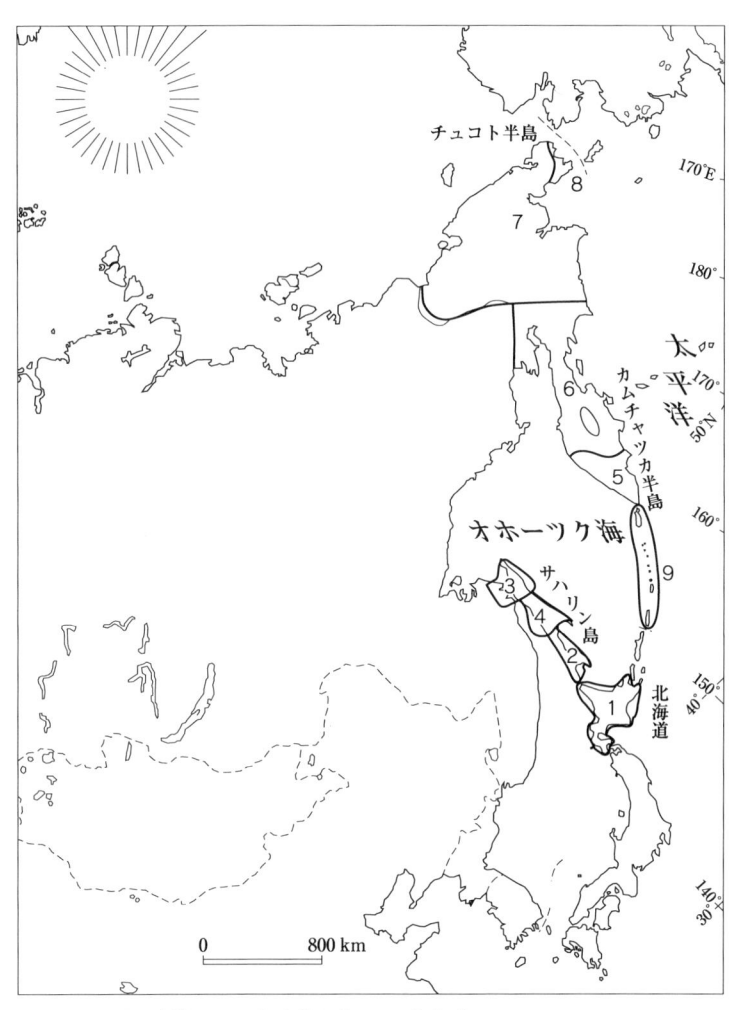

第14章　北東アジア沿岸地域の諸民族における社会構造の比較研究試論　　507

図14.1　北太平洋沿岸域にすむ北方諸民族。1：北海道アイヌ，2：サハリンアイヌ，3：ニヴフ，4：ウイルタ，5：イテリメン，6：コリヤーク，7：チュクチ，8：シベリアエスキモー，9：千島アイヌ

ような共通点があることを指摘した(渡辺，1988)。

   (1)住生活関係要素群：定住性，線型集落，竪穴住居，棟持柱，家の空間構造，木器の発達
   (2)食生活関係要素群：鮭鱒漁，漁具と漁法(簗，流し網，魚叩き棒，双頭回転銛)，海船，魚食性，干魚，魚卵食，貝食，ウニ食，海草食
   (3)社会生活関係要素群：文身，笠，鮭儀礼，みそぎ，特殊化狩猟，階層化社会
   (4)戦争関係要素群：戦争，鎧，首級，あだ討ち，防御施設

1988年の論文では，上記の(1)と(2)のみを取り扱ったが，その続編というべき1992年の論文では，共通の文化要素の分布を説明するうえで，適応と伝播という要因との関係を明確化させるために，一般的類似要素と特殊類似要素の観点から文化圏内の諸民族間で共有されている文化要素を整理している(渡辺，1992)。前者は基本的で構造的な類似性をさすものであり，進化の結果とみてもよいものであり，後者は個々の文化要素のうちで伝播や同一起源の可能性をもつものである。

一般的類似要素としては，定住性，住居複合，漁具・漁法の発達，魚食性，社会的階層化(生業分化，貧富差，行動域と知識の階層化など)が指摘されている。このように北太平洋沿岸文化圏の諸民族の一般的類似要素にみられる特徴は複雑性である(渡辺，1992：71)。特殊類似要素とは，双頭回転式銛先，流し網漁，サケ儀礼複合体，木製食器類，丸太はしご式高床倉庫，笠，鎧などであり，この類似は伝播によるものであり，起源の同一性や文化・歴史的関係をもつ可能性が高い(渡辺，1992：95-107)。

この指摘をみてわかるとおり，渡辺は生業分化に起因する階層化については言及しているが*，社会構造についてはまったく比較を行なっていない。なお，シベリアの北方諸民族の社会組織の比較に関しては，M. A. Cza-

---

   *渡辺は生業分化と社会の階層化の関係をアイヌ社会の研究を通して指摘した。くわしくは，渡辺(1990a；1990b)を参照されたい。

plicka(1914)やV. I. Vasil'ev(1994)の研究があるが，体系的な比較とはいいがたい。したがって，同文化圏内における社会構造の比較研究を行なう学問的な意義がある。

3. 研究方法と概念の定義

この章では，北太平洋に接する北東アジア沿岸地域の諸民族の社会的特徴に共通点がみられるかどうかに着目しながら比較を行なう。ここでは，①社会構造の何を比較するか，②どの民族について比較を行なうか，③どのようなデータを用いるか，そして④本研究の限界について述べる。

3.1 社会構造の比較

社会構造とは何か，について定義を行なう必要がある。イギリス社会人類学における社会構造という学術用語は，アメリカ文化人類学における文化という学術用語に匹敵する基本的な概念である。しかしその概念の定義については，Radcliffe-BrownやEvans-Pritchard，Lévi-Straussなどにみられるように，明確なひとつの定義は存在しない。ここでは，社会構造とは，特定の社会(民族)集団を形成する個々人や諸集団の活動を組織するための制度，ルールや関係からなる総体であると規定する。社会構造全体を比較することは難しいので，それを構成する社会的制度を比較の対象とする。

この試論では，家族組織，結婚にともなう居住様式，親族集団，長の後継，動産の相続規則，階層化の性質について当該民族を比較したい。これらの項目については，G. P. Murdockの『民族誌地図』(1967)の指標と定義を利用したい。

3.1.1 家族組織の分類

家族の類型は，小型拡大家族，大型拡大家族，最小拡大家族，独立核家族ほかに大別しうる(Murdock, 1967: 47)。

(1)小型拡大家族＝親の生殖家族ひとつと，その子どもたちの生殖家族ふた

つ以上からなる家族。通常，この2世代家族は中心人物(親)が死ぬと離散する。
(2)大型拡大家族＝ひとつの住居，ないしは一連の隣接した住居に住む複数の小家族単位が合同し，集合したもので2世代以上を含む。各世代ごとにみると，それは兄弟姉妹やイトコの生殖家族からなっている。
(3)最小拡大家族＝家族の長が親子関係やオジオイ関係などにあるふたつの生殖家族のみからなる。
(4)独立核家族
(5)その他

3.1.2 結婚にともなう居住様式の分類

結婚をした夫婦がどこに住むかということを基準に，居住様式を類型で示した場合，夫方居住，妻方居住の後に夫方居住，父方居住，母方居住，妻方居住，オジ方居住，新処居住，その他に大別できる(Murdock, 1967: 48)。
(1)夫方居住＝「父方居住」と同じであるが，夫の父方親族が居住集団や父系親族として集合していない場合
(2)妻方居住の後に夫方居住＝特定の期間ないしは条件を満たすまでは，妻の父の家ないしその近くに居住し，その後，夫方居住をする。
(3)父方居住＝夫の男性父系親族たちといっしょに，ないしはその近くに住む場合。
(4)母方居住＝妻の女性母系親族たちといっしょに，ないしはその近くに住む場合。
(5)妻方居住＝「母方居住」と同じであるが，妻の母方親族が居住集団や母系親族として集合していない場合
(6)オジ方居住＝夫の母方オジがその他の男性の母系親族といっしょに，ないしはその近くに住む場合。
(7)新処居住＝夫婦の親戚と離れて，もしくはいずれの親族の結びつきによっても決定されないところに住む場合。
(8)その他＝上記以外の居住様式

3.1.3 親族集団の分類

地縁化した親族集団が存在し，かつそれが外婚の単位として機能しているかによって，親族集団が存在する場合には，母系親族集団と外婚制，父系親族集団と外婚制，双系親族集団などに分けることができる。ここではG．P．Murdock(1967: 48-49)の分類を参考にするが，下記のようなさらに簡略化した分類を採用したい。

(1)母系親族集団と外婚制＝母方の出自をたどって形成される親族集団で，それが外婚の単位となっている。

(2)父系親族集団と外婚制＝父方の出自をたどって形成される親族集団で，それが外婚の単位となっている。

(3)双系親族集団＝父方，母方の両方の出自をもとに形成される親族集団。

(4)その他

3.1.4 長の継承の分類

地域社会の長の後継者の決め方には，大きく分けると血統によるものと非血統によるものがあり，その類型にはかなり変異がある(Murdock, 1967: 58-59)。ここでは，息子による後継，父系親族からの後継，母系親族からの後継，非血統，その他の分類を採用する。

(1)息子による後継

(2)息子以外の父方親族からの後継

(3)母方親族からの後継

(4)非血統

(5)その他

3.1.5 動産の相続の分類

動産の相続には，息子による父系相続，子どもによる相続，姉妹の息子による母系相続，平行相続，その他に分けられる。

(1)息子による父系相続＝親の動産は，息子が相続する。

(2)子供による相続＝親の動産は，男女にかかわらず子どもが相続する。

(3)母系相続＝親の動産は，親の姉妹の息子ら母系親族が相続する。

(4)平行相続＝母の動産は娘が，父の動産は父が相続する。

(5)その他＝上記以外の場合

3.1.6　階層化の有無

渡辺は階層化の指標のひとつを奴隷の存在の有無としている。

家族の組織，結婚による居住様式，親族集団，地域集団の長の後継，動産の相続，階層化について，上記の分類に基づきながら，北方諸社会に関する民族誌を調査していくことにしたい。

3.2　比較対象の民族と植民地化の影響

北東アジア沿岸地域に住む人々のなかで，ここでは北海道アイヌ人，サハリンアイヌ人，ニヴフ人，ウイルタ人，イテリメン人，コリヤーク人，チュクチ人，シベリアエスキモー（ユッピック）人の8集団の社会構造を比較する。ツングース・満州諸語のひとつを話すウイルタ人とエスキモー語を母語とするシベリアエスキモー人以外は，すべて古アジア諸語を母語としている。なお，千島アイヌ人，太平洋沿岸およびオホーツク湾沿岸のエヴェン人やエヴェンキ人の社会構造に関する民族誌的な情報は極端に少ないので本章では取り上げない。

ここで取り扱う8集団には，時代差や国家に違いがあるものの，この200年ばかりの間に国家の規制を受けたり，植民地化されてきたという共通点がみられる。ロシア人，中国人，日本人らとの接触や植民地化は先住諸民族の社会に大きな変化を与えたと考えられる。これらの歴史に注意をはらいながら，8集団の社会の差異や共通点をみてみたい。

3.2.1　チュコト半島

チュコト半島の沿岸部には海岸チュクチ人，シベリアエスキモー人が住んでいる。彼らがソ連の体制に組み込まれ始めたのは1930年代であったといえる。ここではそれ以前のロシアやアメリカからの影響について概述する

(黒田,1994；Bogoras, 1904-1909)。

17世紀後半にロシアはアムール川流域への入植をめざし，1665年にはアルバジン砦を設けたが，清朝の北進と衝突した。この戦いでロシアは敗れ，1689年にはネルチンスク条約が結ばれ，南下を断念せざるを得なくなった。そこでロシアの関心はオホーツク沿岸，カムチャツカ半島，そしてチュコト半島へと向けられた。ロシアは17世紀末にコサック兵をカムチャツカ半島に派遣した。カムチャツカ半島での植民化は先住民からの激しい抵抗にあいながらも進展していった。しかしチュコト半島にあってはロシアの侵略的な拡大に対してはチュクチ人から激しい抵抗がみられ，18世紀の中ころにはロシアはチュコト半島の軍事的征服を断念し，通商や交易などによるロシア人の入植を奨励した。ロシアとの抗争によって，結果としてチュクチ人は領土を西および南へと拡大し，かつトナカイの数も増やした(Bogoras, 1904-1909: 732)。20世紀の初頭にチュクチの間で調査を行なったボゴラスは，今世紀に入るまでロシアからの影響は大きくはなく，むしろ1850年ころからアメリカ人の捕鯨者との交易の影響が大きかったとみている(Bogoras, 1904-1909: 730-731)。

1900年ころチュコト半島の沿岸部においては，キリスト教化やロシア化はほとんどみられなかった。ロシア人は徴税のためにクランやクラン長の制度をチュクチの間にもちこんだが，大きな変化は引き起こさなかった(Bogoras, 1904-1909: 732)。しかしロシア人との交易を通して鉄製の道具ややかん，ビーズ，弾薬，キャラコの布地が入ってきた。

一方，アメリカ人の捕鯨活動や交易はチュクチ人やシベリアエスキモー人が生活を依存していたクジラとセイウチの資源の枯渇化を招いた(Bogoras, 1904-1909: 731)。さらに彼らに伝染病，アルコール，かけごと(カード遊び)をもたらした(Bogoras, 1904-1909: 733)。

3.2.2 カムチャツカ半島

カムチャツカ半島にはコリヤーク人，イテリメン人，エヴェン人らが住んでいる。カムチャツカ半島はチュコト半島とは状況が大きく異なっていた

(黒田，1994)。毛皮狩猟業者，商人，コサック兵によって搾取されたため，1720年代以降は先住民による反抗が強くなったが，鎮圧され，多数のコリヤークがロシア臣民にされた。1730年以降はロシア商人が先住民の間になだれこんできた。とくに，彼らがもちこんだアルコールと伝染病はカムチャツカの先住民に悪影響を与えた。1768-1769年の天然痘の流行，1799年の黄熱病は先住民の人口の半分以上の命を奪った。カムチャツカ半島では，ロシアの影響を先住民社会は大きく受けた。

3.2.3 サハリン島

1730年代までサハリン島の住民を統治できる国はなかった。同島においては清朝が辺民制度を確立してから初めてサハリン支配が安定期を迎えた(佐々木，1996：120)。

1689年のネルチンスク条約によってロシア人はアムール河流域への進出を断念せざるを得なかった。19世紀の初頭には，中国に朝貢したり，北海道のアイヌ人と交易を行なう先住民がサハリン島にはいたが，ロシア政府はその島自体はどこの国にも属してはいないという認識をもっていた。そのため同政府は1853年にサハリン島をロシア領であると宣言した。その後，日露の間で共同統治に関する条約が締結され，共同統治の状態が約20年続いた。1875年には千島・樺太交換条約により，サハリン島はロシア領に千島列島は日本領になった(フォーシス，1998：224)。1905年に日露戦争に勝利した日本はカラフト島を取得し，南サハリンは1945年まで日本の支配下にあった。

3.2.4 北海道

アイヌ人は中世以降，大陸の人々や和人との交易および政治的な関係をとりむすびながら民族を形成してきた。江戸時代には松前藩や商人によってアイヌ人は政治経済的な支配を受けてきたが，彼らの社会や文化が崩壊的な変容を余儀なくされたのは明治政府の政策によってであった。明治時代以降は，北海道への和人の入植がさかんになり，かつ明治政府の同化政策が実施され

た結果，アイヌ人は日本のなかの少数先住民となってしまった。

3.3 民族誌的データと民族誌的現在

　本章で研究の対象とする民族ごとに既存の民族誌や研究論文にあたることにしたが，現在，利用しうる文献にはつぎのような問題点がある。

　第一に，民族誌的現在の問題がある。文化や社会の伝統は，つねに変化したり，つくりだされるものであって，かつての人類学者が想定したような西欧文明との接触以前は，静的で普遍の伝統を保持していたという考えは明らかに誤ったものである(Trigger, 1980; Hobsbawm, 1992)。しかしながら多くの民族誌は，この伝統社会と文化の再構成をめざした所産であった。ここに資料としての既存の民族誌に内在する問題がある。

　第二に，民族調査が行なわれた時点にばらつきがあり，同一時点で比較することが難しい。さらに同一民族であっても環境が異なれば地域によって異なる社会形態をもっている可能性がある。これらの問題は解決困難なものであるが，民族学者が調査を行なった時点と場所を示すことにしたい。

　第三に比較の方法論についての問題がある。渡辺を含めこれまでの北方民族の比較研究は，類型比較や文化要素を脈絡から切り離した原子論的比較であり，E. R. Leach(1968)の通文化研究比較への批判がそのままあてはまる。

　これらの問題点があるにもかかわらず，私は民族誌を用いての社会構造の比較は，実行するに値すると信じている。それは，もし渡辺が想定するような規則性ないし共通性が北方諸民族の社会構造の間に発見しうるならば，それは偶然というよりも伝播や適応のような要因で説明するべきであると考えられるからである。この比較は説明のための検証というよりも，問題発見のための企てであると主張したい。

4. 北方諸民族の社会構造の比較

　すでに民族名称をあげた北東アジアの沿岸地域に所在する民族のなかから8集団を取り上げ，家族組織，結婚にともなう居住様式，親族集団，長の継

表 14.1　社会構造の比較（19 世紀半–20 世紀前半）

	家族組織	居住様式	親族集団	村長	相続	階層化	語族
北海道アイヌ	核家族	父方居住	平行出自（父系が強い）	父系血統（後に能力も加わる）	父系相続（母娘相続あり，平行相続）	あり（交易の影響）（奴隷あり）	古アジア語系
サハリンアイヌ	核家族（長男は最小拡大家族）	父方居住（妻方後父方居住）	双系出自（父系が強い）	父系血統（後に能力も加わる）	父系相続（母娘相続あり，平行相続）	あり（奴隷あり）（交易の影響）	古アジア語系
ニヴフ	大型拡大家族	父方居住（資族あり）	父系出自（父系外婚クラン）	村長なし合議	父系相続	あり（交易の影響）	古アジア語系
ウイルタ	夏：小型拡大家族　冬：核家族	父方居住（妻型後父方居住）	父系出自（父系外婚クラン）	父系血統（村がひとつのクランの場合）	男女の別なく子ども（平行相続の可能性）	なし	ツングース・満州語族
イテリメン	夏：核家族　冬：小型拡大家族	妻型後父方居住	父系出自	村長なし（後に村人による選出）	長男による父系相続	あり（奴隷あり）	古アジア語系
海岸コリヤーク	核家族／最小拡大家族	妻型後父方居住	父系出自が強い	村長なし	父系相続（母娘相続あり，平行相続）	なし	古アジア語系
海岸チュクチ	核家族／最小拡大家族	妻型後父方居住	父系出自が強い	村長なし	父系相続	あり（交易の影響）（奴隷あり）	古アジア語系
シベリアエスキモー	大型拡大家族	妻型後父方居住	父系出自（父系外婚クラン）	父系血統	父系相続	あり（交易の影響）	古アジア語系

承方法，動産の相続，および階層化の有無などについて比較を試みたい。なお，比較の時点は 19 世紀の半ばから 20 世紀の前半までとする。

4.1 北海道アイヌ
4.1.1 民族の概略
アイヌ人とは，日本の北海道，サハリン島南部および千島列島を生活領域とする先住民族である。アイヌ人の社会組織に関する研究は，これまで本格的に行なわれてくることはなく，かつ地域的な変異ないし多様性が無視されてきた傾向がある。ここでは，既存の研究に基づいて，北海道アイヌ人の社会構造の比較を行なってみたい。

4.1.2 家族組織
高倉(1970：160)や沙流川流域のアイヌ人を研究した Watanabe(1964: 7, 8, 12)，Sugiura and Befu(1962: 287)は，世帯構成や家族組織について父，母と彼らの未婚の子どもからなる核家族が世帯を構成し，社会生活における基本単位であると報告している。アイヌ人のチセとよばれる家屋に住む世帯は，まんなかに位置するいろりのまわりで寝，料理および食事する単位であった(Watanabe, 1964: 7, 22)。アイヌ人の経済単位は，父を長とする核家族であると指摘している(Takakura, 1960: 18)。

4.1.3 結婚にともなう居住様式
アイヌ人の婚姻のひとつの特徴は，男性エゴが彼の母方の親族との婚姻を避ける点である(Watanabe, 1964: 17)。母系外婚であるとみることができる(杉浦，1952；Seligman, 1963: 147)。

渡辺の調査によれば，結婚にともなう居住様式は，通常，父方居住であったという。すなわち結婚すれば息子は彼の両親の近くに新しい家を建て，そこに住んだという(久保寺，1970：451-452；Watanabe, 1964: 7; Sugiura and Befu, 1962: 288)。この父方居住については，和人との接触後の影響による可能性もある。

4.1.4　親族集団

Watanabe によると，地域集団の核は共通の男性の子孫から出た男性の父系親族からなる集団であったという。この集団は，シネ・エカシ・イキルとよばれ，エカシ・イトクパという父系の紋章を共有していた(Watanabe, 1964: 13)。しかしまた，女性は，フチ・イキリという母系の出自集団に属していた。前者は地縁化するが，後者は地縁化しない出自集団であった(杉浦，1952)。

アイヌ人の社会組織のひとつの特徴は，男は父系出自をたどり女性は母系出自をたどるという平行出自であるといえる(Sugiura and Befu, 1962: 287, 296; 高倉，1970：161, 164)。

4.1.5　長の継承方法

家長が死ねば，そのときに同居している息子が家長の地位を継承する(Takakura, 1960: 18)。村の長(コタンコルクル)は，父系の血統で選ばれていたが，村落が複雑になりかつ外部社会との交渉が繁雑になるに従い，長老会議によって血族中で経済能力や指揮能力の高い者が選出されるようになった(高倉，1942：29-31；1970：161)。

4.1.6　動産の相続

相続は，紋章は父系で，装飾模様などは母系で相続されたという意味で平行相続であるが，家屋そのほかは，父から同居している息子への父系相続であったと推定される(Takakura, 1960: 18)。成長した子どもから順番に家を建て独立していくため，結局家に残る末子が相続する場合が多く，長男による相続ではなかった(高倉，1970：170)。

4.1.7　階層化の有無

アイヌ人の社会には階層分化が存在していた。村の長たちは，交易において主導的な役割を果たし，莫大な財産を支配していた。富者はニシパとよばれ尊敬された一方で，ウエンクルとよばれる無産の人々がいたことが知られ

ている。しかしここで注意しておくことは，アイヌ人以外との交易により，最大の労働力をもつ家族がもっとも裕福になったことである。すなわち外部社会との接触によって生産方法を発達させ，より多くの富を蓄積することが可能となった。これが階層分化の直接の原因であったといえよう(Takakura, 1960: 22)。

4.2 サハリンアイヌ
4.2.1 民族の概略
サハリン島に住むアイヌ人はサハリンアイヌ人とよばれており，北海道のアイヌ人とは社会文化的には差異が存在していた。ここでは，大貫の民族誌(Ohnuki-Tierney, 1974; 大貫, 1979)をもとに社会構造を整理してみたい。

4.2.2 家族組織
サハリンアイヌ人の最小の社会単位は，核家族か拡大家族である。長男の世帯では，拡大家族の形態をとることが多く，男，その妻と子どもたち，その男の両親からなることが多かった(Ohnuki-Tierney, 1974: 78)。しかし大半の世帯は核家族であった。結婚し新居を構えた後も男子は実家と同じコタンに住むし，嫁いだ娘も近くのコタンに住むことが多い(大貫, 1979：103)。

4.2.3 結婚にともなう居住様式
サハリンアイヌ人の場合は，結婚後は妻が夫のコタンに移ることが多かったが，その前に短期間ながら男が妻になる女性の両親のためにブライド・サービスを行なうことがあった(大貫, 1979：102)。居住様式は父方居住ないし夫方居住が多かった(Ohnuki-Tierney, 1974: 78)。婚姻に関していえば，第一イトコとの婚姻は禁止されていた。裕福な男性は，複数の妻をもつことがあった(Ohnuki-Tierney, 1974: 79)。

4.2.4 親族集団
アイヌ人の親族集団は，原則的に双系出自であるが，いくらか父系出自の

傾向が強い(Ohnuki-Tierney, 1974: 83)。この父系出自の強調は毛皮交易が進展するにつれて顕在化し，交易上もっとも重要な資源であったテンに関しては，どの川のテンがどの父系に属するか決められていた(大貫，1979：101)。

4.2.5　長の継承方法

　サハリン島の個々のアイヌ集落の人口規模には，かなりの変異がみられた。大きな集落には，3つの地位，村長，副村長，および広報官があった。村長の選出は，上述の3名と村の長老たちが話しあって決めた。原則として，村長の息子たちや父系親族が村長に選出される権利を有するが，能力が不足しているとみなされると，村長とは血縁関係にない者や他村の者のなかから村長が選ばれた(Ohnuki-Tierney, 1974: 74; 大貫，1979：101-102)。

4.2.6　動産の相続

　家，小舟や櫂のような分割できない男性の持ち物や，特定の川のテンに対する権利は，通常，その男の長男によって相続された(Ohnuki-Tierney, 1974: 78; 大貫，1979：103)。ただし長男が他出している場合には，それ以外の息子が相続する場合があった。毛皮や刀剣などの分割しうる財のもっとも多くは，長男によって相続されるが，残りはほかの息子たちによって平等に分配されていた(Ohnuki-Tierney, 1974: 78)。

　一方，衣類，ネックレス，イヤリング，台所用品など女性の持ち物は，娘が婚出するときか，その女性が死去したときに，娘たちに相続させた(Ohnuki-Tierney, 1974: 78)。

4.2.7　階層化の有無

　経済的に裕福なリーダー，一般のアイヌ人そして数少ない奴隷のような存在の3層に分かれていた。奴隷は，孤児や親族がいない人々であった(Ohnuki-Tierney, 1974: 77)。サハリンのアイヌ人の場合，財は宗教的な性格を有しており，神や聖なるものへの贈り物であった(Ohnuki-Tierney,

1974: 74)。貧富の差は存在したが，彼らは分配によって貧富の差をなくす経済機構を有していた(大貫，1979：103)。

4.3 ニヴフ
4.3.1 民族の概略
19世紀から20世紀初頭のニヴフ人はアムール川の中流から河口にかけて，それからサハリン島の北部を主な居住地域としてきた。アムール川沿いでは夏の家は冬の家と並べて建てられていたが，河口やオホーツク海沿岸ではそれらは地理的に離れたところに建てられていた。さらに彼らはみずからナナイ人やウルチ人らの間で生活し，異民族間通婚などが行なわれており，二重の民族意識をもつ者が出現していた。移動や通婚のために氏族構成が多種多様であるといえる(黒田，1968)。

4.3.2 家族組織
村の規模や社会，文化には漁場の優劣によってかなりの差異がみられた(黒田，1965：22)。豊かな漁場の近くにある村では戸数は20以上あり，人口も100人をこえていたという。家屋は岸に沿って1列に建てられていた。人口の大きい村では並行して2列に建てられていた(黒田，1968：91)。サハリン北部では，単系血縁集団Kxal(刀の鞘，容器の意)が基本単位であり，その実態は氏族ないしは合同家族であった(黒田，1965：22)。

世帯は拡大男系家族とその姻戚の者から構成されていた(Black, 1973: 75)。世帯は，成人男子(エゴ)，その妻(たち)，彼の未婚の子どもたち，既婚の息子とその妻(たち)，子どもたち，エゴの既婚，未婚の兄弟，既婚兄弟の妻たちとその子どもたち，未婚の姉妹，エゴの両親，父の既婚，未婚の兄弟，その妻たちと子どもたち，さらに姻戚の者から構成されていた(Black, 1973: 76)。

大型住居のなかに，核家族はそれぞれの場所をもらい，家族ごとに共通の炉を使って料理をした。毛皮猟は個人で行なわれたが，漁労は世帯の成員が協力して行なった(Black, 1973: 76)。

4.3.3 結婚にともなう居住様式

ニヴフ人の間では母方交叉イトコ婚が行なわれ，結婚後の居住場所は父方居住が原則であった（Black, 1973: 75; 黒田, 1965：22）。

1808年と1809年にサハリン島西岸を訪れた間宮林蔵は婚資の出現を観察している。その約100年後，シュテルンベルグは婚資についてつぎのようなことをいっている。「裕福な人の場合には中国産の絹織物，綿織物，中国製の外とう，軟玉製品，銀のぞうがんされた満州産の槍，日本刀，日本製の釜，キツネやテンの外とう，女性の装身具が贈られ，貧乏人にあっては小舟，鏡，犬などであった。妻の実家に労働を提供する方法もあり，また年賦も行なわれた」（加藤, 1986：281）。黒田は正統的な結婚の場合には婚資を必要とせず，非正統的な場合にのみ婚資が必要であった点を強調している（黒田, 1974：36）。

4.3.4 親族集団

父系クランがあり，それは外婚の単位であった（Black, 1973: 78）。

4.3.5 長の継承方法

社会のなかで老人は尊敬され，アドバイスに従う人が多かったが，権力をもってはいなかった。重要なことがらの決定は村の成人男子全員の協議で決定された。長はおらず，平等主義社会であった（Black, 1973: 83）。

4.3.6 動産の相続

男性はボート，漁具，狩猟具，罠具，橇，毛皮，イヌ，武器，威信財を個人で所有することができた。女性も宝石類，毛皮，装身具を所有することが許された。これらのものの相続は，氏族の外へは贈与しないこと，息子，兄弟など直系の男性の子孫が均等に相続すること，原則として女性は相続しないことという特徴をもっていた（Black, 1973: 76-77）。ただし，男性の末子は家屋などほかの兄弟よりも多少多くの財産を相続した。さらに母親が持参した宝石，ビーズ，装身具，容器，錦などは娘が受け継ぐが，遺言で彼女

自身の出身氏族の兄弟が相続することもあった(Black, 1973: 77)。

4.3.7 階層化の有無

ニヴフ社会において明確な階層化が出現したのはソ連時代に入ってからとの説もあるが(Black, 1973: 77)，間宮は婚資の出現にからんで，交易によってニヴフ社会に貧富の差が出現したことを報告している(加藤，1986：280-281)。

ソ連時代以前に交易により富者が出現していたこと，奴隷が存在していたことなどを考慮すれば，階層化がみられたといってよかろう。ニヴフ人はほかの民族を襲い，人をとってきたり，交易遠征のときにアイヌ人から盗んできたり，アイヌ人や中国人から購入したりしていた。奴隷は薪割り，水運びなど重労働に従事したが，その主人は奴隷を殺すことはできなかったし，奴隷は結婚が許され，5代後には自由人になった(Black, 1973: 77)。

ニヴフ人の富者は交易，アザラシ猟，戦争，争いの調停などを行なった。大型の海洋船を建造し，儀礼用武器，日本製のやかん，中国製のタバコ・パイプ，日本刀，蝦夷錦，毛皮，中国製絹製品など威信財をもっていた(Black, 1973: 77)。この富者は一代かぎりであることが多く，Blackは個人間に経済的な分化はみられたが，階層化はなかったとみている(Black, 1973: 77)。私はBlackとは異なり，彼女が記述した貧富の差は階層化を意味すると考えている。

4.4 ウイルタ

4.4.1 民族の概略

ウイルタ人がサハリン島に移り住んだのは17世紀以前である(Ivanov, Smolyakk and Levin, 1956: 762)。ウイルタ人はサハリンの東沿岸を夏の住居とし，冬には内陸部で過ごすトナカイ飼養民であった。ウイルタ人は単なるトナカイ飼養民ではなく，夏には漁労に従事し，冬には狩猟も行なっていた(荻原，1989：77)。また，彼らは近隣のニヴフ人，サハリンアイヌ人，ロシア人，ウリチ人，ヤクート人らと交易を行ない，毛皮，アザラシのアブラ，

肉そして毛皮を提供し，米，小麦，穀物，茶，砂糖，タバコ，ロシア・中国製の道具，中国製の衣類を入手していた。彼らは交易の旅をアムール河流域へしていた(Ivanov, Smolyakk and Levin, 1956: 764)。

1926年の統計によると，ウイルタ人の人口はロシア領の北サハリンには162名が，日本領であった南サハリンには300名ほどであったらしい。言語的には，満州・ツングース系であり，文化的にもナナイ人，ウルチ人，オロチ人，ウデヘ人やニヴフ人に関係が深いとされている(Wixman, 1984: 150)。

ウイルタ人の社会構造に関する体系的な情報はきわめて少ない。ここでは，1941年にカラフト島に赴き敷香町オタスなどで調査を行なった石田(1941)，戦後，網走地区で聞き取り調査を実施した米村(1974a)，文献に基づく研究を行なった黒田(1980)の成果などに基づきながら，それを整理したい。

4.4.2　家族組織

夏の家は2，3家族が世帯を構成し，冬の家ではそれぞれの家族が世帯を構成したとの情報がある(Ivanov, Smolyakk and Levin, 1956: 763)。各家族は自分自身の炉をもっていた。

米村の調査によるとかつての村はガサとよばれ，4，5軒から10軒あまりの家が単位で一村落を形成していた。大きな町や村が形成される以前には村は氏族で構成されていた(米村，1974a：16)。

4.4.3　結婚にともなう居住様式

婚姻は，Lévi-Straussが『親族の基本構造』でも事例として取り上げているように(母方)交叉イトコ婚が規範となっており，一般交換システムの婚姻である。

父方居住が一般的で，夫側から妻側へ蝦夷錦，刀剣やトナカイが婚資として支払われていた(石田，1941：379)。女性の嫁入りの持参財はだ円筒形の鞄，円筒形の堤袋，トナカイなどであった(黒田，1979：311)。また，十分な婚資を支払うことができない場合には，夫となる男性が，一定期間，将来の妻の家もしくはその近所に住み込み，妻の両親に労働奉仕をしてから，妻

を自分の氏族のもとへと連れていく場合もあった(石田，1941：379；米村，1974b：24)。

4.4.4 親族集団

ウイルタ人の氏族は，同一の男性祖先から出たという意識によって結ばれた人々の集合で，共同の氏族名をもち，互いに血縁関係にあることを認め，多くの共通の禁忌に服していた。氏族には経済，社会，宗教的な機能があったが，とくに外婚の単位として機能していた(石田，1941：375；黒田，1980；Ivanov, Smolyakk and Levin, 1956: 764)。しかしまた，炉の火の継承は母系によるなど宗教的な領域では母系の継承がみられる(黒田，1980：12-13)。

1928年当時，北サハリンにはGetta，Torsyaなど9つの父系外婚クランが存在していたという(Ivanov, Smolyakk and Levin, 1956: 764)。1941年サハリンのオタスで調査を行なった石田は，ウイルタ人は6氏族(ハラ)に分かれているが，うち4氏族は大小のふたつに分かれるので合計10氏族が存在すると報告している(石田，1941：360)。ただし，当時，氏族員は小集団で複数の町や村に住んでおり，かつてのような氏族は機能していなかった。

4.4.5 長の継承方法

一氏族を一単位とする氏族集団で，家系は男子によって継承された(米村，1974a：17)。

4.4.6 動産の相続

相続に関しては，くわしい情報はないが，婚姻の儀礼的交換財に関して興味深い記述がある(黒田，1980：12)。交換財には男財と女財があり，両方ともその持ち主が死んで他界へいくときに身につけていくものである。結婚の際に，男財は父やオジから息子あるいはオイへ，女財は母やオバから娘やメイへと相続される。この情報に基づくかぎりでは，男財は父系で，女財は母系の線に沿って相続されると推定される。しかし，米村の調査によると，財

産の継承は男女の別なく子どもたちすべてに均等に分与されるという(米村，1974a：17)。

4.4.7 階層化の有無
アイヌ社会の長のような特権階級は存在していなかった(米村，1974a：16)。

4.5 イテリメン
4.5.1 民族の概略
18世紀にはこの民族は，カムチャツカ半島全域，千島列島などに住んでいたが(Wixman, 1984: 84)，その後カムチャツカ半島の南半分が彼らの生活領域となった(荻原，1989：67)。彼らは，河川沿いや沿岸沿いに集落を形成し，サケやマスの漁労を主生業とし，アザラシなどを狩猟したり，ユリの根などの植物採集なども行なっていた(Krasheninnikov, 1972)。

もともと彼らは言語的に北地域，南地域および西地域の3つに大別された。彼らの言葉は言語的には，チュクチ人やコリヤーク人とともに古アジア語に属する。地域は毛皮獣が豊富に生息していたこともあって，多数のロシア人が流れ込んできた。18，19世紀に流行した伝染病によってイテリメン人の人口が激減するとともに，植民してきたロシア人との混血化が進んだ。ロシア化したイテリメン人は，カムチャダール人とよばれる。

1926年の時点での人口は4217名，1959年には1109名，1970年には1301名そして1979年には1307名であった。その人口は一時，急激に減少したが，戦後は徐々に増加の傾向がみられる。

1735年から1741年にかけてベーリングの第二次カムチャツカ探検隊の一員としてカムチャツカ半島で民族学的な調査を行なったC. P. Krasheninnikov(1972)の記録が残っているが，イテリメン人の社会構造に関してはよくわからない点が多い。AntropovaやChardの研究に基づいてイテリメン人の社会構造について整理したい。

4.5.2　家族組織

　冬の半地下式の家と夏用の小屋では，世帯構成が変化していた。夏の小屋には，個々の家族(核家族か小規模の拡大家族か)が居住し，冬の家には複数の関係がある家族(ひとつの拡大家族)が住んでいた。冬の家には，最大100名の人が住んでいたことが報告されている。冬の家の構成員は，生産と消費の単位であった(Antropova and Kuznetsova, 1964c: 878-879)。このような情報に基づくと，19世紀後半ころの夏の家は核家族が，冬は拡大家族が世帯単位であり，1年を通して拡大家族は社会経済的に重要な社会集団であったと推定しうる(Shnirelman, 1994: 171)。また，イテリメン人の家族生活のなかでひとつの特徴は，女性の地位が高かったことである(Antropova and Kuznetsova, 1964c: 879; Chard, 1953: 30)。

4.5.3　結婚にともなう居住様式

　結婚は，自分の村の者以外とするのが一般的であった(Krasheninnikov, 1972: 266)。そして男は妻となる女性の村に行き，その両親が認めるまで妻方居住をした後に，自分の村に帰り，父方居住を行なっていたようである(Krasheninnikov, 1972: 266-268)。また，一夫多妻婚も行なわれており，2，3名の妻をもつ男もいた(Krasheninnikov, 1972: 268)。

4.5.4　親族集団

　川の土手に集落が形成されることが多かった。各集落はひとつか複数のクラン(clan)を基礎に構成されていた。このクランとは氏族ないしは拡大家族であった可能性が高い(Antropova and Kuznetsova, 1964c: 879; Chard, 1953: 30)。すなわち，各村はひとつないしは複数の父系出自の親族集団が地域集団と重なっていた可能性が高い。

4.5.5　長の継承方法

　各集落には，影響力の強いリーダー的な男性が存在していたことは事実であるが，彼らは尊敬されたり，恐れられたりしてはいたが，その影響力は他

者を強制的に動かすようなものではなかった。政治組織は皆無に近かったようである。例外は戦闘集団のリーダーである。このリーダーは能力のある者に限られ，その支配力も戦闘時のみに限られていた(Chard, 1953: 30)。

本来の長の存在や継承方法は不明だが，帝制ロシアに植民地化されて以降は，村長は村人によって選出され，ロシア行政が承認した長老たちが支配していたとの報告がある。それによると，長老のポストはしばしば血統によるものだったという(Antropova and Kuznetsova, 1964c: 881)。植民地化される以前の村がひとつの地縁化した親族集団から成り立っていたと想定すると，血統によるリーダー的人物の選出が存在していたのではないかと推定しうる。

4.5.6 動産の相続
財産は，長男が相続するのが一般的であった(Chard, 1953: 30)。

4.5.7 階層化の有無
政治的な組織や上下関係はあまり存在していなかった(Chard, 1953: 30)。また，ロシア人に植民地化される以前に明確な社会経済的な階層化が存在していたという報告はない。例外は，戦争の戦利品として略奪してきた奴隷の存在である(Chard, 1953: 30)。奴隷がいたという意味で社会階層は存在していたが，奴隷以外の人々の間にどの程度の階層分化があったかは不明である。しかし V. A. Shnirelman の最近の研究によれば，ロシア人に接触する以前の漁労民イテリメン人の生活は不漁の年にはかなり生活が苦しかったと推定され，階層化を生み出すことができるような恒常的な生産基盤があったかどうか疑問である(Shnirelman, 1994)。

4.6 コリヤーク
4.6.1 民族の概略
コリヤーク人はカムチャツカ半島の北半分を主な生活領域としてきた民族である。チュクチ人と同じく，彼らは沿岸部に定住し，漁労と海獣狩猟を主な生業とする海岸コリヤーク人と内陸部においてトナカイ遊牧をしながら半

第14章 北東アジア沿岸地域の諸民族における社会構造の比較研究試論　529

移動生活を送っているトナカイコリヤーク人のふたつに大別される。1930年にコリヤーク民族管区が設立されたときに，チャウチュヴェン(主にトナカイコリヤーク)，イトカン(主に海岸コリヤーク)，パレン(主に海岸コリヤーク)，カーメン(主に海岸コリヤーク)，アプキン(主に海岸コリヤーク)，アリュトル(主にトナカイコリヤーク)，カラギン(主に海岸コリヤーク)，パラン(主に海岸コリヤーク)という8つの地域集団に編入された(萩原，1989：65-67)。

　彼らの言葉は，チュクチ人に似ており，同じ古アジア語に属する。1926年の時点で，コリヤーク人の55%がトナカイ遊牧民で，45%が海岸定住者であった。チュクチ人全体の人口は，1979年に7879名，1970年に7487名，1959年に6287名，そして1926年には7439名であった(Wixman, 1984: 111-112)。海岸コリヤーク人の間でもオホーツク海沿岸側と太平洋沿岸側のグループでは，生業形態に差異がみられ社会構造も異なっている可能性がある(渡部，1994；1995)。

　ここでは主にJochelsonが1900-1901年の冬に実施した調査の成果に基づいて海岸コリヤーク人の社会構造を整理要約する。なお，Jochelsonが調査した海岸コリヤーク人はオホーツク海に面するペンジナ湾およびギシカ湾の沿岸に居住していた人々である(Jochelson, 1908: 1)。

4.6.2　家族組織

　18-19世紀のデータによると関係のある家族が漁網を共有している場合があったが，個々の家族は経済的に自立しており，ボート，漁網や罠具を所有していた(Antropova and Kuznetsova, 1964 b: 865)。男系家族が社会単位であった(Jochelson, 1908: 761)。

　1900-1901年に調査を行なったJochelsonによると，半地下式の家屋の大きさは，そこに住んでいる人の数によってまちまちである。多くみられるのが，5-8名の1家族からなる世帯であった(Jochelson, 1908: 453)。Jochelsonが調査した当時の平均的な世帯員数は6から13であった(Jochelson, 1908: 453)。これは1-2家族，すなわち核家族か最小拡大家族が1世帯を構

成していたと考えられる。Jochelson の聞き取り調査によると，かつての半地下式の居住は，当時のものよりも広く，親族が集まって居住していた。彼は事例として 2 家族 25 名が住んでいた事例をあげているが，かつての住居の単位は(小規模)拡大家族であったと考えられる。なお，1994 年のレスナヤ調査では，1940 年以前のレスナヤ村の半地下家屋には 4 つの核家族からなる拡大家族が住んでいた(岸上，1995：60)。

4.6.3　結婚にともなう居住様式

2, 3 カ月から 3 年くらいの間，将来の義理の父親のところに住みながら，将来の義理の両親のために男は働かなくてはならないが，その後は父方居住であった(Antropova and Kuznetsova, 1964b: 866)。嫁は夫の両親のところに行くのが原則であった。しかし事情によっては夫が妻の両親のところにとどまることもあったが，それは全体の 6% にすぎないと Jochelson は指摘している(Jochelson, 1908: 744)。したがって，海岸コリヤーク人の結婚にともなう住居の選択は，父方居住と考えてよいと思う。

4.6.4　親族集団

Antropova は，今世紀に入っても残っていた親族間での相互扶助，家族の成員でない人がその家族の火を使用することの禁止，同一の家屋に関係のある家族が同居していたこと，血讐の慣習などの諸制度は，かつてコリヤーク人の間にクラン(氏族)が存在したことを示唆すると述べているが(Antropova and Kuznetsova, 1964b: 866)，私はむしろ系族の存在と関係しているのではないかと思う。

19 世紀の終わりの家族関係は，父権的な規範に基づいており，父系出自，父から子への相続および父方居住婚であったと Antropova は述べている(Antropova and Kuznetsova, 1964b: 866)。また，彼は離婚した際には子どもは母に与えられるなど母権的な要素も残っていると指摘している(Antropova and Kuznetsova, 1964b: 866)。

4.6.5 長の継承方法

すべてではないが，いくつかの村には「場所の守護者」とよばれる人がいた。この地位は，村の創設者やその子孫と考えられる男性によってのみ継承された。このような人物によって統率されているコリヤーク人の集団は，それぞれ木偶をもっていた（Antropova and Kuznetsova, 1964b: 866）。

4.6.6 動産の相続

相続は主に父から息子へという父系的なものであった（Antropova and Kuznetsova, 1964b: 866）。

海岸コリヤーク人の間では，衣類や装飾品のみが個人の所有物とされ，木製の守護神やその他のお守り，家具，家，漁網，皮製舟は家族の所有物であった。これらすべてのものは，父から息子へ，もしくは兄から弟へと相続された（Jochelson, 1908: 746）*。一方，ほかの家族へと婚出する娘は，衣類のみをもっていった。ただし，トナカイをもっている家族の場合は，相続分のトナカイを娘にもっていかせることもあった（Jochelson, 1908: 747）。

4.6.7 階層化の有無

夏に親族関係にある諸家族がいっしょに漁労や海獣狩猟を行なったりしたが，ボートの所有者がときどき，多くとることはあったもののアザラシなど獲物は原則として参加者や村人に平等に分配された。海岸コリヤーク人の間では，20世紀の初めにおいてもまだ社会的な不平等は顕在化していなかった（Antropova and Kuznetsova, 1964b: 864）。Jochelson は，海岸コリヤーク人では貴族と平民というようなふたつのはっきりした階層分化は起こっていなかったと述べている（Jochelson, 1908: 765）。なお，トナカイコリヤーク人の間では，大きな群の所有者とその人のもとで働く雇用牧夫の階層差が明確に存在していた。19世紀に交易が進展するに従い，彼らの間では階層化

＊1994年7月にレスナヤ村で実施した我々の調査によると，家族所有の木偶は家族の守護神であり，代々年長の女性からつぎの女性へと伝えられていき，どこにそれを保管しているかは当該の女性以外には知らないという情報を得ている（岸上, 1995：63）。

がいっそう進んだ(Antropova and Kuznetsova, 1964b: 865; Jochelson, 1908: 765)。

4.7 チュクチ
4.7.1 民族の概略

ロシアの極東北東端のチュコト半島を主な居住域とする民族で，内陸でトナカイ飼養を生業の中心とするトナカイ・チュクチ人と海岸部で海獣狩猟と漁労を生業の中心とする沿岸チュクチ人とに分かれる。前者は移動ないし半移動生活を行なうのに対し，後者は定住生活を送っていた。言語的には，コリヤーク人やイテリメン人とともに古アジア語に属する。

1926年の時点で，70％が移動生活を送り，残りの30％が定住生活を行なっていた。チュクチ人全体の人口は，1979年で1万4000名，1970年で1万3597名，1959年で1万1727名，そして1926年には1万2332名であった(Wixman, 1984: 48)。海岸部に住むチュクチ人は，海獣狩猟および漁労の技術をシベリアエスキモー人から習得したらしい(荻原，1989：64)。

Bogorasはチュコト半島の太平洋沿岸のアナディル川の河口からインディアン・ポイントにかけて存在したチュクチ人とシベリアエスキモー人の村々を1900-1901年に調査した(Bogoras, 1904-1909)。沿岸チュクチ人の社会構造の特徴を要約すればつぎのようになる。

4.7.2 家族組織

チュクチ語で家族はra'yirinもしくはyara-to'mgitというが，正確な意味は，家とそのなかに住む人である(Bogoras, 1904-1909: 540)。チュクチ人の家族は通常，夫，1人か複数の妻，そして彼らの子どもたちから構成されていた。その男性は彼の両親の家の近くにみずからの家を建て住んでいた。彼の両親は未婚のもしくは既婚で子どものいない若い息子や娘と同居していた(Bogoras, 1904-1909: 544)。

しかし一夫一婦制が多かったらしい。これは核家族が多かったことを意味する(Bogoras, 1904-1909: 611)。

4.7.3 結婚にともなう居住様式

海岸チュクチ人の場合，最初は男性が妻方居住をし，妻の両親に2，3年奉仕をし，娘を嫁にやるという同意を得てから，父方居住へ移行したようである。この慣習は，シベリアエスキモー人やトナカイ・チュクチ人の間にもみられた(Bogoras, 1904-1909: 609)。

4.7.4 親族集団

Bogorasは，「遠い父方親族は，母方イトコよりも大切である」というチュクチ人のことわざにあるように彼らの社会組織について父系出自が母系出自に勝っていることを報告している。儀礼のときには人々は血を顔に塗り，同じ父系出自の人は代々伝えられてきた同じ仮面をかぶっていた。同様に父系出自の人々である「古い男性の同胞」は，「同じ火の人々」とよばれていた(Bogoras, 1904-1909: 537-538)。

チュクチ人の親族集団はヴァラト(va'rat)とよばれるものが存在したが，その集団構成は不安定で，いっしょにいる家族の数も毎年かわった。その中心は兄弟の集団そしてイトコの集団であった(Bogoras, 1904-1909: 541)。

4.7.5 長の継承方法

沿岸チュクチ人の村は，家族関係を基礎にして形成されているのではなく，地縁的なつながりをもとに成り立っていた(Bogoras, 1904-1909: 628)。その村にもっとも長い間住みついてきた家族が正面の家に住み，その後に従うように1列にほかの家々が並んでいた。すべてではないが，いくつかの村においては正面の家の所有者は，土地の神々と優先的な関係をもっており，ほかの家族から時折，貢物のようなものを受け取っていた(Bogoras, 1904-1909: 628)。しかし，Bogorasの報告にはその家族の長が村長であるというような記述はない。

そのかわりに村に数名いる大型皮製舟(8名乗り)の所有者は，ボートマスターとよばれている。しかし彼らも貴族クラスではなく，その社会的影響力もきわめて限られていた(Bogoras, 1904-1909: 629-631)。皮製舟を家族の協

力でつくった者は誰でも，ボートマスターになれるため，世襲ではない。また，兄弟が複数で大型皮製舟をつくった場合には，年長の兄がボートマスターになった。海岸チュクチ人の家族は成員数が小さかったので，6-8名の大型皮製舟の乗組員のなかには友人や隣近所の者も含まれることが多かった (Bogoras, 1904-1909: 630)。

4.7.6 動産の相続

息子たちが父親のものを相続するが，長男がほかよりも多くとることがある。海岸チュクチ人は今世紀初頭まで相続するような財産をほとんどもっていなかった。父が死んだ後には，息子たちが武器，漁網，アザラシ皮を分割し，相続した。兄がもっともよいライフルなど，よりよいものを相続した。海岸チュクチ人の間では家屋も息子たちの間で自分の家を建てるために，分割，相続された (Bogoras, 1904-1909: 679)。

4.7.7 階層化の有無

かつては奴隷も存在していた。奴隷はほかの集団との戦闘や血讐の結果，手に入れることが多かった。Bogorasは，沿岸チュクチ人がとらえた奴隷をトナカイ・チュクチ人に売った例を報告している (Bogoras, 1904-1909: 660)。また，親戚の数の少ない者や孤立無援の者は，その他の人によって酷使されたり，乱暴されることがあった (Bogoras, 1904-1909: 541)。

大型皮製舟やアメリカ製捕鯨ボートの所有者は，海岸チュクチ人やシベリアエスキモー人の間に存在していたが，貴族階級とよばれるような存在でもなかったし，社会的な影響力も限られていた，とBogorasは報告している (Bogoras, 1904-1909: 631)。

階層差は，ロシア人やアメリカ人との交易を通して，さらにはっきりとみられるようになった。革命時には，チュクチ人の間にはっきりとした社会的階層が存在していた。財産や社会的分化は，ロシア人やアメリカ人との交易を行なう過程で発生し，進展した。彼らの間に火器，ヨーロッパ製捕鯨ボートが出まわり，セイウチの皮と牙，クジラのヒゲなどの商品価値が高まった。

この交易は仲介者，大規模なトナカイ飼育者とトナカイをもたない牧夫，大型皮製舟の所有者と大型皮製舟をもたないハンターの出現をうながした（Antropova and Kuznetsova, 1964a: 820）。

4.8 シベリアエスキモー（ユッピック）
4.8.1 民族の概略
　シベリアエスキモー人は，チュクチ半島のベーリング海峡に面する沿岸からその近海の島々を主な生活領域としてきた。彼らは，ウミアク（大型皮製舟）を利用したクジラやセイウチなどの大型海獣猟やアザラシ猟およびサケ，マスの漁労を生業の中心としてきた。彼らは北米のユッピックやイヌイットの同系である。彼らの自称はユピギート（Yupigyt）である。1931年から1938年まではソ連政府は彼らの公称をユイト（Yuit）としたが，1938年からエスキモー（Eskimo）に名称を変更した（Wixman, 1984: 64）。
　エスキモー人はチュクチ人やロシア人と混血し，チュクチ化したり，チュクチ語やロシア語を話すようになってきている。1926年のエスキモー人の総人口は1293名，1959年に1118名，1970年には1308名，そして1979年には1510名である（Wixman, 1984: 64）。
　シベリアエスキモー人の社会構造に関しては詳細な研究は行なわれておらず，不明な点が多い。以下では，Menovshchikov（1964）とHughes（1984）の研究に従って，その社会構造について整理してみたい。

4.8.2 家族組織
　世帯構成に関しては，明確な情報はないが，ボート組がクランをもとに構成されていることなどから，テント世帯が核家族から構成されていても，経済かつ社会的な単位は，父系拡大家族集団であると推定しうる。19世紀の半ばまでは半地下式の冬の家が使用されており，数家族が同居していた。その住居は19世紀の半ばころにチュクチ式の冬テントにとってかわられ，1950年ころまで使用された（Hughes, 1984: 251）。
　女性が，社会生活や儀礼のなかで重要な役割を果たしていることが特徴で

ある。

4.8.3 結婚にともなう居住様式

同一のクランに属する者どうしは結婚することが許されず，クラン外婚であった。結婚は父方居住婚が規範であった(Menovshchikov, 1964: 843)。しかし一定の期間花婿は花嫁およびその両親に対する労働奉仕をした後で，父方居住をしたようだ(Menovshchikov, 1964: 843)。また一夫多妻婚もあったが，これは裕福な家族のみが実践できた(Hughes, 1984: 255)。

4.8.4 親族集団

多くのロシア人研究者は，シベリアエスキモー人の間には，母権制の存在を主張するが，確たる証拠はなく，推測の域を出るものではない。20世紀の初頭には，父権的であり，親族の出自は父系であり，クランが存在していた(Menovshchikov, 1964: 843)。このクランは系族の可能性もある。ひとつの村はひとつもしくは複数のクラン集団から構成されており，村のなかにそれぞれのクランが特定の居住場所を占めていた(Hughes, 1984: 254)。シレニキやチャプリノには，クラン名や固定化した名字が存在していたとされる。

捕鯨に使われる大型皮製舟(ボート)の乗り組員は，チュクチ人の場合と同じく，ほとんどの場合が大型皮製舟(ボート)の所有者の兄弟，息子やオイなど近親族のものであった。このボート組を中心とした親族集団がかつては居住の単位であったが，19世紀の終わりには別々に住んでおり，狩猟のときのみに共同で行動していた(Menovshchikov, 1964: 843)。しかし1930年代の半ばまでは，このボート組はクランに基づいていた(Hughes, 1984: 254)。

4.8.5 長の継承方法

村がひとつのクランで構成されているときには，クランの長老が村の長となり，複数のクランから構成されていた場合は，もっとも勢力があり尊敬されているクランの長老が村全体の長となることが多かった。長の継承は父系であった(Hughes, 1984: 254)。

しかしアメリカ人とクジラや毛皮を交易するようになると，エスキモー人のなかで大型皮製舟の所有者および交易の仲介者が，経済力をもつようになり，「その土地の支配者たち」とよばれるようになり，村のほかの住民を狩猟の時期の開始と終わりを決めるなど村人の社会経済生活を統率するようになったという。この交易の影響のもとで新しい村長が出現した。この村長の役割は，通常，父から息子へと父系の線に沿って継承された(Menovshchikov, 1964: 845)。

4.8.6 動産の相続
相続は父系相続が行なわれていた(Menovshchikov, 1964: 843)。

4.8.7 階層化の有無
もともとクラン間の経済的な差異や大型皮製舟所有者とそれ以外のクランの成員の間には経済的な差異があったことは事実であるが，大型獣の分配制度などによってその分化はあまり顕在化していなかった。しかし大型皮製舟の所有者には獲物のよい部分をとる権利があり，その他の人々と比べて経済上の不平等が出現する基盤はあった(Menovshchikov, 1964: 843)。

シベリアエスキモー人の間で経済的な階層化が顕著になったのは，海獣狩猟が商業的な価値をもつようになってからのことであった(Menovshchikov, 1964: 843; Hughes, 1984: 255)。捕鯨船や大型皮製舟の所有者，それから交易の仲介者(middleman)が経済力と政治力をもち始めた。19世紀後半と20世紀の初頭には14人のエスキモー人が彼らの店を構え，小型捕鯨船，動力エンジン，捕鯨銃，弾薬その他の商品を商っていたという(Menovshchikov, 1964: 843-845)。バーター交易をシベリアエスキモー人はもともとアメリカのエスキモー人や内陸部のトナカイ飼育民と行なってきた下地があった。何人かのシベリアエスキモー人はバーター交易の経験をいかして交易者として成功し，経済的な富裕層を形成したという。しかしこれは欧米人との交易が本格化した後のことである(Menovshchikov, 1964: 844)。

5. 比較検討

北方8民族の社会構造を比較する時点を19世紀半ばから20世紀の前半，すなわちソ連や日本の近代国家に統合される直前の時期とする(図14.1)。当時，ここで比較する北方民族は，ロシア人，中国人，日本人，アメリカ人らと交易をしたり，政治的に従属関係にあったりした。社会構造の比較の結果は，表14.1に示すとおりである。

5.1 家族組織

北海道アイヌ人とサハリンアイヌ人の世帯の基本は核家族であった。後者の場合，長男の世帯では最小拡大家族がみられた。

ニヴフ人の世帯は父系の大型拡大家族から構成されていた。

ウイルタ人とイテリメン人は冬の家と夏の家をもっていた。前者では夏には小型拡大家族が，冬には核家族が世帯の単位であった。後者では夏には核家族が，冬には大型拡大家族が世帯を構成していた。

海岸コリヤーク人と海岸チュクチ人の住居の単位は，核家族か最小拡大家族であった。シベリアエスキモー人は19世紀の半ばころまで，半地下式の冬の家には大型拡大家族が住んでいた。

これらを比較すると，8集団全体に共通する世帯構成はないことがわかる。北海道アイヌ人とサハリンアイヌ人の間，ニヴフ人とシベリアエスキモー人の間，海岸コリヤーク人と海岸チュクチ人の間にはそれぞれ，類似がみられた。

5.2 結婚にともなう居住様式

8民族の間では，結婚については差異がみられるが，それにともなう居住様式については共通性がみられる。

北海道アイヌ人やサハリンアイヌ人は母系外婚である。さらにサハリンアイヌ人の場合には父方の第一イトコとも婚姻が禁止されていた。ニヴフ人と

ウイルタ人では母方交叉イトコ婚が規範とされていた。

　結婚にかかわる居住様式についてはすべてのグループが父方(ないしは夫方)居住であるという共通性がみられる。さらに，サハリンアイヌ人，ウイルタ人，イテリメン人，海岸コリヤーク人，海岸チュクチ人，シベリアエスキモー人の間では，特定の期間や条件が満たされるまで，男性は将来の妻の父の家かその近くに居住し，その後，父方(ないしは夫方)居住をしていた。

5.3　親族集団

　北海道アイヌ人は平行出自であり，サハリンアイヌ人は父系が強い双系出自であった。

　一方，ニヴフ人，ウイルタ人，イテリメン人，海岸コリヤーク人，海岸チュクチ人，シベリアエスキモー人は父系出自であるか，その傾向がきわめて強かった。このなかでニヴフ人，ウイルタ人，シベリアエスキモー人は父系外婚クランを形成していた。

5.4　長の継承方法

　北海道アイヌ人とサハリンアイヌ人の村長は，父系の血統に則って選ばれていたが，外部社会との政治・経済的な交流が密になるに従い，能力という要因が村長選出の規準のひとつになった。

　ニヴフ人やイテリメン人の社会では平等主義が強く，外部との接触が頻繁になる前は地域社会の長は存在していなかったらしい。ただし，後者ではロシアの支配下で村長は村人によって選出されるようになった。現実には，村長や長老は世襲的な血統に則っていたらしい。海岸コリヤーク人の間では村の創設者やその子孫が「場所の守護者」とよばれていたが，村長のような者はいなかった。海岸チュクチ人も同じような状況にあった。皮製舟の所有者はいたが，政治力には限界があり，かつ世襲ではなかった。

　ウイルタ人の場合には氏族の長は男系の血統に則って選ばれた。シベリアエスキモー人の社会ではもっとも勢力のあるクランの長が村長になった。村長の地位は原則として，父から息子へと受け継がれた。

近代国家の強い影響を受ける以前の北方社会のなかで，はっきりと地域社会の長がいたのは，北海道アイヌ人，サハリンアイヌ人，シベリアエスキモー人の間のみであったと考えられる。この村長の役割や選出方法は，血統から外部に対して交渉能力のある者へと外部社会との交易や戦争によって変化してきた。

5.5　相　続

　北海道アイヌ人，サハリンアイヌ人，ニヴフ人，イテリメン人，コリヤーク人，チュクチ人，シベリアエスキモー人は，原則として物財が父から子どもたちへと相続されるという意味で父系相続であった。北海道アイヌ人とニヴフ人の間では末子相続が多く，サハリンアイヌ人やイテリメン人では長子相続が主であった。ウイルタ人は男女の別なく，子どもに相続させると報告されている。

　また，北海道アイヌ人，サハリンアイヌ人，ウイルタ人，海岸コリヤークでは，母の所有品はその娘たちへ相続されることが一般的であるため，これら4集団は平行出自相続であるともいえる。

5.6　階層化

　渡辺は階層化しているかどうかの指標に当該社会における奴隷の存在の有無をあげているが，ここではそれとともに経済格差の存在をみてみたい。

　北海道アイヌ社会，サハリンアイヌ社会，イテリメン社会，海岸チュクチ社会では，奴隷が存在していたと報告されている。

　経済格差については，北海道アイヌ社会，サハリンアイヌ社会，ニヴフ社会では進展している一方で，ウイルタ社会，イテリメン社会，海岸コリヤーク社会，海岸チュクチ社会，シベリアエスキモー社会では，分配制度の発達によって経済格差化はあまりなかった。しかし，後者の社会群も前者の社会群同様，アメリカ人，中国人，ロシア人，日本人，ほかの先住民ら社会外の人々との交易を通して，人々が富を蓄積させることによって経済格差の分化が進展してきた。

私は北太平洋西部沿岸地域の諸社会の階層化は，サケ・マスなど安定した食糧資源に基づく社会であったからだけでなく，毛皮や水産資源の交易による富の蓄積と因果関係にあるものだと主張したい。交易は社会の階層化以外の側面にも影響を及ぼした。ニヴフ社会における婚資の出現，サハリンアイヌ社会における特定の川の周辺に生息するテンに対する権利を長男が相続するようになったのは毛皮交易（山丹交易）の影響であった。

6. おわりに

　本章は，渡辺が提唱した「北太平洋沿岸文化圏」の概念を社会構造の観点から部分的に検証し，より広く展開させるためのささやかな試みである。

　渡辺の北太平洋沿岸文化圏の一要素とされる階層は奴隷の存在という点からみると，北東アジアの沿岸社会では普遍的とはいえないことが判明した。さらに北方諸社会における階層化は山丹交易，ロシア人やアメリカ人との交易など外部との交易を通しての蓄財と深くかかわっていると考えられる。

　今回の試論的な比較によって，19世紀後半から20世紀前半にかけては北太平洋西岸地域の諸社会においては，父方居住，父系出自の傾向，父系相続という共通要素がみられた。これらの社会構造の3要素が北太平洋文化圏の共通要素であるかどうかは新大陸の北太平洋沿岸の諸社会と比較することが必要である。

　アイヌ社会の平行出自という社会的な特徴，シベリアエスキモー社会，ニヴフ社会，ウイルタ社会におけるクランの存在は清朝の国家政策，外部との交易，生業基盤などの要素を考慮に入れつつ，その出現と歴史的な変化については研究する必要があろう。

文　献

アイヌ文化保存対策協議会（編）．1970．『アイヌ民族誌』東京，第一法規出版．
Antropova, V. V. and V. G. Kuznetsova. 1964a.　The Chukchi. *In*: The Peoples of

Siberia. Levin, M. G. and L. P. Potapov (eds.), pp.799-835, Chicago, The University of Chicago Press.
Antropova, V. V. and V. G. Kuznetsova. 1964b. The Koryaks. *In*: The Peoples of Siberia. Levin, M. G. and L. P. Potapov (eds.), pp.851-875, Chicago, The University of Chicago Press.
Antropova, V. V. and V. G. Kuznetsova. 1964c. The Itel'mens. *In*: The Peoples of Siberia. Levin, M. G. and L. P. Potapov (eds.), pp.876-883, Chicago, The University of Chicago Press.
Black, L. 1973. The Nivkh (Gilyak) of Sakhalin and the Lower Amur. *Arctic Anthropology*, 10(1): 1-110.
Bogoras, W. 1904-1909. The Chukchee (Vol.7 of The Jesup North Pacific Expedition). New York, G. E. Stechert.
Chard, C. S. 1953. The Kamchadal: A Synthetic Sketch. *Kroeber Anthropological Society Papers*, 8 and 9: 20-44.
Czaplicka, M. A. 1914. Aboriginal Siberia: A Study in Social Anthropology. Oxford, Clarendon Press.
Fitzhugh, W. W. and V. Chaussonnet (eds.) 1994. Anthropology of the North Pacific Rim. Washington, D. C., Smithsonian Institution Press.
Fitzhugh, W. W. and A. Crowell (eds.) 1988. Crossroads of Continents: Cultures of Siberia and Alaska. Washington, D. C., Smithsonian Institution Press.
フォーシス，J．[Forsyth, J.］1992[1998]．A History of the Peoples of Siberia.[『シベリア先住民の歴史』（森本和男訳）．東京，彩流社]
ホブズボウム，E．J．（編）[Hobsbawm, E. J. (ed.)]．1983[1992]．The Invation of Tradition.[『創られた伝統』（前川啓治・梶原景昭訳）．東京，紀伊国屋書店]
Hughes, C. C. 1984. Siberian Eskimo. *In*: Handbook of North American Indians, Vol. 5. Arctic. D. Damas (ed.), pp.247-261, Washington, D. C., Smithsonian Institution Press.
石田英一郎．1941．「邦領南樺太オロッコの氏族に就いて（一）」，『民族学年報』，3：343-390．
Ivanov, S. V., A. V. Smolyakk and M. G. Levin. 1956. The Oroks. *In*: The Peoples of Siberia. Levin, M. G. and L. P. Potapov (eds.), pp.761-766, Chicago and London, The University of Chicago Press.
Jochelson, W. 1908. The Koryak. Vol.6 of the Jesup North Pacific Expedition. New York, G. E. Stechert.
加藤九祚．1986．『北東アジア民族学史の研究』東京，恒文社．
岸上伸啓．1995．「ロシア極東民族コリャークの宗教と社会」，『北方諸民族文化国際フェスティバル・シンポジウム報告』（谷本一之編），57-69，札幌，北海道教育大学．
クレイノヴィチ，Е．А．[Крейнович, Е. А.]．1973[1993]．Ерухим Абрамович Крейнович, Нивхгý.[『サハリン・アムール民族誌』（枡本哲訳）．東京，法政大学出版局]
Krasheninnikov, S. P. 1972. Explorations of Kamchatka 1735-1741. Portland, Oregon Historical Society.
久保寺逸彦．1970．「結婚」，『アイヌ民族誌』（アイヌ文化保存対策協議会編），443-455，東京，第一法規出版．
黒田信一郎．1965．「Giliyak族の社会構造」，『東京都立大学人類学研究会報』，2：21-24．

黒田信一郎．1968．「ギリヤークの社会組織 I 居住形態(1)」，『社』（東京都立大学社会人類学研究室），2(4)：91-96．
黒田信一郎．1974．「ギリヤーク社会の形成原理(1)」，『北方文化研究』，8：29-44．
黒田信一郎．1979．「ウイルタ(オロッコ)調査覚え書き」，『民族学研究』，44(3)：309-314．
黒田信一郎．1980．「トゥングース語系諸族の親族体系覚書(一)」，『北方文化研究』，13：1-22．
黒田信一郎．1994．「チュクチの抵抗」，『北の人類学』（岡田宏明・岡田淳子編），161-184，京都，アカデミア出版会．
Leach, E. R. 1968. The Comparative Method in Anthropology. *In:* The International Encyclopedia of the Social Sciences, 1: 339-345.
Levin, M. G. and L. P. Potapov (eds.) 1964. The Peoples of Siberia. Chicago, The University of Chicago Press.
Menovshchikov, G. H. 1964. The Eskimos. *In*: The Peoples of Siberia. Levin, M. G. and L. P. Potapov (eds.) pp.836-850, Chicago, The University of Chicago Press.
宮岡伯人(編)．1992．『北の言語：類型と歴史』東京，三省堂．
Murdock, G. P. 1967. Ethnographic Atlas. Pittsburgh, University of Pittsburgh Press.
大林太良．1956．「東北シベリア海岸文化の諸問題」，『東洋文化研究所紀要』，11：157-177．
Ohnuki-Tierney, E. 1974. The Ainu of the Northwest Coast of Southern Sakhalin. New York, Holt, Rinehart and Winston.
大貫恵美子．1979．「南樺太北西海岸のアイヌの生活」，『樺太自然民族の生活』（山本祐弘編），96-127，東京，相模書房．
荻原眞子．1989．「第 2 章 民族と文化の系譜」，『東北アジアの民族と歴史』（三上次男・神田信夫編），53-124，山川出版社．
佐々木史郎．1987．「海岸狩猟漁労民の社会組織」，『［北方民族文化シンポジウム］北太平洋圏における海への適応』(1986 年 10 月 15-17 日開催)，99-103，網走市．
佐々木史郎．1991．「アムール川下流域とサハリンにおける文化類型と文化領域」，『国立民族学博物館研究報告』，16(2)：261-309．
佐々木史郎．1996．『北方から来た交易民』東京，日本放送出版協会．
Seligman, B. Z. 1963. Social Organization. *In*: Ainu Creed and Cult. Written by Munro, N. G. and B. Z. Seligman (ed. by B. Z. Seligman), New York, Columbia University Press.
Shnirelman, V. A. 1994. Cherchez le Chien: Perspectives on the Economy of the Traditional Fishing Oriented People of Kamchatka. *In*:Key Issues in Hunter-Gatherer Research. Burch, Jr. E. S. and L. J. Ellanna (eds.), pp.169-188, Oxford, Berg.
杉浦健一．1952．「沙流アイヌの親族組織」，『民族学研究』，16(3-4)：3-28．
Sugiura, K. and H. Befu. 1962. Kinship Organization of the Saru Ainu. *Ethnology*, 1: 287-298(＊HRAF File AB 6 Ainu).
高倉新一郎．1942．『アイヌ政策史』東京，日本評論社．
Takakura, S. 1960. The Ainu of Northern Japan: A Study in Conquest and Acculturation. Translated and annotated by J. A. Harrison. Transactions of the American Philosophical Society, N. Y. Vol. 50, Part 4. Philadelphia(＊HRAF File AB 6 Ainu).

高倉新一郎．1970．「社会」，『アイヌ民族誌』（アイヌ文化保存対策協議会編），158-176，東京，第一法規出版．

鳥居龍蔵．1925．『極東民族 第一巻』東京，文化生活研究会．

Trigger, B. 1980. Archaeology and the Image of the American Indians. *American Antiquity*, 45: 662-676.

Vasil'ev, V. I. 1994. Social Structure of the Peoples of Northeastern Asia. *In*: Anthropology of the North Pacific Rim. Fitzhugh, W. W. and V. Chaussonet (eds.), pp.265-273, Washington, D. C., Smithsonian Institution Press.

Watanabe, H. 1964. The Ainu: A Study of Ecology and the System of Social Solidarity between Man and Nature in Relation to Group Structure. Tokyo, University, Faculty of Science, Journal, Section V, Anthropology, Vol.2, pt.6. Tokyo, University of Tokyo(* HRAF File AB 6 Ainu).

渡辺仁．1981．「北方文化研究の課題」，『北海道大学文学部紀要』，29(2)：79-141．

渡辺仁．1987．「北洋沿岸文化圏の構想」，『[北方民族文化シンポジウム]北太平洋圏における海への適応』（1986年10月15-17日開催），81，網走市．

渡辺仁．1988．「北太平洋沿岸文化圏：狩猟採集民からの視点Ⅰ」，『国立民族学博物館研究報告』，13(2)：297-356．

渡辺仁．1990a．『縄文式階層化社会』東京，六興出版．

渡辺仁．1990b．「生業分化と社会階層化」，『現代思想』，18(12)：169-176．

渡辺仁．1992．「北洋沿岸文化圏」，『北の言語』（宮岡伯人編），67-107，東京，三省堂．

Watanabe, H. 1994. The Animal Cult of Northern Hunter-Gatherers: Patterns and Their Ecological Implications. *In*: Circumpolar Religion and Ecology: An Anthropology of the North. Irimoto, T. and T. Yamada (eds.), pp. 103-108, Tokyo, University of Tokyo Press.

渡部裕．1994．「北東アジアにおける海獣狩猟(Ⅰ)」，『北海道立北方民族博物館紀要』，3：61-82．

渡部裕．1995．「北東アジアにおける海獣狩猟(Ⅱ)」，『北海道立北方民族博物館紀要』，4：65-86．

Wixman, R. 1984. The Peoples of the USSR: An Ethnographic Handbook. Armonk, NY., M. E. Sharpe.

米村哲英．1974a．「社会生活」，『オロッコ・ギリヤーク民俗資料調査報告書』（北海道教育庁振興部文化課編），16-17，北海道文化財保護協会．

米村哲英．1974b．「人の一生」，『オロリヤーク民俗資料調査報告書』（北海道教育庁振興部文化課編），23-25，北海道文化財保護協会．

終章

東北アジア諸民族の文化動態

煎本 孝

　本書では，これまで調査が困難であったロシア連邦(旧ソビエト連邦)，中国，モンゴルにおける最新のフィールド調査による文化人類学的，言語学的資料，および文献資料に基づき，東北アジア諸民族の文化と言語に関する現在の状況を提示した。この章では，これらの情報資料のみならず，私自身がこれまでに行なってきたロシア連邦カムチャツカ州コリヤーク民族自治管区のコリヤーク，中国内蒙古自治区，新彊・ウイグル自治区，青海省，およびモンゴル国のモンゴル，中国チベット自治区，およびインド領西チベットのチベット，日本のアイヌなどに関する調査研究を踏まえ，東北アジア諸民族の文化動態について考察することにする。

　第一に，東北アジア諸民族に自然と人間との間の多様な関係があることを指摘しなければならない。

　北方森林帯でウマ，ウシを飼育するサハ共和国のサハ，北方ツンドラ帯でトナカイ遊牧を行なうカムチャツカ半島北部のコリヤークと東シベリアのチュクチ，あるいは北太平洋沿岸で海獣狩猟とサケ類の漁労を行なう海岸コリヤーク，ロシア沿海州のアムール川流域で漁労を行なうウデヘ，農耕，狩猟，漁労を行なうターズ，大興安嶺でウマ，トナカイ飼育と狩猟を行なうオロチョン，そして，草原，山地，砂漠地帯でウマ，ヒツジ，ヤギ，ウシ，ラクダ，ヤクの遊牧を行なうモンゴル，高標高地域において牧畜と大麦，小麦の農耕を行なうチベット，さらには長江下流域で稲作を中心とした農耕，動

物飼育を行なうショというように，東北アジア諸民族は自然環境を異にし，その生活様式も異なる。そこでは，生計活動を通した人間と自然との関係のみならず，彼らの自然に対する認識である世界観そのものが大きく異なっているのである。

　第二に，多くの東北アジア諸民族の文化と言語は歴史的過程のなかで大きく変化してきたことをあげることができる。

　それは先史時代から続く人類の大移動，接触，融合，そして生態的条件への対応の結果であり，また新たに誕生した王朝や国家による政策の結果でもある。国境は同じ民族を分断し，あるいは国境をこえて民族は移住する。国家のなかで少数民族の言語は2言語併用となり，学校教育と家庭との間で異なる言語が使用されることになる。もとの言語のなかに借用語が入り，やがて言語そのものの質的変化が起こる。さらには，移住，混血などにより，言語そのものがほかの言語に置き換わることもある。ときには，このことにより新たな民族が形成されることになる。ロシア沿海州でツングースの女性と，移住してきた漢人の男性との結婚により，ターズとよばれる新たな民族がみられることは，タイミール半島コトゥイ川流域でツングース語がサハ（ヤクート）語に置き換えられ，しかも文化的にはサハとは異なるドルガンという新たな民族が形成されたことを考えると，さして驚くにはあたらないかもしれない。

　ロシアでは民族を法的に認定したため，融合による新たな民族が固定されたのであるが，じつはこのような過程はつねに起こっていることなのである。漢人の形成にしても，また日本人や日本語，日本文化の形成にしても融合の産物である。起源的に純粋な民族などありえず，融合と隔離の結果，民族が生成し続けているのである。

　そもそも，民族の概念そのものが社会的，政治的状況のもとでつくりだされ変化してきたものである。中国では1950年代から90年に至るまで少数民族の識別が行なわれ，400の申請に対して現在55の民族が国家により認められている。しかし，現在でも新たに少数民族として認められるよう申請と話し合いが続けられているという状況である。さらに，少数民族には優遇策

が適用されるため,混血の場合でも少数民族として自己申告する傾向がみられる。民族とはきわめて政治的な範疇なのである。したがって,国家と民族という現在しばしば民族運動に用いられる二極対立の構図さえ,人類史の動的な過程の一場面に関する「語り」なのである。

民族とは,文化と言語を指標としながら人類史のなかでとらえることができる人間集団の動態なのである。そして,長い歴史のなかで繰り返されてきた民族と国家の動態こそが東北アジアの特徴なのである。

第三に,諸民族の文化や言語はさまざまな外的要因や国家政策のもとに一方的に変化させられるばかりではなく,新たな状況に対応し,さらには新たな文化を創造してきたということを指摘できる。

ソビエト連邦,中国,モンゴルという社会主義国家における集団化と国営化は少数民族の生活を根本から変化させた。しかし,国営化されたコリヤークのトナカイ遊牧にも,その一部に私有制が認められており,伝統的儀礼と世界観が継続していたのである。中国においても,モンゴル仏教は1950年代初頭から排除の対象となり僧侶は還俗させられ,さらに文化大革命のときには寺院そのものが破壊されることになった。それにもかかわらず,内蒙古自治区のモンゴル,あるいは満洲においてシャマニズムはひそかに継承されてきているのである。そして,現在,ペレストロイカ(改革)や開放政策に対応して,人々は新たな生存戦略と言語や文化の復興を実践しようとしている。

二極対立という冷戦構造の崩壊により,朝鮮半島の問題,中国と台湾との問題がいまだ残るにもかかわらず,長期的には,東北アジアは民主化と市場経済の方向に向かうであろう。ロシアのヤクートはサハ共和国として独立し,国家と民族との対立は解消へと向かい,文化復興と帰属性(アイデンティティ)の確立がはかられようとしている。しかし,カムチャツカ州コリヤーク自治管区のコリヤークは社会主義のもとで運営されていたソフホーズ経営が,国家からの資金の投入なしには困難となっている。ここでは,人々は自給自足を基本とした伝統的なトナカイ遊牧の生活への回帰の方向と,新たに市場経済を導入することにより今までの生活を維持するという方向の間で振れている。また,中国のショは,新たな市場経済と昔からの伝統との間での

生存戦略の選択に迫られている。

　モンゴル国は民主化により，それまでの社会主義体制を解消し，家畜を個人所有とし新たに市場経済を導入しようとしている。しかし，工業化による国家の経済基盤はない。自給自足による遊牧経済と，工業化の推進との間で新たな葛藤が起きることになるであろう。モンゴル国における民族の帰属性は国家内部の問題ではなく，国家としての復権に向けられている。社会主義時代に禁止されていたモンゴル仏教の復興とそれとの政治的結びつきは，このことを示唆している。さらに，モンゴル文字の復活や始祖としてのチンギス・ハーンはモンゴル人の帰属性の象徴となっている。社会主義体制を維持している中国には，ウイグル，モンゴル，満洲，チベットをはじめ多くの少数民族が住む。少数民族といえど，ウイグルは596万人，モンゴルは341万人，満洲は430万人，チベットは387万人を数える。開放政策により経済的には開放の方向に向かっているとはいえ，政治体制に変化はない。国家と民族との関係はきわめて政治的かつ重大な問題となっているのである。

　また，文化の変化にもかかわらず，狩猟と遊牧を中心とする生活を営む人々の間には，共通するシャマニズム的世界観と儀礼の存在が認められる。さらに，このシャマニズム的世界観を中心に，伝統的儀礼の復興が各地ではかられ，それが民族的帰属性の形成と深く結びついているのである。サハにおいては，もっとも重要な儀礼であるウセフ（夏至祭り）の復興と実施がシャマニズムの復興とともに，サハの生態と世界観の象徴として文化復興の中核をなし，さらには民族の帰属性の基盤ともなっていた。また，コリヤークにおいては，シャマニズム的世界観に基づく狩猟，牧畜儀礼を中心に，伝統文化の継続と再生産がはかられている。さらに，モンゴルにおいては，治療を目的とする歌と舞踊からなるシャマニズムの実践がみられ，それがモンゴルの世界観と帰属性の再生産に深くかかわっていることを指摘することができるのである。

　シャマニズムがしばしば文化復興の中心になるのは，それが人間と自然との関係，そして人間と人間との関係にかかわる当該文化の世界観そのものに基づいており，同時に人類にとって普遍性をもつからである。シャマニズム

は時代が変化しても姿をかえながら再生産され続けているのである。ロシア人が，シャマニズムが禁止されていることを知りながら，コリヤークのシャマンのことを「経験ある人」と言葉をかえてよび，あるいは唯物主義であるはずの中国の研究所の職員が内モンゴル，ホルチンのシャマンに恐れを抱き，おそるおそる自分の健康をみてもらうことは，このことを示している。

　もっとも，自由化と市場経済の導入により職業としてのシャマニズムが興隆することもある。中国内蒙古自治区の小さな町では，もと共産党の役人が多くの患者たちを治療する仏教化したシャマンとなっていたし，西チベットにおいては地域の開放後，町や村々に多くのシャマンが出現した。また，モンゴルではその北端にひそかに残っていたウリヤンハイのシャマンが，自由化後，首都のウランバートルに出て仕事を始めた。

　また，伝統的生活が変化してしまったとき，観光という形で文化の保存，継承が行なわれることがある。少数民族のイメージが観光における文化の展示に反映し，またそのことによりイメージが再生産される。しかし，逆に市場経済のもとで，観光を利用して新しい文化が創造され，そのなかで新しい帰属性と民族間関係が形成されることも可能である。

　文化と言語は一方的に変化させられるばかりではなく，新たな状況に柔軟に対応し，新しい文化を創造し続けていると考えることができるのである。この生存戦略と実践の過程が民族の動態の本質である。

　第四に，文化と言語の復興は意識するか否かにかかわらず，人々の帰属性と深く結びついているということができる。

　それは，ときには国家と民族との政治的対立を背景としており，またときには，人々が伝統によせる深い価値観に根ざしたものから来ている。そこでは，人々は自然のなかで人間が生きることの意味を確認し，変化する社会や政治的状況のなかで，それを守ろうとする意思の表現となっているのである。民族の接触や融合において言語が変化し，さらには消滅しようとしているにもかかわらず，それらを保ち続けようとするのは，このことを示している。言語の復興は帰属性の主張となっているのである。しかし，このことは同時に，言語の役割の変換をともなうことも事実である。自然や社会との結びつ

きのなかで形成され，用いられてきた言語が，帰属性の象徴としての役割をもつことになるからである。これは，文化復興運動においても同様である。

以上述べたように，東北アジアは大きく変貌をとげようとしている。人々は今や従来の国家やイデオロギーの枠組みをこえ，政治的にも経済的にも交流することになるのである。多様な文化や言語の尊重，自然—人間関係の多様性の尊重が，人々の相互の交流と理解との基本的思考となる。民族の対立や自然の破壊は今や人類すべての生存を危うくしている。文化や言語の研究が人間の多様性と共通性との理解に貢献するのであれば，その成果は国際政治や経済交流という分野においても重要な指針となるはずである。人類の将来を考えるという長期的な視野に立ち，東北アジアとそこに連なる世界全体のなかで，人間としての自己を定位することが必要なのである。

最後に，これらの調査研究の一部は平成8-10年度文部省科学研究費補助金(国際学術研究)「東北アジアにおける北方諸民族の生態と世界観に関する文化人類的研究」(研究代表者 煎本孝)の成果であり，また，平成9-11年度国立民族学博物館共同研究「現代の東北アジア諸民族の文化変化に関する研究」(代表者 煎本孝)の研究成果である。さらに，本書の刊行のため，日本学術振興会より平成13年度科学研究費補助金(研究成果公開促進費)の交付を受けた。関係各位に感謝の意を表する次第である。

索　引

【あ行】

アイー・オユーン　325, 331
アイデンティティ　423, 547
　　　ターズとしての　67
　　　民族的　323, 353, 354
アイヌ　2, 29, 33, 383
アイヌ語　3, 227, 228, 230, 232
アイヌ語講座　223, 232, 233
アイヌ文化　242, 243, 244
　　　伝承・普及　249
　　　伝承・保存　247
　　　伝承と保存　217
　　　(有形・無形)の伝承と保存　219
　　　普及　242
アイヌ文化教室　232, 233
アイヌ文化講座・セミナー　223
アイヌ文化保存・伝承活動　232
アイヌ民族　228
アイヌ民族博物館　218, 219, 221, 232, 247, 248, 249, 250
青い永久の天　430
アオジナ　235
アカジナ　235
秋の祭祀　156
秋葉隆　176
悪霊アバーシィ　333
アジア・エスキモー　2
アジャライダール　324
アッツシ　223, 227, 230, 231, 232, 234, 235
アッツシ織り　222
アニミズム　53, 334, 351

アバーシィ　324
アヒル　477
アフワクーモフカ川　79
アペフチカムイ　239, 241
雨乞い　433, 436
アムガ　323
アムギンスキー地区　341, 354
　　　政府　342, 344
　　　知事　354
アムール　31, 32, 33, 34
アムール川　28, 33
　　　下流域　20
　　　流域　18
アリュート　4
アルセーニエフ　41, 43
アルタイ大語族　3
アルバータ・ベイッツァ卿記念国際会議
　　　(第3回)　322
アレウト　20
アンダイ　400, 408, 419, 420, 436
アンダイ歌手　422, 437
アンダイ病　420
安定化(生活の)　486
アントロポローギヤ　13
家祭り　150
家を司る神　239
生贄　50
異根　270
泉靖一　176
イスラム　5
委託飼育　479
イッチ　324, 332, 333, 345

イデオロギー(特殊な)　135
イテリメン　2, 4, 21, 526
イテリメン語　253
移動形態　303
イドガン　365
イナウ　237, 238, 239
イナウル　237
衣服(ターズの)　125
意味ある停滞　502
意味なき進歩　503
イミン川　133
異民族　133
イヨマンテ　216, 224, 227, 232, 245
イヨマンテリムセ　231, 243
イルブイィエ　326, 327, 329
入れ墨　231
祝い(新年の)　336
イワクテ　225, 236, 241, 245, 248
インド・ヨーロッパ大語族　3
陰暦　129
ウイグル　2, 3, 385, 548
ウイルタ　2, 4, 523
ヴィーン学派　16
上の世界　324, 325, 327, 329, 342, 351
請負制度　451
ウズベク　3
ウセフ　321, 323, 548
　　　復興　339, 346
歌　349
ウダガン　325
宴(馬乳酒の)　337, 338
内蒙古自治区　358, 547
内モンゴル　357, 441, 462
内モンゴル方言　3
宇宙山　434
宇宙論(シャーマニズムの)　422, 435
宇宙論的秩序　357
　　　シャーマニズムの　428, 435, 437

腕相撲　345
ウデヘ　2, 4, 21, 27, 39, 41, 43, 69, 545
　　　親族体系　69
馬オロチョン　167
海(水)の主　432
ウラサ　334, 342
ウラジオストック　74, 80
ウラル大語族　3, 4
ウリチ　18, 20, 22, 31
ウリヤンハイ　3, 415, 438, 549
ウルチャ　2, 4
(最高神)ウルング・アイー・トヨン　336
永久凍土帯　1
永久の天　429, 430
英雄クイケニャーク　261
栄誉感　491
エヴェン　2, 3, 20, 21, 22, 23, 319
エヴェンキ　2, 3, 4, 18, 20, 22, 319
　　　貴族たち　135
エヴェンキ人　131
エヴェンキ族自治旗　131
エヴェンキ文化　132
エヴェンキ文字　132
エスキモー　20, 285
エスキモー・アリュート語族　3, 4
エスニシズム　26
エスニシティ　24
エスノネットワーク　296
エチナ　3
エトゥゲン　432
エトノグラーフィヤ　13, 14
エトノス　24, 25
エトノス論　15, 22, 24, 26
エトノローギヤ　13, 15
エニセイ・オスチャーク　3
エニセイ・サモエード　4
エネツ　4, 18, 20

索引　553

エメゲルジ・ザヤガチ　383, 430
エレイの物語　344
沿海州　67
沿海地方　28, 32
オイラート　383, 414, 416
オイラート方言　3
応用緊急民族学研究　27
オスチャーク　4
オスチャーク・サモエド　4
オソハイ　337
オタスの杜　208
オドガン　365, 391, 392
オトフト　326
囮笛　122
オトル　456
鬼　369, 408
オビ・ウゴル　18, 20, 25, 32
オヒョウ　231, 234, 235, 236
オボ　420, 433
オボ祭り　436
オユーン　324
オリエンタリズム　25, 32, 34
オリエンタリズム批判　26
オルチャ　2
オルドス　3, 415
オロチ　2, 4, 21, 22
オロチョン　2, 4, 167, 545
オロッコ　2
オロンホ　322, 330
オンカミ　239, 240, 241
オンゴット　363, 370, 387, 423, 425, 427
音素添加　256
音素の置き換え　256
オンドル　125
オンフォ　472

【か行】
改革　5, 547

改革開放　152
海岸チュクチ　291
階層化　534, 540
　　　有無　518, 520, 526, 528, 531, 537
回族　5
開放政策　5, 547, 548
科学アカデミー　339
革命化　142
加護(神霊の)　157
カザフ　3
家族組織　509, 517, 519, 521, 524, 527, 529, 532, 535, 538
家族の祭祀　156
家畜の神　369
ガチャー　459, 460
家庭経済　472
ガナサン　4, 18, 20
神
　　家を司る　239
　　家畜の　369
　　火の　239
　　舟付き場を司る　240
　　水の　240
　　村を司る　239
神窓　229
カムイノミ　238, 239, 240
カムチャダール　4
カムチャツカ半島　2, 513
樺太　208
換羽　477
官営牧場　446
観光　225, 242, 248, 549
観光客　215, 221, 222, 225, 227, 237, 242, 243, 244, 245, 246, 248, 249, 250
観光協会　217, 226
観光システム　246, 248
観光施設ポロトコタン　217
観光地　215, 216, 219

『観光東亜』　177, 181
観光旅行斡旋期　205
かんじき　126
漢人　546
漢族の観音　152
漢族の狐仙　152
寛甸満洲族自治県　159
観音（漢族の）　152
患部の吸引放血　326
漢文化　416, 419
漢民族　68, 447, 458
冠（シャマンの）　361, 435
ガンラン　474
乾隆時代　151
企画展　222
儀式　125
　　　熊の霊送り　230
　　　馬乳酒の　344, 347
　　　日の出を迎える　342, 343, 344, 347, 353
　　　船送りの　225, 237
　　　振りかける　334
寄宿学校（internat）制度　254
基層言語（ターズの）　116
帰属性　423, 437, 547, 548, 549
貴族たち（エヴェンキ人の）　135
北太平洋沿岸文化圏　505, 506, 541
祈祷　47, 48, 49, 50, 51
客観主義　12
灸　326
吸引放血（患部の）　326
旧満洲国関連日本語文献　165
競技
　　　力比べの　349
　　　勇者（ディグン）決定の　345, 349, 352
共産主義　353
共生（人間と自然との）　333, 351

郷土料理　340, 341
（サハ）共和国大統領　347, 354
極東　10, 11, 15, 25, 29, 30
居住様式（結婚にともなう）　510, 517, 519, 522, 524, 527, 530, 533, 536, 538
魚皮　122, 123
漁労　122
偽卵　474
ギリシャ正教　139
ギリヤーク　2, 34
キルギス　3
金　127
銀　127
クイケニャーク（英雄）　261
クハガン　325
熊の霊送り　216, 224, 227, 245
　　　儀式　230
クリル諸島　28
黒シャマン　331
軍事目的のための
　　　民族学的調査　175
　　　利用　172
クンストカーメラ　13
経済学的な適応　502
経済人類学　10
継承
　　　シャマニズムの　423
　　　長の　511
継承方法（長の）　518, 520, 522, 525, 527, 531, 533, 536, 539
芸能　350
競馬　337, 344, 350
夏至祭り　321, 323, 331, 334, 548
　　　復興　352, 353, 354
削り掛け　237
結合　485, 491
結婚にともなう居住様式　510, 517, 519, 522, 524, 527, 530, 533, 536, 538

ケット　3, 20, 22
ゲル　450, 456
見学コース　221, 222, 227
見学者　223, 225, 232, 241, 243, 244, 245, 247, 248, 249
言語の復興　549
古アジア語族　3
古アジア諸語　253
語彙(ターズの)　116
叩啞巴頭　151
興安嶺　133, 141
興安嶺探勝調査報告　191
(大)興安嶺探勝踏査　181
交易　291
公演(古式舞踊の)　246
合成形　260
構造機能主義　12
構造主義　12
叩頭　151
高度技術時代　143
交流(北方圏の民族との)　224
国営化　547
国際交流　2
国際シャマニズム会議　322
国民全体の祝祭　347
国民文化言語学部　320
国民文化部　321, 346
国立中央博物館　195
黒竜江　149
古式舞踊の公演　224, 246
古シベリア語族　3
コース(ツアーの)　243
狐仙(漢族の)　152
コタンコルクル　227
コタンコロカムイ　239
国家　547, 549
国家政策　319
固定家屋　456, 458

護符　51
ゴリド　70, 80, 82
コリヤーク　2, 4, 18, 20, 21, 22, 23, 528, 545, 547
コリヤーク語　253
　　ロシア語の干渉　254
コリヤーク自治管区　253
コリヤーク族　254
ゴルディ　2, 433
コルデッケ　33
コルホーズ　119
婚資　129
婚礼(ターズの)　127

【さ行】
最高神ウルング・アイー・トヨン　336
祭祀
　　秋の　156
　　家族の　156
　　平常に行なう　156
祭祀儀礼　155
最大化(生産量の)　486
祭壇　71, 237
催眠法　327
在来鶏　475
雑居　138
雑交種　488
サハ　2, 3, 545
サハ共和国　319, 351, 352, 354, 545, 547
サハ共和国人文科学研究所　320
サハ伝統医学協会　322, 328, 331
サハリン　28, 31, 32, 33, 34, 208, 514
サハリンアイヌ　519
サマギール　18
サモエード　18
サモエード系　24
サモエード語系　3, 4
サラマ　334, 340, 345

斬新な社会生活　143
サンタン　33
三朝北盟会編　149
山東方言　115
ジェサップ北太平洋探検隊　505
ジェサップ北太平洋調査　16
ジオラマ　221
歯茎音の口蓋化　255
師匠　370, 393, 424, 427
市場経済　465, 469, 501, 547, 548, 549
自然観察会　223
氏族名　144
時代的烙印　143
下の世界　324, 325
漆器類　227, 230, 232
シトギ　237
シナ　235, 236
シナ・チベット大語族　3, 4
シナノキ　234
シベリア　1, 9, 10, 11, 12, 15, 18, 19, 20, 23, 24, 25, 26, 29, 30, 32, 545
シベリアエスキモー　535
シベリア博覧会　195
シベリア・ユピック　4
シボ　4
社会構造　505, 509, 515, 516, 538
　　比較研究　505
社会主義　9, 11
社会主義市場経済　469
社会人類　10
社会人類学　13
借用語　256
ジャコウ　122
ジャチ　369, 375, 391, 431
ジャパン・ツーリスト・ビューロー
　　177, 205
シャマニズム　5, 148, 319, 320, 351, 353, 354, 357, 419, 547, 548

宇宙論　422, 434
　宇宙論的秩序　357, 428, 436, 437
　演出　369
　継承　423
　垂直的宇宙論　432
　復活　419
　歴史意識　357, 413
シャマン　43, 44, 45, 46, 47, 323, 351, 352, 357, 433, 435, 549
　冠　361, 435
　新式の　153
　スカート　359
　服飾　159
　帽子　158
ジャルブイイェ　326, 327, 328, 329
ジャンプ　345, 349
自由化　549
集住化　71
就巣鶏　476
集団化　547
獣皮　123
集落　124
祝祭(国民全体の)　347
祝詞　321
粛慎　148
シューサルナ　368
シュトクル　370, 396
樹皮衣　223
狩猟　70
狩猟活動　134
狩猟漁労民　25
狩猟道具　134
シュワの挿入　255
ショ　546
ショ人　465
松花江　118
(大興安嶺)小興安嶺地域　166
少数民族　12, 67, 161, 215, 249, 546

索引　557

承包　472
蒸留酒　129
植民地　163
植民地化　512
植民地主義　12, 25, 28, 30, 32, 35
植民地統治(日本の)　164
初原的同一性　434, 436, 437
叙事詩　330
女真人　149
白老　215, 216, 225, 228, 232, 242, 244
白老ポロトコタン　226, 247
白老民芸会館　217, 218
白老民俗芸能保存会　217, 246
白老民族文化伝承保存財団　218
白樺　121, 123
シラサンブラ　378
白いボ　370
白い老人　378
白シャマン　325, 338, 352
人格化　158
進化主義　16
信仰　129
人口調査(ターズの)　119
新式のシャマン　153
神像(祖先の)　150
親族集団　511, 518, 519, 522, 525, 527, 530, 533, 536, 539
親族体系(ウデヘの)　69
清朝　442, 459
神道　5
新年の祝い　336
陣羽織　230
人民公社　450, 451, 458, 463
森林ネネツ　20
人類学民族学博物館　13, 14, 15, 34
神霊
　　加護　157
　　体系　154

吸い出し法　329
垂直的宇宙論(シャマニズムにおける)　432
崇拝するもの　370, 396, 435
崇拝する霊　370, 394, 410
スカート(シャマンの)　359
鈴(銅製の)　160
スメレンクル　33
スラブ　3
スンス　363, 395, 396, 397
生活
　　安定化　486
　　豊かさ　491
生業　466
生計戦略　465
生産合作社　451
生産責任制　472
生産隊　297, 451, 459
生産量の最大化　486
精神文化(ターズの)　73
生存戦略　547
声調(ターズの)　116
聖なる紐　340
セヴェロ・エヴェンスク地区　255
世界
　　上の　324, 325, 327, 329, 342, 351
　　下の　324, 325
　　中の　323, 324
世界樹　433, 434
接触マッサージ法　326
接尾辞添加　256
セリクープ　4, 20
セルゲ　338, 342, 349
先住民　11, 12, 29, 31, 68
全ソ地理学協会　13
宣撫工作　174
相互理解　2
葬式(ターズの)　127

双数　259
創生神話(ターズの)　129
相続　540
相続(動産の)　511, 518, 520, 522, 525, 528, 531, 534, 537
葬礼　84
祖先の神像　150
祖先のボの霊　370
ソビエト民族学　9, 10, 11, 12, 15, 19, 23, 25, 26, 27, 28, 29, 30, 32, 34, 35
ソビエト民族学者　34
ソフホーズ　284, 547
祖母神　369
ソム　444
ゾル・ザヤガチ　378, 383, 430
ソ連邦時代　326
ソロン　144
存在価値観　141
村民委員会　468

【た行】
第1回伝統医学会議　322
タイガ　1
体系(神霊の)　154
大経路展示場　196
大経路展示場絵はがき　202
太鼓　160, 360
大興安嶺・小興安嶺地域　166
大興安嶺探勝踏査　181
第3回アルバータ・ベイッツァ卿記念国際会議　322
大草原　137
大東亜建設博覧会　189, 206
(サハ共和国)大統領　350
第二次世界大戦　145
大麻　120
大陸科学院哈爾浜分館　204
タウギ・サモエード　4

タオサン　472
ダグル　2, 4
多妻　129
多神崇拝　154
韃子　68
ターズ　67, 545, 546
　アイデンティティ　67
　衣服　125
　基層言語　116
　語彙　116
　婚礼　127
　人口調査　119
　精神文化　73
　声調　116
　葬式　127
　創生神話　129
　鍛造　123
　物質文化　73
　名字　73, 82
　民族学　84
　民族的構成　118
　民話　83
タタール　3, 20
七夕伝説　84
『旅』　188, 208
ダフール　4
卵　434
魂の旅　324, 351
多民族国家　319, 349, 352, 354
ダライ・ラマ　414, 416
単一語　264
鍛造(ターズの)　123
チェチル　337, 340
力比べ　340, 349
知事　346
千島列島　28
チセ　219, 222, 223, 227, 229, 231, 238, 244

索引　559

チセコロカムイ　239
チベット　414, 429, 545, 548
チベット・ビルマ諸語　3, 4
チベット語　136
チベット仏教　5, 413, 672
チャヴチュヴェン方言　255
チャハル　3, 414, 415, 441, 442
中国　545
中国仏教　5
中心村落　297
チュクチ　2, 4, 18, 21, 23, 283, 532, 545
チュクチ・カムチャツカ語族　253
チュクチ語　253
チュコト・カムチャツカ諸語　3, 4
チュコト半島　2, 512
チュム　125
チュルク諸語　3
超感覚者　330
超感覚治療者　323
チョウセンニンジン　52
朝鮮人参　84, 86, 120, 122, 124
跳大神的　153
長の継承　511
長の継承方法　518, 520, 522, 525, 527, 531, 533, 536, 539
地理学　13
治療　402, 408, 409, 417, 420, 427, 435
チンギス・ハーン　384, 413, 414, 548
ツアー(北海道の)　225, 226
ツァガン・エブゲン　378
ツアーのコース　243
通婚　140
ツングース　3, 29, 33, 39, 144, 416, 433
ツングース諸語　3, 74
ツンドラ　1
ツンドラ帯　545
ディグン決定の競技　345
帝室地理学協会　13

定住　124
定住牧畜　449, 463
ディスコ　345
出稼ぎ　454
適応
　　経済学的　502
　　農学的　502
デルスウ・ウザーラ　41
天　369, 429, 436
テンゲル　369, 373, 428, 430
伝承と保存(アイヌ文化の)　217, 219, 247
伝承・普及(アイヌ文化の)　249
天神信仰　157
伝統医学会議(第1回)　322
伝統医療　327, 328
　　復興　351
伝統的衣装　71
伝統的歌謡　321
伝統的治療者　324
伝統文化の復興　352
天の人　370
伝播主義　16
同一血縁　155
トゥヴァ　3, 20, 80
同化　117, 119
銅鏡　360
刀耕火種　466
動産の相続　511, 518, 520, 522, 525, 528, 531, 534, 537
銅製の鈴　160
東北アジア　1, 545
東北アジア機軸　1
東北諸民族　142
東北の森林　137
トゥメト　414, 415
トゥンナーハン　326
特殊なイデオロギー　135

馴鹿オロチョン　167
トナカイ(野生の)　313
トナカイ群　306, 307, 309
トナカイ飼育　20
トナカイ飼育民　25
トナカイチュクチ　291
トナカイ遊牧コリャーク　255
トマリコロカムイ　240
トラ　77
ドラル氏族　134
ドルガン　20, 23, 433, 546
トルグート　3
ドルブン・デブテル　370, 390
トロシチャンスキー　336

【な行】

永田珍馨　175, 201
中の世界　323, 324
ナゴルノ・カラバフ　26
ナショナリズム　26
夏営地　294
ナティガイ　369
ナーナイ　2, 3, 18, 20, 21, 22, 31, 69
ナーナイとウデへの農耕　69
軟玉　127
ニヴヒ　22, 33
ニヴフ　2, 3, 18, 20, 21, 24, 25, 29, 34, 53, 521
ニヴフ語　33
2言語併用者　254
二元論的宇宙観　434
ニッオシト　237
日食　52
日本語　3, 546
日本語学校　142
日本人　546
日本の植民地統治　164
日本仏教　5

日本文化　546
ニワトリ　474, 493
人間と自然との共生　333, 351
ヌサ　237, 239, 241
　　製作　238
ヌサコロカムイ　239, 240
努爾哈赤　147
ネネツ　2, 4, 18, 20, 22, 23, 24
ネーネ・ボグト　369, 380, 431
能格構文　268
農学的な適応　502
農業生産　140
農耕(ナーナイとウデへの)　69
農場経営　308
野祭り　157

【は行】

ハカス　3
バクシ　370
白雪山　361, 395, 415, 431, 435, 437
博物学　13
ハシナウカムイ　239, 240
放し飼い　475
馬乳酒　334, 340
　　宴　337, 338
　　儀式　344, 347
　　祭り　334
ハムニガン　4
バラガン　334, 342
バルグ　3
バルグ・ブリヤート方言　3
ハルチン　415
ハルハ　414, 415, 431
哈爾浜博物館　204
繁殖　488
反植民地主義　34
ハンティ　2, 4, 18, 20, 25
反帝国主義　34

索引　561

ハンナーハン　326, 327
肥育　488
比較研究(社会構造の)　505
秘境観光　181, 208
非接触マッサージ法　326
ビデオトーク　221
火の神　229, 239
日の出を迎える儀式　342, 343, 344, 347, 353
火の霊　321, 340
ピリカ　232, 243
　　　歌　231
フィン・ウゴル語系　3, 4
フォークロア　41
布教　139
複合語　264
服飾(シャマンの)　159
袋角　121
藤山一雄　200
ブタ　487, 496
復活(シャマニズムの)　419
仏教　5, 136, 419
　　　チベット　5, 372, 413
　　　中国　5
　　　日本　5
　　　モンゴル　5, 547, 548
仏教教典　137
復興
　　　ウセフの　346
　　　夏至祭りの　352, 353, 354
　　　言語の　549
　　　伝統医療の　351
　　　伝統文化の　352
　　　文化　548
物質文化(ターズの)　73
ブッダ　370, 430
仏用楽器　136
舟付き場を司る神　240

船送り　236, 245, 248
　　　儀式　225, 237
不変化詞　263
振りかける儀式　334
ブリガーダ　284, 297
ブリヤート　2, 3, 369, 383, 385, 421, 436
フロンバイル盟　131
文化基地　292
文化圏　29
文化史　29
文化省　320
文化省民俗文化創造事業部局　346
文化人類学　13
文化大学　320
文化大革命　141, 547
文化動態　545
文化の創造　547, 549
文化の保存・普及　215
文化復興　319, 547, 548
文化復興運動　5, 550
文化変容　29, 314
分析形　260
文法的な崩れ　270
兵役　136
平常に行なう祭祀　156
ペレストロイカ　5, 32, 547
弁髪　127
変容　255
ボ　357, 392, 396, 402, 424, 433
　　　白い　370
　　　死んだ霊　395
　　　源　361, 370, 391, 435
母音調和　255
帽子(シャマンの)　158
棒のひっぱり合い　345, 349
放牧　77
放牧集団　304
放牧地　312

放牧テリトリー　310
牧師　139
ボクソルユ　329
牧畜生産　138
ボグール　4
ボゴラス　283
ホジェ　4
ポスト・モダン　26
保存・伝承活動(アイヌ文化の)　232
保存・普及(文化の)　215
渤海国　147
北海道　514
北海道アイヌ　517
北海道のツアー　226
北海道をまわるツアー　225
北極キツネ　294
北方委員会　16
北方圏の民族との交流　224
北方少数民族　16
北方森林帯　1, 545
仏　369, 370, 430
ホブグタイ　361, 370, 391, 413, 419, 434, 435
ホモフン　327
ボーモル　370, 383, 391
ホルチン　3, 357, 415
ホルチン・ボ　357, 383, 413, 415, 416, 417, 428, 431, 437
ボルハン　369, 370, 428, 431
ホルムスダ　386
ホルムスタ・テンゲル　430
ポロトコタン　216, 228, 232, 237, 242, 244, 246, 249
ポロヌサ　238
本質主義　25, 28, 30, 32
ポンヌサ　238

【ま行】
埋葬　129
升本哲　14
鞦韆　148
末尾母音の脱落　256
祭り
　　夏至の　334
　　馬乳酒の　334
間宮林蔵　33, 34
マール学派　13, 14, 15
マルクス主義　10, 19, 30, 32
マルチビジョン映像　221
マンシ　4, 18, 20, 25
満洲　416, 423, 547, 548
饅頭　71
満洲観光　177
『満洲グラフ』　188
満洲国国立中央博物館　195
満洲祭神祭天典礼　150
満洲族　117, 147
満洲族王室　155
満洲大博覧会　204
満洲民族学会　176, 201
水の神　240
水の主　436
見せ物　215, 247, 249
名字(ターズの)　73, 82
民間伝承　129
『民藝』　189
民芸会館　227
民主化　547, 548
民族　546, 547, 549
民族衣装　126, 340, 341, 345, 349, 353
民族音楽　350
民族学　13, 84
民族学研究所　14, 15, 19, 23, 26, 27
民族学的調査(軍事目的のための)　175
民族学評論　27

民族過程 25
民族過程論 23, 25, 27, 31
民族起源論 23, 24, 26
民族形成論 26
民族研究所 175
民族史 27
民族誌 23
民族誌的現在 21, 515
民族宗教世界 161
民族的アイデンティティ 323, 353, 354
民族的帰属性 548
民族的構成(ターズの) 118
民俗博物館 200
民俗文化財伝統教室 224
民族文化創造事業局 320
民族名称 68, 117
民話(ターズの) 83
ムックリ 226, 227, 231, 232, 243
むらおさ 227
村を司る神 239
ムンケ・テンゲル 431
迷信旧俗 152
模様 129
モンゴル 2, 117, 357, 414, 430, 442, 545, 547, 548
モンゴル国 438, 548
モンゴル・シャマニズム 357, 413, 437
モンゴル諸語 3
モンゴル仏教 5, 547, 548
モンゴル文化 138

【や行】
野外博物館 200, 209
野外民族博物館 217
焼畑農業 121
薬草医 323, 330
ヤクーツク 347
ヤクーツク市長 347, 350, 354

ヤクーティア共和国 319
ヤクート 2, 18, 20, 23, 145
ヤクート自治共和国 319
厄払い 45
野生トナカイ 313
ヤランガ 301
勇者決定の競技 345
遊牧 291, 441, 449, 463
遊牧民 25
ユカギール 2, 3, 18, 20, 22, 23, 285, 319
豊かさ(生活の) 491
ユッピック 535
ユラク・サモエード 4
ユルク 397, 431
吉岡義人 176
4つの経 370
ヨヘルソン 336
ヨンシェブ 415

【ら行】
ラー 429
ラダック王国 416
ラマ教 391, 437
ラムート 3
『旅行満洲』 177, 181
旅蒙商 448
輪廻思想 397
ルイベ 128
ルイペ 229
霊
　崇拝する 370, 394, 410
　祖先のボの 370
　火の 340
　ボの死んだ 395
霊なるもの 333
歴史意識 357, 413, 437
歴史民族学 29
レスリング 349

レニングラード学派　14, 16, 17
ロシア科学アカデミーシベリア支部ヤクート学センター古文書　336, 337
ロシア極東　9, 11, 12, 29, 30, 32, 35
ロシア語干渉　254
ロシア帝室地理学協会　15
ロシア連邦　545
ロス　432

【わ行】
輪踊り　337, 344, 349
ワッカウシカムイ　240
わな　122

【A】
abassy　324
aiyy oyuun　325
ajaraidar　324
Alekseenko, E.A.　20, 22
Alekseev, N.M.　337
algys　321
Amga　323
Anisimov, A.F.　18
antropologya　13
Antropova, V.V.　20, 22
Arsen'ev, V.K.　16, 70, 120
Arutyunov, S.A.　20

【B】
balagan　334
Boaz, F.　16
Bogoras, G.V.　283
Bogoraz, G.　15, 16, 17
Bogoraz, V.I.　29
boksoryu　329
brigade　297
Bromlei, Yu.　23, 26

【C】
Cheboksarov, N.　18
chechir　337
Chernecov, V.N.　18
Chukchee　253
Chukchee-Kamchatkan　253
cultural anthropology　13

【D】
Dolgikh, B.O.　18, 23
dominant / recessive 型　255
D'yakonova, V.P.　20

【E】
ethnology　13
etnografiya　13
etnologiya　13, 15
etnos　24
extrasenses　330

【G】
Gaer, E.A.　21
Gellner, E.　10
Gogolev, A.I.　336
Gracheva, G.N.　20
Grant, B.　33
Gumilev, L.　23
Gurvich, I.S.　20, 23, 24

【H】
homofun　327
Humphrey, C.　10

【I】
ichchi　324
ilbuiye　326
Imperatorskoe russkoe geograficheskoe obshshestvo　13

integrate   485, 491
Iokhel'son, V.I.   15, 16, 17
Itelmen   253
Ivanov, S.V.   18

【J】
jalbuiye   326

【K】
Kabo, V.P.   23
Karger, N.K.   18
khannahan   326
Khomich, L.B.   20, 22, 24
Kile, N.B.   21
Koryak   253
Koz'minskij, I.I.   18
Kreinovich, E.A.   14, 18
Ksenofontov, G.V.   335, 344
kuhagan   325
Kunstkamera   13

【L】
Lar'kin, V.G.   22
Levin, M.G.   18, 19
Levi-Strauss, C.   26
Lipskaya, N.A.   18, 19
Lipskii, A.N.   18, 34
Lopatin, I.A.   16, 34
Lyapnova, R.G.   20

【M】
Malinowski, B.   17
Mazin, A.I.   20

【O】
Okladnikov, A.P.   18, 22
Orto Doydu   323
osuokhai   337

Otaina, G.A.   21
otofuto   326
oyuun   324

【P】
Paleo-Asiatic   253
Patkanov, S.   17
Pitsudski, B.O.   16, 34
Podmaskin, V.V.   21
Popov, A.A.   18
Popova, U.G.   21, 22
Potapov, L.   19
Prokof'ev, G.N.   14, 18
Prokof'eva, E.D.   18

【R】
Radcliffe-Brown, A.R.   17
Rivers, W.   16

【S】
Sagalaev, A.M.   20
Said, E.W.   34
salama   334
Schmidt, W.   16
Schrenck, L.   17, 33, 34
Sem, Yu.A.   21, 22
Semenov, Yu.I.   23
sergé   338
Seroshevski, V.L.   16, 335
Shirokogorov, S.M.   17
Shnirelman, V.   27
Shternberg, L.Ya.   14, 15, 16, 17, 29, 34
Simchenko, Yu.V.   20
Slezkine, Y.   10, 14
Smolyak, A.V.   20, 22, 23, 31
social anthropology   13
Sokolova, Z.P.   20
Sovetskaya etnografiya   9

Sovkhoz 284
Startsev, A.F. 21

[T]
Taksami, Ch.M. 20, 22, 23, 24
Tishkov, V.A. 26
Tokarev, S.A. 18
Tolstov, S.P. 15, 19
toyuk 321, 349
Tugolukov, V.A. 20
tunnahan 326
Turaev, V.A. 21

[U]
udagan 325
urasa 334

[V]
Vainshtein, S.I. 20
Vasil'ev, V.I. 20, 24
Vasilevich, G.M. 14, 18, 22
Vdovin, I.S. 18, 21, 22
Verbov, G.D. 19
Vsesovetskoe geograficheskoe
  obshshestvo 13

[Y]
ysyakh 321

[Z]
Zhornitskaya, M.Ya. 20
Zolotarev, A.M. 18

阿 拉 騰 (Alta)
　　北海道大学大学院文学研究科博士課程修了

池谷　和信 (いけや　かずのぶ)
　　国立民族学博物館民族社会研究部助教授

煎本　　孝 (いりもと　たかし)
　　北海道大学大学院文学研究科教授，国立民族学博物館併任
　　教授

汪　　立珍 (Wang Lizhen)
　　中国北京中央民族大学助教授

風間伸次郎 (かざま　しんじろう)
　　東京外国語大学外国語学部助教授

岸上　伸啓 (きしがみ　のぶひろ)
　　国立民族学博物館先端民族学研究部助教授

呉人　　恵 (くれびと　めぐみ)
　　富山大学人文学部助教授

佐々木史郎 (ささき　しろう)
　　国立民族学博物館民族学研究開発センター助教授

佐々木　亨 (ささき　とおる)
　　北海道大学大学院文学研究科助教授

菅　　　豊 (すが　ゆたか)
　　東京大学東洋文化研究所助教授

ロレーナ・ステンダルディ (Lorena Stendardi)
　　元北海道大学国費研究留学生

D.O. 朝　　克 (D. O. Chaoke)
　　中国社会科学院教授

津曲　敏郎 (つまがり　としろう)
　　北海道大学大学院文学研究科教授

V.V. ポドマスキン (V.V. Podmaskin)
　　ロシア科学アカデミー

山田　孝子 (やまだ　たかこ)
　　京都大学総合人間学部教授

煎本　孝(いりもと　たかし)
1947年　神戸市に生まれる
東京大学大学院理学系研究科修了，Ph. D.(哲学博士)
(カナダ サイモン・フレーザー大学大学院)

現　在　北海道大学大学院文学研究科教授，国立民族学博物館併任教授　文化人類学・生態人類学・自然誌専攻

著　書　*Chipewyan Ecology* (Senri Ethnological Studies 18, National Museum of Ethnology,1981)，『カナダ・インディアンの世界から』(福音館書店，1983)，*Ainu Bibliography* (Hokkaido University, 1991)，『文化の自然誌』(東京大学出版会，1996)

編著書　*Circumpolar Religion and Ecology: An Anthropology of the North* (Co-ed., University of Tokyo Press, 1994)，*Circumpolar Animism and Shamanism* (Co-ed., Hokkaido University Press, 1997)

東北アジア諸民族の文化動態

2002年2月25日　第1刷発行

編著者　煎　本　　　孝
発行者　佐　伯　　　浩

発行所　北海道大学図書刊行会
札幌市北区北9条西8丁目 北海道大学構内(〒060-0809)
Tel. 011(747)2308・Fax. 011(736)8605・http://www.hup.gr.jp/

アイワード／石田製本　　　　　　　　　　©2002　煎本　孝

ISBN 4-8329-6241-8

ウイルタ語辞典	池上二良編	A5・320頁 価格9700円
ビキン川のほとりで ―沿海州ウデヘ人の少年時代―	A.カンチュガ著 津曲敏郎訳	四六・248頁 価格1800円
文化と環境 ―エスキモーとインディアン―	岡田宏明著	B6・266頁 価格1300円
どんぐりの雨 ―ウスリータイガの自然を守る―	M.ディメノーク著 橋本ゆう子・菊間満訳	四六・246頁 価格1800円
アメリカ・インディアン史[第3版]	W.T.ヘーガン著 西村・野田・島川訳	四六・338頁 価格2600円
アイヌ絵を聴く ―変容の民族音楽誌―	谷本一之著	B5・394頁 価格16000円
近代アイヌ教育制度史研究	小川正人著	A5・496頁 価格7000円
日本北辺の探検と地図の歴史	秋月俊幸著	B5・470頁 価格8300円
日本北辺関係旧記目録 ―北海道・樺太・千島・ロシア―	北海道大学附属図書館編	B5・476頁 価格8500円
明治大正期の北海道 ―写真と目録―	北海道大学附属図書館編	AB判・604頁 価格12000円
北東アジア古代文化の研究	菊池俊彦著	A5・562頁 価格8700円
照葉樹林文化論の現代的展開	金子務 山口裕文編著	A5・622頁 価格8500円
Circumpolar Animism and Shamanism	山田孝子 煎本孝編著	B5変・348頁 価格18000円

――――――北海道大学図書刊行会――――――

価格は税別

シベリア・ユピック
(アジア・エスキモー)
アリュート
チュクチ
ユカギール
コリヤーク
エヴェン
(ラムート)
イテリメン
(カムチャダール)
ガナサン
(タウギ・サモエード)
ドルガン
エネツ
(エニセイ・サモエード)
ケット
(エニセイ・オスチャーク)
サハ
(ヤクート)
ネネツ
(ユーラク・サモエード)
ニヴフ(ギリヤーク)
ウルチャ
(オルチャ)
マンシ
(ボグール)
セリクプ(オスチャーク)
タタール
ハンティ
(オスチャーク)
ナーナイ
(ゴルディ)
オロチ
ウイルタ
(オロッコ)
エヴェンキ
(ツングース)
ウデヘ
オロチョン
満洲
ホジェ
アイヌ
カザフ
ハカス
トゥヴァ
ブリヤート
バルグ
ダグル
(ダフール)
ターズ
ウリヤンハイ
エヴェンキ
ホルチン
ハルハ
ハラチン
シボ
モンゴル
ユクノール
チャハル
キルギス
ウズベク
ウイグル
トゥメト
漢
エチナ
オルドス
トゥルクメン
タジク
バルティ